中国消防年鉴

CHINA FIRE SERVICES

2012

公安部消防局 编

图书在版编目（CIP）数据

中国消防年鉴. 2012/公安部消防局编. —北京：中国人事出版社，2012
ISBN 978 – 7 – 5129 – 0450 – 7

Ⅰ. ①中… Ⅱ. ①公… Ⅲ. ①消防—工作—中国—2012—年鉴
Ⅳ. ①D631. 6 – 54

中国版本图书馆 CIP 数据核字（2012）第 315924 号

中国人事出版社出版发行

（北京市惠新东街 1 号，邮政编码：100029）

出 版 人：张梦欣

*

河北省三河华晨印务有限公司印刷装订　　新华书店经销

787 毫米 × 1092 毫米　16 开　26 印张　552 千字

2012 年 12 月第 1 版　　2012 年 12 月第 1 次印刷

定价：70. 00 元

读者服务部电话：010 – 64929211/64921644/84643933

发行部电话：010 – 64961894

出版社网址：http://www. class. com. cn

《中国消防年鉴》（2012）编委会

《中国消防年鉴》（2012）编写组

谢德伟　韩学林　韩晓鹏　鲁凌云　赖世雄　赖应博
雷鹏奎　靳　力　鲍文刚　廖　军　潘　洵　潘慧强

前　言

2011年，全国公安消防部队在党中央、国务院、公安部党委和地方各级党委、政府及公安机关的领导下，认真贯彻落实胡锦涛总书记“忠诚可靠、服务人民、竭诚奉献”“三句话”总要求，深入推进社会消防安全“防火墙”工程，不断深化消防安全“五大”活动，积极开展“清剿火患”战役，大力发展消防公益事业，能力建设有了新进步，队伍建设有了新成绩。为全面、客观、准确地记载2011年消防工作和队伍建设发展进程及取得的成绩，并为今后工作提供借鉴和参考，公安部消防局编撰出版了这部《中国消防年鉴》(2012)。本书收录了2011年全国、各省、自治区、直辖市消防工作和队伍建设情况，国务院及公安部领导关于消防工作和队伍建设的重要讲话摘要，公安部、有关部委和公安部消防局印发的重要文件，重大、较大和其他行业系统火灾案例，重大抢险救援战例，全国消防业务统计资料和消防大事记等内容。

本书中的文字资料和统计数据由公安部消防局机关各处、室，国家林业局森林公安局、铁道部公安局消防处、交通运输部公安局消防处及各省、自治区、直辖市公安消防总队、新疆生产建设兵团公安局消防局提供，在此谨向为年鉴提供资料的有关单位和同志表示衷心的感谢！

由于编者水平有限，书中疏漏和不足之处在所难免，恳请读者提出宝贵意见。

公安部消防局

二〇一二年十月

前言

目　　录

第一篇　全国消防工作概述

2011 年全国消防工作概述 …………………………………………………………………… (3)

第二篇　各省、自治区、直辖市消防工作和队伍建设情况

第一章　北京市消防工作和队伍建设情况 ……………………………………………… (9)
第二章　天津市消防工作和队伍建设情况 ……………………………………………… (12)
第三章　河北省消防工作和队伍建设情况 ……………………………………………… (16)
第四章　山西省消防工作和队伍建设情况 ……………………………………………… (19)
第五章　内蒙古自治区消防工作和队伍建设情况 ………………………………………… (22)
第六章　辽宁省消防工作和队伍建设情况 ……………………………………………… (25)
第七章　吉林省消防工作和队伍建设情况 ……………………………………………… (28)
第八章　黑龙江省消防工作和队伍建设情况 …………………………………………… (32)
第九章　上海市消防工作和队伍建设情况 ……………………………………………… (35)
第十章　江苏省消防工作和队伍建设情况 ……………………………………………… (38)
第十一章　浙江省消防工作和队伍建设情况 …………………………………………… (40)
第十二章　安徽省消防工作和队伍建设情况 …………………………………………… (44)
第十三章　福建省消防工作和队伍建设情况 …………………………………………… (47)
第十四章　江西省消防工作和队伍建设情况 …………………………………………… (49)
第十五章　山东省消防工作和队伍建设情况 …………………………………………… (53)
第十六章　河南省消防工作和队伍建设情况 …………………………………………… (57)
第十七章　湖北省消防工作和队伍建设情况 …………………………………………… (60)
第十八章　湖南省消防工作和队伍建设情况 …………………………………………… (63)
第十九章　广东省消防工作和队伍建设情况 …………………………………………… (67)
第二十章　广西壮族自治区消防工作和队伍建设情况 ………………………………… (70)
第二十一章　海南省消防工作和队伍建设情况 ………………………………………… (73)
第二十二章　重庆市消防工作和队伍建设情况 ………………………………………… (76)
第二十三章　四川省消防工作和队伍建设情况 ………………………………………… (79)
第二十四章　贵州省消防工作和队伍建设情况 ………………………………………… (82)
第二十五章　云南省消防工作和队伍建设情况 ………………………………………… (84)

第二十六章　西藏自治区消防工作和队伍建设情况 ………………………… (87)
第二十七章　陕西省消防工作和队伍建设情况 ………………………… (90)
第二十八章　甘肃省消防工作和队伍建设情况 ………………………… (94)
第二十九章　青海省消防工作和队伍建设情况 ………………………… (97)
第三十章　宁夏回族自治区消防工作和队伍建设情况 ………………………… (100)
第三十一章　新疆维吾尔自治区消防工作和队伍建设情况 ………………………… (104)
第三十二章　新疆生产建设兵团消防工作情况综述 ………………………… (108)

第三篇　相关行业系统消防工作综述

森林消防工作综述 ………………………… (113)
铁路系统消防工作综述 ………………………… (115)
交通港航系统消防工作综述 ………………………… (117)

第四篇　国务院领导关于消防工作和队伍建设的重要讲话摘要

国务委员、公安部部长孟建柱在热心消防公益事业暨多种形式消防队伍建设先进集体和先进个人座谈会上的讲话(摘要)(2011 年 11 月 8 日) ………………………… (121)

第五篇　公安部领导关于消防工作和队伍建设的讲话摘要

刘金国副部长在公安部深入推进“五大”活动坚决遏制重特大火灾事故电视电话会议上的讲话(摘要)(2011 年 4 月 22 日) ………………………… (125)
刘金国副部长在全国深入推进消防安全“五大”活动电视电话会议上的讲话(摘要)(2011 年 7 月 1 日) ………………………… (128)
刘金国副部长在全国公安消防部队应急救援工作现场会上的讲话(摘要)(2011 年 7 月 11 日) ………………………… (134)
刘金国副部长在全国部署实施《全民消防安全宣传教育纲要(2011—2015)》电视电话会议上的讲话(摘要)(2011 年 7 月 25 日) ………………………… (138)
刘金国副部长在第一届全国打造现代化公安消防铁军比武竞赛闭幕式上的讲话(摘要)(2011 年 8 月 29 日) ………………………… (140)
刘金国副部长在全国深入推进“清剿火患”战役视频会上的讲话(摘要)(2011 年 11 月 1 日) ………………………… (141)

第六篇　有关消防工作的重要文件资料

国务院关于加强和改进消防工作的意见(国发[2011]46 号) ………………………… (147)
关于落实《消防员职业健康标准》有关问题的通知(公消[2011]18 号) ………………………… (151)

关于印发灭火救援员国家职业技能标准的通知（人社厅发［2011］18号）…………（152）
关于2010年度构筑社会消防安全“防火墙”工程检查考评情况的通报
（公消［2011］71号）……………………………………………………………（153）
关于充分发挥保安队伍作用积极开展消防安全工作的通知
（公通字［2011］16号）…………………………………………………………（157）
关于印发《全民消防安全宣传教育纲要（2011—2015）》的通知
（公通字［2011］20号）…………………………………………………………（158）
关于规范和加强多种形式消防队伍消防车辆管理的通知（公消［2011］203号）…（163）
关于印发《社会消防安全教育培训大纲（试行）》的通知（公消［2011］213号）……（165）
关于印发《全国深化消防安全“五大”活动开展“清剿火患”战役工作方案》
的通知（公消［2011］280号）…………………………………………………（188）
关于传发《建筑外墙保温材料消防安全专项整治工作方案》的通知
（公传发［2011］595号）………………………………………………………（191）
关于对热心消防公益事业暨多种形式消防队伍建设先进集体和个人予以表扬
的通报（公消［2011］314号）…………………………………………………（193）
关于开展消防志愿者查改身边火灾隐患活动的通知（公消［2011］316号）………（195）

第七篇 重大、较大和其他行业系统火灾案例

第一章 重大火灾案例 ………………………………………………………………（199）
湖南省长沙市岳麓区西娜湾宾馆火灾 ……………………………………（199）
湖北省武汉市侨康副食批发市场火灾 ……………………………………（202）
辽宁省沈阳市皇朝万鑫国际大厦火灾 ……………………………………（203）
北京市大兴区旧宫镇南小街出租房火灾 …………………………………（206）
吉林省通化市如家快捷酒店火灾 …………………………………………（209）
湖北省武汉市恒瑞橡塑制品有限公司火灾 ………………………………（211）
广东省佛山市三水区盛丰陶瓷有限公司三水分公司办公综合楼火灾 …（213）
2011年全国重大火灾案例一览表 …………………………………………（219）
第二章 较大火灾案例 ………………………………………………………………（220）
第三章 其他行业系统火灾案例 ……………………………………………………（230）
河北省秦皇岛市抚宁县“4·12”森林火灾 ………………………………（230）
湖北长舟滚装运输公司“长舟6”轮火灾 …………………………………（234）
辽宁省大连新港油罐火灾 …………………………………………………（234）

第八篇 重大灭火救援战例

云南德宏州盈江县“3·10”地震抢险救援情况 ………………………………（239）
甘肃兰州市“4·8”兰临高速新七道梁隧道油罐车追尾燃烧爆炸事故处置情况 …（242）
四川自贡市“4·13”正扬液化石油气充装站泄漏事故抢险救援情况 …………（244）

湖南株洲市“4·14”中成化工保险粉大跨度仓库火灾处置情况 …………………（247）
黑龙江哈尔滨市“5·25”公交车停车场液化气钢瓶爆炸燃烧抢险救援情况 ………（252）
广东惠州市“7·11”大亚湾中海油惠州炼化分公司化工生产装置火灾扑救情况 ……（254）
“7·23”甬温线特别重大铁路交通事故抢险救援情况 …………………………（259）
广西贵港市“7·28”贵港钢铁集团有限公司煤气泄漏事故处置情况 ………………（262）
云南迪庆州德钦县“8·11”白马雪山3号隧道坍塌事故抢险救援情况 ……………（264）
上海化学工业区“9·8”赛科石油化工有限责任公司低温罐区爆炸燃烧事故
抢险救援情况 ……………………………………………………………………（267）
江西南昌市湾里区“9·11”江中制药厂在建厂房坍塌事故抢险救援情况 …………（269）
西藏日喀则地区“9·18”地震抢险救援情况 ………………………………………（271）
海南乐东县“9·20”九所镇乾金达矿业有限公司钼矿事故抢险救援情况 …………（274）
上海“9·23”中石化高桥分公司炼油厂爆炸燃烧事故处置情况 …………………（275）
上海“9·27”轨道交通10号线列车追尾事故抢险救援情况 ………………………（277）
贵州黔南州福泉市“11·1”马场坪民爆物品运输爆炸事故处置情况 ………………（279）
广东汕尾市“11·22”工商银行综合工程建筑坍塌事故抢险救援情况 ……………（283）

第九篇　全国消防业务统计资料

第一章　火灾统计 ……………………………………………………………………（289）
第一节　全国火灾情况 ……………………………………………………………（289）
2011年全国火灾情况分析 ………………………………………………………（289）
全国火灾对比情况 ………………………………………………………………（291）
分地区火灾综合情况 ……………………………………………………………（292）
分月季火灾综合情况 ……………………………………………………………（293）
分起火场所火灾情况 ……………………………………………………………（294）
分行业类别火灾情况 ……………………………………………………………（295）
起火原因情况 ……………………………………………………………………（296）
分地区火灾基本情况 ……………………………………………………………（297）
分经济类型火灾情况 ……………………………………………………………（298）
分区域火灾情况 …………………………………………………………………（299）
分月季火灾基本情况 ……………………………………………………………（300）
消防监督分级管理单位火灾基本情况 ……………………………………………（301）
分引火源火灾情况 ………………………………………………………………（302）
分建筑类别火灾情况 ……………………………………………………………（303）
火灾损失、死人分段情况 ………………………………………………………（304）
每日火灾情况 ……………………………………………………………………（305）
火灾24小时分布情况 ……………………………………………………………（307）
人员死亡火灾对比情况 …………………………………………………………（308）
人员死亡火灾分地区情况 ………………………………………………………（309）

死亡 1 至 2 人火灾分地区情况 …… (310)
死亡 1 至 2 人火灾分月季情况 …… (311)
死亡 3 至 9 人火灾分地区情况 …… (312)
死亡 3 至 9 人火灾分月季情况 …… (313)
死亡 10 至 29 人火灾分地区情况 …… (314)
死亡 10 至 29 人火灾分月季情况 …… (315)
分场所火灾死亡人员基本情况 …… (316)
人员密集场所火灾对比情况 …… (317)
人员密集场所火灾分类别情况 …… (318)
加油(气)站火灾对比情况 …… (319)
分地区火灾次均损失图 …… (320)
分地区百起火灾亡人率图 …… (320)
火灾损失分段情况图 …… (321)
火灾死亡人数分段情况图 …… (321)
起火原因损失比例图 …… (322)
起火原因起数比例图 …… (322)
火灾伤亡人数 24 小时分布图 …… (323)
火灾起数、损失 24 小时分布图 …… (323)
火灾起数分月趋势图 …… (324)
每日火灾情况图 …… (324)
春节期间火灾对比情况 …… (325)
春节期间分地区火灾综合情况 …… (326)
春节期间起火原因基本情况 …… (327)
春节期间消防部队接警出动情况 …… (328)
国庆节期间分地区火灾综合情况 …… (329)
国庆节期间起火原因基本情况 …… (330)
第二节　各省、自治区、直辖市火灾情况 …… (331)
北京市分地区火灾综合情况 …… (331)
天津市分地区火灾综合情况 …… (332)
河北省分地区火灾综合情况 …… (333)
山西省分地区火灾综合情况 …… (334)
内蒙古自治区分地区火灾综合情况 …… (335)
辽宁省分地区火灾综合情况 …… (336)
吉林省分地区火灾综合情况 …… (337)
黑龙江省分地区火灾综合情况 …… (338)
上海市分地区火灾综合情况 …… (339)
江苏省分地区火灾综合情况 …… (340)
浙江省分地区火灾综合情况 …… (341)
安徽省分地区火灾综合情况 …… (342)

福建省分地区火灾综合情况 …………………………………………………… (343)
江西省分地区火灾综合情况 …………………………………………………… (344)
山东省分地区火灾综合情况 …………………………………………………… (345)
河南省分地区火灾综合情况 …………………………………………………… (346)
湖北省分地区火灾综合情况 …………………………………………………… (347)
湖南省分地区火灾综合情况 …………………………………………………… (348)
广东省分地区火灾综合情况 …………………………………………………… (349)
广西壮族自治区分地区火灾综合情况 ………………………………………… (350)
海南省分地区火灾综合情况 …………………………………………………… (351)
重庆市分地区火灾综合情况 …………………………………………………… (352)
四川省分地区火灾综合情况 …………………………………………………… (353)
贵州省分地区火灾综合情况 …………………………………………………… (354)
云南省分地区火灾综合情况 …………………………………………………… (355)
西藏自治区分地区火灾综合情况 ……………………………………………… (356)
陕西省分地区火灾综合情况 …………………………………………………… (357)
甘肃省分地区火灾综合情况 …………………………………………………… (358)
青海省分地区火灾综合情况 …………………………………………………… (359)
宁夏回族自治区分地区火灾综合情况 ………………………………………… (360)
新疆维吾尔自治区分地区火灾综合情况 ……………………………………… (361)
新疆生产建设兵团各师火灾综合情况 ………………………………………… (362)
第三节 森林、铁路、交通港航火灾情况 ……………………………………… (363)
全国分地区森林火灾情况 ……………………………………………………… (363)
全国分月季森林火灾情况 ……………………………………………………… (364)
铁路系统火灾情况 ……………………………………………………………… (365)
交通港航系统火灾情况 ………………………………………………………… (366)
第二章 综合统计 ……………………………………………………………… (369)
2011 年全国公安消防部队接警出动情况 ……………………………………… (369)
公安消防部队火灾扑救情况统计表 …………………………………………… (370)
公安消防部队抢险救援等出警行动统计表 …………………………………… (371)
消防队伍参战人员死亡情况 …………………………………………………… (372)
消防队伍参战人员受伤情况 …………………………………………………… (373)
城乡消防规划统计表 …………………………………………………………… (374)
城乡公共消防基础设施统计表 ………………………………………………… (375)
多种形式消防队伍统计表 ……………………………………………………… (377)
2011 年批准发布的消防国家标准目录 ………………………………………… (379)
2011 年批准发布的消防行业标准目录 ………………………………………… (380)
2011 年批准发布的工程建设消防技术规范目录 ……………………………… (380)
公安消防部队消防车统计表 …………………………………………………… (381)
公安消防部队基本个人防护装备统计表 ……………………………………… (382)

公安消防部队特种个人防护装备统计表 …………………………………………………………（383）
第三章 附　录 …………………………………………………………………………………（384）
1950 年至 2011 年全国火灾情况 ………………………………………………………………（385）
1979 年至 2011 年全国一次死亡 30 人以上火灾情况 …………………………………………（387）
2002 年至 2011 年人员密集场所特大火灾分布情况 ……………………………………………（388）
2002 年至 2011 年起火原因情况 ………………………………………………………………（390）
2002 年至 2011 年火灾分月综合分布图 ………………………………………………………（391）
2002 年至 2011 年火灾 24 小时分布图 …………………………………………………………（391）
1990 年至 2011 年春节期间火灾情况 …………………………………………………………（392）
2000 年至 2011 年国庆节期间火灾情况 ………………………………………………………（393）
2000 年至 2011 年公安消防部队接警出动综合情况 …………………………………………（394）

第十篇　大事记

2011 年消防大事记 …………………………………………………………………………（397）

第一篇

全国消防工作概述

2011 年全国消防工作概述

2011 年，在党中央、国务院的正确领导下，各地区、各部门认真贯彻落实科学发展观，按照国务院关于加强消防工作的一系列部署和要求，坚持“预防为主、防消结合”方针，全面落实各项消防安全工作措施，着力提升社会抗御火灾整体能力，有效维护了全国消防安全形势的稳定。2011 年，全国共发生火灾 12.5 万起（不含森林、草原、军队、矿井地下部分及港澳台地区火灾），死亡 1108 人，受伤 571 人，直接财产损失 20.6 亿元，与 2010 年相比，除财产损失上升 5% 外，起数死亡和受伤人数分别下降 5.3%、8% 和 8.3%。

一、坚持政府主导，推动落实消防工作责任

各级政府依法履行消防工作职责，建立健全消防工作机制，着力夯实消防工作基础，努力保障消防工作与经济社会发展相适应。国务院向全国人大常委会专门报告消防工作情况，出台《国务院关于加强和改进消防工作的意见》(国发[2011]46 号)，各省（自治区、直辖市）政府普遍制定了“十二五”消防工作规划，消防事业呈现快速发展的强劲势头。地方各级政府建立健全消防工作协调机制，将消防工作纳入目标责任、社会管理综合治理内容，及时解决消防安全重大问题，推动行业、系统落实消防安全措施，形成了齐抓共管合力。公安部联合中宣部、教育部等部门出台了《全民消防安全宣传教育纲要（2011—2015)》和《社会消防安全培训大纲（试行)》，推动提升全民消防安全素质。财政部出台了《地方消防经费管理办法》，各地建立健全配套的消防经费管理和保障制度，完善了公安消防部队和地方政府专职消防队经费保障机制。中央和各地普遍将消防经费纳入财政预算，2011 年共投入消防经费 416 亿元(其中，中央财政投入 151 亿元)，比 2010 年增长 20.2%，创历史新高。

二、创新消防管理，探索完善社会消防管理机制

各地认真贯彻中央关于加强和创新社会管理的部署要求，积极探索消防管理服务的新举措，努力构建适应社会发展需要的消防管理机制。建立完善火灾隐患举报投诉机制，所有地级以上城市和 2115 个县（市、区）建成火灾隐患举报投诉中心，启用统一的举报投诉电话。深入推进社会消防安全“防火墙”工程，进一步提升火灾隐患排查、初起火灾扑救、人员疏散逃生、宣传教育培训“四个能力”，全国有 38.9 万家重点单位、40.5 万家一般单位“四个能力”建设达标。探索在乡镇、街道建立消防安全组织，落实多警联动、防消联勤等制度，推行消防安全网格化管理。健全消防法规标准，制定修订部门规章 6 部、国家标准规范 18 项，北京、上海等经济发达地区制定了高于国家和行业的地方消防安全标准。以“全民消防、生命至上”为主题开展形式多样的消防宣传教育活动，公安部联合民政部部署加强社区消防宣传教育，会同教育部和中国科协开展了消防安全教育示范校和“全国消防科普教育基地”创建活动，命名了562所示范校和70个教育基地，对1.4万名中小学校长进行了消防安全培训。首次召开全国热心消防公益事业先进单位和先进个人座谈会，中国消防博物馆正式开馆，产生了良好的社会影响。

三、加强公共消防基础建设，不断提高城乡抗御火灾能力

各地结合实际编制实施城乡消防规划，加强公共消防设施及消防装备、多种形式消防队伍建设，努力夯实社会防控火灾基础。全国县级以上城市和95.9%的县（旗）编制消防规划，56.3%的乡（镇）编制消防规划或将消防内容专项列入建设规划，新增市政消火栓8.9万余个。公安部会同住房城乡建设部、发展改革委修订出台了《城市消防站建设标准》，推动新建公安消防站565个，公安消防部队新增消防车3752辆、各类灭火救援器材90余万件（套）。公安消防部门联合一汽集团研发推广国产消防车专用底盘，实现了城市主战消防车整车批量生产，为加快消防车辆国产化作出重要贡献。各地因地制宜发展多种形式消防队伍，全国已建成政府专职消防队6434个、企业事业单位专职消防队2586个和志愿消防队15.7万个，共配备各类消防车2万余辆，缓解了公安现役消防力量不足的问题。

四、强化排查整治，着力消除各类火灾隐患

各地针对消防安全突出问题和阶段性火灾特点，持续开展火灾隐患大排查、大整治，努力净化社会消防安全环境。公安部会同住房城乡建设部等部门先后开展了建筑外墙保温材料、建筑消防设施和消防产品等专项整治。同时，加强西藏和平解放60周年、深圳大运会、中国－亚欧博览会等重大活动消防安全保卫，督促整改了一大批火灾隐患。特别是从去年9月份开始，公安部在全国组织开展了“清剿火患”战役，政府相关部门、基层组织和社会单位广泛参与，共检查社区7.9万个、村庄55.6万个、社会单位3500余万家，督促整改火灾隐患1.6亿处（其中政府挂牌督办整改重大火灾隐患21.9万处）。中央文明办、公安部联合部署开展了消防志愿者查改身边火灾隐患活动，全国消防志愿者700余万人次参与，查改身边火灾隐患530万处。“清剿火患”战役开展以来，全国未发生重特大火灾事故，火灾起数、伤亡人数、直接财产损失大幅下降。此外，四川汶川、青海玉树地震灾区加强灾后重建消防安全保卫工作，落实灾民安置点火灾防控措施，强化灾后重建工程消防安全监管，有效防止了灾区板房安置点和施工工地发生人员伤亡火灾事故。

五、打造现代化公安消防铁军，加快提升灭火救援水平

公安部部署开展打造现代化公安消防铁军工作，推动加快消防部队核心战斗力生成模式转变，努力提高灭火和应急救援水平。各级公安消防部队深化战训改革和全员岗位练兵，开展铁军中队创建达标活动，举办首届全国比武竞赛，加强攻坚力量建设。所有省（自治区、直辖市）和地（市、州、盟）以及94%的县（市、区、旗）依托公安消防部队，组建了应急救援总队、支队和大队，综合应急救援力量体系初步建立。公安部召开应急救援现场会，出台加强消防部队应急救援工作指导意见，编制重特大地震灾害跨区域救援预案，组织川滇跨区域地震救援拉动演练，提升了综合应急救援能力。西藏自治区以及四川、云南、甘肃、青海藏区和新疆维吾尔自治区公安消防部队在当地党委、政府领导下，积极参与维稳处突工作，为维护当地社会稳定发挥了积极作用。2011 年，公安消防部队共接警出动 65.6 万起，是新中国成立以来出警次数最多的一年，共营救遇险被困人员 12.9 万人，抢救和保护财产价值 644 亿多元，成功处置了沈阳皇朝万鑫国际大厦火灾、甬温线特别重大铁路交通事故、中石油大连石化分公司爆炸火灾等重特大灾害事故。目前，公安消防部队参加应急救援救助占出警总数的 60%，已成为党委、政府处置灾害事故的专业骨干力量和突击力量，成为人民群众危难时刻可以充分信赖的应急救援队伍。

六、践行胡锦涛总书记“三句话”总要求，全面推进公安消防队伍建设

公安消防部队深入贯彻落实胡锦涛总书记“努力建设一支‘忠诚可靠，服务人民，竭诚奉献’的消防队伍”的总要求，大力加强部队思想政治建设，努力培育当代革命军人核心价值观。认真贯彻从严治警方针，深入开展正规化建设达标活动，建立正规的执勤、训练、工作和生活秩序，确保队伍安全稳定。进一步加强和谐警民关系建设，广泛开展“大走访”等爱民实践活动，开通消防社会公众服务平台，新推出一批便民利民措施，消防执法公信力和群众满意度进一步提升。公安消防部队广大官兵恪尽职守、竭诚奉献、舍生忘死、顽强拼搏，涌现出了一大批先进单位和个人。2011 年，有 2 个单位被中组部评选为“全国先进基层党组织”，9 个单位被公安部、团中央评选为“全国青年文明号”，西藏自治区拉萨市公安消防支队布达拉宫大队被国务院、中央军委授予“布达拉宫模范消防大队”荣誉称号。

2011 年，消防工作取得了新进步、新成效。但是，随着经济社会的快速发展，工业化、城镇化、市场化的深入推进，高层、地下建筑大量增加，石油化工企业规模不断扩大，城乡结合部消防安全问题愈加突出，火灾隐患量大面广，消防安全管理难度加大，社会防控火灾的基础仍很脆弱，难以预见的火灾风险明显增多，我国总体上仍处于火灾易发多发期，稍有不慎，就有可能发生大的火灾，消防安全形势仍十分严峻。

第二篇

各省、自治区、直辖市消防工作和队伍建设情况

第一章　北京市消防工作和队伍建设情况

2011 年，北京市公安消防总队紧紧围绕“三项重点工作”（社会矛盾化解、社会管理创新、公正廉洁执法）和“三项建设”（公安信息化、执法规范化、和谐警民关系建设）的总体部署，按照建设中国特色世界城市的发展定位和“平安北京”的战略要求，以消防安全“五大”活动为牵引，着力打造现代化的公安消防铁军，积极探索消防警务机制创新，狠抓工作执行力，城市抵御火灾能力进一步增强。2011 年，全市共发生火灾 4044 起，死亡 30 人，直接财产损失 5035 万元，同比，火灾起数下降 23.8%、死亡人数下降 6.3%、直接财产损失上升 23.5%，伤 41 人，同比上升 2.4 倍，火灾形势总体平稳。全年共组织现场执勤 2628 场次，确保了重要节日、重大活动消防安全万无一失。

一、党委政府空前重视，消防责任层层落实，为首都消防工作“争创一流”奠定了坚实基础

2011 年，各级领导多次听取消防工作汇报，作出重要批示、指示 91 次；特别是北京市委书记刘淇等领导多次就加强首都消防工作作出重要批示；国务委员、公安部部长孟建柱，副部长刘金国视察慰问首都公安消防部队；市委常委、公安局局长傅政华先后 6 次调研指导、研究部署消防工作；北京市副市长苟仲文主持召开 4 次消防工作联席会议和 22 次专题会议，部署和强化消防工作；印发了《构筑消防安全“防火墙”工程年度绩效评价项目书》等一系列文件，《北京市消防条例》于 9 月 1 日正式施行，《北京市“十二五”时期消防事业发展建设规划》于 7 月1 日正式发布。

二、依托“三大平台”，整合扩充社会资源，严密火灾防控，切实维护了首都消防安全稳定

依托防火委平台，强化部门、多警联动，持续掀起集中整治高潮。会同市属行业主管部门、公安警种对城乡结合部非法违法生产经营建设、连锁超市、快捷酒店、医院、燃气供应企业、建筑外墙保温材料、轨道交通建设工程、消防产品等专项整治统筹安排、集中攻坚，重要阶段实施“突击暗访”“零点攻势”，先后开展联合检查 200 余次，督促整改火灾隐患 11.8 万余处。期间，共有 370 余位区（县）党政领导带队检查消防工作，印发通知、文件、方案 2 万余份。对 658 件火灾隐患实施政府挂牌督办，171 件得到整改。依托综治委平台，落实乡镇、街道消防责任，有效解决消防工作“头重脚轻”问题。按照刘淇书记“要将第三级安全和消防工作搭建在首都综治工作平台上，切实把安全生产和消防工作责任落实到基层、落实到第一线”的重要指示精神，会同综治、安监等部门研究制定了《关于建立完善防火和安全生产综合治理机制维护首都安全稳定的指导意见》及《关于利用综治工作平台加强消防工作的实施办法》，将街道、乡镇消防工作纳入综治范畴，实行防火监督员包乡镇、派驻制，有效缓解了基层消防工作力量不足、基础薄弱等问题。依托文明委平台，发动群众、媒体参与，提升社会整体消防安全素质。将消防宣传纳入精神文明建设体系，争取资金1000万元，组织开展了以“全民消防、生命至上”为主题的“119消防宣传周”活动和“百队百车”进社区、“消防连着你我他，平安幸福进万家”等主题宣传教育活动1.2万余场（次），对14万人进行了专门消防安全培训；与7家传媒公司建立了战略合作伙伴机制，在主流媒体刊播消防专题新闻7000余篇（条），在《北京日报》、北京电台开辟“消防安全大家谈”栏目；联合《法制晚报》、《北京娱乐信报》设立“火灾隐患曝光台”，1180余件火灾隐患被主流媒体曝光。

三、拓宽思维理念，推动消防警务机制创新，实现了首都消防事业科学发展

建立火灾隐患举报投诉新机制。坚持“民意主导、情报先行”理念，组建了市、区县两级联动火灾隐患情报信息中心和750名专兼职情报信息员队伍，公布了“96119”举报投诉热线电话。全年共收集隐患10.3万件，督促整改10.1万件。火灾隐患情报信息机制在全国进行了经验交流和推广。形成火灾隐患排查整治新格局。建立多警种、多部门“联勤联动、协同作战”和消防部门“换位互查”工作机制。推出互联网“北京消防”官方微博。建立消防安全远程监控中心，启动消防物联网一期工程建设，切实提高了社会单位消防安全管理的科技水平。出台刚性执法新规定。制定并实施“七个严查”、“七个一律”和《适用消防行政拘留二十条》、《消防行政执法十个一律》及六个坚决查处实施细则等规定和措施。全年共拘留2397人，“三停”单位3781家，查封6075处，罚款7785.7万元。落实政治中心区火灾防控新制度。创立王府井金街消防服务站“品牌”，提升了首都消防服务管理水平。成立三支政治中心区勤务“先锋模范队”，落实全天候、常态化勤务标准，成功处置突发警情80余起，圆满完成重大活动消防安保任务238场次，实现了政治中心区重特大火灾和群死群伤火灾事故“零发生”。实施烟花爆竹消防安全管理新举措。以市政府名义发布《进一步加强烟花爆竹安全管理的通告》，增加八类禁放区，全市层层签订《烟花爆竹安全管理责任书》。制定并实施火灾防范措施全覆盖、可燃物清理全覆盖、重点区域喷水湿化全覆盖、单位内部巡查巡控全到位、群防群治巡逻看护全到位、消防部队值班备勤全到位的“严管严控六项措施”，确保了春节期间全市火灾形势的平稳。探索警务合作新模式。119与120、110、122签订协议，形成四台资源共享与应急联动机制。启动环首都七省区市区域消防警务合作机制，召开了警务合作第一次联席会议并形成长效机制，筑牢了首都消防安全外围屏障。明确消防警务建设新思路。建立和完善党委成员分片包干、联系督导工作机制，按照“五带”标准和“一岗双责”要求，跟踪督导基层工作落实情况。以东、西、南、北区划为基础，建立模块化集成供水方式，目前南区供水能力已初具规模。成立创新办、群工办、爱警办等专职机构，推出灭火救援、执法除患、消防宣传、爱民服务4大类35种创新工作方法，举办了创新成果展，受到好评。

四、强化实战练兵，推进现代化公安消防铁军建设，有效提升了部队灭火救援初战能力

开展铁军中队创建活动，发挥试点引

领作用。实名制组建108个攻坚班组，建立20支“尖刀”队伍，灭火救援拳头力量初步形成。应急救援工作取得突破。组建23支地震搜救队，配齐7类30000余件（套）装备器材，成功举行了“直接开赴编成行动”、“航空运输编成行动”和地震救援实战拉动演练。投入3266万元推动综合应急救援队伍发展，不断完善工作机制，成立了“北京市综合应急救援总队技术支持中心”，为消防部队处置特种疑难灾害事故应急救援提供了科技支持。建立灭火救援战例研讨机制。出台13类特殊灾害事故针对性、指导性救援措施，固化19种基层部队作战程序，配备高层建筑灭火救援所需车辆77部，按照“五定”原则开展实兵实装拉练11640次，有力促进了部队灭火救援初战能力的整体提升。依托3G单兵图像传输设备实现灾害远距离可视化指挥，切实提高了火场通信保障能力。全年共扑救火灾和处置各类灾害事故16811起，营救遇险被困人员3595人。特别是在处置“4・11”朝阳区和平东街居民楼燃气爆炸、“4・25”大兴旧宫违建“三合一”厂房、“5・8”海淀天下城商品交易市场、“12・13”海淀永丰屯乡大牛坊村服装厂火灾以及“4・3”房山猫耳山北京理工大学师生迷路等灭火和应急救援实战中，充分展示了首都公安消防铁军形象。

五、推进部队建设发展，增强队伍的凝聚力和战斗力，不断激发了队伍的整体活力

综合保障能力稳步提升。出台了消防业务经费最低保障标准。全年争取市级财政收入4.9亿元，其中消防业务经费3.62亿元，基本建设经费1.28亿元；区县政府财政资金2.27亿元，基本实现了消防经费数额同比增长10%的目标。建成7个消防站并已投入执勤备战，另有3个基本建成，4个已开工，12个已完成立项批复。新购置各类消防车105辆，装备器材13354件（套），有效提升了基层部队战斗力。从优待警整体推进。始终坚持“用心爱警，以情待警”的爱警理念，开展“爱警日”主题活动，积极走访慰问一线和偏远地区基层官兵、军烈属、离退休老干部、英模、援藏干部家属、因公负伤和特困党员代表，统筹安排官兵探亲休假、体检以及退休干部疗养、机关干部替基层官兵站岗等活动，投入150万元为基层办实事。完成297套干部备勤楼、320套经济适用房租售工作，最大限度地解决了随军、已婚干部住房难问题。建立战时表彰奖励机制，涌现出了王伟等一批重大先进典型。干部队伍建设取得突破。坚持“民主、公开、竞争、择优”原则，建立完善领导干部竞争选拔机制，全年共选拔推荐副师职领导干部3名，正团职干部8名，选拔、调整、交流副团、正营职干部68名；36个中队62名中队主官编配为副营职，153名基层中队干部充实防火监督一线。分层、分类、分级形成8个专业领域人才培养机制。对基层中队指导员、中队长进行全员轮训。完善正规化建设标准，开展达标创优活动，10个示范中队被评为正规化建设标兵中队，20个示范中队被评为正规化建设先进中队。反腐倡廉建设不断加强。成立第一党支部，广泛开展以反腐倡廉为主题的专题民主生活会和集中警示教育活动，举办了“廉政教育大讲堂”，连续开展5次纪律作风教育整顿。建立完善廉政风险防范管理制度，层层签订党风廉政建设责任书、承诺书，全年共查办部队违法违纪案件6件，信访案件办结率100%。深化防火监督人员面向社会述职述廉工作，社会满意度指数达到98.8%。加强财务管理和审计监督，开展了“审计整改年”等专项工作，进一步规范了部队财经秩序。

第二章　天津市消防工作和队伍建设情况

2011 年，天津市公安消防总队在市委、市政府和公安部消防局、市公安局的领导下，紧紧围绕天津市经济社会发展和滨海新区开发开放大局，按照总队确定的“三上两稳”的奋斗目标和工作思路，以消防安全“五大”活动为抓手，着力推进消防社会化、执法规范化、勤务实战化、队伍正规化建设，强力督导落实消防安全责任，大力清剿火灾隐患，积极防控重特大火灾事故，消防工作和部队建设在“十二五”开局之年起步良好。2011 年全市共发生火灾 842 起、直接财产损失 842.4 万元、死亡 17 人、伤 10 人，同比，起数下降 26.7%，损失上升 34.8%，死亡人数减少 6 人，连续 15 年未发生群死群伤重特大火灾事故。全年共接处警 29186 起，其中火警 18425 起、救援 10761 起，出动消防车 5.58 万余辆次、消防官兵 33.4 万余人次，抢救被困群众 1868 人，保护财产价值 10 亿元，为天津经济社会发展提供了坚强的消防安全保障。

一、落实责任、强化宣传，消防工作社会化进程不断加快

深化社会消防管理创新，推动落实消防安全责任，着力推进“政府统一领导、部门依法监管、单位全面负责、公民积极参与”的社会化消防工作格局。抓住全市编制“十二五”规划契机，提请市政府出台《天津市社会消防事业发展“十二五”规划》，并列入全市 24 项重点专项规划予以施行。推动市政府召开工作会议、联席会、“清剿火患”专题会 5 次，举办“119 消防日”等大型活动 3 次，市政府与区县政府签订《消防工作目标责任书》，督导考评消防安全责任制落实情况。市长黄兴国，常务副市长杨栋梁，副市长只升华、王治平深入部队调研指导、现场办公，研究解决了消防规划、装备和队站建设、经费等重大问题。出台了《天津市重点行业消防特派员制度》，在 40 个重点行业单位派驻消防特派员 20 名，推动落实消防安全责任。实行消防安全重点单位“1234”标准化管理模式，全市 8728 家消防安全重点单位全部完成了“四个能力”建设，达标率 100%。推动街道办事处、乡镇政府建立消防办公室 403 个，明确居委会（社区）、村委会消防专（兼）职人员 2557 人。年内，1147 个社区、1749 个村完成“四个一”达标建设。加强社会消防宣传教育培训，落实《全民消防宣传教育纲要》，部署开展居民防火避险“五个一”活动，创建中小学消防安全示范校，发动消防志愿者 42 万人次，深入社区和居民家庭开展消防知识宣传，培训重点单位消防安全“明白人”10 万余名，在新浪和腾讯门户网站开设了消防微博，在中央级媒体和省市级媒体刊稿 1039 篇，在新华社、《人民日报》、中央人民广播电台等中央级媒体刊发稿件 72 篇，发放各类宣传材料近 15 万份，营造了良好氛围。

二、清剿火患、服务发展，消防安全环境进一步改善

坚持依法治火，加大执法力度，先后部署开展了“平安天津”“春防战役”“夏季攻势”“全警出击”“清剿火患”5个专项行动，重点整治了建设施工工地、高层地下建筑、人员密集场所、建筑消防设施、易燃易爆场所等10个领域突出问题。年内，全市各区县、各部门、各行业组成联合检查组2.8万余个，党政领导9000余人次带队检查，排查单位7.9万余家，查改火灾隐患8.6万件；各级公安机关和派出所共出动警力10万人次，检查“六小单位”26万余家次、居民社区2000余个次、乡镇村庄6000余个次，督促整改火灾隐患32万余处；各级公安消防监督机构检查单位10.9万家次，督改火灾隐患5.8万处，依法临时查封732家，责令“三停”563家，行政拘留40人，罚款2032.9万元。检查数、督改数、处罚数、罚款数、“三停”数、拘留数分别是去年的5.6倍、2.3倍、2.9倍、3.4倍、6.7倍、5倍。组建“火灾隐患情报信息中心”，拓宽了火灾隐患举报投诉的受理渠道，配备了21个流动消防警务站，前移了火灾防控关口。在全市范围内形成了“政府牵头、部门联合、消防为主、多警联动”的普查整治新格局。坚持保障民生、服务社会、促进发展，成立“审批提速推动组、审批事项规范组、企业服务组、综合联络组”，出台“24小时开门受理，联合审批，集中会审”等8项举措，年内，审核建设工程项目724项，验收404项，备案抽查336项，审批时限再次提速15%。总队领导先后深入市重点项目现场办公120次，解决消防疑难问题150件，提出合理化建议450条，圆满完成重要政治、经济、文化活动消防保卫任务418次。

三、全员打铁、砺练精兵，灭火应急救援能力稳步增强

坚持面向实战、按纲施训，健全了“党委议训、以考促训、奖励竞争”机制，推动灭火应急救援工作开展。抓规范，组织编写了《灭火救援初战解读》、《灭火救援应知应会实用手册》《“六熟悉”演习演练规定》等战训资料，并印发学习、考核促进。制定了《创建铁军中队实施方案及标准》，确定了7个试点先行开展达标建设。抓练兵，设置了7个岗位40项172个训练科目，深入开展铁军专项训练和全员练兵，普考指战员2032名。创新推行“班专车、人专号、号员专器材”执勤模式，组建了重型、轻型搜救队各2支，建成了由15名训导员、10条搜救犬组成的搜救犬队伍。抓培训，选派13名官兵赴德参加“第一响应”培训，组织人员赴大连、广州、北京等地调研学习石化、地下火灾扑救经验。邀请各地灭火专家及专业技术人员，开展了指挥长、基层指挥员建筑固定消防设施、新任职地方大学生、铁军组训模式等8个专项培训。抓演练，制定了《天津市地震灾害跨区域应急救援预案》，组织了横跨四区一县的应急救援跨区域实战拉动，涉及10个支（大）队及安监、电力、交通、医疗等10余个联动部门，进一步锻炼了队伍。年内，组织总队级大型灭火救援演习4次，“六熟悉”重点单位4200余家次（夜间演练700余次），修订预案1047家。

四、突出重点、全力攻坚，“三项建设”水平明显提升

坚持改革创新、抓早抓好、整体推进的思路方针，狠抓“三项建设”。出台了“消防信息化建设五年规划”和“应用检查细则”，明确了基础通信网络、信息中心等6大项14子项重点内容和保障措施。推进“灭火救援指挥系统”试点建设，安装调试语音综合平台，设置基层火警受理终端，提升了调度指挥信息化水平。推广应用社会公众服务平台系统，实现了网上执法、网上监督、网上考评。改造升级视频会议系统，达到了全区域覆盖、高清化标准。完善全员采集、全员录入、全员应用、全网共享机制，强化办公自动化、纪检监督系统、财务信息管理系统深度应用，提高了工作效率；加强社会主义法治理念、法律法规教育，修订了“执法责任制度、法律审核制度、集体议案制度”等35项执法规范性文件，每季度召开执法工作例会，每周五组织执法人员培训，编印《消防监督执法手册》和《公安派出所消防监督培训教程》，进一步细化流程，规范程序，使所有消防监督人员达到“三懂四会”要求。建立执法服务队伍，推行分段执法、查处分离机制，开展9类执法个案网上考评，防止了执法错案的发生，年内无举报、违规、违纪问题发生；深入开展“大走访”开门评警、“津城百姓评公安”活动，走访群众7000余人次，采纳意见建议2200余条，132个学雷锋小分队深入146户孤老户、烈军属家中做好事、献爱心，帮助群众解决实际问题6400余件。创新建立“一室、一办、一站”（消防警务室、滨海消防办、流动消防警务站），推行消防服务“零距离”，研发了“消防监督执法规范化评议系统”，将消防执法、纪检监督和谐警民关系建设结合起来，把执法“满意度”交给群众评判。

五、政治建警、严管队伍，部队正规化建设跨越发展

以“抓党建促队建，严管理促和谐”为指导思想，部署开展了学习践行“三句话”总要求、“学党史、知党恩、强党性”纪念建党90周年、“四个严禁”、“五条禁令”、廉洁自律警示教育，筑牢了思想防线。落实“65422”管理机制，开展“五无”创建活动，深化“小金库”治理，紧盯事故案件的“风险点”和“重点人”，注重民主管理，两级督查部门走访基层单位909次，督改问题1348件，无违法违纪案件发生。强化领导班子和干部队伍建设，制定了《党委班子建设标准及考核评价办法》、《党委议事规则》等制度文件，举办支队级党委书记培训班，调配67名防灭火干部充实一线，使官兵成长有机会、干事有舞台、发展有空间。同时，狠抓干部队伍管理，开展领导班子、处级以上领导干部述职测评和“一报告两评议”活动，对20个支（大）队31名军政主官进行了经济责任审计，审计金额53013.06万元，纠正违规金额641.78万元。组建了总队信息研究员队伍，完善《党委成员深入基层调研联系点制度》，实行现场指导、定点帮促、重点扶持，解决了一批困难和问题。坚持从优待警，基层为先，在政策、工作、生活等方面积极创造条件，调升基层支大队经费保障标准，平均增长45万元。发放“清剿火患”、加班补助等津贴7050万元，启动建设总队干部经济适用住房工程，为16名家庭困难官兵发放战友互助基金6.7万元，规范了“全员体检、跟踪治疗、健康档案”制度，创造了拴心留人环境。

六、服务中心、夯实基础，后勤保障工作持续给力

坚持围绕中心、面向基层、靠前服务，全年共落实资金6.12亿元，其中预算资金3.54亿元、同比增长16%，专项资金2.58亿元、同比增加1.24亿元。每年装备购置资金、城市维护费预算指标分别由8000万元提高到1亿元、550万元提高到1000万元。加强装备建设，投资1.96亿元，购置急需执勤车辆69辆，装备器材6万余件（套）。加强消防队站建设，专题召开推动会，年内建成5个消防站和2个二级指挥中心，开工建设6个消防站和1个二级指挥中心。改善了宝坻招待所、教导大队、搜救犬训练基地、消防检测站办公生活条件。特别是在市政府和各职能部门的大力支持下，加强沟通协调，提出了消防业务费分级保障办法和最低保障标准，取得了多数区县政府的认同，并已呈报市政府待批；市财政决定在集中使用2011至2013年3亿元消防装备专项资金的基础上，再安排1亿元个人防护装备、车辆维修保养及更新等日常经费，推动消防装备升级；市政府批准，将原消防培训基地立项投资转化为部局警官培训基地置换资金，并由市发改委、市财政局分两年解决资金缺口8592万元，为部队发展打下了坚实基础。

第三章 河北省消防工作和队伍建设情况

2011年，河北省公安消防总队在省委、省政府、公安部消防局和省公安厅的坚强领导下，深入贯彻落实科学发展观，大力实施“五好四快”发展战略，努力打造现代化公安消防铁军，深入推进消防安全“五大”活动和“清剿火患”战役，积极构筑“防火墙”工程，实现了火灾形势和部队管理“双稳定”，为维护全省经济社会发展、保障人民群众安居乐业做出了重要贡献。全省广大官兵团结一心，顽强拼搏，创先争优，在全国第一届现代化消防铁军比武竞赛以及战训工作、信息化建设等工作中取得佳绩，受到了各级领导和人民群众的高度赞誉。

一、始终把队伍建设作为根本保证，坚持建设“五型”班子，打造过硬队伍，有效激发了队伍的生机活力

牢牢抓住领导班子建设，大力倡导创建“学习型、团结型、效能型、创新型、廉洁型”班子，建立健全党委自身建设各项制度，大力加强党委中心组理论学习，始终做到以理论上的清醒保持政治上的坚定。认真贯彻《军队党委会工作条例》，严格执行民主集中制原则，有效提高了科学、民主、依法决策水平。深入推进团职领导干部“双考”选拔工作，全部配齐了支队级单位领导班子；大队主官配备率达到了96.5%，形成了正确选人用人导向。认真落实党风廉政建设责任制，带头恪守党风廉政建设承诺，持续开展廉政警示集中教育活动，加强廉政风险排查和审计监督，树立了清风正气。深入调查研究，大力推行“一线工作法”，两级班子成员普遍建立了工作联系点，实行责任捆绑，奖惩连带，坚持经常深入基层面对面指导，手把手帮扶，始终做到“情况在一线掌握、作风在一线养成、问题在一线解决、形象在一线树立”，先后筹措资金1.048亿元，为基层办了续存伤亡保险基金、重大伤病医疗补助、建设公网集群系统、配发文体设施、执勤车辆、抢险救援器材等230余件实事，帮扶基层整改突出问题700余项，受到基层官兵的欢迎和拥护。切实加强思想政治工作科学化制度化规范化建设，积极探索建立政治教育“四种权利”运行模式。广泛开展践行“三句话”总要求主题教育和纪念建党90周年专题教育活动，深化“大走访”开门评警和“一加一”爱民帮扶实践活动，广大官兵的宗旨观念、理想信念进一步坚定。深入推进“支部创星级、党员争先锋”创先争优活动，基层党组织和党员队伍作用进一步发挥，涌现出北戴河特勤中队等一大批先进典型。深入推进基层正规化建设和精细化管理，强化经常性督察管控，保持了部队高度稳定和集中统一。

二、始终把构筑“防火墙”工程作为首要任务，坚持主动服务发展，倾力清剿火患，有效维护了消防安全形势稳定

充分发挥政府主导作用和行业监管部

门职能作用，深入推进“五大”活动。提请省政府先后三次召开会议进行部署调度，明确各级政府主要领导和分管领导为“五大”活动的第一责任人和主要负责人，强化了消防安全“六个必查”的硬性措施。协调省安委会把“五大”活动列入“安全生产年”考评范围，作为社会治安综合治理一票否决内容。联合各成员单位，集中开展了文物单位火灾隐患排查整治百日行动、建设工程消防监督工作专项检查等一系列行动，始终保持了整治火灾隐患的高压态势。在部队内部，逐级签订了责任状，完善了“每周一通报、每月一总结、两个月一调度”的工作措施，并将“五大”活动作为年终考核验收评比的主要内容，层层传递压力，激发动力。全力开展“清剿火患”战役，省消防安全委员会30个成员单位和11个设区市、192个县（市、区）政府全部印发了战役方案，建立了分行业、分系统、分区域排查整治、考评奖惩、责任追究机制。省安监局、住建厅、工商局、质监局等分别会同总队开展了专项整治行动，省公安厅将战役任务列为“三级两类一网考”考评项目，强力推动各警种落实战役任务。创新“10+1”联合监管模式，广泛推行“网格化”排查整治，全省共划分2225个乡镇（街道）大网格、4.5万个行政村（社区）中网格、7万个责任片区小网格，发动基层派出所民警、群众24万人，全面开展排查整治。建立各设区市火灾隐患举报投诉中心，全部开通了“96119”举报投诉专用号码。组建了特别行动队和技术服务队，重点整治消防安全乱点区域和疑难案件，实施消防自动设施免费检测，做到执法与服务并重。形成了政府主导，全警动员，多措并举，合力作战的工作格局，先后发起了“燕赵风暴行动”“119”消防日集中行动“零点行动”等专项行动。制订出台《河北省进一步加强消防监督执法规范化建设实施意见》等10余部规范性文件，全面推广衡水支队“562”和“241”执法规范化模式，深入开展治理执法突出问题专项行动，大力推行下放审批权限等便民服务措施，提升了执法服务效能。深入贯彻《全民消防安全宣传教育纲要》，大力开展“家庭消防安全计划”、学校消防安全教育“四个一”系列活动、“出租车消防志愿者在行动”专项活动，强化了消防宣传效应。强力推进“四个能力”建设，培训消防安全责任人、管理人、专兼职消防人员和特殊工种人员15万余名，提高了社会单位消防安全管理水平。自9月26日战役发起至12月31日止，全省消防部队会同基层派出所共检查单位33万家次，整改消除隐患100.6万处，临时查封19696家，责令“三停”16855家，罚款3.22亿元，拘留处罚人员过万人。2011年，全省挂牌督办的223处重大隐患全部整改销案，新排查整改重大隐患1184处。全省火灾“四项指数”两升两降，保持了连续十年无群死群伤恶性火灾事故的平稳态势。

三、始终把核心战斗力作为重要标准，坚持建设消防铁军，强化攻坚训练，有效提升了灭火救援实战能力

全面推进铁军练兵比武，强化灭火救援攻坚组培训，大力加强铁军中队试点建设，先后组织支队、大队、中队三级指挥员培训6期、铁军攻坚组培训和复训12期、“四有”乡镇队伍指挥员培训11期，培训各级指战员2200余人；组织视频战例研讨培训5期，参训官兵2.5万余人次；组织跨区域实战拉动演练8次，支队级拉动30余次，各级各类实战演练1.4万余次。坚持以信息化引领实战，着力完善管理指挥一体化平台，扁平化指挥层级，加强消防指挥调度网扩容和公网集群终端建设，提高了远程可视化指挥能力。提请省政府下发了《关于进一步加强公安消防综合应急救援队伍建设的通知》，确定了2011—2012年分批次推进应急救援队伍建设达标的目标，完善了应急救援联动单位联席会议、联合演习、作战响应等机制，充实了应急救援专家组，省、市两级共聘请化工、气象、地震、建设等专家200余名。与1.2万余家企事业单位和职能部门签署了联动保障协议，初步建立了省、市、县三级社会化应急保障机制。举行了石化单位灭火和应急救援大型实战演练，检验了联动效果。2011年，全省消防部队共接警出动1.4万次，出动消防车2.9万辆次，消防官兵16.1万人次，抢救疏散被困群众2.5万余人，抢救财产价值6.3亿元，圆满完成了增援扑救秦皇岛“4·12”森林火灾任务，11个单位和152名官兵分别被省政府评为先进集体和个人，全年共有1725名官兵立功受奖。

四、始终把加强基层基础作为永恒主题，坚持抢抓工作机遇，主动迎难而上，有效增强了消防事业的发展后劲

总队党委确定了“五好四快”（建设好班子、锤炼好队伍、培养好作风、创造好业绩、树立好形象，加快转变观念、加快机制建设、加快补还欠账、加快发展速度）的发展思路，规划了“一年对标定位打基础，二年环比争先上台阶，三年整体创优上水平”的奋斗目标。围绕这一发展战略，抢抓“十二五”开局之年重大机遇，报请省政府批准，颁布实施了《河北省消防工作“十二五”规划》，各设区市“十二五”消防工作规划全部通过了审定和论证。在部队内部制定下发了《消防工作和部队建设2011—2013年发展规划》，紧密围绕打造现代化消防铁军、构筑社会消防安全“防火墙”工程，细化了9大方面46项发展目标和措施。2011年，全省部队落实消防经费9.8亿元，较2010年增长20%。其中，总队本级经费连续两年突破亿元大关，同比增长35.7%。国家陆地搜寻与救护基地（河北基地）项目建设主体封顶。张家口、承德支队新指挥中心相继投入执勤，唐山、保定、邢台新指挥中心正在建设，廊坊、沧州新指挥中心建设全面启动。全省启动新建消防站项目17个，消防站总量达到262个。大力完善灭火和应急救援战勤保障体系，布局建设了正定、唐山、廊坊三个总队级战略物资储备库，建成了11个支队战勤保障大队，各县市中队均成立了装备维修组。新购执勤车辆198部，车辆总数突破1400部。新增装备器材11.9万件（套），总量达到33.4万件（套），一线官兵个人基本防护装备全部配齐，车辆装备结构明显优化，并配备了核生化侦检车、地震抢险救援车、78米登高平台消防车、消防坦克、消防机器人、气垫船、无人侦察机等高精尖特种装备，提升了装备战斗力。提请省公安厅、编委、人社厅、财政厅联合下发了《关于加强消防专职队员离队安置和经费保障工作的通知》，明确了消防专职人员的工资福利按照不低于当地同等学历、工龄的事业编制人员的标准予以保障，缴纳各项社会保险，结合财力情况发放执勤和高危补助。及时总结邢台市南和县新分配大学生先当消防专职队员再上岗的经验，召开了政府专职消防队管理工作会议，推广了“南和”模式。石家庄、唐山、邯郸、保定、承德、衡水支队推动政府相继出台文件，明确了人员经费保障、工资和生活待遇、离队安置等一系列制度，非现役队伍逐步迈上健康发展的道路。

第四章　山西省消防工作和队伍建设情况

2011年，山西省公安消防总队在省委、省政府、公安部消防局和省公安厅的坚强领导下，牢记“三句话”总要求，认真落实党中央、国务院以及公安部、省委省政府关于加强和改进消防工作的一系列决策部署，强化消防工作责任制落实，加强消防基础设施建设，推动火灾隐患排查整治工作深入开展，保持了消防工作和队伍建设持续推进、科学发展的良好态势，全省火灾形势平稳，连续28年未发生群死群伤恶性火灾事故，为全省转型跨越发展和社会和谐稳定做出了积极贡献。

一、严格落实消防工作责任制，提升全省消防安全管理水平

全省各级消防部队紧紧围绕服务转型跨越发展大局，认真履行消防监管职责，积极发挥党委政府参谋助手作用，提请政府将消防工作列入重要议事日程。省政府全面部署清剿火患战役，并健全完善了政府领导、部门联动、目标管理和督导考评机制。5月份，省政府召开了由12个厅局主要负责人参加的联席会议，就消防产品联合执法、建筑外墙保温材料消防安全、学校安全教育等重大问题进行磋商；7月份，省政府召开进一步加强火灾防控工作电视电话会议，要求各地把预防和遏制重特大火灾事故的发生作为当前一项重要任务，确保全省火灾形势稳定。12月份，省政府成立5个考评组对11个地市落实2010—2011年度消防工作责任目标情况进行全面考评验收。全省各地党委政府对消防工作高度重视，认真落实政府消防安全工作行政一把手负责制，不断完善政府牵头、有关职能部门参与的消防联席会议制度、联合执法制度、重点督察制度等，并逐级、逐层、逐部门签订责任书，将消防工作目标任务和责任逐级分解到各有关部门、行业、系统及社会单位，将单位评先评优、干部提拔晋升与消防工作挂钩，坚决实行一票否决制。2011年各地市、县级人民政府召开专题研究消防工作常务会、办公会达190余次，各级党政领导定期听取汇报、定期调查研究、定期带队督导检查消防工作。

二、深入推进“清剿火患”战役，提高社会火灾防控水平

全省各地紧紧围绕防范重特大火灾尤其是群死群伤火灾事故为目标，不断创新社会消防管理，大力推行网格化监管模式，全面启动全警消防战略，深入开展消防安全“五大”活动和“四个能力在山西”专项行动。全面打响了“清剿火患”战役，张建欣副省长亲自担任战役指挥部指挥长，对“清剿火患”战役行动进行全面指挥；全省11个地市、143个县市区、1481家派出所、29386个村、街道、社区协同作战，积极构建三级网格管理模式，住建、工商、文化等56个部门、行业之间协调配合，消防、治安、法制、警务督察部门实行全警联动共同推动“清剿火患”战役。共检查社会单位 13 万家，督促整改火灾隐患 25.8 万处，责令“三停”单位 3918 家，拘留 2440 人，38 家重大火灾隐患单位全部摘牌。采取超常规措施，抽调人员全面加强“中博会”（第六届中国中部投资贸易博览会）消防安全保卫，实现了“场馆不冒烟、火灾零伤亡”，被省政府授予“忠诚卫士”光荣称号。全年共发生火灾 4679 起，死 14 人，伤 9 人，直接财产损失 4643.5 万元。除起数同比上升 5.4% 外，其他三项指标分别下降了 46%、35.7% 和 26.6%。

三、加强消防宣传工作，增强全民消防安全意识

积极协调省委宣传部等 8 部门联合出台《关于贯彻落实〈全民消防安全宣传教育纲要（2010—2015）〉的实施意见》，在全省提出“大普及、大宣传”的消防宣传工作理念，共开展消防宣传活动 2000 多次，开放消防站 3900 余次，接待参观群众 200 万人次，发送宣传资料 190 余万份，群众的消防安全意识得到了普遍提高。省公安厅、教育厅联合制定下发了《山西省“消防安全教育示范学校”考核评定办法》，通过组织中小学生安全教育日主题教育活动、山西省消防科普活动周暨太原市“小手拉大手，消防进校园”等宣传活动，增强了全省中小学生消防安全意识。组织中央级和省级 25 家主流新闻媒体 30 余名记者组成“清剿火患 - 我们在现场”宣传报道团，分赴全省 11 个地市，行程 5000 多公里开展“清剿火患”宣传报道，在全省形成了强大的舆论声势。同时，督促各地设立 11 个火灾隐患举报投诉中心，开通“96119”举报电话，在社会上形成“全民消防、生命至上”的舆论氛围。

四、打造三晋消防铁军，提升部队攻坚克难能力

全省公安消防部队始终坚持以战斗力为标准，以现代化科学技术为支撑，以人才素质提高、现代装备升级和社会管理创新为重点，全面打造现代化三晋公安消防铁军，开展了高层建筑和文物古建筑灭火救援准备专项行动，组织了 6300 余次案例教学和专题战术研究，1200 余次典型灾害事故实战拉动演练，4 次跨区域灭火救援演练和 1 次跨区域地震灾害事故应急演练，部队官兵灭火救援能力进一步提升；大力加强攻坚队伍建设，先后举办了 12 次消防铁军攻坚组比武竞赛。不断推进应急救援队伍建设，全省 11 个地级市、119 个县市区全部组建了应急救援队伍，提前一年完成了公安部部署的任务，并在创新应急救援队伍建队模式、建立多部门联动机制上走在了全国前列。10 月 13 日，环保部、公安部在朔州市联合召开了工作交流会总结交流朔州等地建立环保与消防应急联动机制的工作经验。2011 年，全省消防部队共接警出动 1.1 万余次，出动消防车辆 1.9 万辆次，出动消防人员 11.2 万人次，抢救疏散被困人员 3.5 万人次，保护财产价值 5.8 亿元，受到了各级领导和人民群众的广泛赞誉。

五、狠抓队伍建设，推进部队正规化建设

全省消防部队坚持把党的建设与队伍建设结合起来，以党建促队建，深入开展创先争优活动，深化学习型领导班子和民主集中制建设，政治主官担任书记制度有效推进，党建基础进一步夯实，创先争优热情进一步高涨；紧扣建党 90 周年，举办了红歌演唱会、图板成果展、书画艺术展等活动，丰富了警营文化生活，激发了官兵昂扬向上的工作热情。在干部管理方面，推行了营职干部竞争上岗和机关干部绩效考核制度，促进了学习型部队建设，强化了干事意识，提高了工作效率，干部纪律作风得到明显改善。坚持从严治警，加大督察力度，狠抓部队管理，开展了以“安全警示标识化、安全教育远程化、安全训练规范化、灭火救援科学化”为主题的“四化”建设和“五无”创建活动，设立了安全工作奖励基金，召开了部队正规化建设现场会，通过警营大讲堂、安全大家谈等系列活动，强化了官兵安全意识，扭转了事故案件多发的局面。加强党风廉政建设，探索建立内控机制，组织开展了集中警示教育活动和干部队伍思想作风教育整顿，纯洁了部队风气；深入开展“审计整改年”活动，审计金额9.97亿元；深化“阳光行动”，努力构建和谐警营警民关系，聘请各级人大代表、政协委员担任行风监督员，努力推进消防执法规范化建设，探索建立“大走访”活动长效机制。共有58个单位被评为“阳光警队”、63名个人被评为“阳光警察”，人民群众满意度进一步提高。加强文明单位创建工作，总队机关和6个支队被评为“全国文明单位”。

六、加大资金投入力度，深化部队基层基础建设

各级部队大力加强财务管理制度化、规范化、标准化建设，进一步完善了资产配置标准，细化了资产购置预算，将消防业务经费保障列入政府年度工作考核目标，省政府及各地政府不断加大消防经费投入，全省预算经费实现3.47亿元，增幅达13.7%；业务费总量达到6.91亿元，同比增长22.6%。全省投入资金1.06亿元，新增消防车80辆，新购个人防护装备1.8万件（套），投资4.7亿元，新建改建消防站48个。顺利完成总队培训基地第一期工程建设任务。2011年总队党委还拿出900万元用于补贴开工新建的18个消防站。各地坚持信息主导警务，深入推进信息化建设，建成了调度指挥系统，搭建起卫星通信网，配备了通信指挥车，实现了全省联网，数据、图像、声音等信息同步传输。

第五章　内蒙古自治区消防工作和队伍建设情况

2011年，内蒙古自治区公安消防总队在自治区党委、政府、公安厅和部消防局的正确领导下，以胡锦涛总书记“三句话”总要求为统领，抢抓机遇、开拓创新、改革攻坚，整体工作再上新台阶，重点工作有了新突破，保持了火灾形势和队伍管理“双稳定”，实现了消防工作和队伍建设整体推进、协调发展的良好态势。

一、火灾形势持续平稳

针对自治区火灾总量逐年上升的趋势，积极探索建立并完善火灾防范机制，出台《关于加强消防工作的意见》和“三个硬十条”措施，推行“全警联动”工作模式，强力推进“防火墙”工程和“四个能力”建设，深入开展建筑消防设施、建筑外墙保温材料、能源化工企业、“五大活动”“雷雨”行动、“清剿火患”战役等7个专项治理，有效净化了社会消防安全环境。特别是在“清剿火患”战役中，全区各地坚持以最高的标准、最严的要求、最广泛的社会参与、最强硬的工作措施推进各项工作，做到了重视程度、工作举措和执法力度三个“空前”。一年来，全区累计投入警力60余万人次，共检查单位14.3万家，发现火灾隐患26.4万处，整改隐患24.8万处，责令“三停”4371家，拘留2954人，罚款8080万元，提请政府挂牌督办重大火灾隐患单位1280家，各项执法数据成倍增长，检查频次、处罚力度均创历史之最，为确保全区火灾形势持续稳定打下了坚实基础。2011年，全区共发生火灾10370起，死亡44人，受伤17人，直接财产损失6410.8万元。与上年相比，起数上升17.9%，亡人下降2%，伤人上升21.4%，损失上升20.8%。

二、党委政府更加重视

各级公安消防部队充分发挥职能作用，加强与各级党委、政府的沟通协调，主动靠前，依法履职，赢得了党委、政府的信任和支持。自治区政府先后5次召开专题会议、下发10余份文件，自治区领导胡春华、巴特尔、李佳、任亚平、邢云、潘逸阳、赵双连、连辑、赵黎平等听取消防工作汇报16次，检查消防安全重点单位80余家，作出重要批示11次，帮助解决了一批难点、瓶颈问题。自治区政府推出了一系列支持消防事业发展的政策和措施，颁布实施了“十二五”消防事业发展规划，并将其列为“十二五”期间自治区36部重点规划之一；自治区党委组织部、自治区党校决定将消防法制培训纳入领导干部培训内容，为消防工作快速发展奠定了坚实基础。自治区连续第17年签订三级政府消防工作责任状，进一步加快了消防经费投入、消防基础设施建设步伐。各盟市、旗县区党委、政府对消防工作和部队建设普遍高度重视，为推动消防事业发展提供了强有力的政策支持和保障。

三、消防社会化进程加快

各盟市积极提请当地政府出台“十二五”期间消防事业发展规划，确保消防工作与社会经济发展相适应。各地依托社会主义新农村新牧区建设和社区综治网络建设，逐步加强机制建设、落实经费保障、强化器材配备、开展教育培训。大力推动消防站建设，发展消防志愿者组织，填补村镇消防力量空白，通过举办形式多样的业务培训、实战演练、比武竞技等活动，不断提升多种形式消防队伍战斗力。积极组织开展“5·12”防灾减灾日、消防安全月、119消防宣传周等大型公益宣传行动。自治区党委、政府分别印发了《消防公益宣传报道实施方案》《学校和社区消防宣传教育工作实施方案》，强力推进“公益性、亲情型、渗透式”的消防宣传模式，全社会“关注消防、学习消防、参与消防”的氛围日益浓厚，人民群众“做好消防、防范火灾”的意识更加主动。大力推进职业技能鉴定和重点工种岗前培训、持证上岗工作，开展消防安全教育示范学校和示范单位评选活动，社会化消防教育培训迈出坚实步伐。中央电视台、人民日报、人民公安报等媒体多次报道全区火灾防控成效，自治区各级各类媒体对消防工作也给予了广泛关注，消防宣传覆盖面和影响力创历史之最。

四、部队战斗力大幅提升

全区消防部队紧紧围绕转变战斗力生成模式，扎实推进铁军中队创建工作，广泛开展全员岗位练兵，突出抓好攻坚组和实战化训练，部队执勤训练迈出坚实步伐；围绕“灭大火、打恶仗”，开展“灭火救援演练月”，多次利用视频系统召开火灾战例研讨会，举办了片区比武对抗赛，开展了大型石油化工、高层地下建筑、人员密集场所、大空间和大跨度建筑等操法训练及实战演练，举行了自治区首次规模最大的地震灾害应急救援演练。在全国公安消防部队比武竞赛中取得了良好成绩。全区各地按照“建好专业队伍、健全联动机制、建强装备体系、发挥主力作用”的发展思路，依托公安消防部队加快推进应急救援队伍建设，共组建盟市级应急救援支队12个、旗县级应急救援队伍118个，实现了应急救援队伍的全覆盖。一年来，全区消防官兵共参加灭火救援1.3万多起，营救疏散群众2.5万余人，抢救保护财产价值64.8亿元，最大限度保护了国家和人民群众的生命财产安全。

五、后勤保障更加有力

积极协调地方政府财力支持，全区消防业务费总量实现大幅增长，一举突破5.76亿元，再创历史新高。总队本级业务费突破1亿元，比上年增长20.5%；全区有4个支队本级业务费突破1000万元，71.2%的大队业务费超过了100万元。器材装备建设提档升级，全年采购48辆消防车装配到部队，投入1亿多元购置12类、3.3万件（套）消防器材装备，经费投入之大、科技含量之高创历年之最。各地筹集4.5亿元资金，新建20座、续建22座消防队站，以及巴彦淖尔、兴安盟、阿拉善盟3个支队指挥中心大楼，完成赤峰、乌海、包头、呼和浩特战勤保障大队建设任务，切实改善了官兵执勤、工作和生活环境。投资2.5亿元的内蒙古消防总队指挥中心大楼和自治区防灾救灾训练基地交付使用，标志着内蒙古消防基础设施建设迈上了新台阶。同时，针对内蒙古地域跨度较大、消防水源缺乏、煤化工企业发展迅速、部队独立作战需求大的实际，总队组织编制了《“加强型”

消防站建设标准》，并以自治区地方标准的形式出台实施，对迅速提升消防部队车辆装备水平和灭火救援能力具有举足轻重的作用。

六、队伍建设成效显著

全区消防部队深入贯彻《公安消防部队基层正规化管理若干规定》，开展“条令条例学习教育月”活动，全面加强安全管理工作，保持了部队连续4年无责任事故和违法违纪案件的良好势头。全面开展“创先争优”“大走访”开门评警和庆祝建党90周年系列活动，狠抓基层党组织建设课题攻关，规范基层党组织机构设置、工作机制和运行模式，推动基层党组织规范化建设走在了全国前列。严格贯彻落实干部工作政策，提任11名正团职干部、62名副团职干部，一批业绩突出、群众公认的优秀年轻干部走上领导岗位。以立功创模活动为牵引，加大典型培树力度，涌现出以张旭同志为代表的一大批先进集体和个人，年内有128个集体、290名官兵被记功、表彰。总队被中央文明委授予“全国文明单位”称号。

第六章　辽宁省消防工作和队伍建设情况

2011年，辽宁省公安消防总队在省委、省政府、公安部消防局和省公安厅的正确领导下，以胡锦涛总书记“三句话”总要求为统领，深入贯彻落实科学发展观，以“三项重点工作”和“三项建设”为重点，以消防安全“五大”活动为载体，坚持解放思想，创新发展，推进社会消防安全“防火墙”工程，打造现代化公安消防铁军，规范应急救援队伍建设，全面提升队伍建设和后勤保障工作水平，消防工作和队伍建设取得显著成绩。温家宝总理、孟建柱部长专程视察慰问大连公安消防支队并发表重要讲话，给予高度赞誉。

一、社会化消防工作实现新加强

各级党委政府对消防工作重视空前，分别召开消防工作会议，层层下发目标责任书推动工作落实；省人大常委会全票通过《辽宁省消防条例》，省委省政府先后5次召开专题会议研究部署消防工作，省消防安全委员会定期组织发改委、公安、教育、安监、住建等部门召开联席会议，齐抓共管，部署开展消防安全大检查；行业系统监管责任、社会单位主体责任进一步落实，“四个能力”全面加强，“防火墙”工程建设稳步推进。省委王珉书记、省政府陈政高省长、薛恒副省长等领导多次指示批示并亲自到一线检查；各市政府共召开消防工作会议180余次，领导带队检查720余次，各部门开展联合检查130余次，协调解决重大消防问题170余项，全省30969家社会单位“四个能力”建设验收达标。

二、火灾防范能力实现新提升

大力深化执法规范化建设，实行公开公正执法，坚持网上执法质量考评，消防监督管理系统实现深度应用，启用了消防办事直通车，对省博物馆等重点工程项目实施了专家“会诊”。积极开展“消防安全隐患整治年”活动，强化多警联勤机制，突出抓好建筑外墙保温材料、自动消防设施、施工现场等“三项整治”行动，“网格化”管理高效推进；“清剿火患”战役声势大、攻势猛、效果好，极大地震慑了消防违法行为，有效改善了消防安全环境。全年全省检查单位100万余家次，临时查封并取缔28699家，拘留8169人，责令“三停”单位15613家、罚款8498万元。2011年，全省共发生火灾4092起，死亡21人，受伤4人，直接财产损失1.6亿元。

三、消防宣传培训实现新提高

《全民消防安全宣传教育纲要》宣贯工作全面启动，“全民消防宣传月”“‘119’消防宣传月”声势浩大，全省大队级以上单位官方“消防微博”全部开通，全国首部消防题材大型电视连续剧《烈火青春》筹拍工作进展有序，“全民看消防”、“铁军颂歌”等主题活动和晚会效果明显。全年开展各类培训5000余次，培训人数100多万人次。

四、打造铁军工作实现新推进

以全员岗位练兵为抓手，试点推行了“五化”训练模式，开展了铁军中队创建活动；以强化攻坚力量建设为契机，举办了攻坚组暨基层指挥员集中强化训练班；以检验跨区域、大兵团作战为目的，开展了辽中地区地震救援实战拉动演练和石油化工专项行动；以全员参与为重点，组织了首次全省现役士兵业务比武竞赛；参加第一届全国打造现代化公安消防铁军比武竞赛，取得了优异成绩；以大力实施科技练兵为举措，部队信息化水平稳步提升；全省13个支队被当地党委政府授予公安消防铁军称号，部队灭火救援实力显著提高。2011年，全省消防部队接警出动12800起，出动警力100549人次，出动车辆20721辆次，抢救、疏散人员11270人，抢救财产价值200多亿元。部队成功处置了抚顺“1·19”、大连“7·16”和“8·29”等石化企业爆炸火灾事故和沈阳“2·3”高层建筑重大火灾事故。

五、典型培树工作实现新突破

2个集体被公安部荣记集体一等功，2个集体被评为国家级青年文明号，3名同志被公安部授予“灭火勇士”荣誉称号，37名同志荣记个人一等功，443名同志荣记个人二、三等功。省政府专门召开表彰大会，表彰沈阳“2·3”火灾灭火有功人员。大连支队被中宣部、公安部确定为全国重大典型，部消防局党委、省公安厅党委分别下发决定，号召向大连市公安消防支队学习；省公安厅召开了大连支队先进事迹座谈会和“弘扬公安消防铁军精神，打造国际一流警务”座谈会；总队召开向大连支队学习动员部署誓师大会，组建了大连支队先进事迹报告团，开展事迹宣讲活动；全省消防部队以“学先进、做表率、走前列、创一流”为主题，全面掀起了向大连支队学习的热潮。

六、班子和干部队伍建设实现新跨越

大力加强班子建设，配齐配强各级班子，坚持落实民主集中制原则，开展了“考察帮建”“双联双建”和基层党建规范化试点活动，党组织工作规范有序，战斗堡垒作用明显；坚持“公开、公平、竞争、择优”的干部任用原则，建立健全“双考”选拔机制，提拔交流使用团营职干部772人，得到了省公安厅党委和全体官兵的一致好评；继续深化大教育、大培训，依托远程教育系统举办“辽宁公安消防大讲堂”，组织了“全员岗位大练兵、实战技能大比武”活动，创新开展“232”大学生干部培训模式，干部综合能力素质全面加强。

七、综合保障能力实现新增强

全年落实各项地方经费16.75亿元，与2010年相比增长20.24%；新建各类消防站31个，国家陆地搜寻与救护辽宁基地项目建设全面竣工并投入使用，采购238辆消防车和一大批个人防护装备、抢险救援器材，其中包括价值3.16亿元的63辆特种消防车，实现了全省消防装备建设的历史性突破；提请省政府为全省现役、合同制、文职人员发放每人每月不低于400元的灭火救援出勤补助，并纳入各级财政预算。深入推进治理“小金库”工作，完成审计项目17个，审计金额18亿元，清理历史欠款5266万元；《消防员职业健康标准》宣贯落实到位，卫勤保障体系进一步完善。

八、部队正规化建设实现新发展

全面开展实践“三句话”总要求主题教育和“全国学大连、辽宁走在前”大学习大讨论活动；围绕纪念建党90周年，开展“在党旗下成长”红歌传唱千里行和“学党史、知党恩、跟党走”等六大主题活动，部队思想政治工作水平不断加强；部署了“忠诚、廉洁、敬业”

主题实践活动，认真受理核查群众信访举报，继续坚持总队长、政委“信函直通车”制度，邀请百名人大代表、政协委员“走基层、看消防、督导‘清剿火患’战役”，部队廉政建设水平和人民群众满意度实现进一步提升；以宣贯新《共同条令》为主线，开展了“条令在心中”系列主题活动；严格落实安全防事故措施，扎实开展“五无”单位创建活动，实现了部队高度安全稳定。

第七章　吉林省消防工作和队伍建设情况

2011 年，吉林省公安消防部队在各级党委、政府、公安机关的正确领导下，以构筑社会消防安全“防火墙”工程为重点，以消防安全“五大”活动和打造现代化公安消防铁军为载体，在火灾防控、灭火救援、部队基层基础建设和队伍建设等方面都取得了显著的工作成绩，消防工作实现了跨越式发展和重大突破。2011 年，全省共发生火灾 7578 起，死亡 13 人，伤 5 人，直接财产损失 3726 万元。与去年同期相比，火灾起数、死亡人数、伤人数、损失数分别下降了 2.7%、70%、80%、47%。

一、积极推动落实消防安全责任制，消防工作社会化基础进一步夯实

消防安全责任制得到有效落实。2011 年，省委书记孙政才三次视察慰问消防部队，省委常委、政法委书记金振吉和副省长王化文多次听取消防工作情况汇报，省政府四次召开会议部署消防工作，省公安厅厅长马明多次深入基层消防部队检查指导工作，并亲自参加消防安全检查、宣传等活动，各级领导的高度重视和大力支持，为消防工作深入开展提供了强有力组织领导保障。年初，省政府召开了全省消防工作会议，通报了 2010 年全省消防工作责任书落实情况，与 10 个地区的政府签订了《2011 年消防工作责任书》，对 2011 年全省消防工作任务进行了安排部署。各市（州）、县（市、区）党委、政府分别召开年度消防工作会议，逐级签订消防工作责任书，主动将消防工作纳入政府重要议事日程来抓，有力地推动了消防工作责任制的落实。年内，省政府督察室牵头，协调省直相关部门于年中和年底对各地责任书落实情况分别进行了两次检查验收，确保了消防工作任务的有效落实。火灾隐患排查整治工作全面加强。省政府先后召开了“防火墙”工程暨春季防火攻坚战现场会、“五大”活动推进会等专题会议；部署开展了建筑外墙保温材料、广告牌、建筑消防设施和消防产品等四个专项整治行动；圆满完成了“三节”“两会”、庆祝建党 90 周年以及汽博会、东北亚投资贸易博览会等重点时期、重要节日和重大活动的消防安全保卫任务，确保了全省火灾形势稳定。特别是公安部部署开展“清剿火患”战役以来，省政府专门召开会议部署，制定下发方案，并纳入全年工作责任书内容。总队下发了《火灾隐患分级整治工作的指导意见》《吉林省公安消防部队“清剿火患”战役奖惩暂行规定》等一系列文件，把全省分为六大战区，由总队党委成员担任战区指挥长，通过部门联合执法，异地交叉执法等方式地毯式排查，消除整改了大批火灾隐患，“清剿火患”战役取得了阶段性胜利。2011 年，全省共排查各类单位近 12.8 万家，发现火灾隐患 15 万处，督促整改火灾隐患 12 万处，实施罚款 1.08 亿元，拘留5708人，“三停”单位10300家，查封单位19674家，全省消防安全环境得到明显改善。消防宣传教育工作树立了品牌效应。在全省部署开展了家庭消防安全自查、学校消防安全“六个一”“百日消防安全大宣传”“119消防宣传月”等系列活动，持续推进了消防教育培训“六个百分百”工程，全面加强了全省乡镇长和村“两委”负责人消防安全培训。以省公安厅、教育厅名义联合下发了《关于印发吉林省深入开展学校消防安全“六个一”活动实施方案的通知》，省政府召开《全民消防安全宣传教育纲要(2011—2015)》的视频宣贯会，与省教育厅等相关部门共同研究制定了《吉林省全民消防安全宣传教育规划（2011—2015)》，并以省委、省政府“两办”名义联合下发。全省各级政府共投入7000余万元，新建、改建消防科普教育基地17所，购置多功能消防宣传车34台，基层部队照相机、摄像机、电脑等消防宣传装备器材的配备率均达到了100%。10月13日，公安部消防局和民政部基层政权和社区建设司，联合在长春市召开了全国社区消防宣传教育工作现场会，推广了吉林省社区消防宣传教育工作经验；吉林省消防宣传教育工作还先后在公安部、教育部联合召开的贯彻落实《全民消防宣传教育纲要》深化学校消防宣传教育工作电视电话会议、全国深入推进“清剿火患”战役视频会议上作经验交流。

二、深入开展打造公安消防铁军活动，部队灭火救援实战能力不断增强

扎实开展“学装备、练精兵、为实战”活动。制定了《〈灭火救援与业务训练〉系列电子教案》和《消防员运动热身和恢复训练实用手册》，指导部队扎实开展灭火救援业务理论学习和体能训练工作；先后下发了《吉林省公安消防部队防消结合工作规定》《吉林省公安消防部队执勤备战督察工作暂行规定》《明确火灾扑救现场作战指挥权问题的通知》等一系列文件，有效解决了灭火救援工作中的一些瓶颈性问题。为切实提高基层指挥员的整体业务素质，总队组织全省基层指挥员和支队战训干部116人，开展了为期20天的基层指挥员灭火救援业务培训。针对建筑外墙封堵影响灭火救援的实际问题，总队在长春支队开展了建筑外墙“火三角”破拆点试点活动，发生火灾时，破拆点可以作为排烟、降温以及灭火救援的进攻通道，有效提升了部队灭火救援实战能力。2011年，全省消防部队共接警出动9432次，扑救火灾7612次，抢险救援1084次，社会救助359起，抢救遇险群众1587人，抢救财产价值16.1亿元。强力推进综合应急救援体系建设。总队颁布了《吉林省公安消防部队跨区域地震灾害抢险救援预案》，并先后对全省10个支队的跨区域地震应急救援分队进行了临机拉动演练，全省共组织开展总队级临机拉动演练24次、跨区域应急救援综合演习4次，支队级应急演练110次，大队级临机模拟演练1620次，中队级临机拉动演练4120次，联合熟悉重点单位14896家，完善各类灭火救援预案4218份，有效检验了部队跨区域应急救援遂行作战能力。投入25万元，购买了10条搜救犬，组建了搜救犬队。10月28日，省政府在总队新落成的培训基地，隆重举办了吉林省消防应急救援综合演习暨消防车辆发放仪式，调集全省公安消防部队十个支队的各类消防车辆300余台，参演参训官兵1200余人；协调公安、医疗、电力、气象、环境、交通等15个单位参加了演习，首次调用了两架救援直升机参加演习，静态展示了80辆总队与一汽集团自主研发的城市主战消防车。省委书记、省人大常委会主任孙政才，省委副书记、省长王儒林，省委副书记、省政协主席巴音朝鲁，公安部消防局局长陈伟明以及省直相关各部门和单位的180余名领导参加了活动。努力加快信息化建设。全省累计投入资金1.29亿元，建成了三级基础通讯网络、总队信息中心机房、视频会议室、现代化的指挥中心系统，架构了集语音、数据、图像立体化的通讯保障网络。新建了地面站和“动中通”移动站、为四个支队新建了卫星便携站。大力开展社会公众服务平台暨消防监督管理系统（完整版）推广部署工作，研究制定了一体化软件推广部署工作实施和应用推进方案，建立完善了全员采集、全员录入、全员应用、专人负责的工作机制，使信息化手段成为基层基础工作的常态模式。

三、全面建立经费保障机制，后勤持续保障能力显著提升

各项经费持续稳定增长。全省29个市区大队实现业务经费列入区财政预算，2011年，全省消防业务经费基数达到1.8亿元，比去年增长18.4%，比2009年增长37.4%。器材装备建设实现重大突破。实施3.5亿元消防装备和信息化建设发展规划，年内一次性购进各类消防车辆179台，全省消防执勤车辆由3年前的457辆增至目前的780辆。总队与一汽集团联合研发的城市主战消防车，专用底盘生产技术填补了国内空白，9月27日—28日，部消防局在吉林省召开了国产消防车专用底盘应用技术推广会，推进了消防车辆装备国产化进程。器材装备由3年前的6万余件（套）增至目前的9万余件（套），部队战斗力显著提升。部队营房建设实现跨越式发展。2011年，全省投入资金8092万元，新（改）建消防站8个，体能训练馆1个，增加营区面积10.6万平方米，建筑面积5.2万平方米。特别是在部消防局和省委、省政府及相关职能部门的大力支持下，总队培训基地一期工程全部竣工，并正式投入使用，工程总投资约1.66亿元，占地面积22.5万平方米，建筑面积5.66万平方米，包括综合楼、11层多功能训练楼、模拟化工训练装置区、液化气灌区、油罐区、攀爬横渡等训练设施，以及观礼台、驾驶员训练场、运动场和道路硬化、绿化等工程。

四、认真落实“三句话”总要求，队伍正规化建设实现新发展

坚持政治建警，强化思想政治教育。按照省公安厅的统一部署，开展了以“创新理念、完善机制、改进作风、增强能力、提升水平”为内容的大讨论活动，进一步打牢了官兵忠诚可靠、服务人民、竭诚奉献的思想根基。开展了“开门评警”、学习胡锦涛总书记“七一”重要讲话精神及党的十七届六中全会精神等活动，创新开展了研究型、规范型、保障型的“三型”政治机关建设，举办以“红色华诞、党旗飘扬”为主题的庆祝建党90周年大型文艺演出系列庆祝活动，圆满完成了部局下达的思想政治教育课题攻关任务。坚持典型带动，加强干部队伍建设。与省团委联合开展了首届公安消防系统“五四红旗团组织”和“十佳青年消防卫士”评选活动。长春支队特勤大队中队长助理孙军同志获得第十五届“中国青年五四奖章”并当选公安消防部队“十大模范共产党员”。按照总队党委的要求，重点优先配备基层干部队伍，尤其是加强了对基层大、中队军政主官配备工作。全面推行了“双考”选拔干部制度，组织编写了《消防能力教程》，作为全省公安消防部队干部培训工作的规范教材，坚持从严治警，培养部队过硬作风。部署开展了“五无”创建安全年评比、条令条例知识竞赛和队列汇操活动，进一步规范了部队执勤、训练、工作、生活“四个秩序”，确保了部队的高度稳定和集中统一。深入开展了“立警为公、执法为民”主题教育活动，不断加大警示教育力度。在辽源支队举办了全省公安现役部队岗位廉政教育现场会，进一步完善了纪检监察、审计监督以及述职述廉等工作机制，筑牢了广大官兵廉洁从政、拒腐防变的思想道德防线，有效预防了各类违法违纪事故的发生。

第八章　黑龙江省消防工作和队伍建设情况

2011 年，黑龙江省公安消防总队以科学发展观为指导，以胡锦涛总书记“三句话”总要求为统领，以“三项重点工作”和“三项建设”为牵引，认真贯彻落实全国、全省政法工作会议、公安厅局长会议和公安部消防局工作会议精神，深入推进构筑“防火墙”工程、打造现代化公安消防铁军和综合应急救援队伍建设，实现全省消防工作和队伍建设全面发展，保持了火灾形势和队伍管理的高度稳定。全省共发生火灾 2360 起，死亡 16 人，受伤 18 人，直接财产损失 3602.6 万元，与上年同期相比，除火灾受伤人数上升 38.5% 外，火灾起数、死亡人数、直接财产损失分别下降 19.8%、38.5%、33.8%。全省公安消防部队共接警出动 4584 次，抢救遇险人员 906 人，保护财产总价值 1.32 亿元，成功处置了哈尔滨市 84 路公交车停车场爆炸火灾和中石油哈尔滨分公司爆炸火灾事故，圆满完成了灭火救援任务。省委书记吉炳轩，省长王宪魁，副省长孙永波、徐广国等省领导分别给予批示表扬。

一、赢得各级党政领导大力支持

积极推动各级政府将消防工作纳入国民经济和社会发展总体规划，列入社会治安综合治理体系。通过层层召开消防工作会议，逐级签订消防安全责任书，全面开展责任制考评和督查，大力推动消防工作发展。省委书记吉炳轩、省长王宪魁多次作出批示和指示对消防工作提出明确要求，省委常委、政法委书记黄建盛、省政府副省长孙永波多次听取消防工作汇报，对消防工作所取得的成绩给予充分肯定，并做出具体部署。1 月份，省政府成立 15 个考评督察组，对全省各市、系统 2010 年度落实消防安全责任制情况进行了考评验收。3 月 24 日，省政府组织召开了全省春季防火安全工作暨推进社会单位消防安全“四个能力”建设现场会，孙永波副省长代表省政府与各市（地）政府和省直有关单位签订了《2011 年度消防安全责任书》，并对 2011 年全省春季防火安全工作进行了全面部署。12 月份，省政府出台了《黑龙江省消防事业“十二五”发展规划》，对“十二五”期间全省消防工作进行了全面统筹规划部署。全年，省政府共召开消防工作会议 2 次，印发消防工作文件 19 份，组织进行消防安全督查 6 次。省、市（地）、县（区）领导亲自参加消防督查检查 160 多次，召开消防专题会议 50 多次，督促落实消防安全责任制，加强城乡公共消防设施建设，推进火灾隐患整改。

二、社会消防安全环境明显改善

全省推进落实《黑龙江省 19 类场所消防安全标准化管理指导意见》，加强社会单位“四个能力”建设，建立消防安全自我评价制度，增强社会单位消防安全责任主体意识。组织开展了“五大”活动和“清剿火患”战役，部署了10余项专项整治行动。孙永波副省长4次对“清剿火患”战役作出批示，省纪委副书记杨德录率省委、省政府巡视组对哈尔滨、大庆、绥化等重点地市“清剿火患”战役等工作进行了专项巡视检查，并将有关情况向省委书记吉炳轩和省长王宪魁进行直报。实施“网格化”消防安全监管，全省共划分火灾隐患整治“网格”11000余个。哈尔滨市设立了火灾隐患举报投诉中心，各地建立了火灾隐患举报投诉办公室，全省统一设立了火灾隐患举报电话“96119”。全年，全省共检查社会单位50万余家，督促整改火灾隐患和消防违法行为139.1万余项，责成522个设计使用易燃可燃外墙保温材料的建筑工程修改了设计，更改建筑外墙保温设计面积217万平方米；督促建设单位拆除、更换不合格建筑外墙保温材料134栋、422万平方米。全省293家重大火灾隐患单位全部整改销案。总队被评为全国11月份火灾隐患排查整治工作突出总队，在周排名中也多次位于前列。加强执法规范化建设，制定了《黑龙江省深入推进消防执法规范化建设三年规划（2011—2013）》，修订了《黑龙江省公安派出所消防监督检查规定》，启用了消防监督管理系统完整版和社会公众服务平台。提请省人大开展了《消防法》和《黑龙江省消防条例》专项检查。提请省公安厅出台了《黑龙江消防行政处罚裁量标准》。全年，全省各级公安机关消防机构共办理行政处罚案件7万起，强制执行1979起，临时查封7.3万起，罚款2.4亿元，责令“三停”单位4.3万家，行政拘留6373人，执法水平和处罚力度同比显著提高。

三、部队灭火救援能力显著增强

深化打造公安消防铁军，举办了执勤中队长、中队长助理和攻坚组集训班，加强执勤一线灭火救援攻坚力量建设，累计培训各岗位人员近千人。开展了创建消防铁军中队活动，全省建立消防铁军中队试点13个。举行了扑救石油化工火灾联合实战演练，开展了拟情报警、随机拉动灭火救援实战演练，组织开展了跨区域地震救援拉动演练。总队在全国第一届打造现代化公安消防铁军比武竞赛中获得团体总分第四名。推进综合应急救援队伍建设，各地政府普遍出台了综合应急救援能力建设意见和三年发展规划，全省组建重型救援队7支、轻型救援队17支，在哈尔滨市建立了搜救犬队，全省综合应急救援队伍挂牌率达到100%。圆满完成了“两节”、“两会”以及“哈洽会”、全国第二十一届书博会等重大消防安保任务。

四、社会化消防宣传工作有力推进

各地紧紧抓住《全民消防安全宣传教育纲要（2011—2015）》出台实施的有利时机和良好氛围，持续深入推进消防宣传教育培训工作，大力提升全民消防安全意识和素质。提请省委、省政府联合转发了《黑龙江省贯彻〈全民消防安全宣传教育纲要（2011—2015）〉实施方案》，提请省政府消防安全委员会印发了《黑龙江省社会单位灭火和应急疏散演练指导意见》。全省组织开展了社会单位灭火和应急疏散演练周、演练日消防宣传活动，在中小学校和幼儿园开展了“消防日”活动，各地加强了“4·17”“5·6”“11·9”等重大宣传日的消防宣传活动。全省组建了150支综合执法救援服务队，建设了147条消防安全示范街。11月5日，总队以“全民消防、生命至上”为主题，在哈尔滨市国际会展体育中心广场举办了黑龙江省宣传贯彻《全民消防安全宣传教育纲要》暨首届“‘龙江银行杯’消防集结行”活动。部消防局陈飞副局长，省人大王东华副主任，省政府孙永波副省长，省政协何小平副主席，省政府孙敬本副秘书长等领导出席了活动。陈飞副局长、孙永波副省长分别作了重要讲话。省内主流媒体对活动进行了全程跟踪播报。全年在国家级报刊、电视、电台等媒体刊（播）发消防新闻稿件200余篇，省级报刊、电视、电台媒体刊（播）发消防稿件1800余篇，举办大型宣传活动、灭火疏散演练9600余场次，发放消防宣传资料450万余份，悬挂消防宣传条幅标语20万余条，举办社会消防培训班3861期，培训37万余人。总队被评为“全国消防安全教育示范学校”创建活动先进单位。

五、队伍正规化建设水平显著提高

坚持以规范抓养成，以标准促成效。部署了条令落实年、审计整改年和“五无”、“学习型、团结型、创新型、廉洁型”“四型”机关创建活动。开展了“大走访”开门评警活动。开展了“纠风”、涉案财务专项治理、反腐倡廉“制度执行年”和以“增强党性、严肃纪律、纯洁作风、树立形象”为主要内容的集中警示教育活动。部队“四个秩序”得到全面规范，部队风气得到全面肃清，有效杜绝了各类事故、案件发生，确保了部队集中统一和安全稳定。

六、部队思想政治工作成效明显

组织了全省消防部队基层党组织书记理论考试，召开了全省消防部队基层党组织规范化建设现场会。开展了学习实践“三句话”总要求主题教育和“强党史、知党性、颂党恩”等纪念建党90周年系列活动。选树了牡丹江支队绥芬河大队、佳木斯支队抚远大队和张兴喜、董得良等一批先进集体和个人典型。牡丹江市政府授予绥芬河大队“爱民兴边模范消防大队”荣誉称号，记集体二等功。公安部刘金国副部长对抚远大队事迹给予批示表扬。采取“双推双考”方式提拔调整正团职干部15人、副团职干部180人、营职干部52人。2个基层党组织、4名优秀党务工作者、3名优秀共产党员受到公安部表彰。总队机关党委被省政法委评为先进党组织，5名同志分别被评为省政法委和省公安厅机关优秀共产党员和优秀党务工作者。总队机关连续六年获得省公安厅厅直机关工作目标责任制考评第一名。

七、部队综合保障能力全面提升

全省消防部队共落实消防业务经费超过6亿元，同比2010年增长65%。全省新建市（地）级消防指挥中心1个、消防站12个、基层官兵公寓住房128套，基建总投资同比2010年增长129.4%。并争取中央财政补助投资1600万元，缓解了基本建设项目资金的不足。全省共投入消防装备建设资金2.53亿元，同比2010年增长44%，全省公安消防部队器材总储量达到2.3万件，灭火剂252吨，生活物资2310件，消防装备投入创历史最高水平。大力推进信息化建设，完成了总队卫星主站、便携站建设工作，开展了总队考试视频监控系统、身份认证系统、卫星通信系统以及全省社会公众服务平台和消防监督管理系统完整版硬件设备建设和全省综合业务平台、消防监督管理系统多次升级工作，指导支队推进了全省二、三级指挥调度专网和IP语音电话系统建设。

第九章　上海市消防工作和队伍建设情况

2011 年，上海市公安消防总队在市委、市政府和公安部消防局、市公安局的坚强领导下，以“11·15”火灾事故为鉴，坚持问题管理，创新驱动，强力攻坚特大型城市消防工作的源头性、基础性、瓶颈性难题，确保了城市运行安全和火灾形势总体平稳。据统计，全市共发生火灾 5813 起，死亡 43 人，受伤 46 人，直接财产损失 11000.4 万元。同比，火灾起数上升 1.9%，亡人数下降 57.4%，伤人数下降 63.2%，直接财损下降 52.1%。

一、完善顶层设计，公共消防安全管理的体制法制机制更趋健全

按照“上海要高于国家标准”的要求，结合实际，制定下发了《上海市关于进一步加强消防工作的意见》，成立市、区（县）、街道（乡镇）三级消防安全工作委员会，发布实施了《上海市住宅设计标准》《上海市建筑消防设施管理规定》、《社会单位消防安全基础能力建设导则》、《上海市重点单位消防安全管理要求》等“四个标准”，研究制定了《上海市消防“十二五”规划》，精心修订了《上海市消防条例》、《上海市烟花爆竹安全管理条例》等“两个条例”，消防安全管理体制、机制、法制建设不断完善，消防事业可持续发展的空间不断拓展。

二、突出压力传递，政府及部门消防工作责任进一步落实

年初逐级签订《政府消防工作目标责任书》，年中组织消防委成员单位和人大代表、政协委员、媒体记者巡访督导，年末开展消防工作履职情况考核，对检查发现问题当场填发《督办单》，对发生较大以上火灾及时召开现场会，推动落实了政府及部门在消防基础建设、队伍建设、宣传培训、隐患治理等方面的刚性责任，“政府统一领导、部门依法监管、单位全面负责、公民积极参与”的消防工作格局进一步巩固。

三、实施实事工程，防范重特大火灾的社会基础不断夯实

深刻吸取“11·15”火灾教训，分别将“加强全民消防安全演练和消防安全知识普及”、“居民小区消防安全综合治理”列为市政府头号实事工程和市综治委平安建设实事项目加以推进，向全市家庭赠阅《消防安全知识读本》1200 万份，向全市重点单位和居（村）委会发放《全民消防安全疏散逃生演练分类导则》及有关示范片 1.5 万余份；建立 10.9 万人的社区消防志愿者队伍，并组织全市各单位、各居民楼开展消防疏散逃生演练 12 万余次；在全市各类宣传媒体和媒介上滚动播放消防公益广告和安全提示短信 184.6 万条次；成功举办本市首届“119 消防宣传周”系列活动，持续掀起了消防安全大宣传、大教育、大培训高潮。同时，联合综治、住建、水务、民政、安监等部门，初步建立了居民住宅消防安全动态管理信息共享平台，组织排摸了6300余个居民小区、2万余幢住宅楼，发现并督改消防安全通道堆物、消防设施缺损等一大批突出火灾隐患。

四、发挥引擎功效，“防火墙”工程、“清剿火患”战役取得阶段性成果

在32个重点行业推动建立了消防安全责任签约、定期例会、情况通报、隐患抄告、跟踪考核等一系列消防安全工作机制，在8000多家人员密集场所全面推行消防安全标准化管理模式。期间，共约见消防安全重点单位法定代表人4500余人，培训企业单位消防管理人、消防控制室值班人员等重点岗位人员2.9余万人，使社会单位消防安全管理“四个能力”不断提升。同时，发动全社会打响“清剿火患”战役，共检查各类单位104.5万余家次，发现并督改火灾隐患105万余起，责令“三停”单位5585家，临时查封9303家，强制执行1232家，行政拘留违法人员2183人。

五、创新消防管理，全警消防工作力度空前、成效显著

先后制定《关于本市公安机关进一步加强消防监督管理的工作意见（试行）》，修订《公安派出所消防监督检查工作规定》，进一步明确了各部门、各警种的消防安全管理职责和“刚性”执法要求，推动建立并运行了全警消防联席会议制度。目前，全市357个派出所均按照确定一名消防专职民警的要求，配备专职消防民警486名、兼职消防民警128名，形成了第三级消防监督检查的骨干队伍；共组织各类消防业务培训班60余期，对600余名消防专（兼）职民警专门开展了集中培训，并对1.9万余人次的派出所其他民警开展了相关培训。同时，进一步加大对公安派出所消防监督检查工作的考核和奖惩力度，各区县公安机关已普遍将派出所消防监督检查考核的比重提升至5%以上，并评选表彰年度“全警消防”先进单位50家、先进个人131人。

六、经受实战磨砺，应急救援建设和打造“铁军”工作迈出新步伐

全面加强总队、支队和中队三级应急救援队伍建设，高层、地铁、化工、空勤、水域、交通、搜救犬等7个专业、54支专业队发展壮大，各类应急救援预案修订完善，接处警、力量调集、作战编程等工作模式调整优化，消防水源专项整治扎实推进，在全国铁军比武竞赛中取得了良好成绩，成功处置了“6·22”智利国航“瑞马号”集装箱船事故、“9·8”赛科公司、“9·23”高桥石化公司爆燃事故、“9·27”轨交10号线列车追尾事故等各类应急救援任务8.2万余起，抢救疏散被困人员1.3万余人，保护财产价值19.4亿余元，确保了“世游赛”、“两节两会”、F1赛事、国际汽车工业展、上海国际旅游节等重大活动、重大节庆的消防安全万无一失，并在支援“西藏和平解放60周年”和“新疆亚欧博览会”安保任务中赢得殊荣，充分彰显了上海消防现代化公安消防“铁军”的风采，赢得各级领导的肯定和人民群众的赞誉。

七、强化基础保障，城市消防安全“硬实力”呈现新增长

全面实行消防经费市、区（县）两级财政保障体系，先后建成并投用桃浦、纬三等8个新建、迁建消防站，1个综合训练基地（一期工程）和1个跨区域地震救援专用储备库；组建宝山、金山2个保障大队，实现7支重型搜救队和16支轻型搜救队所需装备物资的“模块化”储备，并与22家市级社会联勤保障单位、5家大型化工企业、2家泡沫药剂生产厂家建立了紧密的联勤联保机制，同时，还为部队增配了72辆压缩空气泡沫、高喷、云梯等消防车辆，1艘300吨级消防艇，以及30余万件（套）消防器材等一大批新型消防装备。

八、坚持严管厚爱，队伍全面建设取得新进展

始终以队伍建设为根本，着力打造全面过硬的现代化公安消防铁军。深入开展践行胡总书记“三句话”总要求、纪念建党90周年、落实孟部长讲话“大学习、大讨论、大实践”“我站岗、我发现、我建议”等主题教育活动，完善落实团职领导干部“双考”选拔机制，支队级领导班子配置不断优化，思想政治工作规范化建设全面铺开，从严治警、从优待警措施进一步加强，全员岗位大练兵取得新实效，队伍始终保持积极向上、持续健康发展的良好状态。

第十章　江苏省消防工作和队伍建设情况

2011年，江苏省公安消防总队在省委省政府、部消防局和省公安厅的坚强领导下，以超常规举措狠抓社会消防安全治理，以超常规决心打造现代化公安消防铁军，以超常规姿态严抓部队管理教育，圆满完成了年初确定的各项目标任务，保持了火灾形势和队伍管理的稳定。全年全省共发生火灾4715起，死75人，伤46人，直接财产损失10459.1万元，已连续12年未发生一次死亡10人以上的群死群伤火灾事故。

一、消防工作社会化取得显著成效

江苏省省委书记罗志军、省长李学勇、省委政法委书记李小敏、省公安厅厅长孙文德等领导同志多次就加强消防工作作出批示，并亲切慰问消防官兵。一年来，江苏消防总队坚持情报信息主导警务的战略思想，围绕消防事业发展的难题，积极探索开展情报信息综合研判，为党委政府科学决策提供了参考依据。省、市两级认真总结“十一五”消防工作，科学编制“十二五”消防发展规划，进一步落实政府消防工作责任，推进了全省消防事业的科学发展。特别是新的《江苏省消防条例》正式实施，江苏省政府部署开展农村、社区消防安全达标创建活动，制定《江苏省高层建筑消防安全管理规定》、出台《关于进一步加强多种形式消防队伍建设的意见》等规范性文件，有力地破解了农村、社区和高层建筑消防安全管理、多种形式消防队伍建设等“瓶颈”性难题。

二、火灾形势保持持续平稳

认真贯彻实施《全民消防安全宣传教育纲要》，组织开展“119”消防安全月系列活动，扎实推进消防职业技能培训和鉴定，提升消防工作社会化水平。不断深化构筑社会消防安全“防火墙”工程和单位“四个能力”建设，部署开展了建筑消防设施专项整治、高层公共建筑“打违除患”等专项活动。江苏全省划分为13大战区、121个战场、29497个网格，全力以赴开展“清剿火患”战役，隐患排查整治力度前所未有，火灾四项指数中除直接财产损失略有上升外，火灾起数、亡人数、伤人数均实现稳中有降，火灾平稳形势不断巩固，刘金国副部长11次批示予以肯定。加快推进社区消防管理模块的研发和应用，开创了派出所消防工作新局面。

三、灭火救援实战能力进一步提升

开展铁军中队创建工作，加强综合应急救援队伍建设，突出抓好指挥员、攻坚组、器材装备操作和实战化模拟训练。完善高层、地下、人员密集场所等七类灭火救援和重点单位预案，全面做好石油化工单位灭火救援测试演练和准备工作。强化信息化建设在灭火救援工作中的应用，试点开展灭火救援预警系统和辅助决策系统建设，信息化服务实战的效能和部队整体作战能力进一步提升。

四、后勤服务保障效能稳步增强

积极协调政府支持，江苏全省消防部队经费总量达27.65亿元。大力实施为基层办实事工程，全省投入资金6.8亿元，新建、改建、扩建公安消防站42个，新建消防指挥中心2个，省财政“以奖代补”扶持营房改造项目基本完成。大力加强装备和战勤保障大队建设，启动装备规划评估论证和模块化储备试点，进一步构建完善装备质量监管和维修保障体系。全省已有10个地级市建立战勤保障大队，初步建成3个省级区域性消防装备维修中心。

五、队伍正规化建设迈出坚实步伐

围绕庆祝建党90周年，部署开展“读红色经典、唱红色歌曲、走红色之路”主题实践活动和“警营文化·文艺年”活动，举办庆祝建党90周年合唱比赛、文艺晚会和座谈会，进一步激发了官兵爱党报国、爱民奉献、爱岗敬业的热情。积极推进队伍精细化管理，完成基层党组织建设课题攻关任务，进一步加强了部队正规化建设。大力实施人才战略规划和干部能力素质提升工程，全面落实新编制，组织实施“双考”选拔干部，任命调整营团职干部526人，进一步提高了干部队伍素质、优化了队伍结构。部署开展“审计整改年”活动及队伍管理、消防执法等专项督察，深化内控机制试点工作，制定出台干部廉洁从警八项规定，从严治警的各项措施进一步落实，推进形成了风清气正、干事创业的良好氛围。46个集体和个人分获省级以上表彰，2家单位分别被评为全国精神文明建设先进单位和全国公安系统青年文明号，部队形象进一步提升。

第十一章　浙江省消防工作和队伍建设情况

2011年，浙江省公安消防部队在各级党委、政府和公安机关的正确领导和关心支持下，以科学发展观为指针，以胡锦涛总书记“三句话”总要求为统领，以“保稳定、谋打赢、走前列”为总目标，按照总队党委确定的“三抓三树三强化”和“五个突出”的工作思路，以构筑社会消防安全“防火墙”工程和打造现代化公安消防铁军为抓手，深入推进消防安全“五大”活动和“清剿火患”战役，积极创新社会消防管理，全面加强消防队伍建设，有力维护了火灾形势和队伍内部“双稳定”，实现了全省消防工作和部队建设跨越发展。

一、狠抓社会面火灾防控，公共消防安全水平全面提升

紧紧围绕创建“平安浙江”战略，纵深推进“防火墙”工程建设，强力推动消防安全责任制落实，提请省政府在湖州召开全省消防安全工作会议暨构筑“防火墙”工程推进会，并将省、市、县（市、区）三级消防工作联席会议或防火安全委员会更名为消防安全委员会，层层签订消防工作目标责任书，纳入政府责任目标和“平安创建”考核。按照“控大防小、严防亡人”要求，提请省政府部署了“大排查、大整治”活动，并紧盯突出问题先后开展了建筑消防设施、居住出租房、“三合一”场所、建筑外保温材料、消防产品质量和重大火灾隐患等6个专项整治。特别是公安部9月26日部署“清剿火患”战役以来，总队党委迅速出台深入推进“清剿火患”战役十项决议和“六实施六激励”奖惩意见，并提请省政府召开全省今冬明春消防安全工作暨开展“清剿火患”战役电视电话会议，省公安厅和总队也先后召开5次会议，对全省“清剿火患”战役进行再部署和再推进。战役开展以来，全省各级公安机关和消防部门共投入警力140万人次，开展检查近70万家，发现隐患305万余处、督促整改284万余处，临时查封24042家、“三停”单位10742家，罚款2.88亿元，拘留8909人，保持了对火灾隐患查处整治的高压态势。赵洪祝书记、夏宝龙代省长、刘金国副部长、毛光烈副省长等领导都作出重要批示给予充分肯定。同时，深入宣传贯彻《全民消防安全宣传教育纲要》，部署开展了消防安全“大宣传、大培训”、创建“消防安全教育示范学校”、“中央媒体浙江消防行”、“热心消防公益事业先进个人”评选表彰、“网上消防安全自查”以及“119”消防日主题活动、“清剿火患访谈”和消防安全有奖知识竞赛等一系列宣传教育活动，并深化与新华社浙江分社的战略协作，精心办好《浙江消防手机报》《浙江领导参考》消防安全专栏、新华网浙江频道消防在线，大力发展消防志愿者队伍。年内，共组织开展各类宣传活动1829次，发放消防宣传资料435万余份，发送消防短信、温馨提示600万余条，播放消防公益电视广告片68万余次；开展消防培训41万余人次，开展消防演练4586场次，对外开放消防站接待35万余人次，完成人员密集场所消防安全“三提示”16618家，有效提升了广大群众的消防安全素质。此外，紧盯重点时段，围绕“两节”“两会”、建党90周年和“八残会”等重大活动、重要节日，先后部署开展了消防安全“百日攻坚”、“奋战40日夜、献礼90周年”等专项行动，组织警力采取超常规措施，蹲点驻守防控火灾，确保了消防安全万无一失。去年，全省共发生火灾3521起，死亡69人，直接财产损失7913.7万元，与上年同期相比，火灾起数、死亡人数和直接财产损失分别下降6.7%、2.8%和2.9%，实现了连续8年“零增长”。

二、狠抓现代化铁军建设，灭火救援实战能力大幅跃升

坚持“仗怎么打，兵就怎么练”，狠抓全员岗位大练兵，大力开展基地化、模拟化和实战化训练，组织举行了全省首届春季体能运动会；全力备战全国“打造铁军”比武竞赛活动，在全国大比武中获得了一个单项第一和团体第八的好成绩；认真落实中队指挥员和执勤中队长助理异地挂职锻炼制度，共安排473名中队干部到本支队出警任务多的中队挂职锻炼。同时，狠抓战训基础工作，出台实施了《强化执勤备战八项措施》和《“六熟悉”工作实施与考核办法》，并在宁波、绍兴支队分别开展了石油化工行业测试演练和现代建筑火灾灭火救援行动指南试点工作，编写了行动要则和战斗操法在全省推广；还针对城市道路现状，在城市道路交通拥堵时段实行了“一处着火、多点调派、编成出动”处置模式。此外，狠抓应急救援队伍建设、应急响应联动机制和战勤保障网络体系建设，在金华、温州和杭州战区组织开展了三次大规模跨区域灭火救援应急拉动演练，推行应急物资装备模块化储备，有效增强了部队应急救援处置能力。在“湖北现场会”上浙江应急救援工作经验作了大会发言。深化科技强警战略，狠抓部队信息化建设，深入推进“灭火救援指挥系统”等17个系统试点建设，建立了可视化指挥系统、卫星通信网和短波通信网，研发了部队工作任务管理系统和电子岗哨系统，率先组建了国内首支消防应急通信保障分队。在3月份全国武警部队信息化建设项目工作会议上，总队代表公安消防部队演示了消防信息化建设成果。去年，全省消防部队共接警出动53262次，出动警力569941人次、消防车93163辆次，抢救遇险人员7014人，抢救财产价值11.2亿元，成功扑救了舟山普陀灯具市场、衢州巨化锦纶厂等火灾，特别是成功完成了“7·23”甬温线特大铁路交通事故救援任务，得到温家宝总理、张德江副总理和夏宝龙代省长等领导的充分肯定和高度评价。

三、狠抓班子队伍建设，革命化正规化水平稳步提升

始终把思想政治建设放在首位，出台了总队党委班子作风建设六项承诺，开展了围绕“坚定理想信念、忠诚履行职责使命”深入学习实践“三句话”总要求主题教育和学习贯彻十七届六中全会精神等专题教育，明确了教育的4个专题和11项载体；组织举行了庆祝建党90周年系列活动，总队合唱团在省委宣传部、省委政法委、省公安厅举行的红歌合唱大赛中勇夺“三连冠”。始终把班子干部队伍建设放在重要位置，总队、支队两级党委成员带领机关干部开展了“全力奋战五十天，扎实推进五大活动”蹲点调研活动，采取“公选双考”机制调整充实了支队和大队两级党委班子。始终把党风廉政建设作为部队可持续发展的纪律保障，严格落实党风廉政建设责任制，积极探索廉政风险防控机制建设，先后部署开展了党风廉政建设“回头看”、集中警示教育和“三治理两规范”肃纪整风、“审计整改年”等活动。同时按照省减负办部署，认真开展涉企收费清理工作，确保了部队始终纯洁稳定。年内，省厅纪委召开了全省公安现役部队廉政风险防控机制建设（衢州）现场会，总结推广衢州支队的经验做法，部纪委王沁林副书记出席会议并给予高度评价。始终把正规化建设作为重中之重来抓。自年初部局部署试点以来，总队党委按照部局确定的“1341”工作思路和目标，提出了“标准要求统一、秩序运行规范、工作运转高效、信息网络支撑、科技手段提升”试点要求，并始终坚持树立标杆抓样板、按照条令抓规范、依托科技抓创新，以非同寻常的决心、措施和干劲，强力推进试点工作。通过8个多月的努力，有效破解了部队建设中诸多瓶颈性难题，探索建立了一整套具有消防部队特点的正规化建设组织模式、制度安排和动作方式。11月18日，部消防局在浙江省召开了公安消防部队正规化建设现场会，推广了总队及杭州支队的经验做法。同时，部署开展了“五无”创建活动，组织部队举办了条令条例（安全）知识竞赛，狠抓各项制度落实，确保了部队安全稳定。此外，从规范工作职责、规程和制度入手，选择杭州、嘉兴支队作为试点单位，积极推进政治机关规范化和政治干部队伍建设试点工作，得到了部消防局充分肯定。

四、狠抓基层基础建设，部队可持续发展势头更加强劲

紧紧抓住政府新一轮五年规划和部队新编制实施的有利时机，积极争取党委政府重视关心，编制出台《浙江省消防事业发展“十二五”规划》，并狠抓部队基层基础建设，部队经费继续保持了快速增长的势头，装备和营房设施建设力度进一步加强。去年，全省消防部队业务经费预算达到16.43亿元，比上年增长了37.2%，部队官兵“同城同酬”福利待遇达到人均2.5万元/年；投入装备经费5.35亿元，新购各类消防车197辆，其中进口消防车49辆、进口底盘、水泵系统组装消防车130台，购置消防器材2.29万件（套）；全省有22个消防站竣工、27个消防站开工建设、24个消防站批准立项，特别是投资1.5亿元的国家（浙江）陆地搜寻与救护基地建成并正式投入使用。8月31日，部消防局在浙江省召开国家陆地搜寻与救护基地运行管理试点工作会议。同时，强化财务经费管理，积极开展财务规范化建设和“小金库”治理工作，对涉及财务管理的党委理财、预算管理、经费管理等13项日常财务工作操作程序进行了规范与统一。年内，在衢州支队召开了全省消防部队财务规范化建设试点现场会。此外，积极为基层办好“十件实事”，狠抓执勤中队编配装备技师工作，实现了装备管理规范化、维修保养制度化、技术保障信息化。

五、狠抓社会管理创新，服务经济建设能力不断增强

深入开展开门评警“大走访”活动，大力推行执法规范化建设，出台了《浙江省公安机关消防机构规范消防监督执法十项制度》，率先在全国推广使用“消防监督管理系统”和“社会公众服务平台”，建立完善网上执法工作机制，全面实行和规范网上执法。同时，以开展“三个一点”（态度好一点、速度快一点、换位思考多一点）和“三化一联”（形象亮化、服务优化、考核量化、党群联动）

活动为主要载体，深入组织开展窗口单位创先争优活动，赢得了广大群众的赞誉。赵洪祝书记在省委十二届九次全会报告中对衢州支队创新消防安全重点单位QQ群联系制度、社会消防管理“6+1”工程等做法给予了高度肯定。此外，积极推进乡镇（街道）消防管理机构建设，全省已建立462个消防管理机构，有效解决了基层消防工作无人抓无人管的问题。部消防局在宁波余姚召开全国试点经济发达镇消防管理机构建设现场会，总结推广了浙江基层消防管理机构建设经验。

第十二章　安徽省消防工作和队伍建设情况

2011年，安徽省公安消防总队在省委、省政府和省公安厅的坚强领导下，深入贯彻落实科学发展观，忠实践行胡锦涛总书记“三句话”总要求，积极创新社会消防管理，全力构筑“防火墙”工程，全面打响“清剿火患”战役，努力打造现代化公安消防铁军，不断深化“大走访”爱民实践活动，出色完成防灭火和应急救援等各项工作任务，总队被省委省政府荣记集体一等功。

一、消防工作地位显著提高

各级党委、政府和公安机关对消防工作领导力度之大前所未有。省委书记、省人大常委会主任张宝顺，省委副书记、代省长李斌，时任省委副书记、省长王三运，省委常委、政法委书记、公安厅厅长徐立全，省委常委、宣传部长、副省长唐承沛等省领导多次作出重要批示、多次听取汇报、多次带队检查；省政府部署了“清剿火患”战役，举行了全民消防安全宣传月启动仪式暨万达广场大型灭火疏散演练，召开了全省消防工作等8个专题会议，挂牌督办了50处重大火灾隐患（已整改关停46处），有力地带动各地政府挂牌督办整改重大火灾隐患430余处。据统计，2011年，省、市两级政府共印发消防工作文件625份，召开消防工作会议529次，16个地市市委书记、市长全部亲自部署、检查消防工作、协调解决消防方面有关问题，消防事业呈现出快速发展的强劲势头。

二、火灾形势始终保持平稳

全力打造社会单位“四个能力”建设样板工程，强力开展外墙保温材料等9个专项整治行动，着力推行“网格化”管理，创新开发建筑消防设施“户籍化”、检测企业“在线化”等6大管理系统，不断加大消防产品的抽样送检力度，严厉打击假冒伪劣消防产品。总队职业技能鉴定站研发的“消防职业技能鉴定设施设备建设工程”荣获中国消防协会第二届科技创新一等奖。明星消防宣传深入群众、备受欢迎，策划并实施了“119进社区”大型电视宣传月等活动，开辟了《直播119》等宣传平台，开通了“96119”火灾隐患举报投诉热线电话，4000多名消防从业人员通过培训考核持证上岗，《新安全·安徽消防》杂志成功改版，消防宣传牢牢占据了电视、报纸、网络等主阵地。2011年，3万余处火灾隐患得到及时消除，9450家消防违法单位被责令“三停”，1.4万余处危险部位被临时查封，7100名违反消防法规人员受到行政拘留，全省火灾形势持续平稳，其中城市亡人火灾大幅下降，仅发生一起较大火灾，公众聚集场所未发生一起亡人火灾，社会消防安全环境不断优化。

三、“清剿火患”战役取得阶段性成果

“清剿火患”战役期间，全省消防执

法力度空前。全省战役宣传声势浩大，在中央主流媒体发稿量超过200余条（篇）；全省火灾四项指数同比全面下降，共发生火灾561起，直接财产损失487万元，无人员伤亡，同比2010年，火灾起数下降65%、死亡人数减少9人、受伤人数减少5人、直接财产损失下降85%。阜阳、淮北、蚌埠、安庆、宿州等支队工作力度大、成效好，各项执法数据位居全省前列。

四、灭火救援能力明显提升

以打造现代化消防铁军为牵引，部署了“学习研讨月”“熟悉演练月”“比武竞赛月”等专项活动，组织了高层建筑、地震搜救等实战演练，举办了基层指挥员培训班，开展了铁军比武集训、竞赛活动，部队战斗力明显增强；合同制消防员、文职雇员招收任务超额完成并发挥作用，部队战斗力明显提升。2011年，全省消防部队共接警出动1.5万多次，抢救疏散遇险人员5.3万多人，保护国家和人民群众财产近6亿元。

五、后勤保障向好势头强劲

全年累计争取地方业务经费突破7亿元，落实“十二五”消防应急救援装备配套经费4.2亿元，再创历史新高；总队本级争取经费6493万元，正常业务经费增长25%；总队连续5年荣获省级部门预算编制三等奖；5个支队本级正常业务经费突破700万元，70%的大队正常业务经费超过100万元。完成市、县（区）两级消防装备评估，投入了2.2亿元购置消防车176辆、器材装备6.2万余件（套）；在各支队战勤保障大队代储泡沫液32吨、冲锋舟18艘、应急救援装备7000余件（套），战勤保障网络基本形成。大力加强营房基础设施建设，累计投入2.7亿元，新改扩建项目52个，建筑面积达27万多平方米；合肥、宿州支队指挥中心、马鞍山雨山大队等14个项目竣工投用，芜湖、阜阳、六安、淮北支队指挥中心正进行装饰施工，安庆开发区、滁州来安大队等27个项目动工兴建；总队搜救犬训练基地开工建设，培训基地二期工程即将结束，机关原办公大楼和招待所顺利出租。

六、思想政治建设扎实有效

不断深化胡总书记“三句话”总要求学习实践活动，隆重举行“唱响红歌颂辉煌”等庆祝纪念建党90周年系列活动，及时表彰了一批先进基层党组织、优秀党务工作者和优秀共产党员，总队领导带队走进革命老区重温“红色”历史，狠抓班子调配、补选退、“清剿火患”战役等敏感时期、重大活动期间部队思想政治工作；研发了政工岗位练兵系统，编印了《党的基层组织设置和制度落实指导规范》等书籍，70%的大队、100%的中队政治主官担任党内书记；总队首长联名向退伍老兵发出《消防铁军英勇无畏》勉励赠言；文化育警成效明显，“新安读书月”活动走进警营，《人生之旅 珍惜前行》《严抓反腐 崇尚清廉》等理论性文章相继被《人民公安报》、中国共产党新闻网等媒体刊载，教育了官兵，引领了部队，一条条文化长廊相继建成，一个个富有地方特色的文艺小分队活跃在基层一线。全部队官兵听党指挥、忠诚使命的思想基础更加牢固。

七、官兵守廉爱民举措扎实

扎实开展集中警示教育，印发了《关于进一步加强消防执法廉政建设的通知》，集中排查了党风廉政风险点，从严从重从快查处违纪违规的人和事，各类举报信件同比下降41.67%，一批重大疑难的信访件得到有效解决。不断加大审计力度，全年审计资金总量5.1亿多元，整改审计问题109个，被省审计厅评为2008—2010年度全省内审先进单位。扎实开展了“大走访”开门评警、“千名春蕾爱心助学”工程活动，援建了金寨县张冲中心小学部分建设工程，革命老区群众登门致谢。全省消防部队累计捐款150多万元，近2000名贫困学生得到了资助，56名受助学子考上了理想大学。爱民惠民举措赢得了民心，拉近了距离，提升了形象，消防部队民意测评位置普遍靠前。

八、班子队伍建设朝气蓬勃

不断完善干部选拔任用“双考”制度，15名正团职干部、77名副团职干部凭真才实绩走上领导岗位；11名优秀基层干部通过“公开选调”进入总队机关；扎实开展了“五无”创建等活动，强势实施了“皖夏强和”、补选退系列暗访督察行动；新编制高效落实，按编按岗配强配齐干部；巢湖支队撤并工作有效实现了平稳、顺利、安全地交接；全勤指挥规范有序，总队机关物业公司顺利接管，27名退休干部顺利移交。一年来，部队集中统一、正规有序，各级班子的凝聚力、向心力、战斗力、公信力不断增强，广大官兵恪尽职守、竭诚奉献、顽强拼搏，涌现出淮南、淮北、合肥、阜阳、铜陵、宣城等6个先进支队，肥东县大队、怀远县中队等30个标兵大（中）队；涌现出“安徽青年五四奖章”获得者徐长青、被公安部政治部荣记集体二等功的黄山风景区大队等一大批先进单位和个人。

第十三章　福建省消防工作和队伍建设情况

2011 年，福建省公安消防部队在各级党委、政府和公安机关的领导下，紧紧围绕经济社会发展大局，牢牢把握创建平安和谐福建的要求，恪尽职守，真抓实干，勇于拼搏，圆满完成了全年各项工作任务，实现了总队党委年初确定的“火灾形势平稳和部队安全稳定”的总体目标，是福建省消防工作推进力度大、发展势头好、工作成效明显的一年。

一、党委政府领导空前重视

提请省政府出台了《福建省“十二五”消防工作专项规划》《加强城市消防安全工作的意见》《福建省消防安全宣传教育纲要》《进一步加强消防车辆装备建设的通知》等一系列重要文件，各级政府逐级召开消防工作会议并签订目标责任书，抓消防工作的力度普遍加大，破解了一批影响公共消防安全的突出问题。省委书记孙春兰、省长苏树林多次批示、指示强调加强消防工作。1 月 4 日，苏树林省长又专程看望慰问消防官兵，充分肯定消防工作，作出了“防消结合保安全、创新服务促发展、从严治警树形象”的重要指示。

二、消防责任体系逐步健全

省消防联席会议积极履行职责，统筹作用发挥更加有效。总队联合省经贸委、银监会、教育厅、民宗厅、安监局，分别开展了“三合一”、银行、校园、宗教活动场所、危险化学品消防安全专项整治，部门的监管合力得到加强。全省有 11350 家社会单位“四个能力”建设通过验收。举行了“全民消防宣传教育八闽行”、“闽台消防主题交流”活动，培训了 22647 名乡镇、村“两委”消防安全负责人以及 9958 名农村基层干部，公众消防安全素质有所提高。多种形式消防队伍稳步发展。“119”期间，全省热心消防公益事业的 1 个集体和 2 名个人受到公安部表彰并受到孟建柱部长的接见，长乐金峰志愿消防队作为先进集体代表作了典型发言。

三、火灾隐患整治持续强化

全面推进消防安全“五大”活动和“清剿火患”战役，检查单位近 13.6 万家，督促整改火灾隐患 27 万多处，临时查封 6347 处，责令“三停”3197 家，罚款 4093 万元，拘留 1420 人，提请各级政府对 196 家重大火灾隐患单位实施了挂牌督办，始终保持了上下各方合力围剿火灾隐患的强大声势。漳州支队清剿火患监督执法力度大，排名多次位列全省前列。福州支队在全省率先成立了火灾隐患举报投诉中心并规范运行。2011 年，全省发生火灾 4116 起，死亡 47 人（包括放火死亡 6 人），受伤 10 人，直接财产损失 6965.9 万元，同比 2010 年，除火灾起数上升 2.5% 外，亡人数、伤人数、直接财产损失分别下降了 14.5%、44.4%、25.7%，全省火灾形势保持总体平稳。

四、社会消防管理不断创新

积极参与省厅“5 + N”公众服务平台建设，落实消防业务网上办理。联合省住建厅制定了《福建省高层建筑防火设计指导意见》，加强了高层建筑消防设计的源头管控。出台了《平潭综合实验区消防服务十项举措》，建立了互联网消防服务平台，实施预审、预验、“绿色通道”制度，主动为国家、省级重点项目提供消防服务。规范了法律审核、法制队伍建设、执法质量网上考核工作，增强了监督执法能力。南平支队提请市公安局出台了派出所消防监督工作规定，规范执法行为，延伸监管触角。在省民主评议政风行风建设考评中，总队满意率测评在17个省级执法单位中名列第一。

五、打造铁军建设加快推进

坚持从难、从严、从实战出发，启动铁军中队创建工作，广泛开展全员岗位大练兵，组织了石油化工和地下建筑“灭火救援专项测试”，在泉州、厦门、三明、龙岩分别开展了10万吨大型油罐火灾扑救、危化品泄漏处置、高速公路隧道火灾扑救和地震救援跨区域实兵实战演习，初步检验了全省综合应急救援力量统一指挥、协同作战的能力。2011年，全省消防部队接警出动19019起，出动消防车32089辆次，参与抢救被困人员5300人、疏散16540人，挽回经济损失近11.5亿元，成功扑救了“1·27”台江木屋毗邻区火灾，处置了“3·16”沈海高速交通事故，出色完成了第三届海峡论坛、第十三届海交会、第十五届中国投洽会等重大消防安全保卫任务。

六、从严治警方针得到落实

加强总队、支队、大队三级党委的教育管理，着力提升各级党委班子领导能力。继续采用“双考”方式选用领导干部，有重点、分层次地开展干部培训，实施倾斜基层和山区部队的干部分配、调配机制，深化创先争优活动，涌现出了“全国公安机关执法示范单位”同安大队、“全国优秀政法党员干警”游渟等一批先进典型。深入开展了践行“三句话”总要求主题教育、服务“五大战役”专题教育和集中警示教育活动，开发了网上党支部平台。落实“两个经常性工作”，抓好“五无”创建活动，开展了队伍正规化管理试点，规范了部队“四个秩序”。突出加强在消防监督执法领域的反腐倡廉建设，召开了“问廉制”现场会。扎实推进“审计整改年”活动，实现了审计意见落实率、问题整改率、跟踪回访率“三个100%”。

七、后勤综合保障更加有力

狠抓基础设施建设，全年争取地方消防业务经费10.75亿元、预算外经费7475万元，装备和营房设施建设力度有了新的加强。宁德、厦门、龙岩支队消防业务经费同比2010年增长幅度较大。开展了后勤规范化试点，规范了财务管理。推动落实车辆购置，全省各级政府批准投入5.06亿元用于消防车辆配备，目前进入招标采购程序110辆。启动了5个培训基地和2个支队指挥中心建设，动工建设了25个普通消防站，竣工使用10个。深入挖掘信息系统效能，推进消防综合业务、社会公众服务、移动接入平台和消防监督管理系统应用，提升了信息化服务实战的能力。

第十四章　江西省消防工作和队伍建设情况

2011 年，江西省公安消防总队坚持以胡锦涛总书记“三句话”总要求为指引，深入学习实践科学发展观，着眼服务地方经济社会发展大局，按照总队党委确立的五年战略步骤和发展目标，坚持抓队伍强素质、抓业务重规范、抓基础促发展，全力构筑社会消防安全“防火墙”工程，大力推进应急救援工作，深化班子队伍、部队正规化和后勤保障能力建设，圆满完成了以防火、灭火为中心的各项工作任务，消防工作和部队建设实现了历史性突破，为江西经济快速发展、社会和谐稳定创造了良好的消防安全环境。

一、消防安全责任制逐级落实

省委、省政府高度重视。省委书记苏荣、原省长吴新雄年初专门向总队发出贺电；省长鹿心社到任后先后两次专门听取消防工作汇报，3 次作出重要批示，并在“119”消防日带队检查社会单位消防安全工作、视察慰问消防部队。省委常委、政法委书记、公安厅厅长舒晓琴多次就消防工作作出批示，亲自部署“清剿火患”战役；分管副省长洪礼和亲自担任“清剿火患”战役总指挥并多次主持召开消防工作会议。省政府在年初向各设区市下达《2011 年设区市政府消防工作目标任务书》部署全年工作任务。省直部门高度重视。省委宣传部、省公安厅等部门制定（修订）出台《关于深化〈全民消防安全宣传教育纲要〉贯彻实施工作的指导意见》、《关于深化多种形式消防队伍建设发展的实施意见》以及重大火灾隐患整改挂牌督办、建筑消防设施管理等一系列政策文件，有力地推动了全省消防工作。尤其是在“清剿火患”战役中，省安监、建设、文化等 12 个重点职能部门和行业系统，分别在各自系统部署了“清剿火患”工作，住建、安监、工商、文化、公安六个厅局领导率队对各地“清剿火患”战役进展情况和年度消防工作目标任务完成情况进行督导检查。各级党委、政府高度重视。结合年度目标任务，各市、县（区）政府逐级召开消防工作会议并下达目标责任书；各级领导通过主持召开专题会议、带队调研指导、组织开展专项检查和把消防工作纳入政府工作考评等形式，强力推进消防工作的落实。一年来，全省各级党政领导对消防工作作出批示 378 次，带队检查 606 次，召开消防有关会议 652 次，下发文件 525 份，解决消防重大问题 353 个，消防工作政府主导、部门联动局面基本形成。

二、社会消防安全环境更加优良

着力狠抓了火灾隐患排查整治。深入实施构筑“防火墙”工程，不断深化“五大”活动，全面推进重点单位“四个能力”建设达标活动，精心组织“清剿火患”战役和“零点”行动，社会消防安全环境得到了有效净化；推动创新火灾隐患整治手段，持续实施重大火灾隐患政府挂牌督办，建立与住建、安监、工商、文化等部门联合执法，不断深化以派出所三级管理为核心的多警联动；组织“清剿火患——百千万”工程，制定消防执法“八条铁规”，积极推行“网格化”管理模式，始终保持排查整治火灾隐患的高压态势。全年共检查社会单位18.1万多个，整改火灾隐患29.7万余处，未发生有重大政治影响火灾、重特大火灾尤其是群死群伤火灾，火灾形势持续保持总体平稳。着力夯实了业务工作基础。完善防火工作考评机制，将平时检查与年终检查相结合，确保考核结果的有效运用；在全省统一开通“96119”火灾举报热线，设立了省、市、县三级火灾隐患举报中心，建立火灾隐患举报机制；积极推进签订建筑消防设施维保合同，发挥了消防中介机构在消除火灾隐患中的作用；明确消防行政执法自由裁量权范围和标准，制订消防监督执法网上考评办法；指导开展消防产品管理，送检装修材料1582批次，查处消防产品违法案件118起，全省消防产品市场环境得到改善。着力开展了宣传教育培训。积极落实《全民消防宣传教育纲要》，开展“全民消防、生命至上”主题宣传活动，在全省统一举行宣贯《全民消防宣传教育纲要》暨“清剿火患——百千万”活动，召开全民消防安全宣传教育工作现场会，重点推进了消防宣传进党校、进景区、进工地等十个示范点；与新华社签订战略合作协议，充分利用中央、省市主流媒体大力宣传全省消防部队创先争优先进典型，树立了良好的社会形象。加大消防安全培训力度，全年举办建设工程消防设计审核、火灾调查和消防宣传培训班共4869期，培训各类人员147812人。

三、队伍灭火救援能力经受考验

队伍攻坚克难水平稳步提升。全省消防部队通过深入开展全员岗位大练兵、开展铁军中队创建试点、开展灭火救援准备专项行动和大力推进省、市、县三级模拟训练设施建设等活动，部队灭火救援能力进一步提升。2011年，全省消防部队共接警出动11449起，抢救被困人员4461人，疏散被困人员20828人，抢救财产价值6亿6千万元，圆满完成了以“七城会”、“建党90周年”、“泛珠大会”为重点的勤务保卫工作任务，取得了南昌市“7·5”洪都监狱仓库火灾扑救和“9·11”江中制药在建厂房坍塌事故救援的胜利。尤其通过开展铁军中队创建试点在全国掀起铁军中队创建热潮，公安部刘金国副部长给予充分肯定。综合应急救援队伍建设加快。制定出台《江西省综合应急救援队伍建设发展（2011—2013）三年规划》和《江西省公安消防部队综合应急救援指挥平台建设导则》，为全省推进综合性应急救援工作提供了政策保障；开展县级综合性应急救援队伍建设试点，探索建立了符合江西实际的综合性应急救援队伍建设模式，召开全省应急救援工作推进会，推动全省应急救援工作；组建成立省应急救援指挥部专家组，发挥专家学者在综合应急救援工作中的决策咨询作用，提升了灾害事故防范能力和处置技术水平。多种形式消防队伍逐步壮大。结合全省专职消防队伍调研，出台《关于深化多种形式消防队伍建设发展的实施意见》（赣公字［2011］135号）和《江西省专职消防队和志愿消防队建设管理办法》（省政府令第177号），为全省专职消防队伍建设发展提供积极政策保障。截至目前，全省有政府和企业专职消防队67支、队员1251人，志愿消防队2700余支、队员26000余人；景德镇妈妈防火团、高安市八景镇专职消防队、安福县洲湖镇消防执勤点专职消防队员黄新云等先进集体和个人代表受公安部表彰。

四、班子队伍能力建设扎实有效

领导班子建设扎实有效。积极开展“学典型争先进，我为党旗添光彩”等形式多样的创先争优活动，举办团职干部理论读书班，选准配好支队、大队领导班子，启动支队级党委工作规范化建设试点，推进支队机关党委建设，各级党组织的凝聚力和战斗力明显增强；狠抓党风廉政建设，实施五项“阳光工程”，制定廉洁自律六条禁令，部队上下风清气正、和谐创业氛围更加浓厚。对18个单位的主官开展经济责任审计，审计金额达4.63亿元。对2个基建工程项目进行结算审核，送审金额达318.16万元；2011年，共有91个集体、43名个人受到省级以上表彰，南昌支队特勤大队一中队党支部被中组部授予“全国先进基层党组织”荣誉称号，瑞金大队被中央文明委表彰为“全国文明单位”，南昌特勤大队、崇仁大队被公安部、团中央命名为“全国青年文明号”，全省消防官兵被评为“全省十大好人”英雄群体。干部队伍建设扎实有效。完善干部考核选拔任用体系和激励机制，全年提任调整正团职干部22人，提任调整副团职干部108人，提任调整营级干部334人。实行总队机关、南昌支队干部公开选调制度，11人被选拔为总队机关任副处长，27人选调总队机关、20人选调南昌支队工作，形成了靠素质立身、靠实绩进步、靠能力发展的用人导向；落实从优待警措施，全年为全省消防部队208名干部家属办理随军手续，核定192人享受随军配偶未就业期间基本生活补贴和养老、医疗保险个人账户补贴，210人享受夫妻分居生活补助费。部队正规化建设扎实有效。坚持政治建警，狠抓《公安消防部队思想政治教育大纲》宣贯，大力开展学习实践“三句话”总要求主题教育、建党90周年专题教育、新老“四个教育”和“红色记忆”等活动，为部队抢险救灾任务完成提供了精神动力；坚持从严治警，召开正规化建设精细化管理、执法规范化建设和财务暨装备规范化建设试点现场会，狠抓新编制贯彻落实，推进“五无”创建活动，出台安全工作“三个文件”，建立健全督察长效机制，严格网络信息安全管控，确保了部队安全稳定。

五、部队综合保障能力不断增强

消防经费争取主动有力。围绕打造消防铁军、构筑“防火墙”工程、应急救援队伍、消防信息化建设和总队本级应急救援指挥中心、培训基地、应急救援物资储备基地三项基本建设需要，广开财源，积极争取，加大保障，部队经费继续保持了逐年稳步增长的势头。全年消防业务经费总量达到4.68亿元，其中正常经费1.96亿元，同比2010年增长29%，专项经费2.72亿元，同比2010年增长9%；总队本级落实消防业务经费5470万元，同比2010年增长6%，各级消防经费争取创历史新高。营房装备建设提速增效。全年投入5.47亿元新（改扩）建消防站48个，其中15个已投入使用，11个已主体完工，22个正在建设；争取经费1亿元，强势推进总队本级应急救援指挥中心、培训基地、应急救援物资储备基地等三项基本建设。培训基地学员楼以及烟热训练馆、大绳横渡等设施已完工并投入使用，培训基地综合训练馆和省应急救援指挥中心已开工建设，省应急救援物资储备库项目建议书已获准；开展装备建设分类评估，制定执勤中队装备配备标准，尝试利用外国政府贷款购置消防装备，探索政府担保融资租赁消防装备模式，年度装备建设经费达到1.19亿元，部队共新增消防车100辆、装备器材6万余件（套），全省消防车辆总数达到748辆。财务军需保障充足有力。健全财务监管体系，开展并推广财务规范化建设试点成果，深化了治理“小金库”工作成效，部队财务管理水平明显提高；加大了军需物资保障和基层建设补助力度，全年全省共发放被装190多个品种、16万件（套），拨付基层军粮115万千克，粮差141万元，积极向部局申请调拨了3400件（套）应急救援物资；组织了全省装备器材巡检活动，帮助解决器材装备问题415处，节省维修资金达60余万元；全年为基层培训各类财务人员400余人次，培训驾驶员、装备技师700余人次，后勤人才队伍建设得到了进一步巩固。

第十五章　山东省消防工作和队伍建设情况

2011年，山东省公安消防总队在省委、省政府、省公安厅和部消防局的正确领导下，坚持以科学发展观为统领，认真贯彻落实胡锦涛总书记“三句话”总要求，紧紧围绕公安部构筑“防火墙”工程和打造现代化消防铁军两大战略部署，以确保不发生重特大火灾事故特别是群死群伤火灾事故为目标，坚持“干在实处、干出实效、走在前列”，不断深化基层基础建设和“三项建设”，消防监督执法水平和灭火救援能力不断提升，全省火灾形势保持高度稳定。2011年，全省共发生火灾3818起，死亡19人，受伤11人，直接财产损失7768.8万元。与2010年相比，分别下降47.2%、40.6%、26.7%和41.7%。全省消防部队共接警出动33525次，出动车辆5.8万辆次，出动警力36.3万人次，抢救遇险人员6378人，抢救保护物资价值13.1亿元。

一、坚持以党委政府重视为主导，强力推进消防工作责任制落实

省委、省政府将消防工作作为保增长、保民生、保稳定的民心工程，列入重要议事日程。健全落实政府主导机制。省领导多次作出重要批示指示，协调解决消防工作难题。省委、省政府将消防工作纳入“平安山东”建设和政府综合目标管理体系，部署开展了“构筑社会消防安全防火墙工程深化年”活动，召开全省消防工作会议，逐级签订责任状，并颁布实施了《山东省“十二五”消防事业发展规划》。省、市、县、乡四级政府层层成立消防安全委员会或建立消防工作联席会议制度，17个市、140个县级政府召开常务会、办公会220余次，定期研究部署消防工作、解决重大问题。健全落实部门联动机制。新修订了《山东省消防条例》，将公众聚集场所消防安全纳入教育、住建、文化、卫生、安监、工商等部门行政许可前置。省委宣传部专门下发文件部署消防宣传工作；省政府法制办举办消防文员培训，专题解决消防文员执法资格问题。各级政府均建立部门信息沟通和联合执法制度，联合开展消防安全专项治理和火灾隐患排查整治活动，形成了消防工作合力。健全落实考评奖惩机制。省政府将消防工作纳入政府和部门目标责任考核，年底进行了考评验收，对消防工作较突出的9个市和完成2011年度消防工作责任目标的7个市进行了奖励，并对做出突出成绩的24个县（市、区）、50个乡镇（街道）、100个单位、100个社区、100个村庄进行了表彰。

二、坚持以构筑“防火墙”工程为载体，大力夯实火灾防控基础

以“五大活动”和“清剿火患”战役为抓手，筑牢社会消防安全“防火墙”工程，不断提升社会火灾防控水平。全面推行社会单位“四个能力”建设。省人大将“四个能力”写入《山东省消防条例》，省直28个部门在全省分系统、分行业推进“四个能力”建设，全省所有重点单位和65%的“九小场所”达到了“四个能力”建设标准。大力加强农村社区消防安全建设。全省1872个乡镇（街办）全部建立了消防工作联席会议制度；53%的乡镇（街办）依托安监办、综治办建立了消防工作机构，配备1~2名专职工作人员；7600余名乡镇（街办）领导及3.3万余名村（居）民委员会负责人经过了消防安全培训，初步形成了“组织健全、责任明确、条块结合、管理到位”的基层消防工作格局。深入开展火灾隐患排查整治。以容易造成重特大火灾的隐患和火灾突出的行业场所为重点，不间断地对人员密集场所、建设工程、建筑外保温材料、烟花爆竹、电气焊违章作业等进行消防安全专项治理。集中开展了“清剿火患”战役。省消防工作联席会议办公室对185处重大火灾隐患进行挂牌督办；省厅专门发布《通告》，明确“十条铁规”，强力推动战役开展。“清剿火患”战役期间，各级共检查单位357万余家次，整改火灾隐患3749万余处，临时查封86048处，责令“三停”47394家单位，罚款13.4亿元，拘留14321人。不断增强公众消防安全素质。认真贯彻《全民消防安全宣传教育纲要》，通过聘请消防宣传大使、推进媒体宣传、开放消防站、组织“消防安全宣传月”活动等多种形式，推动消防宣传“五进”工作。省委宣传部、教育、民政等部门联合开展了“新闻媒体齐鲁消防安全行”“消防志愿者在行动”等10余个消防安全宣传月主题活动。省、市两级均建立了长效机制，将消防知识纳入党政领导培训、公务员普法教育等内容。

三、坚持以提升战斗力为核心，努力打造现代化公安消防铁军

紧紧围绕制约和影响战斗力生成的关键环节，推进打造消防铁军和应急救援工作深入开展。以专业化队伍增强战斗力。在256个中队组建了288个灭火救援攻坚组，对1200余名攻坚组队员进行了长时间、超负荷、高强度的集中训练，定期进行复选、复训；组建了地震灾害、山岳救助、高层建筑、地下工程、石油化工、高速公路等各类灾害事故专业救援队57个；省政府在率先依托消防部队建成综合性应急救援队伍基础上，开展了“应急救援队伍建设年”活动，出台了《山东省应急救援队伍协调运行办法》，建立健全了应急预案、战勤保障、应急专家等联勤联动机制，推动应急救援队伍网络向基层延伸。以实战化训练催生战斗力。开展了冬季百日大练兵、执勤岗位全员练兵、千名基层指挥员大培训和“万人百项”大比武活动，创新编写了执勤中队和攻坚班组3大类、83个实战操法，定期开展灭火救援跨区域拉动演练和典型战例讲评，提高了扑救高层建筑、石油化工等特殊火灾和处置地震等特殊灾害事故的能力，在第一届全国打造现代化公安消防铁军比武竞赛中夺得团体第三名。以信息化手段牵引战斗力。坚持以信息化建设推动完善扁平化指挥体系，总队、支队通信指挥中心全部投入使用，17个支队全部配备移动通信指挥车，建设了“全省覆盖、全网畅通”的跨区域无线通信专网，构建了集信息传递、灾情研判、警力调度、决策指挥、现场处置于一体的实战指挥体系，有效提高了快速反应和通信保障能力。

四、坚持以创新社会消防管理为抓手，着力提升消防安全管理服务水平

不断探索消防工作发展规律，积极创新社会消防管理，着力解决消防工作的源头性、根本性、基础性问题。创新消防法规建设。省人大常委会审议通过了《山东省消防条例》，强制规定新建高层住宅、老年公寓、人员密集场所应设置独立式火灾报警器；建设单位提供消防安全使用说明书；建筑外墙节能改造严禁使用易燃可燃材料；在对火灾责任人处罚的基础上，增设对责任单位的处罚，强力推动单位自觉履行消防职责。创新消防监管模式。推行消防安全分级分类标准化建设，指导2.8万家重点单位和66%的“九小场所”基本达到“组织制度规范化、标准悬挂统一化、设施器材标识化、重点部位警示化、培训演练经常化、检查巡查常态化”的要求。推行“防消联勤”“多警联勤”警务模式，在169个消防大队成立了380支巡查服务队，在2373个派出所成立4100支治安、消防巡逻队，对社会面火灾隐患实施动态监控。创新群防群治网络。建立了消防安保总队，累计发展3.8万名经过职业技能鉴定的安保队员，在社会单位开展消防服务。建立了消防志愿者服务总队，发展志愿者18万余名。因地制宜加强企事业和乡镇消防力量建设，累计建立企事业单位专职消防队197个、乡镇政府专职消防队126个。实施“警铃入户、十户联防”工程，将1.4万个“九小场所”和13万户家庭，编成十户联防的联动小组，在每个家庭、小场所安装独立式火灾报警器，在村（居）委会和派出所安装监控平台，实现了一点火灾、平台接警、多点联动。扩大城市消防远程监控系统规模，将报警信号接入消防指挥中心，提高了火警处置效率。创新社会服务模式。深化“365”消防服务品牌创建活动，依托“365”消防服务中心建立火灾隐患举报投诉中心，建成集火灾隐患举报投诉、行政许可办理、警务公开等多种功能于一体的综合性消防服务中心，推动消防工作由“管理型”向“服务型”转变。

五、坚持以班子和队伍建设为根本，全力提升部队正规化建设水平

围绕“抓班子、带队伍、树正气、保稳定”的思路，深化学习实践胡锦涛总书记“三句话”总要求教育和“三抓三树”实践活动，切实加强部队正规化建设。突出加强领导班子建设。加强基层党组织建设，按照规范组织职责、制度落实、决策程序、消防执法、党委理财、对消防中队管理和提高领率能力的“六规范、一提高”新模式，推进基层党组织规范化建设；开展班子建设达标活动，普遍实施支队、大队党委班子考核和讲评，不断提高各级党委班子整体驾驭能力。大力加强干部队伍建设。不断完善团职领导干部“一推双考”选拔制度和营职领导干部公开选拔、竞争上岗制度，结合落实新编制方案，调整充实支队班子15个，任免团职领导干部140名、营职干部459名，增强了干部任用的透明度和公信力；组织新入警地方大学生和外警种调入干部进行“一线培训”，提高基层干部岗位适应能力；组织支队、大队军政主官集中轮训，提升领导干部整体素质，促进干部队伍健康协调发展。切实加强部队党风廉政建设。大力实施“责任工程”“表率工程”“承诺工程”“制度工程”“口碑工程”，扎实推进廉政风险防范管理，研发了“廉政风险防范管理系统”，设置了风险排查、风险公示、预警中心等“八大模块”，并定期开展社情民意调查，形成了“内控防范有制度、岗位操作有标准、事后考核有依据”的风险防控管理体系。强化公正廉洁执法，开展了执法示范单位创建活动，各地消防工作群众满意度均超过96.5%。不断强化队伍安全管理。坚持以精细化管理推进部队正规化建设，加强部队安全文化和“三项技防”建设。建立了安全责任落实、官兵教育管理、重点人员排查管控、车辆安全管理、安全责任追究“五位一体”的安全防范体系。部署贯穿全年的推进“五无”创建、构筑平安警营活动，通过开展“条令条例学习月”和两个“百日平安竞赛”活动，确保了部队高度安全稳定。

六、坚持以基层基础建设为保障，不断增强部队综合保障能力

坚持把做强基层、打牢基础作为推动消防事业发展的着力点，立足当前、着眼长远，整体推进、重点突破，推动部队建设向纵深发展。突出抓好消防经费保障。完善经费保障机制，拓展消防业务经费保障范围，青岛、菏泽等地将专职消防员保障经费、高危行业补贴等纳入消防业务经费保障范围。一年来，全省共投入消防经费22.96亿元，比上年增长50%，其中地方经费达到13.65亿元，比上年增长36%。济南、淄博、泰安、潍坊等市争取外国政府贷款3019万欧元。不断强化消防队站和装备建设。在全国率先提请省政府对各市消防装备建设开展评估，全面论证城市消防基础设施和消防装备建设现状以及发展需求。全省新购消防车237辆，新购器材装备3.6万件（套），新建城市消防站41个，新建消火栓4617个。持续深化战勤保障体系建设。总队专门为全省执勤中队配发战勤保障车264辆，5个战勤保障大队基本完成建设任务，省陆地搜寻与救护基地、搜救犬基地和山岳水上救援训练基地已开工建设，为提升跨区域综合作战能力提供了坚实保障。

第十六章　河南省消防工作和队伍建设情况

2011年，河南省公安消防总队以胡锦涛总书记“三句话”总要求为统领，紧紧围绕确保“两个稳定”的目标，强力推进“防火墙”工程、打造中原消防铁军和加强应急救援建设三大重点工作，忠诚履职、团结拼搏、锐意进取、开拓创新，消防工作和部队建设取得了显著成效。2011年，全省共发生火灾3438起，死亡20人，受伤6人，直接财产损失3410万元。

一、持续推进“四大防控”体系建设，着力筑牢具有河南特色的“防火墙”工程

积极创新社会消防管理，强力实施法治防控、重点防控、基础防控、全民防控“四大防控”战略，推动提升了社会火灾防控整体水平。深入实施法治防控。在全国率先发布实施“十二五”消防工作发展规划，先后制定出台6部消防管理标准，加快推进了消防法治化进程。大力推行“党政同抓、一岗双责”工作机制，省委、省政府将消防工作纳入平安建设、政府综合目标管理、社会综合治理和文明创建以及领导干部政绩评价体系。实行消防安全目标管理，建立政府常务会和部门联席会定期研究消防工作制度，实行季度督察，年终考评，严格奖惩。健全完善74项执法制度和15种执法程序，不断提升执法规范化建设水平。年内，全省共办理“三停”、临时查封案件3.9万起，依法行政拘留9183人，无一例引起行政复议和行政诉讼。强力推进重点防控。深化以“会检查消除火灾隐患、会扑救初起火灾、会组织人员疏散逃生和管理标准化、标识明细化、宣传常态化”的“三会三化”建设，组织开展交叉互查，对全省重点单位逐一“会诊”，解决技术难题6200余处，全省1.2万余个重点单位达标。坚持从高从严、超常防范，对超大规模商场市场、高层地下建筑等出台具体管理意见，全省485家超大型商场市场、公共娱乐场所和仓库全部建成“防消联勤”专职队，安全防范系数明显提高。加大重大火灾隐患督改力度，年内，全省累计投入7.2亿元，彻底整改650处省、市、县三级政府挂牌督办的重大火灾隐患。突出抓好基础防控。实施街道乡镇消防网格精细化管理，推行“四抓三防两落实一到位”工作机制，建立全面覆盖的网格组织，逐级明确工作职责，健全火灾隐患网格排查、巡查工作标准和流程，着力构建责任明晰、管理规范、运行高效的精细化网格管理格局。不断发展壮大公安合同制消防队、企业专职消防队、街道乡镇专兼职消防队、社区农村巡消队和人员密集场所防消联勤队以及消防文员、基层消防管理员、消防志愿者“八支队伍”。深入推进“巡消、保消一体化”，推动18万余名巡防、保安人员承担起了查改火灾隐患、宣传教育群众、处置初起火灾“三大职能”。大力推行派出所和警务室消防监督每日一查、每月例会、季度培训、半年考评、年度责任告知“五项制度”及消防文员辅助检查制度。2011年以来，全省公安民警、消防文员共办理或协办消防处罚案件1.2万件。着力深化全民防控。依托全省218支宣传队，利用消防宣传车，深入社区、学校、企业和城市广场，开展“错时宣传”活动，各支队机关、大队每月都完成20场次以上。加强消防标识化建设，全省新建消防橱窗2.1万余块，“三提示”宣传标牌3200块。分批轮训全省乡镇长、社区和村“两委”负责人，重点培训消防从业人员和特殊工种人员，28.5万余人接受系统培训。组织开展中小学生安全日、“百城万校大演练”等大型主题宣传活动，不断掀起宣传高潮。在河南电视台开办《民生119栏目》，在《河南法制报》开办消防周刊，及时反映消防工作动态，曝光火灾隐患。协调河南电视台9个频道和18个地市电视台每天黄金时间播出消防公益广告。总队被中宣部、司法部评为全国法制宣传先进单位。

二、持续推进“清剿火患”战役，坚决打赢消防现实斗争

全方位动员部署。省政府明确34个省直部门的战役职责，先后6次召开全省性会议进行安排部署。省公安厅出台“全警消防”实施意见，逐一细化治安、法制、督察、宣传等9个警种和派出所战役工作职责。总队专门成立“清剿火患”战役办公室，抽调业务骨干集中办公、实体运行。超常规排查整治。紧盯人员密集、高层地下、易燃易爆等火灾高危场所和城中村、“九小”场所等消防“乱点”区域以及重大节庆安保等重点时期，先后组织开展亮剑、打违、治乱、守护、决战五个专项行动，逐条街道、逐个场所、逐栋建筑，实施全面排查，滚动清剿。围绕重点时段和节日，各级消防部门联合治安、法制、督察等警种和派出所先后7次组织大规模“零点行动”，集中夜查单位36.8万余家（次）。高标准督导落实。省政府将“清剿火患”战役纳入政务督察范围，组织18名省直单位厅级领导，带队分包督导各省辖市。省公安厅将全省划分为六大战区，抽调12名业务骨干派驻各战区，跨区域交叉督查和明察暗访。总队实行党委成员分包网格和机关干部蹲点制度，总队党委成员包支队、支队党委成员包大队、大队干部包乡镇街道办，层层将监管任务落实到个人；总队、支队两级机关派出197名机关干部，组成89个工作组，蹲点基层、责任捆绑、全程督导。严格按照《全省“清剿火患”战役日常绩效考评办法》和奖惩规定，实行“日排名、周通报、旬环比、月讲评”，奖优罚劣，推动战役行动向纵深发展。

三、持续推进中原消防铁军建设，不断提升部队灭火应急救援能力

围绕建设现代化公安消防铁军的战略部署，全面推行目标责任、形势研判、教育培训、检查考核、奖惩激励、训练保障等六项练兵工作机制，深入开展广泛性、基础性的全员练兵活动。对各支队参谋长、专职指挥长以及大、中队干部共280人分两期进行了集中培训，指导各地举办攻坚组队员、通信员、安全员、急救员和特种装备操作员培训班85期，培训人员2175人次。严格落实“六熟悉训练日”和“演练周”制度，建立完善熟悉演练检查考核和网上督办等工作机制，部署开展高层地下建筑和石油化工灭火救援准备工作专项行动，全力做好灭火救援各项准备。紧盯应急救援工作重点，强力推进应急预案、战勤保障、应急专家等联勤联动机制建设，组建了8支重型搜救队和18

支轻型搜救队，在全省分组开展了地震救援实战拉动演练，部队应急救援作战能力不断提升。年内，全省消防部队共参加灭火救援1.5万余次，抢救遇险群众3.6万人，保护财产价值35.8亿元，成功处置了郑州“4·19”高层建筑火灾、焦作“5·6”四氯化硅爆炸泄漏事故、洛阳“6·24”抗洪抢险、三门峡“7·9”抢险灭火等急难险重任务，赢得了各级党委政府和人民群众的高度赞誉。

四、持续推进班子和队伍建设，切实为消防工作和部队建设提供强有力的政治保证

全面加强班子建设，认真落实党委中心组和基层大队党委集体学习制度，不断健全完善党委议事规则和程序，促进党委决策科学化、民主化。指导各支队大力推行党务公开，基层党组织的凝聚力和战斗力不断提高。进一步完善干部公推公选办法，对基层干部选拔、士官晋升、战士考学、立功受奖等热点敏感事务，一律实行公开办事，阳光作业，切实以公平公正凝聚警心，激发干劲。扎实开展“两个经常性”工作。深入开展学习实践“三句话”总要求主题教育、庆祝建党90周年系列活动，官兵安全意识和自控能力进一步提升。深入推进安全稳定“六无一创”，始终将人、车、酒和小散远直单位及“八小时以外”作为管控重点，严格落实“五条禁令”“从严治警十二条警规”一系列禁令警规，始终保持严抓安全稳定的高压态势。总队、支队、大队定期召开安全稳定“六无一创”调度会，分析研判安全形势，制定有效对策措施，保持了部队安全稳定。深入开展廉政建设“三争一树”，总队、支队班子成员深入基层逐一开展廉政谈话，通过开展演讲竞赛、廉政征文、举办廉政书画展览、每日短信提示等形式，不断增强官兵的法纪观念和自控能力。紧盯消防执法、财务管理、基建工程等重点领域，全面排查廉政风险点。大力推行领导干部执法和经济责任“双审计”、消防执法“双述双评”，狠抓中央《廉政准则》、公安部“五个严禁”、部局“四个严禁”和总队执法领域“十个决不允许”、后勤管理“七个不准”等党纪警规和禁令规章，严防各类违纪违规案件的发生。

五、持续推进基层基础建设，切实筑牢消防事业发展根基

增强经费保障能力，积极争取地方党委、政府的重视支持，加强与财政等部门沟通协调，健全完善消防业务经费保障机制。今年，总队本级业务经费增长37%，各地争取的业务经费与上年同比增长36%。加快队站、装备建设步伐，启动基本建设项目104个，建成队站20个，在建队站27个，完成征地12个。大力实施装备建设“1261”达标工程，共投入装备建设经费1.43亿元，新购消防车辆148辆，各类装备器材5.3万余件（套），装备建设的层次和质量全面提升。推进消防信息化建设。在全国率先安装了社会公众服务平台和消防监督管理系统，为一体化软件的推广应用奠定了基础。总队到支队20兆带宽、支队到大（中）队10兆带宽的二、三级指挥调度网升级任务圆满完成，有效保障了全省消防指挥音视频和业务数据高速、稳定传输。高标准建成总队、郑州支队16个计算机考场及监控系统和总队卫星固定站，总队“动中通”指挥车已投入执勤。

第十七章　湖北省消防工作和队伍建设情况

2011年，湖北省公安消防总队在省委、省政府，公安部消防局和省公安厅的正确领导下，以贯彻落实《湖北省消防条例》和《湖北省消防发展“十二五”规划》为主线，紧紧围绕“两个稳定”总目标，推动各项重点工作实现了创新突破。全年共发生火灾8296起，死亡49人，受伤4人，直接财产损失6224.5万元。与上年相比，火灾起数下降11.6%，死亡人上升96%，受伤人下降15.6%，损失数上升62.9%。全省消防部队共接警出动6.1万起，出动官兵56万人（次）、车辆9.4万辆（次），抢救被困群众5.1万人，抢救保护财产价值25亿元。

一、大力构筑社会消防安全“防火墙”工程，消防安全环境不断改善

积极推动政府落实消防工作责任。以贯彻落实《湖北省消防条例》为契机，积极争取各级党委、政府对消防工作的支持。省政府及全省13个市（州）、122个县、市、区政府均成立了消防（防火）安全委员会。省委书记李鸿忠，省长王国生，省委常委、政法委书记、公安厅长吴永文，副省长赵斌等领导，先后15次对消防工作作出重要批示，8次深入实地指导火灾隐患整治工作，10次带队检查消防安全。王国生省长与各市（州）行政“一把手”签订消防责任书，省政府对政府消防工作责任目标进行量化、考评，全省上下形成了逐级抓消防工作落实的目标管理责任体系。扎实开展火灾隐患排查整治。深刻吸取武汉“1·17”“7·12”火灾事故教训，研判火灾形势，查找薄弱环节，紧抓以区域性火灾隐患为重点的整治工作不放松，扎实开展了春季防火“荆楚天网”行动、消防安全“五大”活动、“清剿火患”战役以及建筑消防设施和外保温材料专项整治等。全年检查单位数量和执法工作量均创历史新高，共排查单位50.1万家，发现隐患267.7万余处，整改255.9万处，“三停”20689家，查封33745家，罚款2.17亿元，拘留6202人。年内，提请各级政府挂牌督办重大火灾隐患2239处，为2010年挂牌数量的8倍，创历年挂牌数量之最，其中省政府挂牌督办的37处重大火灾隐患按期销案率100%。大力推进武汉汉正街、长丰乡、石桥村等“三合一”、生产经营、老旧住宅三类区域性重大火灾隐患整改，有效改善了全省消防安全环境。深入推进“防火墙”工程建设及消防管理创新。确立了“防火墙”工程攻关课题，成立帮扶指导小组，着力培育典型经验，推动全省“防火墙”工程深入开展。创新消防监管工作，将原有三级管理模式改为网格化管理，实行重点单位属地管理。出台《湖北省消防设施检测维护技术服务机构管理办法》，在全国率先将消防中介服务机构管理纳入行政许可范畴。制定出台4项地方标准和办法，为全省消防工作提供了有力支撑。提请省公安厅推进派出所消防工作，举办全省公安分管局长消防业务培训，联合治安总队下发《关于进一步加强派出所消防监管工作的通知》，修订《湖北省公安派出所消防监督手册》，全面规范了派出所消防监督基础工作。积极宣贯《全民消防安全宣传教育纲要》，深化大宣传大培训工作，群众消防安全意识得到增强。全面加强消防科学技术研究。与上海消防科研所联合攻关的《消防部队科技强警工作评价指标体系》科研项目荣获"第二届中国消防协会科学技术创新奖"一等奖；《多功能水带绳索固定器》技术革新项目荣获部消防局技术革新奖。与武汉理工大学联合开展的《城市燃气管网火灾、爆炸灾害动力学行为与预测技术》《可燃气体（甲烷）光纤传感监测火灾报警系统的研究》课题被公安部和部消防局立项。

二、深入开展打造荆楚消防铁军活动，战训基础工作不断夯实

紧抓全员比武竞赛工作不放松。制定出台了全年全员练兵方案，修订了练兵比武奖惩规定，投入450余万元用于训练设施建设和练兵活动奖励。在支队间组织开展了打造铁军比武挑应战活动，积极派员参加全国竞赛，掀起了练兵热潮；举办全省隧道灭火救援研讨班，研究破解特殊火灾扑救难题；承办了2011年全国灭火抢险救援战例研讨班。紧抓预案制作及熟悉演练不放松。在全省消防部队规范熟悉演练和预案制作工作，创新了预案模板，建成包括1.7万份灭火预案和"六熟悉"手册的数据库，修订完善预案3.3万份。同时，建强4个重型、13个轻型地震救援队，组织开展跨区域演练，提升了部队跨区拉动能力。紧抓部队执勤备战工作不放松。经常性开展灭火救援形势研判，及时进行预警提示，并督导基层部队做好定点执勤和流动巡逻工作。各地不断规范战备秩序，强化战备督查，落实战评制度，有力促进了部队灭火救援能力的提高。年内，全省消防官兵多次参与重大灾害事故处置工作，圆满完成了辛亥革命100周年庆典、全国公安特警"大练兵"成果汇报演练等消防安保任务。

三、全面推进基层应急救援建设，试点工作经验在全国推广

健全应急法规制度。提请省政府出台了《湖北省基层应急救援实施办法》，制定了应急救援队伍管理规定、训练规程、常见灾害事故处置手册等5大类、20项规章制度，以及"四本四册两案"基础档案账本，形成了湖北特色的应急救援法规制度体系，确保了全省应急救援工作有法可依、有章可循。加强应急力量建设。建立了省、市、县三级综合应急救援队伍，基层综合应急队152支，覆盖全省各县、市、区；各地依托政府和有关部门，建立专业应急救援队伍1100支、2.6万人，救援任务覆盖卫生、交通、水利、气象、环境、化工等各领域。全省基本形成了以综合队伍为骨干、专业队伍为辅助的应急力量网络体系。完善应急训练体系。省政府依托总队特勤训练基地成立省应急管理培训基地。各地分别制订了由政府牵头的应急救援预案，初步建立了应急救援基地轮训、常规训练、联合演练机制。年内，各级政府组织联合演练195次，有效提高了应急队伍协同作战能力。成功承办了全国公安消防部队应急救援现场会，总结推广了经验做法，组织了高铁油罐联合演练，展示了应急救援建设成果。

四、不断加强后勤管理和基层基础建设，消防队站及高精尖装备建设有序推进

拓宽经费渠道，强化财务管控。与各级财政部门沟通协调，争取支持，拓宽经费保障渠道，全年落实业务经费总量逾

8.4亿元，同比增长37.9%。推广“一本指南、两种模式、三大系统、四个统一”的财务工作模式，推进全省消防部队财务规范化建设。开展了财务巡回检查指导、财务会审考评以及“小金库”专项治理，全省消防部队财经管理水平和会计基础工作质量明显提高。组织了全省消防部队专兼职审计人员培训，圆满完成审计整改工作。强力推进基础设施建设。省应急救援指挥中心建设项目正式开工；总队特勤训练基地培训楼建成投用。省应急救援物资储备库及武汉、黄石、宜昌、襄阳、荆州等战勤保障物资库全部建成投用，“一中五点”战勤保障体系全面构成。各地加强消防队站（基地）建设，全省共有6个地市级应急救援指挥中心动工建设或建成投用，新改扩建消防站24个，推动消防站建设由生存型向功能型、舒适型、集约型队站转变，营造了人文、宜居、利战的环境。强化装备建设，创新保障机制。制定了全省消防部队装备建设“十二五”发展规划，组织对武汉市消防装备进行了评估论证。全省消防部队累计投入1.86亿元，招标采购了陆虎60雪炮机器人、全地形吸水泵消防车、53米进口云梯车、双头隧道消防车等60余台，装备器材6万余件（套），个人特种防护装备和专勤特种车辆配备率进一步提升，高精尖、复合型装备配备比例增加，实现了装备建设的提档升级。严格执行装备管理规定，督促落实装备技师补贴，组织开展装备巡检，加强了装备管理规范化建设。承办了全国消防部队冲锋舟驾驶员培训班，组织开展了全省消防部队后勤处长、执勤中队干部、装备技师、财务软件、军需助理员、车辆驾驶员和营房保险卫生等培训，后勤人才队伍建设得到加强。

五、坚持抓班子带队伍，部队内部风清气正，士气高昂，安定有序

深化思想政治教育。总队党委对“三句话”主题教育实践活动作出总体安排，开设“荆楚消防大讲堂”，开展争创“六型”机关、争当“五好”干部活动和以“治庸提能、治懒提效、治散提神、治软提劲”为主要内容的治庸问责活动，转变了官兵作风。承办了全国消防部队政治处主任培训班，受到广泛好评。组建文艺小分队，开展“文化基层行”慰问演出活动，展示了部队形象，提振了官兵士气。开展第三届“荆楚十大消防卫士”评选活动，充分挖掘、宣传先进典型，在部队营造了崇尚荣誉的良好氛围。以纪念建党90周年为契机，部署开展了系列活动，宣传、展示了创先争优活动成效，全省消防部队共有28个单位、90名个人受到上级表彰。开展党建课题攻关。深入贯彻落实《公安消防部队党的基层组织若干规定（试行）》，开展党建课题攻关，探索出了“双联互动”“三推三带”“三定一双”和“五引领、五同步”等四种党建模式；出台基层党组织贯彻民主集中制、党员教育管理、遂行执勤战斗任务、考核评价等4项基层党组织建设制度规定。

强化队伍管理。加强干部队伍建设，完善干部“双考”机制。在32个单位多层次开展精细化管理试点工作，推进部队管理规范化建设。抓实“五无”创建活动，从源头上整治和堵塞部队管理漏洞；制定出台《湖北省公安消防部队督察工作实施办法（试行）》等一系列制度规定，将队伍教育管理、廉政建设成效纳入部队日常督察范畴，大力开展“大走访”开门评警活动，全省所有支队和80%的大队创建了警示教育基地，全省消防部队无违法和严重违纪案件发生，持续保持了高度安全稳定。

第十八章 湖南省消防工作和队伍建设情况

2011 年，湖南省公安消防部队在各级党委、政府和公安机关的正确领导和关心重视下，认真贯彻落实胡锦涛总书记“三句话”总要求，以构筑社会消防安全“防火墙”工程和打造现代化三湘消防铁军为重点，扎实推进消防安全“五大”活动和“清剿火患”战役，圆满完成了各项消防安全保卫和灭火救援任务，消防工作实现了跨越式发展，部队建设取得显著成绩。全年共发生火灾 3786 起，死亡 45 人，伤 14 人，直接财产损失 7455 万元，火灾形势总体平稳。

一、落实消防工作责任制，消防工作社会化进程进一步加快

强化党政齐抓。省委、省政府建立了消防工作联合督查制度，联合开展年度消防工作责任状落实情况督查考核。省政府将消防工作写入政府工作报告，7 次召开会议专题研究消防工作。省委书记、省人大常委会主任周强，省委副书记、省长徐守盛多次听取消防工作情况汇报，12 次就消防工作作出重要指示批示，共同出席了“湖南省党政领导消防日”活动，并带头注册成为消防志愿者。全年全省共有近 2300 位各级党政领导分别参加消防有关会议活动和带队开展消防安全检查。强化法制支撑。提请省人大常委会修订出台《湖南省实施〈消防法〉办法》，提请省政府编制了《湖南省消防工作“十二五”发展规划》，提请省公安、质检等部门联合出台了《消防社会公众服务平台应用管理规定》、《高速公路隧道消防设计施工验收规范》、《图像型火灾自动探测报警系统设计、施工及验收规范》等一批地方标准规范，进一步强化了消防工作的法规、政策和制度保障。强化宣传教育。认真贯彻《全民消防安全宣传教育纲要》，省有关部门联合下发了《实施意见》，将消防宣传工作纳入“文明创建”“三下乡”“全国中小学生安全教育日”和“5·12 防灾减灾日”等活动内容，开展了“平安幸福有办法”“社区消防节”“开学第一课”“查隐患、送平安”等主题活动，有效增强了消防宣传的渗透力和感染力。省委、省政府将每年的 11 月 9 日确定为“湖南省党政领导消防日”。11 月 9 日，省、市、县三级同步开展了首次“党政领导消防日”系列消防宣传活动，各级领导带头参与。省委组织部、团省委将消防培训列入领导干部和大学生村官培训计划，省委党校每期厅干班和青干班开设 4 个课时消防培训课程，各级团委对大学生村官定期开展消防远程教育；省公安厅与教育厅联合发文，将消防安全教育纳入学历教育范畴，在各类学校开展了上好一堂消防课、举行一次消防演习等活动；省人力资源和社会保障厅编印了《消防安全知识培训教材》，提高了职业教育中消防培训课时比重，并在特种作业人员岗位培训中加入了消防培训内容。全年共培训党政领导干部、基层组织负责人64594人次，培训社会单位从业人员66511人次。

二、全力清剿火灾隐患，社会消防安全环境进一步优化

持续开展消防安全专项治理。坚持对火灾高危场所实施重点防控，以仓储物流场所、高层地下建筑、在建工程工地、建筑消防设施、建筑外墙保温材料为重点，组织开展了消防安全大排查大整治行动，始终保持排查整治火灾隐患的高压态势；针对小场所火灾多发势头，公安机关和消防部门开展了小型休闲住宿娱乐场所专项治理，强力落实“七个100%”的整治目标，全省共排摸小型住宿场所15235家，小型休闲场所4882家，小型娱乐场所11749家，责令整改火灾隐患2.3万余处，集中消除了一大批小场所火灾隐患。深入推进“清剿火患”战役。省政府、公安厅专题部署，定期调度，推动战役开展，各级党政领导带队开展消防安全检查；各级教育、卫生、交通、工商、安监等部门在行业内部组织开展了消防安全自查自改活动；各级消防、督察、治安、交管等公安机关部门警种密切协作，全省公安机关抽调500名民警脱产参加战役，形成了全警治火患的工作态势。建立社区、农村、单位“户籍化”管理台账，划分网格单元，100%的实行“网格化”排查。战役期间，共排查社区4252个、农村41093个、社会单位44.1万家，整改火灾隐患204.1万处，提请政府挂牌重大火灾隐患5676家。积极创新社会消防管理。健全火灾隐患举报投诉机制，开通“96119”火灾隐患举报投诉热线，建立省市两级政府火灾隐患举报投诉中心，出台《湖南省火灾隐患举报投诉奖励实施办法》，形成了全民治火的局面。加强基层消防监督工作，提请省公安厅出台《公安派出所消防监督工作规定》，进一步明晰管理责权。引入社会信用体系消防安全自律机制，将火灾隐患、消防违法行为等不良记录纳入单位、个人信用重要内容，推行消防工程市场不良行为记录公示制度，有效提高了单位及个人维护消防安全的自觉性。部署开展了社会单位“四个能力建设达标年”活动，共有17683家消防安全重点单位、7998家非重点单位建设达标。

三、健全灭火救援体系，部队战斗力进一步增强

认真贯彻落实国务委员、公安部部长孟建柱同志关于建设现代化公安消防铁军的指示精神，坚持以加快转变战斗力生成模式为核心，积极推进勤务实战化，不断提升部队灭火和应急救援能力。强化执勤岗位练兵活动。坚持从严、从难、从实战出发，全面推行“全员普训、岗位轮训、尖兵精训”的练兵机制，在全省掀起了大练兵、大比武的热潮，培养了一大批训练尖兵和业务骨干。在首届全国公安消防部队打造现代化消防铁军比武竞赛中，总队获得团体总分第一名。开展“执勤业务学习日”活动，建立了业务学习常态化机制。组织开展第三期灭火救援攻坚组集训，培训攻坚队员217名，全省按标准组建227个攻坚组。组织开展第二期潜水员培训，培训持证潜水员45名。强化灭火救援基础工作。认真贯彻落实“江西会议”精神，在全省14个支队同步开展铁军中队试点工作，并组织验收评比。坚持信息主导警务勤务，圆满完成了部局灭火救援指挥系统、一体化综合平台等试点任务，基本实现了灭火救援一键式、扁平化指挥。制定了《湖南省常见灾害事故灭火和应急救援行动要则》，强化各战斗环节的规范化管理。加强实地、实装、实战演练，开展5类特殊场所灭火救援准备专项执勤活动，举行了“3+5”城市群跨区域灭火救援演习、三大战区跨区域集结演练、反恐怖力量跨区域拉动演习、怀化战区地震灾害跨区域救援演习等大规模集结演练，全省消防部队灭大火、抢大险的能力显著提升。强化应急救援队伍建设。省政府出台《关于加强全省应急队伍建设的意见》，进一步健全了综合性应急救援队伍的力量建设、经费保障、协调联动等工作机制。加快基层应急救援队伍建设步伐，全省县级综合应急救援队伍均按照每队不少于30人的标准配齐了人员；依托基层组织、派出所和单位，采取“一专多能、一队多用”的建设模式，在60%的乡镇建立了应急救援队伍；完善应急救援指挥平台，全省50%的县（市）依托消防指挥中心建成了县级应急指挥平台。省政府举行了全省第二届企事业专职消防队业务技能比武竞赛，进一步提升了企事业专职消防队伍的业务素质。2011年，全省公安消防部队共接警出动9477次，出动车辆14690辆次，出动警力98330人次，抢救被困人员3104人，疏散被困人员15158人，抢救财产价值16亿元，圆满完成湖南中成化工“4·14”保险粉大跨度仓库火灾扑救等灭火救援任务，为维护全省社会稳定、保护人民群众生命财产安全作出了重要贡献。

四、始终坚持政治建警，班子和队伍建设水平进一步提升

官兵凝聚力不断增强。开展“五型”班子创建活动，狠抓支队级党委班子和基层党组织规范化建设，各级班子的团结干事局面进一步巩固。加强警营文化建设，总队队歌《人民需要我》入选《公安消防部队组歌》，《时刻准备着》入选公安消防部队优秀歌曲，组织文艺小分队赴基层开展《公安消防部队组歌》传唱活动。加强部队思想政治建设，开展了建党90周年系列活动，圆满完成部局下达的课题攻关任务，在公安消防部队政治工作会议上作了经验交流。全面创建“学习型机关、素质型警队”，大力实施人才战略工程，启动“文化大讲堂”活动，开展覆盖各岗位的全员轮训，队伍整体素质明显增强。队伍风气持续好转。坚持从严治警不动摇，开展队伍建设“思想大摸排，风险大评估，隐患大清查，纪律大整顿，风气大整肃”“五大”活动，旗帜鲜明整风肃纪；开展规范权力运行制度建设，规范行政许可、行政执法、内部管理制度三大类39项；扎实推进“审计整改年”活动，对重大、敏感问题实施全过程、全时段、全天候审计监督；制定出台《武警湖南省消防部队干部管理规定》，印发《干部工作规范性文件选编》，继续推行团营职干部“双考”选拔，严格落实士官晋级培训考核制度，选人用人公信度和满意度进一步提升。正规化建设扎实有效。组织开展“五防五无”竞赛活动，全面开展安全隐患大排查大整治和安全工作对查互检，健全完善部队安全管理机制。举办了条令条例知识网上考试、视频抽考、军事业务知识竞赛、军事队列汇操等活动，出台了《部队管理督察暗访工作实施方案》，推进了督察工作程序化、常态化、正规化，有力确保了部队“四个秩序”规范。一年来，全省消防部队13个单位荣立集体三等功、10人次荣立一等功、17人次荣立二等功，一大批先进单位和个人受到各级表彰奖励。“爱民模范”宋文博被追授“全国优秀共产党员”荣誉称号，韶山大队党委受到公安部、部消防局和省委表彰。

五、坚持综合保障，基层基础建设进一步完善

经费保障能力实现新突破。全省各级消防部队积极争取地方党委政府支持，不断完善经费保障机制，确保消防经费投入与经济社会同步协调发展，保持快速增长势头。装备实战化水平实现新突破。全省共投入经费2.81亿元，新购消防车辆122台、装备器材34283件（套），其中新购车辆50%以上为进口车辆。14个市、州特勤消防站全部配齐了“1台50米以上举高车、1台大功率排烟车、1台化学事故抢险救援车或防化洗消车”；全省所有一级普通消防站全部配齐“1台重型水罐车、1台多功能抢险救援车和1台举高消防车”。营房基础建设实现新突破。全省共新建消防站15个、战勤保障大队3个，高标准建成了韶山接待站、消防职业技能鉴定站，对总队特勤支队进行了全面改造，另有11个消防站、7个战勤保障大队、1个支队消防指挥中心在建。后勤管理效能实现新突破。在全省推广了湘潭预算管理试点经验，修订了《湖南省消防部队财务管理规定》《湖南省消防部队大队财务管理规定》等规章制度，推广“公务卡”“加油卡”等结算管理，财务管理工作全面规范化。严格落实装备巡检制度，组织集中培训执勤中队装备管理干部144名、装备技师预选对象161名，执勤中队装备技师全部按编配齐，装备日常维护保养全面工作规范化。成立了总队机关集中采购中心，制定出台了《总队机关集中采购管理办法》，物资采购工作全面规范化。

第十九章　广东省消防工作和队伍建设情况

2011年，广东省公安消防总队以“平安大运”为总目标，深入推进构筑“防火墙”工程，全面加强现代化公安消防铁军建设，圆满完成了防火、灭火和应急救援各项工作任务，为经济社会发展、人民群众安居乐业创造了良好的消防安全环境。

一、全面构织“责任网络”，消防工作社会化水平明显提升

省委、省政府高度重视消防工作，中共中央政治局委员、省委书记汪洋，省长黄华华，省委常委、政法委书记、公安厅厅长梁伟发，副省长刘昆和其他领导同志多次对消防工作作出重要批示和指示，并深入基层调研检查消防工作。省政府出台广东省“十二五”消防规划、召开6次会议、印发9个文件部署消防工作，连续第4年举办消防安全责任人消防法规培训班，与各地市签订了消防安全目标管理责任书，将消防工作纳入各级政府任期目标和领导工作绩效考评。省消防安全委员会完成换届选举，各级综治、教育、文化、卫生、建设、工商、安监、质监等部门进一步健全了消防工作组织领导机制，省公安厅出台公安派出所消防监督检查工作规定，省建设厅将外保温材料消防安全相关内容纳入《广东省民用建筑节能条例》，职能部门消防工作信息沟通和联合执法机制进一步健全。深入推进“防火墙”工程建设，人员密集场所重点单位“四个能力”建设基本达标。

二、着力强化“公共基础”，社会抗御火灾能力有效增强

全面开展城乡社区消防工作基本组织、基本制度、基本队伍、基本设施、基本教育建设，全省484个建制镇完成了消防规划编制，新增市政消火栓11568个。省政府七部门联合出台关于加强多种形式消防队伍建设的文件，逐级分解多种形式消防队伍建设任务，并纳入年度工作目标责任书。采取省、市两级政府挂牌督办的形式，推动乡镇专职消防队建设，全年新建专（兼）职消防队132个，招收合同制消防员1000名。投入基础设施建设经费5.5亿元，新建、改建消防站50个，完成国家陆地搜寻与救护基地广东基地征地工作。扎实开展消防宣传培训教育，出台《贯彻落实〈全民消防安全宣传教育纲要〉实施意见》，大力开展“消防安全示范学校”创建和“全民消防·生命至上”系列宣传教育活动。开通“南粤消防在线”官方微博，发展“粉丝”6.7万多人。建立健全中央、省级媒体定期约谈制度，组织新闻媒体记者18次对消防重大行动进行报道，在省级以上媒体刊发消防专稿778条。深入贯彻《社会消防安全教育培训规定》（公安部令第109号），将消防知识纳入职业教育、普法教育和岗前培训、干部培训的重要内容，广泛开展消防知识培训，共培训各类人员572万人。

三、强势推进“清剿火患”，社会火灾形势持续稳定

省政府集中挂牌督办第三批21个火灾隐患重点镇、街，带动各地政府挂牌督办93个市级重点地区，持续开展建筑消防设施和在建建筑工地整治，有效优化了社会消防安全环境。特别是在“清剿火患”战役中，刘昆副省长亲自挂帅，全省动员，全警参与，取得显著成效。全省共检查单位65万余家，整改火灾隐患132万余处，查封、“三停”单位近2万家，罚款1.23亿元，拘留2802人。中共中央政治局委员、省委书记汪洋在省委十届十一次全会上高度肯定“清剿火患”战役成效。2011年，全省共发生火灾8148起，死亡110人，受伤64人，直接财产损失1.97亿元，火灾起数比十年（2002至2011年）均值低20%，亡人数低43%，在广东经济社会快速发展、火灾防控压力空前加大的情况下，保持了火灾形势的总体平稳。

四、全面深化“管理创新”，为民服务能力显著增强

开展支队、大队网上执法定期考核，深化消防业务信息公开和网上执法群众评议机制，创新实施火灾隐患有奖举报、消防监督执法约谈、建筑消防设施维保、消防设施检测等新举措，大力开展“万千百”“大走访”开门评警活动（万案万人回访倒评、千宗隐患整改查评、百家单位执法访评），群众对消防执法工作满意率达到98.7%。总队作为全省公安系统唯一警种被省政府评为“五五”普法验收先进集体，“网上执法信息公开机制”纳入全省重点惠民工程，执法质量考评获全国优秀，执法规范化建设考评列省厅第一。

五、扎实开展“两评一演练”，部队攻坚克难能力明显提升

各级消防部队深入推进打造南粤公安消防铁军和综合应急救援工作，扎实开展“两评一演练”（消防装备、作战编程评估和实战演练）工作，不断革新执勤战斗编成，探索推进可视化指挥体系建设，部队灭火和应急救援实战能力进一步提升。2011年，全省消防部队共接警出动6万余次，抢救疏散被困人员6.7万余人，抢救保护财产价值43.8亿元，出色完成了惠州“7·11”中海油火灾扑救和汕尾“11·22”在建工地坍塌事故救援等急难险重任务。

六、突出抓好“平安大运”，大型活动勤务安保任务出色完成

积极应对大运安保时间紧、任务重、开放性强的考验，充分借鉴亚运安保经验，发扬亚运消防安保精神，按照“全天候、全时段、全覆盖”要求，112个消防安保团队、300个督导组、3000余名赛区消防安保人员，严抓标准，严密防控，制定灭火救援预案462份，开展演练1680次，消除火灾隐患1万余处。全省消防部队严格执行赛区一级战备、非赛区二级战备的要求，全警动员、全力以赴，确保了比赛场馆零火灾、赛区城市火灾零死亡。

七、加快完善“战勤网络”，后勤综合保障成效凸显

强化战勤保障建设，提请省政府专题部署建设任务，7个区域战勤保障中心建设顺利推进，6个战勤保障大队投入使用，9个战勤保障中队加快建设，全省战勤保障三级网络基本形成。强化经费标准化供应，全省所有单位经费纳入财政预算并落实保障标准，全年争取消防业务费21.1亿元，同比增长16.3%。完成第三轮扶持经济欠发达地区消防装备建设计划，完成珠三角6市装备建设评估论证，全省投入装备经费6.7亿元，新增消防车209辆、消防器材15万余件（套）。

八、大力践行“三靠两信”，队伍正规化建设水平稳步提升

以践行“三句话”总要求为根本，努力营造“靠品德立身、靠素质干事、靠政绩进步；相信组织，相信公论”的清风正气，扎实开展“坚定理想信念，忠诚履行职责使命”主题教育，着力提升支队级党委班子能力素质，全面加强基层党组织规范化建设，全警应用绩效考核，试行支队级军政主官巡视工作，突出“一队一特色”警营文化建设，打造廉政教育品牌。创新建立安全风险保证金制度，广泛应用基层中队信息平台，扎实开展“条令条例学习月”、“五无”创建活动，强化专项和常态督察，队伍保持高度稳定，16 个支队级单位实现“五无”，63 个集体和 1424 名个人荣获三等功以上奖励。

第二十章 广西壮族自治区消防工作和队伍建设情况

2011年，广西壮族自治区公安消防总队在公安部消防局和自治区公安厅的正确领导下，以科学发展观为统领，深入推进构筑社会消防安全“防火墙”工程，大力开展消防安全“五大”活动，全面建设现代化公安消防铁军，火灾防控能力和灭火应急救援战斗力进一步提升，全区消防安全形势总体稳定，连续12年没有发生群死群伤恶性火灾事故。全年共发生火灾1889起，死亡45人，受伤12人，直接财产损失5802.1万元，与2010年相比，火灾起数上升46.8%、死亡人数上升40.6%，受伤人数、损失分别下降14.3%、4.8%。

一、深入推动消防工作责任落实，消防工作社会化进程进一步加快

深入推进构筑社会消防安全“防火墙”工程，强化政府消防工作责任和社会消防安全责任落实。自治区人大审议《广西壮族自治区实施〈中华人民共和国消防法〉办法》。自治区政府连续第四年将少数民族村寨防火改造列入为民办实事工程，召开全区推广政府合同制消防队伍建设经验现场会等5次全区性消防工作会议，与各市政府签订消防工作责任状，印发2011—2013年全区消防重点建设目标、全区深化消防安全“五大活动”开展“清剿火患”战役工作方案等7份文件，并组织2次消防工作专项督查和1次检查验收。全区各级党政主要领导深入消防部队开展调研，检查消防工作，主持召开会议，协调解决消防队（站）建设、消防装备建设、清剿火患等重大问题。全区召开消防工作会议370余次，印发文件580余份。南宁、柳州、北海、钦州、防城港、玉林、百色等地将消防装备建设等消防重点工作纳入民生工程和城市突发事件应急体系建设规划，列入党务政务督查和绩效考评，强力推进当地公共消防设施建设。各地认真贯彻落实《广西社会单位消防安全“四个能力”建设通用指南和九类场所“四个能力”建设指南》，全区8900家重点单位、1.1万家一般单位消防安全“四个能力”建设达标。

二、深入实施消防重点建设目标，城乡火灾防控基础进一步夯实

全面实施2011—2013年全区消防重点建设目标，全区落实消防业务经费4.73亿元，同比增长31%，特别是玉林市消防经费占当地公共安全开支的1/5，人均保障超过标准2倍以上。全区消防队站建设投入8792万元，新建项目23个，维修改造项目93个，总队新指挥中心全面开工，贺州、北海、玉林市支队新指挥中心分别竣工、封顶、定址；南宁消防训练基地建设项目得到重新立项，用地面积增加3.6倍达486亩，投资增长5.4倍达2.9亿元；全区新建消防站3个进驻、11个开工、14个定址。全区购置消防装备投入2.5亿元，同比增长97%，新购101辆消防车和4万多件（套）灭火救援器材。大力发展多种形式消防队伍，全区新招录政府合同制消防员和消防文员803人，接近上年总数一倍；企事业专职消防队达62个，队员904人，消防车130辆；志愿消防队达1573个，人员11699人，消防车167辆，机动消防泵1120台。全区落实消防信息化建设专项经费3486万元，建成灭火救援指挥系统、卫星通信系统、3G图像管理平台及车载终端等通信设施。全区投入2.06亿元用于少数民族村寨防火改造，融水县30至50户村寨防火改造“四改”（电改、灶改、寨改、水改）任务基本完成，城乡火灾防控基础更加坚实。

三、深入开展火灾隐患排查整治，社会消防安全环境进一步改善

针对消防安全突出问题和阶段性火灾特点，深入开展火灾隐患大排查、大整治，组织开展“利剑”系列、统一清查大行动等7次专项行动。特别是自9月26日起，在全区范围内深入持久开展“清剿火患”战役，梁胜利副主席亲自指挥调度，全区建立了政府主导、多部门联动、多警种联勤工作机制。自治区公安厅出台“清剿火患”十一条刚性措施。自治区和14个地级市建成火灾隐患举报投诉中心，出台火灾隐患有奖举报制度。全区各警种和1475个派出所2.8万名民警积极参战，建立检查工作量化、隐患逐级报备等“清剿火患”战役工作机制，采取“五加二”“白加黑”交叉互查等超常规措施。全区检查单位173405家、发现火灾隐患或违法行为231862处、督促整改221004处、实施行政处罚5439件、临时查封3513家、责令“三停”1765家、罚款3934万元、拘留1286人，同比上年，分别上升132%、89%、86%、227%、587%、168%、163%、351%。自治区人民政府挂牌督办的15家重大火灾隐患单位全部完成整改。特别是消防总队联合工商、质监部门建立自治区、市、县三级消防产品质量专项整治办公室，抽检消防产品510批次，检查单位19632家，责令改正2332家，查处因消防产品质量问题导致消防验收不合格的建设工程337个，消除因不合格消防产品和装修材料造成的火灾隐患8656处，火灾隐患从源头上得到有效控制。

四、深入推进消防大宣传大培训，公众消防安全素质进一步增强

紧紧围绕“全民消防，生命至上”主题，着力构建“政府统一领导、部门依法监管、单位全面负责、公民积极参与”的消防宣传教育工作格局。自治区政府召开宣贯《全民消防安全宣传教育纲要》推进会，自治区党委宣传部和公安厅、教育厅等八部门联合部署学习贯彻活动，开通全民消防安全宣传教育网站，开展消防安全教育达标示范学校创建活动。自治区公安厅表彰一批热心消防公益事业的先进集体和先进个人，南宁、贵港市政府颁发“热心消防公益好市民奖”。总队与自治区主流媒体开办了3个消防宣传专栏，在有关网站开设了4个消防微博；建立消防发言人制度，召开消防新闻发布会15次，发动百家媒体开展“走基层、学消防、筑平安”等主题活动，全方位曝光火灾隐患、报道消防工作和消防部队先进典型，在中央级媒体发稿410多篇（条）、在自治区级媒体发稿2800多篇（条）。全区开展校园消防安全培训3000多次，1200万名学生受教育，67所学校被评为全国、自治区消防安全教育达标示范学校；举办规模性消防宣传活动410多次，发送消防宣传资料信息220多万份（条）；依托广西消防特殊工种职业技能鉴定站培训消防控制室值班操作人员等1250人，培训消防安全重点单位责任人、管理人5.8万人。

五、深入打造现代化公安消防铁军，灭火应急救援能力进一步提升

全区90%县市区依托公安消防部队组建综合应急救援队。全区公安消防部队加强灭火应急救援攻坚力量建设，建成首支消防搜救犬队伍，组建灭火应急攻坚组114个、重型地震救援队3个、轻型地震救援队13个以及石油化工火灾扑救、水域救援、交通事故等专业救援队伍20个，成功组织3次跨区域应急救援拉动演练；投入1082万元用于大练兵，在全国公安消防部队率先举办基层中队干部执勤岗位全员练兵考核竞赛，举办打造现代化公安消防铁军比武竞赛15次，开展石油化工单位专项测试等演练2281次；投入7000多万元购置10辆保障车、“72小时应急救援背囊”等应急器材装备1.1万件（套），在柳州、桂林、梧州、来宾、贵港市建立5个区域性抗洪抢险物资储备库，部队战勤保障和应急通信指挥保障能力显著增强。全区公安消防部队接警出动8625起，抢救被困人员4200多人，抢救和保护财产价值17.5亿元，出色完成第八届中国－东盟博览会消防安全保卫、“4·25”南宁市金穗农药有限公司厂房火灾扑救、“5·9”桂林洛江村山体滑坡救援、“7·28”贵港钢铁厂煤气管道泄漏抢险等急难险重任务。

六、深入践行“三句话”总要求，队伍正规化建设水平进一步提高

坚持政治建警、从严治警，全面加强队伍正规化建设。认真落实《党委班子建设标准》，通过双考选拔任免团职干部141人、营职干部288人，开展争创先进支队和争当优秀领导干部活动。扎实推进思想政治教育规范化和基层党组织规范化建设试点工作，深化“六个一”活动，隆重纪念中国共产党诞辰90周年，推动警营文化建设。深入开展“大走访”开门评警、“三严”教育整顿、“审计整改年”“五无”创建等活动，严格落实部队条令条例和规章制度，狠抓执法规范化和廉政风险防控机制建设，创新火灾事故调查跨地域调动和首席负责制，开通社会公众服务平台，推出“六从四免”十项便民利民措施，对中石化北海炼油异地改造项目等18项自治区重大建设项目跟踪上门服务，提出指导意见100多条。队伍风清气正，争先创优，有8个集体荣立三等功、1人荣立一等功、3人荣立二等功、234人荣立三等功，18个集体、22名个人被自治区和市级党委政府表彰，其中谈夏林、黄胜新当选广西首届“我最喜爱的人民警察”。全区消防部队走访消防安全重点单位2489家，发放调查问卷81895份，接待来访群众3800多人次，征求群众意见293条，聘请消防执法廉政监督员520人，及时回应和解决社会公众反映的难点热点问题，消防执法公信力进一步提高。

第二十一章　海南省消防工作和队伍建设情况

2011年，海南省公安消防部队在各级党委、政府和公安机关的领导下，紧紧围绕国际旅游岛建设大局，深入构筑社会消防安全“防火墙”工程，全面打造现代化公安消防铁军，实现了全省火灾形势平稳趋降，无重大和群死群伤火灾，实现了部队高度安全稳定，得到了党委政府和上级领导的充分肯定。2011年全省共发生火灾710起，死亡6人，受伤1人，直接财产损失1424万元，火灾四项指标全面下降。

一、各级党委政府高度重视消防工作和部队建设

主动汇报争取各级党委政府的重视支持，把消防工作作为经济社会发展的重要保障，纳入政府工作的重要内容，上升为政府的决策行为，逐级落实消防工作责任制，在政策、规划、资金、保障等方面强力推进。组织领导到位。省委书记罗保铭，省长蒋定之，省委常委肖若海、副省长李国梁、省长助理贾东军等省领导多次听取消防工作汇报并作重要批示指示，出席消防工作会议，亲临一线带队检查，亲切慰问消防官兵。全省各市县有77名党政领导部署和检查消防工作，协调解决事关消防工作和部队建设的重大问题。政策支持到位。省政府召开消防条例新闻发布会，发动全社会宣传贯彻《海南省消防条例》，先后制定修订了《海南省建筑防火管理规定》《海南省公共场所消防安全管理规定》《海南省公共消防设施管理规定》等政府规章，制发了重大火灾隐患判定、整改和挂牌督办报告制度等11个规范性文件，消防工作社会化进程快速推进。9月14日，省政府批准颁布并专题部署实施《海南省消防发展规划（2011—2020）》，使消防工作紧跟国际旅游岛建设发展的步伐。责任落实到位。省政府与各市县签订两年一度的消防工作目标责任书，细化量化23项任务指标，组织考评验收，严格落实奖惩和问责。全省无偿划拨消防建设用地571.15亩，新建公安现役消防站28个、政府专职消防站33个、市政消火栓6763个，新增专职和义务消防员2.6万人，并在洋浦经济开发区组建企业消防队。

二、班子和队伍建设有突破、有创新

总队始终坚持把班子和队伍建设作为根本，围绕素质能力提升和队伍安全稳定，重点在“五个强化”上下功夫。强化班子建设。狠抓党建工作试点，开展党建专题研讨和党委班子达标竞赛等活动，组织开展庆祝建党90周年系列活动，表彰一批“先进党委”和“先进个人”。完善选人用人机制，抓好团营职领导干部“双考”工作。凡是营职以上领导干部任用，一律实行“双考”竞争上岗，机关干部选调一律实施公开选拔，47 名团职干部通过“双考”选拔走上各级领导岗位。强化政治建警。深入开展“发扬传统、坚定信念、执法为民”主题教育实践活动和“大走访”开门评警活动。积极响应省委、省政府号召，开展“文明大行动”，出台总队《“文明大行动”三年工作规划》和 15 条措施。开展庆祝建党 90 周年系列活动，在“七一”期间表彰了 20 个“先进基层党组织”、70 名“优秀共产党员”、26 名“优秀党务工作者”。强化素质强警。组织开展政工干部“强化练兵 50 天”和基层第一任职干部“强化训练 100 天”活动，大力实施推广教育《大纲》和基层党组织《规定》试点，狠抓干部培训，全省各级各类干部能力素质有效提升。扩大大学生入伍的比例，有效解决能力素质问题。每季度组织防火、战训、政工、后勤等岗位业务竞赛，干部能力素质明确提升。125 个集体、678 名个人受到中央及省市各级表彰。强化队伍管理。开展“两节创安”“文明驾驶安全驾驶”“条令学习月”等活动，做好重大节日、特殊敏感时期、八小时外等节点和小散远等单位以及人、车、酒等关键环节的管理，杜绝各类违纪和事故案件的发生，确保部队高度安全稳定。贯彻落实公安部新颁发的编制方案，制定下发总队落编工作方案。强化廉政建设。建立每月纪检工作通报制度，总队和支大队班子成员带头对执行“四个严禁”作出承诺。开展“五大”整治活动，严厉整治收受礼金、违规选人用人、执法犯法、推销消防产品和基建项目以及大宗物资采购管理不规范等问题。开展为期 40 天的建设工程消防设计审核和验收执法执纪专项检查活动，制定节日廉洁“五提倡五反对”，节日期间每天向全省干部发送廉政短信。制定《廉政风险防控工作方案》和《规范接受慰问、捐赠行为暂行规定》，规范接受慰问、捐赠行为。认真贯彻公安现役部队警示教育电视电话会议精神，制定 8 条刚性措施。强化审计工作，深入开展“审计整改年”活动，对审计发现的问题研究制定整改措施，下发挂牌督办通知单，做到干部调整、离任必审，审计率达 100%。

三、强力推进“防火墙”工程、“五大”活动和“清剿火患”战役

坚持全警动、全民动、全省动，以前所未有的力度和声势强力推进，成绩显著。政府主导，全民参与。省政府研究制发活动方案，明确奖惩措施，建立举报投诉机制，将战役行动纳入年度政府考核、社会治安综合治理、安全生产考评内容。省政府派出 8 个督察组，由 17 个厅局领导带队开展督察，并对 156 家挂牌的重大火灾隐患建立督办档案。省及各市县政府共拨专款 2580 万元用于战役奖励、举报奖励和消防宣传，41 个工作突出的先进单位和先进集体受到表彰奖励。省委省政府协调省委宣传部和教育、文体、广电等部门专题研究消防宣传，策划实施重大节日、重要时段消防宣传教育。精心组织“119”消防宣传周活动，省市四套班子领导共同出席，十万群众现场参与，百万观众同时收看。组织“记者走基层清剿火患行”活动，定时定档曝光火灾隐患。部门联动，全警投入。与省旅游、教育、住建、文体、农垦、工商、安监等 17 个部门联合制定方案，联合部署、排查整治、宣传教育，明确清剿内容和重点。省直 25 个行业部门分别制定火灾隐患自查自改方案。全省公安机关组织开展“百名局长、万名民警大清剿”行动，落实普查、督改、复查“三轮排查”和厅长、局长、所长“三长督察”制，严格执行 35 条刚性执法措施。总队把“清患无遗、除患务尽、有我无患”作为战役行动口号，党委成员实行“三包三保”负责制。全面排查，全力整治。全省划分1658个网格战区，成立573个专项执法组，划分清剿战区，实行网格化排查，全省3023个农村社区全部排查完毕。突出旅游行业、农村社区、油气化工等消防整治，对29家宾馆酒店作出摘星或降星处理，对242个家庭旅馆依法关停取缔，对335个村寨、1.3万户茅草房、5.7万平方米棚户区进行整体拆迁改造，对551家危险化学品场所实施专项督办。精心组织、全力开展圣诞、元旦三次“零点”行动。省及各市县72名党政领导、196名政府部门领导、6085名公安民警和822名消防监督干部，组成3238个检查组深入一线检查督导，战绩显著。

四、全面打造现代化公安消防铁军

针对岛屿特点，立足自救自援，狠抓“三个重点”。狠抓重大保卫。先后圆满完成了“金砖国家”领导人会晤、博鳌亚洲论坛年会和国际大帆船拉力赛、环岛国际自行车赛以及“三月三”“海南欢乐节”等58项重大活动消防安全保卫任务。狠抓训练演练。突出“六熟悉”训练，坚持做到辖区重点对象统计率、熟悉率、预案率、演练率、测试率“五个100%”，增加高层地下建筑、人员密集场所、油气化工企业及大空间大跨度场所的联合演练率，开展总队级战区拉动演练4次，地震救援跨区域拉动演练1次，支队级演练92次，大队级演练673次。组织开展比武竞赛活动，狠抓基层普训和骨干集训。成功处置乐东“9·20”矿井事故、白沙“10·4”游客被困救援、五指山“11·29”重大交通事故，全力参与特大暴雨、强台风抢险救援工作，解救遇险和被困群众5183人，疏散转移群众4.3万人，抢救财产价值20.8亿元。狠抓应急救援。推广海口、三亚、洋浦、陵水等试点经验，建立完善应急救援联动响应机制。预算投资4.5亿元启动建设海口、三亚、洋浦三个海陆消防站，琼北、琼南综合训练基地和海口、三亚、洋浦、琼海四个战勤保障基地初步形成规模，打造1小时保障圈，形成物资、装备、通信、训练、经费五位一体的大保障格局。组织开展石油化工单位灭火救援准备工作调查摸底和测试演练专项活动。组建重型、轻型地震搜救队，科学配备救援装备器材，实行模块化储备。建立搜救犬训练基地。加强消防信息化建设，完成指挥调度网建设，实现可视化管理与指挥。

五、全面提升基层基础建设水平

全年投入地方消防经费4.32亿元，占地方一般预算收入的1.26%，创历史新高。新增各类消防车66辆、装备器材3万件（套），全部配齐四大类装备，个人防护装备配备率100%，每个普通中队消防车配备在5辆以上，每个大队都有一套完整的铁军训练场地和设施器材。在建工程17个，建筑面积11.5万平方米，总投资7.14亿元。完成总队模拟训练基地和全省生态警营、文化警营创建以及大中队营区一体化建设，加快推进三亚水上救援培训基地建设。投入6007万元建成总队指挥中心、信息中心、指挥调度网和卫星通信系统。投入7651万元补助基层营房装备等基础设施建设。全省19个市县全部将高危行业补贴纳入地方财政预算。

第二十二章　重庆市消防工作和队伍建设情况

2011 年，重庆市公安消防总队在市委、市政府的坚强领导下，在部消防局、市公安局的直接指挥下，紧紧围绕“平安重庆”建设大局，全面推进消防基础建设、机制建设、能力建设和队伍建设，全力抓好打造现代化公安消防铁军、构筑消防社会安全“防火墙”等重点工作，实现了部队安全稳定和火灾形势持续稳定。全年共发生火灾 3784 起，死亡 29 人，伤 22 人，直接财产损失 3294.6 万元；同比上年，四项指数分别下降 25%、14.7%、24.1% 和 75.9%，连续 14 年未发生群死群伤火灾事故，为重庆市经济社会发展、“十二五”良好开局创造了优良的消防安全环境。

一、落实责任，突破重点，消防工作社会化进程加快推进

消防责任体系日臻完善。推动政府及部门落实消防安全责任，严格执行“一岗双责”，将消防安全工作纳入社会治安综合治理、安全生产目标考核体系，完善市级职能部门消防议事、联动、考评机制。深化单位主体责任落实，编制《单位消防安全“四个能力”建设规程》地方标准，建立医疗卫生机构等级评定机制，在全国率先将消防安全“四个能力”建设纳入旅游饭店星级复核和医疗卫生机构等级评定工作，全市 6169 家消防安全重点单位全部达标。火灾隐患治理行动强势突进。各级公安消防部门积极策动“巴渝风暴”、夏季消防安全百日攻坚等 14 项消防治理，共检查单位 12 万家次，督促整改火灾隐患或违法行为 26.7 万处，临时查封 12399 处，责令“三停”6520 家，拘留 1929 人，警告 1073 人。特别是 9 月以来，大规模、超常规打响“清剿火患”战役，坚持实行市、区县（自治县）政府每月召开新闻发布会，开通“96119”专线举报电话，通过网格化排查、户籍化管理、全覆盖推进，严厉打击消防违法违章行为，火灾事故总量较上年同期减少 46.5%。消防社会化宣传广泛开展。注重发挥消防文化宣教的主导作用，提请下发重庆市 2011 至 2015 年《全民消防安全宣传教育纲要》实施意见，将消防教育纳入党政领导培训课程、警官职业学院教学大纲、家政服务教育体系。创建 22 所国家级“消防安全教育示范学校”、3 个“全国消防科普教育基地”，培训电气焊工和消防控制室人员 3.7 万余名，培训农民工和消防志愿者 150 万余人，组织 300 余万市民参加消防安全知识网络大赛，《走近中国消防》栏目播出专题节目 52 期，黔江区“一个人的消防队”杨胜铭同志被公安部评为“全国热心消防事业先进个人”，全社会关注消防、支持消防、参与消防的氛围日益浓厚。

二、固本强基，创新发展，社会管控火灾能力明显增强

社会管理效能有效提升。大力开展创新城市消防监督管理试点，出台《城乡社区消防安全管理规范》、《防火防盗门通用技术》等地方标准，制定了250米以上高层建筑设计的特殊防火措施。利用市场经济手段，借助“社会第三方”力量，加强对建筑消防设施的检测管理。积极推进消防科研工作，《高层建筑火灾场景设计与灭火救援技战术研究》获公安部重点研究计划立项，重点单位灭火预案管理系统荣获市政府科技进步三等奖。基层消防组织不断巩固。完成200个“消防安全示范社区”创建工作，全市1011个乡镇（街道）全部设立消防安全管理办公室，10960个村（居）委会全部设立消防工作小组，配备了消防兼管人员，聘任社区消防督导3045人、小区消防管理员5338人、高层居住建筑楼栋宣传员9468人。加快多种形式消防队伍建设，出台建设标准及联勤联训规定，建成企事业单位专职消防队67支，镇（乡）专兼职消防队845支，城市社区、街道和村志愿消防队10960支，配备专兼职消防队员9605人，志愿消防队员15万余人。规范执法建设成效显著。建立健全执法制度体系，编制《消防执法执勤规范》，修订《执法质量考核评议实施办法》，规范办事流程，量化办理时限，公开办理结果，狠抓质量考评，推动消防监督执法更加高效、透明。深化行政审批改革，下放行政审批权限，进一步加强建设工程消防设计和审查质量管理，消防行政审批源头把控力度不断加大，有效防止了先天性火灾隐患产生。加强执法队伍建设，举办执法监督岗位大培训，组建基层执法服务队，配发移动执法终端，实现消防监督执法工作现场化和动态化监管，有效提高执法素质和执法效率。

三、贴近实战，攻坚克难，部队灭火救援水平明显提高

推进战训基础改革。认真履行综合应急救援总队工作职能，推动市政府出台《市级综合应急救援队伍装备建设三年计划（2011—2013）》，牵头制定五年规划编制纲要和训练大纲。建立战训干部出警率量化考评、固定消防设施操作资质认证、基层指挥员交流锻炼等长效机制，坚持开展灭火救援课题研讨、预案制作修订和实战演练，突出抓好无预案处置和跨区域联合演练。强化警务信息建设。建强通信基础设施，提前完成消防信息网络扩容、调度指挥网建设等重大项目，完成全市消防安全重点单位、市政消防设施、消防产品企业等场所的信息采集工作。依托6个消防特勤分中心，配备动中通卫星通信车、便携式卫星站、短波电台、350M同频同播网和模块化应急通信装备，建成了上下一体、快捷高效的应急通信保障网络体系，为灭大火、打恶仗做好了充分准备。坚持模拟实战练兵。牵头开展了洪涝灾害联合拉动演练，圆满完成川滇地区跨区域地震灾害、“渝动2011－使命行动”等重大演练。深化战训交流和战区协作，举办七大片区业务对抗赛、第二届特勤大比武，率先在全国开启区域消防警务合作新模式。2011年，全市公安消防部队共接警4万余起，出动44万余人次，抢救人员3746人，抢救财产价值近40亿元，在“9·20”特大洪涝灾害、奉节县“10·17”煤炭瓦斯爆炸等急难险重任务面前，消防官兵攻坚克难，英勇顽强，充分展示了“大仗用我、用我必胜”的铁军风采，并圆满完成了西藏和平解放60周年大庆消防安保增援任务。

四、积极作为，服务大局，综合勤务保障能力明显增强

加大经费保障力度。大力争取各级党委政府对消防工作和部队建设的重视支持，全面落实消防业务经费最低保障标准，争取各类经费达12.98亿元，较上年增长3.7%。加快消防基础建设。加快国家（重庆）陆地搜寻与救护基地暨特勤模拟训练基地二期工程、三峡库区综合应急救援中心项目、总队医院改造等实体建设，建成万州等第二批战勤保障大队。加快推进5个支（大）队消防指挥中心、办公楼和40个消防站建设，逐步形成规划合理、点面结合的消防安全力量布局。全市新购消防车88辆、个人防护装备1万余件（套），实现了所有区县配备举高消防车的历史性跨越。提请市政府审定消防直升机机型，完成101米、78米登高车招标采购工作，与地方企业联合研发的消防装甲车已进入生产阶段，有力保障了灭火应急救援斗争需要。积极落实从优待警。加快修建仙女山干部休养所，全面落实消防员职业健康标准、强制休假、福利优抚等制度，发放英烈救助基金200余万元，健全与第三军医大学的技术咨询服务和应急联动机制，实行常态化心理测评、训练和疏导。

五、重教善管，清风正气，队伍规范化建设水平明显提高

加强思想政治教育。强化政治建警和文化育警，大力开展建党90周年、创先争优和建“雷锋式”警队等系列活动，成立重庆公安消防文联，先后10余次代表市公安局参加重庆市“唱读讲传”汇报演出，组织官兵积极向“感动重庆十大人物”陈华军、革命烈士张青等先进典型学习，高扬红色主旋律，提振队伍精气神，为部队遂行任务提供了强大精神动力。加强班子和队伍建设。推进党委规范化建设，出台《团以上领导干部在职理论学习暂行规定》等四项制度，总队军政主官分别在全国公安现役部队总队级单位党委书记专题研讨班、全国公安消防部队政治工作会议上作经验发言。建强基层党组织，完善党委成员联系基层制度，坚持开展党委班子建设达标活动，一大批基层党组织和共产党员受到市级以上表彰，各级党组织的核心领导和战斗堡垒作用日益明显。深化素质强警，依托“大培训·大比武”平台，开展灭火救援、政治工作、后勤保障、防火监督岗位业务比武，完善定期考核、随机考核、晋升考核等干部考核评价制度，组织机关与基层干部“双向”挂职锻炼，不断优化人力资源架构。加强党风廉政建设。深入推进“大走访”开门评警、廉政风险大排查和“家庭助廉”活动，严格落实执法跟踪监督制度、工程建设“十不准”、大宗物资集中采购等规定，实行诫勉谈话、延迟晋职等强硬措施，开展专项和随警督察83次，整改突出问题57个，信访总量下降5.3%，构筑了防范腐败的有效防线。强化任期和离任经济责任审计，实现了审计意见落实率、问题整改率、跟踪回访率“三个100%”，公安部予以高度评价。深入推进部队正规化建设，完成全市消防部队编制工作，大力开展安全“五无”创建、条令条例学习月和警容举止整治等活动，部队精细化管理水平进一步提高，实现了部队的高度稳定和集中统一。2011年，总队成功创建为全国文明单位，荣获公安部执法质量考评优秀单位，连续四年创建成为市文明单位、优秀卫生单位、园林式单位、市容整洁单位，大渡口支队刘家坝中队被授予全国“青年文明号”荣誉称号，重庆消防部队社会形象全面提升。

第二十三章　四川省消防工作和队伍建设情况

2011年，四川省公安消防总队建设以胡锦涛总书记“三句话”总要求为统领，全面贯彻落实《消防法》和国务院《关于进一步加强消防工作的意见》，严格落实消防安全责任制，切实加强公共消防设施和消防力量建设，大力提升消防部队的监督执法、灭火救援能力和队伍正规化建设水平，为四川“高位求进、加快发展”战略实施创造了良好的消防安全环境。全年共发生火灾5589起，死亡42人，受伤17人，直接财产损失1.01亿元，未发生重特大火灾，同比上年，火灾起数下降9.9%，亡人数上升13.5%，伤人数下降15%，直接财产损失下降9.4%。

一、火灾防控能力明显提升

将消防法制建设作为构筑社会消防安全“防火墙”工程的基础性、保障性工作，及时推动省人大对《四川省消防条例》（以下简称《条例》）进行了修订，从法制、体制、机制源头上破解了一些长期制约全省消防事业发展的“瓶颈”问题。随后，省政府抓住《条例》颁布的契机，督导各级政府将消防安全摆到更加突出的位置，及时搭建完成了省、市、县三级政府消防安全委员会平台，进一步加强了对消防工作的组织、领导和协调。年内，省政府先后3次召开会议对消防工作安排部署，并组织相关部门对全省各市（州）构筑社会消防安全“防火墙”工程进行了考核验收。为切实提高社会单位“四个能力”，在全国率先开展了社会单位消防责任人管理人变更、消防设施维护保养、定期开展消防安全自我评价“三项申报”制度试点并取得了成功，督导社会单位培养“四个能力”建设骨干10万余人。各级政府大力夯实农村、藏区、灾区的火灾防控基础，将消防基础设施建设与新农村建设同步推进，在藏区牧民定居点创建了29个消防安全示范点，“5·12”地震灾区板房安置点全面实现了“不烧死一个人”的工作目标。

二、社会消防安全环境明显改善

坚持把排查整治火灾隐患作为改善消防安全环境的基础工作，始终保持了整治火灾隐患的高压态势。各地设立了火灾隐患举报投诉中心21个，全省统一开通了“96119”火灾隐患举报投诉电话，引导和发动“全民除患”。全省先后统一部署开展了消防安全“百日会战”和人员密集场所、高层及地下建筑、易燃易爆场所、建筑消防设施、在建工程、消防产品、中小学校舍等7个消防安全专项整治，以及火灾隐患集中排查整治“飓风”系列行动、“零点行动”和“清剿火患”战役。全年，公安消防机构共检查社会单位近33万家，查处火灾隐患和消防违法行为近42万起，将1379起重大火灾隐患全部由政府挂牌整改，是排查范围最广、整改隐患最多的一年。特别是公安部部署“清剿火患”战役的第二天，省政府就举行了战役启动仪式，召开了战役动员部署会议并印发了战役实施方案。全省将高层和地下建筑、人员密集场所和易燃易爆单位、“三合一”场所、“九小场所”，以及近年来一直未排查整治的区域、单位（场所）作为排查整治重点，将全省划分为181个大网格和2460个小网格，对火灾隐患进行“网格化”“地毯式”排查整治，取得了全省火灾“四项指标”明显下降，火灾形势进一步稳定的突出战果。此外，圆满完成了“5·12”地震三周年、建党90周年、辛亥革命100周年纪念活动，以及第七届两岸经贸文化论坛、第十二届中国西部博览会等大型活动的消防安全保卫任务。

三、城乡抗御火灾基础明显夯实

各级政府坚持把“做强基层、打牢基础”作为提升抗御火灾能力的根本手段，推动全省公共消防基础设施建设进一步加快。目前，省、市两级的“十二五”消防事业发展规划均已编制完成，全省所有县级以上城市和人口超过2万的重点镇全部完成消防专项规划编制。全年，累计投入3.18亿元，建成公安消防站33个，新增营房面积10.53万平方米；累计投入3.46亿元，新增各类消防车辆140辆，使全省消防车辆总数首次突破千辆大关，达到1201辆，新增各类消防装备6.4万件（套），使全省消防装备总量达到24万件（套）。同时，消防车辆装备的科技含量进一步提升，结构进一步改善，举高消防车、A类泡沫消防车、多功能抢险救援车等高性能车辆装备较上年增长了近10%，涡喷消防车、强臂破拆车、山岳救援车、消防坦克等一大批具有国际、国内领先水平的消防车辆装备投入使用。全年，各级政府投入的消防经费总量达到10.38亿元，为消防工作基层基础建设提供了强大的后勤保障。

四、全民消防安全素质明显加强

积极建立消防宣传教育的社会化、常态化机制，营造“全民消防”的浓厚氛围。在认真贯彻实施《全民消防安全宣传教育纲要（2011—2015）》（以下简称《纲要》）的基础上，省政府消防安全委员会批转了由13个厅（局）联合拟制的《四川省全民消防安全宣传教育五年规划》，深入推进消防安全宣传教育“六进”工作。为有效拓宽消防宣传教育渠道，省政府组织公安、教育、住建、工商等部门联合部署实施了消防宣传教育“百、千、万”工程（在全省创建百所消防安全教育示范学校、千个消防安全知识“加油站”和万块消防公益宣传牌）。各地全面推广成都市棕北小学消防宣传教育先进经验，创建了150所消防安全教育示范学校。全省部署开展了《纲要》宣贯月活动和以“全民参与·清剿火患”为主题的“119”消防宣传活动，结合“安全生产月”“全国防震减灾日”等重要活动组织开展县级以上大型消防宣传活动1200余场（次），3000余万群众通过各种渠道直接受到了消防安全教育。

五、消防工作的科技含量明显上升

高度重视消防科技创新，积极组织开展消防科技攻关，有效解决了一些制约火灾防控和灭火救援能力的突出问题。《白酒厂防火防爆技术及应用》项目获国家科学进步二等奖，省科技支撑计划项目《公共交通车辆消防安全防护系统》已在全省广泛使用并被公安部向全国推广，公安部应用创新计划项目《汶川地震过渡安置点消防安全研究》已通过省科技厅组织的科研成果鉴定，省科技支撑计划项目《超高层建筑火灾烟气运动力源机理及安全疏散研究》和《地铁列车消防安全防护系统及应急预案研究》已完成立项工作。同时，有关部门积极推进消防标准化工作，公安部行业标准《公共汽车客舱固定灭火系统》和四川省工程建设地方标准计划项目《灾区过渡安置点防火规范》项目已完成并送审，地方标准《电气火灾监控系统设计、施工及验收规范》、《白酒生产企业消防安全管理规范》和《单位消防安全自我评估标准》项目已申报立项编制。

六、灭火和应急救援能力显著增强

省人大在新修订的《四川省消防条例》中规定“县级以上地方各级人民政府应当以公安消防队伍为依托，建立综合性应急救援队伍”，省级财政投入8800万元，各地落实配套资金1.5亿元，组建了省、市、县三级综合应急救援队伍203支，实现了县级城市专业应急救援队伍100%全覆盖。此外，组建了9支重型搜救队、14支轻型搜救队、3支医疗救护队和1支搜救犬队；组建攻坚组154个、队员924名。全省多种形式消防力量建设快速推进，政府专职消防队达到146个、队员2212人，村办、民办、志愿消防队达到970个、队员15000余人。全省公安消防部队深入开展大练兵活动，共制订灭火和应急救援预案4627个、提示卡9687份，开展实战演练8344次，出色完成了“川滇地区跨区域地震实战拉动演练”任务，成功组织了川南、川北两个战区的地震拉动演练和石油化工火灾总队级测试演练，并在“第一届全国打造现代化公安消防铁军比武竞赛”中夺得团体总分第二名。全年接警出动62311起，营救8606人，疏散40632人，抢救保护财产价值6.89亿元，圆满完成了抗洪救灾、藏区维稳、支援“西藏和平解放60周年”庆祝活动消防安全保卫等急难险重任务。

七、队伍建设水平明显提高

全省公安消防部队部署开展了“条令条例学习月”活动，结合新编制调整规范了部队建制，并对相应的工作职责、工作规范等进行了修订完善。狠抓正规化建设试点和推广工作，指导6个中心城市支队开展正规化建设试点，对部队营院门牌、内务设置等18个方面、134个项目进行了全面规范统一。部署开展了“平安365”创建活动，排查各类安全隐患300余起，整改率达100%。广泛开展了“三句话”主题教育活动，进一步落实党委议教和政工例会制度，举办了“党在我心中”主题征文和第三届消防文化艺术节活动。全面实施“145”工程，进一步落实党委成员分工，规范重大事项议事决策，完成了部消防局下达的机关党建课题攻关任务。出台了《支队级单位领导班子和领导干部年度考核评价实施细则》，推行领导干部选拔“双考”制度。进一步健全和完善了“一岗双责”党风廉政建设责任体系，制定了《党风廉政建设评估办法》，开展了“大走访”开门评警“百千万”行动和集中警示教育活动，打造出“东坡廉政文化”这一具有四川特色的消防廉政文化。全省公安消防部队涌现出了以“第四届我最喜爱的人民警察”、甘孜州炉霍县公安消防大队长却吉尼玛为代表的一大批英模人物，受到各级领导的充分肯定和人民群众的普遍赞誉，队伍形象得到进一步提升。

第二十四章　贵州省消防工作和队伍建设情况

2011年，贵州省公安消防部队在部局、各级党委、政府和公安机关的坚强领导下，认真践行胡锦涛总书记“三句话”总要求，以“夯基础、填空白、补短板、谋突破”为基本思路，忠诚履职，团结拼搏，务实苦干，开拓进取，大力推进社会消防安全“防火墙”工程，扎实开展“五大”活动和“清剿火患”战役，着力打造现代化公安消防铁军，消防工作和部队建设取得了显著成绩，得到了回良玉、孟建柱等中央领导和公安部、省委省政府领导的充分肯定。

一、社会化消防工作从点到面，依法治火、多策并举，消防安全“防火墙”工程迈出新步伐

以严密构筑“防火墙”工程为抓手，突出城市、农村两大“主战场”，深入开展“清剿火患”战役、“黔安二号、三号”、高层地下建筑等消防安全专项整治行动，实施圣诞、元旦“零点行动”，圆满完成了“九运会”“旅发大会”等重大活动消防安保任务。全年出动消防监督警力39.5万人次，检查单位19.2万家，发现和督促整改火灾隐患及违法行为9.2万处，依法行政拘留322人，责令“三停”560家。同时，不断深化社会消防管理创新，全面实行“网格化”管理，建立高层建筑“户口档案”，实行“户籍化”管控。推广标准化、服务型和说理式执法“三模式”，建立完善火灾隐患举报投诉和消防执法服务指导工作机制，社会抗御火灾的整体功能进一步增强。全年发生火灾1170起、亡55人、伤10人、直接财产损失6625.41万元，火灾亡人数是1971年以来最低的一年。

二、应急救援力量从单一到多元，面向实战、苦练精兵，打造现代化消防铁军取得新突破

按照“建设现代化公安消防铁军”的要求，大力开展执勤岗位练兵活动，成功组织了“平安九运”石油化工灭火救援等大型演练。以落实国务院59号文件为契机，在黔西县组织召开了全省县级应急救援队伍建设推进会，提请政府将应急救援总队工作纳入省政府目标考核、将应急救援总队经费纳入省财政预算。与省地震、防汛部门联合，在全省组建了1支重型、9支轻型地震救援队及10支抗洪抢险机动中队。全省消防部队共参加灭火应急救援1.1万次，出动车辆1.6万辆次、官兵8.8万人次，抢救遇险群众1.4万人，保护财产价值16.1亿元，圆满完成了抗击凝冻、抗旱救灾、“6·6”望谟县抗洪救灾、“11·1”福泉市马场坪爆炸事故处置和“12·10”长顺县山体滑坡抢险救援等急难险重任务。特别是在望谟县抗洪抢险中，消防官兵第一时间拉响警报，第一时间出动，疏散营救了被困群众，望谟县消防大队被省政府授予“抗洪抢险英雄集体”荣誉称号。

三、思想政治工作从无形变有形，典型示范、全面推进，部队正规化建设涌现新亮点

坚持把思想政治建设放在首位。完成了部局课题攻关任务，制定了《公安消防部队思想政治教育考核评价办法》在全国试行，并在全国会议上进行经验交流。出台了《关于进一步加强和改进全省公安消防部队政治工作的意见》，编印了《贵州省公安消防部队基层大、中队思想政治工作规范》，原创歌曲《红红的警营红红的我》入选《公安消防部队组歌》。紧紧抓住班子建设这个根本。积极推行“双考”，调整配备了正团职干部14人、副团职干部115人及营职干部382人，配齐配强了支、大队两级党委班子。公开选拔营团职干部，无一举报投诉。在公安厅组织的支队级班子考核中，10个支队级班子综合考评均在90分以上，优秀率达100%。始终将作风建设作为重要抓手。扎实开展“创先争优”、“三个建设年”、“四帮四促”、“大走访”开门评警等活动，全省聘请警风监督员460余名，组织召开警风监督座谈会124场，通过廉政问卷调查，群众对全省消防安全状况满意率达到97.5%，对消防监督执法活动满意率达到95.4%。同时，全年信访总量、群众到部队来访次数、实名来信人次和上级转办信访件数量与上年同比，分别下降12.7%、13.1%、19.8%和41.2%。深入推进正规化建设工作。率先在全国完成了新编制落实工作。组织召开了全省消防部队精细化管理现场会，并在全国消防部队正规化建设现场会上作了经验交流。总队被省政府授予“民运会先进集体”荣誉称号，涌现出了“抗洪抢险英雄集体”望谟县消防大队、“全国政法系统优秀党员干警”王宁、“全国公安消防部队模范共产党员”葛启发、一等功臣及“贵州青年五四奖章”获得者张斌等一大批先进典型，53个集体、468名官兵获得三等功以上表彰。

四、后勤保障从量变到质变，倾注一线、夯实基础，部队基层基础建设实现新飞跃

抓住政府新一轮五年规划的有利时机，积极争取党委政府重视支持，编制了《贵州省“十二五”消防发展规划》。部队经费快速增长，2011年全省争取业务经费6.9亿元，占“十一五”总投入的46%。总队本级业务经费首次突破1亿元；基本建设加快推进，新建队站24个，约占“十一五”建站总数的50%，实现了“县县都有消防站”的目标；车辆装备扩容提质，率先在全国完成了消防装备建设评估工作，投入2亿多元新购执勤消防车124辆、各类器材装备5.6万余件（套），是“十一五”总投入的50%。

第二十五章　云南省消防工作和队伍建设情况

2011 年，云南省公安消防部队在各级党委、政府和公安机关的领导下，紧紧围绕全省经济社会发展大局，以防火、灭火和应急救援为中心，大力推进“三项重点工作”和“三项建设”，深入开展社会消防安全“防火墙”工程和“五大”活动，全力打造现代化云岭公安消防铁军，保持了全省火灾形势的持续稳定和部队的高度安全稳定。2011 年，全省共发生火灾 1353 起，死 53 人，伤 33 人，直接财产损失 7376.2 万元，同比去年，火灾起数下降 34.6%，亡人数下降 17.1%，伤人数下降 11.2%，直接财产损失上升 0.8%；部队共接警出动 8244 起，抢救被困人员 3842 人，抢救财产价值 30184 万元。消防总队被省政府荣记集体一等功。全省消防部队共有 27 个单位被评为省级“青年文明号”，6 个单位被评为省级文明单位，1 个单位被评为省级双拥先进单位，2 人当选为云南省第 22 届先进工作者，1 人获得云南省“百姓最喜爱的十大人民警察”称号，12 个单位、239 人次被记功表彰。

一、火灾防控基础有效夯实

报请省政府批准实施了《云南省消防工作“十二五”发展规划》，明确了未来五年全省消防事业发展的目标任务。积极推动各级各部门逐级签订消防工作目标管理责任状，逐项细化、量化工作指标和任务；深入贯彻落实《云南省消防条例》和省政府《关于进一步加强消防工作的意见》，健全完善消防工作组织机构、运行机制，明确职责任务，进一步完善了消防安全责任网络。把构筑社会消防安全“云岭防火墙”工程的主要指标任务纳入政府消防安全责任状，明确各级各部门职责分工，采取联席会议、实地督导、适时召开推进会等方式，广泛发动，纵深推进，推动 10229 个社会单位和 1477 个一定规模的娱乐场所“四个能力”建设达标。深入贯彻省委宣传部和总队联发的《关于进一步加强消防宣传工作的通知》，联合宣传、公安、教育、民政等 8 个部门制发了《全民消防安全宣传教育实施细则》，全面启动了全民消防安全宣传教育行动，深入推进消防宣传“五进”工作，群众消防安全意识显著增强。

二、火灾隐患排查整治成效显著

扎实开展了高层民用建筑、建筑消防设施专项整治和“云岭平安”系列专项行动，始终保持整治火灾隐患的强劲态势。特别是公安部部署开展“清剿火患”战役后，总队把全力推进“清剿火患”战役作为压倒一切的中心任务，多次向省委、省政府和省公安厅领导汇报，省委书记秦光荣，省委副书记、省长李纪恒，省委副书记仇和，省委常委、省委政法委书记、省公安厅厅长孟苏铁，省委常委、省委秘书长、副省长曹建方等领导同志先后作出批示指示，曹建方副省长担任战役总指挥，签发了行动方案，专门组织召开了“清剿火患”战役推进会进行安排部署，形成强势发动、强力推进的态势。全省各级公安消防部队紧盯未排查整治的区域场所、“三合一”单位、人员密集场所和高层、地下建筑，采取网格整治和多警联动措施，逐日、逐周、逐月制订执法计划，量化执法任务，实行网上排名通报、限时跟踪督导和治庸问责，对辖区进行拉网式排查整治；在国庆、省九次党代会、元旦等重点时段，部队进入二级战备，集中警力精力，全力围剿火灾隐患。年内，全省共检查单位场所 31 万余家，督促整改火灾隐患和消防违法行为 49 万余处，实施行政处罚 35235 起，查封 88621 个危险部位或场所，对 1744 个单位实施了强制执行，111 家政府挂牌督办整改重大火灾隐患单位全部整改销案，有效净化了社会消防安全环境。

三、灭火和应急救援能力明显增强

推动完成了省应急救援中心和特勤支队 516 亩土地规划的调整工作，报请省公安厅和财政厅出台了《关于进一步加强灭火和应急救援装备建设的通知》，省、州、县三级共投入 1.72 亿元加强消防装备建设。推动把省应急救援中心、消防应急通信指挥网、消防搜救犬基地和特勤队站等重点建设项目纳入应急体系建设“十二五”规划和综合防灾减灾能力建设“十二五”专项规划。着力推进综合应急救援队伍建设，全省 16 个州（市）、129 个县市区全部依托公安消防部队组建了综合应急救援队伍，文山 102 个乡镇还依托专职消防队组建了应急救援分队，形成了应急救援力量网络。深入打造“云岭消防铁军”，开展基层指挥员培训和攻坚组队员集中轮训，组织特勤队员和攻坚组队员开展了高强度、大消耗、长时间的灾害救援体能技能训练，组织开展了全省打造铁军暨专职消防队比武竞赛活动，率先在川滇交界处和滇南、滇西组织开展了 3 次 72 小时自我保障条件下的灾害事故跨区域应急救援实战拉动演练，联合安监、环保、气象、卫生等 23 个单位，在中石油安宁油库举行了石油化工灭火救援综合实战演习，部队实战能力显著提升。

四、消防社会管理实现创新发展

加强执法规范化建设，制定出台了与新《消防法》、《云南省消防条例》和公安部 4 个部令规章相配套衔接的执法制度规定，依托消防职业技能鉴定站分 5 期全员轮训消防监督执法干部，大力推行消防监督执法网格化管理模式，建立执法网上排名通报制度，开展执法等级达标评定活动，严格执法过错责任追究，有效提高了消防监督管理效能。积极探索推广文山“融入式公共服务型社会消防”新模式，持续开展“云岭消防大走访”开门评警活动，施行监督执法质量回执和灭火救援服务评议回执制度，落实便民利民措施，不断拓宽消防办事通道，改进执法服务方式，群众满意率持续攀升。成功举办了以“公共治理视域中的消防社会管理创新”为主题的“2011 · 中国云南 · 消防改革与发展论坛”，深化消防行政理论研究，为加强和创新社会消防管理提供了有力的理论基础和智力支持。

五、消防信息化建设水平稳步提升

始终把消防信息化建设作为提升基层基础建设效能的重要抓手，研究制定信息化建设三年规划，加快推进消防指挥中心、移动通信指挥系统和通信网络升级建设，建成卫星通信网、无线短波网和 3G 图像传输系统，努力建成无线网络和有线网络高度融合，满足城市作战与应急救援需求，纵向贯通、横向互联的消防通信指挥网络系统。深入推进“全警触网”，大力推广应用一体化消防业务信息系统，抓紧建设社会公众服务平台，建立完善信息研判机制，强化信息系统的实战应用，实现了“行政许可网上办、消防执法网上走、工作业绩网上评”的目标。报请省政府同意建设消防应急救援通信指挥光缆网，联通各级政府应急平台，实现跨区域、多部门联合作战的实时、可视化指挥调度，有力提升消防应急救援指挥水平。

六、队伍正规化建设深入推进

组织召开全省公安消防部队“抓党建促发展，喜迎建党 90 周年”工作会议，研究部署加强党建工作的具体措施，进一步强化了各级党组织建设。扎实开展“学党史、知党恩、强党性”和学习杨善洲先进事迹等专题教育活动，狠抓队伍思想政治教育规范化建设，铸就了“志在高原、艰苦奋斗，顽强拼搏、敢争一流”的云岭消防精神，圆满组织承办全国公安消防部队思想政治工作会议，向全国交流了云南经验。深入开展“百名校官下基层深化争先创优”活动，总队、支队党委成员带队沉到基层，帮解难题、帮建队伍，有效提升了基层建设水平。坚持从严治警，深入推进部队正规化建设，完善精细化管理举措，强力推行廉政风险防范管理机制，确保了部队高度安全稳定。

第二十六章　西藏自治区消防工作和队伍建设情况

2011 年，西藏自治区公安消防总队在自治区党委、政府、公安厅和部消防局的领导下，认真贯彻落实上级的工作部署，紧紧围绕“保稳定、促发展、惠民生、强基础”的工作思路，充分发挥维稳处突、防火灭火、应急救援、为民助民、农牧区社会工作和边境口岸消防安全屏障“六大职能”作用，以火灾形势的总体平稳、部队的高度安全稳定，为全区社会局势的持续稳定、经济跨越式发展提供了坚实的消防安全保障。2011 年，全区共发生火灾 249 起，死亡 10 人，受伤 7 人，直接财产损失 529. 9 万元。连续 11 年无群死群伤火灾。国务院、中央军委授予拉萨支队布达拉宫消防大队“布达拉宫模范消防大队”荣誉称号，自治区党委、政府为总队荣记集体一等功 1 次、为总队授予西藏和平解放 60 周年大庆活动突出贡献奖。

一、围绕“保稳定”，结合消防勤务特点，坚决打赢维稳消防安保攻坚战

全面总结近年来消防安保经验，紧密结合维稳消防工作新形势和消防部队勤务特点，统筹常态和非常态下维稳消防工作，科学编印《西藏消防部队维稳工作手册》《西藏消防部队“23456”行动指南》，指导全区消防部队紧紧抓住重点地市、重点寺庙、边境口岸、生命线工程等维稳重点区域，创造性落实“要害单位、敏感场所、人员密集场所、易燃易爆场所、生命线工程失火或被纵火和部队‘后院起火’被冲击”的防范措施，落实“武装灭火、多点灭火、缺水灭火和复杂敏感场所、人员密集场所、易燃易爆场所、交通通讯枢纽及交通运输工具被纵火”的处置措施，深入开展“五个严查严管和整治”和“六无”争创活动，制定施行西藏消防官兵“十二个不”行为规范（不变质、不涉赌、不涉毒、不涉黄、不涉黑、不赊账、不泄密、不误警、不酗酒、不冲动、不斗殴、不懈怠），严防消防行政行为不当、灭火救援处置不当、部队失控漏管引发不稳定因素，实现了全区未发生重特大火灾和有影响、被炒作的火灾，特别是西藏和平解放 60 周年期间社会面“零火灾”，涉庆场所“不冒烟、不起火”，为社会局势稳定创造了良好的消防安全环境。

二、围绕“促发展”，创新消防安全管理，强力护卫经济社会跨越式发展

科学编制“十二五”消防规划。依据《西藏自治区“十二五”时期国民经济和社会发展规划纲要》，结合西藏城镇空间结构和用地布局形态，突出城镇分布稀疏和西藏消防工作的特点，编制实施《西藏自治区“十二五”时期消防工作发展规划》。强力清剿火灾隐患。紧紧依靠党委政府、政府职能部门、社会单位、公安机关和有认知能力的公民“五个主体”，划分城区、农牧区、寺庙区、边境口岸区和地震灾区“五个类区”，划分建构筑物、工业设备装置、能源、交通枢纽、文物古建筑、消防设施装备、违法违规行为等“七个专业”，构筑“防火墙”工程，深化“五大活动”，打赢“清剿火患”战役。建立完善应急救援体系。全区7地（市）73个县（市、区）全部依托消防部队组建了地、县两级综合应急救援队伍，覆盖全区的综合应急救援队伍体系初步建成；自治区政府批准招收500名消防辅警全部投入执勤备战。积极打造现代化高原消防铁军。深入开展创建铁军中队试点工作和打造铁军比武活动，从难从严设置练兵科目，强化全员训练、实战演练；严格落实“两快”（接警快、调度快）、“三准确”（接警准确、调度准确、联动准确）、“四到位”（内攻到位、供水到位、防护到位、合成到位）34字灭火救援口诀要领，成功处置各类火灾249起，抢险救援208起，抢救被困人员259人，疏散被困人员5624人，抢救财产价值3758.6万元，圆满完成了“9·18”日喀则地区抗震救灾任务。

三、围绕“惠民生”，积极回应群众新期待新要求，全力打造“人民满意消防”

开展执法规范化建设。部署开展为期三年的执法规范化建设活动，成功举办首届“全区消防监督业务技能大比武”，修订完善《消防安全责任制办法》《文物单位消防安全管理办法》和《公安派出所消防监督工作管理办法》，编制出台《公安机关消防监督执法手册》，建成并投入使用社会公众服务平台及消防监督管理系统，实现消防业务执法信息网上录入、执法流程网上管理、执法活动网上监督、执法质量网上考评，提升了监督执法效率。创新消防宣传形式。依据《全民消防安全宣传教育纲要》和西藏消防宣传工作特点，制定实施《全民消防安全宣传教育纲要》（2012—2015年）五年规划和实施意见，充分利用各类消防宣传平台，深化消防宣传“六进”工作，开展各类消防宣传活动2800余次，组织社会单位培训1400余次，培训人数180余万人，人民群众消防安全意识和自防自救能力显著增强。全力投入“强基础惠民生”活动。积极响应自治区党委、政府在全区开展创先争优“强基础惠民生”活动的决策部署，捐款200万元，派出25名由团职干部带队的5个驻村工作队，深入日喀则地区白朗县东喜乡多巴村、吾久村，仁布县然巴乡卓村、卓达村、玛日村等5个行政村，建强基层组织，维护社会稳定，寻找致富门路，开展感恩教育，创建消防安全示范村，为进驻村解难事办实事120余件。深化警民共建共保和“大走访”爱民实践活动。紧扣发展稳定大局，向社会单位发放《社会单位火灾隐患整改技术服务咨询表》1500余份，向火灾隐患单位提供隐患整改业务咨询和技术服务2800余次，开展走访慰问活动239次，为“9·18”地震亚东灾区捐款60余万元，赠送各类物品价值8.5万余元。

四、围绕“强基础”，强力推动部队建设，不断加快打造现代化高原公安消防铁军建设步伐

成功召开总队第二次党员代表大会。全面总结西藏消防总队2006年以来党的建设和部队建设情况，规划今后五年消防工作和部队建设的奋斗目标和工作思路，选举产生总队第二届委员会、第二届纪律检查委员会。建强班子队伍。优化支队级党委班子结构，调整充实12个支队级党委班子，提拔任用9名正团职干部、25名副团职干部，选拔31名优秀士兵参加军校学习，吸收48名普通高等学校毕业生充实基层干部队伍；充分发挥审计工作的监督服务职能，严格落实经济责任审计“两个制度”，积极开展干部离任经济责任审计和基建项目委托审计，审计金额24193.45万元，监督总队本级大宗物资采购43项，监督采购总金额3159.93万元。强化基层基础。积极协调自治区发改委和相关职能部门，编制实施总建设规模为80765.18平方米，计划总投资20716.58万元的《西藏公安消防总队“十二五”基础设施建设规划》；争取投资总金额7880.092万元，新建和改造建筑面积80388.07平方米；争取装备器材经费4859万余元，购置个人防护装备15954件（套）、地震救援装备970件（套）、防暴器材4200件（套）、训练装备2964件（套），投入资金430余万元，建成覆盖全区的基础网络，社会公众服务平台、350M无线同频同播系统、卫星地面站和便携式卫星站、党政专网保密视频会议系统等全部建成投入使用，消防信息化工作进一步夯实。

第二十七章　陕西省消防工作和队伍建设情况

2011年，陕西省公安消防总队在省委、省政府和公安部消防局、省公安厅党委的正确领导下，坚持以胡锦涛总书记“三句话”总要求为统揽，以确保社会面上火灾形势和部队内部“两个安全稳定”为目标，以深入推进消防安全“五大”活动、“清剿火患”战役和打造“现代化公安消防铁军”为主线，真抓实干，开拓创新，圆满完成了以防火灭火和抢险救援为中心的各项消防安全保卫任务，为全省经济社会发展营造了良好的消防安全环境。2011年，全省消防部队共接警出动12413起，出动车辆32600辆次，出动警力137051人次，扑救火灾8172起，抢险救援2739起，社会救助1502起次，抢救遇险群众2844人，保护财产价值8.5亿元。

一、认真落实消防安全责任制，消防工作社会化进程进一步加快

政府及行业部门消防安全责任不断夯实。提请省政府将《消防安全责任书》分解落实到市县两级政府目标责任考核范畴，层层签订责任书1300多份；成立了由25个部门组成的省消防安全委员会、119个市县消防安全委员会，召开联席会议300余次，组织责任考评130多次，省、市主要领导带队检查消防工作90余次，解决实际问题70多件，出台政策性文件115个。社会单位“四个能力”建设持续推进。以《陕西省社会单位消防安全“四个能力”建设标准》为依据，以争创“四个能力”建设“双百标兵”为推手，深入开展社会单位消防安全自查自纠和达标验收活动，全省6002个重点单位全部达标，单位自防自救能力显著提升。公安派出所消防监督工作显著提升。联合省公安厅治安局召开全省公安派出所消防监督工作现场会，推广落实“所长负总责、分管所长负主责、专兼职民警负专责”的三级责任制，制定出台了《派出所消防绩效考核办法》，夯实派出所三级单位消防监督职责，有效扭转了“九小场所”消防监管薄弱、火灾多发的局面。

二、扎实推进“清剿火患”战役，全省连续14年未发生群死群伤恶性火灾事故

排查整治火患常态化。积极构建“行业部门广泛参与、多警种联勤联动、各界群众慧眼找火患”的全民排查整治火灾隐患格局，组织开展了“秦剑”系列等5次“清剿火患”专项行动，共检查单位367496家次，整改火灾隐患117412处，临时查封4462家（处），实施“三停”2804家，行政拘留745人，政府挂牌督办的85处重大火灾隐患全部整改销案，极大地改善了社会消防安全环境。“世园会”（世界园艺博览会）消防安保立体化。促请世园执委会出台了《园区运行期间消防安全管理规定》、《“世园会”园区禁火令》等消防安全规章制度，层层签订落实《消防安全承诺书》和《消防安全责任书》；开辟消防审核绿色通道，严格园区建设工程消防设计审核验收。以园区为中心，在关中地区、西安周边、西安城区和世园会址构筑“四道消防安保防线”，新建水上救援中心和3个固定、临时消防站，选派300余名精锐警力、565名合同制消防员和6000多名保安充实到各执勤点，严格落实24小时执勤巡查，并依托3架警用直升机开展远程巡查，构建“水、陆、空”立体火灾防控体系，确保了世园盛会消防安保万无一失。社会消防管理网格化。积极创新消防监督管理模式，纵向在全省划分了11个大网格、107个中网格、22228个小网格；横向将一般单位和重点单位划分为268000个基本单元格和6002个重点单元格，逐一登记造册，设立工作台账，形成“纵横交错、条块结合”的消防监督管理工作新格局。进一步加大行业部门消防监管力度，组织指导行业主管部门开展火灾隐患自查自改5600多次。消防执法规范化。提请省政府修订出台了《建设工程消防监督管理规定》《外墙外保温防火技术规程》和《消防部门执法工作规范》，进一步规范了消防监督执法依据、裁量标准及工作流程；对全省100多名大队长和500名消防监督员进行轮训，极大地提升了执法队伍的整体素质；组建消防监督执法技术服务队112支，深入基层和社会单位开展技术帮扶231次，帮助解决技术难题3000多件（次）。

三、深入宣贯《全民消防安全宣传教育纲要》，公众消防安全意识普遍增强

以宣贯《全民消防安全宣传教育纲要》为主线，将消防宣传工作纳入政府目标管理和政务督察范畴，提请省委宣传部和省教育厅、公安厅等8个部门联合出台《纲要》宣贯意见，扎实开展消防宣传“示范学校、示范社区、示范企业、示范农村”创建活动，大力实施“消防平安使者”计划，使消防督导员、管理员、宣传员走进城乡千家万户。依托中央电视台、新华网等主流媒体及其他载体，拓展消防宣传渠道，在中央级媒体播刊发稿件140余篇；开辟“走进119”“消防知识大讲堂”等固定栏目36个，集中开展“119消防宣传月”、“全民总动员、慧眼找隐患”有奖举报、大学生志愿者“走基层送平安”消防主题宣传、“消防安全三秦行”大型图片巡展、“关注消防安全热心市民”评选等大型消防宣传活动6300次，进一步拓展宣传覆盖面。组织开展“立体式”消防培训教育，依托党校举办部门负责人消防讲座300多次，民警执法“实地操”示范课2800多次，培训消防控制室操作人员800多人，单位重点人、保安和村镇“两委”1300多人。

四、全面开展打造现代化公安消防铁军，部队攻坚作战能力显著提升

立足实战深化全员岗位练兵。深入开展高温、浓烟、有毒、高层、地下等危险复杂环境下的作战训练，组织开展隧道、地震、抗洪防汛等灾害救援研讨和课题攻坚110多次，高层地下建筑、人员密集场所、大跨度大空间建筑灭火救援实战演练1100多次，地震、石油化工跨区域联合拉动实战演练10余次，修订完善各类灭火救援作战预案930多份，有效提升了部队攻坚作战能力。以赛促训打造现代化铁军。坚持以强对抗检验真本领、以双竞赛练就真功夫，组织开展“保世园、铸铁军”比武对抗等6次大的比武竞赛和为期9个多月的封闭式、高强度集训。抢抓机遇力推应急救援队伍建设实现“全覆盖”。按照“建好专业队伍、健全联动机制、建强装备体系、发挥主力作用”的发展思路，促请各级政府依托公安消防部队加快推进应急救援队伍建设，组建省级应急救援总队1个、省级专业应急救援队伍10个、市（区）应急救援支队11个、县级应急救援队伍108个，实现了消防应急救援队伍建设全覆盖。以正规化建设引领部队管理。进一步明晰总队、支队、大队、中队人员岗位职责230项，规章管理制度91项，层层考核评定精细化管理星级达标单位，有力地推动了部队建设深入进行。进一步深化“五无”创建活动，强化人、车、酒等重点环节的管理，加大监督检查力度，集中为全省所有行政和执勤车辆安装了GPS卫星定位监控系统，有效杜绝了事故案件发生，部队保持高度安全稳定。

五、狠抓党委班子和思想作风建设，部队始终保持风清气正、创先争优的良好势头

以基层党建为牵引，各级班子建设迈上新台阶。坚持以全国基层党组织规范化建设试点为契机，深入调研，集中攻关，制定下发了《总队党委成员包片联系帮扶基层党组织规范化建设工作制度》《基层党组织规范化建设考评工作实施细则》等8项规章制度，规范了基层党组织机构设置、工作机制和运行模式。坚持标准选人用人，干部队伍管理更加规范化。严格落实干部工作政策，积极推进干部管理规范化，组织考核配备营职干部87人，交流50人，晋升警衔281人，专业技术干部调级26人，接收大学生97人，部队院校录取战士考生56人。强化反腐倡廉和审计督察，党风廉政建设取得新成效。坚持把党风廉政建设作为部队建设的“第一标准”，大力实施“责任、表率、承诺、监督、口碑”五项工程，建立完善了适应部队形势特点的惩治和预防腐败体系。公安部纪委、部消防局和省公安厅专门以工作简报形式推广了总队开展反腐倡廉“五项工程”建设的经验和做法。深入开展“争先恐后，勇创一流”活动，部队始终保持争先创优的良好势头。有5个基层党委、11名党员分别受到公安部、消防局和省委组织部表彰；20名同志被省妇联和总队评为“十佳消防警嫂”和“十佳消防女警官”；省委、省政府授予延安支队“省级文明单位”称号，西安、榆林等支队被授予铁军荣誉称号，形成了“风清气正、干事创业、锐意进取”的良好氛围。

六、大力加强消防信息化建设，警务勤务机制创新成效显著

灭火救援指挥系统建设走在全国前列。先后投入资金8500万元，建成固定指挥中心12个、移动指挥中心12个，探索建立“三台合一”接警模式，实现了与省应急办、气象局、地震局和社会重点单位、城市道路监控系统的资源共享。进一步完善总队、支队两级指挥中心组织机构，建立健全遂行作战、等级响应、临场指挥等工作机制。部消防局在陕西召开了灭火救援指挥系统推广部署现场会，推广交流了陕西的经验和做法。系统普及应用工作全面深化。坚持“业务部门主导、技术部门支撑、相关岗位参与”的原则，开展初始化数据采集“全员大会战”，形成了涵盖各个层面的“消防业务数据库”；积极培训各级系统业务员450人（次），为系统熟练、深度应用打下坚实基础。消防信息化辅助科学决策作用明显。大力推进一体化消防业务信息应用，在科学决策指挥、部队教育管理和基础业务管理中发挥了重要的信息辅助作用。充分利用信息化平台，加大信息报送力度，全年共编发消防简报、信息快报96期，

《陕西消防网》采编信息8000余条，《中国消防信息网》采用信息979条。公安部刘金国副部长、省委、省政府、部消防局和省公安厅领导充分肯定全省消防工作和部队建设。

七、坚持抓基层、打基础，部队综合保障能力大幅提升

基础设施建设实现新突破。不断加大41个县消防队站、普通消防队站、特勤消防队站、战勤保障大队以及“5·12”汶川地震灾后重建工作力度，累计投入资金7.81亿元，共新建消防队站58个，建成战勤保障大队4个，41个县消防队站、灾后重建工程全面完工，共新增营区面积59.67万平方米；新建各类营房21.91万平方米，改造营房7.12万平方米，全省消防队站建设布局更加科学，部队执勤备战基础更加牢固。车辆装备建设实现新突破。着眼现代火灾和灾害事故处置需求，加快消防车辆器材装备优化升级，全年共落实装备建设资金2.38亿元，集中采购各类消防车辆184辆，器材装备34.3万件（套），实现了车辆装备从数量规模型向质量效能型的转变；加快装备技师队伍建设，全省11个支队159名装备技师全部配备到位，部队装备日常维护保养能力大幅提升。消防业务经费实现新突破。积极拓宽经费保障渠道，提升经费保障能力，全省消防业务经费达到10.27亿元，较2010年增长2.79亿元；加强经费预算管理，修订完善了《总队机关财务管理规定》等规章制度，严格落实物资集中采购、专项经费使用等审批制度，最大限度地提高了经费保障效益。

第二十八章　甘肃省消防工作和队伍建设情况

2011 年，甘肃省公安消防总队坚持以科学发展观和胡锦涛总书记“三句话”总要求为统领，以落实省政府消防工作目标责任书为切入点，以打造现代化陇原消防铁军和“五大”活动为抓手，狠抓公安消防队（站）、车辆装备和信息化等基础建设，深入开展“清剿火患”战役，有力推动了全省消防事业发展，为全省经济建设和社会发展创造了良好的消防安全环境。全省共发生火灾 909 起，死亡 5 人，受伤 5 人，直接财产损失 5395.7 万元。与 2010 年相比，火灾起数、死亡、受伤人数分别下降 20%、50% 和 28.6%，直接财产损失上升了 86.8%。

一、全面落实消防安全责任制，消防事业发展形成新局面

省委、省政府高度重视消防工作，原省委书记、省人大常委会主任陆浩，省委副书记、省长刘伟平，省委常委、常务副省长刘永富，省委常委、省委政法委书记、公安厅厅长罗笑虎，省委常委、副省长石军，副省长张晓兰等领导先后对消防工作作出重要批示指示，亲临一线检查指导消防工作，慰问消防官兵。省政府连续第 9 年与各市、州政府签订消防工作目标责任书，拿出 70 万元对天水、酒泉、金昌等先进市、州进行表彰奖励。省政府通过召开政府常务会、消防安全工作领导小组会议、全省消防工作会等形式，不断加强对消防工作的领导。部署开展了消防安全“抓行业、行业抓”工程和“千村万户”消防安全扶持行动，审核评估了《甘肃省“十二五”消防工作发展规划》，印发了《甘肃省全民消防常识普及纲要》。各市州主要领导听取消防工作汇报 76 次，作出批示指示 63 条，召开会议研究消防工作 140 余次，协调解决困难 96 件，组织消防工作检查 657 次，消防安全责任制得到全面落实。

二、全力消除火灾隐患，消防工作社会化取得新成效

持续开展消防安全“防火墙”工程、“五大”活动和建筑外墙保温材料、“陇剑除患”专项整治。按照公安部统一安排，在全省部署开展为期 5 个月的“清剿火患”战役。加大政府挂牌督办力度，将 34 家重大火灾隐患单位整改责任纳入政府全年工作考评范围。设立火灾隐患投诉举报中心，开通公众服务平台，发动广大群众积极参与火灾隐患排查。全省 1124 个公安派出所全面推行“四个一”监管模式，协同社区、农村居委会大力开展“网格化”排查。全面推进消防监督管理系统网上执法质量考评工作，举办全省消防监督执法技能竞赛。大力推行接待办事群众“三主动”“六到位”活动和

"一站式"服务，在政府政务大厅开设消防办事窗口，切实落实12项便民措施。组织开展第六次基层执法服务，对全省14个市（州）、28个县（区）进行检查督导，指导基层单位解决执法问题800余条，消除火灾隐患5000余处。从全省抽调200多名消防监督执法人员组成48个执法组，深入兰州市开展异地执法检查。筹集120万元对"清剿火患"战役综合排名靠前的单位和个人予以奖励。"清剿火患"战役开展以来，排查社会单位98780家，发现消防违法行为和火灾隐患28012处，督促整改25974处，行政拘留280人，实施"三停"783家，罚款1907.5万元，有效预防了较大以上火灾的发生。

三、广泛开展消防宣传教育培训，全民消防安全素质得到新提高

扎实推进"千里陇原"户外消防公益广告工程，安装大型户外公益广告牌2800余块。投入1000余万元推广"和谐之窗·印象消防"LED屏、电子动态橱窗及广告牌600余个。配备改装127辆消防宣传大篷车，定期深入基层宣讲消防常识。创办《甘肃风采·陇原消防》杂志，累计发行5万多份。11月9日，在省广播电视中心举办了《魅力橙色》"119"特别节目《橙色光芒》大型主题晚会。"119"消防宣传周期间，全省各地举办消防"花儿"戏曲比赛、文艺演出、趣味运动会等形式多样、群众喜闻乐见的宣传活动。建成消防行业特有工种职业技能鉴定站并通过国家验收，创办消防职业技能培训学校，先后举办了建筑消防设施施工企业技术人员、消防技术人员执业资格和消防控制室操作人员培训班，培训人员达1000多人。

四、深入开展打造公安消防铁军活动，部队攻坚能力得到新提升

全省公安消防部队继续深化执勤岗位大练兵活动，部署开展"铁军中队"达标创优试点工作，组织开展"车辆器材操作比武竞赛""超级消防兵铁军对抗赛""铁军想定作业竞赛"等形式多样的比武竞赛活动34次，开展灾害事故和重点单位演练2880余次。举办灭火救援攻坚组、两级指挥员培训班和战例研讨班，开设"战训大讲堂"，受训官兵近万人次。开展了地震、石油化工等跨区域联合拉动演练、灭火救援专项准备工作和高层、石油化工火灾扑救测试活动，部队灭火及抢险救援实战能力不断得到锤炼。全年共接警出动1519次，出动车辆2633辆（次），警力18645人（次），抢救被困人员828人，疏散被困人员3712人，抢救财产价值1.5亿元，成功处置了兰临高速七道梁隧道油罐车爆炸等多起火灾和急难险重任务，圆满完成了兰州国际马拉松赛、"兰洽会""敦煌行·丝绸之路"国际旅游节和青海玉树援建执勤等重大活动保卫任务。依托特勤队（站）组建8支地震救援搜救队，省上及全省14个市、州全部完成了综合性应急救援队伍组建任务。61个县、区组建了应急救援大队。

五、全面加强基层基础建设，部队形象面貌有了新变化

深入开展学习实践"三句话"总要求主题教育活动，大力弘扬"甘肃公安消防精神"，广泛组织向宋文博、布达拉宫模范消防大队学习活动。先后涌现出一大批先进集体和先进个人，10个基层党组织和单位荣立集体一等功和获得省级以上表彰。组织开展"阳光警务暖民心"大走访开门评警、助廉家庭评选和"审计整改年"等活动。组建成立甘肃省消防文学艺术联合会，与省委宣传部等单位联合举办建党90周年"橙色魅力"摄影展，合作组织了"中国达人秀"甘肃赛区选拔赛。在全省继续深入开展基层基础建设达标创优活动。全年消防业务经费达到2.07亿元。招标购置价值5487.3万元的各类消防车44辆、装备器材181个品种4.2万件（套）。利用奥地利政府贷款393万欧元为天水、平凉、酒泉、武威、张掖五市采购8辆进口消防车。特别是兰州市政府投资2100万元购置1台90米云梯消防车，并决定2012年6月底前投入7000万元购置7辆消防车。建设规模2.6万平方米、估算投资2.8亿元的总队战勤保障基地和训练基地建设项目得到省政府批复，正在兰州新区开工建设。12个公安消防队、3个战勤保障大队和11个室内训练场建设项目相继开工建设。5个特勤队全部竣工投入使用。总投入6418万元的公寓房、灾后重建项目、危旧营房改造、取暖改造项目大部分完成，新增公寓房140套、面积12229平方米。

第二十九章　青海省消防工作和队伍建设情况

2011年，青海省公安消防总队在省委、省政府，部消防局和省公安厅的正确领导下，紧扣火灾形势、部队管理、玉树灾区“三个稳定”目标，以“人一之，我十之”的实干精神，忠实履行职责使命，强力推进重点工作，破解了多项发展难题，为维护社会消防安全、保障人民群众安居乐业作出了新的贡献。

一、主动作为，积极努力，推动了消防工作责任落实

省人大颁布了《青海省消防条例》，解决了消防工作亟需立法调整的突出问题并已初显成效。省政府出台了《青海省“十二五”消防工作发展指导意见》，明确了全省消防事业发展的总体思路和建设任务。省政府出台了《青海省公共消防设施建设费征收管理和使用暂行办法》，拓宽了公共消防设施建设经费保障渠道。省、州、县三级政府召开消防工作会议、签订《消防工作目标责任书》，并实施督导考评。各行业、系统主管部门定期研究消防工作的重大事项，解决影响消防安全的重大问题。建立了消防、治安、内保、警务督察及公安派出所参与的“多警联勤”消防执法机制，火灾隐患整治合力的作用不断显现。各级政府领导带队检查消防安全，协调解决实际问题，看望慰问消防官兵，各级政府履行消防安全职责程度进一步深化。

二、网格排查，刚性执法，维护了全省火灾形势稳定

深入实施构筑社会消防安全“防火墙”工程，提升“四个能力”建设水平，部署开展了“防火墙”工程“百日会战”行动，总队与各支队签订了目标责任书，确定了督促指导、分片包干、组织实施、联点帮扶的机制。实行“异地调警”，抽调骨干重点在西宁市、海东地区实施交叉检查，确保全面督改火灾隐患，全省人员密集场所类重点单位“四个能力”建设全部达标。扎实开展“清剿火患”战役。全省划分4大战区467个网格，31个州、地、市、县人民政府印发方案，各级领导亲自带队督导，公安、建设、安监、教育、工商等23个行业、系统组成78个检查组深入辖区开展火灾隐患排查258次，强化了联合监督执法效力。省委宣传部、公安厅、教育厅等8部门联合印发了《青海省全民消防安全宣传教育规划》，开展了“大手拉小手，共筑防火墙”活动，聘请消防宣传员定期深入社区开展消防安全互查和演练，邀请省、市（州、地）“四大班子”领导参加“红门开放”活动20余次共300余人，引起了政府和部门领导以及社会各界的高度重视和反响，提高了全社会消防安全意识。全年共检查单位7.1万家，查出火灾隐患15.5万处，整改14.5万处，临时查封907处，责令“三停”511家，罚款810余万元，拘留190人，创造了排查范围、执法力度、宣传声势三个“历史空前”，震慑了消防违法行为。全省发生火灾1685起，死亡6人，受伤17人，损失6044万元，未发生重特大和群死群伤恶性火灾事故。特别是“清剿火患”战役以来，火灾起数、亡人、伤人、损失同比下降45%、100%、75%和78%，保持了火灾形势稳定。

三、紧贴实战，打造铁军，提升了灭火救援攻坚能力

参加了全国比武竞赛，锻炼了队伍，培养了骨干。在9个支队、45个大队、27个中队组建了综合性应急救援队伍，组建了4支重、轻型救援搜救队，提升了应急处置能力。开展了特殊火灾扑救和灾害事故处置演练及专业测试1760余次，提升了班组攻坚、专业指挥、区域联动能力。全年接警出动2177次，出动车辆3267辆（次），官兵2.2万人（次），抢救被困人员459人，疏散1.1万人，抢救财产价值4.3亿元。抢救人员、疏散人员、抢救财产同比分别上升2.5%、83%和463%。

四、广泛发动，严防死守，确保了玉树灾区消防安全

实行“网格化”消防管理，深化“防灭火一体化”机制运行，大力实施网格化防控、全覆盖宣传、实战化练兵等措施，灾区火灾形势稳中有降，2.64万顶帐篷和3424间板房安置的2.1万户家庭、7.3万人无一人因火灾伤亡。推进“清剿火患”战役，发现隐患6951处，整改6540处，下发《责令改正通知书》1335份，临时查封68家，拘留6人，罚款13.08万元，有效消除了一批火灾隐患。玉树州政府组织16个部门和11个管委会召开消防联席会议19次，签订《玉树灾区冬季消防安全承诺书》300余份，消防联勤联动机制效能得到有效发挥。玉树县政府开展“千名干部进万家”消防隐患排查整治活动，组织党政机关20多个部门、9个乡（镇）政府、11个建委会成立10个行业火灾隐患排查整治组，层层签订《消防工作目标责任书》1.4万余份，构建了玉树灾后重建“清剿火患”大格局。建立了消防宣传综合平台，实行了消防志愿者和流动宣传车昼夜巡查，广播站和宣传展板普及消防知识，主流媒体深度报道等系列措施，提升了群众消防安全意识。规范了7个执勤点的灭火救援秩序，对规模以上板房安置点实现100%全覆盖和24小时巡查守护，制定了重点地段、重点区域灭火预案，组织经常性灭火演练，提升了初战控火能力。

五、固本强基，重点突破，加强了基层基础设施建设

认真执行青海省消防部队业务经费保障标准，全年落实各项经费2.3亿元，其中专项经费1.9亿元，经常性业务经费较2010年增长51%。推动各级政府统建消防站16个（含3个支队级指挥中心），完工4个，在建7个。办结征地和方案编制5个，完成投资3400万元，新增营房面积1.5万平方米。总队培训基地征地、立项等筹建工作进展顺利。投入8491万元购置51辆消防车、67类2.7万件器材装备、5260件维稳处突装备、4715件遂行保障物资。邀请全国专家组对西宁市消防装备进行了评估，为消防装备建设由常规型向智能型转变提供了科学依据和技术支撑。

六、建用并举，注重实效，提升了“三项建设”水平

制定了《全省消防部队信息化综合集成方案》，出台了《移动接入系统使用、管理规定》等11部细则，完善了信息化应用规章制度。推行“执法信息网上录入、执法流程网上办理、执法活动网上督察、执法质量网上考核”的消防监督和警务公开制度，逐步实现了“信息主导警务”的目标。围绕“五项机制、36项制度”规范执法行为，开展了消防执法示范单位创建活动，从加强执法思想建设、执法队伍建设、执法行为建设等8个方面制定了规范化建设工作任务。出台《进一步加强消防监督执法规范化建设实施方案》，建立“以标准化固定要求、以流程化规范环节、以信息化创新手段”的工作机制，全力推动执法规范化建设。开展执法质量考核评议，共检查行政许可案卷卷宗291册、行政案件卷宗279册、执法基础台账197册、网上抽查案件698件，分批次对全省212个基层公安派出所321名专兼职消防监督民警进行了业务培训，有效推动了基层派出所的消防监督工作。开展大走访“开门评警”活动1400次，征求各类意见建议540余条，整改完毕490余条。在互联网开通了“社会公众服务平台暨消防监督管理系统完整版”，设置“办事直通车”栏目，接受群众举报投诉的意见、建议。开通全省火灾隐患举报投诉电话“96119”，鼓励公民参与消防工作。

七、政治建警，从严治警，提升了部队正规化建设水平

深化“三句话”总要求学习实践活动，开展了纪念建党90周年暨创先争优“十二个一”活动。加强对支队党委班子的联系指导。按照“三个优先、四个注重、五个坚持”的用人导向落实了新编制，调整、任用了128名团、营职干部，改善了干部队伍结构。934人参加了各类培训、考试、挂职锻炼，提升了干部队伍整体水平。省政府授予总队“高原消防卫士”荣誉称号，28个集体和72名个人受到表彰，9个集体156名个人分别荣立一、二、三等功，创先争优成果丰硕。健全廉政风险防控机制，严格落实《廉政规定》，扎实开展内部审计，强化条令意识和安全管理，部队安全稳定，风清气正。认真开展“五无一创”“条令条例学习月”活动，与各支队签订了安全防事故责任书和落实“五条禁令”责任状，健全了安全防事故工作管理机制，确保了部队内部安全稳定。对9个支队、13个大队，25个中队、2个直属单位进行了部队管理执勤备战专项督察。增援玉树灾后重建的甘肃、陕西、四川3个总队195名官兵换防9批（次），未发生安全事故，全省消防部队安全工作形势良好。

第三十章　宁夏回族自治区消防工作和队伍建设情况

2011 年，宁夏回族自治区公安消防总队在自治区党委、政府、公安部消防局和自治区公安厅的正确领导下，认真贯彻部局工作会议和全区公安局处长会议精神，积极构筑消防安全“防火墙”工程和打造现代化“回乡”公安消防铁军，深入开展消防安全“五大”活动和“清剿火患”战役，为全区经济社会健康发展营造了良好的消防安全环境。2011 年，全区共发生火灾 3250 起，死亡 1 人，受伤 1 人，直接财产损失 225 万元。同比去年，火灾起数下降了 4.4% ，亡人数下降了 75% ，伤人数与去年持平，直接财产损失下降了 83.1% 。全年共接警出动 4706 起次，抢救和疏散人员 2109 人，抢救财产价值 1.6 亿元，圆满完成了“宁洽会暨第二届中阿经贸论坛”等重大活动的消防安保任务。

一、以加快消防工作社会化进程为目标，全面筑牢社会消防安全“防火墙”

落实政府责任，有效破解消防发展难题。自治区党委、政府把稳定火灾形势、加快公共消防基础建设纳入公共安全量化考核和社会治安综合治理体系，制定出台了《宁夏回族自治区消防事业“十二五”发展规划》，自治区党委书记张毅，政府主席王正伟等领导先后 8 次听取消防工作汇报，10 余次作出重要批示指示，12 次带队检查消防工作，5 次组织召开消防工作会议和消防安全联席会议。各市、县（区）政府及有关部门先后召开消防工作会议 70 余次，各级领导带队检查消防工作 650 人次，有力地推动了消防工作深入开展。推广“平罗经验”，全面夯实城乡消防基础建设。以平罗县为试点，开展农村消防队伍建设，提请自治区政府召开了全区农村消防工作现场会，并将新农村消防工作纳入自治区 2012 年为民办 30 件实事项目。全区市、县和 22 个重点镇的消防规划全部编制完成，971 个行政村消防规划编制率达到 42%。全年各地共新建消火栓 290 个，维修 336 个，实有消火栓 5766 个，达到应建总数的 96.7%。积极探索消防宣传教育新模式。采取“社会出资、市场运作、全民受益”的合作模式，深入开展社会化消防宣传。联合文化部门，依托 700 家清真寺，启动万本消防图书进“清真寺文化书屋”宣传活动；联合自治区教育厅开展消防安全示范学校创建活动；通过在每个市建立各不少于 1 条的消防宣传主题街道、公交线路、主题广场、主题社区和“消防主题微博”的方式，建成消防宣传主题广场、公园、景区、街道等品牌实体 119 个，在宁夏日报、宁夏电视台等主流媒体推出宣传专栏 22 个，累计刊播各类新闻 2000 多篇，发放消防宣传资料100万余份，播放消防公益广告近4000小时，参与群众逾100万。

二、以消防安全"五大"活动和"清剿火患"战役为抓手，全面提升消防工作现实斗争水平

高级别、高密度统一指挥。各级政府分别成立了由政府分管领导任指挥长的"清剿火患"战役指挥部，各地均以政府或消防安全委员会名义发文部署工作，形成了区、市、县三级政府"统一调度、逐级指挥"的"清剿火患"战役指挥体系。高规格、多部门协同作战。自治区文明办与公安厅联合下发《关于开展消防志愿者查改身边火灾隐患活动的通知》，动员社会力量积极参与"清剿火患"战役；建设厅、质监局、工商局等部门分别与总队联合部署建筑消防设施、在建工程等消防安全专项整治行动；自治区安监、文化、教育等16个职能部门积极开展行业系统消防安全专项检查。高标准、高强度围剿隐患。结合中阿经贸论坛等重大节日和重大活动，组织全区各级消防、治安、警务督察和公安派出所等警种全警参与，抽调1200多名警力，全面开展"网格化"地毯式排查整治。全年共出动消防监督执法警力136349人次，检查单位场所66902家次，发现火灾隐患或违法行为52885处，依法实施行政处罚1002起，采取临时查封206起，责令"三停"单位168家，行政拘留128人，形成了整治火灾隐患的高压态势。高层次、高覆盖开展培训。针对政府职能部门、农村乡镇、社会单位和中小学校实施消防安全培训"四个100%工程"。先后对自治区、市、县（区）三级教育、民政等20个行政主管部门、全区43个街道办事处、192个乡镇、2371个行政村、431个居委会负责消防安全管理的领导和各类社会从业人员等共计30000余人进行了消防安全培训。

三、以提升部队攻坚克难能力为核心，全面打造现代化"回乡"公安消防铁军

打基础，围绕基层实际建机制。建立健全了"党委主抓，主官带头，部门协作，全员参与"的灭火救援工作领导体系，采取"分级化"模式，按岗位逐一细化"六熟悉"内容和标准，分级编制《辖区情况熟悉手册》，建立重点单位熟悉卡2090个，制定修订1922份预案；优先将干部、士官配置向灭火救援岗位倾斜，及时足额落实战训岗位补贴，有效加强了灭火救援骨干队伍建设。练精兵，围绕能力提升抓训练。各级建立了"2+4训练模式"，即打牢体能、技能两个基础，抓好"新训、冬训、春训、夏训"四个阶段的训练，通过视频教、网上考、实地练等手段，先后举办了攻坚组队员、指挥员和驾驶员、通信员以及装备操作等灭火救援岗位业务培训43期。举办灭火救援"大讲堂"6期，培训一线指战员1360人次。重实战，围绕应急需要铸尖刀。湖北咸宁应急救援现场会后，总队提请自治区政府印发《关于加强公安消防队伍综合应急救援能力的意见》，在全区投入执勤的36个中队共组建了48个灭火救援攻坚组，启动建设了宁东防化中队、惠农区特勤中队和吴忠市、中卫市特勤中队，实现了全区所有地市级以上城市均有特勤队的目标；总队和各支队严格按照轻、重型地震灾害搜救队建设标准，在全区部队总体规划布局的基础上，组建了2个重型搜救队、5个轻型搜救队和一支有11条犬的搜救犬队，专门设立了应急救援物资装备库，模块化储备150套消防应急救援携行背囊和7类146件（套）应急救援器材，并对各搜救队进行了实地拉动演练。

四、以班子和队伍建设为根本，全面提升部队核心凝聚力

坚持“量化考评”，抓好班子和干部队伍建设。健全各类党组织生活制度，协同公安厅政治部对全区6个支队级领导班子和班子成员履职情况进行了考评，对全区180名干部进行了职务、岗位调整。制定了《关于基层党组织建设硬件设施建设标准》，实现了全区消防部队基层党组织硬件上达到“一栏三室”和“六有”标准，软件上达到“七本四册”的要求。全面推行“公推双考”选拔团职领导干部，先后有10名同志晋升为正团职，16名同志晋升为副团职，达到上级领导、基层官兵、考核对象“三满意”的选人用人机制。坚持以“文明育警”，夯实思想政治教育基础。紧抓贯彻消防部队思想政治工作会议精神和教育大纲的有利契机，制定了思想政治教育规范化工作操作规程、管理流程，规范教育秩序。举办了全区消防部队庆祝建党90周年暨喜迎“八·一”建军节主题晚会。一年来，全区消防部队共有150个集体和771名个人获各级各类奖励，共有45人记功。总队被评为应急管理先进集体、“拥政爱民模范单位”和安全生产先进集体，总队、银川支队被自治区政府评为宁洽会暨第二届中阿论坛安保先进单位，石嘴山支队被公安部荣记集体三等功，固原支队被固原市人民政府荣记集体一等功。坚持“廉洁奉公”，推动纪检和审计工作。制定下发了《宁夏公安消防部队机关干部下基层“八不准”》等一系列规章制度，举办了集中警示教育、廉政文化成果展评等活动。建立了信访工作登记台账，规范信访案卷，公布了信访举报电话和电子邮箱，拓宽了广大官兵和人民群众反映问题的渠道。全年共完成团级单位领导干部经济责任审计5个单位10人次，大宗物资采购审计5项，审计总金额22632万元，节减物资采购支出186万元，核减工程支出96万元。坚持“科学管控”，实施部队精细化管理。树立“依法管”“管为战”和“科学管”的观念，积极探索精细化管理模式，本着“服务工作、减轻负担”的原则，对基础工作台账资料进行了整合，对人、物、事，实行定岗、定位、定责管理。全面部署开展了安全工作“五无”创建活动，不断强化对“人、车、酒、赌”和“小、远、散、直”单位的监督管理，部署开展了部队管理教育排查整治和车辆违章专项整治活动，充分发挥督察职能作用，采取明察暗访、视频监控、电话点名、定期通报等形式，促进了安全管理工作有序开展，确保部队高度稳定。

五、以后勤效能建设为突破口，全面提升部队服务保障能力

拓思路，经费保障大增长。向各级财政争取装备建设经费、消防员职业健康基金、生活补助费、救援队基建等经费总计16548.9万元。协调自治区政府将官兵伙食补助标准在去年的基础上提高了一倍，并按编制人数列入各级地方政府财政预算；贯彻落实《消防员职业健康标准》要求，将消防员职业健康基金纳入政府财政预算。谋打赢，装备水平大提升。提请自治区政府和银川市政府下拨1500万元专项经费，为总队购置一台70米登高平台消防车。总队斥资1500余万元为宁东大队购配了3台具备世界先进水平的高端进口消防车，投入900万元为银川、石嘴山支队购置了5台进口组装压缩空气泡沫消防车，消防装备的现代化水平取得历史性突破。办实事，基层建设大发展。宁夏应急救援队暨消防综合训练基地工程顺利完工，银川特勤三中队、双渠中队等15个中队相继完成新建、翻修和改建任务。制定印发了《宁夏消防部队综合训练馆建设三年规划》，计划利用三年时间为具备条件的17个基层中队建设综合训练馆。

六、以“三项建设”为引领，全面提升消防管理创新能力

加强执法规范化建设。编印了《宁夏消防监督执法制度汇编（2011年版）》，制定《火灾事故调查暂行规定》，进一步规范火灾调查程序。加强消防综合业务平台、火灾统计管理系统和消防办事大厅系统的维护升级和操作应用，增设触摸电脑查询系统，消防监督执法、消防行政许可、火灾调查等业务全部实现网上受理、网上审批、网上办结、网上公示。建立了全区统一的消防投诉、举报中心，充分利用社会公众服务平台及时受理、查处火灾隐患和消防违法行为。全面夯实信息化平台基础。开发研制了IP智能单兵语音图像通信系统，依托自治区公安厅的CA、RA系统和PKI/PMI体系，建成了全区消防部队LRA证书制发终端和安全认证网关。圆满完成社会公众服务平台暨消防监督管理系统完整版推广部署。指导银川支队完成了部局统一配发的高清指挥视频终端、音视频编码器、语音网关及IP电话等综合集成视音频设备安装部署工作，并成功通过了部局验收。持续巩固和谐警民关系。加强消防公益事业，捐资助学和扶贫帮困，开通警民联系QQ群、微博28个，对口援建学校1所，捐赠图书学习资料3万余册，走访慰问困难群众80余家，捐款捐物3万元，开展警民警寺警企共建活动500人次，依托消防协会下设的宁夏宁安消防技术服务中心，免费对全区143项工程的自动消防设施进行检测，为社会单位节省检测费用960余万元，受到社会单位的广泛好评。

第三十一章　新疆维吾尔自治区消防工作和队伍建设情况

2011年，新疆自治区公安消防总队在自治区党委、政府和公安部消防局、自治区公安厅的坚强领导下，坚持以科学发展观为统领，以构筑“防火墙”工程和打造现代化公安消防铁军为重点，创新社会消防安全管理模式，强力推进两个“三化”建设，深入开展“五大”活动和“清剿火患”战役，圆满完成了首届“中国—亚欧博览会”消防安保任务，确保了全区火灾形势和部队管理“两个稳定”，消防工作和部队建设实现了快速发展，为新疆经济建设和社会发展创造了良好的消防安全环境。2011年，全区共发生火灾5093起，死亡33人，受伤21人，直接财产损失5178.5万元，同比，除直接财产损失上升70.3%外，火灾起数、死亡、受伤人数分别下降2.2%、45%和48.8%。

一、消防工作社会化取得新进展

积极推动政府和有关部门落实消防安全责任制，逐级签订责任书，政府消防安全工作主体责任明确。自治区第十一届人大常委会第二十六次会议审议并通过了《新疆维吾尔自治区消防条例》，并于2011年6月1日颁布实施。提请自治区政府将“十二五”消防工作内容纳入《自治区安全生产“十二五”规划》；将消防工作纳入安全生产、综合治理等工作内容，明确了城乡消防规划编制、公共消防设施建设、火灾隐患治理等各项具体任务指标，依托安全生产考核对各地消防工作进行检查考评。2011年，全区编制审批消防规划10个，新建消防站23个、消火栓1478个、消防水鹤109个，新购消防车88辆；各乡镇购置简易消防车215辆，手台机动泵、水枪、水带2084件（套），新建农村公共消火栓和消防车取水点32个。全面加强消防宣传工作，提请自治区公安厅会同教育厅等九部门联发《新疆消防安全宣传教育五年规划》，在新疆卫视、兵团卫视等自治区媒体播出消防新闻458条、播发消防公益广告892条（次），在户外视频、楼宇电视、出租车顶灯播出消防公益广告107万余条；创建全国消防安全教育示范学校20所、全国消防科普教育基地1个。

二、社会火灾防控工作取得新成效

持续推进社会消防安全“防火墙”工程。完成了公安部2010年构筑“防火墙”工程考评工作，开展了人员密集场所重点单位“四个能力”二次集中攻坚行动，大力推进农村社区火灾防控“四个基础”创建工作。目前，全区7897家重点单位，除256家关停、倒闭或装修改造外，其余7641家全部达标；人员密集场所一般单位“四个能力”达标率为

80.4%，乡镇、行政村、街道办、社区火灾防控工作达标率分别为90.3%、86.4%、91.8%、93.9%。深入开展火灾隐患排查整治。集中开展了百日冬防攻坚战、消防安全“五大”活动、“清剿火患”战役等隐患排查整治专项行动，圆满完成了建党90周年、国庆、国际舞蹈节等大型消防安保活动。全区检查单位14.4万余家，发现火灾隐患9.4万余处，督促整改8.2万余处，临时查封单位3008家，责令“三停”1639家，行政拘留727人，罚款2860.5万元，培训社会消防从业人员5.8万人。全面规范公安派出所消防监督工作。提请公安厅开展派出所消防工作调研，出台《关于进一步加强公安派出所消防工作的决定》等文件，开展公安派出所消防工作“争先创优”活动，筹集210万元对9个县级公安局、20个公安派出所、40位民警进行表彰。2011年，全区公安派出所共检查单位11万余个（次），整改火灾隐患3.3万余处、下发责令改正通知书1.1万余份、办理消防行政案件2063起、罚款50.4万元，与去年同期相比，分别上升35倍、181倍、77倍、10倍、13倍。

三、灭火救援实战水平实现新提升

深入推进灭火救援“三化”建设。通过制定完善灭火救援“三化”建设规章制度，开展“三化”论文征集评选，拍摄示范教学片等形式，不断深化灭火救援“三化”建设制度、理论、实践体系。组织攻坚组，大、中队和专职队指挥员319人开展集中培训和实习轮训，组织各级战训业务骨干585人次进行网上考试，在全区部署开展石油化工单位灭火救援准备工作专项行动。2011年，全区消防部队开展“六熟悉”9000余次、实战演练5400余次、修订预案3983份，全区战训业务水平明显提升。加快应急救援力量建设。提请自治区政府下发了《消防综合应急救援队伍五年建设实施意见》，通过构建现代化应急救援队伍、健全现代化应急救援保障、完善现代化应急救援协作三大体系，为强力推进全区综合应急队伍建设奠定坚实基础。目前，全区共组建综合应急救援总队1个，综合应急救援支队15个，县级综合应急救援大队64个，搜救犬分队15个、水难救援分队14个。加强专职消防队伍规范化建设。成功召开了全区专职消防队伍规范化建设现场会，促进了全区专职队伍正规化建设，形成执勤备战、灭火救援、队伍管理等一系列长效运行机制。据统计，全区建有专职消防支队6个，大队19个，中队89个，专职消防员2878人，执勤车辆457辆，有效弥补了现役部队力量的不足。

四、部队正规化建设水平迈上新台阶

大力加强各级党委班子建设。以深入贯彻落实全国公安现役部队总队及单位党委书记研讨班精神为重点，先后举行5次总、支队两级党委中心组集体学习，举办2期支队级军政主官读书班。通过深入开展“一对好主官、一个好班子、一支好队伍”争创活动和学习型党组织建设，进一步提升了各级党委班子的领率能力。2011年，全区共有41个单位、84名官兵被公安部、自治区、公安部消防局和总队党委表彰为先进基层党组织、优秀共产党员和优秀党务工作者。加强政治工作规范化建设。分批组织全区部队政治处主任赴内地总队进行考察学习，成功召开全区消防部队政治工作暨廉政建设经验交流会，编印下发了《政治工作实用手册》，形成可看、可学、管用的基层政治工作新模式；开展“五会”政治教员评比暨政工岗位大练兵，组织网上政工考试等形式，提高政工干部履行职责的能力和水平。实施“151”警营文化工程。成立了新疆公安消防文联和政治部文工团，开展“送文体器材下基层”活动，为基层购置和配发300万元的各类文体器材，举办多场大型文艺演出，并赴京津冀演出，充分展现了“文艺宣传鼓动队、消防知识宣传队和民族团结先锋队”的新疆消防部队特色。建立了廉政教育基地，组织官兵参观接受警示教育，筑牢廉政防线。认真贯彻从严治警方针，严格执行条令条例、“五条禁令”等各项规章制度，深入推进安全“五无”创建活动，大力推行《部队安全管理工作八项长效机制》，创办安全管理工作网站，将视频监控系统、GPS定位系统等引入营区、车辆等重点环节管理之中。

五、后勤综合保障能力实现新跨越

2011年，总队和全区15个支队纳入财政预算指标经费总量1.24亿元，较上年增长了13%。争取消防业务经费、专项经费达1.47亿元，较往年大幅度增长。科学拟订《建设现代化公安消防铁军装备建设规划》，着力优化装备结构，努力提升装备作战效能和管理水平，逐步实现装备发展从数量规模型向质量效能型转变。2011年通过集中招标共采购各类消防车辆65辆，金额6864.1万元，各类器材9.16万件（套），金额4979.6万元。加强资预结合，合理编制总队年度预算，审减年度预算资金1.24亿元，审减额达32%。推行落实“以收定支”的管理办法，实行指标控制，定额包干；在预算的执行中，坚持把各项经费收支全部纳入财务归口管理。2011年，共批复全区部队新建、续建各类基本建设项目56个，其中消防站建设项目33个；争取到部局11个建设项目补助资金1573万元；《全区部队公寓房五年建设规划》中已有17个项目得到了部局资金补助；总投资1.9亿余元的国家陆地搜寻与救护基地及附属工程已全面竣工；火灾科学实验室建成并揭牌；地震灾害模拟训练中心已开工建设。

六、“三项建设”实现新突破

深入推进执法规范化建设，公安派出所消防监督工作水平快速提高。聘请了16名法制专家，成立了消防法律专家库。出台《2011年执法质量考核评议方案》；提请公安厅下发《关于明确条例若干执法问题的通知》，规范内部消防监督执法程序；提请公安厅开展派出所消防工作调研，出台《关于进一步加强公安派出所消防工作的决定》等文件；开展公安派出所消防工作“争先创优”活动，筹集210万元对9个县级公安局、20个公安派出所、40位民警进行表彰。2011年，全区公安派出所检查单位、整改火灾隐患、办理消防行政处罚案件、罚款数额，与上年同期相比，分别上升35倍、181倍、10倍、13倍。以试点工作为先导，信息化建设成果推向全国。“灭火救援指挥系统”试点工作取得技术手段和建设模式双突破，全系统“数据大集中”部署模式、支队级“大集中”接处警模式，以及运营商数据统一接入、手机定位等8大成果在全国推广，全区支队级指挥中心建设基本完成。在全国公安消防部队“部队管理系统”软件评审会上，4项成果通过评审，“社会公众服务平台”顺利切割上线。以开门评警和大走访为载体，警民关系更加和谐。紧紧围绕提升消防服务水平、加强民族团结等内容，扎实开展开门评警和大走访活动。协调解决各类群众困难797个。深入推进“五个一百”民族团结实践活动，共帮扶困难家庭122户，照顾孤寡老人134人，资助贫困学生161人，累计帮扶资金120余万元。一年来，全区公安消防部队有2个单位荣立集体一等功，3个单位荣立集体二等功，3个单位荣立集体三等功；15名官兵荣立二等功，120 名官兵荣立三等功。巴州公安消防支队被命名为国家级文明单位。汪澜同志被授予“全国十大杰出消防卫士”“全国模范共产党员”“新疆青年五四奖章”等殊荣。

第三十二章　新疆生产建设兵团消防工作情况综述

2011年，新疆生产建设兵团公安局消防局坚持以科学发展观为统领，紧紧围绕解放思想、创新警务、提升能力、促进发展的工作思路，结合兵团实际，主动作为，大力消除火灾隐患，不断提升消防工作水平，营造了良好的消防安全环境，为兵团的建设和发展做出了积极贡献。2011年，全兵团共发生火灾223起，死亡6人，伤14人，直接财产损失900.51万元。与去年同期相比，火灾起数下降14.23%、直接财产损失上升38.47%，死亡人数下降25%。

一、抓住重点，开展四次专项行动

一是大力开展冬春防火百日专项行动。一年来，各级防火组织召开冬季防火工作会议102次，师、团领导带队检查156人次，共监督检查公共娱乐场所883个，人员密集场所657个，公共建筑175个、住宅建筑1153个、地下建筑99个、易燃易爆场所487个、出租房4718个、施工现场183个、排查有消防设施的建筑1709个、有自动消防设施的建筑90个、辖区设有两房两室的59个、其他场所960个、发现一般火灾隐患1849处，整改火灾隐患1108处，其中:查封3家,处罚3家。有效地为兵团辖区排除了一批火灾隐患，确保了冬春季节团场的消防安全环境。

二是强力推进保亚博、促稳定，隐患排查整治专项行动。从8月25日至10月20日，对辖区易燃易爆、工业园区、棉花加工企业、建设工程施工现场、人员密集场所有针对性的开展火灾隐患排查整治专项行动。截止10月20日，全兵团共成立检查组682个；出动检查人员2754人次；检查场所3440个；排查治理人员密集场所409家、易燃易爆单位136家、“多合一”场所44家、施工现场263家、其他场所89家，发现一般火灾隐患1704处、整改火灾隐患1651处；下发责令改正通知书53份；责令“三停”3家；拘留1人。

三是管控源头火灾隐患，开展未审未验工程整治行动。为加大对违法建设工程的督办整改力度，杜绝师团的建设工程“带病”投入使用，于9月26日至10月30日开展了为期1个月的新建项目工程排查行动，全兵团共排查出未经消防审核或审核不合格擅自施工及未经验收或验收不合格擅自投入使用的建设工程项目178个，其中未经消防审核项目86个、未经验收项目85个、验收不合格项目6个。

四是深化消防安全“五大”活动，全力打赢“清剿火患”战役。落实公安部的部署和要求，从9月26日至2012年2月29日在兵团范围内开展“清剿火患”战役。截至12月20日，全兵团共检查社区243个、排查连队1216个、检查单位3536家、发现火灾隐患770处、督促整改火灾隐患671处，接处群众举报火灾隐患投诉69起。

二、创新警务，促进辖区平安建设

一是公布警务电话，受理群众火灾隐患举报和业务咨询。全年，接到辖区群众举报火灾隐患电话5起，处理5起；接听业务咨询电话1000余个，做到了事事有答复。

二是服务援疆项目，从源头把关，确保经济建设。全年各师共受理消防设计审核项目1137项，总面积88.32亿平方米，进行工程竣工消防验收338项，验收面积1.13亿平方米；消防局本级受理建设工程消防设计审核项目74项，总投资75.04亿元，总建筑面积248.64万平方米；完成建设工程消防验收项目11项。今年兵团辖区内各类援疆项目和招商项目施工工地未发生火灾事故，确保了兵团辖区消防安全。

三是解放思想，促进行业管理，推进消防安全示范学校的培育。兵团辖区有8所学校被全国评为“全国消防安全示范学校”的称号。2011年创建全国“消防安全教育示范学校”5所，通过这一活动的开展，大大促进了辖区社会单位消防安全“四个能力”建设，推进了行业消防安全自我管理。

四是提高社会单位消防安全“四个能力”，促进兵团社会化消防安全工作。筹资印制图文并茂的“四个能力”建设示范挂图5000份，印制学校、商场、宾馆、医院、公共娱乐场等5类“四个能力”建设指导手册7000册，加强指导，督促社会单位规范消防安全各项规章、制度、操作规程，达到“消防组织网络、岗位职责可视化，消防规章制度、安全操作规程可视化，消防安全重点部位安全措施可视化，消防设施器材、疏散设施管理可视化，消防应急管理可视化”的要求。

三、加大投入，促进装备建设

2011年，各师消防部门发挥职能作用，不断做好上下协调工作，积极争取师团各级部门和领导的大力支持，先后争取投入公共消防基础设施建设1868.5万元，其中购置消防车16辆，截至2011年，全兵团共有消防车86辆，消防装备建设基础进一步夯实，为灭火救援工作提供了有利条件。

第三篇

相关行业系统消防工作综述

森林消防工作综述

2011年，我国部分省区气候持续异常，河北、山东、山西等地遭遇罕见旱情，连续发生较大森林火灾，严重威胁生态安全和社会稳定。面对严峻的森林防火形势，各级森林防火部门和广大森林防火工作者坚决执行党中央、国务院的指示和部署，采取有力举措，最大限度地减少了火灾发生，降低了火灾损失，取得了“三无三下降”（无特大森林火灾、无火烧连营、无重大伤亡事故，森林火灾次数、受害森林面积、人员伤亡数较上年同期均有大幅度下降）的优异成绩。据统计，2011年共发生森林火灾5550起，受害森林面积2.69万公顷，人员伤亡91人，与2010年同比分别下降28.1%、41.2%和15.7%。

一、各级全力推动，重视程度空前提高

党中央、国务院高度重视森林防火工作。胡锦涛总书记、温家宝总理等中央领导先后24次作出重要批示。国务院3月15日召开全国森林防火工作电视电话会议，回良玉副总理出席会议并提出明确要求。国家林业局局长贾治邦多次召开党组会和部门协调会，专程视察森林部队，专题研究部署森林防火工作，专门指示召开多次全国森林防火专题会议，对各地工作进行了具体安排部署。河北、山东等地突发重大森林火灾后，贾治邦局长亲自在指挥中心坐镇指挥，张建龙、孙扎根副局长亲率工作组第一时间赶赴扑火救灾一线开展协调指导，确保了火灾快速扑灭。

二、投入再创新高，防控能力显著提升

配合有关部门完成了200多个森林防火建设项目的初审工作，下达了12亿元的森林防火投资计划，启动实施了183个森林防火建设项目。中央财政进一步加大投入，全年航空护林飞行费、森林防火物资储备等财政投入达3.83亿元。积极推进了全国森林消防技术标准化委员会的组建工作和国家林业局森林防火研究中心、国家林业局森林防火重点实验室的建设工作。武警森林部队举行了“绿色卫士－11”灭火实兵演习。森林航空消防事业继续发展，全年共租用飞机144架，发现和处置林火193起，开展航护业务省区达到15个，山东、湖南等6省区筹备设立航空护林站，武警森林部队直升机支队8架直升机全部到位。继续加大培训工作力度，举办森林防火指挥员培训班和省级防火办主任素质培训班共10期，700名学员接受培训，提高了工作能力和业务水平。

三、加强宣传教育，全民防火成效显著

对吉林省连续30年无重特大森林火灾进行了表彰，并组织中央主要媒体进行广泛宣传，发挥了典型示范作用。结合国家第3个“防灾减灾日”和第16个“全国中小学生安全教育日”，组织开展了

“森林防火宣传周”活动。在《人民日报》开设森林防火专版，向各地发放1.5万套《森林火灾预防与扑救挂图》和2万册《画说森林防火》宣传册。高火险时期，协调中央电视台播出森林火险气象等级预报和森林防火公益广告，进一步提高了全社会的森林防火意识。

四、整合各方力量，工作机制实现创新

国务院调整充实了国家森林防火指挥部领导和成员。解放军总参谋部、总后勤部联合下发了《关于加强军事区森林防火工作的通知》；发改、财政等部门持续加大森林防火资金投入；国家森林防火指挥部、国家林业局会同民政部、国家旅游局联合下发了《关于做好清明、“五一”节期间森林防火工作的通知》；气象部门加强森林防火相关气象服务；外交部门积极协调边境森林防火工作；农业部门加强农事用火指导和森林草原联防工作；教育部门积极推进森林防火进校园进课堂活动；公安、铁路、交通、工信、民航、广电和新闻等部门在各自领域大力支持森林防火工作，形成了强大的工作合力。边境联防工作实现新进展，中俄第二次边境地区森林防火工作联防会议成功举行并达成重要共识，中蒙、中缅、中哈的联防工作不断向前推进。印发了《国家森林防火指挥部 国家林业局关于进一步强化火源管理工作的意见》，规范了各地火源管理工作。出台了《全国森林防火通信组织管理工作规范（试行）》《森林火灾损失评估技术规范（试行）》等规范性文件，正在加紧推进《国家处置重、特大森林火灾应急预案》的修订工作。

五、深查隐患漏洞，监控手段不断强化

组织高火险省区开展森林火灾隐患大排查活动，派出20多个工作组深入一线明查暗访，开展了“文明祭祀、平安清明”等一系列检查整改专项活动。针对近年来扑火伤亡事故频发的实际，组织召开多个专题座谈会进行了深入研究探讨。EOS/MODIS卫星林火监测系统升级更新并投入运行，1至11月共监测热点1万多个，发现林火1549个。初步建成了全国森林火险预警示范系统，近600个森林火险监测站并网使用。国家森林防火指挥中心完成升级改造，指挥调度能力进一步增强。

六、强化应急反应，火情处置快速高效

加大了森林火灾应急处置工作力度，启动国家级应急预案10余次，派出火场工作组近20个，实现了突发火情的有效处置。4至5月，受罕见旱情影响，河北、山东、山西等地连续发生重大森林火灾，直接威胁森林资源和重要目标的安全。国家森林防火指挥部会同各地方政府迅速调集专业扑火力量和消防飞机开展扑救，有关部门给予了大力配合，驻地解放军、武警部队、公安民警、公安消防部队、民兵预备役部队积极参战，迅速控制了火势发展，保护了森林资源、人民群众生命财产和重要目标的安全。

铁路系统消防工作综述

2011 年，铁路公安机关消防机构认真贯彻铁道部、公安部关于开展消防安全专项治理和“清剿火患”战役的总体部署，以旅客列车、公众聚集场所、重点行车场所、机车车辆存放场所和物资集中场所为重点，深入开展消防监督检查，督促铁路单位层层落实消防安全责任制，大力整治火灾隐患。2011 年，铁路共发生火灾 29 起，直接财产损失 203 万元，死 1 人。与去年同期相比起数和损失分别下降 3.3% 和 80.7%。未发生较大以上火灾事故，没有发生造成旅客伤亡的旅客列车和车站火灾事故。

一、全力以赴抓好春运消防工作

春运期间，铁路公安机关以旅客列车为重点，认真开展消防监督检查，严防发生火灾事故。铁道部公安局抽调业务骨干 21 人，组成 8 个工作组在北京、郑州、上海、广州等重要铁路枢纽驻点，开展旅客列车防火专项督导检查。期间，共检查旅客列车 1792 列，检查发现问题和隐患 1512 处，下发督查通报 5 期，督促相关铁路运输企业及时进行整改。春运期间，未发生客车火灾事故。

二、开展新建高铁工程监督管理

一是全面加强京沪高铁开通运营前消防安全检查。根据铁道部京沪高铁开通运营安全保卫总体部署，5 月中旬，铁道部公安局抽调业务骨干组成 4 个工作组赴京沪高速铁路全线开展消防安全专项检查。二是指导广深港客运专线开通前消防验收工作。铁道部公安局消防处全面掌握消防工程底数，根据检查情况建立隐患库，与建设指挥部共同确定整改方案，确定了完成整改的时间节点，确保在开通前完成隐患整改。

三、组织开展消防安全专项检查

一是开展铁路安全生产大检查。按照铁道部总体部署，2 月 14 日至 3 月底，铁路公安机关消防机构以旅客列车、车站以及铁路开设的宾馆饭店等人员密集场所、重点行车场所、物资集中场所为重点深入开展消防监督检查，督促铁路单位层层落实消防安全责任制，积极预防铁路火灾事故。二是开展高速铁路消防安全专项检查。“7·23”甬温线事故发生后，按照铁道部统一部署，在铁路组织高铁消防安全大检查，对检查发现的 1064 处隐患建立了高铁火灾隐患库，督促相关建设、运营单位及时整改，目前已完成整改 464 处，600 处正在整改之中。三是开展全路消防安全大检查大整改活动。11 月 4 日，铁道部召开全路防火专项电视电话会议，通报“11·2”客车火灾事故，部署开展铁路消防安全大检查大整改活动。12 月中旬铁道部组织 9 个检查督导组在全路开展督导检查。四是开展客车停留场所消防安全专项整治。4 月 23 日 1 时 55 分，呼和浩特铁路局包头车辆段呼和浩特运用车间 4 道停留的 K7915/6 次车底起火。事故造成 K7915/6 次、邻线 L1420/19 次 4 辆客车不同程度过火，直接财产损失 45 万元。事故发生后，铁道部公安局起草铁道部电报对事故进行通报，并部署为期一个月的客车停留场所消防安全专项整治。同时，出台《铁路客车停留存放消防安全管理规定》，加强客车停留场所消防安全管理。

四、进一步推进依法行政工作

一是会同治安、法制部门对旅客在动车组上吸烟造成列车缓行或停车问题进行深入研究，明确了对行为人按照《治安管理处罚法》予以处罚的意见。二是将《铁路消防管理办法》由铁道部规范性文件上升为规章。依据《行政处罚法》相关规定，对《消防法》中未明确但对铁路消防确有危害的行为界定为违法，设立警告或一定数额罚款的行政处罚。三是督导各铁路公安局消防机构办理消防行政案件。铁路消防安全大检查大整改期间，针对部分单位消防监督工作重企业安全生产考核、轻行政处罚的情况，按照铁道部公安局领导指示，督导各铁路公安局、处消防部门加大行政处罚、行政强制工作力度，以办理行政案件为突破口推动消防执法规范化建设。

2011 年，铁路公安机关共检查旅客列车 50043 列次、828057 辆次，客运站等人员密集场所 25066 处，重点行车场所 15098 处，物资集中场所 11952 处，机车、车辆存放场所 6026 处，易燃易爆场所 2797 处，其他场所 10630 处，共发现消防安全问题和隐患 75703 处，督促责任单位当场整改 66269 处，限期整改 9434 处，填发《消防监督检查记录》62992 份、《责令改正通知书》3475 份、《不同意投入使用、营业决定书》4 份，实施行政拘留 8 起、罚款 2173 起、警告 8 起。

交通港航系统消防工作综述

2011年交通公安机关忠诚履行职责，服务港航发展大局，按照公安部部署，精心组织，全力以赴，扎实推进构筑社会消防安全“防火墙”工程，认真开展了消防安全“五大”活动及“清剿火患”战役，有效保持了港航系统火灾形势平稳，为水运和港口企业生产创造了良好的消防安全环境。

一、扎实推进构筑社会消防安全“防火墙”工程

交通部公安局下发《关于进一步推进交通港航系统消防安全“防火墙”工程建设的通知》《关于进一步提高交通公安消防监督管理“四个水平”的意见》，组织对上海、宁波、青岛、日照、连云港等地工作开展情况进行检查。2011年，交通公安机关指导各港航单位开展各种消防宣传教育培训6362场次，20余万职工群众受到教育，各单位投入消防安全隐患整改资金达9241.1万元。全港航2268个消防安全重点单位“四个能力”建设全部达标。

二、积极开展消防安全“五大”活动

一是开展“大排查、大整治”。紧紧抓住“四客一危”船舶、人员密集场所、易燃易爆危险品储装单位、在建工程等火灾高风险处所，通过现场检查、重点抽查等形式，以整治火源、电源、油源、气源、化学危险品源消防隐患为重点，认真履行监督职责，现场督促，落实整治措施，加大消防违法行为处罚力度，提升防控火灾能力。二是开展“大宣传、大培训”。各交通公安机关结合“全国安全生产月”，部署开展了“消防应急预案演练周”“119”消防宣传周等活动。充分发挥辖区单位企业消防安全组织机构作用，不断强化单位消防安全责任，强化消防安全培训，增强干部职工消防安全意识，提高防范火灾水平。三是开展“大练兵”活动。各港航公安消防机构按照训战结合的要求，强化指战员“六熟悉”、体能、技能训练，举行了油船、危险品储罐爆炸事故灭火救援、关阀堵漏、抑爆排险等实践演练，开展接处警、调度指挥、泡沫灭火、冷却舱室等科目练兵，并定期与公安消防部队开展联勤联训活动，取长补短，提高区域协同作战能力。一年来，举办了两期港航公安派出所消防民警培训班，为130余名民警进行消防基础理论、消防法律法规、船舶消防检查、港口火灾隐患排查及整治措施等内容的授课。与中国人民武警学院举办了第二期消防专业本科班。60名学员参加函授学习。根据公安部《公安消防岗位资格制度规定》和《交通公安消防岗位资格制度实施办法》，组织了交通公安系统消防岗位资格考试。共有367名消防机构和派出所消防民警报名参加考试，有299人取得执法资格，合格率为81.5%。

三、全面打赢“清剿火患”战役

公安部部署开展“清剿火患”战役后，交通部公安局高度重视，迅速结合交通港航实际，制定“交通公安‘清剿火患’战役的行动方案”，在水路交通全线打响“清剿火患”战役。期间，组织召开了交通公安“清剿火患”战役暨创新港航消防监管阶段工作专题会议，对“清剿火患”战役进行再部署、再动员，并组织与会人员对战役中好的做法和经验进行了相互交流学习，深度推进“清剿火患”战役。在12月份，抽调各公安机关的消防主管领导及专家，组成五个督察组，对交通公安系统“清剿火患”战役情况进行重点督导检查。加强业务指导，总结推广经验，查找改进不足，确保“清剿火患”战役扎实推进。从9月26日开始至年底，各港航公安消防机构共检查消防安全重点单位1978家、一般单位4239家，发现火灾隐患6575处，督促整改6410处；依法查封单位33家，责令“三停”单位8家，拘留2人，罚款17.25万元，取得了显著成效。

四、切实完善消防监管基础工作

印发了《交通公安消防监督技术规范》、《交通公安派出所消防监督检查工作规定》，进一步规范和加强消防监督执法行为。在大连组织召开交通公安石油化工品水路运输消防安全工作专题研讨会，对油罐区的灭火技战术、应急灭火救援训练、区域消防灭火救援力量的联动、消防高危单位消防安全风险评估、创新监管模式，以及危化企业的消防监督管理等问题进行了研讨。组织编撰了《港航公安消防培训教材》，进一步推动加强交通公安消防专业化建设。

第四篇

国务院领导关于消防工作和队伍建设的重要讲话摘要

国务委员、公安部部长孟建柱在热心消防公益事业暨多种形式消防队伍建设先进集体和先进个人座谈会上的讲话（摘要）

（2011年11月8日）

在“119”消防日即将到来之际，我们召开这次座谈会，隆重表彰热心消防公益事业暨多种形式消防队伍建设先进集体和先进个人，共同探讨如何大力发展消防公益事业，建设多种形式的消防队伍，这对于着力培育公众的社会责任感，深入推进消防工作社会化，进一步提升全社会防控火灾能力和水平，具有重要意义。我代表公安部党委，向这次受到表彰的先进集体和先进个人表示热烈的祝贺和崇高的敬意！

刚才，我们一起看了感人至深、催人泪下的先进集体和先进个人事迹专题片，听了几位同志的发言，感到深受教育、备受振奋。近年来，在党中央、国务院和地方各级党委、政府的坚强领导下，在社会各界和广大群众的大力支持下，我国消防公益事业得到了长足发展，“全民消防”的意识逐步深入人心，“人人关心消防、人人重视消防、人人参与消防”的氛围日趋浓厚，热心消防公益事业、积极投身多种形式消防队伍建设的先进集体和先进个人不断涌现。今天受到表彰的先进集体和先进个人，就是其中的杰出代表。在你们中间，既有长期战斗在灭火救援一线的专职消防队员，又有几十年如一日坚持义务救火的普通群众；既有倾情捐助消防事业的企业家，又有活跃在田间地头、街头巷尾的义务防火宣传员。虽然你们来自各行各业、身处不同岗位，但都有一个共同的特点，就是热心投入消防公益事业；都有一个共同的追求，就是积极为消防事业贡献力量。你们大多工作在平凡的岗位上，生活在普通的环境里，你们虽然没有慷慨激昂的豪言壮语，但是，你们以朴素的道德情感和勇于担当的执着信念，为消防事业的发展进步付出了辛勤的劳动和汗水。正是你们所做的这些“小事情”，让大家感受到平凡中蕴含的伟大。你们身上，体现了强烈的社会责任感和热心公益的崇高品质，展示了急公好义、无私奉献的高尚情怀！你们为全社会树立了榜样，值得全体公安民警、消防官兵和广大人民群众学习！

消防工作事关人民群众的生命财产安全，事关经济发展和社会和谐稳定。做好消防安全工作，不仅仅是公安消防部门的职责，也是全社会的共同责任。当前，随着我国工业化、城镇化的快速发展，消防工作遇到了许多前所未有的新情况新问题，各类致灾因素大量增多，火灾易发、多发，消防工作面临的压力明显加大。面对新形势、新任务对消防工作提出的新要求、新挑战，公安消防部门在充分发挥职能作用的同时，必须加快推进消防工作社会化，广泛动员社会各方面参与消防工作，努力形成“政府统一领导、部门依法监管、单位全面负责、公民积极参与”四位一体的消防工作格局，全面提升全社会防控火灾的能力和水平。第一，积极鼓励支持社会各界投身消防公益事业，进一步推动消防公益事业健康发展。公益消防事业的发展水平是衡量一个国家文明程度的重要标志。大力发展消防公益事业，动员社会各界人士关心、支持和参与消防工作，不仅对于提高全社会灭火救援水平，而且对于提升人们的精神境界、营造良好社会风尚、推动社会主义精神文明建设，都具有重要意义。要从制度建设和机制创新入手，从制度上保证、政策上促进消防公益事业发展，不断加大对消防公益事业的支持力度，充分调动企业、社会组织和个人参与消防公益事业的积极性，努力在全社会形成热心消防公益事业的良好风尚。我建议，今后，部消防局每年都要隆重表彰热心消防公益事业的先进集体和先进个人，并形成有效制度，长期坚持下去。第二，大力发展多种形式消防队伍，进一步健全覆盖城乡的消防力量体系。当前，与繁重艰巨的消防任务相比，公安消防部队警力不足的问题十分突出。在这种情况下，必须充分发挥地方政府、企事业单位和社会各方面的积极性，大力发展政府专职消防队伍、企事业专职消防队伍、义务消防队伍和志愿消防队伍等多种力量，努力构建以公安消防队伍为主体、多种消防力量为补充、全面覆盖城乡的消防力量体系。第三，充分调动广大群众的积极性，进一步营造“全民消防”的浓厚氛围。警力有限、民力无穷，真正的铜墙铁壁是人民群众。只有充分发动群众、依靠群众，把消防工作深深地扎根于人民群众之中，才能获得最广泛、最可靠、最牢固的群众基础和力量源泉。要切实加强对群众的消防安全教育，让每个人都能够掌握防火灭火、逃生自救等安全常识，确保一旦发生火灾，能最大限度地避免和减少人员伤亡和财产损失。要有效激发群众参与消防工作的积极性，不仅要大张旗鼓地宣传表彰积极参与消防工作的群众的先进事迹，而且要积极争取政府有关部门的支持，帮助那些因灭火救灾而受伤致残或死亡的群众落实伤残、抚恤待遇，努力解除他们的后顾之忧。

消防公益事业前景广阔、大有作为。希望大家珍惜荣誉、再接再厉，以古道热肠引领社会风尚，以更加强烈的社会责任感继续投身消防公益事业！

第五篇

公安部领导关于消防工作和队伍建设的讲话摘要

刘金国副部长在公安部深入推进“五大”活动坚决遏制重特大火灾事故电视电话会议上的讲话（摘要）

（2011 年 4 月 22 日）

去冬以来，全国公安机关和消防部门认真贯彻落实公安部的统一部署和要求，集中开展消防安全“五大”活动，取得了初步成效。但存在的问题值得注意。一是氛围不浓。一些地方动员部署不到位，宣传声势不大，相关部门和社会单位还没有真正行动起来。二是标准不高。一些地方社会单位“四个能力”建设标准低，个别达标单位存在重大火灾隐患。如这次发生火灾的青海西宁纺织大楼，边施工边营业，竟然通过了“四个能力”达标验收。三是工作不实。一些地方领导作风不硬，工作流于形式。今年沈阳皇朝万鑫大厦大火，暴露出有关部门和单位并没有落实烟花爆竹监管措施；去年内蒙古、广东、甘肃、青海、江西 5 个总队没有申报“防火墙”工程验收。四是合力不强。一些地方并没有真正形成政府统一领导、部门齐抓共管的局面，各警种配合也不够，有些派出所作用发挥不充分，失控漏管现象比较严重。存在这些问题的原因尽管是多方面的，但关键在于有些主官精力不集中，缺乏强烈的事业心和责任感，没有想方设法去争取支持、推动落实。

从全国火灾形势看，也非常严峻。一是上升势头猛。今年第一季度，火灾四项指数与去年同比，除伤人略微下降外，其他分别上升 15.7%、4.7% 和 22.3%。其中重大火灾 3 起，死亡 24 人，去年同期为零。二是亡人火灾多。今年以来，发生一次死亡 3 人以上火灾 30 起、一次死亡 5 人以上的火灾 10 起，共造成 169 人死亡。三是社会影响大。长沙、武汉、沈阳、西宁等省会市相继发生大火，事故单位多属当地标志性建筑，又处于繁华闹市，舆论高度关注，一度成为社会焦点。

今年以来，胡锦涛总书记和李克强、周永康、孟建柱等中央领导同志多次作出重要批示，要求切实加强消防工作，严防重特大火灾事故发生，保障人民生命财产安全。部党委高度重视消防工作，多次听取汇报，提出要求。各级公安机关和消防部门的领导，要增强政治敏锐性，切实把思想和行动统一到中央领导重要批示和部党委的决策部署上来，始终坚持以防控大火为目标，采取强力措施，坚决把火灾上升的势头遏制住。下面，我讲四点意见：

一、深入推进排查整治，坚决把火灾隐患解决在火灾发生之前

整治隐患关键是抓住重点，用足手段，管住源头，减少“存量”，不增“新量”。

要突出整治重点。一是建筑外保温材料。建筑外墙易燃可燃保温材料一旦起火，很快形成立体燃烧，扑救难度极大，必须在预防上下工夫。要在当地政府统一领导下，积极协调建设部门，共同开展拉网式排查，彻底摸清使用易燃可燃外保温材料的建筑底数，按已建、在建和拟建分别登记造册，分类查处。对已投入使用的，要采取切实有效措施进行整改；对正在施工的，要督促拆除；对已经审批同意尚未开工建设的，要重新申报审批。二是建筑工地。去年以来，全国建筑工地已发生1000余起火灾，上海“11·15”大火、西宁“4·9”大火都是建筑施工引起的。各地要把建筑工地纳入消防监督检查范围，会同建设部门对所有建筑工地检查一遍，明确工程项目经理对施工现场消防安全负总责，严禁在施工建筑内安排民工住宿，严禁施工现场违章动火动电。三是建筑消防设施。建筑消防设施故障、瘫痪以及擅自关停等问题较为普遍，真正在火灾时能有效发挥作用的不多，必须持续排查整治，对发现的隐患坚决督促整改到位。要推动单位落实建筑消防设施维护保养制度，督促设有自动消防设施的单位委托专业机构定期对消防设施进行维护保养；要严格落实控制室操作人员持证上岗制度，今年要力争有50%以上的消防控制室值班操作人员取得《国家职业资格证书》。

要严格源头监管。各地要主动与建设、工商、安全监管等部门建立联合执法机制，对涉及消防安全的事项要严格依法审批。各级公安消防部门要认真落实新建、改建、扩建工程消防设计审核、消防验收或备案抽查制度，凡不合格的一律不准投入使用。对一些超规范、大体量的新异特建筑，凡不符合消防安全条件的，不得办理审核验收手续，更不允许滥用性能化评估论证来降低安全标准。要进一步完善重大火灾隐患政府挂牌督办制度，省级重大火灾隐患整改不了的由部局进行督办。要依法督促设计、施工、监理等单位严格按照消防技术标准进行设计、施工，确保建筑消防工程施工质量。

要加大执法力度。对严重违反消防法律法规的单位、个人，该关停的关停、该重罚的重罚、该拘留的拘留，决不姑息迁就。在整治隐患方面，必须坚持“四个一律”：凡建筑外保温材料不符合防火性能要求的，一律不予审核验收通过；凡存在威胁公共安全重大隐患的，一律报请政府责令停业整改；凡在有人员居住建筑或营业期间施工作业的，一律责令停止施工；凡擅自关停消防设施、锁闭安全出口、违章用火拒不改正的，一律对责任人实施行政拘留。这些刚性措施，是以生命为代价换来的，务必落实到位。

二、深入推进“四个能力”建设，全面落实社会单位消防安全主体责任

构筑“防火墙”工程的重点是落实单位“四个能力”，提高“四个能力”的关键是落实单位的主体责任。抓“四个能力”建设绝不是贴上标识、标语，死记硬背条文，而是要真正转化为单位和员工的实际能力。要在分类指导上下工夫。要加强对公共娱乐、商场市场、宾馆饭店、学校、医院等人员密集场所和易燃易爆单位的分类指导，在深化“四个能力”建设上求突破、见实效。要以消防安全责任人、管理人和特殊岗位人员为重点，加强消防安全培训，使其熟练掌握“四个能力”建设标准，切实落实本单位、本岗位消防安全要求。要充分发挥行业、系统作用，鼓励行业、系统开展达标竞赛活动，最大限度地调动单位加强“四个能力”建设的积极性和主动性。要在推动落实上下工夫。按照方案要求，今年所有消防安全重点单位“四个能力”建设必须全部达标。各地要将任务细化分解到支队、大队和公安派出所，落实到每一名监督执法人员。要抽调精干力量组成“四个能力”建设指导组，分片包干，重点帮扶，集中攻坚。凡单位存在重大火灾隐患的，要实行“一票否决”。没有申报“防火墙”工程验收的5个总队，要加快进度，尽快达标验收。要在巩固提高上下工夫。“四个能力”建设是长期的、动态的，需要反复抓、抓反复。对“四个能力”建设进展情况，要进行总结分析，及时推广经验，纠正偏差，改进工作，确保“四个能力”建设健康、顺利开展；对已达标验收的单位，要组织开展“回头看”，不合格的限期改正、重新验收。特别是对大型人员密集和高层地下、易燃易爆等火灾高危单位或场所，要从“软件”到“硬件”，从标准规范到人防、物防、技防等方面，采取更加严格的措施，严防发生重特大尤其是群死群伤火灾事故。

三、深入推进宣传培训，大力提升全民消防安全素质

要像重视业务工作那样重视宣传培训工作，切实做到有专门人员和专门经费，与其他工作同部署、同检查、同落实，真正把宣传培训工作做深、做细、做实。要突出宣传的广泛性。要深入开展“全民消防、生命至上”的主题宣传，采取更加贴近群众、贴近生活、贴近实际的方式方法，进一步深化消防宣传“五进”活动，大力普及消防安全常识。要积极整合社会资源，组织社会单位专兼职消防员、保安人员和社区、农村文化员、广播员、安监员、治安员等开展消防宣传，努力扩大宣传的覆盖面。要督促社会单位定期组织开展消防安全逃生演练，督促影剧院、商市场、医院等人员密集场所加强提示性宣传，提倡家庭自备并学会使用自救逃生器材，实现“人人受到宣传教育，人人增强防范意识，人人掌握基本常识”的目标。要增强培训的针对性。要将消防知识作为职业教育、普法教育和岗前培训、干部培训的重要内容，切实加强对党政干部和单位法人、消防安全管理人员、消防控制室人员以及消防从业人员的专业培训。要分类制订培训计划，针对不同对象因人因岗施训，使每个岗位人员都能了解相应的消防安全知识，掌握相应的防火灭火技能。要切实加强乡镇长、村“两委负责人”消防安全培训，培养农村消防安全工作的“带头人”和“明白人”。

四、深入推进全员大练兵，切实把住遏制重特大火灾的最后防线

面对急难险重任务，能否冲得上、打得赢，是对公安机关和消防部队战斗力的最直接检验。今年以来，消防部队先后成功扑救了沈阳皇朝万鑫大厦、西宁纺织大楼等大火，展现了打造铁军的成效，但在灭火战斗中也暴露出对疑难火灾缺乏针对性研究，对辖区情况不够熟悉，现场灭火技术、战术运用不够合理等问题。要强化针对性训练，牢固树立“练为战”的指导思想，着眼实战、苦练精兵，提高攻坚克难的能力。执勤中队对辖区人员密集场所、易燃易爆单位、高层住宅、地下工程、施工工地特别是使用可燃保温材料的建筑，要逐一进行熟悉，对单位内部固定设施和消防控制室，要会熟练操作使用；要加强搜寻救生、灭火强攻、破拆排烟等战法研究和技能训练，及时修订预案、强化演练，确保任何复杂火灾都能攻得进、救得出、灭得了。基层大、中队指挥员要加强灭火救援理论学习和组织指挥技能训练，切实提升各类复杂情况下的决策指挥能力。要充分发挥装备效能，不断优化消防装备结构，按照实用、安全、高效的原则，配齐灭火救援常规装备；大城市要适当增配大功率消防车、远射程移动水炮、大型移动排烟机等先进装备。需要指出的是，装备配备一定要从实际出发，立足实战，切不要贪大求洋。要加强第一出动，针对本地区灾害事故的特点和规律，修订完善灭火救援力量作战编成，一旦发生火灾，要多点、多方调动力量，立即启动社会应急联动机制，确保第一时间有足够力量和装备投入灭火救援，将火灾控制消灭在初起阶段。要探索组建像特种部队那样战斗力、机动性强的应急分队，以利于发生火灾后快速到场救人、灭火。为吸取日本大地震救援教训，部局分别制定了调动3万、2万、1万、5000官兵参与救援的预案，各地要按照预案要求，切实做好各项准备工作，以应对可能发生的灾害事故。

“五大”活动能否扎实推进、落到实处，关键在省厅党委特别是总队军政主官。因此，希望各总队军政主官切实增强大局意识、责任意识和忧患意识，不辱使命、不负重托，全力以赴抓好落实。要依靠政府抓落实。推进“五大”活动，离不开政府的统一领导。各级要抓住当前党委政府高度重视消防工作的有利时机，加强请示汇报，及时提出工作意见，提请政府协调有关部门，发动社会力量，推动“五大”活动扎实开展。要转变作风抓落实。各级特别是军政主官要切实转变作风，减少应酬，把主要心思和精力用到工作上。要求真务实、真抓实干，重要工作要亲自调研、亲自部署、亲自检查、亲自督导；凡是决定了的事、部署了的工作，都要一抓到底、跟踪问效。要形成合力抓落实。“全民消防”首先是“全警消防”。要在公安机关领导下，加强与各警种的密切配合，会同宣传、治安、法制、督察等警种联合开展防火检查、隐患整改、消防宣传，形成工作合力。要加强派出所消防业务培训，合理划分派出所消防监管范围，推动公安派出所做好消防监督检查工作，防止失控漏管。要严格奖惩抓落实。要严格责任追究，切实做到赏罚分明。

刘金国副部长在全国深入推进消防安全“五大”活动电视电话会议上的讲话（摘要）

（2011 年 7 月 1 日）

今天，举国上下隆重庆祝我们伟大的中国共产党成立 90 周年。上午，胡锦涛总书记作了重要讲话。在这样一个具有重大纪念意义的日子，公安部召开会议，专题研究部署消防工作，目的就是动员全国公安机关忠诚践行全心全意为人民服务的根本宗旨，深入推进“五大”活动，坚决预防和遏制重特大火灾，全力维护消防安全，切实保障人民群众生命财产安全。

刚才，大家观看了北京市推进“五大”活动专题片，听取了北京、上海、重庆的经验介绍。会前，我还听取了湖南、陕西、云南消防总队的专题汇报。各地的做法都很好，各具特色。特别是北京市认真吸取“4·25”大火的教训，把“五大”活动作为各级党委、政府的“民心工程”来推动，声势浩大，力度空前。中共中央政治局委员、北京市委书记刘淇亲自组织召开区县委书记会议，市长郭金龙主持召开市政府常务会议，市委常委、市公安局局长傅政华、副市长苟仲文直接组织指挥火灾隐患排查整治“亮剑”行动，发动各部门、各行业、各警种集中排查整治火灾隐患。他们坚持多警种、多部门联勤联动，明确公安机关有关警种隐患排查整治职责，建立“全警消防”的警务新机制；公安、安全监管、建设、教育、商务、城管等部门联合开展专项行动，以最大工作力度整改消除火灾隐患。他们坚持社会消防管理机制创新，组建市级和区县级火灾隐患情报信息中心，发动群众举报投诉火灾隐患；利用综治平台，落实乡镇、街道消防安全管理责任。他们坚持严查严整火灾隐患，制定出台“七项严查”“七个一律”、《适用消防行政拘留二十条》等刚性措施，一律按高限处罚消防违法行为。近两个月来，北京发动社会力量参与排查整治火灾隐患的声势和力度，都是近年来最大的。可以相信，只要这样持之以恒地抓下去，在不太长的时间内，首都的消防安全形势一定会出现崭新局面，消防基础工作也将实现新跨越。

从全国看，各地认真把“五大”活动作为深化构筑“防火墙”工程、稳定消防安全形势的重要举措来抓，取得了阶段性成效。一是政府抓消防工作的力度明显加大。多数地方政府把“五大”活动纳入“平安工程”，11 个省以政府名义召开会议或下发文件，80 多名省级领导带队检查，研究解决消防安全重大问题。二是部门消防监管责任进一步落实。各部门坚持“谁主管、谁负责”，认真开展专项检查。山西等地住房和城乡建设、工商等部门联合整治“城中村”、出租屋及小场所火灾隐患。河北省防火安全委员会 30 个成员单位均下发文件部署本系统、本行业“五大”活动。陕西省公安、建设、安全监管等 10 个厅局集中督导整治建筑施工现场和外墙保温材料火灾隐患。三是新的重大举措不断推出。各地结合实际，制定了不少硬性措施。上海创新消防管理，坚持高于国家标准，向国际看齐，建立与特大型城市相适应的消防管理模式。重庆制定出台了高层建筑防火和超高层建筑设计的特殊防火措施，着力破解高层建筑火灾防控难题。湖北出台“五个一律拘留”“十个一律关停”等硬性措施。云南明确消防总队、支队、大队、公安派出所“四级”消防监督网格化监管责任，实行执法网上排名通报制度。山东抽调 3000 余名警力对重点单位集中核查、逐一过关。“五大”活动开展以来，全国共检查单位 153 万余家，发现火灾隐患 39. 2 万余处，督促整改 33. 7 万余处，临时查封近 2. 5 万家，责令“三停”近 2. 2 万家，拘留 7513 人；培训单位消防安全责任人、管理人 113 万余名；2 万余名执法干部和 6 万余名基层官兵参加了岗位技能培训。

但是，我们也必须清醒地看到，在持续推进火灾隐患排查整治的高压态势下，火灾形势依然严峻。今年 1 月至 5 月，全国火灾亡人、伤人数量与去年同比分别上升 6. 6% 和 20. 4%。长沙、武汉、沈阳、西宁、北京等地连续发生重大火灾，近几年火灾形势相对比较平稳的河南、云南也发生了影响较大的火灾。从客观上看，既有长期存在的老问题，又有经济快速发展给消防安全带来的新情况、新问题。高层地下、大空间建筑和易燃易爆单位、人员密集场所大量增多，人流物流加大，致灾因素剧增，火灾隐患量大面广，随时都可能发生重特大群死群伤火灾。从主观上讲，思想不重视、措施不过硬、工作不落实，在一些地方和单位比较突出。一是组织不力，在全社会仍未形成强大声势。有的地方基层公安消防部门争取党委、政府领导重视不够，没有提请政府作出统一部署，部门没有切实联动起来，单位没有真正组织起来，群众没有全面发动起来。二是力度不大，对消防违法行为仍未形成强大震慑。有的地方检查单位数量明显偏少、排查发现火灾隐患能力不强，有的检查近百家单位才发现几处火灾隐患；有的执法不严，对重大火灾隐患和严重消防违法行为查处不力。三是作风不实，一些突出问题仍未得到有效解决。公安部连续对“五大”活动作出部署，但一些地方仍没有把“五大”活动摆上应有位置，火灾隐患底数不清、情况不明，重大火灾隐患整治不力。

开展“五大”活动，是公安部党委立足于当前严峻的火灾形势，着眼于消防事业的长远发展，做出的一项重大决策，和构筑“防火墙”工程、打造消防铁军是完全一致的。从今年算起，要一抓五年。下面，我讲六点意见：

一、坚持不懈地抓排查，切实做到全面彻底、不留死角

排查发现火灾隐患是整治火灾隐患、有效预防火灾事故的第一步，也是至关重要的一步。因此，必须坚持不懈、认真彻底地开展火灾隐患排查工作。

一要认真分析研判。各级公安消防部门要建立工作例会制度，总队每季度、支队每月都要召开专门会议，对排查工作进行总结分析，看部署发动是否到位、行业部门行动是否有力、排查检查是否彻底、隐患底数是否清楚、整改措施和责任是否落实。要加强火灾隐患的分析甄别，对发现的每处隐患都要登记造册，明确整改措施、整改时限和整改责任。各消防总队要定期向部消防局报告分析研判情况。

二要实行“网格化”排查。不仅要突出人员密集、易燃易爆和高层、地下建筑等大的单位和场所，也要把出租房、“城中村”“三合一”建筑以及农村社区和城乡结合部的作坊式企业等小的场所纳入视线。要借鉴北京、江苏、河南、云南等地消防安全“网格化”管理经验，积极在乡镇、街道成立安监办、综治办、工商所和公安派出所等部门负责人参加的防火安全委员会，设立消防管理办公室，在村（居）委会明确具体管理人员，确保基层消防工作有人抓、有人管。要以乡镇和社区为基本单元，逐级细化“网格”，明确责任人员，组织消防、治安、公安派出所全警参与，发动基层安监办、工商所和居委会、村委会等基层力量，开展“地毯式”排查，坚决防止失控漏管。

三要建立“全警消防”机制。北京、上海、辽宁提出淡化警种观念，动员各警种参与消防工作，取得了明显成效。各地要结合实际，进一步完善消防、治安、法制、宣传等“多警联勤”消防工作机制，切实做到警力资源有效整合、消防监督工作形成合力。广大派出所民警、治安民警在开展日常警务工作时，要一并检查、提示消防安全，一并督促消除火灾隐患，确保辖区小场所、小单位和居民住宅区的隐患排查工作落到实处。消防总队要与同级治安部门密切工作联系，及时解决工作中遇到的实际问题。要落实“防消联勤”，消防中队要结合“六熟悉”和灭火救援演练，对社会单位常见消防违法行为和火灾隐患开展检查。要充分运用一体化消防业务信息系统平台，实行“实名制”排查，实现“户籍化”管理，建立排查档案台账，落实隐患排查工作责任。今年内，各地要对人员密集场所和高层地下建筑全部检查一遍。

四要拓宽举报渠道。北京市成立火灾隐患举报投诉中心短短 1 个多月时间，就收集火灾隐患近 5.7 万件、受理群众举报投诉 5600 多件，向区县政府和有关部门移送查处突出火灾隐患 5200 多件。各地要借鉴北京做法，建立完善火灾隐患举报投诉查处机制，公布举报电话，设立举报信箱，广泛发动群众举报身边火灾隐患，发动全社会力量打一场火灾防控的“人民战争”。对举报堵塞通道、锁闭出口、关闭消防设施等事关生命安全的严重消防违法行为，24 小时内要派员查处；对举报的其他火灾隐患，也要在 72 小时内进行核实，并向当事人反馈处理情况。今年内，各直辖市、省会市要全部建立火灾隐患举报投诉机制。

二、坚持不懈地抓整治，打造全面围剿火灾隐患的工作格局

及时整治火灾隐患是防患于未然、有效预防火灾事故的关键。各地一定要像扑灭特大火灾一样狠抓火灾隐患整治，一切立足从严。

一要严格源头管控。各地要主动与建设、工商、安全监管等部门建立联合执法机制，对涉及消防安全的事项要严格依法审批。公安消防部门要认真落实新建、改建、扩建工程消防设计审核、消防验收和备案抽查制度，凡不合格的不得办理审核验收手续，更不允许滥用性能化评估论证来降低安全标准；凡是公众聚集场所不符合消防安全条件的，不得同意投入使用；凡设有自动消防设施的建筑单位，要落实定期维护保养制度，并向消防部门申报备案。建设工程消防审核验收要实行终身负责制，只要在审验中存在违规违纪违法行为的，一旦暴露出来，不管调到哪里，在不在部队，都要严肃追究责任。目前，全国已有高层建筑27.5万栋，其中百米以上超高层建筑2377栋，而且呈现出数量大幅增加，建筑越来越高的趋势。高层建筑的消防安全工作一定要立足于自防自救，把住消防安全源头。各地要借鉴发达国家和地区经验，制定高于国家标准的地方标准。部消防局要会同有关部门，抓紧修订高层建筑防火设计规范，提高消防安全设计标准。同时，对高层建筑的火灾隐患，要作为重中之重，强力整治，确保消防设施完好，关键时刻发挥作用。对建筑外保温材料消防安全问题，一方面，各地要严格按照公安部的部署，加大整改力度，绝不让上海“11·15”等特大火灾事故教训重演。另一方面，公安部将加大协调力度，尽快会同住房和城乡建设部出台有关政策，全面禁止使用易燃、可燃材料。对高层建筑和人员密集场所建筑，要坚持更严更高标准。在事关人民群众生命安全问题上，绝不能有丝毫妥协和动摇，否则就是对人民的犯罪。

二要严查违法行为。对消防违法行为要用足法律手段，不管对象是谁，无论有什么背景，都必须依法严惩。要严格执行“四个一律”的刚性执法要求，依法该关停不关停的，该拘留不拘留的，要坚决追究监督人员责任。各地都要抓拒不整改重大火灾隐患的典型，依法拘留无视消防安全的老板，在媒体上公开曝光，真正对单位和社会起到震慑、警示作用。部消防局要将拘留、“三停”、查封作为评价“五大”活动的硬性要求，进行排名通报。

三要严治重大隐患。各地对排查出的重大火灾隐患，一律提请政府挂牌督办，明确整改责任人和整改期限。下级政府解决不了的，要提请上级政府督办，所有挂牌的重大火灾隐患务必按期整改到位。对一些涉及城乡消防安全布局的区域性“乱点”，要学习借鉴广东的做法，提请政府进行综合整治。要建立重大火灾隐患政府挂牌逐级报告制度，每季度地市级挂牌的要报告公安厅、局，省级挂牌的要报告公安部。部消防局要掌握全国挂牌重大火灾隐患整治进展情况，加强检查调度，及时督促整改。对避重就轻、不销不立的，一经发现，要严肃处理。

三、坚持不懈地抓宣传，营造“全民消防”的浓厚氛围

宣传是一项重要的消防业务工作。各地要紧紧抓住颁布实施《全民消防安全宣传教育纲要》（以下简称《纲要》）的有利契机，多措并举，进一步改进方式方法，提高消防宣传教育的针对性和有效性。

一是部门协作要更加有力。要按照《纲要》要求，提请政府建立完善部门协作和媒体联动机制，形成共同开展消防宣传工作的合力。这项工作今年下半年要落实到位。要协调宣传部门将消防宣传教育纳入社会主义精神文明建设内容，协调教育部门落实中小学每年不少于两次应急疏散演练制度，协调文化部门开展群众喜闻乐见的消防文艺作品的创作和演出。在重要节日、重大活动期间，要动员各部门、各单位、各行业广泛深入开展消防宣传，在全社会形成人人关注消防、人人参与消防的良好局面。

二是舆论宣传要更具声势。要在前一阶段工作基础上，进一步加大“五大”活动的宣传报道力度，组织中央和地方主流媒体，及时跟踪报道“五大”活动，并在重要时段刊播有关新闻。要充分发挥舆论的监督作用，积极回应社会各界和人民群众对消防安全的关切，部消防局和各地要协调组织中央和当地有关新闻单位，深入火灾防控薄弱的地区，集中暗访调查、曝光一批火灾隐患和消防违法行为，为深入推进“五大”活动营造良好的舆论氛围。部消防局对各地媒体刊播“五大”活动情况要适时进行排名通报。

三是宣传教育要更富成效。要利用广播、电视、报刊、互联网及户外视频、楼宇电视、手机短信等各类媒介，利用消防队（站）、消防教育培训基地等各类阵地，广泛深入宣传预防火灾、逃生自救的基本常识，通过几年坚持不懈地努力，真正把“全民消防、生命至上”的理念渗透到各行各业、千家万户，把遵守消防法律法规转化为全社会的自觉行动。今年，要汇总近年来一些重特大火灾案例，制作一部火灾警示电视片，在中央和地方电视台反复播放，让群众受到实实在在的教育。要借鉴浙江、重庆、山东、河北、内蒙古等地做法，在家庭大力推广火灾隐患自查行动，在学校推广课堂教育和定期演练行动，在农村推广落实乡规民约和自防联防行动，在单位推广提高“四个能力”专项行动，扩大宣传效果。要探索推行“社区平安使者”计划，提请地方政府采取组织志愿者等形式，每个社区落实一名消防督导员，每个小区落实一名消防管理员，每栋高层建筑落实一名消防宣传员。同时，每栋高层建筑必须制定灭火疏散预案，每年都要组织实施演练，动员职工群众广泛参与。一些条件成熟的地方可先行试点，再逐步推开。

四、坚持不懈地抓培训，不断提高社会消防安全素质

消防知识技能培训是提高社会消防安全素质的有效途径。各地要坚持不懈地抓好消防知识技能的教育培训工作。

一要加强多元化培训。要认真贯彻《社会消防安全教育培训规定》，协调教育、人力资源社会保障、安全监管、住房和城乡建设、文化等部门落实消防安全培训管理职责，严格按照培训大纲施训，真正将消防安全知识纳入领导干部和国家公务员培训内容，纳入科普、普法教育内容，纳入教学计划、教师培训和义务教育、素质教育内容，纳入农民工、保安员和再就业培训内容，努力构建大培训的工作格局。要鼓励和支持社会力量开办消防培训中心，为消防事业发展提供人才保证。

二要加强专业化培训。控制室人员素质不高已成为火灾蔓延扩大的主要因素之一。目前，全国120万名消防控制室从业人员中，只有约30万人经过培训。对此，各地要采取有力措施，突出抓好控制室操作人员培训，加大消防职业资格技能鉴定力度，争取三年内基本实现消防控制室人员全部取得相应资格，凡达不到岗位要求的操作人员，决不能上岗。要突出抓好消防安全责任人、管理人培训，今年内对重点单位的消防安全管理人必须全部培训一遍。要突出抓好乡镇长、村“两委”负责人的培训，对所有负责消防工作的乡镇长和村“两委”负责人轮训一遍，今年年底前完成培训任务总量的40%。

五、坚持不懈地抓练兵，切实提升灭火救援和监督执法水平

各地要认真总结吉林、上海、沈阳、西宁几起大火扑救和执法方面的经验教训，深化大练兵，切实提高实战能力。

一要大力提升初战控火能力。打造消防铁军，首先要从基层中队抓起，从基层指挥员做起，打造铁军中队。要加强“六熟悉”，加大“六熟悉”在训练中所占比重，不得少于总训练时间的30%。辖区消防中队官兵要全面掌握重点单位情况，对单位建筑结构、内部布局、使用性质要心中有数，对疏散通道、消防设施、道路水源要了如指掌，对灾害事故应急预案、处置规程、技术战术要熟练应用。要加强指挥员培训，今年年底前必须完成所有基层大队、中队指挥员的轮训任务，尤其是大学生干部既要学业务理论，更要磨炼临机指挥和科学决策能力，尽快提高组织指挥水平。要加强实战演练，对辖区重点单位要分类型、有侧重地进行实地演练，尤其要强化夜间、大风、雷雨等复杂恶劣条件下的灭火救援演练，以提升初战攻坚能力。对每一次灭火救援战斗都要认真总结，既要总结成功的经验，更要查找失败的教训，研究改进办法和对策，有针对性地强化练兵，真正做到打一仗、进一步。

二要大力提升综合救援能力。要强化针对性训练，大力开展侦察检测、生命搜寻、强攻灭火等技能训练。要强化协同训练，建立区域性应急协作机制，开展跨县、跨市、跨省的实战拉动演练，提高灭大火、救大灾的救援能力；开展与公安机关相关警种、社会其他应急专业力量的联勤联训，提高应对重特大灾害的综合救援效能。要强化应急保障，结合本地灾害事故特点，配齐配强灭火应急抢险救援装备。要完善警地联储联运的社会化救援保障机制，提高机动投送能力。今年年底前，各消防总队都要与铁路、交通运输、民航等部门建立完善紧急情况下应急救援力量投送机制，确保突发情况时能在第一时间将救援力量和装备运抵一线。现在正值汛期，各地要加强抗洪救援的针对性训练，抓紧配备冲锋舟等急需装备，在抢险救灾中检验大练兵的成果。

三要大力提升监督执法能力。各级防火监督部门和执法人员，包括派出所消防民警，要开展经常性的执法技能练兵竞赛，以考促学，以学促用，使全体消防监督执法人员达到“三懂四会”（懂方针政策、懂法律法规、懂业务知识，会监督执法、会管理服务、会宣传培训、会做群众工作）的要求。力争利用三年时间，对所有消防执法人员和公安派出所消防民警全部轮训一遍，部消防局要会同各地公安机关作出计划安排。要严格落实消防执法资格制度，未取得相应资格的，不得从事消防执法工作。

六、坚持不懈地抓落实，锤炼过硬作风

各项工作部署能否取得实效，关键在落实。各地要高度重视抓落实工作，采取各种有力措施，确保各项部署落到实处、取得实效。

一要以强烈的责任意识抓落实。党中央、国务院对消防工作高度重视，把消防工作列入今年中央政治局常委会工作要点。胡锦涛总书记针对群众举报的火灾隐患，两次作出重要批示，这是从未有过的。昨天和前天，全国人大常委会专门听取和审议了孟建柱同志代表国务院做的消防工作汇报，这也是多年来没有过的。去年，国务院办公厅专门下发了遏制重特大火灾事故的紧急通知。近期，国务院还将下发加强和改进消防工作的意见。国务院连续两年下发文件专题部署消防工作，密度之大也是少有的。党中央、国务院这么重视消防工作，作为具体负责消防工作的同志，我们一定要认识到肩负的重任，以对党和人民高度负责的态度，如履薄冰，食不甘味，全身心地投入到工作中去，坚决把亡人火灾多发势头遏制住。

二要以开拓的思路抓落实。“五大”活动是我们要长期抓下去的工作，想抓出成效，必须创新思路。一是在依靠党委、政府上求突破。各级公安机关的主要领导，要亲自向党委、政府领导汇报，争取像北京一样，把“五大”活动纳入党委、政府的重要工作，以政府名义部署推动。对责任制落实、多种形式消防队伍建设、公共消防设施和装备建设等问题，要逐一提出意见，提请政府解决。二是在法规建设上求突破。北京、天津、上海、重庆和广州、武汉等特大城市，要学习借鉴新加坡、日本东京和我国香港等地的经验，在城市消防安全风险评估、建筑防火设计、公共消防设施建设及建筑外保温材料选用、建筑消防设施管理等方面，坚持高于国家标准、先行一步，以适应国际大城市的消防安全需求。中西部地区要借鉴东南沿海经济发达地区的经验教训，从城乡消防规划、产业结构布局等方面，采取综合治理措施，避免和防止出现改革开放之初东部地区火灾集中多发的被动局面。三是在推进消防工作社会化上求突破。要把“全民消防”的理念渗透到消防工作方方面面。当前，要尽快制定消防中介机构管理规定，规范、发展消防中介机构，充分发挥他们在技术服务方面的作用。要大力发展消防志愿者队伍，向发达国家和地区看齐，从沿海抓起，今年力争再发展2万人。从今年开始，每年“119”期间，要隆重表彰一批热心消防公益事业的先进集体和先进个人。要建立类似国外“消防工程师”“消防检查师”等消防从业人员职业资格制度，提高社会消防安全专业化管理水平。

三要以过硬的措施抓落实。今年年底，部消防局要组织一个省一个省地验收，每个市都要检查到，以抽查暗访为主，验收组人员食宿自行安排，确保验收质量。部消防局要制定验收标准，既要严格要求，又要从实际出发，不搞“一刀切”。从8月份开始，一直到12月份，每月部里召开一次调度会，听取各地汇报，好的讲经验，差的讲教训。对取得突出成绩的单位和个人，予以奖励。对推进力度不大、工作不到位发生重特大火灾事故的，要追究领导责任。

消防事业是一项伟大的社会事业，崇高而神圣！实现确保人民群众生命财产安全的奋斗目标，任重而道远！我们要从现在做起，从今天做起，脚踏实地，只争朝夕，百折不挠，一步一个脚印，永不停步，奋力前行，不达目的，誓不罢休。

刘金国副部长在全国公安消防部队应急救援工作现场会上的讲话（摘要）

（2011年7月11日）

这次会议是继长沙、大连会议之后，公安部推进应急救援工作的又一次重要会议。主要任务是：深入贯彻落实国务院文件精神，总结推广湖北等地经验，加快推进公安消防部队应急救援工作，更好地肩负起应急救援的历史使命。

今天上午，与会人员观摩了湖北省政府重大灾害事故处置综合演习，参观了赤壁市应急救援指挥中心。刚才，湖北省委常委、常务副省长李宪生作了讲话，言简意赅，极具说服力。湖北和浙江、重庆、云南省公安机关介绍了经验做法，讲得很好。湖北省坚持高标准设计、大力度投入、大规模整合，在全国率先依托消防部队组建综合应急救援队伍，在短期内形成了省市县三级应急救援体系，建立完善了应急救援机制，深化和发展了长沙、大连经验，走在了全国最前列。汇报演练贴近实战、惊心动魄、部门联动、协同高效、指挥有力，非常逼真，非常震撼，在我经历的演练现场中是最好的，充分展现了湖北省应急救援队伍建设的丰硕成果。总结湖北经验，有四大特点：一是领导特别重视。省委书记李鸿忠提出“打造全国一流队伍”，为应急救援队伍建设指明了方向。

省委副书记、省长王国生亲自为应急管理基地揭牌。省委常委、常务副省长李宪生亲自担任应急救援总队第一政委，亲历亲为，全国独一无二。省委常委、政法委书记吴永文，副省长赵斌多次深入基层，现场解决问题。省政府6次召开全省大会、下发4个重要文件。成立督导专班，狠抓落实。二是整合特别有效。省政府下发《关于组建综合应急救援队伍的通知》，出台《基层应急救援实施办法》，制定《县级应急救援工作试点方案》，成立领导小组和指导专班，实行政府主导，统一调配各方资源，最大限度地调动、整合社会力量。创新执勤模式，他们探索出了三类模式，即“部门派驻、政府补贴、轮流值守”的轮值执勤模式，“分类建队、单位保障、联动响应”的分点执勤模式和“社会招聘、政府出资、混合值守”的混编执勤模式。创新力量体系建设，整合部门力量，组建了综合应急力量和专业应急力量；整合社会资源，组建10万名民兵和志愿者组成的战时动员力量及2000名专家组成的辅助决策力量，形成了网络。创新指挥机制，省政府下发文件，明确响应等级，规范指挥权限，并依托消防通信指挥系统建设省、市、县三级政府应急指挥平台，将分散在各部门的应急资源进行有效整合，为应急处置时实施统一、高效指挥奠定了坚实基础。2009年以来，全省市县两级政府组织开展联合实战演练195次，全国第一。三是保障特别有力。省、市、县三级政府将应急救援经费纳入财政预算，拨付专项经费4.9亿元，建立了“一个中心、五个支撑点”应急保障体系，实现了县县有举高车、大功率水罐车和抢险救援车的目标，非常不容易。四是成效特别显著。湖北模式经受住了灾害事故的严峻考验，实践证明是科学合理的，代表了应急救援发展方向。湖北各级党委政府对人民群众极端负责的精神，对科学、安全、和谐发展的深刻把握和高度自觉，公安机关和消防部队主动作为、奋发进取的作风，各地要认真学习。

公安部大连会议以来，全国公安消防部队应急救援工作步伐明显加快，主要标志：一是党委政府更加重视。地方各级党委、政府及有关部门对应急救援队伍建设高度重视，从政策导向、机制建设、经费保障等方面强力推进。全国省、市、县投入专项经费近百亿元。黑龙江、山东、贵州等地建立了政府应急救援工作联系会商制度，定期研究解决重大问题；江苏、浙江、河南、湖南等地依托乡镇专兼职消防力量建立综合性应急救援分队，一般救援不出乡镇。辽宁建立多警联勤联动机制。二是队伍建设步伐明显加快。全国31个省（区、市）和所有市（地）级城市，全部依托公安消防部队挂牌成立了应急救援总队和支队。90%的县（市、区、旗）依托消防队伍成立了应急救援大队。20个省区实现了省、市、县三级挂牌。云南省所有州（市）和县（市、区）全部依托公安消防部队组建了综合应急救援队，480个乡镇组建了应急救援分队，省、市、县、乡四级应急救援队伍网络基本形成。三是实战能力显著提升。今年上半年，全国公安消防部队就参加抢险救援25.4万起，占接警出动的75.4%，与去年同比增加了20.4%，共抢救被困人员44194人，抢救财产价值149亿多元。在青海玉树地震、甘肃舟曲泥石流、江西沪昆铁路列车脱轨、吉林松花江流域化工桶打捞、云南盈江地震等重特大灾害事故中，公安消防部队充分发挥了骨干作用，为保护国家和人民群众生命财产安全作出了重要贡献。尤其是去年大连“7·16”油库爆炸火灾事故，辽宁公安民警和消防官兵经受了生死考验，成为抢险救援最具说服力的典范战例，避免的损失不可估量。事实一再证明，公安消防部队已成为党委、政府处置灾害事故时最为倚重的专业骨干力量和突击力量，已成为人民群众危难时刻最可信赖的应急救援队伍。

应急救援存在的突出问题是，地区之间差距大。山西、江苏、宁夏等16个省（区）的部分县级队伍还达不到30人的标准。天津、河北、安徽、山东等17个省（区、市）的部分县级队伍的装备尚未配齐。广西、贵州、新疆等7个省（区）还没有建立统一的应急指挥平台和联动机制。内蒙古、黑龙江、陕西等6个省（区）尚未将应急救援经费纳入财政预算。会后，各地要认真解决。

为认真学习贯彻胡锦涛总书记“七一”重要讲话精神，落实好全国人大常委会6月底听取孟建柱同志代表国务院汇报消防工作时提出的意见和建议，加快推进应急救援队伍建设，我讲四点意见：

一、突出质量建队，严格规范管理

配齐配强人员。尚未完成今年县级应急救援建设任务的省（区、市）要迎头赶上。已挂牌组建的县级综合应急救援队伍，必须按照不少于30人的标准配齐人员。凡警力未达标的，要借鉴江西、四川等地征召合同制队员或调剂事业编制的做法，配齐配强人员。未设公安消防队伍或征召合同制队员确有困难的，要借鉴湖北做法，将分散在各部门及单位的应急力量进行整合，采取轮值执勤、分点执勤或混编执勤的模式，确保在紧急情况下能快速反应、有效处置。

配齐配强装备。要按照《县级综合性（消防）应急救援队装备配备标准》，配齐基层应急救援队伍必需的救援车辆及器材。年底前，已挂牌组建的县级队伍车辆装备必须全部达标。经济条件好的东部地区要进一步增加装备配备种类和数量，使每支应急救援队伍都有应对本辖区内常见、易发灾害事故的必要装备。危险化学品事故多发地区要配备化学侦检、堵漏和洗消装备器材，交通事故多发地区要配备破拆、救生和现场急救器材，水上事故、洪涝灾害多发地区要配备冲锋舟、救生衣、潜水装具，做到有备无患。要加强核电站事故处置研究。

严格规范管理。各地要学习借鉴湖北赤壁的做法，结合实际，研究制定队伍建设管理的规章制度。要规范执勤，明确岗位职责，建立正规化的备战秩序；要规范训练，明确训练科目，量化考核标准，强化实战演练；要规范程序，明确报警受理、力量调度、组织指挥、战斗行动等方面的工作流程和要求，提高救援效能；要规范保障，明确用工制度、福利待遇、奖励抚恤等方面的政策。要通过高标准建设、规范化管理，切实把队伍建强、管好。年底前，各地要通过试点、召开现场会等形式，对县级应急救援队伍建设、管理、训练、使用进行统一规范。

二、坚持贴近实战，强化训练演练

强化专业训练。要继续深化打造公安消防铁军，坚持立足实战，有针对性地加强专业训练。战斗员要重点加强体能、技能和心理训练，提高侦察检测、生命搜寻、强攻灭火、堵漏洗消、现场急救等攻坚能力；指挥员要重点加强灾害事故处置技术、战术研究和指挥技能训练，掌握科学施救的方法，掌握打赢制胜的对策，提高现场决策和临机指挥能力。要强化基地化、实战化训练，借助现有训练基地和设施，在近似实战场景下磨练救援技能，锤炼英勇顽强、敢打必胜的战斗精神，提升部队应急救援战斗力。2012年底前，各省（区、市）和有条件的地级市要建成功能齐全的应急救援训练基地。

强化联合训练。各地要借鉴重庆等地的做法，出台《综合应急救援训练大纲》，指导各专业力量开展分业训练、合成训练和联合演练。既要建立与公安机关各相关警种的联训制度，每年开展不少于2次的合成训练，又要建立与社会专业力量的联训制度，在政府的统一领导下，每年开展1～2次的合成训练，全面检验应急响应、指挥、处置、保障能力，提升综合救援水平。

强化拉动演练。各地要立足抢大险、救大灾，成建制地组建跨区域救援机动队，模块化配备救援装备，制定跨区域应急训练制度，每年开展不少于2次的实地、实装、实战拉动演练，切实提高跨区域应急处置的机动能力。

三、注重统一高效，加强机制建设

完善响应机制。要借鉴湖北建立三级应急救援指挥平台的做法，依托公安机关、消防部队通信指挥系统，推动建立政府综合应急救援指挥平台，完善互联互通、信息共享、集中高效、反应灵敏的应急响应工作机制。要借鉴辽宁、上海等地公安机关利用现有指挥系统，实现应急救援多警联动的做法，年底前，各省、市、县公安机关都要建立多警联动机制。

完善指挥机制。要借助信息化的指挥平台，进一步明确应急救援指挥机制，实行扁平化指挥，提高应急救援效能。总的原则是，公安消防部队和社会其他部门及专业力量协同处置时，由政府领导统一指挥或授权指挥；公安消防部队与公安机关其他警种联合处置时，由公安机关领导统一指挥或授权指挥；公安消防部队独立处置时，由公安消防部队现场最高指挥员负责指挥。年底前，各地都要结合实际制定出台灾害事故处置的指挥规程及工作规范，确保应急救援工作有序开展。

完善处置机制。要针对本地区灾害事故特点和规律，分级制定灾害事故处置预案和跨区域应急救援预案，建立完善力量调集、组织指挥、通信联络、后勤保障等现场处置机制；要提请当地政府制定重特大灾害事故联合处置预案，明确公安机关及消防部队、社会联动力量的职责任务、行动要则和应急保障。年底前，各地都要建立应急救援专家组，为灾害事故处置提供技术支持，不断提升科学施救水平。

四、加强组织领导，强化应急保障

加强制度保障。要提请当地政府将应急救援工作纳入本地消防法规，纳入当地“十二五”经济社会发展总体规划，并出台规范性文件，为应急救援队伍建设、经费保障、业务训练、应急响应、现场处置等提供制度保障。要争取发改委、财政等部门的支持，研究制定应急救援队伍人员、装备和日常运行的保障标准。年底前，所有省（区、市）要确保将应急救援经费纳入财政预算。

加强工作保障。要提请当地政府建立由领导牵头，公安、应急、发改委、财政、建设、安监、卫生、交通等部门领导参加的应急救援工作机制，每季度召开会议，研判灾害事故形势，通报工作进展和各部门职责落实情况，研究部署加强应急救援工作的任务和措施。各地公安机关要切实把应急救援工作列入重要议事日程，主要领导要亲自研究部署，分管领导要跟踪督促落实；要借鉴湖北、浙江、广东等地的做法，将应急救援工作纳入政府目标管理和督办内容，强化检查考评，狠抓责任落实。年底前，各地要提请政府对已挂牌的应急救援队伍逐一进行检查验收。明年年底，公安部将对各地应急救援队伍建设情况进行考核验收，并召开隆重的总结表彰大会。

加强物资保障。要强化自我保障，省级应急救援总队要结合当地实际和灾害特点，设立布局合理的区域性物资储备库；市级应急救援支队要建立综合性强的战勤保障大队；县级应急救援大队要组建战勤保障分队或保障组，提高遂行保障水平。要强化社会保障，掌握本地区民政、卫生、市政、气象、交通运输、环保等部门及单位应急装备物资情况，推动将消防应急救援纳入当地政府应急保障范畴，明确紧急调用、机动运输、物资补给等程序及标准，确保一旦需要能够及时调集到位、发挥应有作用。

公安部将进一步加强与中央编办、国家发改委、财政部、民政部等部门的沟通协调，争取有关部门的更大支持；针对国家赋予公安消防部队应急救援职能后消防警力明显不足的实际，努力争取“十二五”期间增加消防现役编制；加快推进6个国家陆地搜寻与救护基地建设，在完成营房建设的基础上，落实装备器材配备，力争明年上半年实现功能需求。各地也要进一步加强请示汇报，加强沟通协调，在当地党委、政府领导下，积极会同有关部门，努力破解应急救援工作中机制性、保障性难题，全力推动应急救援工作快速、持续、协调发展。

刘金国副部长在全国部署实施《全民消防安全宣传教育纲要(2011—2015)》电视电话会议上的讲话（摘要）

（2011 年 7 月 25 日）

这次会议的主要任务是，认真落实全国人大常委会审议消防工作报告时提出的意见、建议，部署实施《全民消防安全宣传教育纲要》，加强和改进消防宣传教育工作，增强全社会消防安全意识。

近年来，在各级党委政府的高度重视和有关部门的大力支持下，公共消防设施、消防装备有了很大改善，但公民消防安全意识不强，一直是消防安全工作的一个“短板”。据全国国民消防安全素质调查显示，公众对消防知识知晓率不足30%。从火灾原因看，80%的火灾是人为因素造成的；从重特大火灾人员伤亡看，多数是因公众缺乏消防安全常识和逃生自救能力所致。无数起血的事故教训反复说明，消防安全关键在“防”；能不能防得住，关键在人；能不能逃生，在一定程度上取决于会不会逃生自救。加强消防安全宣传教育，关系到每个人的生命安全和家庭幸福，关系到全社会的和谐稳定。消防安全形势的根本好转，最终取决于全民消防意识的提高。最近全国人大常委会审议国务院消防工作报告时，特别提出要切实采取措施增强全社会消防安全意识，减少火灾危害。中宣部等八个部门联合印发《全民消防安全宣传教育纲要》，并召开专门会议进行部署，这在消防史上还是第一次。《纲要》明确了“十二五”期间消防宣传教育工作的指导思想、目标任务和工作措施，是当前和今后一个时期加强和改进消防宣传教育工作的纲领性文件。各级公安机关要以《纲要》印发为新的契机，把宣传工作作为一项重要的业务工作来强势推动，与“防火墙”工程和消防安全“五大”活动有机结合起来，努力开创消防宣传教育工作新局面。

要广泛开展“全民消防”大宣传。更加注重发挥电视、广播、报刊、网络等媒体主阵地作用，制作一批精品公益广告。利用近年来重特大火灾的视频资料，制作警示教育片，在重点时期、重要时段反复播放，用触目惊心的火灾案例教育群众。更加注重发挥楼宇电视、车载视频、电子显示屏和手机短信等新兴媒介的作用，加大提示性、警示性宣传的频次。更加注重发挥消防文化的渗透作用，依托社会力量创作消防影视剧、动漫等文艺作品，传播消防安全理念，让群众在潜移默化中受到教育。更加注重发挥主题活动集中宣传的作用，利用“中小学生安全教育日”“安全生产月”“119”消防日等重大活动，高密度、大力度地宣传，扩大消防宣传影响力。今年“119”期间，公安部将隆重表彰一批热心消防公益事业的先进单位和个人。总之，要立足多元化、多层次、多渠道宣传，努力使每一个宣传平台都成为消防宣传阵地，每一名群众都成为消防宣传教育对象，使“全民消防、生命至上”的理念深入人心，转化为全社会的自觉行动。

要深入推进消防安全知识大普及。认真借鉴国外有益经验，创新理念，改进形式，积极会同有关部门，深入持久地开展消防安全宣传教育“五项行动”，全面普及消防安全知识。开展家庭社区消防宣传教育行动，推广家庭配备简易消防器材，定期排查家庭火灾隐患，实施“社区平安使者”计划，每个社区明确一名消防管理员，每栋建筑明确一名消防宣传员，每半年组织居民群众开展一次逃生自救演练；开展学校消防宣传教育行动，中小学校每学期开展一个课时的教育，组织一次消防安全演练，通过一个学生带动一个家庭、影响整个社会；开展社会单位消防宣传教育行动，所有高层建筑、公共娱乐场所、易燃易爆单位和车辆、船舶等交通工具，都要发放消防安全须知，在醒目位置设置消防安全标识，影剧院在电影放映前播放消防知识短片，单位落实全员培训和定期演练制度，切实提高员工消防安全“四个能力”；开展农村消防宣传教育行动，以完善村民防火公约、健全自治联防制度、建立志愿义务消防队伍为重点，提高自防自救能力；开展消防安全培训行动，贯彻落实公安部、教育部、人力资源社会保障部印发的《社会消防安全教育培训大纲》，重点抓好单位消防安全责任人、管理人、消防控制室操作人员、保安员和消防建设工程设计、施工、监理、监测、维护等13类人员的消防安全培训，使人人受到消防教育、个个掌握消防专业技能。

要努力构建齐抓共管大格局。按照《纲要》要求，推动建立“党委领导、政府负责、部门协同、群众参与”的消防宣传工作新格局。健全组织领导机制，会同有关部门，提请党委政府制定落实《纲要》、加强消防宣传教育工作的五年规划和年度计划，纳入当地经济社会发展和安全发展总体规划。完善部门协作机制，与宣传、教育、民政、文化、卫生、广电、安监等部门建立联席会议制度，定期研究解决消防宣传重大问题，形成消防宣传工作合力。完善警种联动机制，将消防宣传教育纳入治安、内保、人口、交管等警种工作职责，治安部门要将消防宣传教育纳入大型活动、行业场所监管内容，纳入派出所民警监督工作手册、业务培训和岗位练兵内容，交管部门要将消防安全教育纳入交通安全宣传教育内容。建立考核评价机制，提请政府每年对《纲要》落实情况进行督导检查，探索委托有关机构对消防宣传教育工作成效进行评估。要特别重视消防宣传队伍建设，各消防总队、支队都要配齐配强宣传人员，落实专门经费，不断改善宣传设备装备，建设一支现代化消防专业宣传队伍。

最后，我代表孟建柱部长和公安部党委对各部门长期以来对消防工作的大力支持表示最衷心的感谢！

刘金国副部长在第一届全国打造现代化公安消防铁军比武竞赛闭幕式上的讲话(摘要)

(2011年8月29日)

经过一周紧张、激烈角逐，第一届全国打造现代化公安消防铁军比武竞赛就要胜利闭幕了。七天来，全国31个消防总队的参赛队员顽强拼搏，奋勇争先，展现了高昂的斗志、过硬的素质和精湛的技能，展示了打造公安消防铁军的丰硕成果。这次比武竞赛，是在近三年各地1500次竞赛、12万官兵参加的基础上进行的，是在去年南、北片比武竞赛的基础上开展的，既有检验官兵力量、速度、耐力和救人、破拆技能的单兵科目，又有检验班组协同配合、快速科学处置能力的团体科目，非常贴近实战。比武竞赛训练设施、器材装备、评判标准统一，全体裁判人员忠于职守、公正裁决，比赛全程录像、现场直播，达到了检验训练成果、相互学习交流的目的。在此，我代表公安部党委，向取得优异成绩的单位和个人表示热烈祝贺！向全体参赛队员、裁判员和工作人员表示衷心感谢！

打造铁军三年来，全国公安消防部队立足于灭大火、抢大险、打恶仗，从难、从严、从实战出发，积极推进执勤训练改革，大力加强攻坚力量建设，不断深化全员大练兵，经过无数次严格训练，经历了惊心动魄、血与火的生死考验。广大公安消防官兵树立了敢打必胜的坚定信念，磨炼了坚韧不拔的钢铁意志，形成了英勇顽强的战斗作风，攻坚作战能力显著提升，为保护人民生命财产安全做出了巨大贡献，彰显了消防铁军无私无畏、一心为民的英雄本色，党中央、国务院和各级党委、政府高度肯定，人民群众和社会各界广泛赞誉。事实充分说明，打胜仗必须苦练精兵；锻造攻无不克、战无不胜的消防铁军，必须强化战斗精神，必须全面提高技、战术水平。

现阶段，我国经济社会快速发展，各类致灾因素剧增，灭火和应急救援任务繁重艰巨。不久前，孟部长到消防局视察时，做出了打造现代化公安消防铁军的重要指示。这是孟部长和部党委立足于经济社会发展对消防安全提出的新任务作出的一项重大决策，是全国公安消防部队进一步贯彻落实胡锦涛总书记“三句话”总要求的迫切需要。开展大练兵，大力提升灭火救援能力，是打造现代化公安消防铁军的重要内容。全国公安消防部队和广大消防官兵要进一步解放思想、勇于创新，加快消防部队核心战斗力生成模式转变，努力打造符合现代化公安消防铁军要求的精兵劲旅。

要大力提升科学施训水平。本着“仗怎么打、兵就怎么练”，深化训练改革，拓展内容，丰富手段，提升效能，建立起符合实战需要的消防专业训练体系。要以提高战斗力为根本标准，坚持练体能技能与练作风相结合、练技术与练战术相结合，单兵训练与合成训练相结合、苦练与巧练相结合，强化实地熟悉和实战演练，完善预案，加大基地化、模拟化训练比重，真正做到一切为了实战。

要大力提升组织指挥水平。按照勤务实战化要求，借助信息化平台，构建集信息传递、灾情研判、警力调度、决策指挥于一体的扁平化指挥体系。要深入开展基层指挥员轮训，增强指挥员技、战术素养，确保既有敢打硬拼的勇气，又有克火制胜的智慧，既能最大限度地保护人民群众生命财产安全，又能最大限度地避免官兵伤亡，真正做到专业施救、科学施救。

要大力提升装备保障水平。要结合实战需要，积极开展装备配备评估论证，逐步实现装备从数量规模型向质量效能型转变。要广泛开展装备应用培训，使官兵熟练掌握装备的技术性能和操作要求，充分发挥装备的最大效能。要加快建立政府统一领导下的社会应急救援联动机制，加快推进六个国家级陆地搜寻与救护基地建设，尽快形成战斗力，真正做到快速反应、保障有力。

公安消防事业充满挑战，充满机遇，充满希望。我们要不辱使命，练就过硬本领，以卓有成效的工作业绩，回报党和人民。

刘金国副部长在全国深入推进“清剿火患”战役视频会上的讲话（摘要）

（2011 年 11 月 1 日）

这次会议是经孟建柱部长批准召开的。主要是总结全国“清剿火患”战役情况，交流广东等地经验做法，深入推进“清剿火患”战役，确保今冬明春火灾形势平稳。

刚才，我们观看了广东战役行动专题片，广东郑东副厅长、上海朱伟明副局长、重庆傅纪成副局长、河南吕宏跃副厅长、吉林韩英俊常务副厅长介绍了很好的经验。特别是广东在短期内迅速扭转了被动局面，其过硬措施和战斗作风，值得各地认真借鉴。一是政府亲自指挥。省、市、县三级政府分管领导亲任战役总指挥，所有乡镇、街道成立“清剿火患”办公室，全省 15 个地级市、253 个县市主要领导带队督导，将战果纳入政府年终考核和履职评价内容。二是内外组织到位。各行业、系统下派工作组，各单位开展自查自纠，保安、志愿者、居民群众踊跃参与，仅乡镇一级就派出工作人员 10 余万人次。他们最大限度调动各警种参战，消防、治安、督察、法制、宣传等部门联勤联动，8000 多名派出所专职民警、1000 多名消防监督人员协同作战。三是整治坚决果断。采取“三分三定”、有奖举报、跟踪问责等超常措施，依法强力整治火灾隐患。全省 21 个地级市全部建立有奖举报机制，拿出举报奖金 1700 余万元，新挂牌督办火灾隐患重点地区 114 个，要求在规定期限“不摘牌就摘帽”，完不成的，分管乡镇长一律免职。广东经验，体现了部党委打硬仗的意图，为全国树立了样板。

从全国看，“清剿火患”初战告捷，攻势凌厉，正向大纵深推进。一是党政重视空前。各地普遍以政府名义召开会议、下发文件进行动员部署。中共中央政治局委员、北京市委书记刘淇、天津市委书记张高丽、上海市委书记俞正声及其他 20 个省（区、市）党政“一把手”亲自听取汇报、提出要求，17 位分管领导亲任战役总指挥，46 位省领导亲自带队检查、亲自督办落实。二是部门联动空前。教育部、铁道部对“清剿火患”战役进行专题部署；江苏、安徽、新疆等省（区、市）政府明确部门“清剿火患”战役职责和任务；浙江湖州市公安、教育、工商等部门联合执法，取缔 22 家存在隐患的培训学校；云南玉溪市公安、安监、商务部门联合开展烟草、烟花爆竹等“五类行业”排查整治行动。三是排查深入空前。各地着力构建全覆盖、无盲区的排查网络。北京市、区两级建立政府领导、部门联动、多警联勤、市民参与的火灾隐患情报信息机制。山西、辽宁、浙江、湖南等地划分多个战区、多条战线排查；河南省实施“网格精细化”排查，发动各乡镇、街道、村（居）委会以及保安、巡防队员，分块划片，拉网清剿火灾隐患；上海市调动各警种和公安派出所1.7万余名警力投入战役，以“全警消防”带动“全民消防”；重庆市推行“户籍化”管理，对全市每一栋建筑、每一家单位、每一个场所建立电子消防“身份证”，实时跟踪消防管理和隐患整改。四是执法力度空前。各地利用停产停业、临时查封、强制拆除、行政拘留等法律手段，严惩违法责任单位和人员。辽宁、河南、湖南等地出台战时硬性执法措施，河北组建“清剿火患”战役特别行动队，山东实施“异地调警、交叉互查”，强力整治消防安全难点、乱点问题；北京朝阳区、上海虹口区、广西梧州市、海南海口市政府组织专门力量，强制拆除违章建筑，取缔“三合一”或消防不合格商铺，彻底整改了一批“老大难”隐患。天津、辽宁、黑龙江等13个总队在国庆期间实行二级战备，将警力压到执法执勤最前沿。战役开展以来，各地排查单位数、发现、整改隐患数、临时查封数、责令“三停”数分别是上个月的2倍、5倍、6倍、4倍和3倍；依法拘留违法人员近万人，是上半年全国拘留人数总和的1.8倍。五是宣传声势空前。山西、山东、江西、四川等地组织主流媒体记者随警出动，第一时间报道战况，深度曝光火灾隐患；吉林积极发挥社区义务消防队、消防专管员和消防协管员作用，开展社区消防宣传；北京市所有户外视频终端定期滚动播放战役宣传内容；湖南省委组织部开展地市级以上领导消防培训；云南省公安厅会同宣传部组织开展“百万志愿者查隐患”活动。战役开展以来，中央电视台等中央主流媒体共刊播战役新闻330余条，省级以上主流媒体曝光火灾隐患850余处、违法单位350余家，引起社会强烈反响。六是整治战果空前。全体参战民警和消防官兵夜以继日、连续奋战，超常付出，可歌可敬，用心血和汗水换来了消防安全形势的平稳。9月26日至10月31日，全国共发生火灾8469起、死亡13人、受伤26人、直接财产损失8910万元，与去年同比分别下降17.5%、80.3%、40.9%、47.6%，没有发生较大以上火灾事故。“清剿火患”取得阶段性辉煌战果，充分证明部党委的决策部署是完全正确的，全国公安机关和消防部队是有坚强战斗力的。

我们还要清醒地看到，成果是初步的，基础仍很脆弱，任务依然十分艰巨，容不得半点松懈。为此，我提五点要求：

第一，调动一切力量。“清剿火患”战役之所以成效显著，关键一条就是在政府坚强领导下调动了各方力量。下一步，要在坚持政府主导上求深入。县、市、区是“清剿火患”战役的主战场，要提请政府组织乡镇、街道办事处落实“网格化”排查责任，下决心消除盲区死角。尚未作出部署的320多个县（市），要提请政府在11月中旬前部署到位。力争把“清剿火患”情况纳入政府目标考核内容。对政府挂牌督办的重大火灾隐患，部消防局要上网公布，强力督导。要在加强警种联动上求深入。借鉴上海等地“全警消防”的做法，进一步明确公安机关各相关警种“清剿火患”责任，加大联合执法力度。公安派出所要全面排查辖区内的单位和场所，引导辖区居民开展自查。要在实现“全民消防”上求深入。各地要公布举报电话，设立奖励经费，全天受理群众举报火灾隐患。从举报到查实，不准超过 24 小时。一经查实，给予 300 元以上奖励，重大隐患给予重奖，立即兑现。全国 36 个大城市火灾隐患举报投诉中心要全部投入运行。

第二，突出"三个节点"。要紧紧盯住"119"、元旦、春节三个关键时段，开展针对性很强的攻坚行动。"119"消防日前后，要针对冬季火灾特点，制定方案，落实责任。当务之急，是会同建设部门迅速开展外保温材料消防安全专项治理。"119"消防宣传月期间，各地要集中开展"五个一"活动，即组织各单位开展一次疏散演练、举行一次灭火演习、开展一次家庭消防安全自查、表彰一批热心消防事业的先进单位和个人、推出一批有社会影响的战役专题节目。圣诞和元旦期间，要进一步加大对购物、休闲娱乐场所以及教堂等人员密集场所的检查力度。要最大限度地把警力压到一线，加强现场执法执勤。12 月 24 日、25 日晚，全国统一开展消防安全"零点"夜查行动。春节和元宵节期间，以车站（码头）、商场市场、大型活动以及烟花爆竹的储存、销售、燃放场所为重点，集中开展清查整治，严格划定警戒区域，及时消除不安全因素。严格大型活动审批，凡不具备消防安全条件的，一律不得批准。

第三，执法务必从严。"清剿火患"，"清"是前提，"剿"是关键。"清"要做到底数清、问题清、重点清、责任清，彻底搞清辖区单位数量、安全状况，彻底搞清火灾隐患数量、整改情况，彻底搞清重点单位、重大隐患情况，切实把责任分解落实到单位和人头。这"四清"务必做到，绝不允许再出现发生了重大火灾，还没有排查过的情况。剿灭火患，关键是要靠依法拘留、罚款、停业、曝光等手段。

第四，打好宣传战役。宣传是"清剿火患"战役的重要战场，怎么抓都不过分。要特别强调，宣传一定要面对群众，注重实效。要协调中央和地方主流媒体，在黄金时段、重要版面及时报道，曝光典型火灾案例和重大火灾隐患，争取在各大门户网站设立战役专栏。重大节日期间，要播发消防安全提示信息。在用好宣传橱窗、板报、宣传标语等传统手段的同时，要充分利用楼宇电视、户外视频、手机短信，反复播放消防安全常识。充分发挥街道、社区、村寨等基层组织和消防志愿者队伍的作用，深入家庭、社区、学校、农村开展"面对面"宣传教育。

第五，高扬战斗精神。领导必须靠前指挥。公安机关主要领导要深入一线，现场办公，解决难题；分管领导要加强警种协调，定期带队督导。消防总队、支队领导每周要带队检查一定数量的单位、场所。对火灾隐患突出的重点地区、重点单位，要确定责任领导，督促整改到位。会后，部警务督察局和消防局要从全国抽调精干力量开展省际交叉互查，力争每个县都要查一遍。适当的时候，我也将抽出时间下去暗访，利用晚上听取重点省份的汇报。精力、警力必须保证。总队、支队机关要分批抽调一定数量的干部，与基层干部共同开展排查整治，直至战役结束。

第六篇

有关消防工作的重要文件资料

国务院关于加强和改进消防工作的意见

（国发［2011］46号）

各省、自治区、直辖市人民政府，国务院各部委、各直属机构：

"十一五"以来，各地区、各有关部门认真贯彻国家有关加强消防工作的部署和要求，坚持预防为主、防消结合，全面落实各项消防安全措施，抗御火灾的整体能力不断提升，火灾形势总体平稳，为服务经济社会发展、保障人民生命财产安全作出了重要贡献。但是，随着我国经济社会的快速发展，致灾因素明显增多，火灾发生几率和防控难度相应增大，一些地区、部门和单位消防安全责任不落实、工作不到位，公共消防安全基础建设同经济社会发展不相适应，消防安全保障能力同人民群众的安全需求不相适应，公众消防安全意识同现代社会管理要求不相适应，消防工作形势依然严峻，总体上仍处于火灾易发、多发期。为进一步加强和改进消防工作，现提出以下意见：

一、指导思想、基本原则和主要目标

（一）指导思想。以邓小平理论和"三个代表"重要思想为指导，深入贯彻落实科学发展观，认真贯彻《中华人民共和国消防法》等法律法规，坚持政府统一领导、部门依法监管、单位全面负责、公民积极参与，加强和创新消防安全管理，落实责任，强化预防，整治隐患，夯实基础，进一步提升火灾防控和灭火应急救援能力，不断提高公共消防安全水平，有效预防火灾和减少火灾危害，为经济社会发展、人民安居乐业创造良好的消防安全环境。

（二）基本原则。坚持政府主导，不断完善社会化消防工作格局；坚持改革创新，努力完善消防安全管理体制机制；坚持综合治理，着力夯实城乡消防安全基础；坚持科技支撑，大力提升防火和灭火应急救援能力；坚持以人为本，切实保障人民群众生命财产安全。

（三）主要目标。到2015年，消防工作与经济社会发展基本适应，消防法律法规进一步健全，社会化消防工作格局基本形成，公共消防设施和消防装备建设基本达标，覆盖城乡的灭火应急救援力量体系逐步完善，公民消防安全素质普遍增强，全社会抗御火灾能力明显提升，重特大尤其是群死群伤火灾事故得到有效遏制。

二、切实强化火灾预防

（四）加强消防安全源头管控。制定城乡规划要充分考虑消防安全需要，留足消防安全间距，确保消防车通道等符合标准。建立建设工程消防设计、施工质量和消防审核验收终身负责制，建设、设计、施工、监理单位及执业人员和公安消防部门要严格遵守消防法律法规，严禁擅自降低消防安全标准。行政审批部门对涉及消防安全的事项要严格依法审批，凡不符合法定审批条件的，规划、建设、房地产管理部门不得核发建设工程相关许可证照，安全监管部门不得核发相关安全生产许可证照，教育、民政、人力资源社会保障、卫生、文化、文物、人防等部门不得批准开办学校、幼儿园、托儿所、社会福利机构、人力资源市场、医院、博物馆和公共娱乐等人员密集场所。对不符合消防安全条件的宾馆、景区，在限期改正、消除隐患之前，旅游部门不得评定为星级宾馆、

A 级景区。对生产、经营假冒伪劣消防产品的，质检部门要依法取消其相关产品市场准入资格，工商部门要依照消防法和产品质量法吊销其营业执照；对使用不合格消防产品的，公安消防部门要依法查处。

（五）强化火灾隐患排查整治。要建立常态化火灾隐患排查整治机制，组织开展人员密集场所、易燃易爆单位、城乡结合部、城市老街区、集生产储存居住为一体的“三合一”场所、“城中村”“棚户区”、出租屋、连片村寨等薄弱环节的消防安全治理，对存在影响公共消防安全的区域性火灾隐患的，当地政府要制定并组织实施整治工作规划，及时督促消除火灾隐患；对存在严重威胁公共消防安全隐患的单位和场所，要督促采取改造、搬迁、停产、停用等措施加以整改。要严格落实重大火灾隐患立案销案、专家论证、挂牌督办和公告制度，当地人民政府接到报请挂牌督办、停产停业整改报告后，要在 7 日内作出决定，并督促整改。要建立完善火灾隐患举报、投诉制度，及时查处受理的火灾隐患。

（六）严格火灾高危单位消防安全管理。对容易造成群死群伤火灾的人员密集场所、易燃易爆单位和高层、地下公共建筑等高危单位，要实施更加严格的消防安全监管，督促其按要求配备急救和防护用品，落实人防、物防、技防措施，提高自防自救能力。要建立火灾高危单位消防安全评估制度，由具有资质的机构定期开展评估，评估结果向社会公开，作为单位信用评级的重要参考依据。火灾高危单位应当参加火灾公众责任保险。省级人民政府要制定火灾高危单位消防安全管理规定，明确界定范围、消防安全标准和监管措施。

（七）严格建筑工地、建筑材料消防安全管理。要依法加强对建设工程施工现场的消防安全检查，督促施工单位落实用火用电等消防安全措施，公共建筑在营业、使用期间不得进行外保温材料施工作业，居住建筑进行节能改造作业期间应撤离居住人员，并设消防安全巡逻人员，严格分离用火用焊作业与保温施工作业，严禁在施工建筑内安排人员住宿。新建、改建、扩建工程的外保温材料一律不得使用易燃材料，严格限制使用可燃材料。住房和城乡建设部要会同有关部门，抓紧修订相关标准规范，加快研发和推广具有良好防火性能的新型建筑保温材料，采取严格的管理措施和有效的技术措施，提高建筑外保温材料系统的防火性能，减少火灾隐患。建筑室内装饰装修材料必须符合国家、行业标准和消防安全要求。相关部门要尽快研究提高建筑材料性能，建立淘汰机制，将部分易燃、有毒及职业危害严重的建筑材料纳入淘汰范围。

（八）加强消防宣传教育培训。要认真落实《全民消防安全宣传教育纲要（2011—2015）》，多形式、多渠道开展以“全民消防、生命至上”为主题的消防宣传教育，不断深化消防宣传进学校、进社区、进企业、进农村、进家庭工作，大力普及消防安全知识。注意加强对老人、妇女和儿童的消防安全教育。要重视发挥继续教育作用，将消防法律法规和消防知识纳入党政领导干部及公务员培训、职业培训、科普和普法教育、义务教育内容。报刊、广播、电视、网络等新闻媒体要积极开展消防安全宣传，安排专门时段、版块刊播消防公益广告。中小学要在相关课程中落实好消防教育，每年开展不少于 1 次的全员应急疏散演练。居（村）委会和物业服务企业每年至少组织居民开展 1 次灭火应急疏散演练。充分依托公安消防专业院校加强人才培养。国家鼓励高等学校开设与消防工程、消防管理相关的专业和课程，支持社会力量开展消防培训，积极培养社会消防专业人才。要加强对单位消防安全责任人、消防安全管理人、消防控制室操作人员和消防设计、施工、监理人员及保安、电（气）焊工、消防技术服务机构从业人员的消防安全培训。

三、着力夯实消防工作基础

（九）完善消防法律法规体系。要及时制定消防法实施条例，完善消防产品质量监督和市场准入制度、社会消防技术服务、建设工程消防监督审核和消防监督检查等方面的消防法规和技术标准规范。有立法权的地方要针对本地消防安全突出问题，及时制定、完善地方性法规、地方政府规章和技术标准。直辖市、省会市、副省级市和其他大城市要从建设工程防火设计、公共消防设施建设、隐患排查整治、灭火救援等方面制定并执行更加严格的消防安全标准。

（十）强化消防科学技术支撑。要继续将消防科学技术研究纳入科技发展规划和科研计划，积极推动消防科学技术创新，不断提高利用科学技术抗御火灾的水平。要研究落实相关政策措施，鼓励和支持先进技术装备的研发和推广应用。要加强火灾科学与消防工程、灾害防控基础理论研究，加快消防科研成果转化应用。要加强高层、地下建筑和轨道交通等防火、灭火救援技术与装备的研发，鼓励自主创新和引进消化吸收国际先进技术，推广应用消防新产品、新技术、新材料，加快推进消防救援装备向通用化、系列化、标准化方向发展。要加强消防信息化建设和应用，不断提高消防工作信息化水平。

（十一）加强公共消防设施建设。要科学编制和严格落实城乡消防规划，对没有消防规划内容的城乡规划不得批准实施。要合理布设生产、储存易燃易爆危险品的单位和场所，确保城乡消防安全布局符合要求，消防站、消防供水、消防通信、消防车通道等公共消防设施建设要与城乡基础设施建设同步发展，确保符合国家标准。负责公共消防设施维护管理的部门和单位要加强公共消防设施维护保养，保证其能够正常使用。商业步行街、集贸市场等公共场所和住宅区要保证消防车通道畅通。任何单位和个人不得埋压、圈占、损坏公共消防设施，不得挪用、挤占公共消防设施建设用地。

（十二）大力发展多种形式消防队伍。要逐步加强现役消防力量建设，加强消防业务技术骨干力量建设。要按照国家有关规定，大力发展政府专职消防队、企业事业单位专职消防队和志愿消防队。多种形式消防队伍要配备必要的装备器材，开展相应的业务训练，不断提升战斗力。继续探索发展和规范消防执法辅助队伍。要确保非现役消防员工资待遇与当地经济社会发展和所从事的高危险职业相适应，将非现役消防员按规定纳入当地社会保险体系；对因公伤亡的非现役消防员，要按照国家有关规定落实各项工伤保险待遇，参照有关规定评功、评烈。省级人民政府要制定专职消防队伍管理办法，明确建队范围、建设标准、用工性质、车辆管理、经费保障和优惠政策。

（十三）规范消防技术服务机构及从业人员管理。要制定消防技术服务机构管理规定，严格消防技术服务机构资质、资格审批，规范发展消防设施检测、维护保养和消防安全评估、咨询、监测等消防技术服务机构，督促消防技术服务机构规范服务行为，不断提升服务质量和水平。消防技术服务机构及从业人员违法违规、弄虚作假的要依法依规追究责任，并降低或取消相关资质、资格。要加强消防行业特有工种职业技能鉴定工作，完善消防从业人员职业资格制度，探索建立行政许可类消防专业人员职业资格制度，推进社会消防从业人员职业化建设。

（十四）提升灭火应急救援能力。县级以上地方人民政府要依托公安消防队伍及其他优势专业应急救援队伍加强综合性应急救援队伍建设，建立健全灭火应急救援指挥平台和社会联动机制，完善灭火应急救援预案，强化灭火应急救援演练，提高应急处置水平。公安消防部门要加强对高层建筑、石油化工等特殊火灾扑救和地震等灾害应急救援的技战术研究和应用，强化各级指战员专业训练，加强执勤备战，不断提高快速反应、攻坚作战能力。要加强消防训练基地和消防特勤力量建设，优化消防装备结构，配齐灭火应急救援常规装备和特种装备，探索使用直升机进行应急救援。要加强灭火应急救援装备和物资储备，建立平战结合、遂行保障的战勤保障体系。

四、全面落实消防安全责任

（十五）全面落实消防安全主体责任。机关、团体、企业事业单位法定代表人是本单位消防安全第一责任人。各单位要依法履行职责，保障必要的消防投入，切实提高检查消除火灾隐患、组织扑救初起火灾、组织人员疏散逃生和消防宣传教育培训的能力。要建立消防安全自我评估机制，消防安全重点单位每季度、其他单位每半年自行或委托有资质的机构对本单位进行一次消防安全检查评估，做到安全自查、隐患自除、责任自负。要建立建筑消防设施日常维护保养制度，每年至少进行一次全面检测，确保消防设施完好有效。要严格落实消防控制室管理和应急程序规定，消防控制室操作人员必须持证上岗。

（十六）依法履行管理和监督职责。坚持谁主管、谁负责，各部门、各单位在各自职责范围内依法做好消防工作。建设、商务、文化、教育、卫生、民政、文物等部门要切实加强建筑工地、宾馆、饭店、商场、市场、学校、医院、公共娱乐场所、社会福利机构、烈士纪念设施、旅游景区（点）、博物馆、文物保护单位等消防安全管理，建立健全消防安全制度，严格落实各项消防安全措施。安全监管、工商、质检、交通运输、铁路、公安等部门要加强危险化学品和烟花爆竹、压力容器的安全监管，依法严厉打击违法违规生产、运输、经营、燃放烟花爆竹的行为。环境保护等部门要加强核电厂消防安全检查，落实火灾防控措施。

公安机关及其消防部门要严格履行职责，每半年对消防安全形势进行分析研判和综合评估，及时报告当地政府，采取针对性措施解决突出问题。要加大执法力度，依法查处消防违法行为，对严重危及公众生命安全的要依法从严查处；公安派出所和社区（农村）警务室要加强日常消防监督检查，开展消防安全宣传，及时督促整改火灾隐患。

（十七）切实加强组织领导。地方各级人民政府全面负责本地区消防工作，政府主要负责人为第一责任人，分管负责人为主要责任人，其他负责人要认真落实消防安全“一岗双责”制度。要将消防工作纳入经济社会发展总体规划，纳入政府目标责任、社会管理综合治理内容，严格督查考评。要加大消防投入，保障消防事业发展所需经费。中央和省级财政对贫困地区消防事业发展给予一定的支持。市、县两级人民政府要组织制定并实施城乡消防规划，切实加强公共消防设施、消防力量、消防装备建设，整治消除火灾隐患。乡镇人民政府和街道办事处要建立消防安全组织，明确专人负责消防工作，推行消防安全网格化管理，加强消防安全基础建设，全面提升农村和社区消防工作水平。地方各级人民政府要建立健全消防工作协调机制，定期研究解决重大消防安全问题，扎实推进社会消防安全“防火墙”工程，认真组织开展火灾事故调查和统计工作。对热心消防公益事业、主动报告火警和扑救火灾的单位和个人，要给予奖励。各省、自治区、直辖市人民政府每年要将本地区消防工作情况向国务院作出专题报告。

（十八）严格考核和责任追究。要建立健全消防工作考核评价体系，对各地区、各部门、各单位年度消防工作完成情况进行严格考核，并建立责任追究机制。地方各级人民政府和有关部门不依法履行职责，在涉及消防安全行政审批、公共消防设施建设、重大火灾隐患整改、消防力量发展等方面工作不力、失职渎职的，要依法依纪追究有关人员的责任，涉嫌犯罪的，移送司法机关处理。公安机关及其消防部门工作人员滥用职权、玩忽职守、徇私舞弊、以权谋私的，要依法依纪严肃处理。各单位因消防安全责任不落实、火灾防控措施不到位，发生人员伤亡火灾事故的，要依法依纪追究有关人员的责任；发生重大火灾事故的，要依法依纪追究单位负责人、实际控制人、上级单位主要负责人和当地政府及有关部门负责人的责任；发生特别重大火灾事故的，要根据情节轻重，追究地市级分管领导或主要领导的责任；后果特别严重、影响特别恶劣的，要按照规定追究省部级相关领导的责任。

中华人民共和国国务院

二〇一一年十二月三十日

关于落实《消防员职业健康标准》有关问题的通知

公消［2011］18号

各省、自治区、直辖市公安厅（局）、卫生厅（局）、民政厅（局）、人力资源社会保障厅（局），新疆生产建设兵团公安局、卫生局、民政局、人事局、劳动局：

为认真贯彻落实《消防员职业健康标准》（GBZ221—2009），进一步做好消防员职业健康管理工作，保护消防员身体健康和生命安全，现就有关问题通知如下：

一、关于消防员职业健康管理的问题。消防员职业病防治和职业健康监护工作按照属地管理的原则，在地方各级人民政府统一领导下开展。公安消防部门应当积极配合属地卫生行政、民政、人力资源社会保障部门，建立联动机制，落实防治措施，切实做好消防员职业健康保障工作。拟承担消防员职业健康检查工作的医疗卫生机构，应熟悉消防职业特点，拥有相应专业技术人员和丰富工作经验，并具有省级卫生行政部门批准的职业健康检查资质。

二、关于组织机构设立的问题。公安部消防局设立消防员职业健康管理办公室，各省、自治区、直辖市公安消防总队和市（地、州、盟）公安消防支队设立相应的组织领导机构，具体负责消防员职业健康管理工作，预防、控制和消除消防职业危害，防治职业病，保障消防员身心健康。

三、关于现役消防员职业病鉴定和评残的问题。现役消防员经诊断患职业病的，应在其服役期间按《军人残疾等级评定标准》和公安消防部队管理权限评定残疾等级。

如《军人残疾等级评定标准》中没有与职业病相对应的残疾等级条款，可参照相应残情（器官缺损及功能障碍程度）进行等级评定。公安消防部队按照《消防员职业健康标准》要求开展职业健康监护，对消防员在消防职业活动中接触过的有毒有害物质和参加的重大灾害事故抢险救援等情况建立原始档案，为其退役后可能出现的职业病鉴定治疗及评残等提供依据。义务兵和初级士官在服役期间患慢性病的，退役后可申请享受带病回乡退伍军人待遇。

四、关于非现役消防员工伤鉴定和职业病鉴定治疗的问题。以地方政府为管理主体的非现役消防员，纳入当地社会保险体系，依法参加工伤、医疗、失业、养老、生育等社会保险，按时足额缴纳社会保险费，并享受各项社会保险待遇。非现役消防员在从事消防职业活动时所受工伤、所患职业病以及因公牺牲的按照国家工伤保险政策规定，依法享受各项工伤保险待遇。公安消防部队应按照《消防员职业健康标准》要求开展职业健康监护对非现役消防员在消防职业活动中接触过的有毒有害物质和参加的重大灾害事故抢险救援等情况建立原始档案，确保非现役消防员离开消防岗位后发生职业病时的工伤保险权益。

中华人民共和国公安部
中华人民共和国卫生部
中华人民共和国民政部
中华人民共和国人力资源和社会保障部
二〇一一年一月十七日

关于印发灭火救援员国家职业技能标准的通知

人社厅发［2011］18号

各省、自治区、直辖市人力资源社会保障厅（局）、公安厅（局），新疆生产建设兵团劳动保障局、公安局，国务院有关部门（行业组织、集团公司）人事劳动保障工作机构：

根据《中华人民共和国劳动法》，人力资源社会保障部、公安部共同制定了灭火救援员国家职业技能标准，现印发施行。

附件：国家职业技能标准目录

人力资源和社会保障部
中华人民共和国公安部
二〇一一年一月二十七日

附件

国家职业技能标准目录

职业编码	职业（工种）名称	备　注
3－02－03－01	灭火救援员	“灭火员”和“消防抢险救援员”合并而成

关于2010年度构筑社会消防安全“防火墙”工程检查考评情况的通报

（公消［2011］71号）

各省、自治区、直辖市公安厅、局：

为深入推进构筑社会消防安全“防火墙”工程和消防安全“五大”活动，公安部在各地自评验收的基础上，组织13个检查组，于2月21日至3月7日对全国26个省（自治区、直辖市）2010年度构筑“防火墙”工程开展情况进行了检查考评，共随机抽查了44个市（地、州、盟）、60个县（市、区、旗）的260家人员密集场所、104栋高层建筑消防安全“四个能力”建设情况和消防安全大排查、大整治工作情况。现将有关情况通报如下：

一、政府部门消防工作责任进一步落实。全国各省（自治区、直辖市）政府先后下发构筑“防火墙”工程文件60余份，召开会议130余次进行部署。各地普遍制定了构筑“防火墙”工程实施方案，将构筑“防火墙”工程纳入政府绩效考评内容，层层签订责任书，将目标任务分解到有关部门和单位，定期进行检查。北京、河北、江苏、浙江、安徽、河南、湖北、广西、海南、重庆、四川、贵州、西藏、新疆等地将构筑“防火墙”工程写入地方性消防法规，纳入“十二五”消防发展规划；天津、黑龙江、山东、河南、广西、重庆、宁夏等地出台专门规定明确各部门构筑“防火墙”工程职责任务；河北省各行业系统主管部门全部制定印发本行业“四个能力”建设方案；北京市政府采取项目化管理、团队化运作、绩效化考评的方式推进构筑“防火墙”工程；重庆市政府督查室、监察局将构筑“防火墙”工程纳入季度行政效能督查和监察的重要内容；北京、吉林、黑龙江、福建、山东、湖北、湖南、广西、海南、重庆、四川、宁夏、新疆等地政府还专门印发方案组织开展构筑“防火墙”工程年度验收。

二、社会单位消防安全“四个能力”进一步提升。各地公安机关和消防部门采取有力措施，通过培育试点、召开现场会、培训“明白人”等方式，全面推进社会单位

“四个能力”建设。天津、河北、江苏、山西、辽宁、吉林、上海、浙江、安徽、山东、河南、湖北、湖南、重庆、云南、陕西、宁夏等地专门制定了社会单位“四个能力”建设地方标准。各地公安消防部门还采取主动上门、网络管理等方式，强化服务指导。天津、河北、广西、重庆、云南等地研发了“四个能力建设网络化服务系统”；辽宁每月对全省“四个能力”达标情况进行网上排名；山东、河南、安徽、新疆等地组织精干力量实施“四个能力”建设跨区域帮扶。从此次检查考评情况看，抽查的208家人员密集场所重点单位有39家成绩优秀、143家成绩良好，抽测的1700余名单位员工中有85%消防常识考试成绩在80分以上。

三、农村社区火灾防控基础进一步改善。各地公安机关和消防部门结合社会主义新农村和“平安社区”建设，联合相关部门，大力加强农村社区消防组织、设施和队伍等基础建设。北京、山西、辽宁、黑龙江、上海、山东、河南、湖北、湖南、广西、海南、重庆、新疆等地多数街道、乡镇成立了消防工作机构，广西融水、三江县政府专门成立村寨防火工作管理局。吉林、江苏、陕西、新疆等地出台农村和社区消防建设标准，河北、福建、西藏等地积极推行居（村）民多户联防制度，广西累计投入9亿多元实施少数民族村寨防火改造。山东建立乡镇专职消防队628支、配备专职队员5533人，湖南132个乡镇、1042个村庄成立志愿、专职消防队伍，上海组建社区消防联防协管队伍184支，北京、天津聘用千余名消防协管员开展农村社区防火巡查和消防宣传。

四、公安机关消防监督管理工作水平进一步提高。各地公安机关大力加强执法规范化建设，积极创新社会消防管理，着力提升消防监督管理水平和执法效能。北京公安消防总队组织执法人员面向社会单位公开述职述廉，上海公安消防总队出台《个人执法过错责任追究实施细则》强化问责力度，河南、贵州公安消防总队组建消防执法服务队指导帮扶基层改进工作；辽宁、上海公安机关全面推行“全警消防”战略，北京、安徽、湖北、广西、宁夏等地制修订了公安派出所消防监督工作规定，编写公安派出所消防监督工作指导手册；重庆公安消防总队实行消防设施标识化、员工消防培训、单位规范管理与消防验收、开业前检查、消防监督检查“三同步”；黑龙江、吉林、上海、江苏、浙江、河南等地大力推进消防文员辅助执法。

五、消防安全大排查大整治力度进一步增大。各地公安机关和消防部门按照公安部消防安全“五大”活动的统一部署和要求，突出重点，强化措施，综合治理，全力开展消防安全大排查、大整治，集中围剿了一大批火灾隐患。北京、辽宁、安徽、河南、湖北、湖南、重庆、新疆等地组织开展“皖江围歼”“守护中原”“荆楚天网”“巴渝风暴”“天山利剑”等消防专项整治行动，形成了强大声势；北京组建政治中心区消防勤务分队加强全国“两会”及重要场所消防保卫；天津、河北、安徽、浙江、广西等地对人员密集场所和“三合一”建筑开展“地毯式”排查，上海、江苏、浙江、山东、陕西、西藏等地公安消防、建设部门联合整治建筑外墙保温材料安全隐患；上海市政府将“整治居民小区消防问题”列为2011年政府“平安实事”工程重点督办；辽宁省公安厅党委成员带队包市、包县蹲点督导排查隐患；黑龙江各级监察部门对重大火灾隐患整改不力的地区和单位负责人实施约谈告诫，国土、建设、银行等部门将重大火灾隐患整改作为新增项目核准、用地审批、银行贷款的参考依据；河南、云南公安消防总队按人均执法量对排查整治情况进行网上排名。据统计，消防安全“五大”活动开展以来，各地共检查单位70余万家，督促整改火灾隐患13.7万余处，责令“三停”1.1万余家，临时查封1.4万余家，罚款3.2亿余元，拘留4000余人。

从检查考评的情况看，2010年各地构筑社会消防安全“防火墙”工程建设取得了明显成效，但部分地方在工作中还存在一些问题和不足。一是构筑“防火墙”工程整体发展不平衡。有的地方重视程度不够，工作推进迟缓，内蒙古、江西、甘肃、青海等地未按公安部要求完成考评申报。有的地区执行力不强，县区、乡镇一级工作力度相对有所衰减，基层工作不落实的问题比较突出。有的地方工作统筹不够，特别是农村社区夯实火灾防控“四个基础”方面，推进力度不大，成效不明显。二是部分社会单位消防安全“四个能力”建设不扎实。个别已达标的单位还存在重大火灾隐患，有的自动消防设施关停或严重故障，有的不具备基本的安全疏散条件。一些单位负责人不了解本单位消防安全状况，员工不掌握基本消防常识，消防控制室操作人员不熟悉应急处置技能，员工轮岗或新招聘后不进行消防安全培训。一些单位虽然开展了“四个能力”建设，但消防管理工作成效不明显，防火检查巡查不落实，员工培训和消防设施标识不到位，制定的灭火应急疏散预案与单位实际脱节。三是部分地区消防安全大排查大整治工作不深入。一些地方对消防安全“五大”活动重视不够，不能与构筑“防火墙”工程同实施、同落实，工作被动应付，存在厌战思想。有的排查整治工作停留在文件、会议层面，有的未按要求完成人员密集场所和高层居住建筑排查任务，有的经当地排查整治过的建筑仍然存在重大火灾隐患。有的地方公安派出所日常消防监督检查工作不落实，公安消防部门与派出所消防监督范围划分不合理，致使派出所很难监管到位。

构筑“防火墙”工程是当前和今后一个时期火灾防控的中心任务，今年是构筑“防火墙”工程实施的关键年和攻坚年，各地要针对检查考评中发现的问题，紧密结合消防安全“五大”活动，采取针对性的加强和改进措施，努力推动构筑“防火墙”工程建设取得突破性进展。

一是整体推进构筑“防火墙”工程要有新突破。各地要抓紧提请当地政府将构筑“防火墙”工程2011年度任务纳入工作计划，制定具体实施方案，充分发挥消防安全委员会和消防工作联席会议等平台的作用，将工作任务、责任逐项分解落实到各地区、各部门。要加快地方性消防法规的立法进程，将构筑“防火墙”工程的主要内容和成功经验上升为法规制度。要提请当地政府年内制定颁布“十二五”消防事业发展规划，推动解决城乡消防规划、基础设施建设、农村社区基层消防组织建设、经费保障等消防工作“瓶颈性”问题。

二是开展社会单位“四个能力”建设要有新突破。各地要抽调精干力量组成“四个能力”建设指导组，分片包干，蹲点帮扶，集中攻坚，在抓好重点单位达标创建的基础上，全面推进人员密集场所一般单位“四个能力”建设。要进一步巩固已达标单位“四个能力”建设成效，及时组织开展“回头看”，公安消防部门要结合消防监督检查对“四个能力”建设内容进行重点抽查。

三是提高建筑消防设施完好率要有新突破。年内，各地要对人员密集场所、高层建筑进行全面排查，对排查发现的建筑自动消防设施关停、严重故障等影响防火灭火功能的重大火灾隐患要依法从重处罚。同时，要积极推动单位落实建筑消防设施维护保养制度，凡设有自动消防设施的单位要委托专业机构定期对消防设施进行维护保养，切实提高建筑消防设施的完好率。今年构筑“防火墙”工程检查考评，凡抽查到人员密集场所消防安全重点单位存在自动消防设施关停、瘫痪或不能发挥报警灭火功能等重大火灾隐患的，将实行“一票否决”。

四是增强消防控制室人员应急处置能力要有新突破。各地要组织消防施工企业、消防中介机构的技术力量，采取集中培训、上门指导等方式，对单位消防控制室值班操作人员进行操作性技能培训，切实提高其应急处置技能。要进一步加强消防行业特有工种职业技能鉴定工作，已建立消防行业特有工种职业技能鉴定站的省（自治区、直辖市），今年要保证50%以上的消防控制室值班操作人员取得相应的国家职业资格证书；尚未建立职业技能鉴定站的省（自治区、直辖市），年内必须完成建站任务。消防行业特有工种职业技能鉴定站建设及消防控制室值班操作人员持证上岗，将作为构筑“防火墙”工程的量化考评指标。

五是落实公安派出所消防工作职责要有新突破。各地要进一步巩固“多警联勤”消防执法机制，健全完善公安派出所消防监督工作有关制度规定，科学合理地划分公安派出所日常消防监督检查范围，严格落实公安派出所消防工作职责。2011 年，公安派出所要全面开展日常消防监督检查。公安消防部门要切实加强对公安派出所的消防监督业务指导和培训，并提供必要工作经费保障，建立奖惩激励机制，推动公安派出所消防监督工作扎实开展。

六是创新社会消防安全管理要有新突破。各地要从建筑防火设计标准、火灾隐患举报投诉、社会消防宣传教育、消防设施标识化、自动消防设施维护管理、发展和规范消防技术服务等方面，积极探索、大胆创新社会消防安全管理的新机制、新模式。经济发达城市要研究制定符合实际、高于国家规范的地方消防安全标准，探索加强城市消防安全建设与管理的新举措，发挥示范引领作用，推动全国工作整体发展。

各地接此通报后，请及时向当地党委、政府报告，提请政府迅速对构筑“防火墙”工程和消防安全“五大”活动进行再部署，狠抓工作落实，着力夯实火灾防控基础，全力稳定火灾形势，坚决遏制重特大火灾特别是群死群伤火灾事故发生，为“十二五”开局之年和中国共产党成立 90 周年创造良好的消防安全环境。

附件：各省、自治区、直辖市抽查人员密集场所消防安全重点单位“四个能力”建设考评等次（略）

中华人民共和国公安部

二〇一一年三月二十二日

关于充分发挥保安队伍作用
积极开展消防安全工作的通知

（公通字［2011］16号）

各省、自治区、直辖市公安厅、局，新疆生产建设兵团公安局：

近年来，全国保安队伍快速发展，广大保安员在提供安全防范服务、协助维护社会治安秩序的同时，在预防火灾和减少火灾危害中发挥了积极作用，已成为维护社会消防安全的一支重要力量。为认真贯彻落实《消防法》、《保安服务管理条例》、《公安机关实施保安服务管理条例办法》和《机关、团体、企业、事业单位消防安全管理规定》，进一步发挥保安队伍在消防安全工作中的作用，不断提升社会火灾防控能力，现就有关事项通知如下：

一、充分认识保安队伍开展消防安全工作的重要性

消防安全事关人民生命财产安全和社会和谐稳定，是社会公共安全的重要组成部分，也是社会单位安全防范工作的重点内容。《消防法》规定，任何单位和个人都有维护消防安全、保护消防设施、预防火灾、报告火警的义务。保安队伍量大面广、一专多能，保安员工作在社会单位第一线，具有第一时间发现隐患、消除隐患，第一时间发现火灾、扑灭火灾的工作优势。保安队伍开展消防安全工作，既是加强社会消防力量、实现群防群治的有效途径，也是筑牢社会消防安全“防火墙”工程、提升社会防控火灾整体能力的现实需要。各级公安机关要充分发挥保安队伍的作用，统筹将消防安全工作纳入保安服务行业监管的范畴，采取有力措施，扎实推进保安队伍开展消防安全工作。

二、明确职责，规范保安队伍的消防安全工作行为

保安服务公司和自行招用保安员的单位（以下统称保安从业单位）应当将消防安全工作内容纳入保安服务管理制度、岗位责任制度和保安员管理制度。保安队伍在从事门卫、巡逻、守护、押运等保安服务时，应当按照保安服务操作规程要求，认真履行相关的消防安全工作职责。社会单位要严格落实《机关、团体、企业、事业单位消防安全管理规定》，针对巡逻、守护、安全检查、报警监控等不同工作岗位的需要，分类细化明确保安员消防安全工作职责。一是将防火检查作为巡逻检查内容，重点检查消防器材完好情况、防火门关闭情况、疏散通道和安全出口及消防车通道畅通情况，及时劝阻和制止违章用火、用电等违反消防法规和消防安全管理制度的行为，发现问题及时报告；二是发现火灾应及时报警，积极组织引导人员疏散逃生；三是利用建筑消防设施、灭火器材及时扑救初起火灾；四是按照单位要求开展经常性的消防安全常识宣传，提醒员工和公众注意消防安全。保安服务公司根据与客户单位签订的安全防范服务合同提供消防安全防范服务。

三、强化培训，提高保安队伍的消防安全素质

保安从业单位要加大保安员的消防安全技能培训力度，严格按照《社会消防安全教育培训规定》和《国家保安员资格考试大纲》要求，将消防安全技能培训纳入保安员岗前培训、在职培训、换岗培训的内容。要聘请具有消防专业知识的人员负责教育培训工作，严格落实培训课时和内容要求，确保每一名保安员都能够明确所承担的消防安全工作职责，熟悉相应的业务技能，提高检查消除火灾隐患、扑救初起火灾、组织疏散逃生和消防宣传教育的能力。各地公安机关治安管理部门在组织保安员资格考试中，要根据不同岗位，适当提高消防安全知识的考题比重。专门从事建筑自动消防系统操作的保安员，应当按照《消防法》等规定，取得消防行业特有工种职业资格证书。

四、建立机制，提升保安队伍的消防保障水平

各地要积极探索“保消合一”的新途径，不断完善机制建设，调动保安队伍开展消防安全工作的积极性。鼓励保安员参加消防培训，考取灭火救援员、建（构）筑物消防员等消防行业特有工种职业资格证书，专（兼）任单位消防管理人员、消防控制室值班操作人员等岗位。机关、团体、企业、事业单位尤其是公众聚集场所等火灾危险性较大的社会单位应当优先聘用具有较高消防业务技能的保安员。社会单位应根据保安员开展消防安全工作的需要，为保安员配备必需的防火巡查检查、火灾报警、引导人员疏散逃生、处置初起火灾、消防宣传等器材和装备。

五、加强监管，推动保安队伍消防工作有效开展

各级公安机关要加强保安队伍开展消防工作的监管与指导，与其他工作同部署、同检查、同考核、同奖惩。对在消防工作中成绩突出的保安先进集体和先进个人，应当予以表彰奖励。治安管理部门和消防部门要加强协调配合，建立信息互通机制，形成合力。治安管理部门要将保安队伍开展消防安全工作情况纳入行政监管的重要内容，督促保安从业单位规范消防安全防范服务工作，督促保安培训单位提高消防安全业务培训质量。消防部门要积极配合治安管理部门，共同加强对保安队伍开展消防安全工作和保安人员消防业务培训工作的监督管理，规范保安队伍消防安全服务模式，积极为保安员消防安全培训提供有力的技术支持和指导。消防部门和公安派出所在开展日常消防监督检查时，要将保安员开展消防安全服务工作情况纳入对社会单位检查的内容，督促落实消防安全工作职责。

各地贯彻落实情况，请及时报部。

公安部

二〇一一年五月四日

关于印发《全民消防安全宣传教育纲要（2011—2015）》的通知

（公通字［2011］20 号）

各省、自治区、直辖市党委宣传部，公安厅、局，教育厅（教委），民政厅（局），文化厅（局），卫生厅（局），广播影视局，安全监管局，新疆生产建设兵团党委宣传部、教育局、公安局、民政局、文化局、卫生局、广播电视局、安全监管局：

为进一步提高全民消防安全意识，增强全社会防范火灾、扑救初起火灾和逃生自救能力，确保人民群众生命财产安全，促进社会和谐稳定，公安部会同中宣部、教育部、民政部、文化部、卫生部、广电总局、安全监管总局联合制定了《全民消防安全宣传教育纲要（2011—2015）》，现印发你们，请认真贯彻落实。

中宣部、公安部、教育部
民政部、文化部、卫生部
广电总局、安全监管总局
二〇一一年五月二十七日

全民消防安全宣传教育纲要（2011—2015）

为进一步提升全民消防安全素质，增强全社会抗御火灾的能力，确保人民群众生命财产安全，保障和改善民生，促进社会和谐稳定，根据《中华人民共和国消防法》、《中华人民共和国国民经济和社会发展第十二个五年规划纲要》，制定《全民消防安全宣传教育纲要（2011—2015）》。

一、指导思想和工作目标

以邓小平理论和“三个代表”重要思想为指导，深入贯彻落实科学发展观，按照“政府统一领导、部门依法监管、单位全面负责、公民积极参与”的原则，实行消防安全宣传教育责任制。通过开展全民消防安全宣传教育活动，树立“全民消防，生命至上”理念，激发公民关注消防安全、学习消防知识、参与消防工作的积极性和主动性，不断提升全民消防安全素质，夯实公共消防安全基础，减少火灾危害，为实现国民经济和社会发展“十二五”奋斗目标，全面建设小康社会，创造良好的消防安全环境。

到2015年底，各级政府、职能部门、人民团体、社会单位依法开展消防安全宣传教育工作的机制基本形成、队伍普遍建立、设施较为完善、形式与内容满足社会需要；公益化和市场化结合、普遍宣传教育与重点宣传教育结合、专业队伍与群众力量结合的宣传教育格局基本形成；消防安全宣传教育指导、督察、考评、监测体系基本建立；安全用火、用电、用油、用气和火灾报警、扑救初起火灾、疏散逃生等消防安全常识得到广泛普及；公民消防安全素质明显提升，遵守消防法律法规的自觉性普遍提高，发现和消除火灾隐患、扑救初起火灾和逃生自救互救能力明显增强；人为因素引起的火灾事故明显减少，全国火灾形势保持平稳。

二、主要任务

（一）家庭、社区消防安全宣传教育

1. 家庭成员学习掌握安全用火、用电、用气、用油和火灾报警、初起火灾扑救、逃生自救常识，经常查找、消除家庭火灾隐患；教育未成年人不玩火；教育家庭成员自觉遵守消防安全管理规定，不圈占、埋压、损坏、挪用消防设施、器材，不占用消防车通道、防火间距，保持疏散通道畅通；提倡家庭制定应急疏散预案并进行演练。

2. 社区居民委员会、住宅小区业主委员会应建立消防安全宣传教育制度，制定居民防火公约，重要防火时期、“119 消防日”活动期间组织居民参加消防科普教育活动和消防安全自查、互查及灭火、逃生演练；发动社区老年协会、物业管理公司职工、消防志愿者、义务消防队员参与消防安全宣传教育工作，与社区老弱病残、鳏寡孤居家庭结成帮扶对子，上门进行消防安全宣传教育，帮助查找消除火灾隐患，遇险情时帮助疏散逃生；为每栋住宅指定专兼职消防宣传员，绘制、张贴住宅楼疏散逃生示意图，开展楼内消防巡查，确保疏散通道畅通、防火门常闭、消防设施器材和标志标识完好。

3. 社区居民委员会、住宅小区业主委员会应在社区、住宅小区因地制宜设置消防宣传牌（栏）、橱窗等，适时更新内容；小区楼宇电视、户外显示屏、广播等应经常播放消防安全常识。

4. 街道办事处、乡镇政府等应引导城镇居民家庭和有条件的农村家庭配备必要的报警、灭火、照明、逃生自救等消防器材，其他农村家庭应储备灭火用水、沙土，配备简易灭火器材，并掌握正确的使用方法。

5. 街道办事处、乡镇政府等应将家庭消防安全宣传教育工作纳入“平安社区”、“文明社区”、“五好文明家庭”等创建、评定内容。

（二）学校消防安全宣传教育

1. 学校应落实相关学科课程中消防安全教育内容，针对不同年龄段学生分类开展消防安全教育；每学年组织师生开展疏散逃生演练、消防知识竞赛、消防趣味运动会等活动；有条件的学校应组织学生在校期间至少参观一次消防科普教育场馆。

2. 学校应利用“全国中小学生安全教育日”“防灾减灾日”“科技活动周”“119 消防日”等集中开展消防宣传教育活动。

3. 小学、初级中学每学年应布置一次由学生与家长共同完成的消防安全家庭作业；普通高中、中等职业学校、高等学校应鼓励学生参加消防安全志愿服务活动，将学生参与消防安全活动纳入校外社会实践、志愿活动考核体系，每名学生在校期间参加消防安全志愿活动应不少于 4 小时。

4. 校园电视、广播、网站、报刊、电子显示屏、板报等，应经常播、刊、发消防安全内容，每月不少于一次；有条件的学校应建立消防安全宣传教育场所，配置必要的消防设备、宣传资料。

5. 学校教室、行政办公楼、宿舍及图书馆、实验室、餐厅、礼堂等，应在醒目位置设置疏散逃生标志等消防安全提示。

（三）农村消防安全宣传教育

1. 乡镇政府、村民委员会应制定完善消防安全宣传教育工作制度和村民防火公约，明确职责任务；指导村民建立健全自治联防制度，轮流进行消防安全提示和巡查，及时发现、消除火灾隐患。

2. 在人员相对集中的场所建立固定消防安全宣传教育阵地，教育村民安全用火、用电、用油、用气，引导村民开展消防安全隐患自查、自改行动；教育村民掌握火灾报警、初起火灾扑救和逃生自救的方法。

3. 农忙时节、火灾多发季节以及节庆、民俗活动期间，乡镇、村应集中开展有针对性的消防安全宣传教育活动。

4. 乡镇政府应在农村集市、场镇等场所设置消防宣传栏（牌）、橱窗等，并及时更新内容；举办群众喜闻乐见的消防文艺演出；督促乡镇企业开展消防安全宣传教育工作。

5. 乡镇、村应设专兼职消防宣传员，鼓励农村基干民兵、村镇干部和村民加入义务消防队、消防志愿者队伍，与弱势群体人员结成帮扶对子，上门宣传消防安全知识、查找隐患，遇险时协助逃生自救。

（四）人员密集场所消防安全宣传教育

1. 人员密集场所应在安全出口、疏散通道和消防设施等位置设置消防安全提示；结合本场所情况，向顾客提示场所火灾危险性、疏散出口和路线、灭火和逃生设备器材位置及使用方法。

2. 人员密集场所应定期开展全员消防安全培训，落实从业人员上岗前消防安全培训制度；组织全体从业人员参加灭火、疏散、逃生演练，到消防教育场馆参观体验，确保人人具备检查消除火灾隐患能力、扑救初起火灾能力、组织人员疏散逃生能力。

3. 文化娱乐场所、商场市场、宾馆饭店以及大型活动现场应通过电子显示屏、广播或主持人提示等形式向顾客告知安全出口位置和消防安全注意事项。

4. 公共交通工具的候车（机、船）场所、站台等应在醒目位置设置消防安全提示，宣传消防安全常识；电子显示屏、车（机、船）载视频和广播系统应经常播放消防安全知识。

（五）单位消防安全宣传教育

1. 机关、团体、企业、事业单位应建立本单位消防安全宣传教育制度，健全机构，落实人员，明确责任，定期组织开展消防安全宣传教育活动。

2. 机关、团体、企业、事业单位应制定灭火和应急疏散预案，张贴逃生疏散路线图。消防安全重点单位至少每半年、其他单位至少每年组织一次灭火、逃生疏散演练。

3. 机关、团体、企业、事业单位应定期开展全员消防安全培训，确保全体人员懂基本消防常识，掌握消防设施器材使用方法和逃生自救技能，会查找火灾隐患、扑救初起火灾和组织人员疏散逃生。

4. 机关、团体、企业、事业单位应设置消防宣传阵地，配备消防安全宣传教育资料，经常开展消防安全宣传教育活动；单位广播、闭路电视、电子屏幕、局域网等应经常宣传消防安全知识。

三、职责分工

各地要将实施本纲要纳入消防安全联席会、防火安全委员会议事日程，加强工作领导，出台配套政策，建立完善职能部门协作机制、新闻媒体联动机制、考核奖惩机制和问责机制。各部门要切实履行职责、发挥优势、密切配合、形成合力，大力推进全民消防安全宣传教育工作。

（一）宣传部门要将消防安全教育纳入社会主义精神文明建设内容；督促各类新闻媒体加大消防公益宣传力度，将普及消防法律法规、防火、灭火及逃生自救知识纳入重要宣传内容；大力宣传推广全民消防安全教育工作先进经验和先进典型。

（二）公安部门要根据消防安全形势和中心工作，研究制定消防安全宣传教育工作重点；策划组织“119消防日”、“中国消防志愿者行动”等消防安全宣传教育活动；组织社会媒体开展消防宣传工作；指导相关部门、社会单位开展消防安全教育活动；加强消防站开放、消防科普教育基地等固定消防宣传教育阵地建设；将消防安全宣传教育纳入社区警务室工作职责；派出所要将消防安全宣传教育工作纳入日常消防监督检查内容，社区民警要指导督促社区、住宅小区开展消防安全宣传教育工作。

（三）教育部门要制定学校消防安全宣传教育工作规划，在课堂教学、学生校外社会实践、团组织和少先队活动中落实好消防安全教育内容；指导各类学校开展消防安全宣传教育活动，并进行督导考核；将消防安全宣传教育培训纳入学校教职员工在职培训内容和“中小学生安全教育日”活动内容；组织开展消防安全示范校创建活动；支持高等学校和职业院校开设消防专业或者设置消防课程；鼓励师范类院校将消防安全知识列入学生必修内容；发动大中专院校学生参加中国消防志愿者行动，对城乡老弱病残等特殊群体，开展面对面的消防宣传教育和服务活动。

（四）民政部门要将消防安全宣传教育培训纳入减灾规划并组织实施，结合救灾、扶贫济困和社会优抚安置、慈善等工作开展消防安全教育；指导居（村）民委员会制定防火安全公约、开展消防安全宣传教育培训工作，在社区、村庄公共活动场所设置消防宣传栏，利用文化活动站、学习室等场所，对居（村）民开展经常性的消防安全宣传教育；督促社区、乡村广播、视频设备播放消防安全常识；组织养老院、光荣院、福利院、救助站等开展用火用电和自救逃生安全教育。

（五）文化部门要指导文物保护单位、公共图书馆、博物馆、文化馆（站）和歌舞厅、剧院、网吧、游戏厅等文化娱乐场所开展消防安全宣传教育工作，确保从业人员懂基本消防常识、会查找消除火灾隐患、会扑救初起火灾、会组织人员疏散逃生；大力推动消防文化建设，积极开展群众喜闻乐见的消防文艺作品的创作和演出，把消防安全教育纳入文化下乡活动，融入基层群众文化活动中。

（六）卫生部门要将火灾的现场救护、医疗救治知识和消防安全教育列入卫生部门安全生产相关预案；指导医疗卫生机构做好伤员救治和消防安全宣传教育工作，教育医疗卫生机构人员学会扑救初起火灾、组织人员（病人）疏散逃生和火灾应急救护技能。

（七）广播电影电视部门要加大消防安全宣传报道力度，普及消防法律法规和消防安全常识、逃生自救知识，及时宣传消防安全工作先进经验，鼓励相关媒体安排播出消防公益广告，在消防工作重要节日、重要活动期间集中进行宣传报道；积极扶持消防广播、电视节目以及消防电影、电视剧的制作、播出；积极协助有关部门开展“消防宣传进影院”活动，组织放映消防安全知识宣传片；在“送电影下乡”活动中加入消防科普影片。

（八）安全生产监督管理部门要督促工矿商贸企业依法开展消防安全教育工作，将消防安全知识纳入企业安全生产教育、培训内容；将消防法律法规、技术标准纳入注册安全工程师和特种作业人员的培训和考试内容；将消防安全宣传教育纳入全国“安全生产月”等活动内容并进行考评。

四、保障措施

（一）出台配套措施。各地要结合当地实际和特点，因地制宜制定五年消防安全宣传教育规划和年度工作计划，分年度、类别，量化目标，有计划、有重点、有步骤地开展消防安全宣传教育工作；根据本纲要要求，出台切实可行、操作性强的措施，积极探索开展社会化消防安全宣传教育的新途径、新方法。

（二）健全宣传队伍。各地应建立以宣传部门、新闻媒体及社会单位专兼职宣传人员为主体、消防志愿者广泛参与，多种形式并存、人数众多、覆盖面广的社会化消防安全宣传教育队伍。单位应建立由消防安全管理人、专兼职消防员、保安人员组成的消防宣传队伍；社区应建立由居民委员会工作人员、物业管理人员、协管员、志愿者、预备役人员等参加的消防宣传队伍；农村应建立由基层干部、群众组成的消防宣传队伍。

（三）完善宣传设施。积极推动消防博物馆、教育馆（室）、宣传车、主题公园等消防科普教育基地、设施建设。到2015年底，县级行政区域依托消防队（站）、博物馆、文化馆、公园、学校，建成1个以上功能设施比较齐全、能同时容纳50人以上参观的消防科普教育场馆；60%以上县级行政区域配备消防宣传车。

（四）发挥媒体作用。电视、广播、报刊、互联网等大众媒体以及数字媒体、手机报、手机电视、公共视听载体（包括户外电子屏、楼宇视频）等新兴媒体应广泛、深入开展经常性的消防公益宣传，在重要节日、重大活动、重点防火时期和“119消防日”期间应刊播消防安全常识及公益广告，开展针对性的提示宣传。

（五）创新消防文化。积极推动消防文化事业创新发展，鼓励创作消防文艺精品，不断推出消防影视剧、消防动漫、游戏等；鼓励开展群众性消防文艺活动，举办群众喜闻乐见的专题晚会、巡回演出、文艺汇演等。

（六）开展主题活动。每年“119消防日”宣传活动期间和重要防火时期，各级政府应广泛开展社会化消防宣传教育活动，机关、团体、企业、事业单位和社区应开展有针对性的消防宣传教育。

（七）保障宣传经费。各地要将消防宣传经费列入本级财政预算，为建设消防科普教育基地等固定宣传设施、配备消防宣传车、制作消防宣传品和开展消防安全培训、消防志愿活动等提供经费保障，确保纲要顺利实施。有关部门、单位和团体应根据本纲要明确的职责任务，安排落实所需经费。

（八）加强督导考评。各地要建立专门的考评指标体系，制定宣传评估标准，委托有关机构监测、评估，组织开展督导检查考核，推动本纲要的贯彻实施。鼓励各地积极探索、勇于创新，改革宣传内容、方法、手段，创造性地开展宣传教育活动，及时总结、推广先进经验，表彰先进单位和个人。

关于规范和加强多种形式消防队伍消防车辆管理的通知

（公消［2011］203号）

各省、自治区、直辖市公安厅、局，交通运输厅、局、委，国家税务局、计划单列市国家税务局，天津市市政公路管理局：

近年来，各地区各部门认真贯彻落实《中华人民共和国消防法》和国务院《关于进一步加强消防工作的意见》（国发［2006］15 号），大力发展以政府专职消防队、单位专职消防队和志愿消防队为主的多种形式消防队伍，取得了明显成效。截至目前，全国共组建政府专职消防队 7375 个、单位专职消防队 2544 个，配备各类消防车辆 1.5 万余台。“十一五”期间，全国多种形式消防队伍共参加灭火应急救援 89.7 万余次，出动车辆 134.3 万台次，抢救遇险被困群众 8.3 万余人，为减少火灾伤亡、保障经济建设和维护社会稳定作出了积极贡献。

根据公安部、国家发展和改革委员会、民政部、财政部、人力资源和社会保障部、交通运输部、中华全国总工会《关于深化多种形式消防队伍建设发展的指导意见》（公通字［2010］37 号），为规范和加强多种形式消防队伍消防车辆（列入国家标准《消防基本术语》GB5907 中“消防车”范围的车辆）管理，现就有关事宜通知如下：

一、多种形式消防队伍消防车辆购置税办理

购置已列入国家税务总局《设有固定装置免税车辆图册》（以下简称《图册》）的消防车，应在购车后 60 日内到车辆落籍地主管税务机关办理车辆购置税免税手续；购置未列入《图册》的消防车，应在购车后 60 日内到车辆落籍地主管税务机关办理车辆购置税纳税申报手续，如需列入《图册》，可按照《车辆购置税征收管理办法》（国家税务总局令第 15 号）的规定申请列入《图册》，待国家税务总局审核后将符合免税条件的列入《图册》，《图册》下发后依规定办理退税手续。

二、多种形式消防队伍消防车辆牌证办理

多种形式消防队伍购置消防车辆后，应按照国家标准《车用电子警报器》（GB8108）和《警车、消防车、救护车、工程救险车标志灯具》（GB13954）配备警报器、标志灯具；车身按照国家标准《漆膜颜色标准》（GB/T3181）喷涂为红色，显著位置喷涂“消防”字样或标志图案。根据《机动车登记规定》（公安部令第 102 号）和《机动车登记工作规范》（公交管［2008］185 号），凭机动车所有人的身份证明（多种形式消防队伍的组建或主管单位组织机构代码证书）、来历证明（购车发票）、车辆合格证或机动车进口凭证、车辆购置税完税或免税证明、机动车交通事故责任强制保险凭证、当地公安消防部门出具的使用性质证明等资料，到公安交管部门办理车辆注册登记手续。

三、免收执行灭火救援任务消防车的通行费

按照《收费公路管理条例》的规定，对符合相关标准和特征、经省级人民政府核定并批准、执行灭火救援任务的消防车，免收往返途中的车辆通行费。

四、加强多种形式消防队伍消防车辆管理

多种形式消防队伍应当建立健全消防车辆管理制度，优先购置《图册》范围内的消防车辆，并按规定定期进行安全技术检验，及时发现和消除安全隐患，确保灭火救援行动安全。多种形式消防队伍消防车辆执行灭火应急救援任务时可以使用警报器、标志灯具，在确保安全的前提下，不受行驶路线、行驶方向、行驶速度和信号灯的限制，其他车辆和行人应当让行。不得将消防车辆用于与消防和应急救援工作无关的事项。非执行灭火应急救援任务时不得使用警报器、标志灯具，应遵守《道路交通安全法》及其实施条例，遵照行驶路线、行驶方向、行驶速度和信号灯的指示行驶，自觉维护公共交通安全和秩序。多种形式消防队伍主管单位要加强对消防车辆的监管，督促落实车辆使用审批、维护保养和对消防车驾驶员的管理教育，确保行车安全。

中华人民共和国公安部
中华人民共和国交通运输部
国家税务总局
二〇一一年六月十六日

关于印发《社会消防安全教育培训大纲（试行）》的通知

（公消［2011］213号）

各省、自治区、直辖市公安厅、局，教育厅（教委），人力资源和社会保障厅（局），新疆生产建设兵团公安局、教育局、劳动保障局：

为贯彻落实《中华人民共和国消防法》，加强社会消防安全教育培训工作，根据公安部、教育部、民政部等9个部门联合制定的《社会消防安全教育培训规定》（公安部令第109号），公安部、教育部、人力资源和社会保障部共同制定了《社会消防安全教育培训大纲（试行）》（以下简称《大纲》），现印发给你们，请认真贯彻实施。

一、**积极宣贯**。开展社会消防安全教育培训，增强全体公民的消防安全素质，是有效预防火灾和减少火灾危害的重要途径。《大纲》作为《社会消防安全教育培训规定》的重要配套文件，针对不同培训对象，按照理论和实践相结合的原则，明确了教育培训的主要内容和基本要求，是开展社会消防安全教育培训的基本准则，也是相关部门考评培训对象的基本标准。各地公安、教育、人力资源社会保障等有关部门要紧密结合中宣部、公安部等8个部门联合印发的《全民消防安全宣传教育纲要（2011—2015）》（公通字［2011］20号）的贯彻实施，积极做好《大纲》宣贯工作，通过多种形式，广泛向有关部门、社会单位、各级各类学校、消防安全专业培训机构、居（村）民委员会和公民宣传《大纲》的作用及主要内容，提高实施《大纲》的自觉性，为贯彻落实《大纲》奠定坚实基础。

二、**按纲施训**。公安、教育、人力资源社会保障等有关部门在组织编写各类消防培训教材、开发有关考试题库时，应当落实《大纲》内容要求。监督、指导社会消防安全专业培训机构和其他培训机构、各级各类学校，严格按照《大纲》要求开展消防安全教育培训，突出消防安全管理、建筑防火和自动消防设施施工、操作、检测、维护技能等重点培训内容。其他部门组织的行业性消防安全教育培训和社会单位自行开展的消防安全教育培训，其主要内容应当与《大纲》相一致。

三、**强化落实**。各地公安、教育、人力资源社会保障等有关部门要加强沟通协作，按照《社会消防安全教育培训规定》确定的职责，依法组织和监管消防安全教育培训工作；将落实《大纲》要求纳入教学体系和有关培训质量评估内容，定期组织检查、考评，切实提高社会消防安全教育培训质量。各地公安消防部门要依托消防安全委员会、消防工作联席会议等平台，积极协调有关部门加强对社会消防安全教育培训及《大纲》落实工作的指导和监督，纳入对相关部门消防安全责任制考评内容，确保培训工作落到实处。

各地在贯彻实施《大纲》过程中遇到问题及有关建议，请及时上报。

公安部
教育部
人力资源和社会保障部
二〇一一年七月十一日

社会消防安全教育培训大纲（试行）

编制说明

为贯彻落实《中华人民共和国消防法》，加强消防教育培训工作，提高公民消防安全素质，有效预防和减少火灾，根据《社会消防安全教育培训规定》（公安部令第109号），结合消防工作实际，公安部、教育部、人力资源和社会保障部组织编制了《社会消防安全教育培训大纲（试行）》（以下简称《大纲》）。

《大纲》根据“政府统一领导、部门依法监管、单位全面负责、公民积极参与”的消防工作原则，按照“全民消防、生命至上”理念，紧紧围绕构筑社会消防安全“防火墙”工程和推进消防工作社会化，适应社会单位消防安全管理要求和公民日常工作生活消防安全需求，明确消防安全教育培训对象、目的、内容、课时，强化社会单位消防安全主体意识，提高社会单位“四个能力”建设水平，提升公民消防安全整体素质。

《大纲》依据相关消防法规，针对政府及其职能部门消防工作负责人等13类人员特点，按照理论和实践相结合的原则，突出基础知识和基本技能，注重素质教育和能力提高，从消防安全基本知识、消防法规基本常识、消防工作基本要求和消防基本能力训练四个方面，明确了消防教育培训的主要内容，作为社会消防教育培训的依据和参考。

《大纲》中的培训内容和培训课时均为基本要求，各地可结合区域实际和行业特点具体实施。对于有关人员的培训要求，国家已经制定标准或者有关部门已有规定的，按照国家标准和有关规定执行。《大纲》在编制过程中也参照了相关国家标准和有关规定，并尽量保持基本一致。

社会消防安全教育培训大纲（试行）

一、政府及其职能部门消防工作负责人

培训对象：各级人民政府（含派出机构）及其部门负责人。

培训目的：通过培训，使培训对象熟悉消防安全的有关法律、法规、规章，知晓消防工作组织领导、安全监管、消防设施建设、社会消防力量建设、消防经费保障、检查考评等责任，掌握消防安全基础知识、社会消防安全管理要求，提高消防工作管理能力。

培训课时：12 课时。

培训内容：

（一）消防安全基本知识

1. 火灾

（1）了解火灾的概念及分类。

（2）了解火灾发生的原因。

（3）了解防火的基本原理。

（4）了解火灾的危害。

（5）了解火灾蔓延的途径。

（6）了解不同类别火灾的特点。

（7）了解火灾等级划分的标准。

2. 火灾扑救

（1）掌握火灾报警的方法、内容和要求。

（2）了解火灾扑救的基本原则。

（3）了解冷却、隔离、窒息、抑制等灭火原理。

（4）了解常见灭火剂的种类及适用范围。

（5）掌握常用灭火设施、器材的种类及使用方法。

3. 火场疏散逃生

（1）掌握疏散逃生的基本方法和要求。

（2）了解消防自救呼吸器、救生绳（袋）、缓降器等救生器材的使用方法。

（3）掌握疏散指示标志的识别。

（4）掌握安全出口、疏散通道、应急照明、防火门、防火卷帘、火灾警报装置等常见疏散逃生相关设施的识别。

4. 典型火灾案例分析

了解重特大火灾主要原因及应该吸取的教训。

（二）消防法规基本常识

1. 了解消防法规体系及主要消防法规。

2. 掌握消防工作的方针和原则。

3. 掌握《中华人民共和国消防法》《国务院关于特大安全生产事故行政责任追究的规定》等法律法规有关政府及职能部门消防工作职责的规定。

4. 掌握政府及其职能部门履行消防工作职责的内容、要求。

5. 掌握法律法规规定的有关消防行政、刑事责任。

（三）消防工作基本要求

1. 了解消防工作在经济发展、社会稳定和保障民生中的重要作用。

2. 了解组织编制城乡消防规划的程序、内容和要求。

3. 了解城镇消防安全布局以及消防站、消防供水、消防通信、消防车通道、消防装备的基本要求。

4. 掌握政府在火灾扑救和应急救援中的职责、任务。

5. 掌握多种形式消防队伍建设的基本要求。

6. 掌握加强农村、社区消防工作的基本要求。

7. 掌握政府及有关部门开展消防宣传教育培训的职责及要求。

8. 掌握重大火灾隐患的督促整改要求。

9. 掌握对政府及有关部门落实消防工作责任制情况进行监督检查的内容、方法及程序。

（四）消防基本能力训练

1. 常用消防设施、器材操作训练。

2. 组织扑救初起火灾训练。

3. 火场疏散逃生、自救互救基本方法训练。

4. 组织开展消防宣传教育和消防安全检查训练。

二、社区居民委员会、农村村民委员会消防工作负责人

培训对象：社区居民委员会、农村村民委员会负责人及消防安全管理人。

培训目的：通过培训，使培训对象熟悉消防法律、法规、规章和有关标准，知晓基层自治组织消防工作法定职责，掌握消防安全基础知识和消防安全管理的基本技能，提高组织开展消防工作能力。

培训课时：16 课时。

培训内容：

（一）消防安全基本知识

1. 火灾

（1）了解火灾的概念及分类。

（2）了解火灾发生的原因。

（3）了解防火的基本原理。

（4）了解火灾的危害。

（5）了解火灾蔓延的途径。

（6）了解不同类别火灾的特点。

（7）了解火灾等级划分的标准。

2. 火灾扑救

（1）掌握火灾报警的方法、内容和要求。

（2）了解火灾扑救的基本原则。

（3）了解冷却、隔离、窒息、抑制等灭火原理。

（4）了解常见灭火剂的种类及适用范围。

（5）掌握常用灭火设施、器材的种类及使用方法。

3. 火场疏散逃生

（1）掌握疏散逃生的基本方法和要求。

（2）了解消防自救呼吸器、救生绳（袋）、缓降器等救生器材的使用方法。

（3）掌握疏散指示标志的识别。

（4）掌握安全出口、疏散通道、应急照明、防火门、防火卷帘、火灾警报装置等常见疏散逃生相关设施的识别。

4. 典型火灾案例分析

了解社区、农村火灾的主要原因及应该吸取的教训。

（二）消防法规基本常识

1. 了解消防法规体系和主要消防法规。

2. 掌握消防工作的方针和原则。

3. 掌握《中华人民共和国消防法》《国务院关于特大安全生产事故行政责任追究的规定》等法律法规有关社区居民委员会、农村村民委员会消防工作职责的规定。

4. 掌握法律法规规定的有关消防行政、刑事责任。

（三）消防工作基本要求

1. 了解社区、农村消防工作在维护社会和谐稳定中的重要作用。

2. 掌握社区、农村消防安全责任制的主要内容和要求。

3. 掌握社区、农村消防基础设施建设要求。

4. 掌握社区、农村志愿消防队等群众性自防自救组织建设及管理要求。

5. 掌握社区、农村消防安全检查的方法、内容及要求。

6. 掌握火灾隐患的整改要求（重点是居、村民家庭，生产、储存、经营合用场所，小旅馆、小歌厅、小洗浴、小酒吧、小餐馆、小作坊等小场所火灾隐患的检查判定及整改要求）。

7. 掌握消防器材设置点的设置要求。

8. 掌握常用消防设施、器材用途及检查、维护、保养的基本要求。

9. 掌握居民、村民消防安全宣传教育的方法、内容和要求。

10. 掌握社区、农村灭火和应急疏散预案的内容和演练要求。

（四）消防基本能力训练

1. 常用消防设施、器材操作训练。

2. 组织扑救初起火灾训练。

3. 火场疏散逃生、自救互救基本方法训练。

4. 组织开展消防宣传教育和消防安全检查训练。

三、社会单位消防安全责任人、管理人和专职消防安全管理人员

培训对象：机关、团体、企业、事业单位消防安全责任人、消防安全管理人、专（兼）职消防安全人员。

培训目的：通过培训，使培训对象熟悉消防法律、法规、规章和有关标准，知晓消防工作法定职责，掌握消防安全基本知识和消防安全管理基本技能，提高检查消除火灾隐患、组织扑救初起火灾、组织人员疏散逃生和消防宣传教育培训能力。

培训课时：32 课时。

培训内容：

（一）消防安全基本知识

1. 火灾

（1）了解火灾的概念及分类。

（2）了解火灾发生的原因。

（3）了解防火的基本原理。

（4）了解火灾的危害。

（5）了解火灾蔓延的途径。

（6）了解不同类别火灾的特点。

（7）了解火灾等级划分的标准。

2. 火灾扑救

（1）掌握火灾报警的方法、内容和要求。

（2）了解火灾扑救的基本原则。

（3）了解冷却、隔离、窒息、抑制等灭火原理。

（4）了解常见灭火剂的种类及适用范围。

（5）掌握常用灭火设施、器材的种类及使用方法。

3. 火场疏散逃生

（1）掌握疏散逃生的基本方法和要求。

（2）了解消防自救呼吸器、救生绳（袋）、缓降器等救生器材的使用方法。

（3）掌握疏散指示标志的识别。

（4）掌握安全出口、疏散通道、应急照明、防火门、防火卷帘、火灾警报装置等常见疏散逃生相关设施的识别。

4. 典型火灾案例分析

了解不同类型社会单位火灾的原因及应该吸取的教训。

（二）消防法规基本常识

1. 了解消防法规体系及主要消防法规。

2. 掌握消防工作的方针和原则。

3. 掌握《中华人民共和国消防法》《国务院关于特大安全生产事故行政责任追究的规定》《机关、团体、企业、事业单位消防安全管理规定》等法律法规有关单位消防工作职责的规定。

4. 掌握法律法规规定的有关消防行政、刑事责任。

（三）消防工作基本要求

1. 了解消防工作在单位生产经营、管理和发展中的重要作用。

2. 掌握单位组织开展消防工作的方法、内容及要求。

3. 掌握单位消防安全组织、制度建设的内容及要求。

4. 掌握单位消防安全责任人、消防安全管理人等消防安全职责。

5. 掌握消防安全重点单位管理的内容及要求。

6. 掌握单位重点部位、重点工种、火源、电气、易燃易爆危险品（设备）等消防安全管理的方法、内容及要求。

7. 掌握单位员工消防安全教育培训的方法、内容及要求。

8. 掌握消防设施、器材特点、用途及检查、维护、保养的基本要求。

9. 掌握消防安全检查、巡查、岗位自查的方法、内容及要求。

10. 掌握火灾隐患的判定标准及整改要求。

11. 掌握《人员密集场所消防安全管理》《消防控制室通用技术要求》《建筑消防

设施的维护管理》等行业标准的相关规定。

12. 掌握单位专职消防队、志愿消防队建设、管理的内容及要求。

13. 掌握单位灭火和应急疏散预案的内容及演练要求。

14. 掌握组织扑救初起火灾的基本原则和基本方法。

15. 掌握单位消防档案的内容及管理要求。

（四）消防基本能力训练

1. 常用消防设施、器材操作训练。

2. 组织扑救初起火灾训练。

3. 火场疏散逃生、自救互救基本方法训练。

4. 组织开展消防安全宣传教育和消防安全检查训练。

四、自动消防系统操作、消防安全监测人员

培训对象：机关、团体、企业、事业单位从事自动消防系统操作的从业人员和消防安全监测执业人员。

培训目的：通过培训，使培训对象熟悉消防法律、法规和有关标准规定，知晓消防工作法定职责，掌握消防安全基本知识和操作消防设施的基本技能，提高消防控制室值班人员管理水平和应急处置能力。

培训课时：180 课时。

培训内容：

（一）消防安全基本知识

1. 燃烧

（1）了解燃烧的概念和条件。

（2）了解燃烧的类型和特点。

（3）了解燃烧的主要产物及其毒性。

（4）了解热传播的途径。

2. 火灾

（1）了解火灾的概念及分类。

（2）了解火灾发生的原因。

（3）掌握防火的基本原理。

（4）了解火灾的危害。

（5）了解火灾蔓延的途径。

（6）了解不同类别火灾的特点。

（7）掌握火灾等级划分的标准。

3. 爆炸

（1）了解爆炸的种类及特点。

（2）了解爆炸的原因、发生条件及危害。

4. 电气防火

（1）掌握电气线路、电气设备的防火要求。

（2）掌握防雷电、防静电和电气防爆的主要措施。

5. 建筑防火

（1）掌握建筑火灾发展和蔓延的基础知识。

（2）掌握建筑材料的燃烧性能及分级。

（3）掌握防火门、防火阀等防火分隔设施的基础知识。

（4）掌握建筑物防火、防烟分区的基础知识。

（5）掌握总平面布局和防火间距等的基础知识。

（6）掌握安全出口、疏散通道等安全疏散的基础知识。

6. 了解电工学、水力学、建筑学、燃烧学、有机化学等有关消防基础学科的常识。

7. 火灾扑救

（1）掌握火灾报警的方法、内容和要求。

（2）了解火灾扑救的基本原则。

（3）掌握冷却、隔离、窒息、抑制等灭火原理。

（4）了解常见灭火剂的种类及适用范围。

（5）掌握常用灭火设施、器材的种类及使用方法。

8. 火场疏散逃生

（1）掌握疏散逃生的基本方法及要求。

（2）掌握消防自救呼吸器、救生绳（袋）、缓降器等救生器材的使用方法。

（3）掌握疏散指示标志的识别。

（4）掌握安全出口、疏散通道、应急照明、防火门、防火卷帘、火灾警报装置等常见疏散逃生相关设施的识别。

9. 典型火灾案例分析

了解不同类型火灾的原因及应该吸取的教训。

（二）消防法规基本常识

1. 了解消防法规体系及主要消防法规。

2. 掌握消防工作的方针和原则。

3. 掌握《中华人民共和国消防法》、《中华人民共和国刑法》、《中华人民共和国治安管理处罚法》、《机关、团体、企业、事业单位消防安全管理规定》等法律法规的有关条款。

4. 掌握《消防控制室通用技术要求》、《建筑消防设施的维护管理》等标准的相关规定。

5. 掌握法律法规规定的有关消防行政、刑事责任。

（三）消防工作基本要求

1. 掌握自动消防系统操作人员、消防安全监测人员的消防安全职责。

2. 掌握建筑防火、防烟分区划分和防火门、防火窗、防火卷帘以及安全疏散设施、消防电梯等设置、操作使用和维护管理要求。

3. 掌握火灾自动报警系统的基本形式及使用范围、主要组件工作原理及主要功能；掌握火灾报警控制器的分类及主要功能。

4. 掌握消防控制室设备的基本组成，了解其设计要求。掌握消防控制室对消防联动控制器、自动喷水灭火系统、消火栓系统、防烟排烟系统及通风空调系统、防火门及防火卷帘系统、电梯、消防电话、消防应急广播、消防电源等控制和显示功能及操作要求。

5. 掌握火灾应急处置程序和要求；掌握消防控制室的资料管理和信息记录要求。

6. 掌握消火栓系统的分类、构成及组件；掌握系统的消防用水量、工作压力要求；掌握系统供水、消防栓、增压措施等设置、操作使用和维护管理要求。

7. 掌握自动喷水灭火系统的类型及其组成、组件工作原理及其特性；掌握系统的设置场所、组件及配件设置、喷头布置及工作压力、供水、操作控制等要求；了解系统设置场所火灾危险等级划分、设计喷水强度、作用面积等要求；掌握系统的操作使用和维护管理要求。

8. 掌握气体灭火系统、泡沫灭火系统等类型及其组成、组件工作原理及其特性；掌握系统的设置、操作使用和维护管理要求。

9. 掌握防烟排烟系统的类型及其组成、组件工作原理及其特性；掌握系统的设置、操作使用和维护管理要求。

10. 掌握暖通空调的防火要求。

11. 掌握灭火器配置设计、配置验收和检查的技术标准要求。

12. 掌握消防安全检查的方法与内容。

13. 掌握一般火灾隐患的认定标准与整改要求。

14. 掌握引导火灾现场人员疏散逃生的基本原则和方法。

15. 掌握扑救初起火灾的基本方法。

（四）消防基本能力训练

1. 常用消防设施、器材操作训练。

2. 火场逃生、自救互救基本方法训练。

3. 消防控制室应急处置训练。

4. 火灾报警控制器操作、自动灭火系统控制装置操作、室内消火栓系统控制装置操作、防烟排烟系统及空调通风系统控制装置操作、常开防火门防火卷帘控制装置操作、电梯回降控制装置操作、火灾应急广播控制装置操作、火灾警报装置控制装置操作、火灾应急照明与疏散指示标志控制装置操作等消防控制室监控装置操作训练。

5. 引导火灾现场人员疏散逃生训练。

五、建设工程设计人员

培训对象：从事建设工程设计的人员。

培训目的：通过培训，使培训对象熟悉消防法律、法规、规章和有关标准，知晓消防工作法定职责，掌握消防安全基本知识和本专业相关的国家工程建设消防技术标准，提高建设工程消防设计水平。

培训课时：80 课时。

培训内容：

（一）消防安全基本知识

1. 燃烧

（1）了解燃烧的概念和条件。

（2）了解燃烧的类型和特点。

（3）了解燃烧的主要产物及其毒性。

（4）了解热传播的途径。

2. 火灾

（1）掌握火灾的概念及分类。

（2）掌握火灾发生的原因。

（3）掌握防火的基本原理。

（4）掌握火灾蔓延的途径。

（5）了解不同类别火灾的特点。

3. 爆炸

（1）了解爆炸的种类及特点。

（2）了解爆炸的原因、发生条件及危害。

4. 火灾扑救

（1）掌握火灾报警的方法、内容和要求。

（2）了解火灾扑救的基本原则。

（3）了解冷却、隔离、窒息、抑制等灭火原理。

（4）了解常见灭火剂的种类及适用范围。

（5）掌握常用灭火设施、器材的种类及使用方法。

5. 电气防火

（1）掌握电气线路、电气设备的防火要求。

（2）掌握防雷电、防静电和电气防爆的主要措施。

6. 建筑防火

（1）掌握建筑火灾发展和蔓延的基础知识。

（2）掌握生产和储存物品的火灾危险性分类。

（3）掌握建筑材料的燃烧性能及分级。

（4）掌握防火门、防火阀等防火分隔设施的基础知识。

（5）掌握建筑物防火、防烟分区的基础知识。

（6）掌握安全出口、疏散通道等安全疏散的基础知识。

7. 火场疏散逃生

（1）掌握疏散逃生的基本方法及要求。

（2）掌握消防自救呼吸器、救生绳（袋）、缓降器等救生器材的使用方法。

（3）掌握疏散指示标志的识别。

（4）掌握安全出口、疏散通道、应急照明、防火门、防火卷帘、火灾警报装置等常见疏散逃生相关设施的识别。

8. 典型火灾案例分析

掌握不同类型火灾的原因及应该吸取的教训。

（二）消防法规基本常识

1. 了解消防法规体系及主要消防法规。

2. 掌握消防工作的方针和原则。

3. 掌握《中华人民共和国消防法》、《建设工程质量管理条例》、《建设工程消防监督管理规定》等有关消防设计责任的规定。

4. 掌握《消防控制室通用技术要求》、《消防联动控制系统》等消防技术标准的规定。

5. 掌握法律法规规定的有关消防行政、刑事责任。

（三）消防工作基本要求

1. 掌握城乡消防站、消防给水、消防车道的规划要求；掌握易燃易爆场所总平面布局设置要求。

2. 掌握工业和民用建筑有关总平面布置、防火防烟分区划分、安全疏散、消防车道、建筑构造、消防给水和灭火设施、防烟和排烟、暖通空调、电气等设计的防火要求。

3. 掌握建筑内部装修材料分类和燃烧性能分级及其通用要求；掌握内装修的防火设计要求。

4. 掌握建筑外墙保温、外墙装饰装修材料防火技术标准要求。

5. 掌握建筑防爆的设计要求。

6. 掌握火灾自动报警系统保护对象分级、消防联动控制设计要求、火灾探测器选型及设置、系统供电和布线设计要求。

7. 掌握自动喷水灭火系统选型、设计基本参数、喷头和管道布置要求，掌握系统设计流量的计算方法和系统供水要求。

8. 掌握不同场所水雾喷头型号选择的要求；掌握水喷雾系统设计喷雾强度及持续喷雾时间的要求

9. 掌握气体灭火系统、泡沫灭火系统的设置场所、应用方式和设计用量的要求；掌握全淹没系统防护区的设置要求。

10. 掌握灭火器配置设计、配置验收和检查技术标准要求。

11. 掌握飞机库、汽车库（修车库、停车场）、汽车加油加气站、石油库、冷库设计防火技术标准要求。

12. 掌握城镇燃气、石油和天然气工程、火力发电厂与变电站、钢铁冶金企业、石油化工企业、洁净厂房、装卸油品码头等工业企业设计防火技术标准要求。

13. 掌握地下建筑和地铁、隧道等交通工程设计防火技术标准要求。

14. 掌握输气管道工程、输油管道工程、爆炸和火灾危险环境电力装置、建筑物防雷设计防火技术标准要求。

15. 掌握城市消防站、城市消防远程监控系统技术标准要求。

16. 了解消防产品现场检查的项目、技术要求、检查方法和判定规则。

（四）消防基本能力训练

1. 常用消防设施、器材操作训练。

2. 火场疏散逃生、自救互救基本方法训练。

六、建设工程消防设施施工、监理、检测、维保等执业人员

培训对象：从事建设工程消防设施施工、监理、检测、维护保养等执业人员。

培训目的：通过培训，使培训对象熟悉消防法律、法规、规章和有关标准，知晓消防工作法定职责，掌握消防安全基本知识和相关国家工程建设消防技术标准，提高建筑消防设施施工、检测、监理和维修保养能力和水平。

培训课时：60～80课时。

培训内容：

（一）消防安全基本知识

1. 燃烧

（1）了解燃烧的概念和条件。

（2）了解燃烧的类型和特点。

（3）了解燃烧的主要产物及其毒性。

（4）了解热传播的途径。

2. 火灾

（1）掌握火灾的概念及分类。

（2）掌握火灾发生的原因。

（3）掌握防火的基本原理。

（4）掌握火灾蔓延的途径。

（5）了解不同类别火灾的特点。

3. 爆炸

（1）了解爆炸的种类及特点。

（2）了解爆炸的原因、发生条件及危害。

4. 电气防火

（1）掌握电气线路、电气设备的防火要求。

（2）掌握防雷电、防静电和电气防爆的主要措施。

5. 建筑防火

（1）掌握建筑火灾发展和蔓延的基础知识。

（2）掌握生产和储存物品的火灾危险性分类。

（3）掌握建筑材料的燃烧性能及分级、建筑物耐火等级基础知识。

（4）掌握防火门、防火阀等防火分隔设施的基础知识。

（5）掌握建筑物防火、防烟分区的基础知识。

（6）掌握总平面布局和防火间距等基础知识。

（7）掌握安全出口、疏散通道等安全疏散的基础知识。

（8）掌握建筑防烟排烟的基础知识。

（9）掌握消防电气的基础知识。

（10）掌握建筑内部装修防火设计的基础知识。

（11）掌握建筑防爆的基础知识。

6. 火灾扑救

（1）掌握火灾报警的方法、内容和要求。

（2）了解火灾扑救的基本原则。

（3）了解冷却、隔离、窒息、抑制等灭火原理。

（4）了解常见灭火剂的种类及适用范围。

（5）掌握常用灭火设施、器材的种类及使用方法。

7. 火场疏散逃生

（1）掌握疏散逃生的基本方法及要求。

（2）掌握消防自救呼吸器、救生绳（袋）、缓降器等救生器材的使用方法。

（3）掌握疏散指示标志的识别。

（4）掌握安全出口、疏散通道、应急照明、防火门、防火卷帘、火灾警报装置等常见疏散逃生相关设施的识别。

8. 典型火灾案例分析

了解不同类型火灾的原因及应该吸取的教训。

（二）消防法规基本常识

1. 了解消防法规体系及主要消防法规。

2. 掌握消防工作的方针和原则。

3. 掌握《中华人民共和国消防法》《建设工程质量管理条例》《建设工程安全生产管理条例》《机关、团体、企业、事业单位消防安全管理规定》《建设工程消防监督管理规定》等法律法规的有关消防设施施工、监理、维修保养、检测责任的规定。

4. 掌握法律法规规定的有关消防行政、刑事责任。

（三）消防工作基本要求

1. 掌握《消防控制室通用技术要求》《建筑消防设施的维护管理》《建筑消防设施检测技术规程》《消防产品现场检查判定规则》等标准的相关规定。

2. 掌握常用消防检测、维修保养设施器材仪器的种类、工作原理、作用、操作使用方法和维护保养的要求。

3. 掌握建筑防火分隔物的设置、施工验收、操作使用和维护保养的要求。

4. 掌握消火栓系统的组成和工作原理以及设置、施工验收、操作使用和维护保养的要求。

5. 掌握自动喷水灭火系统的组成和工作原理以及设置、施工验收、操作使用和维护保养的要求。

6. 掌握气体灭火系统、泡沫灭火系统等灭火系统的组成和工作原理以及设置、施工验收、操作使用和维护保养的要求。

7. 掌握防烟、排烟系统的组成和工作原理以及设置、施工验收、操作使用和维护保养的要求；掌握通风、空气调节系统防火阀设置、施工验收、维护保养的要求。

8. 掌握火灾自动报警和联动控制系统的组成和工作原理以及设置、施工验收、操作使用和维护保养的要求。

9. 掌握灭火器配置设计、验收和检查技术标准要求。

10. 掌握输气管道工程、输油管道工程、爆炸和火灾危险环境电力装置、建筑物防雷设计防火技术标准要求。

11. 掌握城市消防站、城市消防远程监控系统技术标准、验收技术标准要求。

12. 掌握建筑常用消防产品的种类及性能。

13. 掌握消防产品现场检查的项目、技术要求、检查方法和判定规则。

（四）消防基本能力训练

1. 消防设施、器材调试、操作训练。

2. 火场疏散逃生、自救互救基本方法训练。

3. 常用消防设施、器材检测、维修保养操作训练。

4. 制作消防设施调试、监理、检测、维修保养报告训练。

七、易燃易爆危险化学品从业人员

培训对象：从事易燃易爆危险化学品经营、储存、运输、销毁的从业人员。

培训目的：通过培训，使培训对象熟悉消防法律、法规、规章和有关标准，知晓消防安全法定职责，掌握消防安全基本知识和易燃易爆危险化学品危险特性、消防安全措施，提高预防和处置易燃易爆危险化学品火灾的能力。

培训课时：32 课时。

培训内容：

（一）消防安全基本知识

1. 燃烧

（1）了解燃烧的概念和条件。

（2）了解燃烧的类型和特点。

（3）了解燃烧的主要产物及其毒性。

（4）了解热传播的途径。

2. 火灾

（1）了解火灾的概念及分类。

（2）了解火灾发生的原因。

（3）了解防火的基本原理。

（4）了解火灾的危害。

（5）了解火灾蔓延的途径。

（6）了解不同类别火灾的特点。

（7）了解火灾等级划分的标准。

3. 爆炸

（1）掌握爆炸的种类及特点。

（2）掌握爆炸的原因、发生条件及危害。

4. 火灾扑救

（1）掌握火灾报警的方法、内容和要求。

（2）掌握火灾扑救的基本原则。

（3）了解冷却、隔离、窒息、抑制等灭火原理。

（4）了解常见灭火剂的种类及适用范围。

（5）掌握常用消防设施、器材的种类及使用方法。

5. 火场疏散逃生

（1）掌握疏散逃生的基本方法及要求。

（2）了解消防自救呼吸器、救生绳（袋）、缓降器等救生器材的使用方法。

（3）掌握疏散指示标志的识别。

（4）掌握安全出口、疏散通道、应急照明、防火门、防火卷帘、火灾警报装置等常见疏散逃生相关设施的识别。

6. 典型火灾案例分析

掌握易燃易爆危险化学品火灾原因及应该吸取的教训。

（二）消防法规基本常识

1. 了解消防法规体系及主要消防法规。

2. 掌握消防工作的方针和原则。

3. 掌握《中华人民共和国刑法》《中华人民共和国消防法》《中华人民共和国治安管理处罚法》《危险化学品安全管理条例》《机关、团体、企业、事业单位消防安全管理规定》等法律法规有关易燃易爆危险化学品从业人员消防安全职责等规定。

4. 掌握法律法规规定的有关消防行政、刑事责任。

（三）消防工作基本要求

1. 掌握易燃易爆危险化学品的分类、编号、标志及火灾危险性。

2. 了解易燃易爆危险化学品的包装要求。

3. 了解易燃易爆危险化学品生产、储存场所的平面布置、危险性分类、防火间距、防火分区、建筑防火分隔设施、建筑疏散设施等建筑防火基本常识。

4. 掌握易燃易爆危险化学品仓库的消防安全管理措施和消防安全检查要求。

5. 掌握易燃易爆危险化学品的出入库检查、安全装卸和储存要求。

6. 掌握易燃易爆危险化学品仓库的一般配电线路、常用电气设备、防爆电气的防火要求以及静电、雷电防护要求。

7. 掌握点火源的种类及控制要求。

8. 掌握简易防护面具、空气呼吸器等常用防护器材的使用方法。

9. 掌握警戒器材和警戒标志使用要求。

10. 了解常用堵漏器材、输转器材、洗消器材、侦毒测爆器材的使用方法。

11. 了解室内外消火栓系统、火灾自动报警系统、自动灭火系统、泡沫灭火系统等易燃易爆危险化学品场所常用固定消防设施的工作原理并掌握其操作方法。

12. 掌握易燃易爆危险化学品泄漏事故和火灾事故处置程序及要求。

13. 掌握易燃易爆危险化学品中毒预防与现场急救常识。

14. 掌握组织、引导储存易燃易爆危险化学品的人员密集场所现场人员安全疏散的方法、程序及要求。

（四）消防基本能力训练

1. 常用消防设施、器材操作训练。

2. 火场疏散逃生、自救互救基本方法训练。

3. 易燃易爆危险化学品生产、储存场所消防安全检查训练。

4. 扑救易燃易爆危险化学品初起火灾训练。

5. 处置易燃易爆危险化学品泄漏训练。

6. 心肺复苏、创伤救护等初级急救技能训练。

八、电工、电气焊工等特殊工种作业人员

培训对象：从事电工、电气焊工等特殊工种作业人员。

培训目的：通过培训，使培训对象熟悉消防法律、法规的有关规定，知晓消防安全法定职责，掌握消防安全基本知识和电工、电气焊等作业的消防安全措施及要求，提高预防和处置初起火灾能力。

培训课时：16 课时。

培训内容：

（一）消防安全基本知识

1. 燃烧

（1）了解燃烧的概念和条件。

（2）了解燃烧的类型和特点。

（3）了解燃烧的主要产物及其毒性。

（4）了解热传播的途径。

2. 火灾

（1）了解火灾的概念及分类。

（2）了解火灾发生的原因。

（3）了解防火的基本原理。

（4）了解火灾的危害。

（5）了解火灾蔓延的途径。

（6）了解不同类别火灾的特点。

（7）了解火灾等级划分的标准。

3. 火灾扑救

（1）掌握火灾报警的方法、内容和要求。

（2）了解火灾扑救的基本原则。

（3）了解冷却、隔离、窒息、抑制等灭火原理。

（4）了解常见灭火剂的种类及适用范围。

（5）掌握常用消防设施、器材的种类及使用方法。

4. 火场疏散逃生

（1）掌握疏散逃生的基本方法及要求。

（2）了解消防自救呼吸器、救生绳（袋）、缓降器等救生器材的使用方法。

（3）掌握疏散指示标志的识别。

（4）掌握安全出口、疏散通道、应急照明、防火门、防火卷帘、火灾警报装置等常见疏散逃生相关设施的识别。

5. 典型火灾案例分析

掌握电气、电气焊火灾原因及应该吸取的教训。

（二）消防法规基本常识

1. 了解消防法规体系及主要消防法规。

2. 掌握消防工作的方针和原则。

3. 掌握《中华人民共和国消防法》《中华人民共和国治安管理处罚法》《建筑工程安全管理条例》《建设工程安全生产管理条例》《机关、团体、企业、事业单位消防安全管理规定》等法律法规有关电工、电气焊工消防安全职责等规定。

4. 掌握法律法规规定的有关消防行政、刑事责任。

（三）消防工作基本要求

1. 掌握电工、电气焊工的特种作业人员上岗资格证书管理要求。

2. 掌握《厂区动火作业安全规程》、《焊接与切割安全》的相关规定

3. 掌握电气设备及线路安装、电气调试、施工现场变配电及维修、施工现场照明

安装等作业火灾危险性及防火措施。

4. 掌握电工作业、电气焊作业相关安全操作规程。

5. 掌握动火的分级、固定动火区的划分及动火审批制度的具体要求。

6. 掌握电气焊作业的火灾危险性及消防安全检查的方法、内容和要求。

7. 掌握各种作业环境下电气焊作业前、作业过程中、作业结束后的火灾危险性与防范措施。

8. 掌握作业现场火灾处置程序及措施。

9. 掌握发生火灾时，电工的应急处置程序。

10. 掌握电气防火检查的方法、内容和要求。

（四）消防基本能力训练

1. 常用消防设施、器材操作训练。

2. 火场疏散逃生、自救互救基本方法训练。

3. 消防安全检查训练。

4. 扑救电气、电气焊引发的初起火灾训练。

九、消防志愿人员

培训对象：消防志愿者，机关、团体、企业、事业等单位以及居民委员会、村民委员会根据需要组建的志愿消防队队员。

培训目的：通过培训，使培训对象熟悉消防法律、法规有关规定，知晓消防安全法定职责，掌握消防安全基本知识和基本技能，提高防火安全检查、消防宣传、初起火灾处置和引导人员疏散的能力。

培训课时：16 课时。

培训内容：

（一）消防安全基本知识

1. 燃烧

（1）了解燃烧的概念和条件。

（2）了解燃烧的类型和特点。

（3）了解燃烧的主要产物及其毒性。

（4）了解热传播的途径。

2. 火灾

（1）了解火灾的概念及分类。

（2）了解火灾发生的原因。

（3）了解防火的基本原理。

（4）了解火灾的危害。

（5）了解火灾蔓延的途径。

（6）了解不同类别火灾的特点。

（7）了解火灾等级划分的标准。

3. 火灾扑救

（1）掌握火灾报警的方法、内容和要求。

（2）了解火灾扑救的基本原则。

（3）了解冷却、隔离、窒息、抑制等灭火原理。

（4）了解常见灭火剂的种类及适用范围。

（5）掌握常用消防设施、器材的种类及使用方法。

4. 火场疏散逃生

（1）掌握疏散逃生的基本方法和要求。

（2）了解消防自救呼吸器、救生绳（袋）、缓降器等救生器材的使用方法。

（3）掌握疏散指示标志的识别。

（4）掌握安全出口、疏散通道、应急照明、防火门、防火卷帘、火灾警报装置等常见疏散逃生相关设施的识别。

5. 典型火灾案例分析

掌握不同类别火灾的原因及应该吸取的教训。

（二）消防法规基本常识

1. 了解消防法规体系及主要消防法规。

2. 掌握消防工作的方针与原则。

3. 掌握社会单位的消防安全职责和公民的消防安全法律义务。

4. 掌握法律法规规定的有关消防行政、刑事责任。

（三）消防工作基本要求

1. 掌握消防安全宣传、咨询服务的基本方法和主要内容。

2. 掌握街道、农村、社区开展消防安全工作的方法、内容和要求。

3. 掌握开展单位、家庭消防安全检查的方法和内容。

4. 掌握公共消防设施、安全出口、疏散通道、消防车通道、消防水源等日常维护管理要求。

5. 掌握生活用火、用电、用油、用气以及农业收获季节、火灾多发季节的防火安全基本要求。

6. 掌握常用灭火器材的使用方法。

7. 掌握引导人员疏散、保护火灾现场的方法及要求。

8. 掌握初起火灾扑救的基本原则和方法。

9. 掌握发生火灾时的自我防护措施。

10. 掌握心肺复苏、创伤救护等初级急救技能。

11. 志愿消防队员应掌握机动消防泵、水枪、水带等灭火器材的主要性能、使用要求和操作方法。

12. 志愿消防队员应掌握扑救一般火灾的基本程序和方法。

（四）消防基本能力训练

1. 常用消防设施、器材操作训练。

2. 火场疏散逃生、自救互救基本方法训练。

3. 开展消防安全检查训练。

4. 心肺复苏、创伤救护等初级急救技能训练。

十、保安员

培训对象：保安服务公司和单位自行招用的保安人员。

培训目的：通过培训，使培训对象熟悉消防法律、法规、规章，知晓消防工作职责，掌握消防安全基本知识和消防安全管理要求，提高消防安全巡查检查、初期火灾扑救、引导人员疏散和消防宣传的能力。

培训课时：32 课时。

培训内容：

（一）消防安全基本知识

1. 燃烧

（1）了解燃烧的概念和条件。

（2）了解燃烧的类型和特点。

（3）了解燃烧的主要产物及其毒性。

（4）了解热传播的途径。

2. 火灾

（1）了解火灾的概念及分类。

（2）了解火灾发生的原因。

（3）了解防火的基本原理。

（4）了解火灾的危害。

（5）了解火灾蔓延的途径。

（6）了解不同类别火灾的特点。

（7）了解火灾等级划分的标准。

3. 火灾扑救

（1）掌握火灾报警的方法、内容和要求。

（2）了解火灾扑救的基本原则。

（3）了解冷却、隔离、窒息、抑制等灭火原理。

（4）了解常见灭火剂的种类及适用范围。

（5）掌握常用消防设施、器材的种类及使用方法。

4. 火场疏散逃生

（1）掌握疏散逃生的基本方法和要求。

（2）了解消防自救呼吸器、救生绳（袋）、缓降器等救生器材的使用方法。

（3）掌握疏散指示标志的识别。

（4）掌握安全出口、疏散通道、应急照明、防火门、防火卷帘、火灾警报装置等常见疏散逃生相关设施的识别。

5. 典型火灾案例分析

了解不同类型社会单位火灾的原因及应该吸取的教训。

（二）消防法规基本常识

1. 了解消防法规体系及主要消防法规。

2. 掌握消防工作的方针和原则。

3. 了解《中华人民共和国消防法》《中华人民共和国治安管理处罚法》《机关、团体、企业、事业单位消防安全管理规定》等法律法规有关单位和个人消防安全职责的规定。

4. 掌握法律法规规定的有关消防行政、刑事责任。

（三）消防工作基本要求

1. 掌握防火检查、巡查、岗位自查的方法、内容及要求。

2. 掌握各类场所人员疏散的基本方法和要求。

3. 掌握初起火灾扑救的基本原则和方法。

4. 掌握安全用火、用电、用油、用气常识。

5. 掌握灭火器的种类、适用范围、使用方法、设置及日常维护保养要求。

6. 掌握消火栓工作原理、操作方法及日常维护保养要求。

7. 了解消防控制室的控制功能及控制室值班人员的职责和任务。

8. 了解《人员密集场所消防安全管理》的相关内容。

9. 了解《建筑灭火器配置验收及检查规范》等相关消防技术规范的相关规定。

（四）消防基本能力训练

1. 常用消防设施、器材操作训练。

2. 扑救初起火灾训练。

3. 火场疏散逃生、自救互救基本方法训练。

4. 开展消防宣传教育和消防安全巡查检查训练。

十一、社会单位员工

培训对象：机关、团体、企业、事业单位员工。

培训目的：通过培训，使培训对象熟悉基本消防法律、法规和规章，知晓消防工作法定职责，掌握消防安全基本知识和消防基本技能，提高火灾预防、初起火灾处置及火场疏散逃生能力。

培训课时：8 课时。

培训内容：

（一）消防安全基本知识

1. 燃烧

（1）了解燃烧的概念和条件。

（2）了解燃烧的类型和特点。

（3）了解燃烧的主要产物及其毒性。

（4）了解热传播的途径。

2. 火灾

（1）了解火灾的概念及分类。

（2）了解火灾发生的原因。

（3）了解防火的基本原理。

（4）了解火灾的危害。

（5）了解火灾蔓延的途径。

（6）了解不同类别火灾的特点。

（7）了解火灾等级划分的标准。

3. 火灾扑救

（1）掌握火灾报警的方法、内容和要求。

（2）了解火灾扑救的基本原则。

（3）了解冷却、隔离、窒息、抑制等灭火原理。

（4）了解常见灭火剂的种类及适用范围。

（5）掌握常用消防设施、器材的种类及使用方法。

4. 火场疏散逃生

（1）掌握疏散逃生的基本方法和要求。

（2）了解消防自救呼吸器、救生绳（袋）、缓降器等救生器材的使用方法。

（3）掌握疏散指示标志的识别。

（4）掌握安全出口、疏散通道、应急照明、防火门、防火卷帘、火灾警报装置等常见疏散逃生相关设施的识别。

5. 典型火灾案例分析

掌握不同类别火灾的原因及应该吸取的教训。

（二）消防法规基本常识

1. 了解消防法规体系及主要消防法规

2. 掌握消防工作的方针与原则。

3. 掌握《中华人民共和国消防法》《机关、团体、企业、事业单位消防安全管理规定》等法律法规有关社会单位的消防安全职责、岗位消防安全职责和公民消防安全法律义务。

4. 掌握法律法规规定的有关消防行政、刑事责任。

（三）消防工作基本要求

1. 掌握本岗位火灾危险性及检查、消除火灾隐患的基本方法及要求。

2. 根据本单位制定的灭火和应急疏散预案，掌握扑救初起火灾和组织、引导在场人员安全疏散的方法、程序及要求。

3. 住宅区物业服务企业人员应当掌握消防安全巡查检查、消防设施维护管理、消防安全防范服务、消防宣传教育的方法、内容及要求。

（四）消防基本能力训练

1. 常用消防设施、器材操作训练。

2. 扑救初起火灾训练。

3. 火场疏散逃生、自救互救基本方法训练。

4. 开展消防安全巡查检查训练。

十二、大学生、中学生、小学生、学龄前儿童

教育对象：大学生、中学生、小学生、学龄前儿童。

教育目的：通过培训，了解消防安全基本知识和消防法规基本常识，增强消防安全意识，提高火灾预防意识和火场逃生能力。

大学生教育：

教育课时：1. 对每届新生进行不低于4学时的消防安全教育和培训；2. 对进入实验室的学生进行必要的安全技能和操作规程培训；3. 每学年至少举办一次消防安全专题讲座，并在校园网络、广播、校内报刊开设消防安全教育栏目。

（一）消防安全基本知识

1. 了解燃烧的条件。
2. 了解火灾的危害。
3. 了解火灾发生的原因。
4. 掌握火灾报警的方法、内容和要求。
5. 掌握逃生自救的基本方法、要求和注意事项。
6. 了解常见的消防安全标志标识。
7. 了解常见的建筑消防设施、器材。
8. 了解日常生活防火的基本方法。
9. 了解安全用火、用电、用气的常识。
10. 掌握一般火灾隐患的查找和整改方法。
11. 了解灭火的基本方法。
12. 掌握灭火器等常见消防器材的使用方法。
13. 了解室内消火栓等建筑灭火设施的使用方法。
14. 通过典型案例分析高等院校火灾发生的原因及应该吸取的教训。

（二）消防法规基本常识

1. 了解《中华人民共和国消防法》有关公民的基本消防法律义务和禁止性规定。
2. 了解《中华人民共和国刑法》《中华人民共和国治安管理处罚法》的有关规定。
3. 了解《高等学校消防安全管理规定》的主要内容。
4. 了解法律法规规定的有关消防行政、刑事责任。

（三）消防基本能力训练

1. 常用消防设施、器材操作训练。
2. 火场疏散逃生、自救互救基本方法训练。
3. 火场疏散逃生演练。

高中、初中、小学生教育：

教育课时：渗透在中小学相关课程中。

（一）消防安全基本知识

1. 了解燃烧的条件。
2. 了解火灾的危害。
3. 了解火灾发生的原因。
4. 掌握火灾报警的方法、内容和要求。
5. 掌握逃生自救的基本方法、要求和注意事项。
6. 了解常见的消防安全标志标识。
7. 了解常见的建筑消防设施、器材。
8. 了解日常生活防火的基本方法。
9. 了解安全用火、用电、用气的常识。
10. 了解灭火器等常见消防器材的使用方法。
11. 通过典型案例分析中、小学校和家庭火灾发生的原因及应该吸取的教训。

（二）消防法规基本常识

了解《中华人民共和国消防法》有关公民的基本消防法律义务和禁止性规定。

（三）消防基本能力训练

1. 常用消防设施、器材操作使用训练。

2. 火场疏散逃生、自救基本方法训练。

3. 火场疏散逃生演练。

4. 制作家庭安全疏散示意图训练。

学龄前儿童教育：

教育课时：渗透在相关课程中。

①了解火灾的危险及危害性。

②了解火场疏散逃生的基本常识。

③了解玩火、乱动电气设备等行为的危险性。

④组织开展疏散逃生演练。

十三、居（村）民

教育对象：社区居民、农村村民。

教育目的：通过培训，掌握消防安全基本知识和消防法规基本常识，增强消防安全意识，提高防火、灭火和疏散逃生能力。

教育课时：4 课时。

教育内容：

（一）消防安全基本知识

1. 了解燃烧的条件。

2. 了解火灾的危害。

3. 了解火灾发生的原因。

4. 掌握火灾报警的方法、内容和要求。

5. 掌握逃生自救的基本原则和方法。

6. 了解发生火灾时，影响逃生的心理和行为误区。

7. 了解常见的消防安全标志标识。

8. 了解常见的建筑消防设施、器材。

9. 了解日常生活防火的基本方法。

10. 了解家庭安全用火、用电、用油、用气的常识。

11. 掌握家庭常见火灾隐患的查找方法和整改要求。

12. 了解农村、社区消防安全管理的基本要求。

13. 掌握家庭常见火灾的灭火方法。

14. 掌握灭火器、缓降器、救生绳等家庭常备消防器材的使用方法。

15. 掌握室内消火栓等建筑灭火设施的使用方法。

16. 了解农村、社区典型火灾发生的原因及应该吸取的教训。

（二）消防法规基本常识

1. 了解《中华人民共和国消防法》有关公民的基本消防法律义务和禁止性规定。

2. 了解《中华人民共和国刑法》《中华人民共和国治安管理处罚法》的有关规定。

3. 了解法律法规规定的有关消防行政、刑事责任。

（三）消防基本能力训练

1. 常用消防设施、器材操作训练。

2. 火场疏散逃生、自救互救基本方法训练。

3. 农村、社区及家庭消防安全检查训练。

4. 家庭常见火灾扑救训练。

公安部

教育部

人力资源和社会保障部

二○一一年七月

关于印发《全国深化消防安全“五大”活动开展“清剿火患”战役工作方案》的通知

（公消［2011］280号）

各省、自治区、直辖市公安厅、局，新疆生产建设兵团公安局：

为深化消防安全“大排查、大整治、大宣传、大培训、大练兵”活动，全面消除火灾隐患，有效预防和减少火灾发生，确保火灾形势稳定，公安部决定从2011年9月26日至2012年2月29日，在全国组织开展“清剿火患”战役。现将《全国深化消防安全“五大”活动开展“清剿火患”战役工作方案》印发给你们，请结合本地实际，认真组织实施。

公安部

二○一一年九月二十三日

全国深化消防安全“五大”活动开展“清剿火患”战役工作方案

为深化消防安全“大排查、大整治、大宣传、大培训、大练兵”活动，有效预防和减少火灾发生，确保火灾形势稳定，公安部决定从2011年9月26日至2012年2月29日，在全国组织开展“清剿火患”战役，特制定本方案。

一、战役目标

深入排查社会单位（包括个体工商户、私营企业）、社区、乡村火灾隐患，采取行政、法律等手段，全面整治重大火灾隐患，火灾明显减少，有效遏制较大以上亡人火灾，杜绝发生重特大火灾，直辖市、省会城市、计划单列市等大城市不发生有影响的火灾，火灾稳中有降。

二、清剿范围和整治重点

（一）未排查整治的区域和单位场所。对近几年来一直未进行消防监督检查和排查整治的区域、单位和场所进行全面排查，重点整治未经消防设计审核、消防验收及备案抽查的建筑，未经投入使用、营业前消防安全检查的公众聚集场所，彻底消除火灾隐患死角和盲区。

（二）小单位及“三合一”场所。地毯式排查社区、乡村的小旅馆、餐馆、洗浴、商店、网吧、生产加工作坊，以及生产性、经营性“三合一”场所等，重点整治建筑耐火等级、生产储存经营和人员住宿防火分隔、安全疏散不符合消防技术规范，违章用火用电、堵塞安全出口、违规设置员工宿舍等隐患。

（三）人员密集场所及高层、地下建筑。对人员密集场所消防安全重点单位及高层、地下建筑进行全面排查，重点整治建筑消防设施损坏、关停、瘫痪和疏散通道堵塞、安全出口锁闭，以及自动消防设施操作人员未经培训无证上岗，单位消防安全“四个能力”建设不落实等问题。

（四）其他影响本地区公共消防安全的区域和行业。针对本地实际情况，将火灾隐患和消防违法行为突出的区域和行业纳入“清剿火患”战役范围，着力消除影响本地公共消防安全的突出问题。

三、工作措施

（一）坚持政府主导，实行部门联动。各地要提请地方政府逐级进行部署，以区、县为重点，区、县政府要组织有关部门机关人员及乡镇、街道人员成立检查组，充分发动社区、居（村）民，深入排查火灾隐患。要实行逐级责任制，建立各级政府和行业部门领导分片、分行业包干制度，把各项工作落到实处。

（二）实行“网格化”排查，建立健全档案。各地要以县（市、区、旗）为单位，乡镇、街道为基本单元划分火灾隐患排查整治网格，每个网格要明确落实检查组人员、任务及工作责任，排查的社区、乡村、单位场所要建立健全工作档案，做到单位场所及火灾隐患底数清楚。

（三）严格执法，依法查处火灾隐患和消防违法行为。各地对排查和群众举报的火灾隐患要坚决整治，要用足用好法律手段，决不姑息迁就。对单位、“三合一”场所不及时消除火灾隐患可能严重威胁公共安全的，要依法采取临时查封措施；对未通过消防行政许可的建设工程、公众聚集场所，要依法责令停止施工、停止使用或者停产停业；对占用、堵塞、封闭疏散通道、安全出口、消防车通道，或者在人员密集场所门窗上设置影响逃生和灭火救援的障碍物，拒不改正的，要依法予以强制执行；对违反规定进行电焊等明火作业或者在具有火灾、爆炸危险的场所使用明火的，对指使或者强令他人违反消防安全规定冒险作业的，要依法对直接责任人和负责人实施行政拘留；对建筑消防设施损坏、不能正常运行、擅自关停，或者消防控制室人员无证上岗、不会操作设施设备的，要依法从重处罚；对影响公共安全的重大火灾隐患，要书面提请本级人民政府挂牌督办。

（四）加大宣传力度，发动群众举报隐患。各地要在主流媒体加大消防宣传报道力度，“清剿火患”战役期间每周都要有跟踪报道排查整治、曝光重大火灾隐患和典型火灾案例的宣传。省级公安机关要每月召开一次新闻发布会，发布“清剿火患”战役战况，形成强大声势和浓厚的舆论氛围。要借鉴北京市、广东省中山市的经验，建立火灾隐患举报投诉中心，向社会公告举报内容、举报方式，并设立奖励资金，广泛发动群众查找举报火灾隐患。直辖市、省会城市要在2011年10月底前完成火灾隐患举报投诉中心建设。

四、实施步骤

（一）动员部署阶段（2011年9月26日至9月30日）。各地要按照本方案，结合本地实际，制定具体实施方案，明确各阶段工作任务，召开动员大会，全面动员各级政府及有关部门，社会单位、居（村）民委员会开展火灾隐患排查整治，迅速打响“清剿火患”战役。

（二）清剿火患阶段（2011年10月1日至2012年2月6日）。各地要在前阶段“大排查、大整治”工作的基础上，将“清剿火患”战役的目标任务细化量化，明确每个检查组每天的排查整治工作任务，做到不漏一个社区、不漏一个村庄、不漏一个单位场所。对前阶段已经排查过的要开展“回头看”。

（三）总结阶段（2012年2月7日至2月29日）。省级公安机关要对各地工作情况进行汇总分析，认真总结经验做法，查找工作中存在的不足，研究建立长效排查整治机制，巩固、深化战役成果。公安部将对全国战役工作情况进行通报。

五、工作要求

（一）加强领导，统一指挥。各地要成立“清剿火患”战役指挥部，提请政府分管消防工作领导为指挥长，公安机关主管领导为副指挥长，有关行业部门领导为指挥部成员，指挥调度“清剿火患”战役，每天收集、每周通报“清剿火患”战役工作情况。各地要在国庆、元旦、春节、元宵节等重大节日开展针对性的战役行动，不断掀起“清剿火患”战役高潮。公安部“清剿火患”战役指挥部设在部消防局。

（二）落实责任，强化督导。各级公安机关要建立完善各部门、警种间的消防工作制度，明确各部门、警种、公安派出所“清剿火患”战役工作任务，全警动员打好“清剿火患”战役。“清剿火患”战役期间，各级公安机关分管领导每周要带队督查指导本地区开展“清剿火患”战役工作，公安消防总队、支队领导每周要带队检查一定数量的单位场所。公安消防总队、支队机关要将警力下沉到一线，落实到网格参加“清剿火患’战役。对火灾多发、高发地区和工作落实不力的公安机关，公安部将实行挂牌督办，限期整改存在问题，并跟踪督导验收。

（三）严格奖惩，激励工作。各级公安机关要将“清剿火患”战役开展情况与单位考评和干部绩效考核、晋职晋级挂钩，严格奖惩。公安部将对“清剿火患”战役工作成效突出的单位和个人拿出1亿元人民币进行补贴、奖励；各级公安机关要提请政府拿出专项经费进行补贴、奖励。对工作不力、措施不落实、成效不明显的，要通报批评；对排查整治走过场，发生较大以上火灾的，要实行责任倒查，严肃追究责任。

各地工作情况请及时报公安部“清剿火患”战役指挥部，2011年9月29日报工作方案及动员部署情况；2011年10月份起，每10天报告一次“清剿火患”战役战况，每月26日报当月的战役工作小结；2012年2月29日报“清剿火患”战役工作总结。

关于传发《建筑外墙保温材料消防安全专项整治工作方案》的通知

（公传发［2011］595号）

各省、自治区、直辖市公安厅、局，住房和城乡建设厅、委，新疆生产建设兵团公安局、建设局：

近年来，建筑外墙保温材料火灾时有发生，造成了严重人员伤亡和财产损失。为深刻汲取火灾事故教训，根据《国务院办公厅关于进一步做好消防工作坚决遏制重特大火灾事故的通知》（国办发明电［2010］35号）要求，坚决预防和遏制建筑外墙保温材料重特大火灾，确保人民生命财产安全，公安部、住房和城乡建设部决定，2011年10月28日至12月31日，在全国范围内开展建筑外墙保温材料消防安全专项整治。现将《建筑外墙保温材料消防安全专项整治工作方案》传发给你们，请结合本地实际，认真组织实施。

公安部

住房和城乡建设部

二〇一一年十月二十八日

建筑外墙保温材料消防安全专项整治工作方案

近年来，建筑外墙保温材料火灾时有发生，造成严重人员伤亡和财产损失。为深刻汲取火灾事故教训，根据《国务院办公厅关于进一步做好消防工作坚决遏制重特大火灾事故的通知》（国办发明电［2010］35号）要求，坚决预防和遏制建筑外墙保温材料重特大火灾，确保人民生命财产安全，公安部、住房和城乡建设部决定在全国范围内开展建筑外墙保温材料消防安全专项整治（以下简称“专项整治”）。工作方案如下：

一、专项整治时间

2011年10月28日至12月31日。

二、专项整治的范围和重点内容

（一）专项整治范围。自本通知下发之日起，外墙保温系统采用易燃可燃保温材料已竣工投入使用、已完成节能改造的建筑。

（二）专项整治重点内容

1. 建筑外墙保温材料封堵不严，防护层脱落、开裂，保温材料裸露。

2. 在有保温层的外墙上设置广告牌、灯箱等高温用电设备，建筑周边堆放易燃可燃物品，燃放烟花爆竹。

3. 单位消防安全管理责任不落实，没有明确消防管理责任、管理人员；建筑消防设施缺乏维护保养，不能正常运行。

三、专项整治措施

1. 凡存在封堵不严，防护层脱落、开裂，保温材料裸露的，必须采用不燃材料封堵、覆盖。

2. 禁止在有保温层的外墙上设置广告牌、灯箱等高温用电设备。

3. 禁止在建筑周边地带堆放易燃可燃物品，燃放烟花爆竹。

4. 在建筑的醒目位置设立外墙保温材料燃烧性能等级及防火要求标识，提示公众注意消防安全。

5. 单位消防安全管理责任不落实，没有明确消防安全管理责任、管理人员的，要依法责令限期改正，逾期不改正的，依法实施行政处罚。

6. 建筑消防设施损坏、不能正常运行、擅自关停的，要依法责令改正，落实维护保养制度并实施行政处罚；对建筑消防设施严重损坏，不再具备防火灭火功能的，要依法对危险部位或者场所予以临时查封。

四、工作职责

各地公安机关、住房和城乡建设行政主管部门要共同研究制定整治工作具体实施方案并及时向当地政府汇报，组织开展联合检查，依据现行法律法规共同推进专项整治工作有序开展。

对外墙保温材料封堵不严，防护层脱落、开裂，保温材料裸露的整治，由住房和城乡建设主管部门牵头负责；对在有保温层的外墙上设置广告牌、灯箱等高温用电设备，建筑周边堆放易燃可燃物品，燃放烟花爆竹以及单位消防安全管理责任不落实，建筑消防设施不能正常运行的整治，由公安机关牵头负责。

五、工作要求

（一）提高思想认识，精心组织部署。各地要本着对人民群众生命财产安全高度负责的态度，本着安全第一的原则，充分认识专项整治的重要意义，结合本地实际情况，制订工作方案，明确工作任务和工作职责，扎扎实实地开展专项整治工作。

（二）采取有效措施，集中进行整治。各地要集中开展核查排查，摸清本地区采用易燃可燃外墙外保温材料建设工程的底数，并全部登记造册。对外墙外保温材料出现问题的，以及单位消防安全责任不落实，建筑消防设施不能正常运行的，要督促和指导单位落实整改责任、整改措施、整改时间，对单位难以自行完成整改的，要提请政府挂牌督办，确保按期消除隐患。

（三）强化部门联动，形成整治合力。各地公安机关、住房和城乡建设行政主管部门要严格履行各自工作职责，加强沟通协调，通力配合，并提请当地政府组织有关部门成立联合检查组对专项整治工作进行检查，对未按要求整治的，要责令重新治理，因工作失职造成损失的要追究有关领导的责任。公安部、住房和城乡建设部将对各地专项整治工作情况进行抽查并通报情况。

（四）广泛开展宣传，营造浓厚氛围。各地要结合近年来发生的典型火灾案例，充分利用各种媒体，采取多种方式，广泛宣传使用易燃保温材料和燃放烟花、消防安全责任不落实引发火灾的严重性和危害性，以及开展专项整治工作的必要性，争取广大群众的理解支持，为专项整治工作的顺利开展创造良好舆论环境。

2012 年 1 月 10 日前，各地要将专项整治工作总结报公安部、住房和城乡建设部。

关于对热心消防公益事业暨多种形式消防队伍建设先进集体和个人予以表扬的通报

（公消［2011］314 号）

各省、自治区、直辖市公安厅、局，新疆生产建设兵团公安局：

近年来，在党中央、国务院和地方各级党委、政府的正确领导下，消防工作社会化深入推进，涌现出了一大批积极参与灭火救援、消防知识传播、消防慈善捐赠等消防公益活动和多种形式消防队伍建设的先进集体和个人，推动了全民消防良好社会氛围的逐渐形成，确保了火灾形势的持续稳定。为表扬先进，鼓舞士气，充分发挥先进典型的引领示范作用，激励和引导全社会进一步关注、重视消防工作，公安部决定对热心消防公益事业暨多种形式消防队伍建设先进集体和个人予以通报表扬。

一、热心消防公益事业先进集体

福建省长乐市金峰义务消防队

江苏省常州市武进区城西民办消防队

江西省景德镇市妈妈防火团

辽宁省本溪市消防老战友志愿者服务队

广东省汕头市潮南区峡山民办消防队

广西壮族自治区三江侗族自治县同乐乡寨大村志愿消防队

贵州省黔西南布依族苗族自治州兴义市丰都街道办事处龙塘村志愿消防队

山西省吕梁市文水县刘胡兰女子消防队

团中央实业发展中心青少年消防安全教育基地（河北）

湖南省长沙市厚天消防义工团

浙江省舟山市普陀山佛教协会

黑龙江省鹤岗市消防安全宣讲团

上海音速青年志愿服务中心

云南天下艺佳广告传媒有限公司

安徽新兴格力空调销售有限公司

二、热心消防公益事业先进个人

阮炳炎　　浙江省上虞市道墟镇肖金村村民

龚文辉　　福建省宁德市寿宁县南阳义务消防队队长

孙晓云（女）山东省淄博市科学技术馆退休干部

尹维增　　吉林省德惠市岔路口镇居民

肖家福　　云南省玉溪市红塔区高仓街道办事处居民

杨胜铭　　重庆市黔江区石家镇居民

朱国平　　江苏省丹阳市飞达集团董事长

石志光　　中国石油化工股份有限公司西安石化分公司退休职工

侯子功　　　安徽省阜阳市临泉县黄岭镇黄岭村村民
余汉江　　　湖北宇济房地产开发股份有限公司总经理
金永新　　　辽宁省开原市八棵树镇林业站站长
李晓玲（女）河北省秦皇岛市小海燕评剧团演员
李喜峰　　　河南省三门峡市湖滨区湖滨街道办事处居民
许淑清（女）广西梧州中恒集团股份有限公司董事长
陈志明　　　宁夏回族自治区固原市西吉县兴隆镇公易村村民
王钰君　　　上海市崇明县文化馆辅导部主任
丹增尼玛　　西藏自治区林芝地区工布江达县巴河镇政府干部职工志愿消防队队长
杨文龙　　　山西省运城市鼎元房地产开发有限公司总经理
刘志鹏　　　贵州省安顺市广播电视台记者
崔　愚　　　天津中医药大学保卫处干部

三、先进专职消防队

浙江省临安市昌化镇专职消防队
江苏省苏州市太湖度假区香山专职消防队
广东省东莞市横沥镇专职消防队
四川省广安市岳池县专职消防队
上海市奉贤区南桥镇西渡专职消防队
河南省郑州市经济技术开发区专职消防队
广西壮族自治区百色市平果县专职消防队
甘肃省定西市陇西县专职消防队
江西省高安市八景镇专职消防队
北京市丰台区卢沟桥乡专职消防队
太原钢铁（集团）有限公司消防大队
中国石油化工股份有限公司四川维尼纶厂消防大队（重庆）
中国石油天然气股份有限公司吉林石化分公司消防支队
中国石油化工股份有限公司镇海炼化分公司消防支队
山东省青岛港公安局消防支队
广东省鹤山市雅图仕印刷有限公司专职消防队
中国石油天然气股份有限公司新疆油田分公司消防支队
中国石油天然气股份有限公司大港油田分公司消防支队（天津）
海南海口美兰国际机场消防大队
北方联合电力有限责任公司呼和浩特金桥热电厂消防队

四、先进专职消防员

张俊杰　　　内蒙古自治区包头市固阳县专职消防队队员
巴福新　　　北京市昌平区崔村镇专职消防队队长
尹基鑫　　　福建省三明市公安消防支队专职消防队员
王金招　　　河北省沧州市公安消防支队港城中队专职消防队员
秋博睿　　　新疆维吾尔自治区和田地区墨玉县专职消防队队长

陈大伟　　吉林省延吉市专职消防大队新丰中队副中队长
李小民　　湖南省湘西土家族苗族自治州龙山县里耶镇专职消防队队长
申一飞　　安徽省滁州市凤阳县小岗村专职消防队队员
代林波　　云南省文山壮族苗族自治州砚山县平远镇专职消防队队长
赵学锋　　黑龙江省鸡西市专职消防队队员
白欣欣（女）山东省聊城市公安消防支队消防文员
朱鸿伟　　四川省成都市公安消防支队消防文员
王银霞（女）河南省郑州市公安消防支队消防文员
钟浪锋　　中国石油化工股份有限公司广州分公司消防支队战训室主任
闫有宁　　中国石油天然气股份有限公司长庆油田分公司（甘肃）第二采油厂消防大队大队长
夏义成　　江苏核电有限公司专职消防队队长
黄新云　　江西省吉安市润邦纺织有限公司专职消防队队员
席国栋　　中国石油天然气集团公司青海销售分公司多巴油库消防队队长
王联群　　陕西航空电气有限责任公司专职消防队队长
杨祥生　　海南三亚凤凰国际机场消防支队支队长

希望受到表扬的集体和个人珍惜荣誉，再接再厉，再创佳绩。全国各级公安机关和消防部门要广泛动员社会群众以受表扬的集体和个人为榜样，学习他们热心消防、服务社会的公益精神，学习他们勇于担当、竭诚奉献的优秀品质，学习他们深耕基层、坚持不懈的工作作风，积极参与消防、宣传消防，为保卫人民群众生命财产安全、促进经济建设、维护社会和谐稳定作出积极贡献。

公安部
二〇一一年十月二十八日

关于开展消防志愿者查改身边火灾隐患活动的通知

公消［2011］316 号

各省、自治区、直辖市文明办，公安厅、局；新疆生产建设兵团文明办，公安局：

为认真贯彻落实《消防法》和《全民消防安全宣传教育纲要(2011—2015)》,深化消防安全“大排查、大整治、大宣传、大培训、大练兵”活动,动员社会力量积极参与“清剿火患”战役,全力维护火灾形势稳定，中央文明办和公安部决定自 2011 年 11 月至 2012 年 2 月，在全国部署开展“消防志愿者查改身边火灾隐患活动”，现将有关要求通知如下：

一、**突出重点、注重实效**。各地要结合“清剿火患”战役的总体要求，按照“自愿参与、人人能为、人人可为”和“就近就便、力所能及”的消防志愿活动原则，突出“查改身边火灾隐患”这一主题，采取各种有效形式，切实发现和消除一批常见的火灾隐患。

一是对社会单位，重点围绕单位建筑消防设施是否完整好用，疏散通道、安全出口是否畅通、常闭式防火门是否关闭等情况进行查改。二是对学校，重点围绕教学楼、宿舍楼有无违规用火用电行为，疏散通道、安全出口是否畅通以及应急照明、疏散指示标志和灭火器、消火栓是否完好有效等内容开展查改。三是对城市社区和农村乡镇，重点围绕居民楼、出租屋和小旅馆、小餐馆、小商店、小网吧、小歌舞娱乐厅等场所，对疏散通道、安全出口是否畅通，消防设施是否完整好用，有无违章用火用电、违规设置员工宿舍等进行查改。消防志愿者对确属自身无力整改的火灾隐患，应当积极向组织者及有关单位反映，或者直接向公安消防部门举报。

二、传播知识、加强宣传。消防志愿者在开展查改身边火灾隐患的同时，要积极宣传贯彻《全民消防安全宣传教育纲要（2011—2015）》，提请单位组织疏散逃生演练、消防知识竞赛、消防趣味运动会等丰富多彩的活动，提示场所火灾危险性和疏散逃生路线等注意事项，帮助周围人员掌握消防知识和基本技能，提高消防安全“四个能力”，即检查消除火灾隐患能力、组织扑救初起火灾能力、组织人员疏散逃生能力、消防宣传教育能力。消防志愿者、巾帼志愿者、学生志愿者等要就近与农民工、留守儿童、空巢老人、残疾人等特殊群体结成帮扶对子，开展针对性消防宣传教育，帮助查找火灾隐患。各地要充分利用广播、电视、报纸、网络等新闻媒体，大力宣传消防志愿者查改身边火灾隐患活动情况及成果，推广先进经验和先进典型，营造全社会关心消防、参与消防的良好氛围。活动期间，中央文明办和公安部将在中国文明网、中国消防在线开设活动专栏，发布行动相关信息，报道各地动态，展现消防志愿者风采。

三、精心组织、广泛发动。消防安全关系人民群众切身利益，关系改革发展稳定大局，是构建社会主义和谐社会的重要保障。消防志愿者量大面广，贴近百姓生活实际，具有尽早发现和消除火灾隐患的优势。各地文明办和公安机关要密切配合，科学制订消防志愿者查改身边火灾隐患活动方案，并通过联席会、动员会等形式进行部署，广泛动员消防志愿者积极投入“清剿火患”战役中。各地文明办要加强统筹协调，将查改身边火灾隐患活动融入到各类志愿服务活动中，同步推进实施，推动“全民消防”深入人心、各地要建立完善保障机制，加强消防志愿者先期消防安全培训等组织协调工作，明确与此次活动对接的火灾隐患接受举报和处理部门；要建立完善评价和激励机制，充分调动消防志愿服务组织及成员单位的积极性，积极开展带有行业特点的消防志愿服务活动。各地对活动中涌现出的创新做法、先进典型，要及时总结表彰，研究建立长效机制，逐步培育消防志愿服务活动品牌。同时，要继续积极招募、发展热心消防事业、具有奉献精神的人员加入消防志愿者组织，不断壮大消防志愿者队伍，构筑起一道坚实的社会“防火墙”。

中央文明办和公安部将对活动中表现突出的消防志愿者进行通报表扬。各地活动信息请及时报公安部，活动总结请于2012年2月29日前分别报中央文明办和公安部。

中央精神文明建设指导委员会
中华人民共和国公安部
二〇一一年十一月五日

第七篇

重大、较大和其他行业系统火灾案例

第一章 重大火灾案例

湖南省长沙市岳麓区西娜湾宾馆火灾

1月13日0时49分，湖南省长沙市岳麓区枫林一路303号西娜湾宾馆发生火灾，造成10人死亡、4人受伤，过火面积150平方米，直接财产损失60.4万元。

一、起火单位基本情况

西娜湾宾馆位于长沙市岳麓区枫林一路303号，坐南朝北，东邻雅鑫招待所，西邻滐湾招待所，南侧为居民楼，北侧为枫林一路。该宾馆始建于1994年，建筑面积1350平方米，高23.6米，七层框架结构，一层临街部分为宾馆大堂，一、二层之间设有夹层，夹层为员工宿舍，二至七层为客房，共有客房40间、床位53个。宾馆内设有1座室内疏散楼梯和1座室外紧急疏散楼梯，并设有火灾自动报警系统、自动喷水灭火系统、应急照明和疏散指示标志，每层楼梯的歇台处设有1个室内消火栓，每层均配有灭火器。

该建筑于1999年办理了产权登记，产权所有人为肖某。2007年4月21日，肖某之夫文某将其出租给钟某等人开办宾馆。之后，经营入股者几经变更，但一直未办理法人代表变更手续。2010年10月8日至火灾发生时，其股东为李某甲、李某乙、王某、李某丙等四人。

二、消防监督管理情况

2007年6月，岳麓区公安消防大队对该宾馆室内装修消防设计进行了审核，9月进行了消防验收和开业前安全检查，从2008年5月开始，按照属地管理原则，该宾馆由岳麓区公安分局西湖派出所作为一般单位列管，2010年3月列入岳麓区公安分局西湖派出所消防安全重点单位列管范围。据该宾馆股东王某反映，该宾馆曾在2009年花费100多万元进行过大的装修改造，没有向公安消防部门申报。2010年10月，新换两个股东后，又将宾馆第七层装修改造为客房，也未向公安消防部门申报。2009年9月，岳麓区公安消防大队依法对宾馆进行消防监督抽查，发现该宾馆火灾自动报警系统未保持完好，依法给予了罚款处罚，并临时查封1个月。2009年12月28日及2010年4月30日、9月28日、12月1日，西湖派出所先后对该宾馆进行过4次消防监督检查，发现该宾馆存在占用、堵塞疏散通道、电气线路老化等问题并督促整改。

三、起火经过和扑救情况

1月12日晚，西娜湾宾馆管理人李某和员工黄某、袁某在一楼大堂值班，另有3名服务员在一层夹层员工宿舍内睡觉。13日0时49分，黄某接到五层5028房间客人的电话，称房间内有烟味，便乘电梯上到五层进行查看，误以为是客人吸烟引起的，没有仔细查看，于0时52分乘电梯回到一层大堂。0 时 55 分，李某、袁某突然发现通往二层的楼梯间有火往下掉落，袁某立即用前台固定电话拨打“119”报警。

1 月 13 日 0 时 55 分，长沙市公安消防支队指挥中心接到西娜湾宾馆发生火灾并有群众被困的报警后，立即按照《长沙市公安消防支队灭火救援力量调度方案》，首批调集了麓山门、石岭塘、五星、特勤二中队共 4 个消防中队的 10 辆消防车、72 名消防官兵前往扑救。

1 时 2 分，首批力量到达火灾现场，经火场侦查，发现宾馆一层大厅夹层火势较旺，大火沿室内楼梯间向上蔓延，建筑物内部通道被烟火封堵，大量人员被困。根据这一情况，中队指挥员在向支队指挥中心请求增援的同时，迅速作出战斗部署，将现场人员分成 3 个小组展开行动。第一组从宾馆西侧溁湾招待所顶层利用破拆工具进入宾馆进行救人，成功救出 3 名被困人员，疏散 6 人；第二组从宾馆东侧的室外楼梯进入室内进行搜救，成功救出两名被困人员，疏散 6 人；第三组从大楼内部楼梯向上推进，打开疏散通道进行救人，成功疏散 13 人。

1 时 8 分，支队指挥中心接到增援请求后，立即启动四级出动预案，调集五一广场、战勤、麓谷等 3 个消防中队赶往增援。1 时 18 分，支队值班首长和参谋长率全勤指挥部人员赶到现场指挥。1 时 25 分，支队领导赶到现场接替现场指挥权，命令立即成立 3 个灭火搜救组从 3 个不同的通道进入宾馆进行仔细搜救，扑灭余火。1 时 40 分，火势基本得到控制。2 时 10 分，火灾完全被扑灭。在火灾扑救过程中，公安消防官兵共营救被困人员 16 人、疏散群众 25 人，保护了 39 间客房及毗邻建筑。

火灾发生后，长沙市政府、市公安局以及岳麓区区委、区政府有关领导先后赶到火灾现场指挥灭火战斗和善后处置工作。交警部门和公安派出所派出大量警力进行交通疏导和维护现场秩序。

四、起火原因

火灾发生后，湖南省公安厅迅速成立了由胡旭曦副厅长任组长的火灾原因调查小组。省政府刘力伟副省长、谈敬纯副秘书长，公安部消防局王沁林副局长先后到现场进行察看，听取调查情况汇报。公安部火灾调查专家组成员赶赴现场对火灾原因调查进行了技术指导。调查组经过为期 6 天的调查询问、现场勘验、尸体检验和现场实验，并提取物证送公安部天津消防科研所火灾物证鉴定中心进行检测，认定了起火部位、起火点和起火原因。

（一）起火部位的认定。认定起火部位位于西娜湾宾馆一层夹层内。其依据是：

1. 现场勘验证实：宾馆一层未过火；一层夹层除西北角员工宿舍内未过火外，其余部位全部过火且烧损严重；室内楼梯间均过火且烧损严重，各楼层内走道烧损程度相对较轻，客房内均未过火，仅有烟熏痕迹。表明火势由一层夹层通过楼梯间向各楼层走道和客房蔓延。

2. 视频监控录像证实：二层的火灾烟气是从楼下蔓延上来的；随着楼层的升高，三至七层出现火灾烟气的时间越来越晚。表明二至七层的火灾烟气由夹层通过楼梯间向上蔓延。

3. 调查询问证实：在宾馆一层大堂值班的服务员袁某、黄某和管理员李某等三人发现一层夹层最先出现明火。

（二）起火点的认定。认定起火点位于一层夹层员工休息活动室内，距北侧玻璃隔墙 2. 2 ~ 3 米、距东侧铝合金隔墙 2. 2 ~ 2. 6 米的范围内。其依据是：

1. 员工休息活动室内，距北侧玻璃隔墙 2. 2 ~ 3 米、距东侧铝合金隔墙 2. 2

~2.6 米的范围内有一具电烤火炉，其木质箱体除贴地部分有少量残留外，其余全部炭化；夹层天花板上有南北走向的三根横梁，东、西两根横梁木质装修材料被烧后仍有部分残留，中间横梁木质装修材料全部烧毁，底部水泥抹灰层剥脱；利用回弹仪测量中间横梁底部水泥硬度，电烤火炉上方所对应的水泥横梁硬度最小；夹层北侧玻璃隔墙被烧炸裂，呈 V 字形，V 字形最低点与电烤火炉处于同一水平线上。表明此处燃烧时间长，温度高。

2. 电烤火炉东侧放置的木椅和电视机柜烧损程度呈西重东轻；东侧横梁的东侧有两根呈南北走向的空调管，其保温层西侧的烧损程度比东侧重；员工休息活动室比管理员宿舍烧损程度重；以上痕迹表明火势由电烤火炉处向东蔓延。

3. 电烤火炉边西侧摆放有一把木椅，其下部比上部烧损严重，东侧比西侧烧损严重；电烤火炉西侧 0.8 米处有一个全部熔融的塑料桶残骸，东侧比西侧烧损程度重，呈东低西高的斜坡状；西侧员工宿舍摆放的席梦思床烧损程度呈东重西轻；靠北侧玻璃隔墙摆放的门板被烧形成斜茬状，呈东低西高；夹层西北角员工宿舍内仅有烟熏但无过火被烧痕迹；以上痕迹表明火势由电烤火炉处向西蔓延。

4. 电烤火炉边西南角摆放有一把木椅，其下部比上部烧损严重，北侧比南侧烧损严重；电烤火炉南侧天花板上有一东西向的横梁，其木质装修材料北侧比南侧烧损程度重；此横梁南侧下方的木质吧台过火被烧，呈北低南高的斜坡状；以上痕迹表明火势由电烤火炉处向南蔓延。

5. 电烤火炉北侧靠玻璃隔墙摆放的木桌南侧比北侧烧损程度重；表明火势由电烤火炉处向北蔓延。

（三）起火原因的认定。认定起火原因系西娜湾宾馆一层夹层地面中部自行改装的电烤火炉引燃覆盖在炉上用作烤火保暖的棉质被套起火。其依据是：

1. 通过水浴法对一层夹层地板进行清洗，未发现可燃液体燃烧流淌痕；经提取地面炭渣和地毯送公安部天津消防研究所火灾物证鉴定中心进行检测，未发现汽油、煤油和柴油及其他可燃液体成分；可排除人为使用助燃剂放火的可能。

2. 经调查走访，未发现内部员工和入住旅客有放火动机和可疑行为；公安刑侦部门经现场勘查和视频侦查，未发现放火痕迹，起火前也未发现可疑人员进入宾馆；可排除放火的可能。

3. 宾馆员工李某、袁某、黄某等证人证言和监控录像证实，起火时宾馆内用电情况处于正常状态；对经过起火点的电气线路进行勘验，未发现故障点；可排除电气故障引起火灾的可能。

4. 经调查询问和现场勘验，可以排除吸烟、自燃和其他生活用火等原因引起火灾的可能。

5. 现场勘验证实，起火点处的电烤火炉电源线插头插在夹层西侧墙面的插座内；电烤火炉金属防护网上粘附有一小块炭化的织物残片；调查询问证实，宾馆员工黄某 1 月 12 日 23 时 16 分下楼接班时，发现该电烤火炉上覆盖有烤火被；宾馆员工李某证实烤火被为一床白色的旧棉质被套；宾馆股东王某证实，该电烤火炉经其改装，无温控保护装置。

6. 现场实验证明：电烤火炉能够引燃覆盖其上的棉质被套。

五、主要教训

（一）单位消防安全责任不落实，消防设施形同虚设。该宾馆内部消防安全管理混乱，未制定消防安全管理制度，未明确消防安全责任，导致消防工作无人管理。宾馆内虽设有火灾自动报警系统、自动喷水灭火系统、应急照明和疏散指示标志，每层设有1个室内消火栓并配有灭火器，消防设施和器材比较完备，但由于日常巡查检查不经常，消防器材设施维护管理不到位，导致报警、喷淋等系统在起火时处于关闭状态，失去了应有的报警和灭火功能，自动消防设施形同虚设。

（二）宾馆员工消防安全意识淡薄，逃生常识严重缺乏。火灾从初起阶段到猛烈燃烧阶段大约有6分钟的时间，其间，有客人向前台反映闻到烟味，但由于服务员消防安全意识淡薄，没有意识到已经发生火灾，丧失了扑救初起火灾的宝贵时机。当发现起火后，宾馆工作人员又没有及时组织灭火和疏散旅客，导致10人死亡。

六、火灾责任及处理情况

西娜湾宾馆的5名投资、经营者被追究刑事责任；岳麓区政府、区公安分局、公安消防大队、西湖派出所、望月工商所、街道办等单位共有13名公职人员受到党纪政纪处分。

截至本书成稿时，该案件仍在办理中。

湖北省武汉市侨康副食批发市场火灾

1月17日23时15分，武汉市宏康实业公司侨康副食批发市场发生火灾，造成14人死亡，过火面积约2500平方米，造成83户商户、27户居民受灾，直接财产损失591.1万元。

一、起火单位基本情况

武汉市宏康实业公司系原武汉市接插件二厂，街办集体企业。1990年，该公司将原占地面积300平方米的两层旧厂房私自改造成三层，后局部增加至五层（用于居住，面积100余平方米），总建筑面积1810平方米。其中，一层为侨康副食批发市场，由东至西分为A、B、C、D、E五个区，设有摊位90个。二层至三层于2005年租给珊珊服装厂，二层用实体墙分隔后分别用于员工住宿和用作仓库，三层用于服装加工。四至五层用于生活居住。该建筑东面紧临一栋两层居民楼，南邻汉正街，西侧紧邻四层的华镃商贸有限公司，北面为用作仓库和配电室的单层建筑。整栋建筑无固定消防设施。

二、扑救情况

1月17日23时19分，武汉市公安消防支队指挥中心接到侨康副食批发市场发生火灾的报警后，迅速调集汉正街中队及邻近的汉阳、硚口、江汉等4个消防中队的23辆消防车、110余名消防官兵赶赴火灾现场。根据着火建筑结构及火灾特点，随后又调集了8个消防中队以及战勤保障大队的42辆消防车、210余名官兵增援。同时将火灾情况迅速向省公安消防总队、市政府和市公安局报告。根据现场情况，指挥中心调集特一、岔马路、天门墩消防中队及公安、交警、医疗等联动单位到场展开维护秩序、管制交通、现场救护等工作。

1月18日0时18分许，大火蔓延被有效堵截，火势基本得到控制；1时58分，明火被基本扑灭；5时30分，除汉正街、硚口、江岸等消防中队留下部分消防车辆继续清理、监控火场外，其他力量全部返回。

三、火灾伤亡及损失情况

该起火灾共造成14人死亡，其中4名男性、10名女性；有6人年龄在50岁以上，年龄最大的81岁，另有2名儿童，1名4岁、1名6岁。火灾导致83户商户、27户居民受灾，烧毁副食品、家用物品、房屋等物品，直接财产损失591.1万元。

四、起火原因

经过为期10天的现场勘察、调查走

访、技术鉴定和模拟实验，综合分析认定了起火时间、起火部位，排除人为放火、遗留火种和烟花爆竹等原因引起火灾，无法排除电气故障引发火灾的可能性。

（一）起火经过和起火时间的确定。认定起火时间为 2011 年 1 月 17 日 23 时 15 分左右。

（二）起火部位认定。起火部位为侨康副食批发市场一层距中部 1 号柱（即东面由南向北数第 6 根柱）南侧立面以北 2.6 米至 6.4 米，中部 1 号柱西侧立面向西 5 米的范围，即 C13、C14 全部及 C12 部分，C 区至 D 区靠近过道侧区域。

（三）起火原因的认定。可以排除放火嫌疑、遗留火种、烟花爆竹等起火原因，不能排除电气故障原因引起火灾的可能。

五、主要教训

（一）一层市场东西两侧外立面为铁丝网，无实体墙分隔，导致火灾发生后迅速形成立体燃烧，且可燃物燃烧充分。

（二）一层市场与相邻建筑之间的过道上设置摊位，且加盖铁质雨棚，火灾发生后高温烟气迅速蔓延至相邻建筑，导致相邻建筑迅速起火燃烧，建筑内人员被困无法逃生。

（三）二层珊珊服装厂宿舍外楼梯出口被锁，通向一层的室内楼梯被封堵，外窗设置固定金属栅栏，导致被困人员无法及时逃生。

（四）建筑内未设置室内消火栓，二层宿舍与三层生产车间上下楼梯连通，未设置自动喷水灭火系统，导致不能有效扑救初起火灾。

（五）值班人员年龄较大且行动不便，导致发现起火后，无法对初起火灾进行扑救。

六、火灾责任及处理情况

火灾发生后，对事故负有主要责任的武汉市宏康实业公司法定代表人潘某因消防责任事故罪被判处有期徒刑一年一个月；消防安全责任人杨某因消防责任事故罪被判处有期徒刑一年，缓刑一年。硚口区政府及相关职能部门的 14 人被湖北省人民政府追究行政责任。

辽宁省沈阳市皇朝万鑫国际大厦火灾

2 月 3 日 0 时许，辽宁省沈阳市皇朝万鑫国际大厦因燃放烟花爆竹引发火灾，造成该大厦 A、B 座部分区域过火，直接财产损失 9384 万元，未造成人员伤亡。

一、起火建筑基本情况

沈阳市皇朝万鑫国际大厦东邻青年大街，西邻航空社区，南邻二环路，北临皇朝万豪国际酒店。该大厦分为 A、B、C 三座塔楼，其中 A 座四十五层，B、C 座三十七层，总建筑面积 227859 平方米。3 栋塔楼底部地下一至三层、地上一至十层连通形成整体裙楼，建筑面积 98181.5 平方米，一至十层为大堂、餐饮、商业用房、办公室、健身、咖啡厅、宴会厅、会议厅、多功能厅等，地下一至三层为机械式立体汽车库、设备用房、员工餐厅等。A 座（十一层为设备层，十二至二十六层为客房，二十七至四十五层为写字间，二十八层为避难层）高 180 米，建筑面积 58038.8 平方米；B 座（十一至三十七层为公寓，二十层为避难层）高 150 米，建筑面积约 36003 平方米；C 座（十一至三十七层为写字间，二十层为避难层）高 150 米，建筑面积 35635.7 平方米。

该建筑外墙材料由内向外依次为：贴墙为 60 毫米厚保温挤塑板或苯板，190～400 毫米空隙，建筑外墙采用铝单板、铝塑板装饰，连接处用胶条密封。其中苯板、挤塑板、密封胶条为可燃材料。A 座保温材料采用苯板，B、C 座保温材料采用挤塑板。

该建筑周边可利用水源有 8 处，其中消防水鹤 4 处。当日多雾，西南风 2 ~ 3 级，气温 -15 ~ -2℃。

皇朝万鑫国际大厦集高档公寓式住宅、酒店、写字间为一体，建筑内可燃物多、火灾荷载大，外墙纵向有连续、凸出的可燃保温层，且 3 座塔楼之间间距仅 6.5 米，B 座和西侧航空社区居民楼间距仅 10 米，底层互相连通，内部走廊呈回形。火灾发生后，外墙燃烧速度极快，大火迅速沿 B 座外墙纵向、横向蔓延，并从窗口窜入室内，通过走廊、竖井、管道快速传播，造成多点起火，形成大面积、立体燃烧。

二、火灾扑救情况

2 月 3 日 0 时 13 分，辽宁省沈阳市公安消防支队指挥中心接到皇朝万鑫国际大厦发生火灾的报警后，迅速调派力量赶赴现场；同时，迅速调集公安、卫生、煤气、电业、自来水、安监等联动部门到场协助处置。辽宁省公安消防总队接到报告后，迅速启动灭火救援跨区域增援预案，先后调派本溪、鞍山、抚顺、铁岭、辽阳、辽化等 6 个市公安消防支队和抚顺石化企业消防队跨区域增援。省公安厅李文喜厅长、刘乐国副厅长，省公安消防总队王路之总队长、王东海政委、李红旗参谋长等领导闻讯后第一时间赶到现场指挥处置。公安部消防局张荣昌副局级调研员、作战训练处魏捍东处长到场指导火灾扑救。

沈阳市公安消防支队扑救力量到达现场时，皇朝万鑫国际大厦 B 座十二层至顶层南侧外墙已全部起火，并通过窗口向房间内蔓延，同时沿 B 座东侧、西侧外墙延烧，室内有大量人员被困。支队指挥部立即作出战斗部署：1、立即派人进入消防控制室，启动应急广播、排烟送风、消防泵等建筑内部消防设施，并通过视频监控系统动态掌握火情。2、立即组成 18 个救人攻坚组全力搜寻救助被困人员，在 B 座搜寻救助群众 60 名，在 A 座引导疏散群众 210 余名。3、立即启动消防水泵，通过水泵结合器加压供水，在 B 座 11 个楼层利用墙壁消火栓设置 22 个阵地堵截火势蔓延；利用压缩空气泡沫消防车，在 9 个楼层设置 9 个水枪阵地，堵截火势蔓延；组织 3 辆举高消防车在 B 座南侧，利用水炮强行压制火势。

2 月 3 日 0 时 43 分，辽宁省公安消防总队接到报告后，立即启动跨区域灭火救援预案，调集邻近的鞍山、抚顺、本溪、辽阳、铁岭、营口、盘锦 7 个公安消防支队和辽化、抚顺石化 2 个企业专职消防队的 113 辆消防车、581 名消防官兵前往增援，总队全勤指挥部人员迅速赶赴现场指挥。

此时，B 座外墙已全部起火，相邻的 A 座由于热辐射和飞落燃烧物作用，南侧外墙已发生燃烧，并通过窗口蔓延到三十层、四十二层部分房间，C 座及与大厦毗邻的沈阳航空社区住宅楼、万豪酒店、喜来登酒店等超过三十层的高层建筑受到火势极大威胁。同时，在火灾初期发挥作用的室内灭火设施，由于进攻点多，水压已显不足。总队全勤指挥部立即确立“全力控制大火、积极抢救疏散人员、最大限度降低火灾损失”的总体思路，采取“固移结合，内攻外控”战术措施，全力控制 B 座火势，力保 A 座火势不突入内部，保证不向 C 座和相邻航空社区住宅楼蔓延。

2 月 3 日 3 时许，在沈阳消防支队参战力量前期有效处置下，A 座东侧外墙和建筑内部火势已经得到有效压制，增援力量陆续抵达现场后，现场作战力量得到进一步加强。总队全勤指挥部命令沈阳、抚顺、抚顺石化、辽阳消防支队的 6 辆举高消防车全力压制 A 座西侧外墙火势；命令鞍山、本溪、铁岭消防支队参战力量组成 8 个攻坚组进入 A 座内部，协助沈阳支队内攻灭火；命令辽阳消防支队派出 2 个攻坚组，在 C 座九层、十层外平台设置阵地，消灭 A 座飞火，防止向 C 座蔓延。随着 A 座的火势得到控制，命令沈阳支队组成 6 个攻坚组，从 B 座十层起逐层向上推进灭火。

2 月 3 日 7 时，火灾基本被扑灭。消防官兵共从现场抢救疏散群众 470 余名，未造成人员伤亡；保住了大厦 A 座绝大部分房间、C 座整体、临近居民楼、共用裙楼、共用地下室和 B 座的部分房间，将火灾损失降到了最低点。

三、火灾损失

此次火灾造成皇朝万鑫国际大厦 B 座外墙装饰、保温层，A 座部分外墙装饰、保温层和部分房间过火，其中，B 座建筑内过火面积 9814 平方米，A 座建筑内过火面积 1025 平方米，合计过火面积 10839 平方米，直接财产损失 9384 万元。火灾中未造成人员伤亡。

四、起火原因

（一）起火部位的认定

1. 现场勘查情况

经现场勘查，该大厦 B 座十一层南侧外部装修材料及墙体烧损情况以 1109 房间外墙烧损最为严重，两侧依次减轻。其中，1109 房间南窗玻璃完全炸裂脱落，1108 和 1110 房间南窗玻璃仅部分炸裂。1109 房间室内沙发靠近南窗一侧有烧损，另一侧基本保持原样，仅有烟熏痕迹。

2. 证人证言情况

（1）2 月 3 日 0 时许，位于皇朝万鑫国际大厦 B 座南侧新世界工地的更夫李某（第一发现人）在巡视过程中发现 B 座南侧十一层平台处有火苗，随即通知更夫熊某报警（报警时间为 2 月 3 日 0 时 13 分），更夫陈某也证实十一层平台有火苗。

（2）2 月 3 日 0 时 17 分，第二报警人王某和司机开车沿着二环由西向东行驶到通往青年大街的匝道大约 150 米处皇朝万鑫国际大厦正南面时，发现 B 座南侧 LED 屏幕上方平台中部偏西处有明火，随即报警。

（3）经新世界更夫李某、陈某和报警人王某等现场指认，确定 B 座十一层南侧室外平台 1108～1109 房间范围内首先起火。

综合现场勘查和证人证言情况，该起火灾起火部位位于皇朝万鑫国际大厦 B 座十一层 1109 房间南侧室外平台。

（二）起火原因的认定

1. 根据证人证言证实有人燃放烟花。2 月 3 日 0 时左右，新世界工地更夫李某、熊某和陈某均看到有人在皇朝万鑫国际大厦 B 座楼下西南角处先燃放鞭炮、后燃放烟花。烟花燃放完 5 分钟左右，B 座十一层室外平台开始出现火苗。

2. 根据监控录像证实烟花燃放后火灾随即发生。根据提取的监控录像显示，2 月 2 日 22 时至 2 月 3 日 0 时（均为监控系统时间），皇朝万鑫国际大厦 B 座南侧停车场无人燃放烟花。2 月 3 日 0 时 0 分 9 秒，B 座南侧停车场的监视探头中显示有人燃放烟花。0 时 9 分 9 秒，燃放过程结束。0 时 15 分 10 秒，发现楼上有火掉落到地面。

3. 根据现场勘查情况证实燃放的烟花位于起火部位楼下。现场勘查发现位于 B 座室外南侧停车场西南角处（与 B 座南墙距离 10.8 米，与西南墙角距离 16 米）有一具烟花残骸，保存相对完整，其外包装显示名为“金碧辉煌”88 发装的 C 类烟花。距烟花残骸东侧 2.2 米处，有另一具烟花残骸，烧损严重，仅残留少部分烟花底座堆积在地面。经与监控录像比对，两具烟花残骸确认为起火前燃放的烟花。

4. 根据模拟实验证实B座十一层外平台上装饰物可被燃放的烟花引燃。实验证实，与现场相同品牌型号的烟花可以发射到50米以上的高度，超过B座十一层外平台距地高度（49米）。经对外平台地面处提取的绿色塑料草坪进行模拟燃烧实验证实，该物品遇火极易燃烧。

5. 根据现场实际情况排除其他可能。经调查询问，多人均证实B座南侧大屏幕上方十一层平台处刚开始出现明火时，LED大屏幕仍在正常使用，火势蔓延扩大后才断电熄灭。B座十一层室外平台起火部位范围内未发现电气线路，可排除电气引发火灾的可能性。B座十一层及以上的南侧窗户均为封闭式，室外平台入口封闭，由此可排除十一层及楼上掉落火种引发火灾及放火的可能。

综上所述，该起火灾起火部位位于皇朝万鑫国际大厦B座十一层1109房间南侧室外平台处。起火原因为烟花引燃铺设在外平台地面的塑料草坪，造成外墙装饰及保温材料燃烧所致。塑料草坪被引燃后，火势引燃铝塑板结合处可燃胶条、泡沫棒，引燃挤塑板，在烟囱效应的作用下，火势迅速蔓延、扩大，致使建筑外窗破碎，引燃室内可燃物，形成大面积立体燃烧。

五、火灾责任及处理情况

经排查，最终确定燃放烟花的人员系皇朝万鑫国际大厦房客李某。李某对燃放烟花行为供认不讳，并2011年2月7日因涉嫌失火罪被刑拘。

截至本书成稿时，该案件仍在办理中。

北京市大兴区旧宫镇南小街出租房火灾

4月25日1时13分（接警时间），北京大兴区旧宫镇南小街振兴北路一出租房发生火灾，造成18人死亡、24人受伤，过火面积300平方米，直接财产损失286.2万元。

一、起火单位基本情况

该出租房为自建四层楼房，框架砖混结构，四层楼顶局部为彩钢板结构。一层分为三个部分，西南侧为服装加工车间，面积81平方米，南侧墙有一双扇推拉门，外侧有一卷帘门，车间内侧紧靠房门有1辆电动三轮车，西南部摆放2台熨染机，车间内共摆放24台电动缝纫机；车间北侧共7间房，其中1间为厨房，6间为宿舍，共90平方米，宿舍区楼道有一座直通四楼顶部的天井；东南侧为楼梯间，共33平方米，楼梯间南侧为一双开防盗门。二层为另一家服装加工车间，三、四层为零散的出租房。

最先起火的为一层服装加工车间，车间内物品烧毁严重，车间北侧宿舍区、二层、三层、四层不同程度受损。

二、扑救情况

（一）第一阶段：加强第一力量调度，迅速展开初期搜救。

4月25日1时13分，北京市公安消防总队119指挥中心接到报警后，第一时间调集高米店、大红门、西红门消防中队及总队、大兴支队全勤指挥部，随后又调集亦庄、右安门、古城和安定消防中队到场增援，共计调集29辆消防车、206名消防官兵赶赴现场。同时，针对现场被困人员较多的情况，指挥中心要求各参战中队到场后迅速安排力量加强搜救。

1时30分，辖区高米店消防中队到达南小街三队，发现道路被社会车辆和砖土沙石等建筑材料挤占，而且道路中横有1辆正在卸放建材的货车，消防车被迫停靠在距离现场约600米处。指挥员立即命令战斗员携带器材徒步奔赴现场，后方指挥员进行交通疏导，并迅速组织铺设供水干线，派员引导后续增援车辆。

1时35分，高米店消防中队参战力量到达现场。经侦察，一层加工车间火势正处于猛烈燃烧阶段；一至四层均有被困人员，人数不详；三层窗口有2名被困群众呼救。根据现场情况，高米店消防中队迅速派出2个救援组迅速深入楼内疏散和营救被困群众，2个灭火组设置水枪阵地掩护救援行动，并阻止火势蔓延。

救援组清理一层楼梯口处的杂物，并从楼梯间内疏散出有行动能力的10名被困人员；破拆二层楼梯口的网状铁艺防盗推拉门，并从三层营救出6名处于昏迷状态的被困人员。

灭火组在一层车间和楼梯间入口处设置水枪阵地出2支水枪，掩护救援行动，并消灭疏散通道内的明火，开辟进攻通道；在火场西侧设置水枪阵地出1支水枪，阻止火势向毗邻建筑蔓延。

1时49分，大红门消防中队到场，迅速为高米店消防中队车辆供水，并组织8名队员成立救援组进入四层搜救，在西南角房间发现并救出3名被困人员。

（二）第二阶段：集中兵力，强攻灭火，全力营救被困人员。

4月25日1时51分，西红门、亦庄消防中队和大兴消防支队全勤指挥部先后到达现场。支队指挥员命令西红门消防中队组成2个10人救援组分别深入二层、四层进行搜救；亦庄消防中队协助搜救；高米店消防中队继续负责三层的搜救任务和一层的灭火任务；同时，立即协调大兴区区应急办紧急调派20辆120、999救护车到场，并调派西红门消防中队水源勘查车运送50具空气呼吸气瓶到场。

西红门消防中队在二层发现并救出两名被困人员（其中1人已死亡），初步确认该层无其他被困人员；亦庄消防中队从四层抬出1名死者，并发现四层彩钢板建筑内仍有明火；高米店消防中队继续在三层进行搜索，并搜救出6名处于昏迷状态的被困人员。

4月25日1时55分，总队全勤指挥部到场，并根据现场情况对参战力量进行重新部署：1. 做好个人防护，全力搜救被困人员，二、三、四层分别由西红门、高米店、亦庄三个消防中队主要负责，并注意协同合作；2. 亦庄消防中队安排两名战斗员，将保护毗邻建筑的水枪延伸至四层，消灭四层彩钢房屋内火灾；3. 大红门消防中队做好供水保障，协助高米店消防中队一层2支水枪深入进攻，消灭火势；4. 大兴消防支队全勤指挥部协调医疗和器材保障。

按照总队全勤指挥部命令，西红门、高米店消防中队官兵在水枪掩护下，深入一层加工车间展开拉网式搜救行动，先后搜救出被困人员13名。其中，西红门消防中队在西北角房间救出5人（其中1名小女孩处于昏迷抽搐状态），在北侧中部房间救出2人（均无生命迹象），在东北角房间救出2人（均处于昏迷状态），在四层彩钢板建筑过道发现并救出3名被困人员（均无生命迹象）。高米店消防中队在一层东侧中部房间营救出4人（均无生命迹象）。

（三）第三阶段：彻底消灭火势。

4月25日2时许，高米店消防中队部署在一层的2支水枪在大红门消防中队的协助下，深入内部，彻底消灭火势，亦庄消防中队战斗员将保护毗邻建筑的水枪延伸至四层，消灭彩钢板火灾。于2时2分，火势被彻底扑灭。

2时10分，总队全勤指挥部根据现场情况，进一步调整力量部署：1. 高米店、西红门、亦庄和大红门消防中队重新整编为8个搜救小组，对各楼层开展2次拉网式排查搜索；2. 亦庄消防中队组织人员在外围架设移动照明灯并协助医护人员开展救助。

经现场搜救小组反复搜索排查，确定所有被困人员全部被救出，灭火救援战斗结束。

三、起火原因

（一）现场勘查情况

经勘查，该出租房一层全部过火；二、三、四层部分过火、烟熏，未发现最初起火迹象。一层火势发展趋势呈现出由南向北、由东向西蔓延，根据现场炭化、烟熏、金属变色变形及地面炸裂痕迹，整体呈现以一层服装加工车间东南侧处电动三轮车为中心向四周扩大蔓延的痕迹。

经对门窗进行勘查发现，一层服装加工车间的外侧卷帘门、内侧塑钢门、一层楼梯间双开防盗门的门及门锁均无异常痕迹；二、三、四层南侧的 9 扇窗户均有金属制网状护栏，除二层最东侧窗外护栏因有人求救破坏外，其他护栏均完好。刑侦部门初步排除了人为因素。

（二）询问走访情况

通过对发现起火人员、楼内幸存人员、熟悉楼内情况的人员、电工、消防员等人员进行询问走访，了解最初发现起火的房间、自建楼房内物品摆放、一层服装加工车间内电气线路走向、一层服装加工车间内电动三轮车情况、房屋租赁关系、死伤人员的位置等情况。

（三）鉴定检验情况

经公安部消防局天津火灾物证鉴定中心对一层服装加工车间及车间北侧宿舍提取的 6 处燃烧残留物及烟尘进行检测，未发现有汽油、煤油、柴油的燃烧残留成分；经对提取的电动三轮车多段残余烧毁电源线、电瓶电源线及室内电线进行金相分析，鉴定电动三轮车的电瓶电源线为一次短路。

（四）起火部位及原因认定情况

经现场勘查、调查询问和对现场燃烧痕迹进行检验，认定起火部位位于该出租房一层服装加工车间东南部的电动三轮车处，起火点在电动三轮车蓄电池电源线处。经反复勘查、调查，并对现场残留物和电源线进行技术鉴定，排除其他起火因素，认定起火原因系电动三轮车蓄电池电源线短路并引燃周围可燃物所致。

四、主要教训

（一）该家庭作坊无照非法经营，擅自改变建筑物的使用功能，在家庭住宅内违法设置生产场所及员工集体宿舍，在一层车间内部设置员工宿舍，且未单独设置安全出口；房主张军及其父亲张保河擅自改变宅基地建筑面积，翻建四层楼房无消防通道；各层窗口用防盗网封死、未设置逃生口，一层发生火灾，加之起火部位位于逃生出口处，导致着火后烟气直接蔓延至楼上各层，员工及楼层住宿人员难以自救逃生。

（二）起火建筑所在地区的建筑未办理规划、建设等审批手续，村民失去土地后大量违规建房用于出租，私搭乱建占用防火间距、消防车通道现象普遍，一旦发生火灾，消防车不能及时到场组织扑救。有关部门对该类建筑的存在及用途变更存在失控漏管现象。

（三）起火地区公共消防设施欠账较多。该地区早在 2005 年规划建设公安消防队，至今仍未建成投入使用，且该地区市政消火栓欠账严重，没有市政消火栓和天然水源，一旦发生火灾无法及时进行扑救。

（四）未落实消防责任制，管理混乱。房主张军分别将一层、二层违规出租给外地来京人员高德发和虞柏华非法从事服装加工，对其租用情况未进行必要的安全管理；高德发和虞柏华各自雇佣人员，生产、生活及储存服装原料和成品均在各自楼层，未设置必要的防火分隔和安全疏散措施；三至四层用作零散租户，房主对租户缺乏必要的安全教育和管理。

（五）从业人员消防意识淡薄，逃生自救能力差。该地区汇集了大量的服装制造产业，外来务工人员消防安全意识不高。业主在一层车间违规给电动车充电，未及时清理周边的可燃物，电动车电池故障引发火灾后蔓延迅速，人员来不及逃生。同时，该家庭作坊员工及楼上住户未及时发现火情，发现火情后未及时报警，延误了灭火及人员疏散的最佳时机，住宿人员不懂得逃生自救常识，致使吸入有毒烟气中毒。

五、火灾责任及处理情况

火灾发生后，由北京市安全生产监督管理局牵头，市公安局、监察局、人力社保局、总工会、住房建设委、规划委、公安消防总队及大兴区人民政府等部门成立了“4·25”重大火灾调查组，并请市人民检察院同步参与调查。根据国务院安全生产委员会办公室和北京市人民政府对《大兴区旧宫镇南街三村“4·25”重大火灾事故调查报告》批复的意见，依照有关规定，对23名事故责任人给予处理，其中7名责任人被移送司法机关追究刑事责任，1名责任人被实施了治安处罚，15名责任人受到党纪、政纪处分。同时，责成大兴区委、区政府及其主要负责人分别向北京市委、市政府作出深刻检查。

吉林省通化市如家快捷酒店火灾

5月1日3时24分，吉林省通化市如家快捷酒店因人为放火发生火灾，造成10人死亡、3人重伤、23人住院观察。火灾发生后，国务委员、公安部部长孟建柱批示：抓紧查清原因，妥善做好善后工作。吉林省委、公安部消防局、省公安厅及省公安消防总队有关领导先后赶到火场，组织指挥灭火救援和火灾事故调查工作。

一、起火单位基本情况

如家快捷酒店位于通化市东昌区胜利路1号，所在建筑物产权单位归属于通化市双龙集团，法人为卢某，主体建筑共八层，其中地下一层，地上七层，标准层建筑面积为1100平方米，总建筑面积为8500平方米，高28米。该建筑物东为胜利路，南为新站路，西为浑江，北临妇幼保健院，内部设有自动喷水灭火系统、火灾自动报警系统、高位水箱、机械防排烟系统、正压送风系统、防火卷帘、室内消火栓系统、柴油发电机、防火门、灭火器、应急照明和疏散指示标志等消防设施，并且每层配备了1个缓降器。发生火灾时火灾自动报警系统和自动喷淋系统全部启动。

双龙集团将该建筑物分别出租给四家经营单位，其中如家快捷酒店位于三至七层，建筑面积6000平方米，共有116间客房，当日入住约200人；南波万歌厅位于二层，建筑面积1100平方米；老关东酒店位于一层，建筑面积700平方米；coco国际酒吧位于地下一层，建筑面积390平方米。

二、消防监督管理情况

（一）消防行政审批情况

双龙大厦于2001年12月20日通过通化市公安消防支队消防验收合格投入使用。老关东大酒店于2003年3月28日通过消防验收。南波万歌厅于2005年8月23日通过通化市东昌区公安消防大队消防设计审核，同年11月4日通过消防验收。coco国际酒吧于2007年12月24日通过通化市东昌区公安消防大队审核，2008年1月20日通过消防验收。如家快捷酒店于2008年5月12日通过通化市公安消防支队消防设计审核，同年 8 月 13 日通过内部装饰装修消防设计审核。

（二）日常消防监督检查情况

依据《吉林省消防安全重点单位界定标准》，该酒店属于消防安全重点单位。按照属地管理原则和单位规模，如家快捷酒店、南波万歌厅和 coco 国际酒吧为东昌区公安消防大队二级列管单位，老关东酒店为三级列管单位。按照《消防法》和《消防监督检查规定》有关要求，大队监督员对 3 家重点单位实施了日常消防监督检查，共开展 9 次检查，对南波万歌厅存在的遮挡消火栓违法行为，责令改正并实施当场处罚 500 元。

2010 年，东昌区公安消防大队按照“四个能力”建设属于人员密集场所的消防安全重点单位达标标准，对该大楼主体建筑内的如家快捷酒店、南波万歌厅、coco 国际酒吧的消防安全责任人及管理人员开展了消防培训，督促上述单位分别制定完善了消防安全管理工作各项规章制度，对建筑内所有消防设施全部配备了标牌，3 家单位 2010 年底通过“四个能力”达标验收。

三、起火经过和扑救情况

5 月 1 日 3 时 24 分，双龙大厦发生火灾，市公安消防支队接到报警后立即调集市区及外县 5 个消防中队、2 个企业专职消防队，共计 30 辆消防车、138 名消防人员赶赴现场进行扑救。

3 时 30 分，辖区新风路消防中队和东昌路消防中队相继到达现场。经侦察发现：楼内有大量人员被困、火势已蔓延至东南角如家快捷酒店的大门口及上部装饰、楼内充斥着大量高温浓烟。中队指挥员立即向支队报告情况请求增援。同时，新风路中队成立 2 个救人组、2 个灭火组，东昌路中队成立 3 个救人组、1 个供水组立即展开战斗。其中，2 个救人组从二层向上搜索营救被困人员，1 个救人组利用举高消防车从外部营救被困人员，其他 2 个救人组从建筑西侧楼梯进入，从三层向上搜索营救被困人员；1 个灭火组利用 1 支水枪沿东南角如家快捷酒店入口和东南角楼梯实施内攻近战灭火，1 个灭火组利用 1 支水枪从南侧老关东饭店正门进入，沿中北部位楼梯进攻至二层和四层，阻截火势横向水平和向楼上蔓延；供水组负责火场供水。

3 时 35 分，支队值班领导及全勤指挥部人员到达火灾现场，立即成立现场作战指挥部，并迅速作出部署：1. 坚持“救人第一”的指导思想，集中力量利用室内封闭楼梯和外部的举高车同时营救被困人员；2. 控制火势蔓延，控制火势沿纵向和水平方向蔓延；3. 做好警戒，防止人员返回寻找亲人或取个人物品；4. 加强火场排烟，开启西侧楼梯间和宾馆内的所有外窗，为救人创造有利条件；5. 做好火场供水，确保供水不间断；6. 与 120 急救部门做好交接，做好被救人员的登记；7. 通知公安交警部门立即对现场实施交通管制。

随后，特勤消防中队、桃源路消防中队和通化县消防中队及东昌区消防大队、二道江区消防大队、通化县消防大队的执勤力量相继到达现场。按照现场作战指挥的部署，特勤中队成立 4 个救人组，1 个救人组利用举高消防车从外部救人，3 个救人组从建筑西侧楼梯进入楼内营救四层以上的被困人员；桃源路中队成立 2 个救人组，从七层向下逐层营救被困人员，同时派消防车占领如家快捷酒店后侧洗车场位置，出 1 支水枪扑救突破三层北侧外窗口的火势，控制火势从窗口向上蔓延；通化县消防中队成立 2 个救人组负责营救如家快捷酒店五层、六层、七层和八层的被困人员。

3时48分，通钢专职消防队到达现场，按照现场作战指挥部命令成立2个救人组，分别负责营救电梯内被困人员和协助其他救人组逐层营救被困人员。3时55分，公安交警、巡警及120急救力量到达现场协助救援。

4时5分，参战人员成功将火势堵截在东侧一至三层的楼梯间内，并于4时15分将火灾扑灭。各救人组利用室内疏散楼梯营救昏迷被困人员36人，利用举高消防车从外部营救被困人员9人，利用室内疏散楼梯疏散150余人，并及时将营救出的被困人员送往医院救治。

四、火灾损失

此次火灾共造成10人死亡（均为一氧化碳中毒死亡）、3人重伤、23人入院观察，过火面积142平方米，直接财产损失7.7万元。如家快捷酒店在火灾发生后一直处于停业状态，间接损失无法估量。

五、起火原因

火灾发生后，通化市公安消防支队立即抽调20名防火干部与东昌区公安分局抽调的28名民警组成联合调查组，在公安部消防局、省公安厅、省公安消防总队有关领导及火调专家的指挥和指导下，经过19个小时艰苦细致的火灾现场勘查、调查询问、走访了解和调看录像，认定此次火灾为放火案件。5月1日23时，通化市公安消防支队将案件正式移交东昌区公安分局立案侦破。5月2日21时，经过22小时的侦破抓捕，7名犯罪嫌疑人全部抓获，该放火案告破。

经查，7名犯罪嫌疑人于4月30日购买了口罩、手套、墨镜、雨伞、老虎钳子和用矿泉水瓶装的4瓶汽油等作案工具，于5月1日3时20分许，携带汽油到如家快捷酒店楼梯间实施放火并引发火灾。

六、火灾责任及处理情况

通化市中级人民法院一审认为，被告人王某甲为泄私愤，伙同王某乙雇佣曲某、高某在公共场所故意放火，致使数十人伤亡，公私财产遭受重大损失，被告人李某明知他人实施放火行为而提供帮助，5名被告人的行为均已构成放火罪，犯罪手段极其恶劣，后果特别严重，社会危害极大。被告人王某甲、王某乙策划、组织他人放火；被告人曲某、高某积极实施放火行为，曲某在现场点燃汽油，被告人李某积极参与策划并为放火行为提供帮助，上述5名被告人均系主犯。被告人孙某明知王某乙找人实施毁坏他人财物的行为，而多次帮助联系作案人员，协商酬金，其所联系的人员在毁财过程中造成极其严重的后果，其行为已构成故意毁坏财物罪。被告人梁某明知王某乙涉嫌犯罪，而为王提供财物，帮助其逃匿的行为已构成窝藏罪。

吉林省通化市中级人民法院2011年11月12日依法公开审理了“5·01”如家快捷酒店放火案。被告人王某甲、曲某、王某乙犯放火罪分别被判处死刑；其他被告人分别被判处死刑缓期二年执行、无期徒刑和有期徒刑。

湖北省武汉市恒瑞橡塑制品有限公司火灾

7月12日9时25分，湖北省武汉市经济技术开发区东荆河路天长市恒瑞橡塑制品有限公司（武汉分公司）生产车间发生火灾，造成15人死亡，过火面积3450平方米，直接财产损失1179.4万元。

一、起火单位基本情况

起火建筑产权单位为武汉东神轿车有限公司，位于武汉经济技术开发区东荆河路，东邻318国道、南邻东荆河路、西邻武汉今晨实业公司、北邻莲湖路。2010年10月武汉东神轿车有限公司将一部分建筑租赁给武汉合傲商贸有限公司和武汉市政环卫机械制造公司，2010 年 11 月，武汉合傲商贸有限公司又将自己租赁的建筑一部分转租给起火单位天长市恒瑞橡塑制品有限公司。

该建筑设计为戊类二级单层钢结构厂房，屋面为单层钢板（局部二层辅助房顶棚为彩钢板），占地面积 9160 平方米，总建筑面积 9596 平方米（图纸面积 9596 平方米，火灾现场实测面积 9200 平方米），建筑高度 10.1 米，设计安全出口 8 个，辅助房有疏散楼梯 2 个（其中 1 个直通室外）。三个租赁单位之间采用 3.3 米高彩钢板进行分隔。建筑设有室内消火栓系统。

武汉市政环卫机械制造公司在建筑内主要堆放金属制品和部分乙炔瓶；武汉合傲商贸有限公司在建筑内主要堆放金属制品和塑料制品；天长市恒瑞橡塑制品有限公司（武汉分公司）在建筑内主要生产聚苯乙烯高分子材料。

二、起火经过及扑救情况

（一）起火经过

7 月 12 日 9 时许，恒瑞橡塑制品有限公司员工周某在车间大门附近在给电控盒盖贴膜时，听见坐在对面的员工张某喊“着火了”，立即站起来拿了 1 个灭火器到起火的泡沫堆灭火。同时厂长季某组织人员灭火和打电话报警。员工张某第一个拨打报警电话，报警时间为 7 月 12 日 9 时 25 分 6 秒。

（二）出动情况

武汉市公安消防支队指挥中心接到报警后，立即调动辖区沌口消防中队的 5 辆消防车、19 名消防官兵赶赴现场，随后调集沌口、墨水湖、七里庙、宗关、汉阳、特一、古田、南湖、硚口等 9 个消防中队的 42 辆消防车、170 名消防官兵赶赴现场进行扑救。大火于 11 时得以控制，11 时 30 分明火被全部扑灭。

（三）搜救情况

第一出动力量到场后，立即组成 2 个小组进入建筑内进行人员搜救。第一组从南面楼梯（正门通向室外的一部楼梯）进入建筑开展搜救，在楼梯下成功救出 3 人，同时发现楼梯被掉落铁皮堵死，搜救组强行进入二层后，发现二层办公区已被火灾燃烧悬落的彩钢板封闭，浓烟和明火极大，搜救工作无法有效开展。第二组从建筑东面第一个安全出口进入建筑内，首先在武汉市政环卫机械有限公司和武汉合傲商贸公司相接处救出 2 人，疏散 16 人；随后发现建筑内部火势已呈猛烈燃烧阶段，于是改道从南正面打碎玻璃进入内部楼梯；发现内部楼梯被坍塌铁皮堵死，立即改从西面再次进入建筑内，并成功疏散 11 人。在整个搜救过程中，总共从建筑内成功疏散 27 人、救出 5 人，发现 2 名遇难者（其他遇难者被后续增援中队发现）。

三、火灾伤亡及损失情况

该起火灾共造成 15 人死亡（包括 11 名女性、4 名男性），其中有 5 名儿童。烧毁空调配件、生产设备、钢结构厂房等物，经蔡甸区物价局价格认证中心核算，该火灾共造成直接财产损失 1179.4 万元。

四、起火原因

经过为期 7 天的现场勘察、调查走访、技术鉴定和模拟实验，综合分析认定起火时间为 2011 年 7 月 12 日 9 时许，起火部位位于恒瑞橡塑制品有限公司车间南侧西数第一根钢柱与第二根钢柱之间的货物堆垛，起火点位于西数第二根钢柱北侧 4 米左右、距地面高约 2 米的货物堆垛顶部。排除吸烟、自燃、雷击、小孩玩火、放火等引发火灾因素，认定起火原因为起火点货垛上方的照明灯具电源导线短路，引燃下方聚苯乙烯泡沫片材及货垛纸箱等可燃物所致。

五、主要教训

（一）擅自变更建筑使用功能。该建筑设计为戊类二级单层钢结构厂房，东神轿车有限公司擅自分隔厂房用于出租，致使疏散通道过长、安全出口数量不足；恒瑞橡塑制品有限公司、合傲商贸有限公司擅自变更使用功能，作为丙类物品生产、储存车间，并在厂房西侧辅助房一层设置员工食堂，二层设置员工宿舍，使其成为生产、储存、住宿“三合一”场所。

（二）企业消防安全管理混乱。该单位未建立消防安全制度，未落实消防安全责任制，未制定灭火和应急疏散预案，电气线路检查维护保养不落实，厂房顶棚多处漏雨未及时维修；生产期间小孩在车间厂房内玩耍等因素，导致火灾发生概率增大，人员伤亡增加。

（三）人为堵塞疏散通道。该建筑辅助房设有2个疏散楼梯（其中1个直通室外），但内二层辅助房恒瑞橡塑制品有限公司通向市政环卫机械制造公司的通道被人为用木柜封堵，导致火灾发生后人员无法疏散，大量人员在此处遇难。

（四）起火物质毒性大、燃烧迅速。恒瑞橡塑制品有限公司主要生产空调塑料构件，主要原材料为ABS、PS、PP等塑料聚合物，加之建筑内空间大、跨度大、通风条件好，起火后燃烧异常迅速，温度高发热量大，产生大量有毒有害气体。

（五）员工消防安全意识差。恒瑞橡塑制品有限公司员工未经过消防培训，消防安全意识差，9时许发生火灾，25分钟后公安消防部门才接到报警，错过扑救初起火灾的最佳时机；不懂得基本的逃生自救知识，火灾发生后人员从辅助房一楼跑到二楼，通道被堵导致无法逃生。

六、火灾责任及处理情况

王某，男，原天长市恒瑞橡塑制品有限公司法定代表人，因犯重大劳动安全事故罪，判处有期徒刑三年，缓刑三年。

金某，男，原天长市恒瑞橡塑制品有限公司武汉分公司负责人，因犯重大劳动安全事故罪，判处有期徒刑三年，缓刑五年。

钱某，男，原武汉市政环卫机械有限公司专务董事，因犯重大劳动安全事故罪，判处有期徒刑三年，缓刑三年。

尚某，女，原武汉东神轿车有限公司、武汉新星汽车有限公司、武汉市政环卫机械有限公司法定代表人，因犯重大劳动安全事故罪，判处有期徒刑三年，缓刑四年。

王某，男，原武汉合傲商贸有限公司法定代表人，因犯重大劳动安全事故罪，判处有期徒刑三年，缓刑四年。

武汉市经济技术开发区管委会及相关职能部门14人被湖北省人民政府追究行政责任。

广东省佛山市三水区盛丰陶瓷有限公司三水分公司办公综合楼火灾

8月23日6时12分，广东省佛山市三水区西南街河口左田民营开发区盛丰陶瓷有限公司三水分公司办公综合楼发生火灾，造成15人死亡、1人受伤，过火面积3250平方米，烧毁、烧损该办公综合楼室内装修及物品一批，直接财产损失51万元。火灾发生后，广东省、公安部消防局、省公安消防总队及佛山市、三水区有关领导先后赶赴现场组织火灾扑救、指导事故调查和善后工作。

一、起火建筑基本情况

盛丰陶瓷有限公司三水分公司办公综合楼位于佛山市三水区西南街河口左田民营开发区，属佛山市盛丰陶瓷有限公司独立法定代表人霍某全资拥有。该办公综合楼始建于2002年初，2002年底竣工，2003年初投入使用，未办理有关消防报建手续。该建筑共四层，为钢筋混凝土结构，坐西向东，南北长56米，东西宽20米，高18米，占地面积1120平方米，总建筑面积4480平方米。该建筑东面与321国道相临，南面是一小巷，西面是该公司空地和篮球场，北面是两栋员工宿舍楼。

建筑首层为陶瓷展厅和接待前台；二层北部为该公司法人霍某的办公室和卧室，西、南两部位共有5间空置办公室；三层原为员工娱乐室、会议室、饭堂、厨房，火灾发生前空置；四层为公司管理人员休息室，共有25间，其中东部有12间，西部有13间。

二、起火经过和扑救情况

8月23日6时12分，佛山市盛丰陶瓷有限公司三水分公司当班保安陈某在大门门岗处发现该厂办公综合楼二层起火；住在办公综合楼二层的霍某和其朋友韩某被外部响声吵醒后，发现二层办公室门口有火冒进来，于是从二层西侧窗户逃生，霍某于6时12分向110报警，此时火势已迅速扩大蔓延。

8月23日6时18分，佛山市三水区公安消防中队接到三水区公安分局110调度命令后，迅速出动6辆消防车、25名消防官兵于6时25分到达现场处置，与此同时，三水区公安消防大队调动白坭、乐平、芦苞、大塘专职消防队的4辆消防车、18名消防人员到现场支援扑救火灾；随后，佛山市公安消防指挥中心先后调集战勤保障大队及大沥、桂城、西樵、九江消防中队共14辆消防车，85名消防官兵前往增援，并调集医疗急救、供水、供电及公安交警、治安、派出所民警等联动单位协助火灾扑救行动。佛山市公安消防支队领导率领全勤指挥部遂行出动，指挥救援工作。9时10分许，火灾被扑灭。

三、火灾损失情况

这起火灾共造成15人死亡、1人受伤，过火面积3250平方米，烧毁、烧损办公综合楼室内装修及物品一批，依据《火灾直接财产损失统计方法》（GB185－1998）规定，经现场核定，火灾直接财产损失51万元。

四、火灾原因调查

火灾发生后，省政府成立“8·23”火灾事故调查组，并由公安刑侦、消防及派出所共200余人组成联合工作组，收集提取火灾现场物证18份、周边群众手机拍摄视频资料8份，组织物证技术鉴定3批次，拍摄照片520余张，调查走访群众1200多人，制作询问笔录87份。经大量调查取证和对火灾现场进行详细的内外围反复勘查，最终查明起火楼层、起火部位及起火原因。

（一）起火楼层的认定

经调查，认定最先起火的楼层为该办公综合楼的第二层，主要依据如下：

1. 办公综合楼一层仅中部楼梯相邻部分过火烟熏，其余地方无过火现象；二层、三层全部过火；四层走道及部分房间过火，表明火势在二层、三层较为猛烈。

2. 办公综合楼三层4号柱（注：该办公楼中部8根立柱由北往南编为1－8号柱，以下皆同）东北侧（朝向二层楼梯的部位）混凝土被烧脱落并裸露钢筋，三层其他立柱被烧脱落、裸露钢筋程度呈现出以4号立柱为中心逐渐向南北两侧减轻；二层4号柱中上部混凝土被烧脱落痕迹表明高温烟气和火焰由二层吊顶部位沿中部楼梯口向三层蔓延的趋势；二层西南角楼梯木装饰材料被烧，呈现向三层、一层蔓延的趋势。

3. 根据群众提供的在办公综合楼东、西南侧拍摄的手机录像发现：东侧二层C3、C4、C5号窗户有火燃烧时，三层、四层仅对应楼梯的 C3 号窗户有火光，并且火光充满窗户；西侧二层 C3、C4 号窗有火光冒出时，三层、四层仅有浓烟冒出，表明火首先在二层发生，然后向上蔓延。

4. 据起火时在二层办公室睡觉的霍某及其朋友韩某证实：他们发现起火后，从二层房间的窗户跳下一层后，看到二层在起火燃烧，而且火与浓烟向三层、四层蔓延。另外，当天起火时在大门口值班的保安陈某证实，起火初期仅二层有火光，三层、四层还没有。

（二）起火部位的认定

经勘查，认定起火部位为办公综合楼二层 2 号柱与 4 号柱之间的西半部处，主要依据如下：

1. 对二层楼板及横梁勘验发现，二层中部 2 号至 4 号立柱西侧楼板和横梁水泥批荡层烧毁脱落严重，向四周逐渐减轻，表明该部位最早起火，燃烧时间长。

2. 二层中部 4 号柱混凝土被烧脱落、露筋程度北侧重于南侧，5 号柱混凝土被烧脱落程度北侧重于南侧，表明最初火势由 4 号柱北侧向南蔓延；4 号柱西侧的办公室木隔断和玻璃被烧毁程度呈现出东重西轻，表明火势由中部向西部蔓延。

3. 二层中部 2 至 7 号柱的西侧吊顶内，沿南北方向敷设了一条铁质电线槽，被烧掉落在地面，3 号柱西侧附近电线槽被烧变色较重。

4. 据霍某朋友韩某反映：火灾当天他在霍某办公室的客厅内睡觉至 6 时左右，听到办公室外面传来很大的声音，打开办公室的小客厅门，看见客厅外的办公室玻璃墙外面已经着火了，办公室玻璃木门也开始着火了，其所指的办公室玻璃墙外面就是二层 3 号柱附近。同时，该公司大门值班保安陈某也证实，首先发现面对办公楼的二层从左往右数第三或第四个窗有火和浓烟往外喷出。

5. 根据周边群众的手机录像资料分析，中部楼梯三、四层相邻的窗户火势最猛烈，并且整个窗户充满火光，此时二层已经着火并向两侧蔓延，根据火势蔓延规律、热烟气流动的烟囱效应分析，表明最初火势是由二层中部楼梯口北侧 3 号柱附近迅速向上和向周围蔓延。

（三）起火点的认定

经勘验，认定起火点位于办公综合楼二层中部楼梯口北侧 3 号柱西侧上方的铁质电线槽处，主要依据如下：

1. 二层 2、3、4 号柱西侧上方木质吊顶全部烧毁，附近墙面及办公室木隔断和装饰上部全部烧毁、地面有部分残留，呈现由上向下蔓延的迹象。

2. 二层 3 号柱子西侧范围的铁质电线槽变色严重，距东墙 10.8 米，距北墙 14.6 米部位铁质电线槽底部出现多处不规则分布的击穿孔洞，对应的地面瓷砖表面被烧碎裂，呈现以该部位为中心向南北两侧减轻的趋势。

3. 据霍某证实：他发现起火后二层办公室大厅门口的天花板在着火燃烧。

（四）起火原因的认定

1. 排除人为放火因素。经刑侦部门调查，没有发现外部及内部人为放火的因素及动机。起火部位提取的碳化残留物经公安部消防局天津火灾物证鉴定中心鉴定均未检测出汽油、柴油、煤油及油漆稀释剂等助燃剂成分。

2. 排除自燃及吸烟遗留火种引起火灾因素。经现场勘验，起火部位无自燃物品；火灾现场无阴燃起火痕迹特征。

3. 排除雷击引发火灾因素。据佛山市三水区气象部门提供的资料显示，火灾发生前后，佛山市盛丰陶瓷有限公司三水分公司办公综合楼区域无下雨、雷电现象发生。

4. 认定办公综合楼二层中部楼梯北

侧（3号柱西侧）吊顶内的铁线槽内电源线路短路击穿铁质电线槽引燃木质吊顶起火。依据如下：

（1）经现场勘验，起火点处有电气线路经过，此处铁质电线槽底部有多处电打火形成的击穿孔洞，地面残骸发现大量的短路铜熔珠，说明了起火点处发生了电气故障，具备引起火灾的条件；

（2）电线线槽安装在木质吊顶内，木材燃点在250~300℃之间，短路熔珠温度为3000℃以上，足以引燃可燃物；

（3）起火点处提取的熔珠、铁质电线槽经广东震华司法鉴定所金相鉴定，熔珠为短路作用形成，铁质电线槽底部出现多处不规则分布的击穿孔洞为电热作用所致。

综上所述，根据现场勘验、证人证言、录像资料和物证鉴定结论，认定该起火灾起火原因是：佛山市盛丰陶瓷有限公司三水分公司办公综合楼二层中部楼梯北侧吊顶内的铁质电线槽内电线短路，产生的高温熔珠引燃可燃物所致。

五、主要教训

（一）起火办公综合楼系违法建筑。该建筑建设于2002年，按照当时的《中华人民共和国消防法》规定，单位应当在取得建设工程规划许可证明文件后向当地公安消防机构申报审核、验收。经查，佛山市盛丰陶瓷有限公司三水分公司建设用地为村民自留地，其办公综合楼在未取得相关政府部门行政审批手续的情况下，于2003年建成投入使用，系一栋违法建筑，为火灾的发生留下了先天隐患。

（二）采用大量易燃可燃材料装修。按照《建筑内部装修设计防火规范》（GB50222－95）（2001年版）第3.2.1条的要求，办公综合楼的疏散走道顶棚，应采用不燃装修材料，其他部位的顶棚、墙面应采用难燃装修材料。该办公综合楼的室内墙面、吊顶和楼梯均使用了大量的木龙骨、胶合板等易燃可燃材料进行装修，火灾荷载大，导致发生火灾后燃烧猛烈、蔓延迅速。

（三）室内消防给水设施不足。按照《建筑设计防火规范》（GB50222－95）（2001年版）第8.3.1条的要求，该办公综合楼应设室内消防给水系统，经现场查看，该建筑虽设有室内消火栓系统，但仅三、四层南面楼梯间各设有1个室内消火栓，消火栓数量不符合规范要求（国家规范要求每层设置），导致火灾发生后无法组织有效扑救。

（四）单位消防管理责任不落实。盛丰陶瓷有限公司三水分公司消防安全责任制不落实，未明确消防安全责任人和管理人，未制定用火用电等消防安全管理制度、消防安全操作规程和应急预案，也没有落实防火巡查、监护措施。未对员工进行必要的消防宣传教育培训，没有开展灭火、疏散演练，员工消防安全常识和自救逃生知识匮乏。火灾发生后，没有组织员工进行有效的疏散和初起火灾扑救，造成重大人员伤亡。

六、火灾责任及处理情况

（一）移交司法机关处理人员（4人）

1. 霍某，佛山市盛丰陶瓷有限公司法人代表，对事故的发生负有直接责任，于2011年8月23日因涉嫌重大责任事故罪经佛山市三水公安分局决定被刑事拘留。

2. 潘某，佛山市盛丰陶瓷有限公司行政科科长。未认真履行对发生火灾办公综合楼消防安全进行监督检查的职责，对该办公综合楼消防栓等消防设备是否正常没有认真检查，存在过失行为，移交司法机关追究刑事责任。

3. 连某，佛山市盛丰陶瓷有限公司行政科副科长。未认真履行对发生火灾办公综合楼消防安全进行监督检查的职责，对该办公综合楼消防栓等消防设备是否正常没有认真检查，存在过失行为，移交司法机关追究刑事责任。

4. 梁某，佛山市盛丰陶瓷有限公司电工车间主任及负责人，负责佛山市盛丰陶瓷有限公司及三水分公司的电路安全维护、维修及用电安全。起火办公综合楼在发生火灾事故前，曾多次发生电线电路故障，梁某曾带领电工进行检查，但未能及时发现、修复故障电路，对火灾事故的发生负有直接责任，本应依法追究刑事责任，鉴于其已在事故中死亡，免于追究其刑事责任。

（二）给予党纪、政纪处分的责任人员（11 人）

朱某，中共党员，任河口镇规划建设办公室主任期间，未认真履行职责，未能及时发现、查处辖区内三水分公司的违法建设行为。依据《中国共产党纪律处分条例》等相关规定，给予党内严重警告处分。

叶某，民盟党员，任镇政府分管规建办的领导期间，未能督促有关人员及时发现、查处辖区内佛山市盛丰陶瓷有限公司三水分公司的违法建设行为。依据《行政机关公务员处分条例》等相关规定，给予行政降级处分。

张某，中共党员，任三水区消防大队大队长，兼任区消防安全委员会副主任期间。对督促、指导开展消防监督检查工作不力，对社区民警的培训工作不到位，负有重要领导责任，依据《中国人民解放军纪律条令》等相关规定，给予记过处分。

欧某，中共党员，任西南供电所所长期间，审核把关不严，致使三水分公司办公综合楼得以违法得到供电，督促开展对辖区内违章用电行为查处不力，未能及时发现、纠正企业违法违章用电行为。依据《中国共产党纪律处分条例》等相关规定，给予党内严重警告处分。

骆某，中共党员，任河口镇工商所所长期间，对三水分公司登记注册时营业场所所在的60 亩用地没有明确具体范围的问题，未认真审核把关就同意上报上级部门审批，致使三水分公司违规得以登记。依据《行政机关公务员处分条例》等相关规定，给予行政记大过处分。

麦某，中共党员，任佛山市三水区西南街道党工委委员、区环境运输和城市管理局西南分局局长期间，对辖区违法建筑监督检查督促、领导不力，依据《行政机关公务员处分条例》等相关规定，给予行政记过处分。

黄某，中共党员，任三水区市场安监局西南分局副局长期间，未能组织、协调有关部门认真开展隐患排查治理，依据《行政机关公务员处分条例》等相关规定，给予行政记过处分。

黎某，中共党员，任西南街道木棉村委会党总支书记、主任期间，未能积极配合有关部门及时制止村居违法行为，未能落实上级与辖区签订的消防安全和安全生产责任，负有直接责任，依据《中国共产党纪律处分条例》等相关规定，给予党内严重警告处分。

何某，中共党员，任三水区西南街道党工委副书记、西南街道办事处主任期间，督促开展安全生产和消防隐患排查工作不到位；督促有关部门打击、制止辖区内违法建筑工作不力。依据《行政机关公务员处分条例》等相关规定，给予行政记过处分。

卢某，中共党员，任三水区委常委、政法委书记、三水区公安分局局长期间，对辖区范围内消防工作领导不力，未能严格落实辖区消防安全责任。依据《行政机关公务员处分条例》、《关于实行党政领导干部问责的暂行规定》等相关规定，给予行政记过处分。

区某，中共党员，任三水区委常委、三水区西南街道党工委书记期间，未能认真履行安全生产“一岗双责”有关规定，督促相关部门和人员落实辖区安全生产和消防安全责任不到位。依据《中国共产党纪律处分条例》、《关于实行党政领导干部问责的暂行规定》等相关规定，给予党内警告处分。

截至本书成稿时,该案件仍在办理中。

2011 年全国重大火灾案例一览表

起火时间及地点		死人	伤人	直接损失（万元）	火灾类别	起火原因
全国合计（7 起，不含铁路、港航火灾）		82	32	11560.2		
1 月 13 日	湖南省长沙市岳麓区枫林一路 303 号西娜湾宾馆	10	4	60.4	宾馆	使用电烤火炉不慎
1 月 17 日	湖北省武汉市宏康实业公司侨康副食批发市场	14		591.1	市场	无法排除电气故障引发火灾的可能性
2 月 3 日	辽宁省沈阳市皇朝万鑫国际大厦			9384	综合楼（宾馆、公寓、写字楼）	燃放烟花爆竹
4 月 25 日	北京市大兴区旧宫镇南小街振兴北路一出租房	18	24	286.2	“三合一”出租房	电动三轮车蓄电池电源线短路
5 月 1 日	吉林省通化市东昌区胜利路 1 号如家快捷酒店	10	3	7.7	宾馆	放火
7 月 12 日	湖北省武汉市经济技术开发区东荆河路恒瑞橡塑制品有限公司生产车间	15		1179.4	生产车间	电源线短路
8 月 23 日	广东省佛山市三水区西南街河口左田民营开发区盛丰陶瓷有限公司三水分公司办公综合楼	15	1	51	办公楼	电线短路

第二章　较大火灾案例

一　月

1. 1月3日15时30分，重庆市秀山县中和镇茶园巷木材加工厂发生火灾，造成4人死亡，过火面积827平方米，直接财产损失86万元。经现场勘验、调查询问，认定起火部位位于木材加工厂喷漆车间东南角喷漆房上方吊顶处，起火原因系电气线路电气故障，引燃周围可燃物。

2. 1月5日2时8分，湖南省张家界市桑植县澧源镇一居民住宅发生火灾，造成3人死亡，过火面积22.3平方米，直接财产损失1.4万元，起火原因系烤火炉长时间烘烤引燃周围可燃物。

3. 1月5日3时20分，新疆维吾尔自治区喀什地区叶城县夏合甫乡16村4组一居民住宅发生火灾，造成3人死亡，过火面积18.8平方米，直接财产损失0.2万元，起火原因系生活用火不慎。

4. 1月6日23时40分，四川省广安市广安区万盛中路31号水电洁具门市发生火灾，造成5人死亡，烧损建筑39平方米，直接财产损失23.5万元。起火门市所在建筑系主体八层、总建筑面积4500平方米、耐火等级二级的砖混结构商住楼，1998年建成投入使用。一层为15个商业门市，二层以上为单元式居民住宅，共4个单元56户居民。该起火门市空间狭小，擅自增设夹层，为居住、经营、储存“三合一”；室内堆放大量铝塑制品和其他可燃材料，通道停放有自行车、电瓶车、摩托车，随地可见烟头；仅有的两个窗口用金属栅栏封闭。经现场勘验，确定起火点在该门市北墙电脑桌东面距离地面0.25米处的V字形烟痕底部，排除了放火、自燃、电气、烤火炉等因素，认定起火原因系未熄灭的烟蒂引起可燃物阴燃。

5. 1月7日12时30分，天津市北辰区天穆镇柳滩东里22号楼2门504室因小孩玩火引发火灾，3名儿童送医院抢救无效死亡，过火面积10平方米，造成室内部分家具及电器烧损，直接财产损失2000元。

6. 1月8日6时50分，安徽省安庆市枞阳县藕山镇巢山村破罡街一居民住宅发生火灾，造成3人死亡，过火面积300平方米，直接财产损失31.3万元。起火建筑为地上三层建筑，其中一层为门面房，二、三层为住宅。起火原因为一层楼梯间南侧电线插座故障打火引燃下方堆放的货物。发生火灾后，该户居民未进行有效的初起火灾扑救，且缺乏安全逃生知识，导致人员死亡。

7. 1月8日21时30分，广东省汕头市潮南区胪岗镇上厝居委和惠公路上厝桥头附近一住宅楼发生火灾，造成3人死亡，直接财产损失1.3万元，起火原因为该住宅楼首层东部铝合金货架上方神台的电源线路短路。

8. 1月13日23时20分，广东省东莞市樟木头镇樟深大道122号祥发五金店发生火灾，造成8人死亡、4人受伤，直接财产损失97万元。经调查，认定起火原因是祥发五金店东侧收银台（距东墙1.6米、距北墙5.2米处）上方电线短路产生高温熔珠引燃可燃物。火灾发生后，对该起火灾事故负有直接责任的陈某、赖某追究刑事责任，责令其承担相应的赔偿责任，同时各处5万元罚款；对负有领导责任的赖某等6人给予党纪政纪处分。

9. 1月17日22时48分，内蒙古自治区鄂尔多斯伊金霍洛旗建光小宾馆发生火灾，造成4人死亡，过火面积273平方米，直接财产损失52.5万元。经调查，起火原因为该宾馆楼内眼镜店铺的工作人员使用内热式电烙铁维修插座板，离开后未拔电源，致使内热式电烙铁将临近的纸质包装盒等可燃物引燃。

10. 1月19日1时31分，广东省惠州市博罗县长宁龙颈筋小组一居民住宅发生火灾，造成3人死亡、1人受伤，过火面积40平方米，直接财产损失5000元。该居民住宅为面积约90平方米的单层建筑。经调查，起火原因为住户钟某使用汽油点燃自焚，案件移交刑侦部门处理。

11. 1月19日3时35分，广东省韶关市乐昌梅花镇大塘边村34号居民住宅发生火灾，造成3人死亡，过火面积约80平方米，直接财产损失5000元。起火原因为死者之一的廖某夜间用烤炉烘烤湿衣服，不慎引燃周围可燃物。

12. 1月19日5时58分，河北省廊坊市霸州市胜芳镇石沟村村西一临时搭建房屋发生火灾，造成3人死亡，过火面积19平方米，直接财产损失1500元，起火原因为放火。

13. 1月23日16时22分，内蒙古自治区包头市东河区环城路超越大厦6号底店3层恒河化妆品店发生火灾，造成4人死亡，过火面积160平方米，直接财产损失3000元。经调查，起火原因为该化妆品店员工使用汽油蓄意纵火。

14. 1月26日1时32分，辽宁省沈阳市皇姑区陵东街道文官村一民房发生火灾。造成3人死亡，过火面积15平方米，起火房间、隔壁的两间民房及物品不同程度烧损，直接财产损失1.4万元。经调查，起火原因为死者之一的王某租用的民房院外电线杆上西侧电表箱内电气线路发生故障，引燃毗邻的木材等可燃物。

二　月

1. 2月2日5时20分，贵州省毕节市黔西县城关镇城西路9号盐业公司宿舍因生活用火不慎引发火灾，造成5人死亡，13户受灾，过火面积255平方米，直接财产损失33.9万元。

2. 2月3日2时30分，浙江省嘉兴市嘉善县魏塘街道车站北路354号民房发生火灾，造成3人死亡，过火面积约60平方米，烧毁住宅内家具、电器、日常生活用品等物品，直接财产损失4.3万元。经调查勘验，起火原因为电动车电瓶充电时线路故障。

3. 2月5日23时许，陕西省汉中市镇巴县青水乡仁和村白天河小组一民房发生火灾，造成4人死亡，烧毁房屋5间，过火面积60平方米，直接财产损失2万元。起火建筑位于巴山深处，距县城近90公里，属秦巴山区典型“偏远吊庄户”式房屋（单家独户，最近邻居在约0.5公里外，且是山路），房屋为茅草屋，共一层，耐火等级低。起火原因为厨房火坑明火引燃周围可燃物。

4. 2月14日12时10分左右，福建

省莆田市荔城区黄石镇登瀛村梧埕口567号民房发生火灾，造成3人死亡，过火面积164.68平方米，直接财产损失42.3万元，起火原因系小孩玩火。

5. 2月15日3时，湖南省益阳市安化县龙塘乡百溪村一居民住宅发生火灾，造成5人死亡，过火面积625平方米，直接财产损失19.9万元。起火原因可以排除放火、自燃、雷击引发火灾，不能排除电气、生活用火不慎引发火灾。

6. 2月18日0时48分，河南省郑州市巩义市涉村镇西大街双健皮鞋店发生火灾，造成4人死亡，过火面积43平方米，烧毁皮鞋和部分家具等物品，直接财产损失3万元。经现场勘验，该起火灾起火部位位于一层楼梯及相邻周边部位，起火原因可以排除纵火、自燃和煤炉引发火灾，不能排除电气线路故障及生活用火不慎。

7. 2月22日23时20分左右，福建省莆田市涵江区涵西街道贸城街175弄4号顺兴渔具店发生火灾，造成3人死亡，过火面积116平方米，直接财产损失64.9万元，起火原因系电视机故障。

8. 2月25日6时56分，贵州省遵义市绥阳县洋川镇民丰村四组一居民住宅因使用电热器具与可燃物接触距离太近引发火灾，造成4人死亡、1人轻伤，过火面积39.3平方米，受灾2户，直接财产损失9万元。

三　月

1. 3月2日22时38分，四川省凉山州冕宁县大桥镇碾子村一组54号一村民住宅发生火灾，造成5人死亡，烧毁砖木结构房屋1幢，过火面积86平方米，直接财产损失6.5万元。该房屋主体为地上二层砖木结构。起火原因系电气线路故障。

2. 3月2日23时16分，四川省成都市新都区斑竹园镇旃檀村一社一民房发生火灾，造成3人死亡，过火面积36平方米，直接财产损失16.4万元。该民房为二层砖混结构，建筑面积约80平方米，起火原因系电气线路故障。

3. 3月4日22时50分，贵州省遵义市绥阳县青杠塘镇坪坝村苟坝五组一居民住宅因电气线路故障引发火灾，造成4人死亡，受灾2户，过火面积242平方米，直接财产损失6.5万元。

4. 3月8日4时27分，浙江省台州市路桥区新桥镇田际村2区51号一居民住宅发生火灾，造成3人死亡，过火面积约260平方米，烧毁砖混结构房屋、机器设备、原材料、成品及生活用品、家用电器设备等，直接财产损失11.5万元。起火原因为电气线路短路。

5. 3月22日12时12分，广东省揭阳市惠来县周田镇周山居委后街东三横巷12号一居民住宅发生火灾，造成3人死亡，烧损房屋1间，家具、衣物、杂物等物品，直接财产损失1710元。起火原因为该住宅卧室天花板下电线短路。

6. 3月24日1时20分许，湖北省武汉市洪山区珞南街街道口南村65号1栋三层出租屋因“热得快”插头与插座接触不良引燃导线等可燃物引发火灾，造成5人死亡、1人受伤，过火面积50平方米，直接财产损失4.6万元。

7. 3月26日6时30分，四川省雅安市汉源县九襄镇老街一民房发生火灾，造成3人死亡，过火面积约150平方米，直接财产损失8000元，起火原因系电气线路故障。

8. 3月27日20时59分，浙江省嘉兴海宁市尖山新区黄湾村里花门17号一居民住宅因放火引发火灾，造成3人死亡，过火面积约40平方米，直接财产损失6000元。经现场勘验及调查询问，认定该起火灾为闫某点燃汽油放火。

9. 3月28日2时50分，广西壮族自治区钦州市浦北县泉水镇共青路一民宅因电器故障发生火灾，造成4人死亡，过火面积36平方米，直接财产损失约6万元。

10. 3月29日2时55分，广东省广州市海珠区兴隆新街5号一居民住宅发生火灾，造成4人死亡，过火面积150平方米，烧损住户生活用品，部分建筑坍塌，直接财产损失70万元，起火原因系遗留火种引燃床上可燃物。

四 月

1. 4月2日1时56分，湖北省仙桃市彭场镇禾丰村三组一居民楼因涉嫌放火发生火灾，造成5人死亡，过火面积416平方米，烧损部分房屋，烧毁28台机器设备及无纺布原料、半成品等物品，直接财产损失46.9万元。

2. 4月9日14时50分左右，青海省西宁市城西区西关大街46号夏都百货股份有限公司纺织品大楼发生火灾，经14个消防中队的530名消防官兵历经8个多小时的扑救，于23时30分将火灾扑灭。该起火灾造成1人死亡、15人轻伤，直接财产损失4683.7万元。经调查，起火原因为纺织品大楼东侧施工工地二层西南角民工住宿的棉质帐篷电气线路连接处接触不良，导致接触电阻过大，局部高温引燃电气线路的绝缘层和附近可燃物。

3. 4月11日23时25分，浙江省温州苍南县龙港镇纺织二街230号民房因违章操作发生火灾，造成7人死亡、3人受伤，直接财产损失8.8万元。（1）起火单位基本情况。该建筑为七层砖混结构，中部设有一部楼梯（俗称"通天房"），一层为注塑车间，事故发生时有2名员工进行注塑生产；二层为烫金车间、办公室和厨房；三层有5人居住（火灾中2人死亡、3人受伤）；四层有2人居住；五层有2名员工居住（火灾中2人均死亡），六层为员工及家属4人居住（火灾中3人死亡）。（2）单位消防管理情况。苍南县公安局龙港分局曾对该注塑加工厂进行检查并对内部装修工程未进行消防验收的行为进行查处。同时，2010年10月，苍南县龙港镇开展消防安全大检查集中整治行动，龙港镇沿江办事处综治办副主任林某对该场所进行安全检查，发现该场所搭建木制阁楼、生产区域与住宿区域未进行有效的防火隔离、车间内未配备灭火器等三项严重安全隐患，并下达了《安全生产整改指令书》，期满后派员对其整改情况进行了复查，复查结果为不合格，但未采取有力措施整治，致使隐患长期存在。（3）起火原因。经现场勘验认定，起火原因为在二层进行烫金机操作的操作工颜某（火灾中跳楼身亡）在未关闭烫金机、未切断电源的情况下擅离工作岗位，注塑工黄某擅自操作该烫金机，致使烫金机电热棒长时间通电，产生高热引燃周围可燃物品。（4）火灾责任处理。火灾发生后，法院以玩忽职守罪判处苍南县龙港镇沿江办事处综治办副主任林某有期徒刑两年，缓期三年执行。非法经营者傅某和注塑工黄某接受法院调查（截至本书成稿时尚未判决）。同时，苍南县委、县政府对龙港镇沿江办事处主任肖某、分管副主任薛某进行停职检查。

4. 4月13日0时45分，山东省滨州市滨城区黄河6路渤海6路南姜家小区住宅楼发生火灾，造成3人死亡，过火面积45平方米，直接财产损失3000元，起火原因不明。

5. 4月13日10时45分，浙江省杭州市拱墅区花园岗街111号金通汽配城三期工地发生火灾，造成4人死亡，3人受伤，直接财产损失约300万元。经调查勘验，起火部位为该工地临时建筑（工棚）二层东间，起火原因为其中一名死者放火。

6. 4月14日0时40分，西藏自治区类乌齐县岗色乡中心小学学生宿舍发生火灾，造成3名学生死亡、1名学生轻伤，过火面积122平方米，直接财产损失9.4万元。经调查，起火原因为学生使用蜡烛不慎倒地引燃宿舍衣物、书籍。

7. 4月24日0时22分，河北省承德市隆化县茅荆坝中铁第十四局二公司职工宿舍因卧床吸烟引发火灾，造成3人死亡，过火面积1200平方米，直接财产损失5万元。

五　月

1. 5月3日3时45分，吉林省长春市双阳区南岗委2组一居民家发生火灾，造成3人死亡，烧毁草房3间，过火面积40.5平方米，直接财产损失9000元。经公安机关调查认定，该起火灾系人为纵火。

2. 5月3日15时31分，甘肃省兰州市榆中县来紫堡乡一露天堆场发生火灾，过火面积约2000平方米，直接财产损失1031万元。该露天堆场系甘肃陇运陆上货运交易有限责任公司租赁给甘肃省供销合作储运总公司使用的，烧毁的主要物品为浙江星星家电股份有限公司甘青销售公司存储的冰箱冰柜等。经调查，起火原因为外来火种引燃可燃物。

3. 5月13日0时40分，浙江省金华义乌市义亭镇雅文楼村247号一民房发生火灾，造成3人死亡，过火面积约180平方米，直接财产损失2000元。经现场勘验及调查询问，起火原因系247号住户因家庭纠纷在卧室自焚。

4. 5月13日5时53分，江苏省南京市栖霞区太新路薛家村48号一摩托车修理铺发生火灾，造成3人死亡，过火面积15平方米，烧毁部分废旧摩托车和生活用品，直接财产损失6209元。该摩托车修理铺系村民私自搭建的违章建筑，无相关产权证明。承租人徐某向房东租住该房屋后，在房屋内堆放摩托车、电动车及大量木材、海绵、机油等易燃材料，且与住宿场所无有效防火分隔，造成火灾发生后迅速蔓延并造成人员伤亡。经现场勘验、调查走访，认定该起火灾起火点位于该修理铺东北角开水炉南侧附近，起火原因系开水炉内的柴火掉落在地面引燃周围可燃物。

5. 5月15日2时2分，安徽省阜阳市临泉县姜寨镇十字路口北120米处一利用自建房经营的杂货店发生火灾，造成4人死亡、1人受伤，过火面积230平方米，烧损该自建房及房内堆放的日用百货等，直接财产损失71万元。起火原因为房主遗留火种引燃起火点处可燃物。

6. 5月16日4时30分左右，福建省漳州市诏安县红星乡庙兜村一村民住宅发生火灾，造成4人死亡，过火面积43平方米，直接财产损失0.3万元，起火原因系电气故障。

7. 5月19日1时45分，四川省凉山州昭觉县竹核乡热口村尔苦社136号一村民住宅发生火灾，造成3人死亡，过火面积40平方米，直接财产损失5.4万元，起火原因系生活用火后未及时熄灭，余火复燃引燃周围可燃物。

8. 5月29日3时，河南省新乡市高新技术开发区张庄村一出租屋发生火灾，造成7人死亡，过火面积90平方米，烧毁室内存放的部分货物、加工机具及生活用品，直接财产损失3000元。该出租屋位于新乡市高新技术开发区牧野路与向阳路交叉口向南200米路西侧张庄村自建出租房七排六号，为二层砖混结构，建筑面积90平方米，一层为仓库兼住宿，二层为住宿生活场所，一二层之间通过内部楼梯连通。该出租屋2007年投入使用，2009年金玉安装工程队负责人李某承租，属公安派出所监督抽查范围。经现场勘验，认定起火部位位于该出租屋一层东北角摆放的铁梯下部对应下方处。起火原因排除放火、自燃、雷击和电气故障，不排除燃烧的盘式蚊香引燃下方纸板、衣物等可燃物，不排除因吸烟在起火点处遗留火种。针对该起火灾事故，新乡市红旗区人民检察院对金玉安装工程队负责人李某以危险物品肇事罪提起公诉；河南省公安消防总队对新乡市南环公安派出所消防工作室主任梁某给予免职处分；新乡市公安局对南环公安派出所社区警务大队二中队副中队长张某给予免职处分。

9. 5月20日1时52分，浙江省金华市浦江县仙华街道星碧大道58号万祥工艺品有限公司发生火灾，造成3人死亡（其中1人当场死亡，2人跳楼后伤势严重抢救无效死亡），过火面积约1200平方米，直接财产损失约3万元。该起火建筑为钢筋混凝土结构厂房，主体三层局部四层，建筑面积约3000平方米，二层及三层局部过火。经调查勘验，起火原因为厂房二层西侧仓库西面第一、二间的中间通道上方的铁线槽内电线与铁线槽搭铁产生电火花引燃周围可燃物。

六　月

1. 6月6日4时44分，河南省信阳市浉河区五星乡红星村九组灿烂夕阳养老护理院发生火灾，造成3人死亡，过火面积1.5平方米，烧毁木质床1张和被褥3条，直接财产损失1000元。经调查，起火部位位于该养老护理院一层东北角房间，起火点位于该房间东北角床头部位距北墙45厘米、距床沿20厘米的地面处，起火原因是放置在床边地面上燃着的蚊香引燃床上掉落的被褥。

2. 6月11日5时3分，江西省新余市仙女湖区江口电厂内仙女湖养老院发生火灾，造成3人死亡、3人重伤，过火面积440平方米，直接财产损失23.4万元。经调查，起火原因系使用蜡烛不慎引燃可燃物所致。

3. 6月24日5时11分，广西壮族自治区桂林市中山北路五交机电城4、7号居民楼因电器故障发生火灾，造成4人死亡，过火面积约400平方米，直接财产损失26.6万元。

七　月

1. 7月3日5时23分，湖南省株洲市芦淞区淞花江酒楼烧烤房发生火灾，造成5人死亡，过火面积238.79平方米，直接财产损失106.2万元。经调查，排除人为放火、电气故障、液化气泄漏、自燃、雷击等引发火灾，不能排除遗留火种引发火灾。

2. 7月26日15时43分，浙江省台州市黄岩区南城街道十院线工业区宏隆塑料厂发生火灾，并蔓延至康佳食品有限公司、千若美家居用品有限公司的部分厂房，造成4人死亡、1人受伤，过火面积约2800平方米，烧毁生产车间、部分原材料、成品、生产设备等，直接财产损失156.8万元。经现场勘验及调查询问，起火部位为宏隆塑料厂综合楼与车间之间的简易仓库二层，起火点为简易仓库二层西北角，起火原因为李某夫妇在简易仓库屋顶使用明火进行补漏作业时，产生的高温沥青（SBS防水卷材）滴落至仓库二层，引燃周围可燃物。

3. 7月29日1时许，四川省德阳市中江县柏树乡白杨街87号民房发生火灾，造成4人死亡（3人当场死亡，1名儿童送医院抢救无效死亡），过火面积约200平方米，直接财产损失18.6万元，起火原因为室内铁磁体遭受空间强大雷电感应电磁场作用，产生的电弧、火花及高温引燃室内可燃物。

八　月

1. 8月13日2时28分，江西省上饶市婺源县段莘乡槎口村一民房发生火灾，造成3人死亡、1人重伤，过火面积209平方米，直接财产损失42万元，起火原因系一楼冰柜电源线短路引燃可燃物所致。

2. 8月21日12时3分，云南省昆明市官渡区矣六街道办事处广卫村130号出租房发生火灾，造成3名儿童死亡，过火面积2.4平方米，直接财产损失588元。经调查，起火原因系小孩玩火，死者母亲王大秀中午外出赶集时，将3名儿童反锁在家中，导致火灾发生后无法及时逃生。

3. 8月21日21时32分，广西壮族自治区贵港市平南县乌江街82号一栋五层民宅因一层电动车电源线路故障引发火灾，造成4人死亡、1人重伤，直接财产损失30.7万元。

4. 8月25日7时4分，广东省江门市台山台城石化路14号一临街住宅发生火灾，造成6人死亡，过火面积36平方米，直接财产损失3.5万元。起火原因系住宅首层室内停放的助力车电池引出线短路。

5. 8月25日14时2分许，黑龙江省哈尔滨市南岗区宣普街22号南通电脑市场有限公司发生火灾，造成3人死亡，过火面积2960平方米，直接财产损失101.5万元。经现场勘验及调查询问，认定起火原因系郑某违章焊接作业，引燃该公司副楼三层屋顶上违章建筑施工现场内顶棚挤塑板。

九　月

1. 9月1日0时40分，广东省东莞市长安镇锦厦环村东路5号昌立包装材料有限公司厂房发生火灾，造成3人死亡、6人受伤，过火面积约750平方米，直接财产损失61.7万元。经调查，起火原因为停放在厂房中部的小汽车发动机舱内电气线路故障。

2. 9月5日4时42分，江苏省徐州市经济技术开发区腾翔轮胎翻新门市部发生火灾，造成5人死亡，过火面积517平方米，烧损房屋、设备、轮胎等，直接财产损失46.8万元。腾翔轮胎翻新门市部位于104国道秦洪桥北200米路东，经营者为王某，属无证经营。该门市部所在建筑为一栋二层楼房，一层为翻新轮胎的加工场地，二层为承租人王某一家日常生活起居的房间，该建筑无土地、规划、建设等有关手续。经现场勘验、调查走访和火灾物证鉴定，综合认定起火部位位于该门市部所在西院偏东北与一层西北结合部。公安刑侦部门排除放火引发火灾的可能，公安消防部门排除遗留火种引发火灾的可能，但不能排除电气故障引发火灾的可能。

3. 9月7日6时15分，吉林省长春市宽城区浙四小区D栋三层一出租屋发生火灾，造成4人死亡、2人受伤，直接财产损失1.5万元。长春市公安消防支队指挥中心接到报警后，迅速调集4个消防大队、5个消防中队的14辆消防车、117名官兵赶赴现场扑救，共从现场抢救被困人员12人、疏散39人。经公安机关调查认定，起火原因为放火。

4. 9月9日4时47分，浙江省台州温岭市横峰街道石刺头村鑫卓鞋业有限公司发生火灾，造成7人死亡（均为外来务工人员）、5 人受伤，过火面积约 500 平方米（其中，厂房过火面积约 350 平方米，员工宿舍楼过火面积约 150 平方米），直接财产损失 100.3 万元。（1）起火单位基本情况。起火建筑为厂房、员工宿舍楼、办公用房相连通的建筑，集生产、住宿、仓储和办公于一体。厂房为违章搭建的单层铁皮棚，建筑面积约 350 平方米，内部主要设有前段、中段和后段三条流水生产线；员工宿舍楼为二层砖混结构，东面、南面和北面与铁皮棚厂房连通，西面与隔壁厂房相邻，建筑面积约 180 平方米，内部仅有一部木质疏散楼梯；办公用房为二层砖混结构，位于厂房的东北部，一层用作办公和仓库，二层用作员工宿舍。火灾发生时，员工宿舍楼内共居住 26 人（一层 4 人、二层 22 人），办公用房内共居住 5 人。（2）单位消防管理情况。起火单位为典型的家庭作坊式企业，虽有工商营业执照，但存在严重消防安全隐患。厂区内的厂房、办公用房和员工宿舍楼相互连通，集生产、住宿、仓储和办公于一体。厂房为违章搭建的单层铁皮棚，耐火等级低，内部可燃物堆放多，电气线路敷设不符合要求。该单位未纳入公安派出所的列管范围，自生产经营以来，当地公安消防大队和公安派出所均未对其进行过消防安全检查，其安全隐患在多次排查整治活动中均未被发现，导致火灾隐患长期存在。（3）火灾原因认定。经现场勘验认定，起火部位在简易厂房东北部，起火点在中段生产流水线最北端烘箱附近，起火原因为电线短路引燃周围可燃物所致。（4）火灾责任处理。经调查，鑫卓鞋业有限公司法定代表人蒋某和中段流水线的负责人涉嫌重大责任事故罪，由温岭市公安局移交温岭市检察院审理。

5. 9 月 15 日 0 时 1 分，安徽省阜阳市颍东商业街 11 幢 9 号金龙喷画制作中心发生火灾，造成 3 人死亡，过火面积 20 平方米，烧损电脑、空调等物品，直接财产损失 2.3 万元。经调查，起火原因为电气线路短路。

6. 9 月 25 日 23 时 37 分，浙江省金华义乌市北苑街道塘坦村一民房发生火灾，造成 3 人死亡，过火面积约 15 平方米，直接财产损失 5000 元。经现场勘验及调查询问，起火原因为五层住户贺某杀死葛某和熊某后自焚。

十　月

1. 10 月 6 日 4 时 58 分，云南省大理白族自治州宾川县金牛镇南苑路工业品百货批发市场发生火灾，造成 1 人死亡、3 人受伤，36 户受灾，直接财产损失 1426.8 万元。经调查，火灾中的伤者柳某在其承租的商铺用电饭煲做饭后，未将该电源线从线板上拔掉，导致电饭煲一直处于通电状态发生短路。

2. 10 月 8 日 4 时 10 分左右，福建省泉州石狮市灵秀镇彭田村溪西区四柱路边一钢结构简易搭盖建筑发生火灾，造成 3 人死亡，过火面积 200 平方米，直接财产损失 15 万元，起火原因系电气线路短路。

十一月

1. 11 月 2 日 0 时 1 分，上海市闵行区沪青平公路 1207 号祥驰货运物流代理有限公司发生火灾，过火面积 1800 平方米，直接财损 3888.8 万元，未造成人员伤亡。经调查，起火原因排除人为放火、遗留火种、自燃可能，无法排除电气故障可能。

2. 11 月 13 日 21 时 1 分，北京市大兴区旧宫镇碧海公园北路 8 号院发生火灾，过火面积 800 平方米，无人员伤亡，直接财产损失 3146.2 万元。起火原因系电气线路故障引燃周边可燃物所致。

3. 11 月 15 日 2 时 37 分，浙江省温州市经济开发区海城街道埭头村一简易棚发生火灾，造成 3 人死亡、2 人受伤，过火面积约 300 平方米，直接财产损失约 1 万元。经现场勘验及调查询问，认定该起火灾具有放火嫌疑。

4. 11 月 16 日 3 时 53 分，广东省佛山市南海区里水镇岗联康和市场的拱南商店发生火灾，造成 4 人死亡，过火面积 288 平方米，直接财产损失约 78 万元。起火原因为商店北门东侧入口附近电气线路短路。

5. 11 月 27 日 4 时 3 分，广东省揭阳市榕城区仙桥街道顶六村阳崇明废品收购点发生火灾，造成 3 人死亡，过火面积 442 平方米，烧毁废旧塑料一批，直接财产损失 1 万元。该废品收购点为单层简易铁皮结构，起火原因为放火。

十二月

1. 12 月 7 日 2 时 11 分，上海市普陀区桃浦镇景泰路 38 号一沿街商铺发生火灾，造成 3 人死亡，过火面积 28 平方米，直接财产损失 36.5 万元。经调查，该起火灾系商铺内正在充电的电瓶车故障。

2. 12 月 13 日 2 时 40 分，广东省汕头市潮阳区文光街道桃园菜市场附近一居民住宅楼发生火灾，造成 4 人死亡，直接财产损失 1.4 万元。起火原因为该住宅楼起居室内的插头插片与排插簧片之间接触不良发热，引燃插座及周围可燃物。

3. 12 月 13 日 3 时 8 分，广东省江门市新会区大泽镇五和农贸市场 17 号住宅发生火灾，造成 3 人死亡，过火面积 100 平方米，直接财产损失 2000 元，起火原因为遗留火种。

4. 12 月 16 日 18 时 57 分，四川省绵阳市高新区绵兴东路 175 号一居民自建房发生火灾，造成 3 人死亡、2 人受伤，过火面积 297 平方米，直接财产损失 20.5 万元。该自建房为主体四层、局部六层，建筑面积 850 平方米的框架结构建筑，其中一、二层为餐厅，三、四、五、六层为住宿房间。除三层的 2 个房间业主自住外，其余部分房间长期对外出租，且业主擅自在五层平台搭建临时房间，并改变使用性质改建为临时招待所。同时，大量采用易燃可燃装修材料，电气线路敷设和安全疏散设施均不符合国家消防技术标准。经现场勘验，起火原因系三层 303 号出租房间顶棚电线短路引燃吊顶可燃装修材料。

5. 12 月 18 日 13 时 44 分左右，山东省寿光市文化广场的今日有约婚纱摄影中心发生火灾，造成 7 人死亡、5 人烧伤，过火面积 1900 平方米，直接财产损失 163 万元。（1）起火单位情况。该文化广场位于寿光市银海路中段，建于 2004 年，三层砖混结构，耐火等级为二级，南北长 83.8 米，东西宽 18.3 米，高 12 米，总建筑面积 4080 平方米，共有商铺 22 家，业主及员工 136 人。该建筑产权属寿光市大众文化产业发展有限公司，发生火灾的是该文化广场西侧商铺楼，商铺楼东面为文化广场主体建筑，南面与银座商城相邻，北面与东亚家居饰品广场相邻，西面为文化广场停车场。（2）单位消防管理情况。2005 年至 2008 年，寿光市公安消防大队将文化广场列入消防安全重点单位监督抽查计划，每年都进行消防安全检查，并督促大众文化产业发展有限公司落实消防安全管理主体责任，共组织检查 9 次，下发限期改正通知书 4 份，复查意见书 4 份，督促整改火灾隐患 5 处。2009 年，寿光市公安消防大队调整消防安全重点单位，不再将文化广场作为重点单位列管，但每年仍对该单位开展消防监督检查，分别于2009年2月1日、2009年4月30日、2010年4月12日、2010年7月2日和2011年2月16日对文化广场进行了5次检查。2011年“清剿火患”战役开展后，文化广场所在地区的圣城公安派出所于2011年9月23日分别对文化广场内的长安门诊、派时尚发艺美容美发店等9家单位进行了消防监督检查，但未对今日有约婚纱摄影中心进行安全检查。(3) 起火原因。寿光市志一远广告制作中心李某无证在今日有约婚纱摄影中心实施外墙广告牌电焊作业，违规操作引燃建筑物二层外接阳台内的可燃物引发火灾。(4) 火灾责任处理。寿光市志一远广告制作中心负责人李某、装修工程负责人王某和今日有约婚纱摄影中心负责人朱某等3名犯罪嫌疑人被寿光市人民检察院批准逮捕。

6. 12月20日7时18分，贵州省黔南州瓮安县雍阳镇文峰中路文峰商务宾馆因生活用火不慎引发火灾，造成3人死亡，过火面积206.9平方米，直接财产损失41.1万元。

7. 12月27日11时15分左右，重庆市南岸区涂山镇东海星洲小区5栋8－9号发生火灾，造成3人死亡，过火面积81.8平方米，烧毁家具、家电等物品，直接财产损失19.1万元。重庆市公安消防总队指挥中心于11时20分接到报警后，调派南岸弹子石消防中队于11时25分到达现场，并于12时17分将火扑灭。经调查，该起火灾起火部位位于8－9号房间客厅内楼梯与沙发之间的中心区域，起火原因为该处电油汀取暖器外部电源线短路。

8. 12月29日5时1分，广东省揭阳市揭西县河婆街道建新居委新河海纪路1号一居民住宅发生火灾，造成4人死亡，过火面积90平方米，直接财产损失11万元，起火原因为电气线路故障。

第三章　其他行业系统火灾案例

河北省秦皇岛市抚宁县“4·12”森林火灾

4月12日11时30分左右，河北省秦皇岛市抚宁县大石窟村杨家北沟口因农事用火燎地边引发森林火灾。经过19000多名军民共同扑救，火灾于18日10时20分被扑灭。此次森林火灾造成有林地过火面积1067公顷，其中油松和灌木混交林1000公顷，果树林67公顷，受害森林面积205公顷。党中央、国务院高度重视，胡锦涛总书记、温家宝总理、回良玉副总理等领导同志多次专门作出重要批示。国家林业局领导以及河北省委书记张云川、武警总部司令员王建平、北京军区副司令员黄汉标，海军副司令员苏士亮，武警森林指挥部主任王佐明等亲临一线协助指挥。

一、总体概述

（一）火场环境。火场位于抚宁县与青龙县交界处，距离祖山国有林场较近，山高坡陡，地形复杂。植被主要为松林和灌木混交林，植被茂密。受冬春连旱影响，火灾发生地连续100多天没有降水，可燃物异常干燥。火灾发生当日天气晴朗，西北风5~6级，阵风达到7级，火险等级极高。

（二）兵力装备。“4·12”火灾投入扑火兵力19000多人。其中，武警森林部队官兵600人、专业扑火队员600多人、武警内卫部队官兵2800人、解放军官兵8000人、地方政府工作人员及群众7000多人；投入的主要扑火装备：直升机4架、风力灭火机1700多台、油锯600多把、其他扑火机具30多台、二号工具20000多把、通讯应急车8台、消防车200台、其他各种车辆500多台、对讲机120部等。

（三）案件查处。经过300多名公安干警14个昼夜的不懈努力，“4·12”森林火灾肇事者杨某在大量的证据面前，于4月27日交代了引发火灾的经过，在对起火点的指认中与专家现场勘察一致，“4·12”重大森林火灾案件宣告侦破，犯罪嫌疑人杨某于5月4日被正式批捕，10月13日被抚宁县人民法院判处有期徒刑7年。

二、扑救过程

火灾发生后，国家森林防火指挥部总指挥、国家林业局局长贾治邦同志坐镇指挥中心，召集专家和有关部门部署灭火工作，委派国家森林防火指挥部副总指挥、国家林业局副局长孙扎根同志率领工作组赶赴火场指挥扑火。河北省省委、省政府迅速反应，原省长陈全国、分管副省长沈小平连夜赶赴火场一线，立即在抚宁县榆关镇政府成立了由陈全国省长任总指挥，省委常委、政法委书记、公安厅长张越、副省长沈小平、河北省军区苻福成司令员、武警总队王成总队长等领导任副总指挥的前线联合扑火指挥部（以下简称指挥部）。指挥部下设五个分前指。扑火工作实行集体会商，集中决策，统一指挥。同时，省林业局、防火办迅速启动扑火预案，调动各方力量参加火灾扑救。

此次火灾扑救工作分三个阶段：

（一）扑救阶段（从火灾发生至4月14日夜间）。火灾发生后，指挥部将扑火人员分三线进行扑救，其中东线方家河火场2200人、中线红亮寺火场3500人、北线东峪火场2000人。为确保祖山景区安全，在距祖山主景区南500米处，沿南面来火方向部署了1500人开设阻隔带。由青龙、抚宁两县2000名干部职工和群众担负扑火队伍后勤保障任务。由于火场风力大，山势陡峭，火场不断出现飞火，火势迅速蔓延，最多时达到13个区域。经过扑火人员奋力扑救，至14日晚9时，火场由原来的13个区域缩减为4个区域，火势得到有效控制。

（二）攻坚阶段（14日夜间至18日12时）。14日夜间风力加大至6至7级，瞬时风力达到8级，方家河、东峪林场以南和以东地区再次出现多处火点，东线火场区域内的重要目标和周边两个村庄安全受到严重威胁，火场情况再度告急。指挥部及时从其他火区调集扑火力量2500人，使东线火场扑救力量达到6500多人，采取堵截、开辟隔离带、直升机洒水等多种方式对大火展开扑救，全力保护重点目标区域和周边村庄安全。17日5时，大部分明火已扑灭。火场出现0.2至1.5毫米微量降雨。指挥部紧紧抓住雨后湿度大、气温低、风力小的有利时机，集中优势兵力对所有火区进行合围，于18日12时将外线明火全部扑灭。

（三）控制阶段（18日12时至21日上午）。18日12时外线明火全部扑灭后，指挥部根据各线过火面积及时调整兵力部署，抽调北线东峪火场1000名官兵增援中线红亮寺火场。命令各火区全线出击，集中消灭余火、暗火，采取一清理、二浇水、三埋土措施，彻底清理火场，保证火场内无烟、无余火，至21日10时整个火场清理完毕。至此，“4·12”火灾创造了万人扑火七昼夜无一人伤亡的战绩。

三、战略战术

（一）迅速反应，协调联动。火灾发生后，秦皇岛市在及时组织扑救的同时，当日下午即向河北省森林防火指挥部请求支援。河北省森林防火指挥部办公室迅速启动应急预案，及时调集人员物资，科学组织扑救。驻冀解放军、武警官兵、公安消防7000名官兵，以及承德、张家口、保定、唐山四支共400名专业扑火队员和600名武警森林部队官兵星夜驰援，最短时间投入战斗。国家、省、市、县、乡、村六级联动，各级森林防火指挥部成员单位、有关部门、广大干部群众协调配合，形成了扑救火灾的合力。

（二）突出重点，明确“两保”。扑火过程中，坚持把保重点作为工作决策和制定方案的指导思想，明确提出全力以赴保祖山景区，不惜一切代价保重要目标的“两保”命令。

1. 祖山阻击战。火灾发生初期，由于火场风力大，山势陡峭，不断出现飞火，火势迅速蔓延，到13日3时，火场观察员已发现13个区域有火，有6条火线向祖山方向蔓延，其中一条长约500米的火线已接近祖山景区边缘的长城，祖山景区的安全受到极大的威胁。指挥部研究决定将参战队伍分成东、中、北三个战区扑火，在距祖山主景区南500米处，沿南面来火方向开设一条长8公里、宽15米的隔离带，即打隔结合的扑救方案。

13日6时开始，各战区扑火队伍快

速赶赴指定地点，按既定方案扑打火线。通过全体扑火人员奋力扑救和直升机洒水配合灭火，到18时，多条火线被扑灭或得到控制，北线越过长城的500米火线被彻底扑灭，初战告捷。

由于火场地形复杂，山势陡峭，中线蔓延至祖山景区方向3条共计近8公里长的火线从中、北两个方向都无法彻底扑灭，造成北线形势再度紧张。19时一度又有300米火线突破长城防线烧入祖山景区边缘。为确保祖山景区的安全，北线指挥员请求指挥部，派秦皇岛市专业扑火队20名队员与东线接近中线的10名秦皇岛市专业扑火队员及3名干警，相向围歼突破长城和接近长城的火线。经过近6个小时的奋力扑救，东、北两线扑火队员于22时30分将1200多米长威胁祖山景区的火线彻底扑灭，一度解除祖山景区危机。14日凌晨，火场观察员报告，火场内多处火线又死灰复燃。指挥部立即召开会议，决定加强各线前线指挥力量，各线组成由省、部队、市领导担任的联合指挥组，命令各线扑救队伍在5时前必须到达指定区域展开扑救。为彻底消除大火对祖山景区的威胁，指挥部及时调整指挥和扑火力量，抽调精兵强将加强祖山的指挥力量和扑救兵力，并命令直升机全力保障北线扑火。经过1500名官兵和150名专业扑火队员与空中直升机的密切配合，至15日13时，中线和东线接近长城的近25公里长的火线被全部扑灭，彻底解除了大火对祖山的威胁。至此，祖山阻击战取得了景区森林资源未烧一棵树的战绩。

2. 温泉堡保卫战。4月15日14时左右，由于火场风力突然加大且风向不定，中线火场和东线火场大火瞬间爆发，飞火距离达两公里，东线大火迅速向东、南两个方向蔓延，温泉堡的重要目标受到严重威胁。指挥部果断决策，立即从其他火区抽调部队官兵和专业扑火队员共1500多人，出动直升机4架，急调200台消防车增援东线，采取空地结合、以水灭火为主的方式实施扑救。扑火人员克服地形复杂、山势险要、植被茂密、可燃物多的困难，在5级以上大风中英勇作战，把来自西北方向和南面的大火阻击在距重点区域500米处。

（三）以人为本，安全第一。火灾扑救中，指挥部始终把扑火队员和林区群众的人身安全放在首位，坚持科学指挥，安全扑救。主要体现在以下几个方面：

1. 方家河撤离。4月15日13时30分，火场风力突然加大且风向不定，东线方家河指挥部领导准确判断火场情况，立即命令所有扑火人员迅速撤离到蚂蚁沟村。当大部分人员刚刚撤离，大火就封住了通往蚂蚁沟村的道路，此时尚有30多名扑火骨干还没来得及撤出。危险关头，指挥部果断命令他们从另一条路坐船撤到温泉堡水库上游，确保了所有队员的安全。

2. 圆坊突围。4月16日，秦皇岛市扑火队员在圆坊阻击大火蔓延。10时左右，天气突变，风向不定，现场指挥员立即命令扑火人员撤离至沟口开阔地。当部分人员刚刚撤出，大火就封住了沟口，此时还有44名队员被困在沟内。现场指挥员立即决定，沟里扑火队员从里向外用风力灭火机打开通道实施突围，外围扑火队员从外向里配合。经过近半个小时奋战，被困44名扑火队员全部安全撤出。

3. 背牛顶避险。4月13日，承德市专业扑火队和当地群众各30人奉命到达背牛顶的董各庄执行扑火任务。14时30分左右，由于火场风力突然加大至5~6级，火势顿时加大。现场指挥员迅速组织扑火人员撤离到距火场2公里的安全区域。随后，大火迅速越过长城防线烧至队员原来扑火的区域。如果当时采取措施不果断，极有可能造成人员伤亡事故。

四、经验教训

此次森林火灾是新中国成立以来以来河北省最大的一次。在国家森林防火指挥部和河北省省委、省政府的正确领导下，扑火人员全力以赴，协调联动，取得了万人扑火无一人伤亡、大火彻底扑灭的良好效果，也有一些成功经验值得总结。

一是坚持科学指挥是成功扑救的关键。指挥部的各位领导充分听取火场一线指挥员的意见，依据专业人员的建议，制定了综合利用气象、山势、火势，实行空中与地面配合、扑打火头火线与清理余火配合，集中优势兵力打歼灭战的正确扑救方针，创造了扑救七天七夜、动用近两万人，无一人员伤亡，确保重点目标和祖山风景区安全的扑火奇迹。

二是专家指挥是成功扑救的根本。根据火场面积较大的实际情况，指挥部将整个火场分为 4 个战区，每个战区由从事多年防扑火工作、有丰富扑火实战经验的专家协助指挥。这些专家在具体扑救工作中，利用山势、地势和风向，科学制定扑救方案，在确保人员安全的前提下，还保证了扑火进度。专家的参与有效地防止了扑救中盲目、混乱等情况的发生。

三是扑火队伍专业化是成功扑救的保证。在“4・12”火场，一线的扑火主力是河北省 5 个市的专业扑火队和武警森林部队共 1200 人。7 天之中，他们每天睡眠时间不超过 3 小时，扑灭了近 10 平方公里的火场。在扑救过程中，他们曾多次遭遇危险，但依靠专业知识、有效训练和实战经验，利用火灾扑救和安全避险知识，每次都能化险为夷，保证了人身安全。

四是扑灭明火和清理余火有机结合是成功扑救的保障。火灾刚发生的两天，整体扑救方针只突出拦火头、打火线，虽明火迅速得到控制，但因忽视了火场清理和看守工作，加之天气突变，风力加大，整个火场又发生多处复燃，并形成数十处飞火，火场面积不断扩大。针对上述情况，指挥部充分认识到清理余火和看守火场的重要性，立即调整部署，将兵力分为三个战线，即专业队伍扑灭明火，军队、武警清理余火，群众看守火场，真正做到了扑救一块、清理一块、消灭一块，保证了扑救工作取得全面胜利。

五是空地配合、立体灭火是成功扑救的趋势。这次火灾扑救工作中，秦皇岛市第一次采用了空地配合、立体灭火的新模式，在祖山景区和温泉堡重点区域保卫战中，直升机洒水控火、地面人员全力灭火的战术，起到了关键的作用。

在肯定成绩的同时，也有一些不足需认真总结吸取：

一是防火基础设施严重滞后，致使火灾不能有效控制。防火隔离带设置不够。按照森林防火有关规程要求，大面积林区每隔一定区域都要依托地形、河流等自然条件设置一定宽度的防火隔离带。但受资金制约，河北省防火隔离带建设欠账太多。特别是集中连片的国有林区隔离带建设亟待加强；林区道路建设严重滞后。绝大多数林区道路不通，部分林区甚至根本没有道路，一旦发生森林火灾，人员、车辆难以通行。在这次火灾扑救中，许多扑火队员需要徒步几个小时才能到达火场，严重耗费体力，延误扑火战机；林区通讯设施差。大部分林区处于深山区，没有公共通讯信号，没有专用通讯网络，没有应急通讯设备。发现火情后，不能及时上报，扑火中上下联系不畅，给扑救指挥工作带来严重影响。

二是多头指挥弊端较多，扑火效率打了折扣。各前线指挥组应特别注意沟通信息协调联动，而不是各自为战。在此次扑火中，军、地指挥员，各线指挥组没有完全做到互通信息，军、地扑火力量没有完全做到统一行动。

三是基层专业扑火人员少、装备差，作用发挥受到制约。在扑火中，担负攻坚克难任务的各基层扑火专业队，其装备与武警森林部队相比，在数量上和质量上差距都很大，空有体力和扑火经验，无扑火利刃。基层扑火队伍战斗力相对较低的现实在此次实战中暴露无遗。

四是后勤保障跟不上，影响扑火战斗力。在前期扑火中，由于缺乏统筹运作，一线队伍得不到食品给养，食物补充不及时，影响了扑火进度。

湖北长舟滚装运输公司“长舟6”轮火灾

7月21日14点57分，装载51辆车及132名人员的湖北长舟滚装运输公司载货汽车滚装船“长舟6”轮，在重庆长寿洛碛水域，载车甲板中部发生火灾。在长江航运公安局重庆分局、重庆武警水上消防支队、长江重庆海事局洛碛海事处、长江重庆航道局渝北航道管理处、重庆巴南区消防支队、长寿区消防支队等单位和部门的共同努力下，历时近6个小时，于次日0点10分扑灭。此次火灾事故共造成汽车（含车载货物）过火22台（其中严重烧损10台），灾船13个房间过火（其中烧毁9间），无人员伤亡，直接财产损失959.67万元。

7月21日，湖北长舟滚装运输公司所属载货汽车滚装船“长舟6”轮装载51辆车，由宜昌茅坪驶往重庆郭家沱滚装码头，在船人员共计132人（其中司乘人员110人，船员18人，船员家属4人）。当日14点57分，“长舟6”轮上行至重庆长寿洛碛水域（长江航道上游里程603公里）时，该轮被发现右舷中部所载汽车起火，船长立即发出火灾警铃，在灭火自救中，该轮由北向南冲滩成功，将全船132人安全疏散上岸。长航公安局重庆分局长寿派出所巡逻艇、水上消防支队“长公消指901”艇和重庆市武警水上消防支队“消防01”、“消防02”艇相继赶到事故水域，投入灭火战斗。三艘消防艇采用前后、左右夹击的战术实施强攻。经过激战，于次日0点10分将火灾扑灭。随后消防人员连夜对灾船实施监护，并于22日晚20点20分将灾船安全护送至重庆郭家沱滚装码头。在消防人员的努力下，保住了灾船的机舱及所载的大部分货车和货物，没有人员伤亡。

经“长舟6号轮‘7·21’火灾事故”调查小组调查认为：能够排除电气事故、明火作业、生活用火、人为纵火、自燃等原因，不能排除司乘人员吸烟引发火灾的可能。

辽宁省大连新港油罐火灾

11月22日18时33分，大连新港油品码头海滨罐群31、32号原油罐（都为10万立方浮顶罐）遭雷击，致使两个油罐罐顶橡胶密封圈起火并沿周边燃烧，大连港公安局消防支队接警后，共调集消防车60余台、300余名指战员投入扑救。于20时20分将油罐明火全部扑灭。火灾造成直接财产损失79.392万元，无人员伤亡。

11月22日18时35分，大连港公安局消防支队接警，海滨北罐区油罐发生爆炸（起火点位于T031、T032号储罐顶部围堰处），支队立即调派新港消防中队出动12辆消防车赶赴火场。同时通知油品码头公司调度室关阀断料，停止现场一切油运作业；通知海滨消防泵房启泵（经泵房工作人员确认，消防泵因电源故障无法启动）。随后又调集大窑湾消防中队、大港消防中队、大连湾消防中队出动，并请求市消防局调集增援力量，通知轮驳公司调集消防船、拖消船到达新港海域待命。

18时38分，新港消防中队作为第一出动到达现场，通过火情侦查，确定起火点位于T031、T032号储罐顶浮盘围堰处，按照灭火救援预案采取接力供水、泡沫打击火点的方式展开战斗。由于罐区固定设施因雷击损坏无法启动，加之罐顶表面积大，泡沫射程有效范围打不到火点，指挥员果断下达命令，消防人员通过罐壁旋梯进入T032、T031罐浮盘实施强攻近战灭火，由举高车和高喷车对浮盘实施泡沫覆盖。此后赶到的大连港公安局和大连市消防部队力量，对两个着火罐的冷却和泡沫灭火。灭火战斗中，现场多次出现闪爆，将泡沫发生器炸飞，直接威胁着消防员的生命安全，在此艰难情况下，全体指战员不畏艰险，英勇善战，始终坚守灭火阵地，于20时20分，经过近2小时的扑救，将火灾扑灭。

11月23日，大连市政府成立了由市安监局牵头，市监察局、气象局、公安局、消防局，金州新区安监局、保税区安监局，大连港公安局及大连港公安局消防支队等部门及有关专家组成事故调查组，展开调查。期间，公安部、国家安监总局分别派出专家参与事故调查。调查组认定：T031遭受直击雷，T032遭受感应雷后，在油罐浮顶的一次密封钢板与罐壁之间、二次密封导电靴与墙壁之间的放电火花引起两个油罐的一次、二次密封空间内的爆炸性混合气体爆炸并起火。

第八篇

重大灭火救援战例

云南德宏州盈江县“3·10”地震抢险救援情况

2011年3月10日12时58分12秒，云南省德宏州盈江县县城西北方向2公里处（东经97°55′，北纬24°43′）发生5.8级地震，给人民群众生命财产造成巨大损失。灾情发生后，云南省公安消防部队严格按照省委、省政府和部消防局的部署，快速反应，第一时间启动地震灾害事故应急救援预案，积极投入到以搜救被困人员、疏散物资、排危除险和灾区防火为主的抗震救灾工作中，圆满完成了各项工作任务。

一、基本情况

盈江县位于云南西部，处在大盈江断裂带上，是云南地震多发地区。“3·10”地震共造成全县12个乡镇65个村，1个农场受灾。受灾户数7.69万户，受灾人口35万人。地震中25人遇难，314人受伤，3628户18445间房屋倒塌，灾害共造成直接经济损失268784万元。本次地震有三个特点：一是地震破坏严重。本次地震属城市直下型地震，由于震源浅（震源深度10公里）、烈度强，震中距县城较近，盈江县道路、水利、电力、教育、通信、居民住房、厂矿企业和办公大楼等基础设施遭到严重破坏；二是地震波及范围广。此次地震波及盈江、陇川、梁河、瑞丽、芒市5个县、市。三是震害叠加、灾情严重。由于云南省位于印度洋板块与欧亚板块碰撞带东侧，新构造运动十分剧烈，盈江地貌具有多层性特点，该区地震以双震和震群为主，2008年以来该地已发生了4次5.0级以上地震，同一区域多次发生破坏性地震，造成震害叠加。

二、处置经过

（一）反应迅速，力量调集及时有效。地震发生后，盈江县消防大队立即出动5车30人投入抢险救援战斗，成为最早在现场开展救援的专业队伍。总队接到报告后，迅即调集德宏支队特勤中队、梁河大队，保山支队腾冲大队出动14车103人前往增援，命令总队全勤指挥部启动地震救援跨区域应急预案，命令总队特勤支队和昆明、保山、大理、楚雄等地特勤消防部队以及昆明支队搜救犬中队、大理支队战勤保障大队做好出动准备。13时38分，总队按照省政府出动命令调遣36车、183人携带7只搜救犬和4000余件（套）装备赶赴灾区；成立由军政主官担任总指挥的指挥部，由陈育坤总队长带领崔德俊参谋长赶赴前线指挥，邹志强政委和杨文华副总队长负责后方调度。经过最远836公里长途跋涉，3月11日凌晨3时，总队调集的55车、316人和7只搜救犬全部抵达地震灾区参与救援。部消防局朱力平副局长也率领工作组连夜从北京赶往灾区，指挥部队开展救援工作。

（二）发挥优势，全力投入救灾工作。参战部队在现场充分发挥装备和技术优势，迅速开展了四个方面的工作：一是迅速搜救被埋压人员。坚持救人第一，在有人员被埋压的建筑内，利用生命探测仪和搜救犬锁定被埋压人员位置，破拆建筑构件打通生命通道，先后从盈江县土地局、民族中学、永胜宾馆、天缘超市、玉景商贸公司等5个倒塌最严重的作业点，搜救出9名被困群众（8人生还、1人遇难）；二是迅速疏散转移被困群众，派出搜救小组，深入县城居民区毁损建筑和周边村寨，逐户开展搜索救援，转移因伤滞留群众和行动困难人员，先后从县城居民区和周边村寨疏散转移群众343人；三是迅速排除险情，对震区加油站、液化气站等危化场所进行了全面排查，排除危化物品险情8处，清理拆除严重倾斜、毁损的房屋32间、危险墙体370米，土石110

余方，有效避免了二次伤害给群众生命和财产造成更大损失；四是迅速开展救援服务，利用移动供电设备为受灾群众和救灾工作提供供电服务，组织官兵为群众搭建帐篷950顶，送水180余吨，安装生活用水管道1000余米，清理水源废墟2吨，深入倒塌房屋帮助群众转移大米6000余公斤、化肥4吨、其他生产生活资料1400余件，价值700余万元，最大限度地帮助群众挽回财产损失。

（三）连续奋战，确保灾区消防安全。在生命救援阶段任务结束后，按照公安部刘金国副部长关于“切实做好地震灾后消防安全工作，力争做到灾后不发生亡人火灾事故”的重要指示，朱力平副局长组织指挥部人员专题研究了灾区火灾防范工作。总队迅速调派防火工作专家组赶往灾区，制定出台了盈江地震灾后消防工作实施方案，明确了“五不要五确保”的目标要求；提请盈江县人民政府制定下发了进一步加强地震灾后消防安全管理工作的通知，组织层层签订消防工作责任状，督促各级落实消防安全责任，先后规范不符合消防安全要求的帐篷92顶，打通消防通道2526米，增挖消防水池43个，迅速改善了安置点消防安全条件；调派保山、楚雄支队120名官兵和20辆大功率水罐消防车增援灾区，组成执勤小分队，在安置点实行24小时蹲点值守；在安置点设置“帐篷消防队”提供消防服务，调集发放5000余具灭火器，悬挂宣传标语4800余条、张贴公告3000余张、发放宣传资料2万余份，组织开展逃生疏散演练360余次，采取“网格化”模式开展全天滚动巡查，尤其在用火用电高峰期、夜间等特殊时段，安排专人蹲点驻守，对发现的隐患实行“一患一表”，专门建档管理，报请政府协调相关部门合力整改，先后纠正不规范用火用电行为3596处、督促整改火灾隐患273处，确保了安置点的消防安全，保持了灾后“零火灾”。在灾区检查指导救灾工作的温家宝总理，专程来到“帐篷消防队”，亲切看望慰问了消防官兵。

（四）紧密协同，保障一线遂行战斗。总队迅速启动跨区域地震灾害救援后勤保障预案，第一时间调派昆明、大理战勤保障大队的1辆装备抢修车、2辆饮食保障车随警出动，遂行保障；后方指挥部密切跟踪前方战斗进程，根据作战需要先后从大理、昆明战勤保障大队和物资储备库调集生命探测仪、多功能剪切钳、移动照明灯组等器材装备265件（套），帐篷、油料、饮用水、被装和医疗药品等生活保障物资580余件，有力保障了前方作战行动；总队紧急下拨了200万元抗震救灾专项经费，在前方指挥部组建了后勤保障组，在各参战部队设立了后勤保障员，采取统一保障与分片保障相结合的方式，确保所有参战部队吃上热饭、喝上热水、住上帐篷、用上管用装备；随警出动的装备技师及时维护检修器材装备和战斗车辆，较好保证了装备完整好用，为圆满完成各项任务提供了有力保障。

三、主要经验

（一）省委、省政府的信任支持，公安部领导的关心重视，部局领导亲临一线指挥，为抗震救灾取得胜利提供了根本保证。云南省委、省政府批准依托公安消防部队组建云南省综合应急救援总队，推动全省16个州（市）和129个县市区组建综合应急救援队伍，连续3年投入专项经费1.12亿元用于加强消防应急救援能力建设，为消防部队全面履行应急救援职责提供了有力的组织保证和政策支撑。地震发生后，公安部刘金国副部长先后7次作出批示，对救灾救援工作提出明确要求，部局陈伟明局长、谢模乾政委多次来电询问救援情况并对救援工作作出重要指示，朱力平副局长连夜从北京赶往灾区，深入一线指挥救援工作，公安部领导和部局领导的关心重视和坚强领导，为部队圆满完成抗震救灾任务提供了坚强的政治保障和领导保障。

（二）第一时间快速反应，迅速调集优势力量开展救援，为抢救生命赢得了先机，发挥了关键作用。总队按照省委、省政府关于加强地震灾害应对能力建设的部署要求，全面加强消防部队应急救援能力建设，加快消防特勤力量和消防队站建设，努力填补县级城市消防现役力量空白点，延伸消防特勤机动救援力量覆盖范围，基本形成了省有机动力量、州（市）有特勤力量、县有现役力量的应急救援力量体系，为快速响应、抢抓生命救援黄金时间及时投入救援提供了可靠保障。此次地震发生后，盈江县消防大队第一时间赶赴房屋倒塌核心区域展开救援，总队迅速集结 1 个重型搜救队、4 个轻型搜救队的兵力和 7 只搜救犬，跨区域增援作战，抓住了救援的最佳时机，为最大限度地抢救人员生命发挥了关键作用。

（三）深入打造“云岭消防铁军”，着力提高部队攻坚作战实力，为完成抗震救灾任务奠定了坚实基础。总队坚决贯彻部局党委部署要求，坚持战斗力标准，深入打造“云岭消防铁军”，先后组织开展了 6 期长时间、高强度、大消耗的特勤队员、攻坚组队员集中培训，组建了覆盖全省的 159 个灭火救援攻坚组；深入开展基层指挥员培训、岗位练兵大比武和实战测试演练，成功组织开展了 72 小时自我保障条件下的跨区域地震灾害救援拉动训练，有效提高了部队攻坚作战实力。

（四）坚持面向实战，不断健全完善应急救援各项机制，为有序有力展开救援提供可靠的机制保障。总队始终坚持战评制度，认真总结历次抗震救灾的经验教训，结合省情实际，建立了全勤指挥、灾害事故等级力量调集和滇中、滇南、滇西协作区灭火救援机制，健全跨区域救援、重大灾害事故战勤保障、宣传报道预案和战时思想政治工作规则，不断完善地震灾害、建筑倒塌、危险化学品泄漏等灾害事故处置规程，经常组织开展实战演练，强化部队对作战预案、力量编成、处置规则的熟练掌握和运用，有效保证了遇有情况能够快速响应、协调联动、科学应对。此次地震救援，总队全勤指挥部反应灵敏、各项机制运行顺畅、参战部队出动迅速、前后方配合密切，确保了救援行动有力有序、高效运转。

（五）灾害救援和灾后处置紧密衔接，最大限度地减少灾害损失，为保护群众生命财产提供了良好的消防服务。总队坚决贯彻落实刘金国副部长重要批示要求，第一时间制定灾后消防工作实施方案，调派监督警力增援灾区，迅速在安置点设立“帐篷消防队”提供消防服务，派出战斗车辆在安置点 24 小时值守，建立了常态化消防安全巡查和宣传教育机制；推动政府把消防工作纳入恢复重建工作内容，连续发文部署消防工作并组织开展了火灾隐患排查整治专项行动，督促各级各部门强化消防安全监管，发动群众开展火灾隐患自查自改、互督互促活动，构筑了群防群治的消防安全责任网络，以严密的措施有效预防了火灾事故的发生，使灾害救援行动与灾后备灾工作有序衔接，成功避免了火灾等次生灾害给灾区群众生命财产造成更大的损失，确保了救援工作的总体成效。

甘肃兰州市“4·8”兰临高速新七道梁隧道油罐车追尾燃烧爆炸事故处置情况

2011年4月8日，位于甘肃省兰州市兰临高速新七道梁隧道内1.5公里处2辆装有190#溶剂油的油罐车（车号分别为甘A29363号和甘A41783号）发生追尾并引发燃烧爆炸，同时引燃停靠在紧急停车带车号为EE6628的重型半挂车。事故造成4人死亡，1人受伤，3车烧毁，直接经济损失1亿多元。接到报警后，兰州市公安消防支队先后调集4个公安消防中队、1个企业消防队的14辆消防车、80余名官兵赶赴现场进行处置，经过29个小时的艰苦奋战，成功处置了这起灾害事故，最大限度的保护了国家和人民群众生命财产安全。

一、基本情况

（一）新七道梁隧道概况

事发地段属高海拔寒冷地区（海拔2470米），气候条件恶劣。新七道梁隧道为全封闭式高速公路隧道，全长4070米。工程总投资近8亿元，于2004年建成通车，是目前甘肃省已建、在建技术最复杂的特长公路隧道。该隧道地质情况复杂，土质破碎，有大断层，含水量大。上、下行隧道之间每隔800米有一处贯通的横洞，其中3条为人行横洞，2条为车行横洞，事故发生于上行隧道内，距北入口1230米，距南出口2595米，道路两侧为水泥防护墙，隧道内限速60 km/h。

（二）190#溶剂油理化性质

190#溶剂油也称工业汽油，属于低沸点溶剂油，沸程为40～190℃，无色透明易燃液体，主要用于清洗各种机械零件，作为农药和医药工业的溶剂及喷灯、打火机的燃料等，遇明火、高温能引起燃烧爆炸，与氧化剂能发生强烈反应，其蒸气极易扩散，遇火源会着火回燃。190#溶剂油不溶于水，溶于多数有机溶剂，相对密度为（水=1)：0.78～0.97，闪点：-2℃，引燃温度：350℃，爆炸上限%（V/V）：8.7，爆炸下限%（V/V）：1.1。此溶剂油蒸气可引起眼部及上呼吸道刺激症状，在浓度过高的情况下吸入，几分钟即可引起呼吸困难、紫绀等缺氧症状，对人体造成严重危害。

（三）水源道路情况

隧道内每隔50米距地面1.7米处有消火栓箱，隧道管理站蓄水池（与生活用水共用，约200吨）事发时水量不足5吨。由于事故发生突然，爆炸范围大、强度高，隧道内部消防供水系统全部损坏，距离事故现场最近的市政消火栓约25公里，道路为全封闭式高速公路。

（四）气象情况

白天：晴，夜间：多云，气温：2℃～15℃，风向：偏东风，风力：2～3级，风速：2～4米每秒，平均相对湿度：40%。

（五）事故特点

1. 现场情况复杂，多种灾害事故特点集于一体。虽然灾害事故起因是由于交通事故，但两车发生追尾后所载的化学危险品发生泄漏并引发燃烧爆炸，且发生在较长的隧道内。因此，这起事故既有典型的隧道火灾特点，同时也具有交通事故和化危品泄漏灾害事故处置的特点。

2. 处置难度大，灭火救援困难。事故发生后，隧道内部受损严重，混凝土疏松，钢筋外漏扭曲，爆炸点中心南北0.5公里范围内的照明、监控、通风、通讯设施、线缆等全部被毁，在路面形成最高约1.5米、长约1公里的碎石带，同时隧道内燃烧爆炸后产生的高温有毒烟气无法及时排出。责任区中队到达现场后，只能靠远距离铺设水带供水灭火，使得处置工作变得异常艰难。

3. 社会影响大，经济损失大。事故造成兰临高速公路新七道梁隧道交通中断长达48小时，上行隧道需加固维修，一年之内无法通车。在事故处置中，如处置不当发生二次爆炸，极有可能造成下行隧道坍塌，对车辆的通行、道路运输甚至区域经济的发展造成严重影响。

二、处置经过

第一阶段：接警出动，侦察检测。

3时41分，兰州市公安消防支队龚家湾中队3辆水罐车、1辆抢险救援车，特勤一中队1辆防化洗消车、1辆重型水罐车、2辆抢险救援车，40名指战员赶赴现场进行处置。同时，支队全勤指挥部立即出动，并在途中随即调集七里河中队2辆重型水罐车，西固中队2辆泡沫车、1辆重型水罐车，共30余名官兵进行增援，同时迅速将事故情况报市政府应急办，启动重大灾害事故社会应急救援联动预案。

4时15分，龚家湾、特勤一中队相继到达现场，经与现场工作人员了解情况后，决定由龚家湾中队迅速组织人员对现场进行警戒，并派1辆水罐车沿隧道缓慢进入现场；由特勤一中队组织攻坚组队员进入现场进行侦察检测，并将现场情况向全勤指挥部报告。

经初步侦察，甘A29363号油罐车罐体成敞开式燃烧，火势处于猛烈燃烧阶段并伴有爆炸声，隧道内部的照明、消防设施已损坏，爆炸致隧道顶部崩落大量混凝土和夯土，形成近1公里长的碎片带，隧道内钢筋外露，并不时有混凝土块脱落，190#溶剂油在地面形成长8米、宽1米的流淌火。经判断，隧道内可燃气体浓度在安全范围内，达不到二次爆炸浓度极限。

第二阶段：灭火冷却，稀释抑爆。

4时40分，全勤指挥部到达现场后立即成立了现场指挥部，决定采取六项措施进行救援处置：一是再次派出侦检小组对隧道内部可燃气体浓度及内部情况进行侦检；二是命令龚家湾中队出1支直流水枪、2支喷雾水枪、1支屏障水枪，对侦检人员进行掩护，并对着火罐体和隧道内部进行冷却降温；三是命令特勤一中队利用移动照明灯组、防爆灯进行现场照明，同时设立观察哨，明确主战车警报声为撤离信号；四是命令西固中队出2支泡沫管枪扑灭地面流淌火；五是命令供水助理组织七里河中队、西固中队、特勤一中队水罐车以及前期到达现场的高速公路管理处的3辆拉水车，利用拉运供水的方式做好现场供水工作；六是协调交通部门调集工程车辆拉运沙石至现场，准备围堰。

5时30分，地面流淌火被扑灭，罐体火势得到有效控制。指挥部命令龚家湾中队继续对罐体的冷却降温，西固中队出2支泡沫管枪对着火罐体进行强攻灭火。

6时许，隧道内明火全部扑灭,指挥部命令龚家湾中队继续出2支喷雾水枪对车辆罐体进行冷却降温,侦检小组继续侦检。

6时30分，由消防、安监、交通部门联合组成的检测组对现场再次进行勘查，确定罐体无泄漏、油蒸气浓度已降至安全范围，无复燃几率后，指挥部命令由龚家湾中队留守现场进行监护，其他参战力量返回。

第三阶段：排查断源，监护移交。

20时12分，交管部门在准备清理现场时，发现甘A29363号车罐体内的残留的混合液体（水与溶剂油的混合液）从罐体尾部阀门处泄漏，溶剂油蒸气浓度不断上升，若不及时处理一旦遇到明火，随时都有可能发生燃烧爆炸。龚家湾中队指挥员立即向支队指挥中心报告请求增援，支队随即调集西固中队2辆泡沫车、1辆水罐车，特勤一中队1辆抢险救援车、1辆洗消车、1辆水罐车，七里河中队2辆水罐车和兰州石化消防支队1辆涡喷车赶往现场进行处置。

20时45分，总队领导和支队全勤指挥部人员到达现场，并成立现场指挥部。在和交通、安监、石化支队相关专家研究后，指挥部确定了稀释排空、监护清理的战术措施进行处置。一是命令龚家湾中队出2支喷雾水枪对隧道和事故车辆罐体内的油蒸气进行稀释；二是兰州石化消防支队涡喷车对隧道内残留的油蒸气进行吹扫；三是命令西固中队出2支泡沫枪向泄漏的罐体内注入泡沫，七里河、特勤一中队做好现场供水；四是特勤一中队在现场设立观察哨，明确撤离信号，实时进行侦查检测；五是由交通厅负责调集铲车清理隧道内道路障碍，并负责拉运沙石到场准备围堰。

22时35分，由于甘A29363号车罐体阀门在燃烧爆炸中受到毁坏，无法进行堵漏和输转，指挥部决定对罐体内的混合液进行排空，命令到场的大型工程车辆拉运沙土在事故车周围进行围堰，采取自然排空的方式对罐内液体进行排空。

4月9日2时，罐内残余的混合液全部排空，指挥部命令兰石化支队涡喷车对隧道内再次进行吹扫。经检测，隧道内可燃气体浓度已降至安全范围。

为防止再次发生意外情况，指挥部决定将事故车辆采取牵引方式拖离隧道，西固中队出两支喷雾水枪分别在罐车两侧进行不间断冷却降温，确保事故车辆安全拖离隧道。

5时20分，第一辆事故车被拖出。7时40分，第二辆事故车被拖出。4月9日8时40分，经检测确保无误后，现场移交于交管部门，所有参战力量返回。

三、主要经验

（一）科学决策是成功处置这起事故的前提。事故发生后，省、市相关部门领导火速赶赴现场，迅速成立火场指挥部，始终坚守一线、果断决策，各级指挥员临危不乱、遇险不慌，为成功处置这起事故起到了至关重要的作用。

（二）立足装备是成功处置此次事故的保障。在事故处置中，可燃气体探测仪、红外测温仪、热成像仪、移动照明灯组等特种装备发挥了关键作用，同时在实战中调集了兰州石化消防支队的涡喷消防车参与作战，为成功处置事故提供了重要的保障。

（三）协同作战是成功处置这起事故的保证。事故发生后，兰州市政府立即启动了重大灾害事故社会应急救援联动预案，调集公安、交通、交警、安监、卫生、环境监测等部门赶到现场协同处置，及时疏散拥堵车辆，实施现场警戒和环境检测，并从人力、物力和技术等方面配合消防部队进行灭火救援。各种力量的参与和协同作战是成功处置事故的重要保证。

四川自贡市“4·13”正扬液化石油气充装站泄漏事故抢险救援情况

2011年4月13日17时30分许，四川省自贡市富顺县东湖镇黄泥村正扬液化石油气充装站一储存22吨液化石油气的卧式储罐发生泄漏。自贡市公安消防支队接警后，立即调集8个公安消防中队、1个企业专职队共19辆消防车、118名官兵赶赴现场。在省、市两级公安消防部队全勤指挥部科学指挥，市、县两级政府多部门通力配合下，消防人员采取“警戒、驱散、检测、堵漏、倒罐”等战术，经过20多个小时的艰苦奋战，于14日14时5分顺利倒罐，成功处置了险情，无一人员伤亡，最大限度地保护了国家和人民的生命财产安全。

一、灾害事故基本情况

（一）灾害事故特征。一是扩散迅速，危害范围大。液化石油气一般以喷射状泄露，由液相变为气相，体积迅速扩大，形成大面积危险区。二是易发生爆炸燃烧。液化石油气爆炸下限极低，泄漏后极易与空气形成爆炸性混合物，遇火源发生爆炸和燃烧。三是燃烧猛烈，爆炸速度快。液化石油气燃烧火焰温度可达1800℃以上，爆炸速度可达2000～3000m/s。四是处置难度大，要求高。液化石油气发生泄露的容器、部位、口径、压力等因素各不同，灾情复杂，危险性大。处置专业技术要求高。

（二）灾害事故现场情况。泄漏罐为储有22吨液化石油气的卧式储罐，在其15米范围内有一个50立方米的储气罐，以及两个容积分别为30立方米、10立方米的空罐。四个储罐间距1.5米，依次排列。充装台上存放液化气钢瓶120个，装卸区停有一辆运载储气瓶的货车。

（三）灾害事故周边情况。距离液化气站300米有一加油站；400米处是从二滩电站输送至重庆、湖北省的50万伏高压输电主干线；方圆1000米范围内有三个村庄，居住有约460余户、2600余人。在液化气站上风方向400米处有一容量约2000立方米的鱼塘；距离液化气站围墙下风方向10米处有一条黑水河。当日天气阴，风向西北风，风力1～2级，温度17～20℃。该液化气站距离富顺县公安消防中队6公里。

二、处置经过

接警后，自贡市公安消防支队立即启动危险化学品处置应急预案，按照“五个第一时间”要求，迅速调集8个公安消防中队、1个企业专职消防队共19台车、118名官兵前往事故现场。全勤指挥部紧急响应，遂行出动，并第一时间向总队指挥中心和市委、市政府、市公安局报告，及时调集当地安监、供水、供电、燃气、环保、卫生急救、相关技术人员等部门社会力量到场协同作战。

（一）前期处置

1. 侦察检测。17时56分，富顺县公安消防中队三辆消防车、14名官兵赶到现场，消防车停靠在距离现场350米的上风方向，车头向外。中队指挥员一边询问现场知情人，了解泄漏情况，一边迅速组织成立侦察小组，在两支多功能水枪的掩护下，进入罐区实施侦察。经侦察发现，泄漏点在罐体上方法兰处，大约15厘米弧长的胶垫损坏，液化石油气呈扇形向外泄漏，泄漏速度快，泄漏量大。

2. 稀释驱散。了解现场情况后，中队指挥员果断下令，立即设置三个水枪阵地对泄漏气体进行稀释：由消防车单干线出两支水枪，一支设置在充装台直接对泄漏口气体进行稀释，一支设置在罐区低洼处稀释该处聚积的液化气，并阻止其向罐区外蔓延；两台手抬机动泵从黑水河取水，一台单干线出一支水枪在罐区围墙外堵截泄漏气体向该方向蔓延，一台向主战消防车供水。

3. 警戒疏散。经过侦察，中队将距泄漏区半径200米范围内设定为重度危险区，并设置警示标志，在进出口处派专人进行人员和防护装备的检查登记，严格控制人员进出。同时，将周围1000米范围内设定为危险区，在当地交警的配合下对通往代寺镇、东湖镇、踏水桥三个方向的公路实施交通管制，禁止无关车辆入内。在晨光专职消防队、派出所民警和村干部的协同下，组织疏散小组挨家挨户敲门，熄灭所有家庭用火，紧急疏散当地村民。

（二）全勤指挥部到场后处置情况

1. 警戒侦察、全程监测。将半径200米范围设定为重度危险区域，设立警戒标示，规定进出口通道，派专人在进出口处对进出人员进行登记，并检查进出人员的个人防护装备，明确救援的行动要则，严格控制人员进出数量和禁止危险行为。派出3名侦察员深入泄漏现场进行侦察检测，并针对动态监测圈的监测结果适时调整水枪水炮阵地，保证稀释效果。

2. 合理编成、持续供水。公安消防部队就近占据黑水河和另外两个蓄水池塘等3处水源，充分利用消防车、消防机动泵在上风方向进行不间断取水。根据液化石油气特点，供水始终坚持“合理编成、确保重点、兼顾一般”的原则，18 时 2 分首战力量到场时，及时设置3 支多功能水枪和1 门移动水炮对重度危险区进行驱散；18 时 40 分增援力量陆续到场后，迅速整合力量，调整设置了 6 支水枪、1 门移动水炮对泄漏区域进行不间断驱散；并在下风方向 80 米、150 米处分别设置多条水幕水带和4 支开花水枪，降低液化石油气扩散浓度。鉴于长时间供水作业，前方指挥部以4 台消防车和4 台机动泵作为一个编组轮换作战，确保前方不间断供水驱散。

3. 部门协同、社会联动。各联动力量在现场指挥部的统一调度指挥下，密切协作，有条不紊地开展各项救援工作。一是公安消防部队全面负责组织现场救援工作的开展，具体实施现场处置；二是公安、地方政府负责协助消防力量现场警戒，维持现场秩序、组织疏散群众、禁绝一切火源；三是电力部门负责对事故点所在片区进行远程断电；四是燃气部门负责对救援工作提供技术支持和装备保障，并协助事故方人员对邻近罐的输送管线进行切断；五是环境监测部门负责对气象和空气质量进行动态监控。

4. 科学部署、工艺倒罐。全勤指挥部始终按照危险化学品事故处置原则，加强官兵个人防护，科学果断的指挥施救。在救援攻坚组实施三次不同方法的堵漏效果均不明显的情况下，积极想办法，准确地抓住战机，利用储气罐体间连接管道、输转装置完好、泄漏趋于稳定的有利条件，果断采取“远程启泵、反向加压、负压倒罐”的“工艺倒罐”处置措施。首先，远程启动输转泵向空置罐实施倒罐；然后，视情采用了输转泵反向加压，冲破泄漏罐与空置罐之间的输转阀门结冰，保证倒罐顺利实施；最后，将空置罐内液化石油气输入处于负压状态的槽车槽罐内。至14 日 14 时 5 分，倒罐全部结束。

（三）后期处置

倒罐结束后，现场指挥部保留2 个公安消防中队的官兵，继续利用水枪对现场及周边低洼地带残余气体实施稀释驱散，并对液化石油气浓度进行监测，确保泄漏气体被清理干净。

三、经验体会

一是快速反应，调足力量，赢得了抢险救援的主动权。事故发生后，各级消防部队快速反应，迅速启动应急救援预案，一次性调集足够救援力量，第一时间到场增援；各联动力量在现场指挥部的统一调度指挥下，密切协作，有条不紊地开展各项救援工作，掌握了救援行动的主动权。

二是科学指挥，正确决策，抓住了抢险救援的有利战机。根据现场情况不断变化，指挥部及时调整力量部署，灵活运用各种技战术措施，在堵漏失败的情况下，科学决策，实施倒罐，在倒罐过程中采取的“破冰”手段，使倒罐得以顺利实施。

三是领导靠前指挥，官兵英勇顽强，是成功处置事故的基础。各级指挥员面对随时有可能发生爆炸的罐体，沉着冷静、靠前指挥，把握了抢险救援的有利战机。全体参战官兵勇敢顽强、不怕牺牲，贯彻指挥部命令坚决果断，毫不退缩，表现出了良好的业务素质和高度的责任感，充分展现了消防官兵良好的战斗作风。

四是供水不间断，灭火药剂充足，是成功处置事故的关键。针对灾害事故现场无市政消火栓的实际情况，现场指挥部先后调集了11台手台机动泵和4台民用抽水机，充分利用事故周边河流和2个大型水池的有利条件，分组轮流作业，确保前方不间断供水驱散。高效、持续供水是处置本次灾害事故的关键。

五是部门协同，社会联动，是成功处置事故的重要保证。各方参战力量在现场指挥部的统一指挥下，各司其职，密切配合。企业专职消防队服从调遣指挥，积极配合现役消防部队作战。安监、供水、供电、120、环保等社会相关职能部门，认真履行职责，保证了救援行动有序有效。调集的发电机车、运输槽车等机械设备和厂方技术人员、职工等密切配合。联勤联战的一体化救援思路为救援取得成功提供了重要保证。

在此次抢险救援战斗中也暴露出一些问题和不足。一是少数战士在现场心理紧张；二是救援现场通信联络不够顺畅。

湖南株洲市“4·14”中成化工保险粉大跨度仓库火灾处置情况

2011年4月14日18时55分，湖南省株洲市柳林集团湖南中成化工有限公司保险粉大跨度仓库发生火灾。接到报警后，湖南省公安消防总队调集株洲、长沙、湘潭、特勤4个公安消防支队和株洲市4个企业专职消防队共计42台消防车、345人到场灭火。公安部消防局局长陈伟明坐镇部局指挥中心指挥，湖南省政府副省长韩永文亲临现场指挥，省政府党组成员、省政府秘书长盛茂林致电现场作战指挥部就火灾扑救作出重要指示。湖南省政府副秘书长谈敬纯，省公安厅党委副书记、副厅长胡旭曦，省消防总队政委詹寿旺、副总队长陈金辉、司令部参谋长罗满生，株洲市委市政府领导相继到场指挥扑救。经过参战官兵24小时的殊死战斗，火灾被成功扑灭，无人员伤亡，成功转移出1000余吨未燃的保险粉，保住了紧邻的液碱、甲醛、甲酸钠和过氧化氢储罐和南侧仓库内的800吨保险粉，避免了周边环境和湘江水体发生污染。

一、基本情况

（一）单位基本情况

湖南中成化工有限公司位于株洲市石峰区湘株路216号，前身为株洲保险粉厂，建于1987年，1998年11月改制而更名，2010年被柳化集团收购。公司占地面积9.16万平方米，固定资产4.38亿元，现有职工800余人，年产保险粉可达6万吨，是目前我国最大的保险粉生产基地，并被列入国家首批循环经济试点企业。

（二）着火仓库基本情况

着火仓库为保险粉成品仓库，位于厂区西北侧。仓库东侧20米至70米范围内有50吨烧碱罐、60吨过氧化氢罐等储罐；南侧15米处为存放800吨保险粉的仓库；西侧为空地；北侧为废气回收车间。仓库建于2008年，为单层砖墙结构，屋顶为拱形波纹钢屋，仓库长56米、宽48.5米、高12米，建筑面积2700平方米。仓库地面呈漏斗状，存放保险粉1880吨，采用桶装、袋装两种储存形式，分成若干堆垛，每个堆垛存放2~5吨保险粉。桶装存放区堆垛的间距约2米，袋装存放区堆垛的间距约1米，底部设有架空层，堆垛高度均为2米左右。

（三）保险粉理化性质

保险粉又称连二亚硫酸钠（$Na_2S_2O_4$），为白色粉末状，遇水或潮湿空气会分解

(50℃以上分解加速)，自燃点250℃，遇水、酸类或与有机物接触可放出大量热而引起剧烈燃烧，并释放出二氧化硫、硫化氢等有毒气体，对人的眼睛、呼吸道黏膜和皮肤有刺激性，接触后可引起头痛、恶心和呕吐等不良反应。保险粉主要用于印染工业中做还原剂和丝、毛的漂白，还用于医药、选矿及硫化物的合成等。

（四）仓库周边水源情况

厂区设有独立的室外消火栓系统，数量为 24 个，管网形式为环状，管径为 100 毫米，压力为0.2MPa。厂区西侧 270 米处有一口水塘，容量为 1500 立方米，无消防车取水口。仓库东侧 90 米处有一个消防水池，蓄水量为 50 立方米。厂区 600 米以外设有市政消火栓系统。

（五）天气情况

14 日至 15 日天气为多云，气温 17 ~ 23℃，风向为西南风，风力 2 ~4 级。

二、扑救难点

（一）保险粉储存数量多，燃烧面积大，控制难度比较大。仓库内存放有 1880 吨保险粉，分成桶装区和袋装区两类存放区，每个堆垛存放的保险粉数量为 2 ~5 吨，存放数量非常大。仓库总面积达2700 平方米，堆垛间距非常小，堆垛之间无防火分隔，加之起火部位位于仓库中部，火灾发生后极易向四周蔓延。中成化工专职消防队到场后的少量出水，一定程度上加剧了保险粉的燃烧反应，使横向燃烧面积增加到200 平方米左右，纵向由表面燃烧变成立体燃烧。

（二）仓库单体跨度大，火场温度高，容易发生坍塌事故。存放保险粉的仓库为大跨度仓库，总长度为 56 米、宽 48.5 米、高 12 米，中间无支撑力柱，屋顶为拱形波纹钢质屋盖。火场燃烧产生的高温烟气，极易在钢质屋顶聚集。在高温和中部缺乏支撑力柱和承重墙的情况下，钢质屋顶极易在短时间内发生整体性坍塌。

（三）释放有毒气体多，排放废水多，易造成重大环境污染事故。保险粉着火和溶于水后，均会不同程度地释放出二氧化硫和硫化氢等有毒气体。由于现场燃烧面积大，着火的保险粉数量多，释放的有毒气体较多。在风力的作用下，这些有毒气体极易给周边空气造成较大的污染。持续灭火和稀释过程产生大量的含硫废水，如果处置不当，极易通过下水道和地表沟渠流入湘江，给下游的湘潭、长沙等地的居民用水造成重大影响。

（四）周边消防水源少，取水难度大，灭火和溶解供水较困难。仓库周围虽然设有 24 个室外消火栓，但是供水管网管径较小，压力不足，只能同时供 2 ~3 个消火栓同时出水。仓库周边 270 米处的天然水塘，没有设计消防车取水口，消防车只能依靠机动泵或浮艇泵吸水供水，供水能力非常有限。仓库 600 米以外的市政消火栓，距离现场较远，需要多辆消防车串联供水，且流量有限。与现场灭火所需要的用水量相比，这些供水量还不能满足要求。

三、战斗经过

（一）启动预案，分隔转移，全面控制现场火势

4 月 14 日 18 时 55 分，中成化工专职消防队接到厂区报警，迅速出动 2 台水罐消防车，6 名消防员赶赴现场处置。到达现场后，发现起火点位于仓库中部靠西北侧的袋装堆垛表面，面积约 100 平方米。指挥员立即命令采用干粉灭火器灭火，但是灭火效果不理想。随即在厂方技术人员的指导下，指挥员命令从仓库北侧出 2 支水枪灭火。在少量水流的作用下，着火堆垛开始发生剧烈燃烧，并向四周蔓延。见此情况，指挥员迅速拨打 119 电话请求增援。

20时13分，株洲市消防支队指挥中心接到报警，迅速调集特勤、荷塘、石峰、天元、芦淞、栗树山、株洲县7个公安消防中队的18台消防车、105名官兵赶赴现场，同时调集株冶、株化、田心、电厂4个企业专职消防队的4台消防车、30名消防员到场增援，并将有关情况向省消防总队指挥中心、株洲市政府进行了报告，请求启动应急预案，调派相关力量进行增援。省消防总队全勤指挥部立即遂行出动。株洲市政府按照火灾事故应急预案的要求，调集本市公安、建设、安监、环保、供水、医疗、武警等部门和化学危险品专家组等力量到场增援。

20时18分，石峰区消防中队率先到达现场，此时火势正在猛烈燃烧，仓库内外弥漫着大量的烟雾。石峰中队指挥员迅速组织人员进行侦察，发现仓库内部温度已达到70℃，二氧化硫浓度已达20毫克/立方米，积水已经漫过着火堆垛的架空层，并已开始呈现立体性燃烧，着火面积约200平方米。根据侦察情况，石峰中队指挥员命令：在下风方向200米处设置警戒线，疏散无关人员；出2支水枪稀释降毒。同时向株洲市消防支队指挥中心报告现场情况。

20时28分至30分，株洲市特勤、荷塘、天元、栗树山、芦淞5个公安消防中队和株洲市消防支队军政主官、全勤指挥部人员，以及株冶、株化、田心、电厂4个企业专职消防队、化学危险品专家组等相继到场。现场随即成立以株洲市消防支队支队长邹田荣为总指挥的现场作战指挥部，下设5个战斗小组：侦检警戒组主要负责现场警戒，疏散周围群众，监测现场安全；灭火施救组按照现场作战指挥部的命令，组织攻坚组出水灭火和稀释；降毒排险组负责稀释仓库周边有毒气体和组织排烟；后勤保障组负责现场装备和餐饮保障；后方接应组负责后续增援力量的接应与任务部署。现场作战指挥部根据专家组提出的“采用大量加注脱硫剂水强攻”的建议，采取了“稀释降毒、转移疏散”的战术措施，并向株洲市政府报告，请求调集大型运沙车、铲车、风炮机等设备和脱硫专用增效剂 Polyte 4080A（以下简称脱硫剂）到场参与灭火。各战斗小组按照现场作战指挥部的命令，迅速展开灭火作战行动。

20时50分，省消防总队全勤指挥部值班指挥长、防火监督部副部长肖曙光带领全勤指挥部相关成员到达现场，随即接管现场作战指挥权。20时52分至21时35分，株洲市委、市政府、市公安局有关领导相继到场。21时10分至40分，株洲市政府调集的各类装备和物资相继到场。现场作战指挥部根据这一情况，立即命令：迅速转移未燃的保险粉；在消防车水罐内加注脱硫剂；启动东侧过氧化氢等储罐的喷淋降温冷却；启动污水处理系统，并在排污口加注纯碱和过氧化氢；调派长沙、湘潭和特勤消防支队进行增援。同时，协调到场的环保部门设立环境监测流动监测点，不间断监测周边水体和空气质量。截至22时25分，现场未燃烧的保险粉基本疏散完毕，成功转移出保险粉1000余吨。

（二）集中力量，协同配合，全力消灭现场火势

23时10分左右，长沙、湘潭和特勤消防支队20台大型水罐车和1台空气呼吸器充气车，以及130余名官兵到达现场。现场作战指挥部随即命令：株洲市消防支队负责堵截火势向东和向北蔓延；长沙市消防支队负责堵截火势向西侧蔓延；湘潭市消防支队负责堵截火势向南侧蔓延，同时保障所有参战车辆的供水；特勤消防支队负责做好现场参战官兵的空气呼

吸器保障。各参战力量按照命令迅速展开战斗。

4月15日8时至10时，省政府副秘书长谈敬纯，省公安厅党委副书记、副厅长胡旭曦，省消防总队政委詹寿旺、副总队长陈金辉、司令部参谋长罗满生，株洲市市委书记陈君文、市长王群等领导先后到场，现场成立以谈敬纯副秘书长为总指挥的灭火总指挥部，下设灭火救援组、秩序维护组、环境监测组、结构安全组、后勤保障组，全面负责现场灭火、治安、环保、安全、供水等工作。同时，成立以詹寿旺政委为总指挥的现场作战指挥部，全面负责现场灭火作战工作。9时43分，公安部消防局局长陈伟明通过视频连线，9时57分，省政府党组成员、省政府秘书长盛茂林通过电话对现场处置提出要求。现场作战指挥部根据部消防局和省政府领导的指示，在前期处置的基础上，立即调整作战部署，采取“四面夹击、转移溶解”的战术措施：由各参战力量出大流量水炮出水灭火和稀释溶解保险粉；长沙市消防支队负责控制和消灭西侧火势；湘潭市消防支队负责控制和消灭南侧火势；株洲市消防支队负责破拆东侧墙体，控制和消灭东侧火势。经过全体官兵的努力奋战，至14时左右，现场火势被完全控制。

14时20分，湖南省副省长韩永文率队到达现场，并立即组织株洲市委、市政府，以及现场公安、消防、环保、安监、医疗等部门的负责人召开协调会。韩永文副省长首先传达了徐守盛省长对参战单位特别是对公安消防部门及时处置的感谢和慰问，其次对现场灭火、宣传和善后处理作出了四点指示：一是公安消防部队要加大处置力度，杜绝复燃；二是要进一步做好现场警戒和外围疏散工作，确保安全；三是要统一宣传口径，及时发布信息；四是要做好善后处理工作，及时查清原因，追究责任。

（三）清除残火，全面洗消，移交火灾现场

根据韩永文副省长的指示，省消防总队詹寿旺政委迅速组织消防部队参战单位主要负责人召开会议，重新部署灭火救援工作，命令：所有参战单位全面夹击火势；株洲市消防支队在东侧派出3台铲车清理残余保险粉，并出2支水枪进行灭火；长沙市消防支队在西侧出1门水炮进行灭火和稀释；湘潭市消防支队在南侧出2门水炮进行灭火和稀释。17时05分，现场火势在水枪和水炮的压制下，基本被扑灭。为加快现场清理的进度，现场作战指挥部又命令：3台照明车从仓库西、北、东侧实施照明；4台铲车在水枪和水炮的掩护下，进入仓库内部将燃烧的保险粉废弃物清理和转移出来，并放在指定区域全面稀释与溶解。18时20分，残留保险粉全部被清理完毕。

18时25分，现场作战指挥部向灭火总指挥部报告：现场火势全部被扑灭，残留保险粉全部被清理完毕，未燃保险粉全部被转移至安全地带。18时30分至19时10分，环境监测组向灭火总指挥部报告：周边34点监测点监测显示，空气中二氧化硫已得到有效控制，各水质监测点pH值、硫化物和化学需氧量均达标，湘江水体未受到污染。结构安全组向灭火总指挥部报告：保险粉仓库承重结构完好，无倒塌危险。灭火总指挥部根据各小组报告情况随即命令：现场留守部分消防官兵负责看守，公安、安监、建设、环保、供水、医疗、武警等其他参战单位返回。现场作战指挥部根据灭火总指挥部的指示，命令：由株洲市消防支队留守辖区石峰中队负责现场看护，其余消防参战力量全面洗消后立即返回原单位，并恢复战备状态。20 时 30 分左右，所有参战力量和器材装备洗消完毕后归队。4 月 16 日 6 时 10 分左右，辖区石峰中队撤离现场。

四、经验体会

（一）各级领导高度重视。火灾发生后，各级领导高度重视，作出重要指示，科学决策指挥，为火灾扑救工作指明了方向，极大鼓舞了参战官兵战胜火灾的士气和决心。公安部消防局陈伟明局长第一时间通过视频系统询问现场情况并就火灾扑救工作作出重要指示。湖南省政府副省长韩永文、省政府副秘书长谈敬纯，省公安厅党委副书记、副厅长胡旭曦接到报告后，立即赶赴现场，并深入仓库一线查看险情，反复论证，果断决策，靠前指挥灭火救援工作，胡旭曦副厅长一直坚持到现场处置结束后才撤离现场。省政府党组成员、省政府秘书长盛茂林得知情况后，立即通过电话对火灾扑救和宣传报道工作作出重要指示。株洲市市委、市政府领导接到报告后，第一时间到达现场，并调集相关应急联动力量、装备和物资进行增援。在公安部消防局及省市两级政府领导的高度重视下，由省消防总队政委詹寿旺、副总队长陈金辉、司令部参谋长罗满生等组成的现场作战指挥部指挥全体参战官兵认真贯彻执行领导重要指示精神，科学有效处置，快速赢得了火场主动权，将火灾损失和影响降到了最低限度。

（二）灭火战术措施运用得当。火灾发生 78 分钟后，企业专职消防队发现处置情况不理想，才向株洲市消防支队报警。接到报警后，株洲市消防支队一次性调集了 5 个公安消防中队和 4 个企业专职消防队的 22 台消防车、180 名消防员到场灭火，加强了灭火的第一出动力量。为迅速控制灾情，株洲市消防支队采取了“稀释降毒、转移疏散”的战术措施，并成立了现场警戒、灭火作战、降毒排险、后勤保障、后方接应 5 个小组，部署了 2 门移动水炮和 6 支水枪稀释溶解已着火的保险粉，从而有效地控制了火势。株洲市政府调集的脱硫专用增效剂到场后，现场作战指挥部结合仓库内未燃烧的保险粉被完全转移出来的情况，采取了“四面夹击、转移溶解”的战术措施，通过破拆仓库东侧墙体开辟东侧进攻通道，形成东南西北四个夹击面，全面转移溶解着火保险粉，从而全面控制和消除了现场的险情。为避免大量射水对未着火保险粉的影响，现场作战指挥部还利用挖掘机在着火仓库内部和周围挖出导流渠，及时排出仓库内部的灭火用水。

（三）应急联动单位响应迅速。火灾发生后，株洲市消防支队第一时间向株洲市政府报告，请求启动《株洲市火灾事故应急预案》。株洲市政府接到报告后，立即启动了应急预案，调集公安、建设、安监、医疗、环保、武警等应急联动单位共计 30 台车辆、150 余人，以及危险化学品专家组到达现场参与灭火救援工作。应急联动单位按照株洲市政府的要求，第一时间响应，调集精干力量，且均在 40 分钟内赶到了火灾现场。各应急联动单位到场后，服从安排，各司其职，迅速展开现场秩序维护、建筑结构安全监测、现场医疗急救、环境保护监测等工作，为灭火救援工作顺利开展提供了有力的保障。

（四）环境污染得到有效控制。保险粉溶于水和燃烧后均产生有毒气体，将给环境造成巨大影响。现场作战指挥部针对这一情况，结合现场专家组的意见，果断采取了“溶解稀释、化学脱硫、挖渠导流、酸碱中和、多点监测”等措施，最大限度降低了保险粉对空气和水体的污染。一是采用大量的水溶解稀释保险粉，减少其着火后产生的大量硫化氢和二氧化硫气体。二是在灭火和稀释周边空气的消防用水中加入脱硫专用增效剂（Polyte 4080A）进行化学脱硫，减少保险粉燃烧产生的含硫化合物。三是采用挖掘机在着火仓库内部和周边挖出导流渠，并引至邻近水塘，集中收集灭火产生的废水。四是在排污口加注纯碱，酸碱中和废水中的酸性物质，减少水体污染。五是由环保部门设置34个监测点，实时多点监测空气中和周边水体的情况，防止周边空气和湘江水体受到污染。据环保部门4月15日监测结果显示，周边空气二氧化硫污染得到有效控制，各水质监测点pH值、硫化物和化学需氧量均达标，湘江水体未受到污染。

（五）安全防护措施严格落实。现场作战指挥部大力强化安全作战的理念，严格落实各项安全防护措施，确保了现场无任何人员伤亡。一是加强现场安全防护，现场作战指挥部根据现场监测情况将现场划分成了作业区、警戒区和安全区3个作战区，要求进入作业区的人员必须着防化服，佩戴空气呼吸器。二是利用移动水炮和开花水枪稀释驱赶保险粉燃烧产生的硫化氢和溶于水后产生的氢气，防止现场发生爆炸。三是组织株洲市建设局的建筑结构专家在仓库四周设置了监测点，实时监测仓库承重墙体的结构情况，防止墙体和屋顶坍塌；四是对参战的官兵和器材装备进行全面洗消，防止含硫化合物对人体和环境的污染。

（六）后勤综合保障及时到位。省消防总队科学部署，确保了现场各项后勤保障及时快速到位。一是第一时间调集特勤消防支队充气保障车到达现场，为空气呼吸器现场长时间作战使用提供保障。二是第一时间调集了动中通、静中通、350 m无线对讲机等通信装备到达现场，确保了现场与公安部消防局、省消防总队指挥中心的互联互通。三是现场作战指挥部协调和联系地方多家单位，建立了畅通、高效的饮食、住宿和饮水保障渠道。四是现场作战指挥部根据此次作战时间长的特点，及时更换现场作战人员，安排参战人员交替作战，轮换休息，保证体力。

五、存在问题

在灭火救援过程中，也暴露出了一些问题。一是现有城市消防站防化服的配备标准和数量还无法满足大型化学危险品事故处置的需要；二是应急联动单位和部门还存在各自为战、协调不到位、信息不能及时共享的问题，给灭火指挥决策带来了一定的影响。

黑龙江哈尔滨市“5·25”公交车停车场液化气钢瓶爆炸燃烧抢险救援情况

2011年5月25日19时40分，哈尔滨市公安消防支队119指挥中心接到报警，哈尔滨市道里区达道街47～49号84路公交车停车场液化石油气储气钢瓶发生爆炸燃烧。指挥中心迅速调派4个公安消防中队39辆消防车、121名消防官兵到场进行抢险救援。经过全体参战官兵近4个小时的顽强奋战，于23时45分抢险救援完毕，成功处置了一起连环爆炸和危险化学品泄漏恶性灾害事故，保护了近千户居民的生命财产安全，人民群众和消防官兵无一人伤亡。省委书记吉炳轩、省长王宪魁、副省长孙永波、徐广国等省领导分别给予批示表扬。

一、灾害事故基本情况

起火地址为哈尔滨市道里区达道街47～49号84路公交车停车场，站内停放9台公交车及1台石油液化气钢瓶运输车，现场存有大量液化石油气储气钢瓶。东侧通向停车场道路、西侧为环桥小区、南侧为施工人员住宿区、北侧为渔业公司冷库及办公楼（冷库内存放4立方米氨气）。周边三处最近水源，分别为河清街水鹤、河松街水鹤、河江街水鹤。当日气温摄氏18度，风向为东南风，风力2级。

二、处置经过

哈尔滨市公安消防支队指挥中心接警后，立即调派爱建、道里、顾乡公安消防中队力量，以及道里区公安消防大队指挥员赶赴灾害现场，市消防支队全勤指挥部遂行出动。

19时42分，爱建中队行驶至达道街时，听到灾害现场方向发出爆炸声，并伴有浓烟，火光冲天。到场后通过外部观察，以及向现场知情人询问了解情况得知，现场内存有大量液化气储气钢瓶，并连续发生爆炸，经初步侦查未发现被困人员，存放在84路停车场院内的5台公交车及1台液化气储气钢瓶运输车全部起火，并向邻近的4台公交车及东、西两侧的施工人员住宿区和氨气冷库蔓延，火势处于猛烈燃烧阶段。支队全勤指挥部得知现场情况后，立即向省公安消防总队指挥中心报告，并调派群力消防中队、开发区消防中队2台35吨水罐消防车、1台18吨水罐消防车、太阳岛消防中队2台35吨消防车、平房消防中队2台18吨水罐消防车到场增援。

爱建中队按照支队指挥部部署，组织攻坚组出一支水枪对北侧起火库房火势进行控制并截断火势向渔业冷库蔓延；组织第二灭火组出一支水枪对西侧起火车辆火势进行控制；第三灭火组出一支水枪对南侧起火民工宿舍火势进行控制；第四战斗小组对现场进行搜救，并对泄漏钢瓶进行转移，使用中队两台大功率水炮对现场火势进行压制并进行现场照明。

顾乡中队到场后，从西北方向控制火势，防止向居民住户蔓延；道里中队到场后，从西南侧办公楼楼顶对火灾现场实施压制，防止向南面民工宿舍和东面的环桥小区蔓延。

20时10分，支队全勤指挥部、群力中队、开发区中队、平房中队、太阳岛中队相继到达现场。指挥部命令顾乡、道里两中队由东、南两面控制火势，命令爱建、群力两中队在西面控制火势，消除火势对冷库的威胁。

火势于20时40分基本得到控制。

21时20分，黑龙江省消防总队葛相君总队长、后勤部吴文海部长到达现场；21时40分，市政法委、市公安局领导到达现场。葛相君总队长要求参战力量运用远程射水灭火，佩带好个人防护装备，对现场进行全面细致的搜索，确保无被困人员，防止复燃复爆。

23时45分火灾彻底扑灭。经清理现场统计共存有56个液化气钢瓶，其中爆炸钢瓶16个，泄漏钢瓶11个，烧毁车辆6台。参战力量对现场又进行了3次反复细致的搜索，确保无人员被困、无复燃复爆可能，并对火灾现场进行看护至26日6时57分，所有参战力量撤离。此次火灾扑救保护了现场3000平方米面积免受火灾侵害，现场无一人伤亡。

三、经验教训

此次救援行动取得圆满成功得益于：一是力量调度及时有效、集中最优势的兵力于火场，为打赢攻坚战斗奠定了坚实基础。灾害发生后，按照加强第一时间出动的原则，先后调派4个大（中）队、39台消防车、121名指战员参战，抓住了有利战机，赢得了灭火救援的主动权。二是领导靠前指挥，全勤指挥科学有力。此次抢险救援总队、支队两级全勤指挥部到场指挥作战，靠前指挥，科学研判，果断决策，大胆实施内攻近战，快速有效地打击火势，消灭火灾。三是发挥消防铁军攻坚优势，强攻近战消灭蔓延火势。此次抢险救援的成功处置，攻坚组凸显了作战英勇顽强、单兵技能娴熟、协同配合得力，能攻能守，善打恶仗硬仗的尖刀作用。灭火攻坚组面对气瓶爆炸、烈火炙烤，临危不惧,英勇顽强,抓住有利战机,快速有效灭火,最大限度地保护了人民群众财产安全。

但在处置过程中，也暴露出一些问题和不足，主要体现在：一是个人防护意识差，防护装备使用不到位。二是使用灭火剂单一，对现场汽车内油品燃烧，没有及时使用泡沫灭火剂进行灭火。三是在抢险救援过程中，未及时划定警戒区、设置警戒线和明显警戒标志，未及时疏散现场大量围观人员。

广东惠州市“7·11”大亚湾中海油惠州炼化分公司化工生产装置火灾扑救情况

2011 年 7 月 11 日 4 时 10 分，广东省惠州市大亚湾中海油惠州炼化分公司北厂区芳烃联合装置泄漏发生爆炸引发大火，惠州市公安消防支队迅速调集 15 个中队（含专职队）共 56 辆消防车 245 名消防人员赶赴现场处置。惠州市、大亚湾区两级政府领导在火灾发生后迅速赶到现场组织指挥火灾扑救。总队牛跃光政委、何锦坤参谋长第一时间赶赴火场指挥灭火作战，并从广州、深圳、东莞支队、总队直属特勤大队调集 40 辆消防车 248 名消防官兵增援。经过全体参战人员 13 小时的殊死奋战，明火于 17 时被扑灭，灭火救援工作全面结束。

一、基本情况

（一）单位概况

中海油惠州炼化分公司位于惠州市大亚湾石化区。占地面积 2.7 平方公里，分为南、北厂区，距深圳大亚湾核电站直线距离约 46 公里。南厂区主要为成品储罐区；北厂区主要为生产装置区。厂区内共有 16 套装置。其东面为中海壳牌、南面靠海、西面为中海油发展用地、北面为山地。主要生产汽油、航空煤油、柴油、苯、液化气、乙烯裂解料、硫磺、石油焦等产品，年产量为 1200 万吨。

（二）着火装置情况

工艺流程：原油经过常减压装置分馏生成石脑油，石脑油经过重整装置生成重整生成油，重整生成油作为原料进入芳烃联合装置生成二甲苯及其衍生物。发生爆炸泄露起火的就是芳烃联合装置中的重整生成油塔。该装置有 7 个 1000 吨的中间原料罐，装置内共存有约 4000 吨原料，装置管道出口气体压力为 22 个大气压。

毗邻情况：着火装置东面是制氢装置和高压加氢裂化装置，南面是储量为 3 万立方米重整芳烃中间储罐区和 80 万立方米的原料罐区，西面是中海油发展用地，北面是燃烧塔。东面和南面储存的物质都是极易爆炸和有毒的危险物品，如火势得不到有效控制将引起连环爆炸，整个石化区都将受到威胁。

（三）火灾基本情况

据事后火灾原因调查，此次火灾是由于芳烃联合装置塔底泵轴承严重磨损，运行中产生高温并泄漏物料导致着火爆炸，引起邻近的白土塔、塔底泵西侧管道起火，火灾的主要燃烧物质为重整生成油、苯及二甲苯等。大火高温致使现场管道架发生坍塌，并形成大面积流淌火，现场火光冲天，火焰高达 200 多米，方圆 30 公里外均能看见。

（四）燃烧物理化性质

本次火灾主要燃烧物质是作为原料的重整生成油及作为成品的苯和二甲苯等。

重整生成油主要由汽油、苯、甲苯、二甲苯等物质组成。

苯为无色透明液体、不溶于水、易燃，其蒸气与空气可形成爆炸性混合气体，遇明火、高热极易燃烧爆炸。燃烧产生一氧化碳、二氧化碳等有害物质。闪点 -11℃，爆炸极限为 1.2～8.0%（V/V）。高浓度苯对中枢神经系统有麻醉作用，引起急性中毒，严重者发生昏迷、抽搐、血压下降，以致呼吸和循环衰竭。

二甲苯为无色透明液体，其理化性质与苯类似。二甲苯主要对眼及上呼吸道有刺激作用，高浓度时对中枢神经系统有麻醉作用。重者有躁动、抽搐或昏迷症状。其毒性在人体内的潜伏期长达 3 个月。

（五）消防组织情况

炼油厂设有一支专职消防队，共 49 人，泡沫水罐车 3 辆，其他保障车 5 辆。其车载泡沫共 18 吨，车载干粉共 6 吨。石化区除中海油专职队外还设有另外 4 支专职消防队、2 支现役消防中队，执勤消防车辆 28 辆，人员 207 人。

（六）消防水源及消防设施情况

厂区内设置有常高压消防给水系统，消防水池储量为 3 万立方米，设有消防水泵 3 台，管径 600 毫米，每台泵的流量为 360 升/秒，厂区内地上消火栓共 411 个，固定水炮 118 门（其中着火装置附近有 8 门）。还有一个贮量为 20 吨的泡沫液储罐，厂区外 500 米范围内有 2 个市政消火栓，管径 600 毫米，厂区所有储罐均设有自动灭火及冷却系统。

（七）天气情况

当日阴天有小雨，北风 2 级，气温约 26℃，相对湿度 74%。

二、火灾特点

（一）燃烧物质易燃易爆，装置工艺流程复杂，极易发生连锁反应，社会影响大

火场温度高，热辐射强，地面形成大面积的流淌火，人和车辆不易靠近。发生火灾的为芳烃联合装置，过火面积约 400 平方米，燃烧物质主要为二甲苯，起火装置周围是储量为 3 万立方米重整芳烃中间储罐区和 80 万立方米的原料罐区。所有物质都是极易爆炸和有剧毒的危险物品，且石化企业的生产工艺流程连续性、复杂性强，高温高压的环境下，如不及时冷却控制，极易引起连环爆炸，将危及邻近生产装置区、储罐区和周边化工企业，带来极大的负面影响。

（二）燃烧爆炸造成起火装置阀门损坏，无法采取关阀断料等工艺处置措施，扑救时间长

起火的芳烃联合装置内有 7 个 1000 吨的中间原料罐，储存易燃原料多、压力大，因剧烈燃烧爆炸导致出料气向阀损坏，临近管道倒塌，作战人员无法近距离接近着火区域。在缺乏关阀断料和堵漏条件下，如果强行将其扑灭，可能因易燃易爆气体聚集再次引发爆炸，给火灾扑救带来不必要的损失，因此火势无法在短时间控制和扑灭，只能保持其稳定燃烧，逐渐冷却。

（三）燃烧区域管线密集，管道架局部坍塌，灭火难度大

着火装置内部管线高度集中，管道纵横交错，火势成立体燃烧，最高时火焰达 200 余米，经过两次局部爆炸和长时间的猛烈燃烧，在高温高压的环境下，起火区域管道线路坍塌严重，对水流和泡沫液形成阻碍，水流和泡沫液难以直接击中火点，在空间上给火灾扑救带来很大困难。

（四）现场噪音毒气易对现场参战人员造成直接伤害，灭火危险性大

由于着火装置管道出口压力为 22 个大气压，喷出气流引起的噪音高达 150 分贝以上（90～130 分贝可致耳朵疼痛），巨大的噪音对现场指战员的心理和身体造成严重影响。现场燃烧的重整生成油和苯及二甲苯属于有毒物质，短期内吸入较高浓度可出现眼及上呼吸道明显的刺激症状，重者出现抽搐或昏迷，给灭火战斗人

员带来很大危险。

三、扑救经过

（一）第一阶段：关阀断料，冷却防爆，遏制火势蔓延

1. 关阀断料，喷淋自救

4时10分，中海油公司中控中心监测到火情后，立即调动本单位专职队3辆泡沫消防车16名消防员前往处置，并向大亚湾消防大队报警，同时用电动阀关闭主要输料管线，启动自动喷淋系统对周边装置和罐区进行冷却。

4时15分，中海油专职队到达现场经火情侦察后，立即利用2门车载炮分别对着火装置东西两侧进行冷却。

2. 重点设防，冷却抑爆

4时13分，大亚湾消防大队接到报警后，迅速调集下属两个现役中队2组石油化工火灾力量编成（11辆消防车）60名消防员及4个企业专职队3组力量编成（18辆消防车）前往处置，同时向支队请求增援，并向区管委会报告。区管委会接到报告后立即启动石油化工灾害事故处置应急救援预案。

4时16分至30分，大亚湾区现役和专职消防队5组力量编成29辆消防车先后到达现场。大亚湾大队指挥员经侦察了解到，起火部位为芳烃联合装置中的重整生成油塔，该装置连接有7个1000吨的二甲苯中间原料罐，罐内存有4000吨原料。当时火势呈喷射状燃烧，发出刺耳的呼啸声，装置区过火面积约400平方米，火势有向东面装置区、南面罐区和北面燃烧塔蔓延的趋势。大亚湾大队立即成立火场指挥部，按照“重点设防、堵截火势、冷却抑爆”的原则，采取“固移结合”的方法，利用车载炮和固定炮，兵分三路对火场进行堵截、冷却，防止火势向东、南、北三面的装置区蔓延，同时对地面流淌火进行扑救。

（二）第二阶段：强攻近战，堵截包围，确保毗邻安全

1. 增援力量火速集结

4时15分，惠州市公安消防支队指挥中心接到大亚湾大队报告后，支队全勤指挥部立即赶赴现场，并迅速按照石油化工五级火警启动“一键式”调度方案，调集江北特勤等8个中队3组石油化工火灾力量编成和1组战勤保障编成共24辆消防车、110名官兵火速赶赴现场增援，同时命令在家党委成员一同赶赴现场。在赶赴现场途中，根据反馈的情况，现场火势猛烈，情况紧急，支队立即向总队指挥中心报告并请求增援。

2. 调整力量全面推进

5时10分，支队全勤指挥部到达现场，经火情侦查后，立即成立现场指挥部，下设灭火指挥组、政治鼓动组、通信联络组、后勤保障组等4个功能组。同时指挥部对现场力量进行了重新调整和部署：一是调整南面大亚湾中队两辆消防车靠近装置南侧进行冷却；二是西面负责冷却、灭火的车辆向前推进，靠近装置区灭火、冷却，移动炮向前推进10米；三是要求参战官兵做好防护措施；四是战勤保障中心的泡沫供给车随时为参战车辆补充泡沫；五是中海油派出油料补给车随时为灭火车辆补充燃料。

5时至6时，支队各增援力量陆续到达现场，现场指挥部相继下达作战命令：在着火装置西面，惠阳大队出1门车载炮和2门移动泡沫炮、惠东大队出1门车载炮和1门移动水炮、江北特勤中队出1门车载炮和1门移动水炮对着火装置冷却和扑灭地面流淌火；在着火装置南面，城区大队、仲恺中队出3门移动炮，扑灭地面流淌火；为确保火场用水，立即关闭装置和罐区的自动灭火及冷却系统。

6时15分，现场指挥部通过3G图像

传输系统将火灾现场情况实时上传到总队指挥中心，并报告火场情况。

6 时 35 分，现场指挥部决定由大亚湾特勤中队派出 2 个攻坚组与厂方技术人员再次进入现场，对无法采用电动方式关闭的所有进出料阀门进行强攻近战关阀断料，并将现场划分为重危险区、中危险区、轻危险区三个区域，要求所有进入重危险区的官兵必须佩戴空气呼吸器，做好个人防护。同时再次对参战力量进行了调整。

（三）第三阶段：片区作战，逐步推进，形成稳定燃烧

1. 总队全勤指挥部及跨区域增援力量陆续到场

省总队接报后，立即启动跨区域石油化工火灾力量编成调度预案，先后调派广州、深圳、东莞支队和总队直属特勤大队共 5 组编成 40 辆消防车 248 名消防官兵赶赴火场增援。

7 时 15 分，深圳支队、东莞支队、总队直属特勤大队等增援力量相继赶到火灾现场。

8 时，总队牛跃光政委、何锦坤参谋长率总队全勤指挥部到场，立即成立现场总指挥部，牛跃光政委任总指挥。经再次侦察研究，指挥部果断制定了前期抑爆炸、后期防污染、事后重洗消的总体处置方案和“两控、三防、一保”的作战总要求，“两控”即：控制火势蔓延，控制油品外溢避免环境污染；“三防”即：防爆炸、防中毒、防噪音；“一保”即：确保着火区域中分流塔、出液塔（C602）和地下罐等三个重点部位的安全。同时命令后勤保障组调集 180 吨泡沫、400 具空气呼吸器、400 具防毒面具、500 个空气呼吸器气瓶等装备及灭火剂到场。

2. 划分作战区域，各参战力量层层推进

根据现场情况，现场总指挥将火场划分为三个战区：西南面战区、东面战区、北面战区。同时要求各战区的参战部队按照作战编成的要求，实现独立作战，自成体系，自我保障。由于火灾现场噪音大，火场通信难以畅通，为确保指挥部能够随时掌握灭火战斗全过程，指挥部决定各战区指挥员每隔 30 分钟到指挥部当面汇报火场情况。

现场调整部署完毕后，各类型水炮达到 32 门，供水强度达到约 1800 升/秒，对着火部位和相邻装置全面实施灭火和冷却，火势得到有效控制。

9 时，总指挥部召开第二次会议，要求各参战部队将水炮阵地向火点推进 10 米，靠前作战；总队直属特勤大队负责现场警戒和设置洗消区；同时派出侦检小组携带有毒气体探测仪和测温仪对现场进行动态监测，另外派出精干人员组成的 2 个攻坚组在原地待命。

12 时 1 分，总指挥部侦察后召开第三次指挥员会议。在听取了各战区情况汇报基础上，总指挥部对各参战部队作战任务再次进行调整和部署：所有水炮阵地再往前推进 10 米，同时惠州支队重点保障分流塔、出液塔（C602）和地下罐等三个重点部位的安全。

12 时 30 分，火势得到完全控制，形成稳定燃烧。

（四）第四阶段：围堵拦污，控制熄火、防止污染

因厂内的污水处理池接近容纳极限，为减轻污水排放，避免因灭火用水外溢污染环境，造成次生灾害，12 时 50 分，指挥部召开第四次会议，下达了在确保冷却强度的基础上不撤阵地，逐渐减少水炮数量和抽取灭火用水循环使用的命令。

13 时 50 分，现场管道由于长时间受火焰烘烤导致坍塌并引发爆炸，管道内的大量物料迅速流出再次形成大面积流淌

火，指挥部立即发出撤退信号，命令所有一线参战官兵撤至安全距离以外。同时派出技术专家组的人员对爆炸现场进行评估，待火势形成稳定燃烧后，命令官兵重新进入阵地展开战斗。

14 时 20 分，在确保灭火和冷却用水的前提下，逐渐减少水炮数量，水炮数量从最初的 32 门减到 5 门。

16 时 50 分，现场指挥部命令总队特勤大队派出 2 个攻坚小组深入内部进行详细侦察，根据侦察反映，着火装置管道压力下降，指挥部根据技术人员的综合分析判断，现场具备完全扑灭明火的条件，随即指挥部下达了灭火命令，现场水炮集中喷射火点。17 时，大火被完全扑灭，灭火战斗取得全面胜利。

四、经验教训

（一）各级领导高度重视，亲临现场指挥是事故成功处置的前提

接警后，总队领导和支队军政主官第一时间赶到现场组织灭火行动，牛跃光政委、何锦坤参谋长亲临现场指挥。在扑救过程中，部消防局、省公安厅、市委、市政府、市公安局等领导高度重视，接到情况汇报后相继作了重要指示，指导和保障灭火救援行动。

（二）科学研判、措施得当，协同作战、紧密配合是事故成功处置的关键

始终掌握第一手资料为正确决策提供依据，始终保持有序的火场秩序为战斗展开提供便捷，始终贯彻使用移动水炮和车载炮理念确保扑救力量充足，始终贯彻“分区独立作战”意识确保作战效能最大化，利用灭火循环用水解决水量不足和环境保护双重难题。

（三）力量调度及时，战勤保障有力是事故成功处置的保证

支队接到报告后，立即按照石油化工火灾五级火警力量编成调度预案，第一时间调派 4 组石油化工火灾力量编成共 24 辆消防车、110 名消防人员赶赴现场处置，并及时向总队指挥中心报告火灾情况，请求增援。总队及时启动跨区域石油化工火灾力量编成调度预案，先后调派广州、深圳、东莞支队和总队直属特勤大队共 5 组跨区域石油化工火灾力量编成共 40 辆消防车、248 名消防官兵赶赴火场增援。由于灭火任务重，对灭火药剂和器材装备需求量大，指挥部迅速调集 180 吨泡沫、400 具空气呼吸器、400 具防毒面具、500 个空气呼吸器气瓶等装备及灭火剂到场，为长时间战斗提供了强有力的战勤保障。

（四）社会联动单位响应迅速，是事故成功处置的必要条件

在此次灭火救援战斗中，各方参战力量在火场指挥部的统一指挥下，各司其职，密切配合，企业专职消防队服从调遣指挥，积极配合现役消防部队作战。公安、供水、供电、安监、环保等社会相关职能部门，各自认真履行职责，确保了灭火救援战斗行动有序有效。在事故处置过程中，得到了中海油炼化厂技术人员的密切配合，并及时采取关阀断料措施，确保了事故的成功处置。

（五）及时发布权威信息是掌握舆论主动的有效措施

火灾发生后，总队、支队信通和宣传人员随即赶赴事故现场进行拍摄采访，通过新浪网官方微博及时发布了第一手信息和图片，第一时间图文并茂滚动发布现场救援和处置情况，当日共发布微博信息 27 条，被转载 3000 余次，收到评论 740 多条，引来众多网友围观，很多媒体都从官方微博转载第一手火灾现场信息，消除了群众恐慌和顾虑。

“7·23”甬温线特别重大铁路交通事故抢险救援情况

2011年7月23日20时30分，北京开往福州的D301次动车行至温州市双屿路段时，与杭州开往福州的D3115次动车追尾相撞，造成39人遇难，192人受伤。事故发生后，浙江省消防总队快速反应、全力以赴，紧急调派7个支队、64辆消防车、643名消防官兵投入抢险救援战斗，共抢救疏散遇险群众1300多人，营救被困挤压乘客212人，出色地完成了这次重大抢险救援任务，得到了国务院张德江副总理和浙江省委、省政府领导以及广大人民群众的高度赞誉。

一、基本情况

（一）事故现场概况：事故发生地位于温州市鹿城区黄龙街道双岙村下岙路附近的甬温线铁路高架桥，北距瓯江南岸约2公里，南距隧道北口500米，与温州火车南站相距约5公里；距最近的鞋都消防中队约4.2公里。该高架桥北接甬温线瓯江特大桥，南连梅岭隧道，桥面高22米，桥面宽约13米（双向车道）；桥下及两侧百米范围内均为农田、藕塘、水塘，动车车厢坠地处无法直通车辆。23日19时30分，温州市气象发布雷电黄色警报，局部地区雷雨大风。

（二）事故动车情况：D3115次列车为和谐号CRH1B型电力动车组。列车编组10M6T，16节编组中包括10节动车配6节拖车，其中一等座车3节，二等座车12节，餐车1节。设计最高速度250公里每小时，最高运营速度为200～250公里每小时，编组定员1299人，编组总重量420.4吨。D301次列车为和谐号CRH2E型电力动车组。列车编组8M8T，设有软卧车13节、二等座车2节、餐车1节。设计最高速度300公里每小时，最高营运时速为250公里每小时。编组定员630名，编组总重量345吨。事故发生时，D301次有乘客558人，D3115次有乘客1072人。

（三）事故基本情况：7月23日20时30分，北京开往福州的D301次动车行至温州市双屿路段时，与杭州开往福州的D3115次动车追尾相撞事故，造成D3115次列车第15、16号车厢脱轨；D301次列车第1～5号车厢脱轨，其中3节车厢从20多米高的铁路高架桥上坠下，第4节车厢垂靠在高架桥上，坠落地面的车厢交叉挤压。此次事故共造成39人遇难，192人受伤。

（四）救援基本情况：事故发生后，浙江省公安消防部队快速反应，全力以赴，紧急出动63辆消防车、640多名特勤官兵投入抢险救援战斗，共抢救疏散遇险群众1300多人，救出被困挤压乘客212人，参战官兵无一人伤亡，成功完成了此次特大铁路交通事故抢险救援任务。期间，国务院副总理张德江、铁道部部长盛光祖，浙江省省长吕祖善，副省长毛光烈、王建满，副省长、温州市委书记陈德荣，省公安厅副厅长凌秋来等领导赶到现场查看并指挥协调救援工作，均在事故现场亲切接见参加救援消防官兵，并对消防部队的成功救援给予了高度肯定。特别是张德江副总理在24日下午召开的事故救援情况汇报会上专门指出：此次救援消防部队出警迅速，投入力量足，第一时间赶赴现场，发挥了专业优势和主力军作用，为救援工作作出了突出贡献。

二、救援经过

（一）温州支队快速反应，争分夺秒，全警出动展开生命大营救。20时34分，温州市公安消防支队接到事故报警，随即在第一时间调派22个中队、51辆消防车、560余名消防官兵火速赶赴现场；20时42分，温州鞋都、勤奋路2个消防中队7辆消防车、51名消防官兵率先到达事故现场，并立即对坠落在地面的车厢进行破窗，开展救援；21时许，温州支队全勤指挥部赶到现场，立即成立了现场指挥部，并根据现场情况，确定营救战术措施，重新调整战斗部署。21时20分，救援工作进入全面攻坚营救阶段，消防官兵纵深进入各受损车厢实施内部救人。经过全体参战官兵艰苦卓绝的努力，在6个救援点营救出211名被困人员，疏散被困乘客1300余人。

（二）总队紧急响应，科学决策，果断调派力量夜驰温州救援。20时50分，总队指挥中心接到温州支队报告后，紧急启动全省跨区域应急救援增援预案，迅速调集杭州、宁波、台州、金华、丽水等6个支队特勤力量连夜赶赴温州增援。23时20分，总队程永利政委率总队全勤指挥部到达事故现场。23时15分至24日凌晨0时50分，丽水、台州、宁波、金华、杭州等增援力量先后到达事故现场。现场指挥部根据力量到场情况果断命令，将温州参战官兵和增援力量兵分三路，展开全方位搜救。24日上午9时，冷俐总队长赶到事故现场，传达公安部刘金国副部长重要指示批示精神，看望慰问参战官兵并指导抢险救援工作。随后，在场参战力量对事故现场和重点部位多次进行了地毯式救援搜索，清理抬出13具遇难者遗体。17时15分许，消防官兵从D3115次列车16号车厢尾部狭小缝隙里，成功营救出最后一名幸存者（2岁半的小女孩项炜伊）；当日22时，部队按指挥部统一指挥归队待命，救援工作顺利结束。

三、经验体会

这起事故的成功处置，主要得益于公安部党委、部消防局打造消防铁军和加强公安消防部队综合性应急救援能力建设的一系列决策部署，得益于浙江省委、省政府和省公安厅对消防部队建设的高度重视、大力支持，主要经验体会是：

（一）第一时间调集足够警力和有效装备，是此次救援工作成功的前提。接警后，温州支队快速反应、科学调派，在第一时间迅速调集22个中队、51辆消防车、560余名消防官兵以及重型起吊车辆火速赶赴现场救援，确保了在最短的时间内形成集团作战态势和核心攻坚能力。总队接报后，当机立断，紧急启动全省跨区域应急救援增援预案，迅速调集临近6个支队、13辆专勤车、83名特勤队员连夜赶赴现场增援，为救援现场的大规模、大面积、长时间作战提供了有力的人力、物力和装备保障。

（二）坚持“救人第一、科学施救”指导思想，是此次救援决战决胜的根本。救援行动中，针对动车追尾这种“非传统”的现代灾害事故救援特点和错综复杂的事故现场，现场指挥部始终坚持“救人第一、科学施救”的指导思想，按照“分段作业、按点施救”的原则，准确运用“先近后远、先低后高、先易后难、先轻后重、先急后缓”和“立体进攻、全面施救”的战术措施，将现场划分为高架上、地面上和悬挂车厢内3个作战区段，以每节车厢为一个救援点，以3人为一个救援小组，采取多个救援小组交叉搜救、地毯式搜救和反复清查等措施，确保了搜集过程细致、快捷和有效。同时，根据到场力量，及时调整作战力量部署，成功实施了牵引、起吊、破拆、转移、下降等技战术措施，最大限度地减少了人员伤亡。

（三）充分发挥应急联动机制效能，是此次救援快速高效的保障。事故发生后，温州支队立即启动突发事件应急预案，协调120急救、公安等一切可以调集的社会联动力量到场处置。总队在接报后，第一时间启动了全省跨区域增援预案，第一时间调集了最精锐的特勤人员和最精良的装备器材。有关消防支队和温州市社会应急联动单位接到增援命令后，立即启动预案，迅速赶到现场，医疗救护、应急照明、现场通信等救援小组，按照责任分工，各司其职，密切配合，确保了救援工作有序、有效地开展。同时，针对社会联动力量多的情况，温州支队主动请缨，获得救援指挥权，确保了救援协调有序开展。

（四）注重加强前后方协同指挥，是此次救援工作圆满成功的关键。总队、支队两级指挥部遂行作战，及时成立了现场指挥部，并根据灾害现场情况，迅速调派通信、照明、后援等战勤保障车辆投入战斗。同时，充分运用现场图像传输等信息化手段，在省厅、总队和事故现场分别设立指挥平台，采取临场指挥与后台指挥相结合的办法，加强前后方的协同指挥。

（五）大力发扬英勇顽强的战斗精神，是此次救援工作成功的保证。全体参战官兵克服暴雨高温、地面泥泞、山体陡峭等不利因素，负重登高、全身投入、连续作战，抱着只要有一线希望就竭尽全力展开施救的意识，特别是在悬垂车厢内施救过程中，官兵冒着随时发生车体塌落的危险，果断进入车厢内，逐层进行侦察施救，许多战士手臂、背部被杂乱不堪的车厢铁皮划破，甚至有多名战士因劳累过度和吸入过多废气虚脱晕倒在现场，但官兵坚持始终战斗在第一线，全力争取生命时间，最大限度抢救被困群众。

四、存在不足

“7·23”甬温线特别重大铁路交通事故，是近年来极为罕见的非传统典型现代灾害事故，其损害程度之惨烈、现场情况之复杂、被困遇险人数之多、抢险救援难度之大都是空前的，从中也发现部队抢险救援工作中很多值得改进和加强的地方。

一是特殊灾害救援技战术亟待进一步研究。此次特别重大铁路交通事故发生在夜间的郊外区域，加上雷雨湿滑、道路不通、立体救援等多种不利因素，战斗阵地情况十分复杂，后续抢险救援中又遇高温炎热天气，不利因素之多、环境之复杂前所未有。随着我国社会经济的高速发展和自然环境的不断变化，各种不利因素集中出现在同一起灾害事故现场的可能性将越来越多，亟待加强此类特殊环境条件下的灭火救援技战术研究。二是装备器材性能亟待进一步提升。除自然条件恶劣外，此次特大事故发生在两列新型高速动车之间，事故现场分别在地面、高架铁轨和悬垂空中三个区域，大量人员被困，救援难度大。救援过程中，消防部队现有的破拆、牵引、支撑等装备器材，还不完全适应救援行动的需要。随着特殊材料、特殊结构、特殊工艺在高铁、地铁、高架、城铁等车辆、设施中的运用，非传统现代灾害事故将会逐步增多，救援难度越来越大，应对各种特殊灾害类型所需的装备配备亟须研究和改进。三是综合应急救援能力亟待进一步加强。此次灾害事故伤害大、被困人员多，特别是对于生命垂危的被困群众，在救援时间的需求上更为紧迫。要进一步加强统一指挥、高效运转，联动机制建设还需加强协同。四是部队练兵的针对性亟待进一步提高。这起灾害事故处置非常成功，但在一些环节和行动过程中，仍存在官兵处置突发重特大灾害事故的经验不足和不适应的方面，需要今后在打造消防铁军工作中，进一步加强技战术研究、装备建设和针对性训练，逐一破解实战中的难题，以适应现代灾害事故实战需要。

广西贵港市“7·28”贵港钢铁集团有限公司煤气泄漏事故处置情况

2011年7月28日20时许，广西贵港钢铁集团有限公司轧钢厂煤气管道发生泄漏事故，现场有大量人员不同程度中毒。接到报警后，贵港市消防支队全勤指挥部第一时间调集港北、特勤2个消防中队、8辆消防车、58名官兵赶赴现场救援，搜救出中毒人员45人，疏散群众142人，成功关阀堵漏，避免了一起重大亡人事故的发生。

一、基本情况

广西贵港钢铁集团有限公司位于贵港市南平路，创建于1958年，前身为贵县钢铁厂。公司占地面积80万平方米，现有员工1500多人，资产总额15亿多元，年生产能力200万吨，拥有铁路专线和专用港口码头，下辖炼铁厂、炼钢厂、轧钢厂、发电厂等6个生产单位。

发生事故的轧钢厂占地面积140亩，员工180人，主要生产钢材。泄漏管道东面是空地、南面是居民区、北面是轧钢厂生产车间、西面是宿舍楼。事故发生时，泄露点附近共有73栋居民房，有187人不同程度受到毒害，有106人被紧急送往当地医院救治，无人员死亡。事故地点距辖区港北中队4公里，距支队机关12公里。

据调查，此次事故原因主要是由于拉闸限电，公司轧钢厂、炼铁厂烧结车间停产待电，焦炉煤气总管压力异常，致使设置在轧钢厂加热炉煤气管道水封装置超常排空，造成大量加热炉煤气泄漏。

二、处置经过

7月28日21时12分，贵港市消防支队指挥中心接到报警，贵港钢铁集团有限公司轧钢厂煤气管道发生泄漏，有多人中毒。支队指挥中心第一时间调派港北、特勤2个消防中队、8辆消防车、58名官兵赶赴现场。同时，支队指挥中心立即向总队指挥中心和市政府、公安局报告事故情况，提请政府启动《贵港市重大灾害事故应急救援预案》，支队陈旗政委率领全勤指挥部遂行出动，于21时22分赶到现场组织指挥救援战斗行动。

贵港市委、市政府立即启动《贵港市重大灾害事故应急救援预案》，迅速调动公安、交通、医疗及环保等相关单位技术人员赶到事故现场，展开营救。

总队指挥中心接到报告后，立即向自治区政府和公安厅指挥中心报告。自治区副主席、公安厅厅长梁胜利指示“要全力以赴搜救被困人员”。同时，公安厅赵晓迅副厅长、消防总队徐洪兴总队长按照梁胜利副主席的指示，第一时间带领总队全勤指挥部人员赶赴现场指挥抢险救援战斗。在行进途中，徐洪兴总队长根据一线情况报告，指示前方指挥员：一是要坚持救人第一；二是要做好参战官兵的防护工作；三是要坚决禁止火源和做好防静电措施；四是当好党委政府的参谋，协调社会参与救援力量，做好救援工作。

（一）侦察警戒，抢救疏散群众。28日21时17分，辖区港北大队到达事故现场。经外部观察和询问了解，发现有大量人员中毒。大队指挥员立即向支队全勤指挥部报告，并对救援力量部署作战任务：一是立即利用有毒气体探测仪进行现场侦检，确定警戒范围；二是组织公安人员和单位内部安保人员实施警戒，切断电源，消除火种，严禁使用手机、对讲机等通讯工具，严禁车辆和无关人员进入现场；三是加强安全防护，组织攻坚小组深入事故区域搜救被困人员。

21 时 22 分，港北大队组织 3 个搜救小组在大中队指挥员的带领下，佩戴空气呼吸器由上风和侧风方向进入事故现场，对滞留家中的群众进行疏散。搜救小组由事故中心往四周，由里及外挨家挨户搜救中毒群众，至 21 时 33 分，港北大队官兵在联动力量配合下，从事故现场搜救出 16 名中毒群众，疏散群众 142 人。

（二）稀释堵漏，全力搜救中毒人员。21 时 33 分，贵港市消防支队全勤指挥部和特勤中队到达事故现场，迅速成立了前沿指挥部，下设搜救组、警戒组、宣传组、保障组，实施统一指挥。前沿指挥部根据事故现场的实际情况，调整战术，确定“扩大警戒范围、扩大搜救范围、确保不留死角”的战术方针，重新组织港北、特勤中队组成 7 个搜救小组深入事故现场和周边，挨家挨户进行“地毯式”搜救、疏散。同时，组织特勤力量实施堵漏作业。支队前沿指挥部提请事故现场指挥部对各参战单位作出部署：一是消防支队负责对事故周边的房屋进行反复搜索，积极开展救人；二是“110”和辖区派出所负责外围警戒，交警负责对事故现场周围实施交通管制，“120”负责现场救护；三是新奥燃气有限公司技术人员与消防支队配合，对泄漏点实施堵漏；四是环保局随时对现场气体浓度及风向进行监测。

23 时 40 分，赵晓迅副厅长、徐洪兴总队长带领总队全勤指挥部到达事故现场，根据现场反馈情况对救援行动做出指示：一是做好参战官兵自身安全防护，切实做好防静电措施，禁止携带火种进入现场；二是扩大搜救范围，包括低洼地带，确保不留死角；三是积极抢救疏散中毒群众，确保群众生命安全。

根据指挥部部署，由特勤中队攻坚组成员组成的堵漏小组深入轧钢厂内部，出两支喷雾水枪稀释泄漏源附近的有毒气体，掩护厂方工程技术人员实施堵漏。21 时 45 分，泄漏管道总阀门被成功关闭。

与此同时，特勤和港北中队组成的 7 个搜救小组，反复四次对泄漏点周边 73 栋民房逐栋逐间进行地毯式搜救。第一次以抢救人员为主，消防官兵通过背或抬的方式，将中毒较深失去行动能力的人员转移疏散到安全地带，交给“120”医护人员救治；第二次搜救主要对民房逐户逐间开门、开窗通风，减少滞留的有毒气体含量；第三次进一步扩大搜救范围，不留死角，搜寻滞留人员；第四次全方位搜寻滞留人员，确保事故现场再无被困群众。至 22 时 46 分，消防官兵从事故现场搜救出 29 名中毒人员。

（三）监护现场，确保万无一失。29 日 1 时 30 分，经消防官兵反复多次搜救确认，事故现场已无被困和滞留人员后，指挥部命令保留辖区中队 2 辆消防车进行现场监护，其余消防力量撤回。29 日 3 时，现场消防官兵全部撤离。

三、经验体会

（一）领导重视，科学指挥。事故发生后，自治区梁胜利副主席高度重视，对救援处置工作作出重要指示。自治区公安厅赵晓迅副厅长、消防总队徐洪兴总队长、贵港市市委书记赖德荣、市长李宁波等领导第一时间赶到现场指挥救援工作。处置过程中，及时成立现场指挥部，实施统一指挥，整个救援现场层次分明，井然有序。指挥部决策科学，正确组织现场警戒、防护、侦检、救生、堵漏、稀释、监护，是圆满完成救援任务的关键。

（二）快速反应，调度及时。消防支队接到报警后，一次性调集足够的警力和抢险救援装备到场救援，并提请政府及时启动《贵港市重大灾害事故应急救援预案》，调集公安、交警、环保、医疗、供电、供气等相关联动部门赶往现场协同处置，为成功处置泄漏事故打下坚实基础。

（三）措施得力，防护到位。消防力量到达现场后，坚持救人第一原则，先后组织5次内部搜救，及时搜救出45名中毒群众，疏散142名群众，无一人死亡。救援过程中，消防官兵严格落实安全防护措施，内攻人员按等级防护要求配备个人防护器材，整个处置过程无一名消防官兵中毒。同时，现场通过设置警戒、切断电源、消除火种、严禁使用手机等通讯工具、水枪稀释等措施，有效防止爆炸事故发生。

（四）协同作战，处置高效。在战斗行动中，政府统一指挥，各参战力量分工明确，积极配合，协同作战，消防负责救人，公安负责外围警戒和交通管制，"120"负责现场救护，燃气公司配合消防实施堵漏，环保局对现场环境进行监控，圆满完成救援任务。

云南迪庆州德钦县"8·11"白马雪山3号隧道坍塌事故抢险救援情况

2011年8月11日6时许，国道214线香格里拉县至德钦县公路第五标段白马雪山3号施工隧道发生坍塌，8名施工人员被困。事故发生后，国务院和省委、省政府高度重视，国务院张德江副总理、国家交通运输部李盛霖部长、国家安监总局骆琳局长作出重要批示，并委派以省政府王俊强副秘书长为组长的救援指导工作组赶赴事故现场指导救援工作。迪庆州公安消防支队接警后，先后调集3个中队6辆消防车、67名消防官兵，第一时间赶赴事故现场实施救援。省公安消防总队调派应急救援分队10名官兵、2条搜救犬到现场增援，经过参战官兵近40个小时艰苦奋战，最终成功营救出8名被困工人。

一、基本情况

隧道位于海拔4100多米的白马雪山东侧，距迪庆州德钦县城约80公里，距香格里拉县城约120公里。塌方处在国道214线白马雪山K136+310米处，隧道全长3951米，隧道施工长度为506米，坍塌位置离隧道口460米，离二衬26米，离施工现场隧道底部46米。

（一）灾害发生原因

地质结构因素。坍塌隧道所在山体地质软弱，为全风化的泥岩，自稳定性差，遇水失稳，加之连续降雨，隧道内透水严重，容易坍塌。

气象因素。灾害事故发生前，白马雪山为连续一周的阴雨天气，雨水渗漏进入岩层严重，隧道内部气温低、湿度大，加长了水泥防护层凝固的时间，降低了支撑力。

（二）道路交通情况

国道214线香格里拉县至德钦县200公里的路段正处于二级公路施工中，全线实行半封闭施工，道路蜿蜒曲折、崎岖不平，路面碎石、泥浆、坑洼密布，德钦县城到事故现场车程约2.5小时；香格里拉县城到事故现场车程约5.5小时。由于部分路段错时全封闭施工，每隔3天通车1次，8月11日为通车日，车流量大，大型货车、拖车较多，道路拥堵。

（三）气象情况

事故发生前一周持续降雨，8月11日至8月13日，事故现场白天为阴或多云天气，短时出现阵雨，8月12日凌晨1时至3时为暴雨天气，救援现场气温低、湿度大。

二、处置经过

（一）快速反应、调集优势力量。8月11日8时5分，德钦大队值班室接到县政府调动命令后，随即将情况上报支队指挥中心，并第一时间调集1辆指挥车和

1 辆抢险救援车以及 12 名消防官兵赶赴现场进行救援。支队接报后，立即启动全勤指挥程序，在州应急救援指挥部的统一领导下，迅速成立了抢险救援指挥部，调集支队机关、特勤中队和香格里拉中队共 4 车 55 人，成立了由支队领导任组长的救援营救组，于 8 时 50 分出发赶往事故现场，同时向总队指挥中心报告情况。8 月 11 日 10 时 45 分，德钦县消防大队作为第一支到达事故现场的救援队伍，积极向现场救援总指挥部报到，并详细了解到现场情况。10 时 55 分，根据现场救援总指挥部命令，由施工人员利用大型机械对坍塌面进行机械挖掘，消防部队利用生命探测仪随时监控被困人员生命迹象，同时做好现场保护，防止发生次生灾害。8 月 12 日 16 时 50 分，总队杨文华副总队长带领总队应急救援分队 10 名官兵、2 条搜救犬赶到事故现场增援。

（二）科学研判、及时制定救援方案。8 月 11 日 14 时 18 分，迪庆支队组织救援营救组赶到事故现场，迅速向州政府和现场救援总指挥部就救援工作情况作汇报，并陪同张志军副州长深入隧道内事故发生点进行实地勘察，协同政府部门、施工方、武警研究制定了两项救援举措：一是调集大型设备在塌方体前清理出一块救援平台；二是利用通风管尽快向塌方体内部供氧、送水和输送食物。大型机械清理坍塌土石过程中，由于该地段地质软弱，为全风化的泥岩，加之连续降雨，隧道内透水严重，多次发生坍塌（未造成人员伤亡）。8 月 12 日 8 时，在大型机械挖掘推进未果且容易引发再次坍塌的情况下，救援总指挥部采纳消防部队救援意见，及时调整救援方案，决定从隧道左侧底部沿隧道壁通过建立 n 型支架的方式人工挖掘救援通道，并在隧道坍塌处通过顶杆支撑和填充沙袋防止再次坍塌。

（三）争分夺秒、积极抢救被困人员。支队救援官兵分两组果断执行新救援方案，一组官兵在隧道内装填沙袋，排成行往坍塌处接力运送，封堵坍塌面并实施加固。17 时 10 分，救援官兵完成堆沙袋支撑作业，共装填、堆积沙袋 3000 余袋，有效防止了救援现场发生再次坍塌。另一组官兵与隧道施工人员分工协作，一边手工挖掘高 1.8 米宽 1.5 米的“n”型救援通道，一边从隧道外扛入钢板搭建保护支架。在挖掘过程中由于能见度低、空气稀薄且救援空间狭小，救援人员手脚伸展不开，体力消耗非常大，救援官兵组成三个攻坚组，全部佩戴好防护装备轮流开展挖掘作业。17 时 50 分，总队杨文华副总队长与省政府王俊强副秘书长，救援总指挥部指挥长、州政府张志军副州长一同深入隧道，实地详细勘察现场，对救援工作作了进一步安排部署：一是组成开辟救援通道组，由消防官兵继续协同配合隧道施工人员开辟救援通道；二是组成现场救护转移组，由医护人员负责对救出的被困者进行现场救护处理，并迅速转移到救护车上；三是组成现场警戒组，由武警官兵对现场警戒，维护好救援秩序；四是组成攻坚营救组，由总队应急救援分队队员通过打通的救援通道展开搜索营救。19 时 28 分，由于长时间的降雨导致隧道衬砌有脱落，可能出现再次塌方，救援工作一度陷入僵局，救援指挥部果断命令施工方利用钢架搭建一个临时支架，对可能衬砌脱落部分进行支撑，确保救援工作的顺利进行。21 时 48 分，营救人员使用直径 8 厘米的钢管穿入塌方体与被困人员取得了联系。此时救援通道已掘进约 11 米，还剩 4 米就能贯通。23 时 40 分，营救通道全部贯通，总队应急救援分队 6 人进入救援通道对被困人员进行营救。23 时 50 分，被困 42 小时的 8 名工人全部获救。

三、主要经验

（一）组织领导坚强有力。事故发生后，国务院，省委、省政府和州委、州政府高度重视，国务院张德江副总理，省委白恩培书记，省政府秦光荣省长和刘平副省长分别作出重要批示，并委派以省政府王俊强副秘书长为组长的救援指导工作组赶赴事故现场指导救援工作；迪庆州委张登亮书记、州政府黄政红州长高度关注，多次致电了解救援情况，对救援工作作出指示；省公安消防总队陈育坤总队长、邹志强政委多次过问并作出重要批示；张志军副州长亲自深入前线指挥，为救援工作的顺利开展提供了强有力的组织保障。

（二）消防部队充分发挥了应急救援主力军和突击队作用。在整个救援过程中，消防官兵发扬特别能吃苦、特别能战斗、特别能奉献的战斗作风，克服高寒缺氧的困难，冒着随时可能发生坍塌被埋压的危险，忍受连续战斗的疲劳和饥饿，踩着冰冷的泥浆，填充加固事故坍塌点，奋力抢通救援通道，充分发挥应急救援主力军和突击队作用。

（三）接警出动迅速、携带器材装备合理。消防救援队伍充分考虑到隧道坍塌事故特点和道路交通状况以及事故地段海拔高、气温低，特种车辆不能有效发挥作用等因素，确定了主要是依靠人工实施救援的思路。支队在调派车辆时，除德钦大队出动1辆抢险救援车以外，其余全部为越野车和运兵车，按照“五个第一时间”的要求，在最短的时间内调集6车67人赶赴事故现场进行救援，并随即启动全勤指挥程序，为抢救生命赢得了宝贵时间；携带的器材装备除液压破拆工具组带有机动泵外，其余所有装备均为电力驱动和气压驱动，有效减少废气的排放，避免了隧道内空气污染。

（四）安全监测和现场防护到位。在整个救援过程中，参战消防部队高度重视救援作业中的安全防范工作，坚决做到“三个确保”。一是确保行车安全，由于灾害现场偏远、车程长、路况差，救援车辆均安排经验丰富的士官担任驾驶员，途中统筹安排保持编队；二是确保营救作业安全，及时设置2名安全员，明确撤离信号和方式，随时观察和监测隧道内的情况变化和大型工程机械的作业过程；三是确保营救人员安全，每次进行挖掘救援通道作业前都对救援官兵佩戴个人防护装备情况进行检查，确保了救援行动中人员的生命安全。

（五）通信保障为救援工作提供了强有力的决策支持。根据《迪庆州公安消防部队灾害事故救援通信保障预案》及隧道通信特点，救援官兵携带了卫星电话、大功率智能转信台、350兆防爆对讲机等通信设备，保证在第一时间把隧道内的情况上报给救援指挥部，为指挥部的决策指挥提供有力的信息支持。

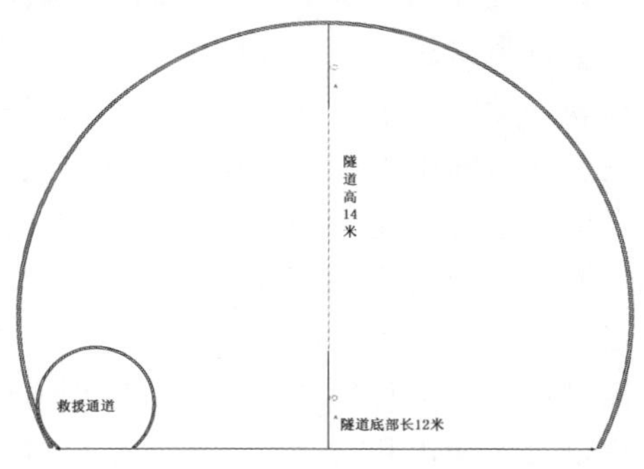

白马雪山三号隧道坍塌面示意图

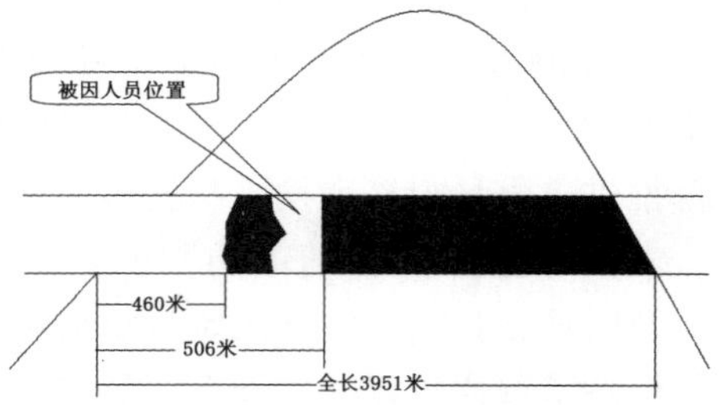

白马雪山三号隧道坍塌剖面图

上海化学工业区“9·8”赛科石油化工有限责任公司低温罐区爆炸燃烧事故抢险救援情况

2011年9月8日22时54分，上海化学工业区赛科石油化工有限责任公司（以下简称“赛科公司”）低温罐区烯烃管线发生爆炸燃烧。接警后，上海消防总队迅速调集化二、化一、星火等46个消防中队、107辆消防车、1000余名官兵赶赴现场处置。经消防官兵2小时的战斗，有效控制了火势，成功阻止了灾害的蔓延扩大。在历经9小时的放空燃烧、降温稀释、持续监护后，明火于9月9日8时47分被彻底扑灭，保住了周边2.6万立方米乙烯储罐、2万立方米丙烯储罐、5万立方米液氨储罐，以及临近48个、总量约为42万立方米的各类液化石油气储罐和大量化工装置，将损失和影响降到了最低程度。事故没有造成人员伤亡，没有造成水污染等任何次生灾害，赢得了各级领导的肯定。

一、基本情况

赛科公司位于上海化学工业区南银河路557号，占地面积约200公顷，投资总额27亿美元，由中国石化、上海石化、英国BP公司分别按3：2：5的比例出资组建，系目前国内最大的中外合资石化项目之一。赛科公司共有低温罐、球型罐、拱顶罐和内浮顶罐51个，总储量达52万立方米，最大容积约5万立方米，分别储存原料石脑油、低温氨、低温乙烯、低温丙烯、丙烯腈、烯烃、乙腈、柴油等，储存物料气、液形态各异。罐体平均间距约20米，罐与罐、罐与装置之间以管线相连，并附有传输泵、压缩机、阀门等。公司主要有8套主要生产装置。其中，乙烯项目设计生产能力109万吨/年，是目前世界上单线产能最大的乙烯装置之一。

爆炸起火点位于赛科公司公用工程低温罐区，低温罐区南北长约150米，东西宽约270米。区域内共有3个金属拱顶罐，由北向南依次为1个乙烯储罐（高约25米、容积约2.6万立方米）、1个丙烯储罐（高约32米，容积约2万立方米）和1个液氨储罐（高约35米，容积约5万立方米），事故区域有各种管线20余路，用于装置产品与储罐间和储罐（装置产品）与上海石化、孚宝罐区、海运码头间的传输，以及储罐与火炬系统的物料传输，主要物料为乙烯、丙烯、氨等。一般的管线的压力都在10公斤/平方厘米左右，而此次事故的管线正常压力达71公斤/平方厘米。事故的管线发生爆炸燃烧后冲击波造成十几个泄漏燃烧点，离2.6万立方米低温乙烯罐和2万立方米低温丙烯罐最近的着火点仅10米，一旦处置不力，将造成储罐连锁爆炸燃烧，危害将辐射整个上海。

二、处置经过

（一）第一时间响应，科学精准调度。22时54分，上海化学工业区消防支队化二中队听到赛科公司方向传来巨大爆炸声，并发现火光映红天空后，迅速出动中队7辆消防车赶赴现场处置，途中向市应急联动中心和化工区应急响应中心报告灾情并申请增援。市应急联动中心和化工区应急响应中心接警后，立即启动《化工区应急事故总体预案》和灭火救援预案，第一时间调集总队、支队两级全勤指挥部和12个消防中队50辆消防车赶赴现场。同时，调派公安、医疗、安监、环保、水务等联动力量到场协助处置。

（二）突出重点设防，迅速冷却抑爆。22时59分，辖区赛科中队及化一、化二、巴斯夫中队和化工战区全勤指挥部相继到场，并成立火场指挥部。火场指挥部根据火场态势，及时启动着火区西侧丙烯腈和丁二烯罐区自动喷淋系统实施冷却保护，开启丁二烯罐区北侧3门固定消防炮冷却丁二烯罐区及其相连管廊。同时，根据现场消防力量兵分4路，分别在着火区东侧架设11门移动炮冷却保护受火势直接烘烤的2.6万立方米乙烯罐和2万立方米丙烯罐；在着火区北侧架设6门移动炮冷却保护东侧乙烯罐和西侧压缩机站房；在着火区西南侧架设7门移动炮冷却保护东侧丙烯罐、西侧压缩机站房，并阻止火势威胁南侧5万立方米液氨罐安全；在着火区西侧压缩机站房西侧架设4门移动炮1门车载炮对压缩机站房及其周边设施实施冷却保护。

23时33分，第一批应援力量和金山、奉贤战区全勤指挥到场。火场指挥部根据火场南侧火势较大的情势，调整作战力量，又分别在着火区东南侧架设7门移动炮、西南侧架设3门移动炮、西侧架设3门移动炮，以加强对丙烯罐、液氨罐和压缩机站房的冷却保护，防止周边罐区受火势烘烤发生二次爆炸。

（三）果断关阀断料，持续停车放空。24时许，总队全勤指挥部及总队领导到场。在火场40多门移动炮的持续打击下，爆炸管线附近的火势逐渐减弱，24时35分火势被有效控制。火场指挥部与厂方工程专家和技术人员会商后，果断决定实施关阀断料、停车放空的工艺处置方案。指令厂方技术人员切断上下游气源，实施全厂安全停车，并利用火炬系统实施点火放空；指令组建消防攻坚组，在水枪的掩护下关闭与乙烯罐、丙烯罐相连的6个管道阀门，彻底切断物料。

（四）全面稀释监测，全程立体保护。由于现场管线长达3公里，管线内的残气不能立即排空，火场总指挥指令：保持稳定燃烧，反复测爆和不间断冷却稀释，防止爆炸。并迅速组织力量对尚在燃烧的管线实施不间断冷却稀释，防止回火爆炸。对已经熄灭的管线和地沟、阴井等低洼处实施反复测爆，防止灾情突变。同时，要求厂方防止水污染等次生灾害，协调环境监测部门做好现场监测，有效防止了次生灾害发生。经长时间冷却和反复多次测爆，1时16分，与乙烯罐相连管线处的火点熄灭。8时47分，与丙烯罐相连管线处的火点熄灭。现场确认安全后移交厂方，消防力量归建。

三、经验体会

（一）各级领导高度重视、靠前指挥、科学决策是成功处置的保证。上海市委副书记、市长韩正，副市长张学兵，市公安局副局长程九龙获悉灾情后，赶赴市应急联动中心坐镇指挥，要求加强事故现场封控，采取有力控制、扑救措施，最大程度减少人员伤亡、尽最大程度减少次生灾害事故发生。期间，副市长张学兵，市公安局副局长程九龙全程指挥消防应急救援行动。副市长艾宝俊，市政府副秘书长尹弘到现场组织指挥。部消防局陈伟明局长、朱力平副局长在部消防局指挥中心远程督战指挥，战训处魏捍东处长赶赴上海指导工作。总队迅速成立火场指挥部，启动化工区应急事故预案，并靠前指挥，科学部署，率领官兵坚守前沿阵地浴血奋战，为圆满完成此次消防应急救援任务提供了强有力的组织保障，也极大地鼓舞了官兵敢打必胜的决心和信心。

（二）事前调查研究充分、火场信息掌握精准是成功处置的前提。总队不断完善化工灾害事故处置专业队伍体系，各级官兵基本掌握了化工装置工艺流程、建筑构造及其固定消防设施，大功率消防装备应用和化工火灾扑救技战术等内容。在此次事故处置中，参战力量结合掌握的信息，初期到场作战行动快速，水源停靠有序，应对措施合理，初战成效显著。

（三）专业力量快速集结、优势兵力集中攻坚是成功处置的关键。市应急联动中心接警后，1 分钟内调集包括战区指挥在内的 21 辆消防车出动，10 分钟内调集包括总队指挥在内的 29 辆消防车赶赴现场增援，处置过程中共调集 38 辆大功率消防车、8 辆抢险救援车等 107 辆消防车。同时，化学工业区医疗、环保、安监等单位处置力量快速集结现场参与救援行动，确保了第一时间调集足够力量和有效装备到场实施处置。

（四）大力弘扬消防铁军精神，主动转变战斗力生成模式是成功处置的基础。主动适应处置化工等高难复杂灾害事故的需要，按照“一套装置投产，必须开展一次工艺培训班、进行一次实地调研、组织一次实战演练”的要求，开展无预案拉动演练，确保了在此次灾害事故处置中参战力量协同配合有序，装备效能得到充分发挥，人、装、战术实现无缝契合。

（五）战术战法应用得当、现场施救科学有序、参战官兵临危不惧是成功处置的要素。此次灾害事故处置综合应用了“重点保护，全面设防、关阀断料、停车放空、现场监护”等战术措施。首批到场力量充分利用单位内完备的消防设施，开启自动喷淋系统、固定消防炮和高压消火栓，保护了丙烯、乙烯储罐和罐区压缩机区域；后续增援力量利用大功率消防车长距离铺设水带设置消防炮和屏风水枪，全面控制灾情发展；协同单位技术人员关闭管线阀门，对管路内剩余物料采取控制烧尽措施，并采取不间断检测、氮气吹扫、堵漏和放空等技术手段，逐步控制并消除险情，确保了处置安全、平稳和有序。面对熊熊烈火、有毒有害气以及随时可能发生的连锁爆炸等险情，参战官兵赴汤蹈火、临危不惧、英勇奋战，始终战斗在火场最前沿，彰显了铁军本色。

（六）各方联勤联动联保、实施“一体化”综合应急救援是成功处置的保障。化学工业区应急响应中心高效整合公安、消防、水务、医疗、环保和安监等部门，建立了应急一体化指挥平台，并定期开展联合实战演练或桌面推演。此次灾害事故发生后，相关部门各司其职，交警部门及时开辟绿色通道保障救援车辆通行，医疗急救车辆到场做好救助准备，环保部门技术人员利用仪器开展大气、污水监测，形成了现场综合救援合力，提升了救援效率。

江西南昌市湾里区“9·11”江中制药厂在建厂房坍塌事故抢险救援情况

2011 年 9 月 11 日 18 时 20 分，江西省南昌市湾里区江中制药厂内在建厂房（药剂车间）在进行高支模浇筑过程中出现爆模坍塌，有人员被困，情况十分危急。接到报警后，南昌支队迅速调集 12 个中队和 1 个战勤保障大队共 16 辆消防车、126 名官兵和 6 条搜救犬到场救援。经过 21 个小时的紧急救援，成功营救和转移被困人员 18 人。

一、基本情况

江中药业集团位于南昌市湾里区招贤路大道 1 号，厂内建筑主要有片剂车间、仓库和生产区车间。9 月 11 日 18 时 20 分，厂内在建车间（药剂车间）厂房发生爆模坍塌。该坍塌建筑总面积 3 万平方米，坍塌建筑浇筑面积 4800 平方米，由浇注顶层（三层）坍塌至一层，塌方面积共 1500 平方米。塌方发生时，现场有施工工人 37 人，塌方发生后，19 名施工人员成功自救，18 人被困（其中 4 人被塌方混凝土掩埋）。事故现场道路交通畅通，周边建筑以建筑工地板房为主，地形空旷，多为敞开式建筑。事故发生时，电力供应中断，通讯正常，气温在7~11℃。

二、处置经过

（一）力量聚集，反应迅速。9月11日18时20分，南昌市公安消防支队湾里大队接到报警后，立即出动2辆消防车、18名官兵第一时间到达坍塌事故现场施救。18时34分，南昌市公安消防支队119指挥中心接到增援请求报告后，第一时间调集了特勤一中队、新建县中队、特勤二中队以及渊明路、中山路、桃花、建设路、洪都、高新、昌北、洪北和搜救犬等11个消防中队和1个战勤保障大队共14辆消防车、108名官兵、6条搜救犬赶赴现场救援。支队全勤指挥部随即出动，支队警勤中队全体官兵集结待命，做好增援出动准备。

（二）分组协同，科学施救。支队全勤指挥部到场后，迅速启动《南昌市重大灾害事故应急救援预案》，成立“9·11”建筑坍塌事故应急救援指挥部。经现场询问和侦查，得知塌方现场共有18人被困。支队分四组展开救援行动：一组负责搜救塌方事故现场地面待救工人；二组利用搜救犬、雷达生命探测仪等负责对建筑工地进行全面搜索；三组负责有生命迹象的地点开展破拆挖掘，搜救被埋压工人；四组负责后勤保障。公安110、交警、医疗救护、供水、供电、安监、城建等应急联动分队也相继赶赴救援现场。指挥部根据现场救援情况安排，命令渊明路中队、中山路中队、桃花中队、建设路中队、洪都中队、高新中队、昌北中队和洪北中队等增援力量撤回待命。救援小组采取破拆、起重、支撑、牵、起吊等方法展开施救，成功救出塌方事故现场地面待救工人15人；9月11日21时25分，成功营救出被埋压在坍塌建筑里的第16名被困工人。

（三）攻坚克难，全力搜救。9月11日23时，经询问施工工地管理人员，得知现场还有2人可能被埋压在坍塌建筑内。由于坍塌工地现场面积大，水泥浆、钢管、林料、砂石绞尘混在一起，且水泥浆已经凝固，搜救犬、生命探测仪均一时未能找到生命迹象，被困人员位置难以确定。根据现场实际情况，指挥部果断调整兵力部署，将现场救援力量重新编为三个战斗小组，每组20名官兵，采用两个小时一班轮番作业方式以提高救援效率。9月11日23时23分，江西省副省长洪礼和到达现场并作出指示：“由消防部门牵头，省建工集团、江中集团、各医院配合，排除一切困难，全力以赴搜救被困的2名工人”。9月12日1时许，现场指挥部调来4具风炮机和1具氧焊切割机，协助参战官兵清除钢筋、脚手架等障碍，继续寻找最后2名被困工人位置。9月12日2时，救援人员确定了最后2名被困人员具体位置。由于被困人员埋压较深，埋压在其上的钢筋水泥块已凝固，十分坚硬，还有倒塌的预制板等阻碍物，救援难度大。根据现场情况，现场指挥部果断成立两个救援小组同时作业：第一组从东侧面打开口子实施救援，第二组从南侧面打开口子实施救援。同时，利用吊车和切割等装备清理上方预制板等埋压物。救援中，经过反复探测和侦察，被困人员已无生命迹象。为了体现对死者的尊重，救援人员通过采取破拆、起重、支撑、牵、起吊等方法，一点一点地清理障碍物，一寸一寸地推进救援通道。经过7个小时的艰难鏖战，最后终于将2名被困工人遗体挖出。

三、经验教训

（一）各级领导高度重视、各方协同有力，是圆满完成救援任务的前提。事故发生后，江西省政府副省长洪礼和，南昌市委副书记、市长陈俊卿，省消防总队总队长房凌春，省消防总队防火部部长马辛，南昌市委副书记、政法委书记郭安，南昌市常务副市长张鸿星，南昌市副市长刘家富，市政府秘书长辛利杰等各级省、市地方领导和省消防总队领导先后赶到现场一线，组织实施现场指挥抢险救援和善后维稳工作；公安110、交警、医疗救护、供水、供电、安监、城建等相关单位在接到命令后，迅速赶赴救援现场配合救援。

（二）救援行动准备充分、力量调集迅速，是圆满完成救援任务的基础。自参与汶川地震救援以来，南昌支队高度重视抢险救援工作，从组织、人员、物资和训练上作出充分准备：在人员上准备了200名救援队伍；在物资上调拨了各类救援器材和物资装备进行集中储备；在训练上组建了一支训练有素、作风顽强的搜救犬中队，人员和装备随时处于临战状态；接到报警后，南昌支队第一时间调集了11个中队和1个战勤保障大队，共14辆消防车、108名官兵、6条搜救犬到场救援；积极启动《南昌市重大灾害事故应急救援预案》，迅速调集相关应急力量参与救援。

（三）救援指挥科学高效、战术运用合理，是圆满完成救援任务的关键。面对救援现场情况十分复杂、夜间视线不清并造成救援动作缓慢的实际，指挥部果断指挥，积极利用生命探测仪和搜救犬分区域对被困人员进行搜寻以迅速确定被困人员位置，为整个救援行动争取了宝贵的时间；针对救援强度大、连续作战易致人疲劳的特点，指挥部科学指挥，合理部署，从凌晨开始，采用作战人员轮班不间断作业的方式进行搜救，有效保证了救援效率；为保证救援顺利进行，指挥部编组协作联合行动，同时调派器材装载车、饮食保障车，保证了整个救援行动的快速、安全、高效进行，所有参战官兵无一人员伤亡。

（四）参战官兵连续作战、勇于攻坚克难，是圆满完成救援任务的保证。在21个小时的救援行动中，全体参战官兵充分发扬了“特别能吃苦、特别能战斗、特别能攻坚、特别能奉献、特别能胜利”的精神，顽强克服了作战时间长、救援难度大、气候环境炎热和现场情况异常复杂的诸多困难，各级指战员始终冲锋在救援一线。救援中，全体官兵睡眠时间人均不到3小时。

（五）处置过程中也暴露出一些不足。一是装备建设水平有待加强。救援小组携带的液压破拆工具组、切割机等破拆器材，在钢筋混凝土凝固后，破拆效率差，影响了救援的有效推进；二是参战官兵心理素质水平有待加强。部分参战官兵缺乏临战经验，夜间环境恶劣作战能力不强，战斗信心力不足；三是恶劣环境战斗能力水平有待加强。参战官兵缺少晚间行动的训练和经验，夜间作战能力不强。

西藏日喀则地区“9·18”地震抢险救援情况

2011年9月18日20时40分，印度锡金邦发生里氏6.8级地震，日喀则地区受灾严重。接到报警后，西藏公安消防部队第一时间开展救援，共抢救23名受伤群众，搜救2名遇难者遗体，参加疏散转移群众3880人，为灾区群众义诊治疗166人次。搬运救灾物资303吨，搭建救灾帐篷553顶，抢救粮食、家电、家具、贵重首饰、佛像、唐卡等物资11388件，抢救出国家级文物3件、自治区级文物2件、其他各类文物172件。

一、基本情况

9月18日20时40分，印度锡金邦发生里氏6.8级地震，日喀则地区亚东、康马、吉隆、定结、岗巴和山南地区洛扎等县不同程度受灾，其中亚东县受灾严重。地震共造成7人死亡、136人受伤，8280间民房倒塌、29610间受损，部分县区水、电、路和通讯一度中断。灾情就是命令，西藏公安消防部队在自治区党委、政府的坚强领导下，第一时间果断调集日喀则、拉萨消防部队火速驰援亚东县灾区，第一时间在灾区全面开展救人抢险抗灾。参战消防部队充分发挥快速反应和专业化水平，紧密结合此次地震特征和灾区地理地貌、建筑结构、居民分布等特点，抓时间，抓主线，在黄金搜救时间，在7个县20个乡镇78个行政村有房屋倒塌的现场及时全面展开地毯式搜救。

二、救援情况

第一阶段，科学研判，调集足够消防救援力量驰援灾区。地震发生后，总队立即联系自治区地震局，收集信息，询问日喀则、山南地区消防支队和震区消防大队受灾情况，立即启动《西藏公安消防部队跨区域应急救援预案》，及时组织召开总队全勤指挥部会议，研判震区灾情，部署抗震救灾工作，于9月18日21时22分，向全区消防部队下达命令：一是命令亚东消防大队和周边消防大队迅速展开搜救。亚东消防大队震后5分钟就全力以赴投入到房屋倒塌最严重的亚东县上亚东乡嘎林岗村重灾区搜救埋压人员。二是快速了解灾情信息。总队与自治区地震局保持联系，多方了解信息。日喀则、山南地区消防支队迅速收集灾情，及时报告和指挥灾区消防部队开展救人抢险。三是迅速调集足够力量驰援亚东灾区。调集驻日喀则、拉萨消防部队296名消防官兵、40辆各型救援车辆，携带生命探测、破拆、起重、救生等各类救援器材864件（套），连夜驰援亚东灾区。四是成立消防部队现场和后方指挥部。分别负责指挥前方参战消防部队快速展开搜救人员、抢险救援和后方组织协调指挥、保障工作。总队前指和日喀则、拉萨消防部队增援力量冒雨克服塌方等困难，昼夜兼程，首批增援力量于9月19日凌晨5时30分抵达亚东核心灾区，立即投入搜救人员等抢险救援。五是备足增援力量。命令拉萨、日喀则、山南地区消防支队进入一级战备状态，集结300名官兵待命准备增援，昌都、林芝、那曲、阿里地区消防支队进入二级战备。

第二阶段，实施“救人第一”，科学指挥，全面搜救，实现第一时间搜救全覆盖、无盲区。由于当地自然条件和技术条件受限，当时对地震破坏烈度、范围、建筑倒塌和人员分布及埋压情况尚不清楚。总队前方指挥部深入亚东重灾区现场查看后，根据灾情和当地地理特征，迅速制定和下达了“1333”搜救命令和战术。即：一切围绕“救人第一”，全力拼抢在24小时、48小时和72小时的“黄金搜救期”。明确划分“重点定位精确搜救、全面覆盖拉网搜救、消除盲区死角搜救”三个拼抢时段；将亚东重灾区划分为亚东乡、康布乡、下司马镇三个任务区；沿亚东公路和两条河流、亚东县城至康布乡、上亚东乡至帕里镇、下司马镇至乃堆拉三条人烟分布带快速搜救推进。按照“就近就快、一村不漏、一户不漏、一人不漏、一个单位不漏”的原则，采取仪器探测、人员观测，访问灾民、走村进户，从指挥部了解提供信息等方式，沿亚东公路和两条河流，纵深推进，展开全覆盖、地毯式搜救。同时，命令有房屋倒塌的日喀则地区定结、定日、岗巴、康马和山南地区洛扎县进行公安消防专业队伍和其他社会力量一并迅速展开搜救。

日喀则亚东、康马、吉隆、定结、定日、岗巴和山南地区洛扎县等7县灾区消防大队，在营房本身也受灾的情况下，仅在震后数分钟就编组携带地震抢险救援器材，全力投入搜救人员生命、救助疏散群众、抢通中断道路等抢险救援工作。增援力量到达灾区后，迅速合理组成消防救援力量，分3大片区23个小组，按照“1333”搜救战术，充分利用搜救犬及雷达、蛇眼、生命探测仪等现代搜救技术装备，采取“一看、二问、三听、四刨”和通过村社干部介绍、询问知情群众及搜救经验等方法，重点对倒塌房屋、单住户、流动放牧暂住区和行动不便的老、弱、病、残住户进行全方位搜寻，搜寻一处由当地村干部或户主签字确认一处，杜绝了对同一建筑重复搜救，过度消耗搜救力量和搜救遗漏现象，以最快速度与24、48、72小时黄金救援时间拼抢，实现了在第一时间搜救全覆盖、无死角、无盲区，最大限度抢救了人民生命财产安全。

第三阶段，救人与火灾防控两手抓，救灾与为民助民一起做，迅速启动灾后重建和防范工作。在连夜开展搜救人员的同时，总队紧急从拉萨调运200具灭火器，运送配发到帐篷和临时建筑灾民安置点，组织为灾区群众搭建帐篷、排险清场、搜救重要文物和生活生产物品，严防临时建筑、帐篷等灾民安置点发生火灾，造成人员伤亡。在圆满完成全域搜救人员任务后，消防部队迅速投入以助民为民和火灾防控、灾后重建和维护社会稳定的重点工作。一是为群众做了大量好人好事和排险。灾区消防部队全力帮助灾区群众搭建帐篷、疏散抢救生活生产物资，主动安置孤寡老人，大力宣传地震逃生自救常识，严防泥石流等次生灾害再造成损失。全区消防部队官兵积极响应总队号召，向灾区群众捐款捐物达70万余元。二是加强灾区火灾防控。制定了《灾区帐篷和临时建筑安置点火灾防控方案》，确定了“确保灾区不发生火烧连营火灾、不发生亡人火灾”的工作目标。对规模的帐篷区、临时建筑，都设立消防执勤点，派驻消防专业力量，全面开展火灾防控和消防宣传教育工作。对相对集中但规模不大的帐篷区、临时建筑，都派驻消防专业干部，指导建立消防安全联防联控机制。对地处偏远、分散的帐篷点、临时建筑，都落实乡村干部消防安全责任，建立群众志愿消防组织，落实消防安全措施，深入推进灾区构筑社会消防安全“防火墙”工程和“五大活动”。三是做好灾区应急救援准备。科学研判地震灾区火灾和震后可能发生的次生灾害事故形势，研究制定临时建筑、帐篷区火灾扑救预案及泥石流、建筑坍塌、水灾等次生灾害事故处置预案，做好处置和增援准备。加强亚东灾区消防力量，抽调30名骨干增援留守，保证亚东县常驻力量达到30人以上，并增配消防车2辆、各类装备器材97件（套），加强亚东县消防大队防火灭火、应急救援力量。

三、经验体会

（一）自治区党委、政府和公安部坚强领导、指挥有方。地震发生后，自治区党委、政府，公安部及公安厅、部消防局主要领导高度重视，对消防部队抢险抗震救灾工作作出了一系列重要指示和重大部署，快速高效指挥抗震工作。

（二）党政军警民齐心协力，合成作战，打好抗震救灾整体战。地震发生后，灾区群众不等不靠，第一时间开展自救互救，极大地减少了人员伤亡。救援力量到达现场后，村社干部主动向救援部队介绍地理情况、人员分布情况和受灾情况，为救援部队迅速了解灾情、开展救援提供了有利条件。救援部队积极利用当地骡马等原始交通工具将装备器材运入交通中断的灾区，并在搜救过程中搜寻一处由当地村干部或户主签字确认一处，确保了对倒塌房屋、单住户、流动放牧暂住区和行动不便的老、弱、病、残住户的全方位搜寻，形成了抗震救灾的整体合力。

（三）综合保障，前方后方一盘棋，取得了抗震救灾全面胜利。地震发生后，及时启动战勤保障机制，前后方通讯、医疗、炊事、宣传、政工人员随行作战，全程配合。一线参战部队携带宿营车、油料保障车、饮食保障车，配足72小时生活用水、食品药品，保证了参战官兵连续作战的需要。后方备勤力量及时储备战备经费15万元、各类药品5000余份、被装物资335件（套）、主副食品1.08吨、装备器材386件（套），随时做好了补给准备。前、后方指挥部，充分发挥现有通信指挥车和便携式卫星通信设备的最大效能，在常规通信手段失效的情况下，实现无线通信临时组网和无线单兵图像实时传输，保证了灾害现场指挥人员作战指令的准确传递。

海南乐东县“9·20”九所镇乾金达矿业有限公司钼矿事故抢险救援情况

2011年9月20日11时许，海南省乐东县九所镇乾金达矿业有限公司钼矿主井升降机发生故障，导致32名工人被困。接警后，乐东县消防大队参战官兵在总队和县委、县政府的统一组织指挥下，迅速出动，科学施救，连续作战4个多小时，成功营救出16名被困人员。

一、基本情况

9月20日11时许，海南省乐东县九所镇乾金达矿业有限公司钼矿主井升降机滑轮在运行时缠绕上正在铺设的电缆线，导致升降机发生故障，正在井下作业的32名工人被困，其中16人在大队官兵到场时已自行逃出，仍有16名工人被困井下200米至250米处，情况危急。事故发生后，省委书记罗保铭同志高度重视，做出重要指示，要求乐东县委、县政府全力以赴，不惜一切代价，将被困人员全部安全营救出来。乐东消防大队参战官兵火速赶到现场，在总队和县委、县政府的统一组织指挥下，严格按照“救人第一，科学施救”指导思想，经过4个多小时的连续奋战，成功营救出16名被困人员。

二、处置经过

9月20日16时20分，乐东大队接警后立即启动《乐东县公安消防大队灾害事故应急救援处置预案》，迅速调派5辆消防车（2辆消防指挥车、1辆抢险救援车、2辆水罐泡沫车），共28名指战员赶赴现场。在出警途中，大队全勤指挥部指挥员电话调动山海湾温泉家园专职消防队1辆越野指挥车、3名队员前往增援，同时提请110指挥中心调派医疗、边防、安监等部门到场协助，大队官兵于17时30分到达现场。救援官兵到达现场后，成立了消防应急救援指挥部；并立即开展工作，及时询问矿主及升井人员，掌握井下基本情况、救助途径、被困人员数量和位置；对竖井深处进行强力送风，防止被困人员长时间缺氧造成窒息死亡；同时挑选4名消防攻坚队员和厂方技术人员一同进入井内进行侦查，进一步掌握矿井深度、温度、湿度及救生通道等信息，确定了被困矿工位于主井下约330米处。根据侦查结果，现场指挥员将28名官兵分成4个行动小组实施救援：一是由5名攻坚队员组成井下救援组，佩戴个人防护装备、安全绳索、照明设备，携带饮用水进入井底，实施救援。同时安排4名官兵作为第二救援组随时准备二次下井施救；二是安排4名官兵利用有线电话与被困人员保持通话，稳定情绪；三是将矿道内无关人员全部疏散至矿道外，防止无关人员靠近；四是安排7名官兵在矿道洞口外接应并做好器材补充等保障工作。安排部署妥当后，攻坚组利用牵引绳牵拉作为通讯方式下井实施救援，每5分钟牵拉联系一次，与攻坚组保持不间断联络。攻坚组下井15分钟后在离井口50米处遇到14名正在攀爬自救的矿工，立即用水和食物为他们补充体力，并引导被困人员向上攀爬。17时50分，将14名矿工顺利护送到矿道洞口外，经询问脱困者得知另有2名矿工被困竖井330米处。随后，攻坚队员再次下井救援，18时40分，攻坚组进入井底发现最后2名被困矿工，随即为他们提供盐水和食物，并进行心理安抚。其中的一名被困矿工出现呼吸急促、虚脱犯困的体征，救援人员立即用空气呼吸器对其进行输氧。待2名矿工体力略有恢复和情绪稳定后，攻坚组立即为他们佩戴安全吊带和牵引绳，将被困人员夹在救援人员中间，利用井壁上残缺的铁梯采取下推上牵的办法艰难的向井口攀爬，20时23分成功将最后2名被困矿工救出。

三、经验教训

（一）行动迅速，赢得救援有利战机。接到报警后，乐东大队全勤指挥部第一时间响应并启动救援预案，第一时间调集足够力量到场救援，第一时间向总队全勤指挥部和县公安局指挥中心报告事故情况，并通知医疗、安监等单位到场协助救援。

（二）救人第一，抓住救援主动权。总队全勤指挥部接报后要求：一是救援行动必须在熟悉井下情况的人员引导下进行；二是必须做好救助人员的个人防护；三是及时启动井下送风供氧管道，确保人员生还；四是要采取有效措施，确保救助人员和被困人员的自身安全。乐东大队认真贯彻各级领导的决策部署，并根据现场情况立即成立由县政府、公安局、消防大队等相关职能部门组成现场救援指挥部，研究确定抢险救援方案，进一步明确了救援对策、程序、方法及任务分工，为后期成功处置提供了决策保障。

（三）指挥得当，突出专业科学施救。在此次救援中，现场总指挥部指挥决策果断，力量部署科学，任务分工明确，处置及时有效，是抢险成功的关键。一是事故侦查及时。救援力量到场后，第一时间向知情者了解现场情况，快速搜寻生命，确定作业部位。二是保护措施到位。将无关人员迅速疏散，设施警戒，井内加强送风供氧，安排现场安全观察员，并携带了充足的食物和水进入井内，确保救援安全。三是救援措施科学。充分利用喊话、敲打等方式安抚被困人员心理，采用“下推上牵”的救助方法，利用安全吊带固定和安全绳牵引的方式引导，最终成功将被困人员全部安全救出。整个救援过程严格落实了“五个第一时间”，最大限度地减少了事故损失和危害，成功避免了人员伤亡和次生灾害发生，确保了被困人员和参战官兵的生命安全。

（四）多方联动，凸显应急响应效能。事故发生后，乐东县政府启动了灾害事故应急救援预案，调集相关应急救援部门参与事故处置，整个救援工作有条不紊。公安机关及时疏散无关人员，实施现场管制；安监部门和矿部对现场实时检测，及时向救援指挥部提供数据和信息。在当地政府的统一领导下，相关单位密切协同是这起事故的有力保障。

上海“9·23”中石化高桥分公司炼油厂爆炸燃烧事故处置情况

2011年9月23日22时27分许，中石化上海高桥分公司炼油厂炼油作业三区2号延迟焦化装置发生爆炸燃烧事故。市应急联动中心接警后，迅速调派高桥、保税区、庆宁等20个中队的51辆消防车、500余名官兵赶赴现场，采取冷却保护、注水冷焦、关阀断料、稀释抑爆、登顶强攻等技战术和工艺灭火措施进行处置。经消防人员奋力扑救，火势于23时15分受控，于24日1时28分被扑灭。该起事故未造成人员伤亡，未造成化工装置严重损坏和其他次生灾害。

事故发生后，中共中央政治局委员、上海市市委书记俞正声，上海市市委常委、常务副市长杨雄第一时间询问灾情，对处置工作作出重要指示。市委常委、浦东新区区委书记徐麟亲临现场协调灭火救援和事故调查工作。副市长、市公安局党委书记、局长张学兵指示消防部队全力扑救，抓紧疏散周边人员，并加强自身安全防护。

一、基本情况

中石化上海高桥分公司炼油厂是我国综合性天然石油骨干企业之一，拥有41套现代化炼油生产装置，主要生产汽油、煤油、柴油、润滑油和石蜡等12类、130多种石油化工产品，年原油加工能力达1300万吨，仅润滑油年产量就达40多万吨，列中国石化行业榜首。

发生爆炸燃烧的装置为炼油厂炼油三部2号延迟焦化装置的焦炭塔南塔，由焦炭塔、分馏塔、加热炉等部分组成，高约60米，主要生产汽油、柴油、蜡油和石油焦，年加工能力达120万吨。该装置发生爆炸燃烧后，火焰升腾数十米，温度高达1800℃，火焰辐射直接威胁周边40米范围内的分馏塔、加热炉、物料输送管线，以及其南侧90米处的17个5000立方米油罐的安全。火势一旦失控，极易引发连环式爆炸，危及上游常减压蒸馏主体工艺生产，乃至整个高桥地区和黄浦江水域的环境安全。

二、处置经过

（一）迅速冷却保护，防止二次爆燃。接警后10分钟内，第一出动的高桥、保税、国和等5个消防中队、12辆消防车及中石化高桥分公司消防专职队的4辆消防车陆续到场。此时，事故装置正处猛烈燃烧状态，且焦炭塔顶部10米处已坍塌。按照化工火灾一般处置程序和“先控制、后消灭”的战术原则，现场消防力量迅速在焦炭塔架西侧和东北侧各设1门高喷车载炮，直接出水打击焦炭塔南塔火点，防止灾情扩大。同时，在焦炭塔的西北侧架设3门移动炮和1门车载炮，冷却保护着火的焦炭塔南塔和相邻的焦炭塔北塔；在焦炭塔的南侧架设3门移动炮，冷却保护着火的南塔和相邻分馏塔；在焦炭塔的东侧架设1门移动炮和2门车载炮，冷却保护着火的南塔和相邻加热炉及瓦斯管线，有效避免了二次爆炸燃烧。

（二）科学排兵布阵，及时关阀断料。23时许，首批应援力量和总队、支队两级全勤指挥员相继到场，迅速成立火场指挥部。根据火场态势，指挥部及时调整力量部署，在焦炭塔西侧增设1门移动炮、2门车载炮；在焦炭塔北侧增设1门移动炮、1门车载炮；在焦炭塔东侧增设3门车载炮，增加冷却力量和打击火势强度。同时，组织企业技术人员，对焦炭塔南塔实施关阀断料，及时切断了南塔与其他设备的管线连接；运用工艺措施，将蒸气注入南塔驱赶塔内剩余油气，加速塔内物料排空。在火场18门水炮的强力冷却下，至23时15分，火势被有效控制。

（三）果断登顶强攻，一举扑灭火势。火势受控后，火场指挥部综合考虑火焰辐射、喷射压力、登高难度、火场安全等因素，制定了登顶强攻灭火的两套作战方案。在冷静观察，认定灾情已无突变可能的情况下，24日1时许，火场指挥部下令实施登顶强攻：一方面，组织攻坚组登高铺设6路干线，出4支喷雾水枪对焦炭塔火点实施封堵、窒息灭火；另一方面，出3支泡沫管枪灭火掩护，在窒息灭火成功后向塔内注射泡沫，防止复燃。至1时28分，火势被彻底扑灭。

（四）持续检测监护，确保不留遗患。火势扑灭后，焦炭塔内温度仍然极高。对此，火场指挥部指令消防力量继续实施冷却保护，并对塔内外温度和弥散性气体浓度进行不间断检测，以防发生意外。2时51分，经检测各项指标恢复正常，火场指挥部遂指令由主管消防中队和企业专职消防队继续实施监护，其他应援力量归队。

三、经验体会

（一）初战及时实施冷却降温和抑制爆炸措施，有效避免了灾情扩大。首批到场的公安消防和企业专职消防力量，及时启动内部3门固定消防炮，并在装置四周设置了5门车载炮、7门移动炮，形成对火点的合围之势，实施多角度、全覆盖冷却保护，避免了装置结构过热受损。

（二）果断采取关阀断料等工艺处置措施，有力推进了灭火进程。现场消防力量与单位技术人员沟通协作，将工艺处置置于优先地位，及时关闭装置供料阀门，切断燃烧物料来源，坚持不间断冷却，形成装置物料泄漏口的稳定燃烧，为后期攻坚灭火奠定了坚实基础。

（三）不间断开展现场易燃易爆气体检测，切实保障了安全处置。现场指挥部在冷却、灭火、监护过程中，在事故装置、周边地面、沟渠低洼处等区域共设置7个检测点，安排特勤抢险力量使用测温仪、有毒和可燃气体检测仪对装置温度、现场可燃和毒害气体浓度等开展不间断检测，及时通报检测结果，确保了处置过程安全。

上海“9·27”轨道交通10号线列车追尾事故抢险救援情况

2011年9月27日14时39分许，上海轨道交通10号线豫园站至老西门站下行区间内发生列车追尾事故。接警后，上海消防总队迅速调集外滩、车站等16个消防中队、52辆消防车、500余名消防官兵赶赴现场处置。消防官兵于14时49分到场后，立即采取扶、背、抬、架等措施营救受伤乘客200余名，并通过喊话、照明等方法引导疏散被困乘客600余名。

事故发生后，中共中央政治局委员、上海市委书记俞正声，市委副书记、市长韩正，市委常委、常务副市长杨雄，副市长张学兵、沈骏立即赶赴现场，指示全力做好伤员救治、事故调查、善后处置等工作。公安部副部长刘金国在获悉有关情况后，充分肯定消防部队反应迅速、处置果断，要求认真总结，以随时准备应对突发、复杂性情况。

一、基本情况

上海轨道交通10号线一期工程于2010年4月投入试运营，全长约36公里，共设站点31座（主线28座，支线3座）。主线西起虹桥火车站，东至新江湾城站；支线为航中路站至龙柏新村站，线路横跨闵行、长宁、徐汇、卢湾、黄浦、虹口、杨浦等区域，途经古北、淮海路、南京路、四川路、豫园、五角场等繁华商业圈，被誉为上海轨道交通的“黄金线”。10号线运行间隔大交路10分钟、小交路5分钟，日常客流45万人次。事发的老西门站至豫园站区间长约1.4公里。轨道交通10号线列车型号为Alstom，6节编组，运行时速80公里/小时。车厢为铝合金贯通式厢体，宽3米，高3.8

米，整列车长约141米，每节车厢最大载客量410人，满载客量2460人。

14时10分，10号线新天地站信号设备发生故障后，交通大学站至南京东路站车辆限速运行，改用电话指挥等方法进行人工调度。14时39分，在距豫园站约650米、距老西门站约750米的区间处，同向行驶的5号车以约10公里/小时速度碰击16号车，造成两车停驶，10号线全线停运。

二、灾情特点

（一）事件敏感，社会影响极易扩大。事故由两辆同向运行的列车追尾所致。事故发生后，现场周边聚集大量围观群众，对路面交通造成严重影响；各路媒体记者云集，全程跟踪报道灾情及处置情况，引发社会广泛关注。

（二）环境特殊，疏散和营救距离长。因事发后列车停驶，车内大部分乘客通过车辆端部的应急逃生门进入隧道徒步疏散，而部分从车厢门进入隧道的乘客只能通过一侧狭窄的缝隙疏散。救援人员必须从豫园和老西门两个站点进入隧道，携带救援器材奔至事故点开展救助。

（三）人流对冲，内攻和救援难度大。事故发生后，大量乘客进入隧道疏散逃生。由于地铁内未设置专用消防应急救援通道，加之列车可开启的疏散门和隧道宽度有限，向外疏散的乘客与实施内攻救援的消防官兵形成对冲之势。为便于乘客快速疏散，消防官兵选择穿过列车与隧道间的缝隙行至碰撞点，然后破拆车厢门开展救援。

（四）伤情多样，安抚和救助要求高。两列列车内运载有800余名乘客，车辆追尾碰撞后造成大部分乘客情绪紧张和较多乘客不同程度受伤，有的失去行动能力，有的伴有心脏病及高血压症状。救助时必须根据不同伤情，采用平托、担架搬运等救助措施，最大限度地避免二次伤害。

三、处置经过

（一）多点调集，迅速响应。事故发生后，总队迅速启动轨道交通灾害事故处置预案，立即调集指挥、通信、抢险、保障等消防力量赶赴现场救援，并依托市应急联动中心指挥平台加强与轨道交通COCC的信息联络，在第一时间掌握事故信息的基础上，多点调集周边消防力量前往救援。同时，提请市应急联动中心迅速调集公安、医疗救护和申通公司相关应急力量前往现场协助处置。

（二）双向救援，轻装快行。根据事故点处在地铁隧道区间中部的实际，消防力量在10号线豫园站和老西门站两端集结，并分设指挥点，以中队为战斗单元，组织官兵同步双向展开应急救援工作。在调查获悉列车追尾事故未引发爆炸燃烧和车辆严重变形，但车内有大量乘客和伤员亟待疏散营救的情况后，消防官兵“轻装快行”，有针对性地携带破拆工具、担架、照明灯等器材进入隧道展开救援。

（三）安抚人员，稳控情绪。消防官兵到达事故点后，立即通过喊话、交流等方式安抚乘客情绪，有序组织乘客通过应急逃生门疏散撤离，避免了人员拥挤摔倒造成踩踏等次生灾害。同时，协调属地公安部门对豫园站、老西门站周边实施警戒，指令车站开启送风系统向事故点送风，创造良好的救援环境。

（四）全力营救，科学处置。消防官兵坚决贯彻“救人第一”的指导思想，将事故现场按列车划分成车内、车外4个战斗段，并把优势兵力进行2、4、6人编组，实施包干救助，即：一般伤员两人搀扶，担架伤员4人抬行，较重伤员4人抬行外加2人引导保护，确保每名伤员得到及时科学救助。针对部分乘客受伤或突发疾病失去行动能力的，组织专业救护人员进行先期救治后转送120救护车；对部分外伤人员利用消防急救箱进行止血处理，并搀扶至安全区域。

（五）全面清点，及时恢复。15时52分，消防官兵在救出最后一名伤员后，又反复、仔细清点事故现场，确保无遗留乘客和消防安全隐患。为尽可能减少次生灾害和事故影响，现场指挥部及时调整力量，一方面预留充足消防力量，全程监护事故列车清移作业，以防发生意外；一方面有序撤离外围作战车辆，逐步恢复路面交通。16时53分，辖区中队完成清理和留守监护任务后归队。

四、经验体会

（一）坚持“两站集结、双向救援”的力量调度原则，确保了救援行动全面开展。鉴于事故发生于隧道区间内、但具体灾情不明的实际情况，指挥中心果断实施分点调派力量，指令两级全勤指挥部指挥员、各参战中队分赴老西门站、豫园站，通过合理分配救援力量，为双向救援、双向疏散奠定了坚实基础，有效提升了救援效率。

（二）坚持“程序处置、轻装快行”的救援措施，确保了救援行动高效有序。第一到场力量配齐个人防护装具、携带供水、破拆、救护、照明等器材，深入隧道区间展开救援。初战力量到场后，面对较为混乱的现场，及时采取喊话、安抚等措施稳定群众情绪，并通过侧门进入车内组织疏散、救援，避免了可能发生的踩踏等事故，确保了初期现场救援有序、平稳开展。后续力量到场后根据部分伤员行动不便的实际状况，协同救护部门携带各类担架、急救箱等救护装备，轻装快行，以最快速度赶赴事故列车，实施分组定点包干救助，处置行动开展较为顺利。

（三）坚持“救人第一、科学施救”的指导思想，确保了遇险人员营救到位。救援过程中，初战力量在查明现场无起火等次生灾害后，坚决贯彻“着力防止二次伤害，全力以赴实施救人”的原则。一方面，救援人员进入隧道时紧贴隧道两边行进，让出了轨道中间相对平坦路面和车辆应急疏散门，有效防止了人流对冲。另一方面，着力完善救援细节，尽可能地防止救援过程中的二次伤害，转移、搬运、抬行过程中，规范运用固定、平托等救助技术，注意保护伤者颈部、腰部等要害部位。

（四）坚持“联勤响应、协同作战”的跨部门救援机制，确保了处置行动形成合力。事故处置过程中，公安、消防、医疗等联动力量，安监、交通、申通集团等部门和单位，相继到场、各司其职、紧密配合、协同作战，形成了救援合力，确保了处置行动有序、高效。

贵州黔南州福泉市“11·1”马场坪民爆物品运输爆炸事故处置情况

2011年11月1日11时37分，贵州省黔南州福泉市永远发展有限公司从湖南运输两车炸药前往贵阳，途经福泉市马场坪贵新高速匝道口汽车检测场发生爆炸，爆炸冲击波造成9人死亡，252人受伤，现场周边5107户群众，16876人财产受损。事故发生后，国务委员、公安部部长孟建柱和贵州省委书记栗战书做出重要批示；受贵州省委副书记、省长赵克志委托，贵州省委常委、副省长黄康生，贵州省委常委、政法委书记、公安厅厅长崔亚东第一时间赶赴现场指挥救援和善后处置工作。接到报警后，贵州省公安消防总队快速反应，第一时间调集黔南州消防支队6个中队96名消防官兵、18台消防车、2条搜救犬及蛇眼生命探测仪等200余件

（套）救援装备赶赴现场营救，经过30多小时艰苦奋战，疏散转移受灾群众1000余人，搜救受伤人员36人（其中2人死亡），搜出保险柜、电脑、票据等物品20余件，完成了现场爆炸悬挂物、堆积残留危险物的清理，恢复交通秩序和转运国家储备粮食等抢险救援工作，最大限度减少了灾情损失，赢得了各级党委、政府、公安机关和受灾群众的充分肯定和好评，彰显了贵州消防铁军的良好形象，中央、省、州100多家新闻媒体对消防部队抢险救灾行动进行了广泛宣传报道。

一、基本情况

（一）地理位置。贵州省福泉市位于贵州省中部，黔南州北部，东邻凯里市和黄平县，南与麻江县接壤，西界贵定、龙里、开阳三县，北和瓮安县相连；总面积1688平方公里，总人口32.39万人；下辖9个镇、6个乡、2个街道办事处；其中马场坪办事处位于福泉市东南部，距离福泉市区9公里，距都匀市区40公里，湘黔、黔桂、株六铁路复线和贵阳—北海高等级公路贯穿而过，北依乌江和清水江。爆炸地点位于马场坪收费站东侧的汽车检测站内，距南面贵州省储备粮管理总公司福泉直属库45米，距西面贵新高速马场坪匝道口收费站70米，距北面福兴加油站270米，距南面贵新高速公路主干道、东南面马场坪村团巴山组300米，距贵州天福化工有限责任公司厂区直线距离450米，距瓮福集团有限责任公司瓮福磷肥厂1100米，距马场坪消防中队2400米、洒金北路消防中队10000米。

（二）事故原因。经查，福泉市永远发展运输有限公司贵JA5551、贵JA1528大型货车从湖南郴州7320厂、永州南岭民爆器材股份有限公司运输共计72吨改性铵油炸药（每车载36吨），前往贵阳贵州联合民爆器材发展有限公司，途经福泉市马场坪贵新高速匝道口汽车检测场违规停放发生爆炸。

（三）气象情况。当日天气晴，气温15～20℃，无持续风向，微风。

（四）改性铵油炸药的特性。铵油炸药是以多孔粒状硝铵与柴油按94.5：5.5的比例混合而成，因为铵油炸药中不含敏感的单质炸药如TNT等，铵油炸药一般没有雷管感度，改性铵油炸药系新型无梯炸药，适用于露天、无瓦斯或矿尘爆炸危险的矿山岩石爆破作业，其特点是安全性能好，爆炸威力适中，无毒副作用，且爆轰易于激发和传递，其殉爆距离不小于4厘米，爆速不小于3.2×103米/秒，猛度不小于12毫米；克服了原来炸药在深孔（超过3米）爆破时“压死”、“拒爆”等缺陷。

二、事故特点

（一）瞬间发生，破坏力强。贵JA1528号货车发生燃烧，组织扑救未果，后引发爆炸，冲击波瞬间造成汽车检测站检测车间2000平方米大棚、南侧45米外贵州省储备粮福泉直属库办公楼250平方米、西侧70米外收费站站台被毁，168辆机动车受损；现场出现两个直径各15米、深7.5米的爆炸坑。

（二）人员伤亡重，波及范围广。此次事故共造成9人死亡，252人受伤，其中危重伤员4人；邻近的福兴加油站、贵新高速收费站、国有粮食库办公楼等坍塌，马场坪收费站交通中断，遍地铺满爆炸损毁物，收费站顶部钢架棚、附近山坡上广告牌、粮食库屋顶横梁、钢架悬挂空中，随时都有坠落的危险，给营救和疏散工作带来困难。

（三）受灾范围广，损坏严重。此次受灾范围共波及马场坪办事处马场坪村、三堡村、金山居委会、碧山居委会，现场周边5107户群众，16876人财产受损，爆炸还造成周边群众的416台电视机、136台冰箱、258台太阳能热水器、144台电脑、129台洗衣机等电器及7958扇门和35077扇窗受到不同程度损毁。

三、处置经过

（一）快速反应、启动预案，第一时间调集有效力量。11时25分，贵州省黔南州福泉市消防大队119接警室接到群众报警，大队值班领导立即率大队全勤值班人员，出动两个中队6辆车、36名官兵赶赴现场；11时37分许，马场坪消防中队救援人员和车辆停靠在杨柳坪路段距爆炸现场约970米时，听到爆炸声，随后马场坪收费站方向上空出现了蘑菇云状浓烟，震感剧烈，大队随即向支队值班室报告，请求增援；总队、支队接报后，启动重大灾害事故应急救援预案，一次性调派都匀、贵定、瓮安4个中队60名消防官兵、6辆消防车、4辆指挥车、两条搜救犬赶赴现场，组织开展救援工作。受总队首长指派，总队防火部部长谭效东率总队全勤指挥部赴现场指挥救援，在第一时间内调集足够力量和有效装备到场处置。

（二）救人第一、科学施救，全力营救遇险群众。11时41分，贵州省黔南州福泉市消防大队首批救援力量到达事故现场后，经侦察发现，受爆炸冲击波的影响，周围部分房屋被彻底摧毁，大量房屋门窗、玻璃被震碎，附近车辆燃烧、损坏严重，遍地铺满爆炸残物，收费站顶部钢架棚、附近山坡上广告牌、粮食库屋顶横梁、钢架悬挂空中，随时都有坠落的可能，马场坪交通中断，现场一片狼藉。按照“救人第一、科学施救”的指导思想，到场官兵立即投入抢险救援：一是迅速组织8个搜救小组，对爆炸现场受伤人员进行快速营救，在40分钟内成功救出了34名受伤人员；二是果断命令成立现场警戒组在爆炸现场500米外设立警戒区域，维护救援秩序；三是灭火攻坚组果断出击对现场正在燃烧的车辆进行灭火。四是采取敲门、喊话等方式，沿街逐户将1000余名受灾群众疏散转移到安全地带。

贵州省消防总队防火部部长谭效东率总队全勤指挥部到达现场后，立即组织黔南州消防支队成立了抢险救援消防指挥部，增援的黔南州消防支队都匀、贵定、瓮安消防力量陆续到达，全力开展搜寻营救工作。一是划定500米重点搜救区域，反复排查搜寻；充分利用1台视频生命探测仪、2条搜救犬，采取梯次搜救和反复搜救的方法反复对现场倒塌建筑进行搜救；二是扩大搜救区域，将搜救范围扩大到1000米，5名队员为一组，对事故区域进行反复的拉网式搜寻；又先后在爆炸点西侧60米处收费站旁和东北侧90米山坡上搜出2名遇难者，当日20时搜救任务结束。

（三）连夜鏖战、保护财产，彰显公安消防铁军精神。20时39分，在总指挥部的统一指挥下，参战官兵会同交通部门连夜清理了收费站顶部已损坏的钢架广告牌及悬挂危险物，至凌晨4时30分完成清理任务，为电力、通信、交通恢复提供了坚实的保障。

2日7时，连夜鏖战的官兵按照指挥部署，又兵分两路：一是对爆炸现场附近山体上的钢架广告牌和爆炸残留物进行清理；二是对贵州省储备粮管理总公司福泉直属库两仓库已损坏的横梁、砖混实体墙及钢架大棚进行破拆，并积极配合贵州省储备粮管理总公司福泉直属库工作人员转运粮食；消防官兵连夜对损坏的横梁、砖混实体墙进行破拆和清理，粮仓通道于15时左右被打通，并积极参与输转粮食，抵达马场坪的50多辆运输车开始陆续将仓库的粮食运往凯里、贵定等地的粮仓。

（四）不辱使命、高效履职，充分展

示消防铁军形象。各级指战员始终坚守在救援第一线，与官兵同吃、同住、同战斗，极大地鼓舞了参战官兵士气；经过30个小时的艰苦奋战，参战官兵共成功搜救出受伤群众36人（其中2人死亡），疏散群众1000余人，搜出保险柜、电脑、票据等物品20余件，清理爆炸现场残留物100余吨，爆炸现场周围山坡、收费站顶棚、国家储备粮库钢棚面积约5000余平方米，保护了8600吨、价值2000余万元的国家储备粮，使其得以顺利转运，最大限度地保护了国家和人民群众的生命财产安全。

四、经验体会

“11·1”爆炸事故抢险救援，在各级党委、政府和公安机关的统一领导下，消防部队第一时间调集足够警力和有效装备，第一时间到场展开，实施救人，快速高效地完成抢险救援任务，赢得了各级党委、政府、公安机关领导和人民群众的高度评价。

（一）高度重视，组织得力，是成功的关键。此次爆炸事故发生后，国务委员、公安部长孟建柱，省委书记栗战书、省长赵克志等领导迅速作出批示，要求全力抢救伤员，维护现场秩序，迅速疏散交通，查明事故原因，做好善后工作，维护社会稳定。省长赵克志，省委常委、副省长黄康生，省委常委、政法委书记、公安厅长崔亚东及省有关部门负责人第一时间赶赴现场指挥事故处置和善后工作，调派公安、消防、卫生、应急、民政、安监、医疗、通讯、交通、武警等相关部门5000余人现场营救。特别是11月1日深夜，在现场指挥救援工作的省委常委、副省长黄康生，省委常委、政法委书记、公安厅长崔亚东等领导来到消防部队抢险救援指挥部，亲切看望奋战在一线的消防官兵，给予现场全体消防官兵极大地鼓舞。

（二）坚持“救人第一”，始终做到全力搜救。在现场抢险救援总指挥部的统一领导下，参战消防部队始终坚持把搜救人员生命作为第一要务，用搜救犬以及视频生命探测仪等进行搜寻，还广泛调查听取当地群众对建筑结构、位置、方向及人员受困位置等情况的意见，竭尽全力体现消防部队救援价值，以实际行动践行胡锦涛总书记“三句话”总要求，争分夺秒营救受灾人员，消防部队持续30余小时进行作战搜救和现场清理工作，做到“尊重死者、慰藉生者”。面对复杂、艰苦的抢险救援，始终保持了旺盛的战斗力，确保了任务顺利完成。

（三）坚持“两个原则”，做到统一指挥、临机指挥。即坚持依靠地方政府领导的原则。大规模抢险救援工作涉及到抢修道路、恢复通信、营救人员、安置灾民、善后处理、治安管理等各个方面，只有在党委政府的强有力领导下才能有序进行，才能在战斗中发挥自我优势，争取最大的战斗成效，赢得抢险救援的主动权。坚持消防部队指挥作战的原则，消防部队内部保持自身独立统一的指挥体系，防止多头指挥、盲目指挥。同时，此次救援行动，总队领导率先垂范、靠前指挥。总队防火部谭效东部长率总队全勤指挥部迅速赶赴一线指挥救援；黔南州消防支队杨贵生政委坐镇指挥中心调度指挥，贾国斌支队长率支队全勤指挥部始终战斗在第一线，组织抢险救援工作，与参战官兵同吃、同住、同战斗，在危险时刻、在艰难困苦面前，身先士卒，极大的鼓舞了全体参战官兵士气。

（四）坚持“三大机制”，做到科学、安全和有序施救。坚持全勤遂行作战机制。灾害发生后，坚持在“第一时间启动预案、第一时间调集足够力量、第一时间展开救援”，全勤指挥部遂行作战，靠前指挥，在较短的时间内完成了救援队伍和装备物资的集结和开进，是最先到达事故现场的部队。坚持抢险救援联战机制。与武警、公安、交通、医疗、供电、供水等单位协同作战，采取消防特勤器材与地方大型救援设备相结合的方式对被埋压人员进行搜救，实施地毯式搜寻。坚持灾情信息互通机制。积极与州政府应急办协调沟通，及时取得了气象、灾情等情况，确定作战方案，为消防部队救援战斗的展开争取主动，抢占先机，赢得战机。

（五）强化“四项保障”，做到保障有力。强化组织保障。充分利用政工宣传助理开展战地动员，宣传英雄事迹等方式教育引导和心理疏导，鼓舞战斗士气，确保了部队安全稳定和各项任务的执行。强化战斗保障。支队第一时间将地震救援72小时个人保障物资，200余件（套）破拆、通讯、照明设备等专业器材装备运送到救援现场。强化生活保障。积极与当地军供站联系按时为参战人员提供饮食服务，保证了参战官兵在整个战斗过程中“有热饭吃、有净水喝、有帐篷住、有灯光照明”，为抢险救援工作提供了强有力的战勤保障。强化医疗保障。准备各类抗菌药、消炎药、降暑药、包扎绷带、创伤药、口罩等200余盒（包），配置生理盐水等药品，有效地保证了作战人员充沛的体力，无非战斗减员。

（六）落实安全措施，确保参战官兵人身安全。为预防爆炸现场悬挂物坠落，受损墙体坍塌，造成二次伤害，在整个救援过程中，各级指挥员紧盯安全不放松，参战官兵严格遵守操作规程和安全纪律，认真检查各项安全措施落实情况，在搜救、高空清理悬挂物的作业过程中，设立了多个安全观察哨，随时观测救援现场情况，并明确了紧急撤退的信号和路线，确保了救援行动安全有序进行。

（七）综合应急救援队伍建设作用发挥明显。州委书记黄家培、代州长向红琼及分管负责同志第一时间赶赴现场，同时启动黔南州级处置突发事件应急预案，立即调集公安、卫生、应急办、民政、安监以及医疗、通讯等部门和单位赶赴现场，组成现场救援、事故调查、秩序维护保障、医疗救治、善后处理、对外宣传、后勤保障、信息反馈等8个工作组，成立州级现场指挥部全力开展抢险救援工作。全州共调集510名公安，150名武警，50名交警到现场进行秩序维护；调集贵阳医学院附院、州医院、福泉市、贵定、瓮安共31家医院，救援医务车47辆、医务人员855人参与伤者救治；调集移动、电信公司2辆通信车保障现场通信。州综合应急救援队伍在整个事故救援过程中发挥了应有的作用。

广东汕尾市“11·22”工商银行综合工程建筑坍塌事故抢险救援情况

2011年11月22日15时50分左右，广东省汕尾市城区汕尾大道中国工商银行汕尾分行培训综合工程在建工地发生倒塌事故，造成13名建筑工人被埋压。事故发生后，汕尾支队先后调派支队机关、3个消防中队，11辆消防车、4辆指挥车、108名官兵参加抢险救援。经过15小时连续奋战，23日7时30分圆满完成了抢险救援任务。

一、基本情况

中国工商银行汕尾分行培训综合工程位于汕尾市城区汕尾大道，东面汕尾大道，南面奎山河，北面新华书店，西面居民楼。项目用地面积4955平方米，建筑面积8928.23平方米。拟建地下一层，地上8层，局部9层，发生事故楼层5~9

层为中空建筑，建筑总高度30.4米，属二类高层综合办公楼建筑。事故发生时，工人正在该建筑正面右侧的第9层屋顶部位浇注钢筋混凝土框架结构，160多吨的混凝土、钢筋、建筑模块、脚手架以及建筑材料轰然坍塌，13名正在施工的人员顷刻间被埋废墟之下。9楼两边梁柱严重扭曲变形，随时可能再次坍塌，抢救现场不时有零星建筑物掉下，坍塌现场钢筋、脚手架、模板、混凝土堆积如山，救援形势极其严峻。

全体消防官兵按照总队“以人为本，科学施救，注重安全，英勇善战”的指示精神，奋勇攻坚，经过近四个小时的连续作战，将被困的13名施工人员全部顺利救出，并第一时间交由医务人员送往医院治疗，最终7名施工人员安全脱险，6名施工人员送医院后经抢救无效死亡。

二、处置经过

汕尾支队指挥中心于22日15时57分接到警情后，立即调派城区大队出动2辆指挥车、1辆抢险救援车、2辆水罐泡沫消防车、2辆水罐消防车共30名消防官兵赶赴现场救援；支队全勤指挥部遂行出动；并先后调集海丰、陆丰中队各1个抢险编队，共4辆消防车、30名官兵前来增援。同时，要求支队机关除保留值班人员外，全体官兵赶赴现场参与救援行动。命令下达后，部队快速反应，全警动员，全力以赴，协同作战，经过四个阶段的奋力搜救，圆满完成了此次事故救援工作。

（一）城区大队官兵主战阶段

15时59分，城区大队30名官兵到达事故现场，经过指挥员的现场侦查后，立即投入战斗，迅速展开救援。16时5分，坍塌区域3名被困人员被快速抢救出来并及时转移到医院进行紧急治疗。经过再次侦察，初步确定被掩埋人员位置后，大队指挥员迅速研究救援方案，将救援小组再分成三个攻坚组，第一组用切割机、钢筋速断器、液压剪切钳等破拆器材对钢筋、脚手架等材料进行切割清理；第二组用铁锹、铁铲对现场混凝土进行清理；第三组搜救埋压人员，对发现的被困者进行护理及保护。

（二）全勤指挥部领导城区大队官兵全力救援阶段

16时7分，汕尾支队全勤指挥部抵达现场，支队指挥中心同时增派海丰大队、陆丰大队攻坚组赶赴增援，要求迅速与总队实现3G视频互联，做好现场情况记录，全体救援官兵继续全力投入战斗，推动整个抢险救援工作紧张有序开展。

16时15分，汕尾支队党委成员抵达事故现场，成立抢险救援指挥部，支队主官任总指挥，参谋长任副总指挥，负责指挥第一现场抢险救援工作。指挥部针对事故现场容易出现二次坍塌和二次伤害的两个难点，确定了“救人第一、全面施救，内攻破拆、重点挖掘”的救援战术方案，第一时间向总队全勤指挥部、市委市政府、市公安局汇报现场情况。同时启动全市应急救援预案，要求公安、交警、供水、供电、医疗等单位迅速联动。

16时35分，支队通过3G视频系统向总队详细汇报现场情况后，总队要求全力抢救被困人员，同时要做好官兵的安全防护工作，防止二次坍塌给救援人员造成伤害。救援现场，全体参战官兵通过切断钢筋、脚手架等障碍物，转移清理被困人员上面的混凝土、模板等埋压废墟，与死神赛跑，抢救被困人员。

16时36分，救援人员再次成功从现场废墟救出4名被困人员，并立即转送到医院进行抢救。

（三）多单位联合作战阶段

17时13分、14分，海丰大队、陆丰大队增援攻坚组力量先后抵达现场。此时，发现第 8 名和第 9 名被困者在狭窄的缝隙中，手脚均被钢筋、木条和石块压住，救援工作再次陷入困境。汕尾支队指挥部立即根据现场情况重新研究部署救援方案：一是马上组织对受困者进行心理干预，安抚被困人员情绪；二是要求施工方接通现场电源，为救援工作提供照明；三是实施灌水防固、徒手开挖的救援方式，减轻受困者痛楚；四是临机应变，要求救援人员采取一边对现场进行淋水处理，延缓混凝土凝固，一边利用砖勺手扒并用的方式，一点一点清除废墟凝结物。17 时 50 分，经过官兵 1 个多小时的艰苦奋战，被困者周围的障碍物终于被顺利清除，被埋压在同一位置的 2 名被困人员被消防官兵成功救出并送往医院救治。

经过侦查，救援人员再次发现了 2 名被困人员，全体参战官兵迅速行动。18 时 5 分将这 2 名被困人员成功救出。

19 时 1 分，汕尾市吴紫骊代市长来到现场指挥救援工作，支队军政主官汇报了现场救援情况。汕尾市迅速成立了救援指挥部，吴紫骊代市长任总指挥，市公安局马伟灵局长、市应急办李剑锋主任、消防支队郑可夫支队长任副总指挥，市政府办、市公安局、市消防局、市安监局、市建设局、市卫生局、城区政府等主要单位为成员。

19 时 20 分，在全体参战官兵的努力下，第 11 名被困人员成功被从废墟中救出，经过简单伤情处理后被迅速送往医院救治。

19 时 26 分，汕尾市委书记郑雁雄赶赴事故现场指挥救援工作，要求全体参战官兵坚持科学施救，与时间赛跑，全力抢救被困人员。

19 时 28 分，在指挥部的正确指挥下，全体参战官兵齐心协力，2 名被困人员被成功从钢筋混凝土之中抢救了出来，被迅速送往医院。

（四）现场全面清理阶段

19 时 30 左右，根据现场侦查判断，事故救援进入现场全面清理阶段。全体参战消防官兵克服夜间作战视线不清、现场作业面小、临时稳定倒塌物不能破坏、连续作战体能急剧下降等不利因素，充分发扬不怕苦、不怕累的优良战斗作风，争分夺秒，寸土必争，利用铁锹、铁钩等简单机械工具和手扒等原始方法，对废墟进行快速清理，并用视频生命探测仪等设备进行生命搜索，确保不遗漏任何一个被困人员。经过近五个小时的救援，由于长时间泡在混凝土浆里，部分官兵身体由于体力透支虚脱，开始出现头晕、呕吐、流鼻血等不良症状，但参战官兵无一抱怨，“不抛弃、不放弃”，振作精神，继续救援。11 月 23 日 7 时 30 分，持续 15 小时 33 分钟的事故救援工作在建筑专家确定无人员生命特征的前提下圆满结束。

三、经验教训

在此次救援行动中，全体参战官兵坚决贯彻上级要求，充分发扬汕尾消防铁军敢打必胜、奋勇攻坚的优良战斗作风，攻坚克难，科学施救，在最短时间内救出全部被埋群众。主要有以下几点经验：

（一）领导迅速到位，紧急组织开展救援

事故发生后，总队牛跃光政委第一时间通过视频对参战工作提出了明确要求。市委书记郑雁雄，市政府代市长吴紫骊，市委常委、副市长魏友庄，市委常委、政法委书记陈增新，市委常委、公安局局长马伟灵等领导先后赶到现场亲临指挥。支队郑可夫支队长、刘挺政委等带领支队其他党委成员到达现场后始终坚持一线指挥，制定救援方案、明确救援任务，确保决策正确，科学施救，保证了整个救援行动的有序开展。

（二）3G 视频发挥科技效能，远距离直面指挥

事故发生后，汕尾支队第一时间与总队实现 3G 视频互联，视频声音、图像清晰，总队通过视频系统详细听取支队救援情况汇报，进行视频远程指挥，提出技战术要领，有效解决了前线救援时遇到的诸多困难，使救援工作少走弯路，克服困难，科学施救，推动了救援工作的顺利完成。

（三）救人第一、科学施救是取得救援胜利的基础

事故发生后，支队全勤指挥部全程指挥，克服困难，迎难而上，为救援的胜利完成打下了坚实的基础。一是全勤指挥部第一时间调集城区大队全部力量进行救援，及时调出海丰、陆丰攻坚队伍作为增援力量，集中优势攻坚力量和救援装备于现场；二是整个救援行动坚持连续作战，多组队同时开展救援，一鼓作气，多次出现多人同时被救出，加快了救援进程，为被困人员的救治赢得了宝贵的时间。三是事故现场存在二次坍塌和二次伤害的危险，参战官兵坚持救人第一、科学施救的救援原则，果断及时搜寻被困人员并做好被困者情绪稳定和心理抚慰工作，及时送水输液，做好保护措施，杜绝二次伤害，为成功救援打下坚实的基础。

（四）坚持统一指挥，搞好协同作战，动员全部社会力量参加救援

抢险救援过程中，面临坍塌的楼层多、作业面积小，钢筋、钢架、木条和混凝土构件密布交叉，难于清理；浇筑水泥易凝固，被埋压人员搜救难等实际困难，加之外围交通管制、参战力量众多，参战人员后勤保障、被困人员家属安抚、医疗救治协调等多项工作同时展开，点多面广，情况复杂，指挥部将消防、公安、医疗、安监、住建、交通、电力等各个不同参战单位、各种力量迅速集中到一起，科学协调、统一指挥，避免了现场混乱局面，保障了高效合作。指挥部更是站在全局的角度成功通过一次性力量调度满足事故现场救援力量的需要；科学指导参战官兵 3 个小时无间歇轮番上阵成功救出 13 名被困人员。

（五）不怕牺牲、英勇顽强的战斗作风是取得救援胜利的保证

事故现场由于是局部坍塌，建筑上方还有许多悬空的构件物，有的甚至是锋利的钢条，还有更多巨大的碎石板等，对进入坍塌区域救援的消防官兵构成巨大的威胁。救援官兵以良好的心理状态和出色的业务素质，冒着建筑工地随时会发生二次塌方的危险，几乎使用了部队配备的液压剪、切割机、链锯、铁铤、千斤顶、铁锹等所有破拆工具，在抢救伤者周边凝结水泥块时甚至用手来刨，参战官兵们的手指被磨破刺穿，鲜血直流，但毫无怨言，无人退却，充分体现了汕尾消防部队特别能吃苦、特别能坚持、特别能战斗的铁军精神，表现出“人民利益高于一切”的优良品质和大无畏的英雄气概，保证了救援工作的圆满完成。

（六）宣传报道及时到位，内外宣传同时展开

事故发生后，全勤指挥部及时成立了宣传报道小组，支队司令部第一时间收集了现场大量的影视和图片资料，并及时记录现场救援情况并上报总队全勤指挥部，第一时间编发救援相关信息、快报。支队防火部门积极与社会各电视、网络等媒体联系，多角度、多层面深入宣传报道，社会反响强烈，树立了汕尾消防的英勇形象，彰显了汕尾消防的铁军风采。

第九篇

全国消防业务统计资料

第一章　火灾统计

第一节　全国火灾情况

2011年全国火灾情况分析

2011年，全国共接报火灾125417起，死亡1108人，受伤571人，直接财产损失20.6亿元，与2010年相比，除财产损失上升5%外，起数、死亡和受伤人数分别下降5.3%、8%和8.5%。分析一年来全国的火灾形势，主要有以下几个特点：

一、较大以上火灾同比上升，未发生特大火灾事故

全国共发生一次死亡3人以上、直接财产损失1000万元以上的较大火灾80起，死亡287人，受伤54人，直接财产损失15775.3万元，与上年相比，除伤人数下降5.3%外，其他三项数字分别上升3.9%、5.5%和34%；发生一次死亡10人以上、直接财产损失5000万元以上的重大火灾7起，死亡82人，受伤32人，直接财产损失11560.2万元，与上年相比，起数增加3起，亡人数上升90.7%，伤人数下降37.3%，损失上升1.5%；全年未发生一次死亡30人以上、直接财产损失1亿元以上的特大火灾。

二、东部、西部及东北地区火灾下降，中部地区火灾基本持平

从分地区情况看，东部10个省份共发生火灾40339起，与上年相比，起数减少4318起、下降9.7%；西部12个省份共发生火灾40338起，与上年相比，起数减少971起、下降2.4%；东北3省共发生火灾14034起，与上年相比，起数减少2338起、下降14.3%；中部6个省份共发生火灾30706起，与上年相比，起数增加547起、小幅上升1.8%。

三、多数场所火灾下降，施工工地、农副业生产场所火灾有所上升

从分场所的火灾情况看，住宅共发生火灾36028起，比上年下降7.8%；各类人员密集场所共发生火灾12448起，比上年下降9.7%；交通工具发生火灾13046起，比上年下降7.6%；易燃易爆场所发生火灾404起，比上年下降11.8%；厂房发生火灾6775起，比上年下降5.7%；仓储场所发生火灾5438起，比上年下降14.3%；施工工地发生火灾1883起，比上年上升5.7%；农副业生产场所发生火灾9042起，比上年上升8.9%。其中，施工工地、农副业生产场所违规生产作业、违章用火用电现象突出，是导致两类场所火灾多发的主要原因。

四、城市及农村火灾全面下降，县城集镇伤亡人数增加

从区域火灾情况看，城市发生火灾43113起，死亡339人，受伤198人，直接财产损失61598.8万元，与上年相比，除损失上升3.8%外，起数、死亡和受伤人数分别下降13.1%、21.7%和21.7%；农村发生火灾38504起，死亡358人，受伤151人，直接财产损失47006.9万元，与上年相比，除损失上升14.6%外，起数、死亡和受伤人数分别下降0.5%、11.4%、12.7%；县城集镇发生火灾33460起，死亡369人，受伤200人，直接财产损失68325.4万元，与上年相比，起数下降0.9%，死伤人数和损失分别上升5.7%、17%和4%。由于县城集镇多数为城乡结合部、“城中村”和小型城镇，近年来出租屋、“三合一”、小作坊、小商店等大量增加，外来务工人员迅速聚集，发生火灾后很容易造成人员伤亡，导致近年来县城集镇火灾伤亡明显增多。

五、2月份火灾起数最多，4月份以后逐月下降

从每月火灾情况看，上半年火灾起数较多，下半年火灾起数明显减少。其中，2月份由于春节燃放烟花爆竹及生产生活用火用电增多，导致引发的火灾最多，共发生火灾19565起，为火灾最多的月份，占全年火灾总数的15.6%。4月份以后，火灾呈逐月下降趋势，特别是9月份开展“清剿火患”战役以来，各地保持了排查整治火灾隐患的高压态势，有效预防和减少了火灾的发生。12月份，共发生火灾4443起，为火灾最少的一个月，只占全年火灾总数的3.5%。

六、深夜至凌晨亡人较多，较大以上火灾集中

从时段分布情况看，以两个小时为一个时段，22时至凌晨6时的4个时段生产经营活动及生活用火用电减少，火灾次数明显少于其他时段，但由于该时段人员安全防范能力最为薄弱，是亡人火灾特别较大以上火灾高发的时段。据统计，22时至6时共发生火灾30128起，只占火灾总数的24%，但造成633人死亡，占死亡总数的57.1%；87起较大以上火灾中，有60起发生在该时段，占总数的69%。

七、用火用电不慎引发火灾明显下降，玩火导致火灾增多

从起火原因看，因违反电气安装使用规定引发火灾37960起，比上年下降7.9%；因生活用火不慎引发火灾22248起，比上年下降14%；因吸烟引发火灾7091起，比上年下降6.5%；因生产作业不慎引发火灾6742起，比上年下降12.7%；因雷击静电引发火灾310起，比上年下降19.5%；因自燃引发火灾3533起，比上年下降0.8%；因玩火引发火灾8247起，比上年上升16.3%，其中因燃放烟花引发的火灾比上年上升30.7%。另外，因其他原因引发的火灾共26454起，不明原因的火灾共10000起。

八、救援救助占出警总数八成以上，营救12.9万人

2011年，全国公安消防部队共接警出动65.6万起，比上年增加6.7万起，是新中国成立以来出警次数最多的一年。其中，火灾扑救12.5万起、抢险救援20.9万起、社会救助17.1万起、公务执勤0.9万起、其他出动14.3万起，共出动官兵701.3万人次，出动消防车辆111.3万辆次，成功处置沈阳皇朝万鑫国际大厦火灾、甬温线特别重大铁路交通事故、中石油大连石化分公司爆炸火灾等事故，营救遇险被困人员128916人，挽回经济损失660多亿元。一年来，共有6名消防员在灭火救援中牺牲。

全国火灾对比情况

项　目		2011 年	2010 年	同比
四项数字	起　数	125417	132497	－5.3%
	死　人	1108	1205	－8.0%
	伤　人	571	624	－8.5%
	直接损失（万元）	205743.4	195945.2	5.0%
较大火灾	起　数	80	77	3.9%
	死　人	287	272	5.5%
	伤　人	54	57	－5.3%
	直接损失（万元）	15775.3	11773.3	34.0%
重大火灾	起　数	7	4	75.0%
	死　人	82	43	90.7%
	伤　人	32	51	－37.3%
	直接损失（万元）	11560.2	11384.6	1.5%
特别重大火灾	起　数			
	死　人			
	伤　人			
	直接损失（万元）			

注：较大火灾是指造成 3 人以上 10 人以下死亡，或者 10 人以上 50 人以下重伤，或者 1000 万元以上 5000 万元以下直接财产损失的火灾；重大火灾是指造成 10 人以上 30 人以下死亡，或者 50 人以上 100 人以下重伤，或者 5000 万元以上 1 亿元以下直接财产损失的火灾；特别重大火灾是指造成 30 人以上死亡，或者 100 人以上重伤，或者 1 亿元以上直接财产损失的火灾。

分地区火灾综合情况

地区	火灾概况						较大火灾				重大火灾				特别重大火灾			
	起数	死人	伤人	损失 直接损失（万元）	损失 烧毁建筑（平方米）	损失 受灾户数	起数	死人	伤人	直接损失（万元）	起数	死人	伤人	直接损失（万元）	起数	死人	伤人	直接损失（万元）
合计	125417	1108	571	205743.4	12205406	35788	80	287	54	15775.3	7	82	32	11560.2				
北京	4044	30	41	5035.0	104231	342	1			3146.2	1	18	24	286.2				
天津	842	17	10	842.4	53006	303	1	3		0.2								
河北	4557	16	27	6731.5	403111	897	2	6		5.2								
山西	4679	14	9	4643.5	187425	591												
内蒙古	10365	49	17	6217.7	711312	1490	2	8		52.8								
辽宁	4088	32	4	16105.9	268889	1106	1	3			1			9384.4				
吉林	7587	29	10	3717.6	326633	1222	2	7	2	2.4	1	10	3	7.7				
黑龙江	2359	16	18	3789.4	3711492	1465	1	3		101.5								
上海	5813	43	46	11000.4	113995	1402	2	3		3925.3								
江苏	4715	75	46	10761.5	226112	1249	2	8		47.5								
浙江	3565	87	54	6086.8	411108	2503	11	43	9	47.4								
安徽	5870	35	13	6290.2	955103	1351	3	10	1	123.3								
福建	4116	47	10	6965.9	360670	1948	4	13		122.6								
江西	4647	29	14	8385.7	238700	1352	2	6	4	65.4								
山东	3818	19	11	7768.8	339159	553	2	10	5	163.3								
河南	3437	20	6	3488.8	174431	1012	3	14		3.4								
湖北	8292	46	4	6287.8	211737	2010	2	10	1	51.5	2	29		1770.5				
湖南	3781	45	14	7450.3	177829	1091	3	13		122.7	1	10	4	60.4				
广东	8159	132	65	21613.9	703028	1170	13	51	11	314.7	1	15	1	51.0				
广西	1889	45	12	5802.1	196996	1107	3	12	1	55.8								
海南	710	6	1	1424.3	66687	105												
重庆	3777	49	22	4345.6	121193	1480	2	7		80.7								
四川	5591	42	17	10193.0	222810	1743	7	26		91.6								
贵州	1170	55	10	6625.4	188369	1519	4	16	1	90.5								
云南	1350	53	33	7365.8	367326	1913	2	4	3	1426.9								
西藏	248	10	7	529.9	48027	217	1	3	1	9.4								
陕西	5006	22	6	9417.8	568632	467	1	4		10.0								
甘肃	909	5	5	5395.7	108936	836	1			1031.3								
青海	1685	6	17	6044.4	159218	532	1	1	15	4683.7								
宁夏	3255	1	1	237.7	171381	194												
新疆	5093	33	21	5178.5	307862	2618	1	3		0.2								

分月季火灾综合情况

项目		起数	所占比例(%)	死人	所占比例(%)	伤人	所占比例(%)	直接损失(万元)	所占比例(%)	较大火灾				重大火灾				特别重大火灾			
										起数	死人	伤人	直接损失(万元)	起数	死人	伤人	直接损失(万元)	起数	死人	伤人	直接损失(万元)
合计		125417	100	1108	100	571	100	205743.4	100.0	80	287	54	15775.3	7	82	32	11560.2				
一季度	小计	50463	40.2	504	45.5	165	28.9	72876.9	35.4	32	120	5	608.6	3	24	4	10035.9				
	一月	16862	13.4	247	22.3	74	13.0	26771.6	13.0	14	52	2	308.1	2	24	4	651.5				
	二月	19565	15.6	136	12.3	48	8.4	28325.9	13.8	8	31	1	181.5	1			9384.4				
	三月	14036	11.2	121	10.9	43	7.5	17779.4	8.6	10	37	2	118.9								
二季度	小计	34080	27.2	289	26.1	216	37.8	57790.3	28.1	19	66	23	5917.2	2	28	27	294.0				
	四月	14494	11.6	119	10.7	89	15.6	24506.8	11.9	7	26	19	4754.1	1	18	24	286.2				
	五月	10764	8.6	112	10.1	71	12.4	17923.4	8.7	9	30	1	1113.0	1	10	3	7.7				
	六月	8822	7.0	58	5.2	56	9.8	15360.0	7.5	3	10	3	50.1								
三季度	小计	24361	19.4	218	19.7	142	24.9	41708.2	20.3	14	57	16	418.9	2	30	1	1230.4				
	七月	8320	6.6	73	6.6	51	8.9	16753.2	8.1	3	13	1	146.5	1	15		1179.4				
	八月	8289	6.6	74	6.7	37	6.5	12352.8	6.0	5	19	2	165.9	1	15	1	51.0				
	九月	7752	6.2	71	6.4	54	9.5	12602.1	6.1	6	25	13	106.5								
四季度	小计	16513	13.2	97	8.8	48	8.4	33368.0	16.2	15	44	10	8830.7								
	十月	7403	5.9	15	1.4	20	3.5	11857.1	5.8	2	4	3	1441.8								
	十一月	4667	3.7	23	2.1	11	1.9	13488.3	6.6	5	10		7115.0								
	十二月	4443	3.5	59	5.3	17	3.0	8022.6	3.9	8	30	7	273.8								

分起火场所火灾情况

项目		火灾概况						较大火灾				重大火灾				特别重大火灾				起火原因（起）										
		起数	死人	伤人	直接损失（万元）	烧毁建筑（平方米）	受灾户数	起数	死人	伤人	直接损失（万元）	起数	死人	伤人	直接损失（万元）	起数	死人	伤人	直接损失（万元）	放火	电气	生产作业	用火不慎	吸烟	玩火	自燃	雷击	静电	不明确原因	其他
合计		125417	1108	571	205743.4	12205406	35788	80	287	54	15775.3	7	82	32	11560.2					2832	37960	6742	22248	7091	8247	3533	191	119	10000	26454
住宅		36028	589	248	35984.7	1180916	14629	41	149	11	510.5	1			9384.4					965	13512	420	9254	1363	2080	223	60	3	2396	5752
宿舍		12592	128	42	8126.0	407694	4108	6	22	1	15.9									332	5000	189	2574	608	762	105	18		880	2124
办公场所		1122	18	12	1516.5	41275	196					1	15	1	51					14	676	63	91	45	27	2	2		52	150
学校		516	2		173.5	11579	73													13	209	19	76	25	33	8	2		25	106
商业场所	小计	4968	98	64	27927.3	305935	3410	10	41	24	6523.6	1	14		591.1					133	2441	281	693	154	120	28	3	2	319	794
	商场	603	33	19	11329.6	63535	524	4	10	18	6188.8	1	14		591.1					15	311	53	48	22	13	2		1	28	110
	超市	454	2	10	2936.4	31080	191													11	272	12	44	13	7	2	1		33	59
	室内市场	432	3	6	4547.0	49888	648													10	217	23	52	11	13	4	1		25	76
	室外集贸市场	545	9	2	2854.5	53066	610	1	3		15.0									19	211	22	92	24	17	4			54	102
	其他	2934	51	27	6259.9	108367	1437	5	28	6	319.8									78	1430	171	457	84	70	16	1	1	179	447
文博馆		41			26.9	713	7													4	19	3	2	2	1				2	8
宾馆、招待所		714	38	16	763.7	14508	203	3	11	2	95.1	2	20	7	68.1					18	292	43	154	50	16	5	1	1	25	109
餐饮场所		3263	17	34	2190.6	58468	1032													21	747	113	1867	32	23	9	1	1	104	345
医院		265	3		439.9	7596	54													6	136	20	19	17	3	2			13	49
养老院		31	9	4	51.3	1937	12	2	6	3	23.5									2	5		12	4	1	1			2	4
公共娱乐场所		551	5	4	1482.9	21187	171													20	273	29	78	23	18	2	2		27	79
体育场馆		37			50.6	1992	4													1	11	9	2	3	3				1	7
金融交易场所		39			102.8	1429	7													1	24	3	2	3		1			1	4
交通枢纽站		775			968.9	9569	67													13	254	45	24	37	13	55			57	277
科研试验场所		18			14.2	340	3														9	6				1			1	1
广播电视中心		8			1.7	129	1														3		1	2						2
邮电通信场所		180			99.6	2009	24													3	105	10	7	4	3	3	1		7	37
文物古建筑		24			76.1	2068	15														11		2	3	2	1			3	2
宗教场所		119	1		344.0	8210	41													5	18	1	54	3	6				6	26
会议展览中心		7			4.0	573	2														7									
物资仓储场所		5438	18	20	46140.7	835486	2065	3			8066.3									128	1691	708	491	258	307	226	16	12	521	1080
厂房		6775	52	39	35428.3	1165176	1907	5	21	12	80.1	1	15		1179.4					75	2501	2025	341	99	50	134	27	51	430	1042
加油加气站		88		1	204.9	1197	15														19	17	7	2	1	1	2	5	12	22
汽车库		369	1	1	1563.0	14770	143													7	129	47	14	12	16	16		1	35	92
农副业场所		9042	14	4	4722.1	6171728	2269													249	515	125	2355	1151	1598	133	13	4	1130	1769
石油化工企业		316		7	532.7	15678	50													3	47	185	11	6		4	1	6	8	45
露天框架		1228			631.3	64864	178													20	331	77	144	146	178	31	4	1	99	197
交通工具	小计	13046	16	17	23082.9	123628	1480													275	4292	1073	150	190	143	1707		21	1095	4100
	机动车	12095	14	14	21417.4	112206	1345													257	3977	1008	122	174	122	1590		21	1020	3804
	铁路列车	16			23.6	370															6	3				1			4	2
	船舶	116	2	3	578.5	4595	36														36	32	11	2	3	1			3	28
	航空（天）	1			0.0	0																								1
	城市轨道交通工具	56			54.4	154	5													1	19			1		15				20
	其他	762			1009.1	6304	94													17	254	30	17	13	18	100			68	245
建筑工地		1437	10	2	1730.8	189609	221	1	3		101.5									12	299	437	110	138	47	9	1	1	76	307
公园		323	1		210.0	28277	12													6	28	4	35	52	82	4	1		34	77
三合一、多合一场所		81	47	26	877.4	8322	58	5	20	1	185.7	1	18	24	286.2					2	38	2	7	5	5	1			5	16
动拆迁工地		446			89.3	9490	53													14	73	75	47	43	32	5			28	129
垃圾及废弃物		5189	1		552.0	128391	264													117	137	79	638	998	703	186	1		439	1891
其他		20341	40	30	9632.8	1370666	3014	4	14		173.3									373	4108	634	2986	1613	1974	630	35	10	2167	5811

分行业类别火灾情况

项目		火灾概况						较大火灾				重大火灾				特别重大火灾				起火原因（起）										
		起数	死人	伤人	直接损失（万元）	烧毁建筑（平方米）	受灾户数	起数	死人	伤人	直接损失（万元）	起数	死人	伤人	直接损失（万元）	起数	死人	伤人	直接损失（万元）	放火	电气	生产作业	用火不慎	吸烟	玩火	自燃	雷击	静电	不明确原因	其他
合计		36503	282	212	126236.2	8933846	12679	27	92	41	15036.5	4	49	7	1838.6					750	10340	4069	6482	2150	2520	740	78	93	2888	6393
第一产业	小计	11265	21	5	8149.9	6540945	3055													316	864	329	2710	1340	1925	198	16	4	1358	2205
	农业	8422	18	4	4949.9	5571556	2308													233	483	151	2133	1075	1622	120	10	2	1055	1538
	林业	1363			1169.5	757535	218													39	72	79	261	159	172	44	1	2	133	401
	畜牧业	1018	2	1	1505.2	148659	389													25	220	49	247	83	108	23	5		91	167
	渔业	37			109.3	6382	16													5	5	5	9		1	2			2	8
	农、林、牧、渔服务业	425	1		416.0	56813	124													14	84	45	60	23	22	9			77	91
第二产业	小计	9743	56	56	46928.5	1480750	2767	5	22	6	110.6	1	15		1179.4					116	3752	2629	490	206	132	230	44	68	631	1445
	采矿业	145		4	264.1	11726	37													2	27	47	15	3	2	10		3	10	26
	制造业	7876	49	45	43818.6	1367315	2268	4	18	6	110.4	1	15		1179.4					89	2926	2308	358	141	89	184	34	62	534	1151
	电力、燃气及水的生产和供应业	881			1187.9	47166	98													3	561	95	27	8	8	22	9	1	35	112
	建筑业	841	7	7	1657.8	54543	364	1	4		0.2									22	238	179	90	54	33	14	1	2	52	156
第三产业	小计	15495	205	151	71157.8	912151	6857	22	70	35	14925.9	3	34	7	659.3					318	5724	1111	3282	604	463	312	18	21	899	2743
	交通运输	1385	3	3	3830.9	21658	428	1			1031.3									26	498	163	41	39	20	133		8	91	366
	邮政业	36			10.6	408	14													1	23		5	1					1	5
	仓储业	1965	18	15	26382.1	316423	823	4	6	6	7086.0									54	591	231	160	86	92	81	5	4	191	470
	信息传输、计算机服务和软件业	105			97.8	1904	21													1	63	11	3	3	3	1			3	17
	批发和零售业	3212	70	44	28082.3	302890	2724	6	23	19	6329.9	1	14		591.1					86	1563	158	406	120	101	24	2	5	238	509
	住宿和餐饮业	4283	56	56	3348.0	84461	1304	3	11	2	95.1	2	20	7	68.1					47	1184	178	2025	115	61	18	2	2	152	499
	金融保险业	66			142.2	2771	13														38	6	3	2	4	2			2	9
	房地产业	169			218.9	6165	43													6	51	24	22	16	7	1			9	33
	商务服务业	1213	26	8	3963.0	59216	642	4	14		182.1									33	562	117	168	42	27	10	1	2	64	187
	科学研究、技术服务和地质勘查业	36			47.5	1222	8														15	11	1		2		1		2	4
	水利、环境和公共设施管理业	225			28.1	5871	25														42	9	19	19	33	5	2		11	85
	社会服务业	1658	20	19	3977.0	68506	570	2	10	5	178.0									33	626	137	277	78	57	17	1		81	351
	教育 小计	369	1		133.9	10102	51													5	145	16	60	19	23	4	1		17	79
	教育 高等教育	93	1		29.8	2573	8													1	34	6	16	5	5	2			5	19
	教育 初中等教育	164			65.0	4974	27													2	58	8	29	7	12		1		6	41
	教育 学前教育	76			28.1	1900	14													2	36		9	7	6	1			4	11
	教育 职业业余教育	36			11.1	656	2														17	2	6			1			2	8
	卫生、社会保障和社会福利业	300	10	4	457.8	14342	64	2	6	3	23.5									6	129	20	26	37	9	3	1		16	53
	文化、体育和娱乐业	329	1	2	327.3	12089	89													14	139	21	44	20	19	5	1		13	53
	机关团体	142			110.1	4117	38													6	55	9	21	7	5	8	1		8	22
	国际组织	2			0.2	7																	1							1

起火原因情况

项目		火灾概况						较大火灾				重大火灾				特别重大火灾			
		起数	死人	伤人	直接损失（万元）	烧毁建筑（平方米）	受灾户数	起数	死人	伤人	直接损失（万元）	起数	死人	伤人	直接损失（万元）	起数	死人	伤人	直接损失（万元）
合计		125417	1108	571	205743.4	12205406	35788	80	287	54	15775.3	7	82	32	11560.2				
电气	小计	37960	405	186	84484.1	2033082	12857	36	131	33	13872.4	5	72	29	2168.1				
	电气线路故障	24070	270	118	52239.9	1349869	8585	26	96	21	5212.8	4	62	25	2107.7				
	电器设备故障	7053	37	19	15462.6	280585	1956	4	8	3	4648.4								
	电加热器具火灾	2611	61	18	4890.7	91625	1036	3	15	4	70.3	1	10	4	60.4				
	其他	4226	37	31	11890.8	311003	1280	3	12	5	3940.9								
生产作业	小计	6742	30	55	23282.2	724308	1813	3	14	6	286.1								
	焊割	2238	17	15	7932.3	256186	640	2	10	5	264.5								
	烘烤	1096	2	5	3476.4	152558	353												
	熬炼	185			305.2	12006	73												
	化工火灾	309	2	9	1342.4	36478	78												
	机械设备类故障	1549	2	3	5549.5	94574	311												
	其他	1365	7	23	4676.5	172507	358	1	4	1	21.6								
生活用火不慎	小计	22248	193	126	15092.9	4769441	8246	11	40	1	95.9								
	余火复燃	1103	10	4	898.4	63424	629	1	3		5.4								
	照明不慎	430	14	5	939.0	21059	196	1	3	1	9.4								
	烘烤不慎	2263	49	14	2089.6	102559	945	4	14		76.9								
	敬神祭祖	816	9	2	669.1	187453	298												
	油锅起火	2335	1	3	636.5	25805	730												
	炉具故障及使用不当	3367	17	57	1507.5	88726	1283												
	烟道过热窜火、飞火等	1754	6	1	3206.5	114418	998												
	烧荒、野外生火不慎	2451	5	1	797.4	3781870	498												
	使用蚊香不慎	332	25	8	276.8	8545	133	2	10		0.4								
	其他	7397	57	31	4072.0	375581	2536	2	7		3.2								
吸烟	小计	7091	92	23	1967.3	991672	1296	3	12	1	98.5								
	违章吸烟	137		1	116.7	7176	27												
	卧床吸烟	381	57	5	124.5	7130	140	1	3		5.0								
	乱扔烟头、火柴等	5823	17	7	1287.0	806475	936	1	5		23.5								
	其他	750	18	10	439.0	170891	193	1	4	1	70.0								
玩火	小计	8247	40	9	12809.5	403801	1892	3	9		42.6	1			9384.4				
	小孩玩火	2805	37	9	1510.3	184993	849	3	9		42.6								
	燃放烟花爆竹	5078	2		11017.6	193274	977					1			9384.4				
	其他	364	1		281.5	25534	66												
自燃		3533	2	1	5390.2	193708	477												
雷击		191	5	1	895.3	16631	58	1	4		18.6								
静电		119	1	7	490.9	15825	24												
不明确原因		10000	55	40	19691.8	1008190	3104	2	8		15.3								
放火		2832	177	38	7707.3	377865	1227	13	44	3	53.8	1	10	3	7.7				
其他		26454	108	85	33932.0	1670885	4794	8	25	10	1292.2								

分地区火灾基本情况

地区	起数	死人	伤人	直接损失（万元）	起火原因																					
					放火		电气		生产作业		用火不慎		吸烟		玩火		自燃		雷击		静电		不明确原因		其他	
					起数	直接损失（万元）	起数	直接损失（万元）	起数	直接损失（万元）	起数	直接损失（万元）	起数	直接损失（万元）	起数	直接损失（万元）	起数	直接损失（万元）	起数	直接损失（万元）	起数	直接损失（万元）	起数	直接损失（万元）	起数	直接损失（万元）
合计	125417	1108	571	205743.4	2832	7707.3	37960	84484.1	6742	23282.2	22248	15092.9	7091	1967.3	8247	12809.5	3533	5390.2	191	895.3	119	490.9	10000	19691.8	26454	33932.0
北京	4044	30	41	5035.0	103	130.4	1274	4216.3	142	113.6	797	250.7	260	23.2	163	14.5	81	20.2	6	3.9	2	9.0	39	6.3	1177	247.0
天津	842	17	10	842.4	28	13.6	198	198.5	45	23.3	96	45.1	55	4.4	33	3.9	13	23.7	2	0.7	3	5.9	96	96.6	273	426.8
河北	4557	16	27	6731.5	175	603.4	1445	3028.0	335	444.7	814	439.5	398	82.8	515	124.3	209	697.1	17	22.0	9	39.0	53	50.7	587	1200.0
山西	4679	14	9	4643.5	114	470.4	1314	1241.9	240	467.3	511	277.1	529	68.7	275	65.6	122	106.5	6	6.1	4	6.3	309	307.9	1255	1625.8
内蒙古	10365	49	17	6217.7	136	260.4	2131	1654.5	382	868.0	2162	803.2	1200	99.2	1314	195.2	408	348.7	12	178.4	6	6.8	1262	1260.1	1352	543.4
辽宁	4088	32	4	16105.9	177	429.0	900	2027.2	230	732.5	601	238.2	169	33.3	298	9471.9	89	501.9	4	21.4	4	3.3	450	731.1	1166	1916.1
吉林	7587	29	10	3717.6	124	131.7	1185	977.7	165	171.2	1679	578.3	485	77.1	236	94.2	105	96.7	5	0.3	2	1.2	1649	800.8	1952	788.3
黑龙江	2359	16	18	3789.4	113	395.6	593	843.9	145	550.8	753	828.2	151	121.2	63	29.7	29	48.7	8	8.5	2	3.3	62	413.3	440	546.2
上海	5813	43	46	11000.4	54	515.2	2302	7182.1	318	360.7	1092	270.0	232	32.7	178	89.3	151	121.9	11	54.3	10	84.5	32	413.5	1433	1876.2
江苏	4715	75	46	10761.5	118	305.3	1821	3379.1	532	2619.3	603	408.7	164	108.2	117	220.9	132	214.4	15	73.4	14	38.9	172	780.3	1027	2612.9
浙江	3565	87	54	6086.8	44	181.9	1463	2672.6	347	864.7	460	432.5	74	57.1	113	103.9	50	49.9	9	30.8	6	9.9	193	594.7	806	1088.7
安徽	5870	35	13	6290.2	99	256.0	1638	1932.8	283	1177.6	976	360.5	291	78.0	650	254.6	153	125.5	7	5.7	3	4.7	230	450.3	1540	1644.5
福建	4116	47	10	6965.9	67	62.1	1700	3036.9	237	601.8	562	519.0	77	33.7	176	172.5	113	362.0	4	0.6	6	4.4	225	916.0	949	1257.0
江西	4647	29	14	8385.7	89	96.5	1470	3050.7	205	1159.1	851	496.9	180	96.5	340	239.4	216	187.3	9	2.6	2	2.1	543	1806.2	742	1248.4
山东	3818	19	11	7768.8	94	103.3	1068	2077.2	256	2162.5	469	406.9	101	39.7	121	58.1	165	172.4	4	2.8	5	48.3	616	1195.3	919	1502.3
河南	3437	20	6	3488.8	64	140.7	1261	1414.4	209	334.7	393	288.5	181	45.5	237	96.2	115	157.3	4	4.9	2	0.5	382	389.9	589	616.1
湖北	8292	46	4	6287.8	178	242.4	2956	3540.3	292	558.6	1491	293.6	471	45.7	641	191.6	261	129.1	9	10.2	4	63.7	503	715.8	1486	497.0
湖南	3781	45	14	7450.3	45	172.2	1686	3210.4	206	803.0	703	712.7	149	66.4	126	58.2	117	466.1	7	67.1	2	12.0	184	887.6	556	994.7
广东	8159	132	65	21613.9	233	758.9	2793	11034.5	520	3648.3	846	425.3	229	131.1	210	238.5	314	557.5	12	5.6	16	80.9	703	1891.9	2283	2841.5
广西	1889	45	12	5802.1	67	196.9	916	4121.2	148	483.3	335	241.5	66	84.9	78	107.3	45	64.4	7	5.0	1	8.0	46	196.0	180	293.6
海南	710	6	1	1424.3	29	743.4	158	138.9	21	25.7	113	44.5	27	8.9	24	5.2	22	28.4	1	0.3			128	118.5	187	310.5
重庆	3777	49	22	4345.6	101	88.9	1792	2378.5	149	320.8	584	291.5	133	56.4	153	40.4	109	99.5	8	29.9	2	2.2	62	76.5	684	961.0
四川	5591	42	17	10193.0	116	338.5	1871	4203.4	270	1298.4	1027	1125.2	96	75.2	164	215.4	161	166.9	13	62.6	1	2.9	181	997.4	1691	1707.0
贵州	1170	55	10	6625.4	54	179.3	503	3177.1	67	765.5	217	658.7	35	24.4	69	126.5	21	39.5	4	46.4	2	0.8	61	369.0	137	1238.3
云南	1350	53	33	7365.8	98	570.0	323	2649.5	123	877.8	407	941.0	96	138.2	128	268.2	27	64.0	3	251.7			67	990.1	78	615.2
西藏	248	10	7	529.9	5	5.5	52	264.7	16	10.6	85	103.9	17	2.9	28	9.5	3	0.7					26	127.3	16	4.8
陕西	5006	22	6	9417.8	158	144.9	1270	2631.8	215	782.7	681	799.1	200	166.1	255	174.0	173	438.0	1	0.2	2	18.0	686	2289.4	1365	1973.7
甘肃	909	5	5	5395.7	14	43.5	144	1928.5	80	116.0	228	1663.9	35	14.5	99	19.6	11	14.2			1	17.1	148	423.6	149	1154.9
青海	1685	6	17	6044.4	24	37.7	260	4888.8	107	122.4	435	112.8	215	19.3	411	40.9	18	55.6	2	0.1	2	6.4	73	279.2	138	481.1
宁夏	3255	1	1	237.7	34	1.6	254	35.5	59	9.4	898	49.7	384	18.0	590	32.4	26	4.4			2	0.3	785	56.0	223	30.5
新疆	5093	33	21	5178.5	77	88.4	1219	1347.3	398	808.2	1379	986.3	391	113.6	442	47.7	74	27.7	1		4	10.6	34	60.5	1074	1688.3

分经济类型火灾情况

项目		火灾概况						较大火灾				重大火灾				特别重大火灾				起火原因（起）										
		起数	死人	伤人	直接损失（万元）	烧毁建筑（平方米）	受灾户数	起数	死人	伤人	直接损失（万元）	起数	死人	伤人	直接损失（万元）	起数	死人	伤人	直接损失（万元）	放火	电气	生产作业	用火不慎	吸烟	玩火	自燃	雷击	静电	不明确原因	其他
合计		36054	274	210	126147.4	8831207	12681	26	88	41	14955.9	4	49	7	1838.6					743	10145	4041	6437	2129	2498	736	74	93	2866	6292
公有经济	小计	4564	30	32	18024.5	833837	1263	2	4	15	4785.2	1	14		591.1					105	1535	552	479	304	268	109	12	11	275	914
	国有经济	1663	22	6	3622.1	217494	257	1	3		101.5	1	14		591.1					26	670	260	146	89	82	48	7	6	93	236
	集体经济	976	5	18	9068.4	303765	524	1	1	15	4683.7									10	325	128	107	61	59	24	2	3	60	197
	其他	1925	3	8	5333.9	312578	482													69	540	164	226	154	127	37	3	2	122	481
非公有经济	小计	31490	244	178	108122.9	7997370	11418	24	84	26	10170.8	3	35	7	1247.5					638	8610	3489	5958	1825	2230	627	62	82	2591	5378
	私有经济	23263	195	150	86091.3	6429343	8678	19	66	25	6168.7	3	35	7	1247.5					462	6738	2818	4446	1276	1526	465	50	65	2052	3365
	港澳台经济	121		2	2608.0	30805	32													1	55	30	6	4	1	3		4	2	15
	外商经济	140		1	1798.1	83229	24													1	57	47	4	4		4		1	3	19
	其他	7966	49	25	17625.5	1453993	2684	5	18	1	4002.1									174	1760	594	1502	541	703	155	12	12	534	1979

分区域火灾情况

区域	火灾概况								较大火灾				重大火灾				特别重大火灾				起火原因（起）										
	起数	扑救起数	所占比例（%）	死人	伤人	损失 直接损失（万元）	损失 烧毁建筑（平方米）	损失 受灾户数	起数	死人	伤人	直接损失（万元）	起数	死人	伤人	直接损失（万元）	起数	死人	伤人	直接损失（万元）	放火	电气	生产作业	用火不慎	吸烟	玩火	自燃	雷击	静电	不明确原因	其他
合计	125417	124124	99.0	1108	571	205743.4	12205406	35788	80	287	54	15775.3	7	82	32	11560.2					2832	37960	6742	22248	7091	8247	3533	191	119	10000	26454
城市市区	43113	42972	99.7	339	198	61598.8	1150006	10526	18	71	24	5205.5	4	34	7	10043.6					777	14783	1792	7306	2757	2664	833	23	28	2661	9489
县城城区	18329	18103	98.8	181	92	34317.0	918810	6317	16	56	7	1748.9	1	15	1	51.0					449	6872	1038	3194	711	999	486	23	14	1302	3241
集镇镇区	15131	14903	98.5	188	108	34008.4	1203295	4357	22	89	22	492.7									343	5233	1182	2271	568	683	509	37	22	1308	2975
农村	38504	37923	98.5	358	151	47006.9	7961892	13065	22	66	1	7250.1	1	18	24	286.2					1130	8518	1446	8833	2615	3631	808	100	25	3977	7421
开发区、旅游区	3640	3609	99.1	31	15	13967.5	524150	756	2	5		1078.1	1	15		1179.4					64	1081	579	408	188	153	140	6	19	210	792
其他	6700	6614	98.7	11	7	14844.8	447254	767													69	1473	705	236	252	117	757	2	11	542	2536

分月季火灾基本情况

项目		火灾概况						较大火灾				重大火灾				特别重大火灾				起火原因（起）										
		起数	死人	伤人	直接损失（万元）	烧毁建筑（平方米）	受灾户数	起数	死人	伤人	直接损失（万元）	起数	死人	伤人	直接损失（万元）	起数	死人	伤人	直接损失（万元）	放火	电气	生产作业	生活用火不慎	吸烟	玩火	自燃	雷击	静电	不明确原因	其他
合计		125417	1108	571	205743.4	12205406	35788	80	287	54	15775.3	7	82	32	11560.2					2832	37960	6742	22248	7091	8247	3533	191	119	10000	26454
一季度	小计	50463	504	165	72876.9	2840850	13832	32	120	5	608.6	3	24	4	10035.9					1097	13325	2025	9163	2825	6600	1109	3	37	4518	9761
	一月	16862	247	74	26771.6	833859	5026	14	52	2	308.1	2	24	4	651.5					414	5317	818	3385	940	888	379		12	1506	3203
	二月	19565	136	48	28325.9	1137655	4833	8	31	1	181.5	1			9384.4					348	4215	388	3094	874	5166	339	1	8	1628	3504
	三月	14036	121	43	17779.4	869336	3973	10	37	2	118.9									335	3793	819	2684	1011	546	391	2	17	1384	3054
二季度	小计	34080	289	216	57790.3	6418877	9361	19	66	23	5917.2	2	28	27	294.0					788	9911	1937	6688	2360	916	973	75	35	2997	7400
	四月	14494	119	89	24506.8	1363113	3607	7	26	19	4754.1	1	18	24	286.2					283	3519	778	3200	1091	454	390	5	22	1537	3215
	五月	10764	112	71	17923.4	3545274	3275	9	30	1	1113.0	1	10	3	7.7					296	3363	677	1971	731	274	284	29	11	820	2308
	六月	8822	58	56	15360.0	1510490	2479	3	10	3	50.1									209	3029	482	1517	538	188	299	41	2	640	1877
三季度	小计	24361	218	142	41708.2	1276929	7596	14	57	16	418.9	2	30	1	1230.4					544	9165	1595	3863	1081	393	937	111	20	1429	5223
	七月	8320	73	51	16753.2	402615	2564	3	13	1	146.5	1	15		1179.4					161	3214	502	1355	358	131	310	44	8	489	1748
	八月	8289	74	37	12352.8	378040	2567	5	19	2	165.9	1	15	1	51.0					180	3242	514	1283	348	142	344	53	5	480	1698
	九月	7752	71	54	12602.1	496274	2465	6	25	13	106.5									203	2709	579	1225	375	120	283	14	7	460	1777
四季度	小计	16513	97	48	33368.0	1668751	4999	15	44	10	8830.7									403	5559	1185	2534	825	338	514	2	27	1056	4070
	十月	7403	15	20	11857.1	1102229	2395	2	4	3	1441.8									169	2413	519	1149	397	162	236	2	9	493	1854
	十一月	4667	23	11	13488.3	246899	1302	5	10		7115.0									120	1598	362	691	226	80	147		9	282	1152
	十二月	4443	59	17	8022.6	319623	1302	8	30	7	273.8									114	1548	304	694	202	96	131		9	281	1064

消防监督分级管理单位火灾基本情况

项目	火灾概况						较大火灾				重大火灾				特别重大火灾				起火原因（起）										
	起数	死人	伤人	直接损失（万元）	烧毁建筑（平方米）	受灾户数	起数	死人	伤人	直接损失（万元）	起数	死人	伤人	直接损失（万元）	起数	死人	伤人	直接损失（万元）	放火	电气	生产作业	生活用火不慎	吸烟	玩火	自燃	雷击	静电	不明确原因	其他
合计	125417	1108	571	205743.4	12205406	35788	80	287	54	15775.3	7	82	32	11560.2					2832	37960	6742	22248	7091	8247	3533	191	119	10000	26454
一级管理单位	1718	13	6	6121.4	151588	430													42	641	260	249	45	73	50	5	3	121	229
二级管理单位	7708	84	65	49305.7	802515	2614	5	8	18	7142.9	3	24	3	9983.3					155	2645	973	1045	389	302	261	7	21	515	1395
派出所管理单位(场所)	115991	1011	500	150316.3	11251304	32744	75	279	36	8632.4	4	58	29	1577.0					2635	34674	5509	20954	6657	7872	3222	179	95	9364	24830

注："一级管理单位"指直辖市消防总队或地(市)消防支队直接监督管理的单位(也称一级重点单位)；"二级管理单位"指大、中城市的区消防处(科)或县(市)消防大队监督管理的单位；"派出所管理单位(场所)"指公安派出所监督管理的单位。

分引火源火灾情况

项目	火灾概况						较大火灾				重大火灾				特别重大火灾				起火原因（起）										
	起数	死人	伤人	直接损失（万元）	烧毁建筑（平方米）	受灾户数	起数	死人	伤人	直接损失（万元）	起数	死人	伤人	直接损失（万元）	起数	死人	伤人	直接损失（万元）	放火	电气	生产作业	生活用火不慎	吸烟	玩火	自燃	雷击	静电	不明确原因	其他
合计	125417	1108	571	205743.4	12205406	35788	80	287	54	15775.3	7	82	32	11560.2					2832	37960	6742	22248	7091	8247	3533	191	119	10000	26454
建筑构件、材料	13834	146	76	37129.8	1083504	5936	10	32	17	4835.4	4	35	8	9503.5					506	4716	1122	3206	363	684	88	58	6	1302	1783
家具、设备及竹、木等制品	36829	422	155	48878.5	1504824	12694	26	98	19	4452.9									694	20790	1112	6713	1055	1228	354	56	9	1794	3024
轻工业品、纺织品	10134	232	90	42550.0	949802	4117	21	70	15	6101.1	2	33	24	1465.6					328	3107	1143	1368	1041	712	232	17	22	590	1574
易燃、易爆物品	6829	43	153	15526.5	305595	2133	3	11		3.8									143	757	1464	2691	132	182	370	9	56	289	736
农副产品	3928	41	9	4759.4	2084853	1687					1	14		591.1					142	342	121	1367	256	583	79	7	1	414	616
山林野外（露天）	17188	7	3	4233.5	4716725	2316													358	614	146	3341	2599	3249	617	14	3	2341	3906
其他	36675	217	85	52665.7	1560103	6905	20	76	3	382.1									661	7634	1634	3562	1645	1609	1793	30	22	3270	14815

分建筑类别火灾情况

项目	火灾概况						较大火灾				重大火灾				特别重大火灾				起火原因（起）										
	起数	死人	伤人	直接损失（万元）	烧毁建筑（平方米）	受灾户数	起数	死人	伤人	直接损失（万元）	起数	死人	伤人	直接损失（万元）	起数	死人	伤人	直接损失（万元）	放火	电气	生产作业	生活用火不慎	吸烟	玩火	自燃	雷击	静电	不明确原因	其他
合计	76385	1046	529	168374.8	4451774	29405	77	276	54	15667.0	7	82	32	11560.2					1801	28803	4498	16095	2877	3640	864	141	82	5036	12548
高层	2553	33	31	20452.2	93328	880	2	4	15	4683.8	2	10	3	9392.1					52	1001	227	460	120	205	14	2	5	62	405
多层	36556	631	345	60179.9	1474705	13834	46	182	29	3530.6	4	57	29	988.7					734	15589	1457	7455	1419	1553	242	38	24	1983	6062
单层	36809	378	144	86866.0	2874857	14519	29	90	10	7452.6	1	15		1179.4					995	12068	2781	8133	1305	1846	595	101	53	2969	5963
地下	467	4	9	876.7	8884	172													20	145	33	47	33	36	13			22	118

火灾损失、死人分段情况

项目		起数	死人	伤人	直接损失（万元）
损失情况分段	合计	125417	1108	571	205743.4
	0.1万元以下	61321	101	75	1694.2
	0.1万元－1万元	46139	349	138	13809.9
	1万元－5万元	12207	244	157	24577.6
	5万元－10万元	2937	116	77	19146.1
	10万元－20万元	1335	74	27	17228.3
	20万元－30万元	577	35	19	13345.8
	30万元－100万元	691	118	28	32986.9
	100万以上	210	71	50	82954.6
死人情况分段	合计	125417	1108	571	205743.4
	无	124707		372	191266.3
	1人	517	517	97	9909.9
	2人	112	224	34	792.9
	3人	41	123	12	545.9
	4人－5人	28	120	10	774.8
	6人－9人	6	42	14	277.9
	10人－29人	6	82	32	2175.8
	30人以上				

注：损失金额含下限（左）不含上限（右）。

每日火灾情况

日期	星期	一月				星期	二月				星期	三月			
		起数	死人	伤人	直接损失（万元）		起数	死人	伤人	直接损失（万元）		起数	死人	伤人	直接损失（万元）
合计		16862	247	74	26771.6		19565	136	48	28325.9		14036	121	43	17779.4
1	五	608	7		1522.3	一	703	5	2	529.2	一	342		2	211.3
2	六	494	2	1	976.5	二	2657	11	1	1151.1	二	369	9	1	338.2
3	日	473	7	3	1299.8	三	2479	12	2	11275.0	三	382	5		351.6
4	一	440	7	2	656.1	四	1034	6		572.5	四	364	5	2	533.6
5	二	460	10	1	549.2	五	903		1	572.0	五	453	1	1	1087.6
6	三	494	11		1096.3	六	773	6	2	1177.0	六	434	3	2	432.4
7	四	497	5	4	658.4	日	808	3	5	790.8	日	416	4	1	601.9
8	五	495	10	1	1554.2	一	688	4	1	400.9	一	447	7	6	543.9
9	六	576	11	4	810.7	二	542	3	2	415.0	二	453	3	1	691.0
10	日	573	2	1	520.5	三	423	7	5	532.0	三	481	4		434.1
11	一	578	10		798.1	四	418	2	1	597.7	四	420	2		514.8
12	二	514	7		837.9	五	426	3	1	666.9	五	548	3	1	1386.6
13	三	520	25	9	755.0	六	401	6		847.7	六	491	3	2	563.7
14	四	512	7	1	910.2	日	430	10		1286.5	日	444	5		295.3
15	五	613	5	1	510.9	一	472	7		823.9	一	399	4	3	436.3
16	六	626	3	2	976.4	二	440	3	1	265.4	二	488	4		674.1
17	日	622	26		1911.7	三	1237	4		550.3	三	527	5	3	571.9
18	一	541	6	7	721.9	四	531	5		433.1	四	462	4	1	664.4
19	二	555	13	11	1146.5	五	437	2		343.9	五	399			882.6
20	三	505	6	1	361.9	六	490	3	6	444.9	六	390	1	1	549.7
21	四	472	3	4	1115.2	日	438	3	1	463.1	日	384		3	540.3
22	五	484	8	5	771.4	一	464	5	1	328.2	一	386	8	1	403.0
23	六	506	8		1022.2	二	452			1509.6	二	401			307.5
24	日	577	4	2	609.3	三	423	4	5	262.9	三	409	6	2	327.6
25	一	582	4		439.2	四	422	7	1	1147.1	四	466	1	1	850.2
26	二	596	10		467.9	五	385	6	4	384.4	五	518	6		560.2
27	三	561	10	7	751.2	六	360	5		323.0	六	562	7	3	854.1
28	四	522	4	6	854.4	日	329	4	6	231.9	日	547	8	1	667.6
29	五	604	8		735.8						一	558	9	3	501.0
30	六	628	3	1	1015.8						二	514	1	2	393.7
31	日	634	5		414.8						三	582	3		609.3

日期	星期	四月				星期	五月				星期	六月			
		起数	死人	伤人	直接损失（万元）		起数	死人	伤人	直接损失（万元）		起数	死人	伤人	直接损失（万元）
合计		14494	119	89	24506.8		10764	112	71	17923.4		8822	58	56	15360.0
1	四	524	4	2	556.9	六	422	11	9	626.0	二	333	2	7	438.5
2	五	437	7	1	387.3	日	377			1771.2	三	373	1		332.4
3	六	499	3	2	244.5	一	371	3	2	1898.0	四	406	2	1	523.6
4	日	548	4		455.2	二	350	2	1	320.7	五	315	2		278.9
5	一	596	3		790.5	三	375	2	1	453.3	六	290	2	4	376.0
6	二	458	3		400.3	四	329	1	3	593.3	日	271	3	5	328.9
7	三	351	2		303.3	五	306	1	1	161.2	一	330	2		373.4
8	四	455	5		472.2	六	358	3	1	766.0	二	300	2	1	200.7
9	五	504	2	17	5253.5	日	390	4	2	401.6	三	320	5	4	337.4
10	六	526	1	4	403.1	一	339	1		346.8	四	271	1	1	308.2
11	日	527	7	3	473.6	二	314	4		492.8	五	278	3	3	191.4
12	一	577	3	2	705.7	三	327	2	1	231.2	六	339	1	4	583.3
13	二	568	10		445.0	四	350	7		679.0	日	296	2	1	332.8
14	三	546	4	2	1217.6	五	322	1	1	416.8	一	296			442.7
15	四	479	1		785.2	六	354	7	2	645.4	二	292			900.9
16	五	565	2	1	671.4	日	369	5	1	486.8	三	265	5	3	206.9
17	六	516	3	1	528.7	一	447	4	2	585.9	四	246	3		432.8
18	日	507	3	2	1326.9	二	397	2	1	586.7	五	295		1	587.6
19	一	511		1	1294.4	三	366	7	2	521.9	六	241	1		645.5
20	二	459	2		503.4	四	356	7	5	519.3	日	307	1	1	309.3
21	三	352	1	4	310.5	五	328	1	4	307.2	一	282	1	1	313.9
22	四	344	2	4	272.8	六	325	3	2	574.0	二	267	3		833.2
23	五	411	3	1	764.6	日	287	3	11	596.3	三	271		2	893.3
24	六	507	7	3	702.7	一	284	6		330.6	四	235	5	2	672.1
25	日	484	22	27	1892.5	二	317	3	3	734.2	五	274	2		481.9
26	一	464	4		518.7	三	320		1	329.5	六	324	1		583.9
27	二	452	6	2	700.4	四	296	4	7	319.1	日	297	1	3	1630.5
28	三	472	2	3	792.0	五	352	1		485.1	一	271	2	1	955.3
29	四	469	1	3	826.6	六	358	11	1	998.8	二	253	1	8	646.2
30	五	386	2	4	507.0	日	361	3	6	463.8	三	284	4	3	218.5
31						一	317	3	1	281.0					

每日火灾情况(续)

日期	星期	七月 起数	七月 死人	七月 伤人	七月 直接损失(万元)	星期	八月 起数	八月 死人	八月 伤人	八月 直接损失(万元)	星期	九月 起数	九月 死人	九月 伤人	九月 直接损失(万元)
合计		8320	73	51	16753.2		8289	74	37	12352.8		7752	71	54	12602.1
1	四	260			175.4	日	249			363.4	三	235	4	7	279.8
2	五	289	1	8	344.1	一	292	1	2	478.0	四	248		4	283.0
3	六	302	5	2	406.2	二	260	2	2	685.5	五	272	3	2	873.6
4	日	254		2	1856.9	三	224	1		264.3	六	243	2		409.1
5	一	295		1	296.1	四	233			672.1	日	304	8	2	391.6
6	二	289	5	1	916.5	五	230			208.2	一	287	2		726.0
7	三	278		1	256.8	六	231	4		463.8	二	253	6	7	998.1
8	四	246	1		427.0	日	253	3		304.8	三	241	2	3	245.8
9	五	264	7	3	217.8	一	258	2		438.3	四	227	12	6	201.8
10	六	263		2	373.9	二	247	2		297.6	五	247	1	1	320.8
11	日	275	2		296.1	三	248	1	2	381.4	六	228			322.3
12	一	272	20		1599.2	四	260	1	3	241.6	日	253			228.0
13	二	235	2	3	182.7	五	270	4	1	582.9	一	297	1		545.8
14	三	254	1		888.4	六	310			381.3	二	255	1	1	261.2
15	四	231			159.5	日	316	1		617.6	三	241	4	4	348.9
16	五	240			142.6	一	294	3	2	482.3	四	206	5		186.1
17	六	243	3	1	546.6	二	313	1	1	297.8	五	256	3	2	679.6
18	日	226		2	193.1	三	301	2		477.4	六	227			456.3
19	一	252	3	2	320.2	四	332	2		358.9	日	251			231.0
20	二	268	3	7	210.3	五	286	2		221.2	一	271			270.2
21	三	242		2	1057.4	六	289	8	4	408.6	二	292		2	445.2
22	四	237	3	1	799.5	日	283		2	202.3	三	262		3	238.1
23	五	256	1	2	405.1	一	268	17	2	476.8	四	274	2	1	1233.7
24	六	284			308.7	二	236	3	1	611.2	五	275	1	1	461.7
25	日	313	1	4	1025.0	三	256	9	5	432.1	六	335	7		423.8
26	一	331	5	1	829.6	四	250		1	503.4	日	278	1	1	344.7
27	二	309	1		338.7	五	222		1	191.1	一	268	2	1	268.3
28	三	336	1		780.3	六	243			347.1	二	238		2	203.8
29	四	290	5		189.4	日	289	2	1	299.3	三	231	1	2	418.4
30	五	238	3	6	242.9	一	279	2	6	269.3	四	257	3	2	305.7
31	六	248			967.4	二	267	1	1	393.2					

日期	星期	十月 起数	十月 死人	十月 伤人	十月 直接损失(万元)	星期	十一月 起数	十一月 死人	十一月 伤人	十一月 直接损失(万元)	星期	十二月 起数	十二月 死人	十二月 伤人	十二月 直接损失(万元)
合计		7403	15	20	11857.1		4667	23	11	13488.3		4443	59	17	8022.6
1	五	235			324.8	一	240		1	218.0	三	124			265.4
2	六	267	3	7	222.4	二	192			4147.4	四	97			149.1
3	日	250			212.4	三	192	2	1	173.1	五	143	2		146.8
4	一	255			261.7	四	156			106.1	六	142	4	2	473.8
5	二	233			333.3	五	149			215.5	日	116			136.0
6	三	238	2	3	1605.4	六	174		1	92.9	一	120	2		93.5
7	四	225	1	1	267.9	日	166	2		70.0	二	122	3		236.8
8	五	239	4		799.2	一	153	2	2	100.0	三	140	2		108.6
9	六	238			211.6	二	138	1		129.8	四	159		2	548.1
10	日	246		2	370.7	三	150			93.8	五	173			275.4
11	一	271			275.7	四	147		1	676.1	六	161	1		373.7
12	二	251			305.6	五	158			325.5	日	143	2		231.4
13	三	206		2	147.4	六	191			3347.1	一	128	9		259.8
14	四	225		2	202.8	日	159			141.2	二	158	4		373.8
15	五	281			335.7	一	147	3		413.5	三	172		2	425.7
16	六	282	1		251.7	二	126	5		718.5	四	141	3		236.5
17	日	293			1614.5	三	114			178.4	五	139	1	1	108.4
18	一	269	1		401.2	四	125			72.2	六	144	7	5	415.2
19	二	287			256.6	五	138	1		119.6	日	147			217.0
20	三	243	1	1	269.7	六	139			78.9	一	129	4		237.3
21	四	223			196.4	日	160			120.4	二	149		1	247.0
22	五	203			133.0	一	133	2		549.0	三	156			107.7
23	六	220			302.6	二	173			139.8	四	161	1		139.7
24	日	210	1		213.9	三	165	1		345.0	五	182			194.1
25	一	230			205.0	四	172		2	189.7	六	178	1	1	115.1
26	二	226			278.0	五	140		1	100.4	日	145			154.5
27	三	220	1		450.8	六	148	4	2	232.3	一	135	4		214.5
28	四	212			434.7	日	153			115.0	二	155	2		151.0
29	五	207			139.0	一	121			99.5	三	120	4	2	140.4
30	六	213		2	145.3	二	148			179.7	四	131	2	1	1135.0
31	日	205			688.2						五	133	1		111.3

火灾24小时分布情况

项目	火灾概况						较大火灾				重大火灾				特别重大火灾				起火原因（起）										
	起数	死人	伤人	直接损失（万元）	烧毁建筑（平方米）	受灾户数	起数	死人	伤人	直接损失（万元）	起数	死人	伤人	直接损失（万元）	起数	死人	伤人	直接损失（万元）	放火	电气	生产作业	生活用火不慎	吸烟	玩火	自燃	雷击	静电	不明确原因	其他
合计	125417	1108	571	205743.4	12205406	35788	80	287	54	15775.3	7	82	32	11560.2					2832	37960	6742	22248	7091	8247	3533	191	119	10000	26454
00～02	8541	165	100	29193.8	524838	2781	15	48	9	4037.9	3	28	28	9730.9					364	2658	307	1126	418	741	247	21	6	773	1880
02～04	6570	193	71	16712.6	456071	2861	18	65	3	333.3	1	10	3	7.7					341	2318	288	869	294	148	229	24	2	622	1435
04～06	5456	126	43	15378.7	403024	2047	13	50	13	1699.2									204	2065	268	793	221	101	185	21	6	454	1138
06～08	5743	96	30	10334.7	282058	1833	6	23	3	105.9	1	15	1	51.0					119	2076	381	1028	232	124	201	7	6	397	1172
08～10	9242	69	48	13433.1	499446	2557					1	15		1179.4					137	3072	745	1873	425	270	235	6	12	649	1818
10～12	12555	50	46	15024.0	3741076	3426	2	7		0.4									224	3687	933	2755	724	588	311	8	25	882	2418
12～14	13293	53	34	16454.7	1534588	3610	7	26	5	317.3									194	3556	767	2659	865	1009	365	6	12	1022	2838
14～16	14718	68	51	21943.8	1753732	3574	4	9	16	5817.0									239	3896	939	2746	987	1226	391	19	14	1190	3071
16～18	13525	43	37	16812.3	1233223	3459	1	4		0.3									204	3755	811	2621	804	1063	366	20	12	1007	2862
18～20	13800	51	29	15085.2	654987	3475	1	3		20.5									231	4079	560	2440	756	1305	372	20	10	1087	2940
20～22	12413	45	37	18173.3	534413	3189	4	10	1	3167.0									265	3800	437	1934	774	1022	358	24	9	1036	2754
22～24	9561	149	45	17197.3	587951	2976	9	42	4	276.6	1	14		591.1					310	2998	306	1404	591	650	273	15	5	881	2128

注：时间含下限（左）不含上限（右）。

人员死亡火灾对比情况

项　目		2011 年	2010 年	同比
四项数字	起　数	710	824	-13.8%
	死　人	1108	1205	-8.0%
	伤　人	199	228	-12.7%
	直接损失（万元）	14477.2	11851.3	22.2%
一次死亡1至2人	起　数	629	748	-15.9%
	死　人	741	892	-16.9%
	伤　人	131	120	9.2%
	直接损失（万元）	10702.8	7926.1	35.0%
一次死亡3至9人	起　数	75	73	2.7%
	死　人	285	270	5.6%
	伤　人	36	57	-36.8%
	直接损失（万元）	1598.5	2340.7	-31.7%
一次死亡10人至29人	起　数	6	3	100.0%
	死　人	82	43	90.7%
	伤　人	32	51	-37.3%
	直接损失（万元）	2175.8	1584.5	37.3%
一次死亡30以上	起　数			
	死　人			
	伤　人			
	直接损失（万元）			

人员死亡火灾分地区情况

地区	四项数字				一次死亡1至2人				一次死亡3至9人				一次死亡10至29人				一次死亡30人以上			
	起数	死人	伤人	直接损失（万元）	起数	死人	伤人	直接损失（万元）	起数	死人	伤人	直接损失（万元）	起数	死人	伤人	直接损失（万元）	起数	死人	伤人	直接损失（万元）
合计	125417	1108	571	205743.4	629	741	131	10702.8	75	285	36	1598.5	6	82	32	2175.8				
北京	4044	30	41	5035.0	11	12	1	80.1					1	18	24	286.2				
天津	842	17	10	842.4	13	14	1	20.5	1	3		0.2								
河北	4557	16	27	6731.5	7	10	4	702.6	2	6		5.2								
山西	4679	14	9	4643.5	11	14		4.0												
内蒙古	10365	49	17	6217.7	37	41	3	309.4	2	8		52.8								
辽宁	4088	32	4	16105.9	25	29	1	27.0	1	3										
吉林	7587	29	10	3717.6	11	12	1	22.8	2	7	2	2.4	1	10	3	7.7				
黑龙江	2359	16	18	3789.4	11	13	8	132.7	1	3		101.5								
上海	5813	43	46	11000.4	37	40	8	685.9	1	3		36.5								
江苏	4715	75	46	10761.5	60	67	8	185.2	2	8		47.5								
浙江	3565	87	54	6086.8	33	44	17	178.9	11	43	9	47.4								
安徽	5870	35	13	6290.2	21	25		26.1	3	10	1	123.3								
福建	4116	47	10	6965.9	27	34		220.3	4	13		122.6								
江西	4647	29	14	8385.7	18	23	7	325.0	2	6	4	65.4								
山东	3818	19	11	7768.8	7	9	3	75.7	2	10	5	163.3								
河南	3437	20	6	3488.8	5	6	5	21.6	3	14		3.4								
湖北	8292	46	4	6287.8	7	7		13.5	2	10	1	51.5	2	29		1770.5				
湖南	3781	45	14	7450.3	20	22	5	138.0	3	13		122.7	1	10	4	60.4				
广东	8159	132	65	21613.9	51	66	9	456.2	13	51	11	314.7	1	15	1	51.0				
广西	1889	45	12	5802.1	25	33	3	130.3	3	12	1	55.8								
海南	710	6	1	1424.3	4	6	1	25.1												
重庆	3777	49	22	4345.6	39	42	2	91.7	2	7		80.7								
四川	5591	42	17	10193.0	15	16	4	57.0	7	26		91.6								
贵州	1170	55	10	6625.4	35	39	1	149.9	4	16	1	90.5								
云南	1350	53	33	7365.8	41	50	16	1656.8	1	3		0.1								
西藏	248	10	7	529.9	5	7		40.4	1	3	1	9.4								
陕西	5006	22	6	9417.8	16	18	2	125.2	1	4		10.0								
甘肃	909	5	5	5395.7	4	5	2	14.6												
青海	1685	6	17	6044.4	6	6	17	4715.4												
宁夏	3255	1	1	237.7	1	1		0.1												
新疆	5093	33	21	5178.5	26	30	2	70.8	1	3		0.2								

死亡1至2人火灾分地区情况

地区	起数	死人	伤人	直接损失（万元）	起火原因																					
					放火		电气		生产作业		用火不慎		吸烟		玩火		自燃		雷击		静电		不明确原因		其他	
					起数	直接损失（万元）	起数	直接损失（万元）	起数	直接损失（万元）	起数	直接损失（万元）	起数	直接损失（万元）	起数	直接损失（万元）	起数	直接损失（万元）	起数	直接损失（万元）	起数	直接损失（万元）	起数	直接损失（万元）	起数	直接损失（万元）
合 计	629	741	131	10702.8	107	253.2	166	8969.3	15	174.9	135	417.1	73	89.1	23	48.8	2	5.8	1	176.6	1	6.1	38	179.6	68	382.2
北 京	11	12	1	80.1							6	78.8	3	0.3									1	1.0	1	
天 津	13	14	1	20.5			4	19.1			3	0.4	3	0.4									2	0.2	1	0.5
河 北	7	10	4	702.6	2	0.8	1	700.0					1	1.2	2	0.4									1	0.2
山 西	11	14		4.0			4	1.9			2	0.1	1	0.3	1	0.6									3	1.2
内蒙古	37	41	3	309.4	2	81.4	2	0.4	1	0.5	12	29.2	13	3.6					1	176.6			2	3.9	4	13.8
辽 宁	25	29	1	27.0	13	10.0	1	2.2	2	6.0	2	2.9	2	4.0									3	1.4	2	0.5
吉 林	11	12	1	22.8			4	6.6			4	14.1	1	0.5									1	0.4	1	1.2
黑龙江	11	13	8	132.7	1	27.5	4	3.4	1	75.6	3	20.0	1	0.2											1	6.0
上 海	37	40	8	685.9	3	0.9	13	669.2			11	9.5	4	2.0											6	4.3
江 苏	60	67	8	185.2	7	4.1	14	108.1	3	23.9	16	30.8	9	4.6	2	0.7	1	2.0					1	0.1	7	11.0
浙 江	33	44	17	178.9	1	2.0	16	83.6	2	2.6	4	7.9	1	0.1	2	4.2							4	9.4	3	69.2
安 徽	21	25		26.1	1	1.1	5	16.6			7	4.9	6	2.1	1	1.0									1	0.3
福 建	27	34		220.3	5	5.7	9	117.3			3	0.8	2	0.9									3	61.2	5	34.4
江 西	18	23	7	325.0		0.0	7	299.6			2	9.6	2	0.4									2	11.5	5	3.8
山 东	7	9	3	75.7	2	1.8	2	68.0	1	5.0	2	0.9														
河 南	5	6	5	21.6			3	3.1															1	18.0	1	0.5
湖 北	7	7		13.5	4	4.0					1	9.3	1	0.1											1	0.1
湖 南	20	22	5	138.0	3	9.6	8	42.8			4	14.7	1	42.9									2	8.2	2	19.7
广 东	51	66	9	456.2	11	12.4	21	291.0	1	17.8	4	2.0	2	3.2	3	0.3							1	4.0	8	125.4
广 西	25	33	3	130.3	2	2.4	7	47.2	1	29.8	7	39.5	2	1.1	1	0.1	1	3.8					2	5.5	2	1.0
海 南	4	6	1	25.1		0.0	1	8.5			2	9.6													1	7.0
重 庆	39	42	2	91.7	16	10.7	9	55.7			7	21.4	4	1.1											3	2.8
四 川	15	16	4	57.0	1	0.2	4	5.7	1	8.0	5	21.3	1												3	21.8
贵 州	35	39	1	149.9	10	16.1	8	84.5			10	30.9	1	0.2	4	9.2							1	0.3	1	8.6
云 南	41	50	16	1656.8	10	58.6	8	1532.2			7	27.3	8	19.5	1	0.8							5	17.3	2	1.0
西 藏	5	7		40.4					1	0.9	2	20.1											2	19.4		
陕 西	16	18	2	125.2			4	72.4			5	4.7	1	0.4	2	30.0							4	17.7		
甘 肃	4	5	2	14.6			3	14.6															1			
青 海	6	6	17	4715.4			2	4698.3	1	5.0	1	6.1			1						1	6.1				
宁 夏	1	1		0.1							1	0.1														
新 疆	26	30	2	70.8	13	3.8	2	17.2			2	0.3	3	0.2	3	1.5									3	47.9

死亡1至2人火灾分月季情况

项目		火灾概况						较大火灾				重大火灾				特别重大火灾				起火原因（起）										
		起数	死人	伤人	直接损失（万元）	烧毁建筑（平方米）	受灾户数	起数	死人	伤人	直接损失（万元）	起数	死人	伤人	直接损失（万元）	起数	死人	伤人	直接损失（万元）	放火	电气	生产作业	生活用火不慎	吸烟	玩火	自燃	雷击	静电	不明确原因	其他
合计		629	741	131	10702.8	91633	881	2	2	18	6110.5									107	166	15	135	73	23	2	1	1	38	68
一季度	小计	304	360	30	1228.8	29725	345													28	78	4	87	42	12	2			18	33
	一月	141	171	8	624.8	14314	138													15	42	1	35	18	6				10	14
	二月	89	105	15	220.1	5584	74													6	21	1	28	14	4	2			3	10
	三月	74	84	7	383.9	9826	133													7	15	2	24	10	2				5	9
二季度	小计	169	196	62	6010.9	29973	171	1	1	15	4683.7									37	43	5	31	11	7			1	13	21
	四月	65	76	28	5638.7	20669	88	1	1	15	4683.7									11	17	2	12	5	2				4	12
	五月	61	72	16	210.0	5448	36													18	11	3	10	3	4			1	6	5
	六月	43	48	18	162.2	3855	47													8	15		9	3	1				3	4
三季度	小计	111	131	32	1471.4	26067	280													26	36	5	12	10	4		1		6	11
	七月	38	45	11	460.1	5614	31													11	11	3	3	3	1		1		1	4
	八月	35	40	8	605.8	12792	184													8	14		4	2	2				2	3
	九月	38	46	13	405.5	7660	65													7	11	2	5	5	1				3	4
四季度	小计	45	54	7	1991.7	5866	85	1	1	3	1426.8									16	9	1	5	10					1	3
	十月	11	12	6	1432.2	2951	41	1	1	3	1426.8									3	2		1	3					1	1
	十一月	10	13	1	419.8	894	12													5	3		2							
	十二月	24	29		139.6	2021	32													8	4	1	2	7						2

死亡3至9人火灾分地区情况

地区	起数	死人	伤人	直接损失（万元）	起火原因																					
					放火		电气		生产作业		用火不慎		吸烟		玩火		自燃		雷击		静电		不明确原因		其他	
					起数	直接损失（万元）	起数	直接损失（万元）	起数	直接损失（万元）	起数	直接损失（万元）	起数	直接损失（万元）	起数	直接损失（万元）	起数	直接损失（万元）	起数	直接损失（万元）	起数	直接损失（万元）	起数	直接损失（万元）	起数	直接损失（万元）
合计	75	285	36	1598.5	13	53.8	32	726.9	3	286.1	11	95.9	3	98.5	3	42.6			1	18.6			2	15.3	7	260.9
北京																										
天津	1	3		0.2											1	0.2										
河北	2	6		5.2	1	0.2							1	5.0												
山西																										
内蒙古	2	8		52.8	1	0.3	1	52.5																		
辽宁	1	3																							1	
吉林	2	7	2	2.4	2	2.4																				
黑龙江	1	3		101.5					1	101.5																
上海	1	3		36.5			1	36.5																		
江苏	2	8		47.5			1	46.8			1	0.6														
浙江	11	43	9	47.4	5	2.5	5	23.4	1	21.6																
安徽	3	10	1	123.3			2	52.3																	1	71.0
福建	4	13		122.6			3	80.2							1	42.3										
江西	2	6	4	65.4			1	42.0																	1	23.4
山东	2	10	5	163.3					1	163.0													1	0.3		
河南	3	14		3.4							3	3.4														
湖北	2	10	1	51.5	1	46.9	1	4.6																		
湖南	3	13		122.7							1	1.4											1	15.0	1	106.3
广东	13	51	11	314.7	2	1.5	7	192.5			1	0.5	1	70.0												
广西	3	12	1	55.8			3	55.8																	2	50.2
海南																										
重庆	2	7		80.7	1	0.2	1	80.5																		
四川	7	26		91.6			4	44.1			1	5.4	1	23.5					1	18.6						
贵州	4	16	1	90.5			2	15.5			2	75.0														
云南	1	3		0.1											1	0.1										
西藏	1	3	1	9.4							1	9.4														
陕西	1	4		10.0																					1	10.0
甘肃																										
青海																										
宁夏																										
新疆	1	3		0.2							1	0.2														

死亡3至9人火灾分月季情况

项目		火灾概况						较大火灾				重大火灾				特别重大火灾				起火原因（起）										
		起数	死人	伤人	直接损失（万元）	烧毁建筑（平方米）	受灾户数	起数	死人	伤人	直接损失（万元）	起数	死人	伤人	直接损失（万元）	起数	死人	伤人	直接损失（万元）	放火	电气	生产作业	生活用火不慎	吸烟	玩火	自燃	雷击	静电	不明确原因	其他
合计		75	285	36	1598.5	20550	99	75	285	36	1598.5									13	32	3	11	3	3		1		2	7
一季度	小计	32	120	5	608.6	3837	56	32	120	5	608.6									4	16		5	2	2				1	2
	一月	14	52	2	308.1	1890	15	14	52	2	308.1									3	5		3	1	1					1
	二月	8	31	1	181.5	790	24	8	31	1	181.5										3		2		1				1	1
	三月	10	37	2	118.9	1156	17	10	37	2	118.9									1	8			1						
二季度	小计	17	65	8	202.3	4468	10	17	65	8	202.3									4	4		5	1					1	2
	四月	6	25	4	70.5	1919		6	25	4	70.5									2	1		1	1					1	
	五月	8	30	1	81.7	1828	6	8	30	1	81.7									2	2		3							1
	六月	3	10	3	50.1	721	4	3	10	3	50.1										1		1							1
三季度	小计	14	57	16	418.9	8356	17	14	57	16	418.9									2	6	2			1		1			2
	七月	3	13	1	146.5	3274	10	3	13	1	146.5											1					1			1
	八月	5	19	2	165.9	3467	3	5	19	2	165.9										3	1			1					
	九月	6	25	13	106.5	1615	4	6	25	13	106.5									2	3									1
四季度	小计	12	43	7	368.8	3887	16	12	43	7	368.8									3	6	1	1							1
	十月	1	3		15.0	200	4	1	3		15.0										1									
	十一月	3	10		80.0	1030	4	3	10		80.0									2	1									
	十二月	8	30	7	273.8	2657	8	8	30	7	273.8									1	4	1	1							1

死亡10至29人火灾分地区情况

地区	起数	死人	伤人	直接损失（万元）	起火原因																					
					放火		电气		生产作业		用火不慎		吸烟		玩火		自燃		雷击		静电		不明确原因		其他	
					起数	直接损失（万元）	起数	直接损失（万元）	起数	直接损失（万元）	起数	直接损失（万元）	起数	直接损失（万元）	起数	直接损失（万元）	起数	直接损失（万元）	起数	直接损失（万元）	起数	直接损失（万元）	起数	直接损失（万元）	起数	直接损失（万元）
合计	6	82	32	2175.8	1	7.7	5	2168.1																		
北京	1	18	24	286.2			1	286.2																		
天津																										
河北																										
山西																										
内蒙古																										
辽宁																										
吉林	1	10	3	7.7	1	7.7																				
黑龙江																										
上海																										
江苏																										
浙江																										
安徽																										
福建																										
江西																										
山东																										
河南																										
湖北	2	29		1770.5			2	1770.5																		
湖南	1	10	4	60.4			1	60.4																		
广东	1	15	1	51.0			1	51.0																		
广西																										
海南																										
重庆																										
四川																										
贵州																										
云南																										
西藏																										
陕西																										
甘肃																										
青海																										
宁夏																										
新疆																										

死亡10至29人火灾分月季情况

项目		火灾概况						较大火灾				重大火灾				特别重大火灾				起火原因（起）										
		起数	死人	伤人	直接损失（万元）	烧毁建筑（平方米）	受灾户数	起数	死人	伤人	直接损失（万元）	起数	死人	伤人	直接损失（万元）	起数	死人	伤人	直接损失（万元）	放火	电气	生产作业	生活用火不慎	吸烟	玩火	自燃	雷击	静电	不明确原因	其他
合计		6	82	32	2175.8	9792	37					6	82	32	2175.8					1	5									
一季度	小计	2	24	4	651.5	2650	37					2	24	4	651.5						2									
	一月	2	24	4	651.5	2650	37					2	24	4	651.5						2									
	二月																													
	三月																													
二季度	小计	2	28	27	294.0	442						2	28	27	294.0					1	1									
	四月	1	18	24	286.2	300						1	18	24	286.2						1									
	五月	1	10	3	7.7	142						1	10	3	7.7					1										
	六月																													
三季度	小计	2	30	1	1230.4	6700						2	30	1	1230.4						2									
	七月	1	15		1179.4	3450						1	15		1179.4						1									
	八月	1	15	1	51.0	3250						1	15	1	51.0						1									
	九月																													
四季度	小计																													
	十月																													
	十一月																													
	十二月																													

分场所火灾死亡人员基本情况

场所	死亡(人)	性别		年龄段(岁)			健康情况					来源						受教育程度				职业									
							健康	不健康				常住人口			流动人口			高等	中等	初等	未受教育	无业	有职业								
		男	女	0~18	19~59	>=60		残疾	精神病	瘫痪	其他	国内	国外	港澳台地区	国内	国外	港澳台地区						党政组织事业单位负责人	专业技术人员	办事人员和有关人员	商业和服务人员	农林牧渔水利业	生产、运输设备操作人员及有关人员	军人	不便分类的其他人员	学生
合计	1108	667	441	264	580	264	840	43	30	56	139	865	1	1	238	2	1	51	239	447	371	543	4	10	29	88	48	58	4	231	93
住宅	589	348	241	146	255	188	383	34	23	36	113	494		1	93		1	19	85	235	250	351	1	2	4	24	34	14	3	101	55
宿舍	128	80	48	26	65	37	94	7	4	10	13	103			24	1		5	23	58	42	58	2	4	2	5	8	3		36	10
办公场所	18	15	3		16	2	17	1				18						14	2	1	1	1			15					2	
学校	2	1	1		1	1	1			1		2						1			1					1				1	
商业场所	98	53	45	30	64	4	94			2	2	67			31			2	48	33	15	35			1	40	1	2		11	8
文博馆																															
宾馆、招待所	38	23	15	3	33	2	38					28			10			6	19	12	1	18	1		1	1		2	1	11	3
餐饮场所	17	12	5	5	12		16				1	13			4				2	11	4	9		1	1	3					3
医院	3	2	1		2	1	2				1	3						1	1	1				1			1	1			
养老院	9	1	8			9				6	3	7			2					2	7	5								4	
公共娱乐场所	5	3	2	1	4		5					4			1				2	2	1	1				1	1				2
体育场馆																															
金融交易场所																															
交通枢纽站																															
科研试验场所																															
广播电视中心																															
邮电通信场所																															
文物古建筑场所																															
宗教场所	1		1			1	1					1									1	1									
会议、展览中心																															
物资仓储场所	18	15	3	5	13		18					12			6				10	4	4	5				1		8		2	2
厂房	52	29	23	12	38	2	51				1	35	1		15	1		2	24	19	7	5		1	5			19		21	1
加油加气站																															
汽车库	1	1			1		1								1					1										1	
农副业场所	14	11	3	5	4	5	11	1	1		1	11			3					5	9	10					2				2
建筑工地	10	10		1	8	1	10					5			5					7	3	3						2		5	
石油化工企业																															
露天框架																															
交通工具	16	12	4	6	9	1	14		1		1	14			2				4	5	7	8				1		4		3	
垃圾及废弃物	1	1			1		1					1								1		1									
公园	1	1			1		1					1							1											1	
三合一、多合一场所	47	26	21	17	28	2	47					15			32				6	32	9	12		1		3				25	6
动拆迁工地																															
其他	40	23	17	7	25	8	35		1	1	3	31			9			1	12	18	9	20				8	1	3		7	1

人员密集场所火灾对比情况

项　　目		2011 年	2010 年	同比
四项指数	起　　数	12448	13789	-9.7%
	死　　人	191	180	6.1%
	伤　　人	134	127	5.5%
	直接损失（万元）	36042.9	41257.5	-12.6%
较大火灾	起　　数	15	16	-6.3%
	死　　人	58	51	13.7%
	伤　　人	29	18	61.1%
	直接损失（万元）	6642.1	3146.7	111.1%
重大火灾	起　　数	4	3	33.3%
	死　　人	49	31	58.1%
	伤　　人	8	34	-76.5%
	直接损失（万元）	710.3	11369.1	-93.8%
特别重大火灾	起　　数			
	死　　人			
	伤　　人			
	直接损失（万元）			

人员密集场所火灾分类别情况

项目	火灾概况				较大火灾				重大火灾				特别重大火灾			
	起数	死人	伤人	直接损失（万元）	起数	死人	伤人	直接损失（万元）	起数	死人	伤人	直接损失（万元）	起数	死人	伤人	直接损失（万元）
合计	12448	191	134	36042.9	15	58	29	6642.2	4	49	8	710.2				
商场市场	4968	98	64	27927.3	10	41	24	6523.6	1	14		591.1				
办公场所	1122	18	12	1516.5					1	15	1	51.0				
宾馆招待所	714	38	16	763.7	3	11	2	95.1	2	20	7	68.1				
餐饮场所	3263	17	34	2190.6												
娱乐场所	551	5	4	1482.9												
学校	516	2		173.5												
医院	265	3		439.9												
交通枢纽	775			968.9												
其他	274	10	4	579.6	2	6	3	23.5								

注：学校含幼儿园，娱乐场所含歌厅舞厅及其他休闲娱乐场所，其他指养老院、文博馆、体育场馆、金融交易场所等人员密集场所。

加油（气）站火灾对比情况

项目		2011 年	2010 年	同比
四项指数	起数	88	95	-7.4%
	死人			
	伤人	1	9	-88.9%
	直接损失（万元）	204.9	107.3	90.9%
较大火灾	起数			
	死人			
	伤人			
	直接损失（万元）			
重大火灾	起数			
	死人			
	伤人			
	直接损失（万元）			
特别重大火灾	起数			
	死人			
	伤人			
	直接损失（万元）			

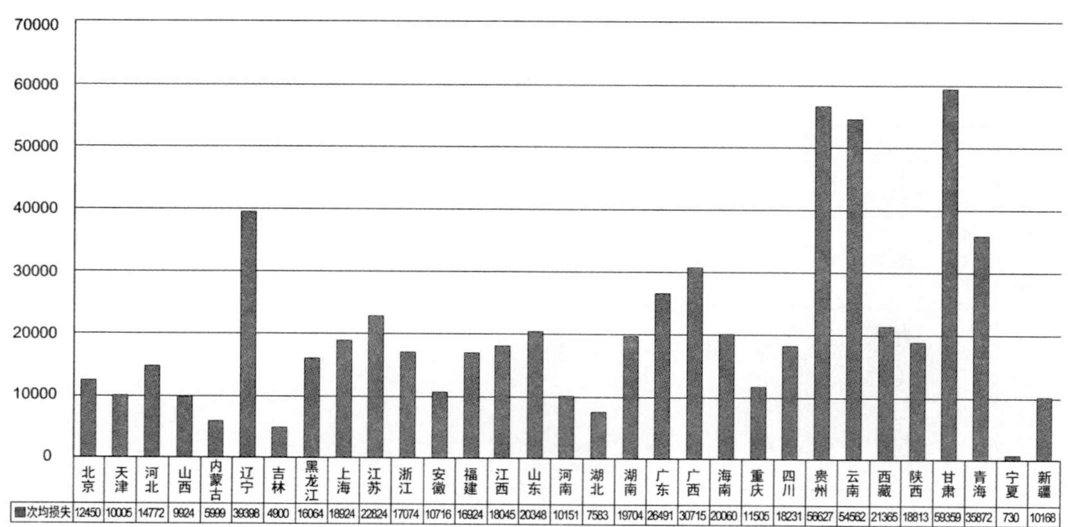

	北京	天津	河北	山西	内蒙古	辽宁	吉林	黑龙江	上海	江苏	浙江	安徽	福建	江西	山东	河南	湖北	湖南	广东	广西	海南	重庆	四川	贵州	云南	西藏	陕西	甘肃	青海	宁夏	新疆
次均损失	12450	10005	14772	9924	5999	39398	4900	16064	18924	22824	17074	10716	16924	18045	20348	10151	7583	19704	26491	30715	20060	11505	18231	56627	54562	21365	18813	59359	35872	730	10168

分地区火灾次均损失图

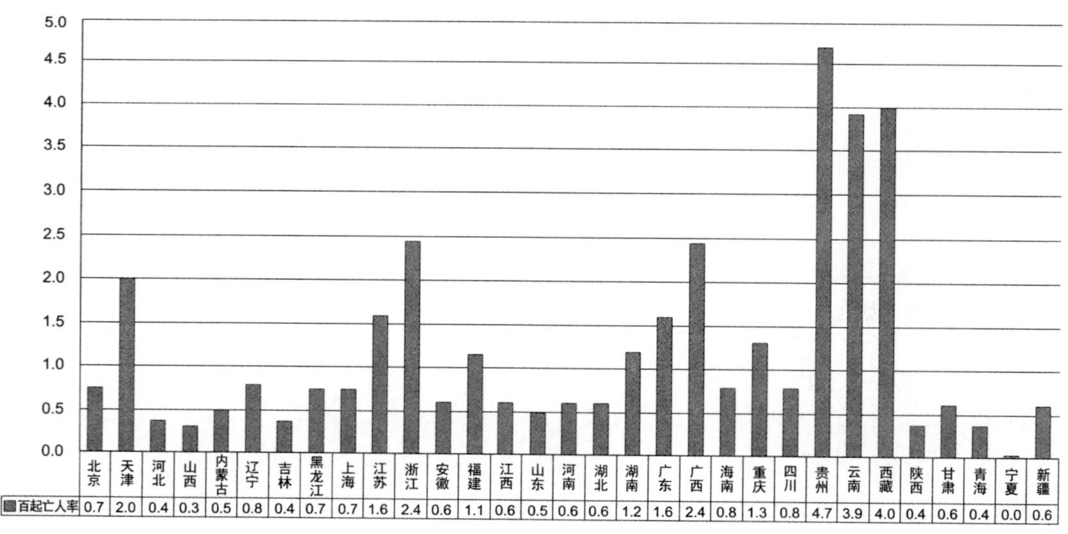

	北京	天津	河北	山西	内蒙古	辽宁	吉林	黑龙江	上海	江苏	浙江	安徽	福建	江西	山东	河南	湖北	湖南	广东	广西	海南	重庆	四川	贵州	云南	西藏	陕西	甘肃	青海	宁夏	新疆
百起亡人率	0.7	2.0	0.4	0.3	0.5	0.8	0.4	0.7	0.7	1.6	2.4	0.6	1.1	0.6	0.5	0.6	0.6	1.2	1.6	2.4	0.8	1.3	0.8	4.7	3.9	4.0	0.4	0.6	0.4	0.0	0.6

分地区百起火灾亡人率图

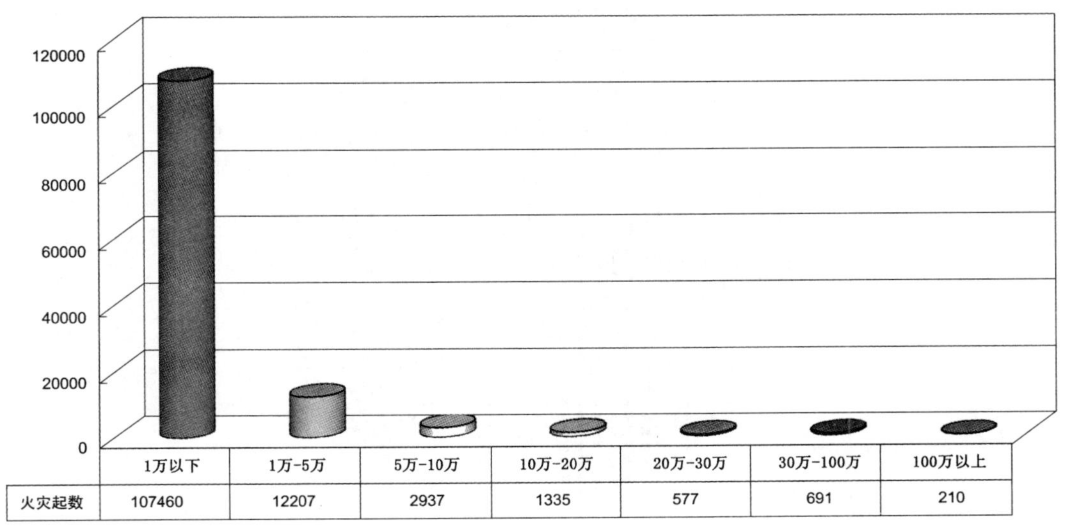

火灾损失分段情况图

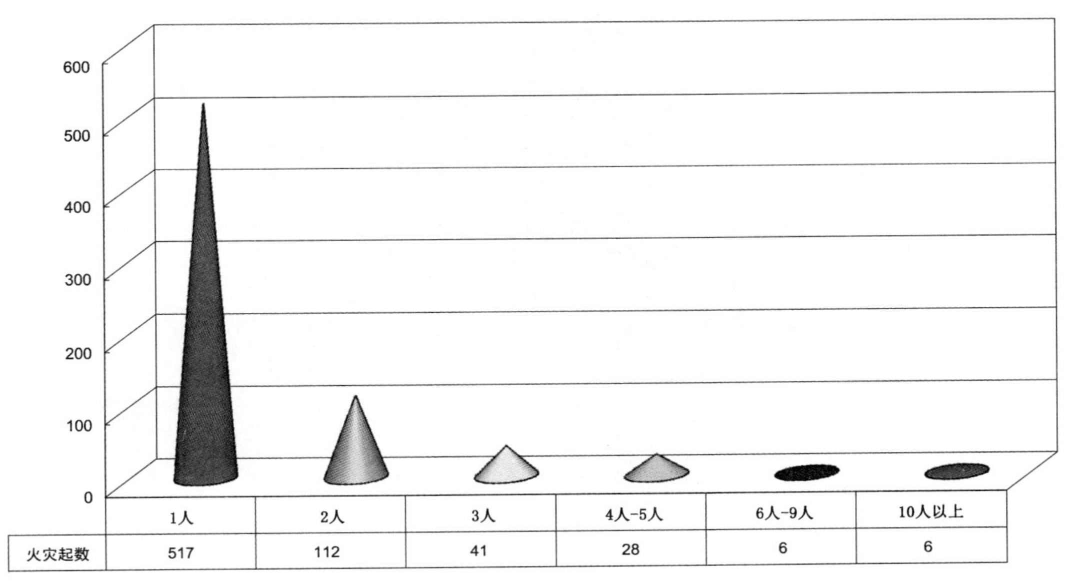

火灾死亡人数分段情况图

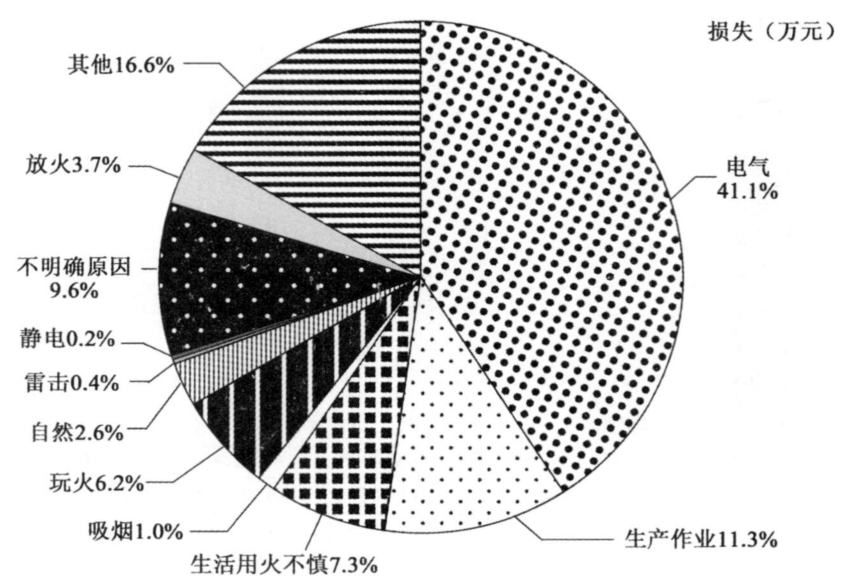

起火原因损失比例图

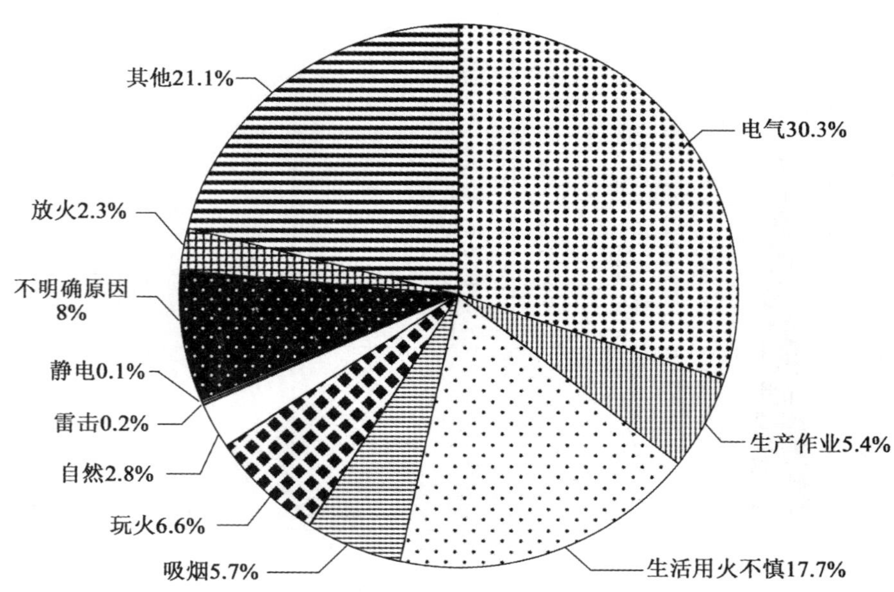

起火原因起数比例图

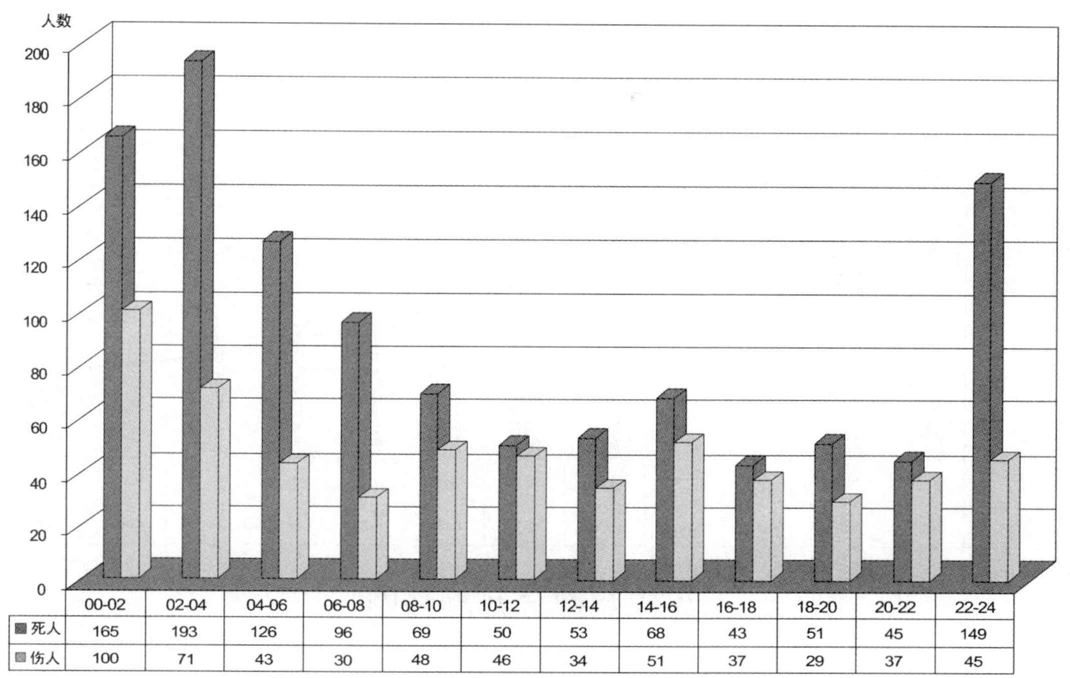

	00-02	02-04	04-06	06-08	08-10	10-12	12-14	14-16	16-18	18-20	20-22	22-24
死人	165	193	126	96	69	50	53	68	43	51	45	149
伤人	100	71	43	30	48	46	34	51	37	29	37	45

火灾伤亡人数 24 小时分布图

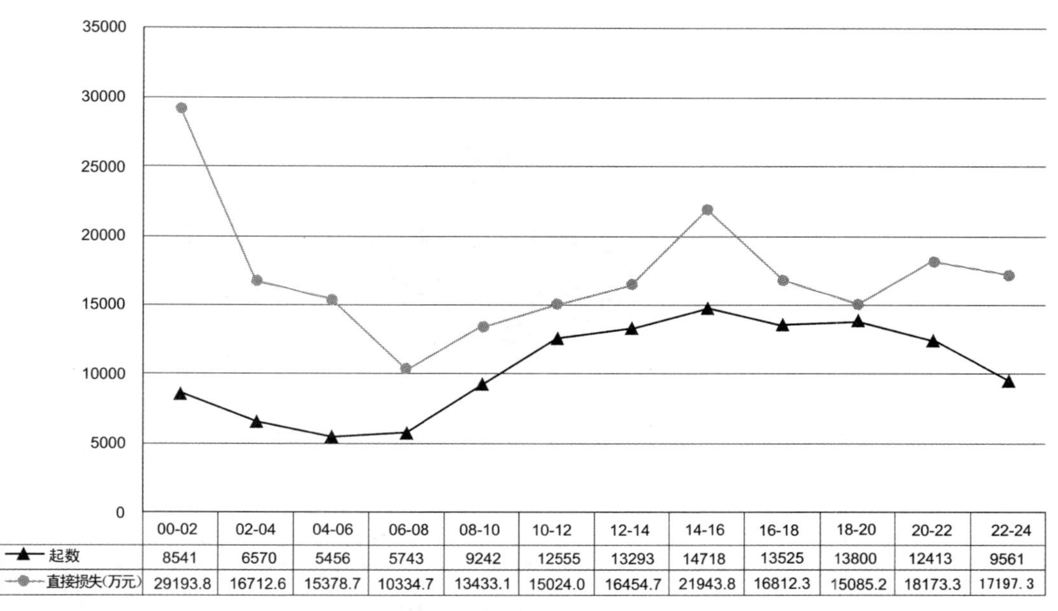

	00-02	02-04	04-06	06-08	08-10	10-12	12-14	14-16	16-18	18-20	20-22	22-24
起数	8541	6570	5456	5743	9242	12555	13293	14718	13525	13800	12413	9561
直接损失(万元)	29193.8	16712.6	15378.7	10334.7	13433.1	15024.0	16454.7	21943.8	16812.3	15085.2	18173.3	17197. 3

火灾起数、损失 24 小时分布图

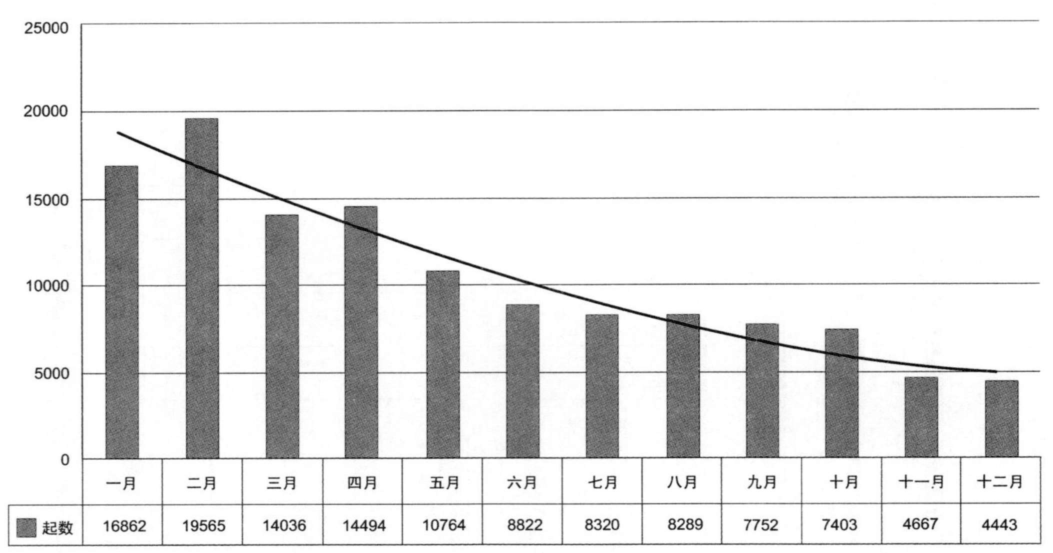

火灾起数分月趋势图

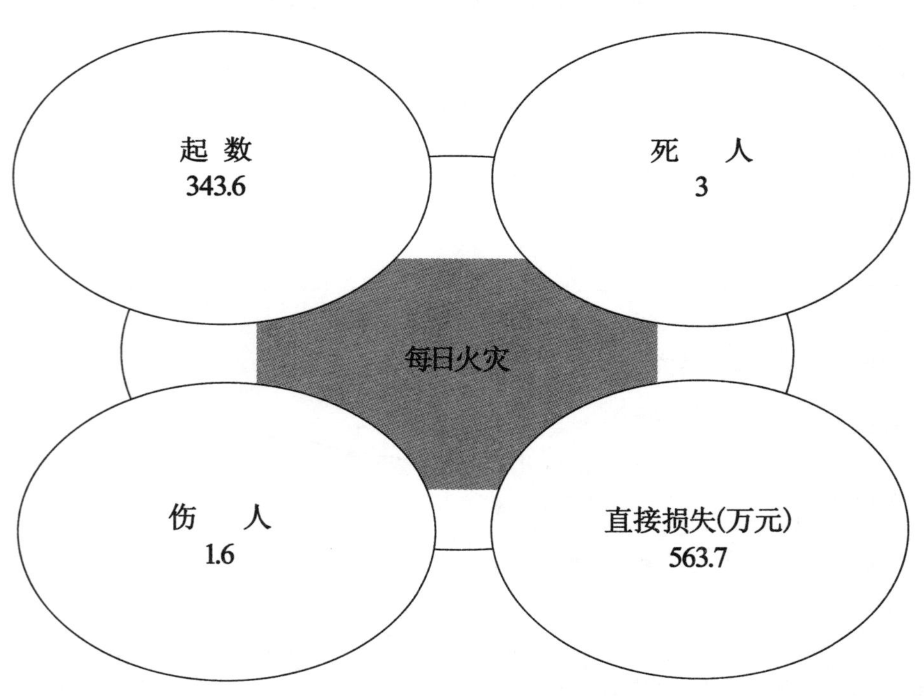

每日火灾情况图

春节期间火灾对比情况

项　　目		2011 年	2010 年	同比
四项数字	起　　数	8654	6638	30.4%
	死　　人	38	36	5.6%
	伤　　人	11	15	-26.7%
	直接损失（万元）	15538.4	4629.5	235.6%
较大火灾	起　　数	3	1	200.0%
	死　　人	12	3	300.0%
	伤　　人		1	-100.0%
	直接损失（万元）	47.3	29.4	60.8%
重大火灾	起　　数			
	死　　人			
	伤　　人			
	直接损失（万元）			
特别重大火灾	起　　数			
	死　　人			
	伤　　人			
	直接损失（万元）			

注：2011 年春节期间是指 2 月 2 日至 2 月 7 日（农历除夕至正月初五），2010 年春节期间是指 2 月 13 日至 2 月 18 日（农历除夕至正月初五）。

春节期间分地区火灾综合情况

地区	火灾概况						较大火灾				重大火灾				特别重大火灾			
	起数	死人	伤人	损失：直接损失（万元）	损失：烧毁建筑（平方米）	损失：受灾户数	起数	死人	伤人	直接损失（万元）	起数	死人	伤人	直接损失（万元）	起数	死人	伤人	直接损失（万元）
合　计	8654	38	11	15538.4	382193	1859	3	12		47.3	1			9384.4				
北　京	275			62.2	4287	5												
天　津	64			37.9	1234	20												
河　北	388			127.4	23838	53												
山　西	374			134.1	10764	37												
内蒙古	908	1		255.9	26307	95												
辽　宁	308			9464.7	15281	53					1			9384.4				
吉　林	358			97.3	7302	42												
黑龙江	80			25.0	2921	30												
上　海	290	2	1	717.1	6740	52												
江　苏	140	1	3	128.1	3696	36												
浙　江	140	5	2	182.6	10638	94	1	3		3.3								
安　徽	691			263.6	12881	93												
福　建	295	1		379.4	26558	114												
江　西	469			427.6	17477	114												
山　东	181	1		208.1	19213	17												
河　南	272			147.5	9118	52												
湖　北	748			332.3	15814	185												
湖　南	195			157.9	12098	46												
广　东	444		1	187.0	36530	40												
广　西	94	4		203.7	22656	47												
海　南	41			59.8	4454	9												
重　庆	251	1		286.2	4649	116												
四　川	397	3		694.2	14581	90												
贵　州	79	7		116.1	4602	73	1	5		33.9								
云　南	97	1	4	400.8	10993	136												
西　藏	11	2		154.0	3011	32												
陕　西	325	5		204.0	14550	17	1	4		10								
甘　肃	40			13.3	965	15												
青　海	204			32.0	26930	32												
宁　夏	322			13.8	9553	27												
新　疆	173	4		24.5	2552	87												

注:2011 年春节期间是指 2 月 2 日至 2 月 7 日(农历除夕至正月初五)。

春节期间起火原因基本情况

项目		火灾概况						较大火灾				重大火灾				特别重大火灾			
		起数	死人	伤人	直接损失（万元）	烧毁建筑（平方米）	受灾户数	起数	死人	伤人	直接损失（万元）	起数	死人	伤人	直接损失（万元）	起数	死人	伤人	直接损失（万元）
合计		8654	38	11	15538.4	382193	1859	3	12		47.3	1			9384.4				
电气	小计	1304	7	3	1897.0	48978	492	1	3		3.3								
	电气线路故障	793	5	2	1131.9	30455	323	1	3		3.3								
	电器设备故障	245			597.0	8687	72												
	电加热器具火灾	117	2	1	65.3	3099	50												
	其他	149			102.8	6737	47												
生产作业	小计	48	1	1	95.4	2044	12												
	焊割	4	1		6.0	292	2												
	烘烤	10			13.5	167	2												
	熬炼	4			1.2	93	1												
	化工火灾	3		1	57.2	137	1												
	机械设备类故障	12			9.0	135	3												
	其他	15			8.5	1220	3												
生活用火不慎	小计	1160	18	2	543.7	67071	350	1	5		33.9								
	余火复燃	44			37.9	1688	17												
	照明不慎	28	1		24.9	1152	14												
	烘烤不慎	169	9		114.1	5065	71	1	5		33.9								
	敬神祭祖	210	4	2	143.3	31976	74												
	油锅起火	50			9.0	488	12												
	炉具故障及使用不当	85			35.6	1109	31												
	烟道过热窜火、飞火等	65			32.5	1924	24												
	烧荒、野外生火不慎	65			36.2	9713	1												
	使用蚊香不慎	2			0.3	6													
	其他	442	4		109.9	13949	106												
吸烟	小计	277	2		29.8	6507	19												
	违章吸烟	4			4.6	613													
	卧床吸烟	10	2		1.1	85	3												
	乱扔烟头、火柴等	236			20.4	4961	15												
	其他	27			3.7	849	1												
玩火	小计	3549	2	2	10403.6	142979	597					1			9384.4				
	小孩玩火	262		2	71.1	10030	44												
	燃放烟花爆竹	3242	2		10324.1	131624	547					1			9384.4				
	其他	45			8.4	1326	6												
自燃		99			35.8	8403	15												
雷击																			
静电																			
不明确原因		643		3	1050.4	32670	166												
放火		108	2		93.3	13543	23												
其他		1466	6		1389.4	59997	185	1	4		10.0								

注:2011年春节期间是指2月2日至2月7日(农历除夕至正月初五)。

春节期间消防部队接警出动情况

地区	出动情况							参战人员			出动车辆			消防人员伤亡(人)			战斗成果		
	起数	火灾扑救	抢险救援	反恐排爆	公务执勤	社会救助	其他出动	小计	现役	其他	小计	现役	其他	小计	死人	伤人	救出人员(人)	疏散人员(人)	抢救财产价值(万元)
合计	27279	8615	7056	2	271	3801	7534	291416	278098	13318	46888	44469	2419	4	1	3	1940	14015	2291675
北京	946	279	31		2	87	547	10751	10751		1602	1602					21	214	15
天津	1575	64	52		1	61	1397	16962	16962		2364	2364					18	19	134
河北	876	388	124		2	326	36	8823	7064	1759	1600	1308	292				49	647	677
山西	513	374	60			11	68	5732	5619	113	1049	1030	19				59	648	381
内蒙古	933	896	18			8	11	6600	6467	133	1221	1192	29				9	185	1062
辽宁	444	311	34			37	62	3501	3491	10	757	755	2				512	584	1996643
吉林	404	357	18			10	19	3312	3229	83	656	644	12				31	55	829
黑龙江	99	79	5		7	8		1286	1183	103	300	276	24				13	87	115
上海	1917	290	161		11	463	992	40154	40154		4525	4525					75	148	8450
江苏	2456	138	248		11	12	2047	23748	20852	2896	4422	3866	556				96	222	659
浙江	2501	138	1755			49	559	24766	24750	16	4051	4049	2				48	140	2369
安徽	1239	691	333		2	159	54	10383	9943	440	1705	1645	60				62	567	1109
福建	783	292	393		1	25	72	8243	8201	42	1335	1329	6				105	415	50885
江西	740	470	193		3	67	7	6998	6944	54	1069	1060	9	3	1	2	82	1032	3408
山东	2000	180	742		3	1016	59	20376	19920	456	3213	3136	77				53	410	1579
河南	980	271	600	2		64	43	10220	9176	1044	1769	1614	155				41	576	11732
湖北	1868	750	625		134	180	179	17848	17547	301	3015	2977	38				79	1486	2396
湖南	307	194	34			9	70	3489	3489		502	502					20	1020	541
广东	2075	444	656			141	834	24109	20575	3534	4380	3653	727	1		1	169	1128	1841
广西	299	91	166			29	13	3035	3012	23	521	517	4				56	209	772
海南	58	41	7		1	8	1	779	779		127	127					20	53	200099
重庆	976	256	116			328	276	10577	10577		1533	1533					59	619	122
四川	1567	397	468		32	578	92	13074	10798	2276	2322	1923	399				114	1444	3021
贵州	221	77	32		28	39	45	2275	2268	7	419	417	2				32	246	353
云南	252	91	108		5	36	12	2533	2533		495	495					49	1117	689
西藏	36	11	3		18	4		427	427		74	74							21
陕西	362	323	15			6	18	3906	3906		626	626					23	275	228
甘肃	44	37	6			1		596	596		80	80					6	87	25
青海	207	203	2			1	1	1721	1721		251	251					1	290	844
宁夏	399	322	38			27	12	3039	3039		453	453					7	6	330
新疆	202	160	13		10	11	8	2153	2125	28	452	446	6				31	86	346

注:2011年春节期间是指2月2日至2月7日(农历除夕至正月初五)。

国庆节期间分地区火灾综合情况

地区	火灾概况						较大火灾				重大火灾				特别重大火灾			
	起数	死人	伤人	损失			起数	死人	伤人	直接损失（万元）	起数	死人	伤人	直接损失（万元）	起数	死人	伤人	直接损失（万元）
				直接损失（万元）	烧毁建筑（平方米）	受灾户数												
合计	1703	6	11	3227.9	566998	638	1	1	3	1426.8								
北京	52			16.7	856	3												
天津	6			1.2	24	4												
河北	69			60.6	4401	13												
山西	80			95.5	5436	15												
内蒙古	129		4	66.6	8281	28												
辽宁	76			35.4	12487	9												
吉林	104			47.5	9700	19												
黑龙江	41			91.0	464410	26												
上海	54			13.1	1337	18												
江苏	98			55.8	2174	29												
浙江	32		1	54.9	3173	21												
安徽	55			83.4	1850	21												
福建	62			79.5	5257	21												
江西	45			59.9	1996	42												
山东	74			144.1	9679	8												
河南	18			22.4	1615	18												
湖北	116			42.7	1276	19												
湖南	41			83.6	1768	14												
广东	97			155.6	2989	16												
广西	25			29.3	1040	11												
海南	7			2.9	51													
重庆	59			50.2	2929	51												
四川	102			102.3	1984	27												
贵州	15			8.6	183	6												
云南	22	4	5	1527.6	5086	60	1	1	3	1426.8								
西藏	7			34.0	992	16												
陕西	56			98.6	2588	4												
甘肃	7			14.8	1182	5												
青海	20			1.9	491	7												
宁夏	15			1.1	606													
新疆	119	2	1	146.8	11159	107												

注：国庆节期间指10月1日至10月7日。

国庆节期间起火原因基本情况

项目		火灾概况						较大火灾				重大火灾				特别重大火灾			
		起数	死人	伤人	直接损失（万元）	烧毁建筑（平方米）	受灾户数	起数	死人	伤人	直接损失（万元）	起数	死人	伤人	直接损失（万元）	起数	死人	伤人	直接损失（万元）
合计		1703	6	11	3227.9	566998	638	1	1	3	1426.8								
电气	小计	565	3	3	2124.2	29135	231	1	1	3	1426.8								
	电气线路故障	378	2		542.5	19082	122												
	电器设备故障	93	1	3	1540.1	7827	84	1	1	3	1426.8								
	电加热器具火灾	35			18.4	826	18												
	其他	59			23.1	1399	7												
生产作业	小计	114			200.7	66214	29												
	焊割	45			92.8	3061	10												
	烘烤	17			33.2	2161	4												
	熬炼	4			1.7	391													
	化工火灾	5			2.1	475	5												
	机械设备类故障	26			49.4	8442	4												
	其他	17			21.4	51685	6												
生活用火不慎	小计	250			207.9	25990	125												
	余火复燃	13			2.8	5261	7												
	照明不慎	8			1.5	116	4												
	烘烤不慎	25			12.5	646	10												
	敬神祭祖	6			1.2	110	3												
	油锅起火	42			80.7	1227	33												
	炉具故障及使用不当	48			30.5	1146	18												
	烟道过热窜火、飞火等	19			19.0	881	12												
	烧荒、野外生火不慎	22			15.1	10913	10												
	使用蚊香不慎																		
	其他	67			44.5	5691	28												
吸烟	小计	101	1	2	21.6	402202	31												
	违章吸烟	4			0.1	33													
	卧床吸烟	6			1.7	59	3												
	乱扔烟头、火柴等	81			17.5	401789	23												
	其他	10	1	2	2.3	321	5												
玩火	小计	53			62.4	2993	33												
	小孩玩火	42			60.1	2343	27												
	燃放烟花爆竹	6			2.2	257	6												
	其他	5			0.2	393													
自燃		52			59.9	2142	5												
雷击		1			0.1	4	1												
静电		2			3.0	5	1												
不明确原因		102		5	109.9	5374	53												
放火		35	1	1	91.6	2463	10												
其他		428	1		346.5	30477	119												

注：国庆节期间指10月1日至10月7日。

第二节　各省、自治区、直辖市火灾情况

北京市分地区火灾综合情况

地区	火灾概况						较大火灾				重大火灾				特别重大火灾			
	起数	死人	伤人	损失 直接损失（万元）	损失 烧毁建筑（平方米）	损失 受灾户数	起数	死人	伤人	直接损失（万元）	起数	死人	伤人	直接损失（万元）	起数	死人	伤人	直接损失（万元）
合　计	4044	30	41	5035.0	104231	342	1			3146.2	1	18	24	286.2				
东城区	68	1		29.0	253	1												
西城区	91			20.6	1420	1												
崇文区	64			12.5	309													
宣武区	70			4.2	289													
朝阳区	915	3	5	261.3	5739	7												
海淀区	375	2	9	168.2	8287	104												
丰台区	330	1	1	193.4	4139	14												
石景山区	103			31.3	1009	40												
门头沟区	61	1	2	13.2	734	7												
房山区	229			266.2	31215													
通州区	328			116.6	11437	10												
顺义区	191			35.0	5310													
昌平区	182			32.8	7420	6												
大兴区	329	20	24	3509.6	10369	38	1			3146.2	1	18	24	286.2				
怀柔区	159			68.9	6408	2												
平谷区	231	2		35.6	5487	73												
其　他	1			0.1	1													
密云县	103			72.2	1625	30												
延庆县	170			65.5	2235													
北京西站	1			1.0	1													
燕　山	12			9.4	319	5												
亦　庄	22			83.5	175	4												
公交总队																		
天安门	2			0.1														
清河农场																		
重点一处	1				1													
重点二处	2				10													
建审处																		
危管处																		

天津市分地区火灾综合情况

地区	火灾概况						较大火灾				重大火灾				特别重大火灾			
	起数	死人	伤人	损失			起数	死人	伤人	直接损失（万元）	起数	死人	伤人	直接损失（万元）	起数	死人	伤人	直接损失（万元）
				直接损失（万元）	烧毁建筑（平方米）	受灾户数												
合计	842	17	10	842.4	53006	303	1	3		0.2								
和平区	55			4.1	878	5												
河东区	67	1	5	77.4	3179	34												
河西区	143	4	1	168.5	2017	1												
南开区	82			36.5	451	57												
河北区	6	1		4.8	1340	1												
红桥区	21	3	1	30.1	1797	72												
塘沽	22		1	189.8	4867	32												
汉沽	8			10.5	86	12												
大港	16			38.3	2939	1												
开发	27			11.1	368	3												
保税	4			18.4	188	8												
高新区	1			3.0	30	1												
东丽区	30			11.2	957	13												
西青区	126	3		36.8	3684	19												
津南区	55			36.1	3063	7												
北辰区	47	3		19.5	3318	8	1	3		0.2								
武清区	32			30.8	1670	1												
宝坻区	21	1		12.9	1337	6												
宁河县	29			60.0	13361	5												
静海县	32	1		19.7	2101	3												
蓟县	17		2	23.1	5175	14												
铁城																		
市管单位	1			0.1	200													

河北省分地区火灾综合情况

地区	火灾概况						较大火灾				重大火灾				特别重大火灾			
	起数	死人	伤人	损失 直接损失（万元）	损失 烧毁建筑（平方米）	损失 受灾户数	起数	死人	伤人	直接损失（万元）	起数	死人	伤人	直接损失（万元）	起数	死人	伤人	直接损失（万元）
合　计	4557	16	27	6731.5	403111	897	2	6		5.2								
石家庄市	414	2		352.4	48136	29												
唐山市	241	1		198.2	13534	65												
秦皇岛市	220			250.0	17772	48												
邯郸市	557	2	2	899.4	67837	127												
邢台市	385		6	805.1	41047	92												
保定市	355			844.4	31619	108												
张家口市	720		1	649.8	41464	112												
承德市	219	3	2	490.7	9614	47	1	3		5.0								
沧州市	222	3	1	1271.6	21940	36												
衡水市	559			585.2	37645	119												
廊坊市	622	5	10	290.4	71674	95	1	3		0.2								
华北油区	43		5	94.4	829	19												

山西省分地区火灾综合情况

地区	火灾概况						较大火灾				重大火灾				特别重大火灾			
	起数	死人	伤人	损失 直接损失（万元）	损失 烧毁建筑（平方米）	损失 受灾户数	起数	死人	伤人	直接损失（万元）	起数	死人	伤人	直接损失（万元）	起数	死人	伤人	直接损失（万元）
合计	4679	14	9	4643.5	187425	591												
太原市	1492	2	3	667.0	26458	53												
大同市	1031	1		437.4	44587	11												
阳泉市	72	3		342.6	4850	15												
长治市	182			250.3	13469	35												
晋城市	212	2		659.8	6816	63												
朔州市	290			152.6	9692	87												
晋中市	452		3	449.5	12271	79												
运城市	270	2	1	687.1	23307	76												
忻州市	183			231.6	5405	40												
临汾市	205	2		353.7	34569	66												
吕梁市	290	2	2	412.0	6002	66												

内蒙古自治区分地区火灾综合情况

地区	火灾概况						较大火灾				重大火灾				特别重大火灾			
	起数	死人	伤人	损失			起数	死人	伤人	直接损失（万元）	起数	死人	伤人	直接损失（万元）	起数	死人	伤人	直接损失（万元）
				直接损失（万元）	烧毁建筑（平方米）	受灾户数												
合计	10366	49	17	6217.7	711313	1490	2	8		52.8								
呼和浩特市	2401	9	5	173.2	114982	33												
包头市	2016	11	3	419.5	148557	261	1	4		0.3								
乌海市	290			291.3	14432	25												
赤峰市	1159			329.4	30285	317												
通辽市	1180	3	2	562.6	96390	116												
鄂尔多斯市	685	6		390.5	127523	46	1	4		52.5								
呼伦贝尔市	914	9	6	1559.1	76587	397												
巴彦淖尔市	478	1		397.8	18743	61												
乌兰察布市	722	5		1193.8	28860	70												
兴安盟	165			168.6	6469	70												
锡林郭勒盟	295	2		276.4	40972	54												
阿拉善盟	40	1		422.8	4239	16												
大兴安岭林管局	21	2	1	32.6	3273	24												

辽宁省分地区火灾综合情况

地区	火灾概况						较大火灾				重大火灾				特别重大火灾			
	起数	死人	伤人	损失			起数	死人	伤人	直接损失（万元）	起数	死人	伤人	直接损失（万元）	起数	死人	伤人	直接损失（万元）
				直接损失（万元）	烧毁建筑（平方米）	受灾户数												
合　计	4092	21	4	16113.1	269090	1107	1	3		1.0	1			9384.4				
沈阳市	954	14	1	11532.6	62404	157	1	3		1.0	1			9384.4				
大连市	708	4		2092.1	50414	111												
鞍山市	393			278.7	11408	98												
抚顺市	271			386.8	8428	155												
本溪市	292			176.9	7395	44												
丹东市	154	1		95.8	5072	9												
锦州市	239			386.8	6787	154												
营口市	127			178.0	11185	36												
阜新市	181			259.1	9524	14												
辽阳市	117			57.6	6585	44												
盘锦市	106		1	90.1	58336	56												
铁岭市	260			193.2	16617	168												
朝阳市	161		2	297.1	11555	45												
葫芦岛市	129	2		88.3	3381	16												

吉林省分地区火灾综合情况

地区	火灾概况						较大火灾				重大火灾				特别重大火灾			
	起数	死人	伤人	损失			起数	死人	伤人	直接损失（万元）	起数	死人	伤人	直接损失（万元）	起数	死人	伤人	直接损失（万元）
				直接损失（万元）	烧毁建筑（平方米）	受灾户数												
合计	7587	29	10	3718.0	326633	1222	2	7	2	2.4	1	10	3	7.7				
长春市	3053	16	2	841.0	91153	431	2	7	2	2.4								
吉林市	975			316.0	64155	210												
延边朝鲜族自治州	252	1	1	592.0	22824	285												
四平市	1686	1		474.0	60747	28												
通化市	421	10	3	248.0	16485	92					1	10	3	7.7				
白城市	220			317.0	17848	13												
辽源市	373			258.0	15571	63												
松原市	428	1	1	346.0	27468	23												
白山市	74		3	85.0	10179	71												
长白山市	4			2.0	204	6												
林业	100			215.0														

黑龙江省分地区火灾综合情况

地区	火灾概况						较大火灾				重大火灾				特别重大火灾			
	起数	死人	伤人	损失			起数	死人	伤人	直接损失（万元）	起数	死人	伤人	直接损失（万元）	起数	死人	伤人	直接损失（万元）
				直接损失（万元）	烧毁建筑（平方米）	受灾户数												
合计	2360	16	18	3789.5	3712034	1465	1	3		101.5								
哈尔滨市	625	7	9	830.6	483609	219	1	3		101.5								
齐齐哈尔市	374	1		300.7	47778	151												
鸡西市	122	1		346	14431	69												
鹤岗市	130			99.9	69197	85												
双鸭山市	46			99.2	30345	50												
大庆市	413	2	3	355.1	2674491	87												
伊春市	54	1	3	125.6	7632	127												
佳木斯市	127		1	115.1	129040	46												
七台河市	29	1	2	53.0	2605	56												
牡丹江市	93			265.5	13318	111												
绥化市	139	1		455.1	14703	100												
黑河市	65	2		247.1	18487	145												
大兴安岭地区	98			169.7	12193	110												
林业	24			133.4	4291	58												
垦区	21			193.5	189914	51												

上海市分地区火灾综合情况

地区	火灾概况						较大火灾				重大火灾				特别重大火灾			
	起数	死人	伤人	损失 直接损失（万元）	损失 烧毁建筑（平方米）	损失 受灾户数	起数	死人	伤人	直接损失（万元）	起数	死人	伤人	直接损失（万元）	起数	死人	伤人	直接损失（万元）
合　计	5813	43	46	11000.4	113995	1402	2	3		3925.3								
黄浦区	162	2	7	186.3	1033	139												
徐汇区	66	2		56.7	609	20												
长宁区	126			23.1	556	11												
静安区	39		2	26.8	221	28												
普陀区	243	4	3	517.2	2355	68	1	3		36.5								
闸北区	113	3		87.1	782	50												
虹口区	109	1		422.3	1096	45												
杨浦区	197	1	1	104.1	909	80												
闵行区	501	1		4380.4	6402	27	1			3888.8								
宝山区	728	3	7	743.1	6182	88												
嘉定区	378	5	5	1135.1	16493	156												
浦东新区	1314	8	14	1768.9	31649	254												
金山区	228	2	2	184.8	3939	83												
松江区	405	1	1	336.8	12305	115												
青浦区	533	2	2	515.1	11122	60												
奉贤区	286	3		291.8	10925	122												
崇明县	366	5	2	112.6	6280	43												
轨　道	3			0.2	31													
化工区	2			1.5	11													
重点处	4			0.5	392	1												
水上支队	10			106.0	704	12												

江苏省分地区火灾综合情况

地区	火灾概况						较大火灾				重大火灾				特别重大火灾			
	起数	死人	伤人	损失			起数	死人	伤人	直接损失（万元）	起数	死人	伤人	直接损失（万元）	起数	死人	伤人	直接损失（万元）
				直接损失（万元）	烧毁建筑（平方米）	受灾户数												
合　计	4715	75	46	10459.1	223371	1245	2	8		47.5								
南京市	439	9	4	960.6	17783	283	1	3		0.6								
无锡市	656	8	14	2537.9	30134	70												
徐州市	763	9		387.3	10905	19	1	5		46.8								
常州市	396	6		657.9	45957	78												
苏州市	545	13	8	2455.6	28884	58												
南通市	270	7	2	455.2	15090	88												
连云港市	140	3	3	536.1	12716	36												
淮安市	246	4	3	483.2	12732	92												
盐城市	502	3	2	572.6	14204	169												
扬州市	231	2	2	461.4	10753	126												
镇江市	189	4	2	674.2	8859	161												
泰州市	204	3	1	193.0	7307	34												
宿迁市	134	4	5	84.1	8048	31												

浙江省分地区火灾综合情况

地区	火灾概况						较大火灾				重大火灾				特别重大火灾			
	起数	死人	伤人	损失			起数	死人	伤人	直接损失（万元）	起数	死人	伤人	直接损失（万元）	起数	死人	伤人	直接损失（万元）
				直接损失（万元）	烧毁建筑（平方米）	受灾户数												
合计	3565	87	54	6086.7	411108	2503	11	43	9	2047.4								
杭州市	1072	10	16	425.6	35898	496	1	4		2000.0								
宁波市	419	8	5	712.6	60794	338												
温州市	300	20	8	2118.9	70371	194	2	10	3	9.8								
嘉兴市	126	8		283.2	23541	95	2	6		3.9								
湖州市	116	1	2	407.8	32742	77												
绍兴市	161	1		419.7	19466	198												
金华市	491	15	4	391.1	61114	346	3	9		3.7								
衢州市	60	3		148.0	9160	78												
舟山市	43		2	137.7	8117	50												
台州市	708	21	16	693.2	76705	493	3	14	6	29.9								
丽水市	69		1	348.9	13202	138												

安徽省分地区火灾综合情况

地区	火灾概况						较大火灾				重大火灾				特别重大火灾			
	起数	死人	伤人	损失			起数	死人	伤人	直接损失（万元）	起数	死人	伤人	直接损失（万元）	起数	死人	伤人	直接损失（万元）
				直接损失（万元）	烧毁建筑（平方米）	受灾户数												
合计	5871	35	13	6290.2	964103	1351	3	10	1	123.3								
合肥市	1335	1		736.3	16397	237												
蚌埠市	636	2		174.2	183317	182												
芜湖市	433	1	2	495.1	18322	93												
淮南市	460	2	1	110.7	29510	43												
马鞍山市	262		1	565.4	8079	44												
安庆市	434	5		706.3	17181	167	1	3		50								
宿州市	263	4	1	438.8	245211	199												
阜阳市	293	7	2	570.1	124389	123	2	7	1	73.3								
黄山市	72	2	1	293.1	4093	28												
淮北市	285		1	254.9	181414	40												
铜陵市	63			59.9	3719	51												
宣城市	66			358.0	5554	29												
六安市	793	5		423.1	18234	28												
池州市	96			186.3	3741	22												
亳州市	84	6	4	565.7	89230	41												
滁州市	296			352.4	15712	24												

福建省分地区火灾综合情况

地区	火灾概况						较大火灾				重大火灾				特别重大火灾			
	起数	死人	伤人	损失			起数	死人	伤人	直接损失（万元）	起数	死人	伤人	直接损失（万元）	起数	死人	伤人	直接损失（万元）
				直接损失（万元）	烧毁建筑（平方米）	受灾户数												
合计	4116	47	10	6965.9	360670	1948	4	13		122.5								
福州市	768	4		1093.9	53737	288												
厦门市	461	4		552	61915	198												
莆田市	365	10		578.6	19821	193	2	6		107.3								
三明市	266	3		673.9	33977	265												
泉州市	1391	5	1	2068.2	90761	283	1	3		15.0								
漳州市	130	8	2	231.2	9813	61	1	4		0.3								
南平市	178	2	1	591.4	33431	186												
龙岩市	302	1	2	272.3	14360	156												
宁德市	255	10	4	904.2	42855	318												

江西省分地区火灾综合情况

地区	火灾概况						较大火灾				重大火灾				特别重大火灾			
	起数	死人	伤人	损失			起数	死人	伤人	直接损失（万元）	起数	死人	伤人	直接损失（万元）	起数	死人	伤人	直接损失（万元）
				直接损失（万元）	烧毁建筑（平方米）	受灾户数												
合计	4562	38	14	8395.3	238700	1352	2	6	4	65.4								
南昌市	1363	21	1	2386.3	49518	64												
景德镇市	56			291.5	5336	55												
萍乡市	250	1	1	635.4	5935	70												
九江市	358		1	361.4	30582	143												
新余市	47	3	3	298.9	4715	44	1	3	3	23.4								
鹰潭市	147	3	1	355.8	7804	30												
赣州市	188	1	4	858.4	23263	205												
吉安市	468			604.7	30510	136												
宜春市	787	3	1	1280.2	36934	362												
抚州市	430	3	1	421.4	24412	162												
上饶市	468	3	1	901.2	19694	81	1	3	1	42.0								

山东省分地区火灾综合情况

地区	火灾概况						较大火灾				重大火灾				特别重大火灾			
	起数	死人	伤人	损失 直接损失（万元）	损失 烧毁建筑（平方米）	损失 受灾户数	起数	死人	伤人	直接损失（万元）	起数	死人	伤人	直接损失（万元）	起数	死人	伤人	直接损失（万元）
合计	3818	19	11	7768.8	339158	553	2	10	5	163.3								
济南市	571	1		773.4	61608	44												
青岛市	370	1	2	601.9	32655	19												
淄博市	375	2		166.4	13646	23												
枣庄市	412			584.7	20888	79												
东营市	260			164.9	15769	2												
烟台市	91	2	2	152.2	6149	66												
潍坊市	278	8	5	1026.8	43782	63	1	7	5	163.0								
济宁市	210			246.5	10417	37												
泰安市	247			54.6	12837	15												
威海市	80			307.5	9580	19												
日照市	160			418.0	6098	63												
莱芜市	18		2	1275.8	7362	6												
临沂市	86			23.8	3179	20												
德州市	98	1		699.6	19530	13												
聊城市	314			660.2	39748	23												
滨州市	181	4		149.4	16688	29	1	3		0.3								
菏泽市	67			463.0	19220	32												

河南省分地区火灾综合情况

地区	火灾概况						较大火灾				重大火灾				特别重大火灾			
	起数	死人	伤人	损失 直接损失（万元）	损失 烧毁建筑（平方米）	损失 受灾户数	起数	死人	伤人	直接损失（万元）	起数	死人	伤人	直接损失（万元）	起数	死人	伤人	直接损失（万元）
合计	3437	20	6	3488.8	174431	1012	3	14		3.4								
郑州市	1530	6	5	765.6	47210	108	1	4		3.0								
开封市	123			144.5	12623	94												
洛阳市	282			400.2	14397	142												
安阳市	124			266.6	12328	68												
鹤壁市	60	2		50.1	4045	51												
新乡市	76	8		101.6	8463	19	1	7		0.3								
焦作市	39			123.7	2886	20												
濮阳市	222			115.2	7042	73												
漯河市	50			70.9	3910	35												
三门峡市	38			127.9	2569	41												
济源市	77			67.6	8079	3												
许昌市	81	1		77.1	6942	73												
商丘市	109		1	374.7	10506	84												
周口市	100			189.4	5911	66												
驻马店市	135			207.0	10495	34												
南阳市	274			130.4	8353	27												
信阳市	38	3		192.9	4750	37	1	3		0.1								

湖北省分地区火灾综合情况

地区	火灾概况						较大火灾				重大火灾				特别重大火灾			
	起数	死人	伤人	损失 直接损失（万元）	损失 烧毁建筑（平方米）	损失 受灾户数	起数	死人	伤人	直接损失（万元）	起数	死人	伤人	直接损失（万元）	起数	死人	伤人	直接损失（万元）
合　计	8293	46	4	6288.0	211767	2010	2	10	1	51.5	2	29		1770.5				
武汉市	2565	39	1	2704.4	63652	550	1	5	1	4.6	2	29		1770.5				
黄石市	467		1	104.8	6324	205												
十堰市	697			241.3	12127	119												
荆州市	241			336.8	10355	43												
宜昌市	351	1	1	429.3	18825	119												
襄樊市	1001		1	432.5	27151	173												
鄂州市	79			76.3	2173	44												
荆门市	224			39.4	5788	45												
黄冈市	651			223.7	18625	262												
咸宁市	501			200.6	9649	138												
恩施州	307			385.9	7777	153												
孝感市	568			308.2	13283	60												
随州市	88			23.0	3462	12												
天门市	192	1		511.4	5181	74												
潜江市	92			99.2	2757													
仙桃市	242	5		148.4	4385		1	5		46.9								
神农架林区	26			22.2	234	12												
江汉油田地区	1			0.5	20	1												

湖南省分地区火灾综合情况

地区	火灾概况						较大火灾				重大火灾				特别重大火灾			
	起数	死人	伤人	损失			起数	死人	伤人	直接损失（万元）	起数	死人	伤人	直接损失（万元）	起数	死人	伤人	直接损失（万元）
				直接损失（万元）	烧毁建筑（平方米）	受灾户数												
合计	3786	45	14	7454.7	179236	1091	3	13		122.7	1	10	4	60.4				
长沙市	1618	13	6	620	31080	82					1	10	4	60.4				
株洲市	281	6		683.4	9638	42	1	5		106								
湘潭市	106	1		156.6	3453	7												
衡阳市	313	1		871.9	10294	148												
邵阳市	114	5	3	608.3	13399	96												
岳阳市	380	1		780	12696	58												
常德市	170			338.8	35327	87												
张家界市	80	3		156	6601	19	1	3		1.4								
益阳市	197	6		1868.8	15854	93	1	5		15								
郴州市	85	5	3	221.4	5987	57												
永州市	65	1	1	163.5	3099	52												
怀化市	258	1	1	476.5	24353	248												
娄底市	57	2		351.6	2119	36												
湘西自治州	62			157.9	5332	66												

广东省分地区火灾综合情况

地区	火灾概况						较大火灾				重大火灾				特别重大火灾			
				损失														
	起数	死人	伤人	直接损失（万元）	烧毁建筑（平方米）	受灾户数	起数	死人	伤人	直接损失（万元）	起数	死人	伤人	直接损失（万元）	起数	死人	伤人	直接损失（万元）
合计	8159	132	65	21613.9	703028	1170	13	51	11	314.7	1	15	1	51				
广州市	1036	19	9	1769.9	23966	134	1	4	1	70.0								
韶关市	46	3		160.2	5740	29	1	3		0.5								
深圳市	1734	12	11	1509.3	17405	142												
珠海市	46	3		236.6	4782	23												
汕头市	234	7	2	2309.3	16170	151	2	7		2.8								
佛山市	81	22	7	1824.6	48068	51	1	4		78.0	1	15	1	51				
江门市	490	11	1	1676.8	57145	30	2	9		3.7								
湛江市	45	8	1	800.7	24200	30												
茂名市	328	4	1	613.6	115778	49												
肇庆市	133	1		1019.4	15675	38												
惠州市	866	6	1	994.4	145391	48	1	3	1	0.5								
梅州市	34	2		801.5	5008	39												
汕尾市	288	2		1154.7	15603	31												
河源市	15	2	1	965.7	9262	2												
阳江市	20	1		71.6	2880	11												
清远市	66	2		104.0	4584	27												
莞市	2480	15	11	3574.7	145214	133	2	11	7	147.0								
中山市	99		8	873.9	18338	108												
潮州市	48	2	3	449.2	14627	22												
揭阳市	38	10	7	614.1	11199	63	3	10	2	12.2								
云浮市	32		2	89.6	1988	9												

广西壮族自治区分地区火灾综合情况

地区	火灾概况						较大火灾				重大火灾				特别重大火灾			
	起数	死人	伤人	损失			起数	死人	伤人	直接损失（万元）	起数	死人	伤人	直接损失（万元）	起数	死人	伤人	直接损失（万元）
				直接损失（万元）	烧毁建筑（平方米）	受灾户数												
合计	1889	45	12	5802.1	143879	1024	3	12	1	63.3								
南宁市	462	5	3	1767.6	16386	190												
柳州市	310	6	4	1291.9	24000	170												
桂林市	241	13	2	881.4	15480	173	1	4		26.6								
梧州市	59			219.5	14867	35												
北海市	35			74.7	3021	44												
防城港市	46		1	134.3	3168	14												
钦州市	98	5		119.9	9582	54	1	4		6								
贵港市	84	8	1	171.7	19277	43	1	4	1	30.7								
玉林市	210	1		183.8	8685	73												
百色市	82	2		317.9	6907	76												
贺州市	78	3	1	118.6	4598	29												
河池市	50			158.1	3259	31												
来宾市	65	1		151.5	8514	32												
崇左市	69	1		211.2	6137	60												

海南省分地区火灾综合情况

地区	火灾概况						较大火灾				重大火灾				特别重大火灾			
	起数	死人	伤人	损失 直接损失（万元）	损失 烧毁建筑（平方米）	损失 受灾户数	起数	死人	伤人	直接损失（万元）	起数	死人	伤人	直接损失（万元）	起数	死人	伤人	直接损失（万元）
合　计	710	6	1	1424.2	66686	105												
海口市	195	1		92.9	6141	41												
三亚市	110			212.9	10445	10												
洋浦开发区	5			6.3	11	0												
五指山市	9			8.6	626	0												
琼海市	24			53.5	8850	3												
儋州市	45	2		61.9	3697	20												
文昌市	35			20.5	10124	0												
万宁市	18			23.4	1688	2												
东方市	25	2		18.7	533	2												
定安县	18			13.5	775	5												
屯昌县	12	1	1	4.6	195	5												
澄迈县	45			59.6	2630	1												
临高县	29			10.9	2614	1												
白沙县	7			5.7	45	5												
昌江县	23			7.9	4252	0												
乐东县	69			778.6	3848	3												
陵水县	17			34.4	9707	0												
保亭县	13			0.3	390	4												
琼中县	11			10.0	115	3												

重庆市分地区火灾综合情况

地区	火灾概况						较大火灾				重大火灾				特别重大火灾			
	起数	死人	伤人	损失 直接损失（万元）	损失 烧毁建筑（平方米）	损失 受灾户数	起数	死人	伤人	直接损失（万元）	起数	死人	伤人	直接损失（万元）	起数	死人	伤人	直接损失（万元）
合计	3777	49	22	4345.6	121193	1480	2	7		80.7	0				0			
万州区	328			122.5	5309													
涪陵区	142	2	1	70.2	2017	86												
渝中区	101	2	3	70.6	2728	75												
大渡口区	77			291.2	3038	1												
江北区	106	2		166.7	2240	47												
沙坪坝区	454			188.2	8772	29												
九龙坡区	282	2		38.9	1014	18												
南岸区	352	4		46.8	2467	134	1	3		0.2								
北碚区	39	1		65.0	1515	25												
万盛区	17			12.6	367	6												
双桥区	26			9.4	124	13												
渝北区	262	1	1	260.3	10779	7												
巴南区	88	1	1	283.9	4262	77												
黔江区	91			35.1	1490	77												
长寿区	62	2		118.6	4636	94												
高新区	55			20.4	790	8												
经开区	34	1		23.1	6367	6												
江津区	54	1		111.3	2903	15												
合川区	45			290.7	6791	31												
永川区	73			71.2	1697	10												
南川区	79	1		36.4	2878	83												
綦江县	45	2	2	188.3	3658	37												
潼南县	67			36.9	2104	67												
铜梁县	126	1		255.4	3466	36												
大足县	46	3		67.8	3393	31												
荣昌县	90	2		97.9	1719	54												
璧山县	109	1		171.2	5018	71												
梁平县	73			120.7	2482	40												
城口县	14	2	2	86.2	1572	19												
丰都县	25	1		131.0	6307	54												
垫江县	108			49.4	2208	4												
武隆县	10		1	39.1	634	9												
忠　县	37	3		49.7	4055	53												
开　县	52	3		40.9	922	4												
云阳县	36			354.3	1084	16												
奉节县	18		3	20.9	493	14												
巫山县	31	1		29.2	393	24												
巫溪县	20		1	47.3	638	21												
石柱县	25	4	2	18.5	1008	7												
秀山县	27	4		102.9	1599	18	1	4		80.5								
酉阳县	4			16.2	377	6												
彭水县	47	2	5	88.7	5883	53												

四川省分地区火灾综合情况

地区	火灾概况						较大火灾				重大火灾				特别重大火灾			
	起数	死人	伤人	损失 直接损失（万元）	损失 烧毁建筑（平方米）	损失 受灾户数	起数	死人	伤人	直接损失（万元）	起数	死人	伤人	直接损失（万元）	起数	死人	伤人	直接损失（万元）
合计	5591	42	17	10193	222810	1743	7	26		91.6								
成都市	2234	5		1906.7	50899	412	1	3		16.4								
自贡市	110		3	237.9	5300	50												
攀枝花市	81		1	430.1	5433	106												
泸州市	118	1	1	533.9	10042	58												
德阳市	98	5		462	8007	29	1	4		18.6								
绵阳市	460	4	4	725.1	14101	283	1	3		20.5								
广元市	114			125.8	8334	41												
遂宁市	746			230.7	15650	105												
内江市	159			1188.8	7759	123												
乐山市	97		1	260.9	5964	42												
南充市	149	2		123.6	8038	62												
眉山市	69	2		664.0	12443	14												
宜宾市	475	2	1	187.3	11355	50												
广安市	263	5		110.0	7751	60	1	5		23.5								
达州市	67	1		691.6	6777	94												
雅安市	49	3	1	516.8	10186	46	1	3		0.8								
巴中市	76	1		172.0	2864	27												
资阳市	56	2		242.7	8059	20												
阿坝藏族羌族自治州	30			315.0	7881	35												
甘孜藏族自治州	62		2	569.5	7661	56												
凉山彝族自治州	78	9	3	498.7	8302	30	2	8		11.8								

贵州省分地区火灾综合情况

地　区	火　灾　概　况						较大火灾				重大火灾				特别重大火灾			
	起数	死人	伤人	损　失														
				直接损失（万元）	烧毁建筑（平方米）	受灾户数	起数	死人	伤人	直接损失（万元）	起数	死人	伤人	直接损失（万元）	起数	死人	伤人	直接损失（万元）
合　计	1170	55	10	6625.4	188369	1519	4	16	1	90.5								
贵阳市	518	6		1688.1	14976	196												
遵义市	96	17	3	1352.9	24682	120	2	8	1	15.5								
安顺市	94	5		631.8	46660	64												
黔南州	115	7		330.8	14527	97	1	3		41.1								
黔东南州	105	10	1	882.9	62610	635												
铜仁市	84	3	6	564.8	8950	227												
毕节市	29	6		328.1	1643	60	1	5		33.9								
六盘水市	51	1		101.0	2267	44												
黔西南州	78			745.0	12056	76												

云南省分地区火灾综合情况

地区	火灾概况						较大火灾				重大火灾				特别重大火灾			
	起数	死人	伤人	损失			起数	死人	伤人	直接损失（万元）	起数	死人	伤人	直接损失（万元）	起数	死人	伤人	直接损失（万元）
				直接损失（万元）	烧毁建筑（平方米）	受灾户数												
合计	1350	53	33	7365.8	367326	1913	2	4	3	1426.9								
昆明市	374	7	2	468.3	19921	462	1	3		0.1								
昭通市	70	2		353.4	64681	80												
曲靖市	84	7	7	591.0	16388	281												
楚雄彝族自治州	63	1		206.4	5437	90												
玉溪市	52	2	2	144.3	4915	85												
红河哈尼族彝族自治州	56	1	1	252.2	4869	62												
文山壮族苗族自治州	112	6	3	563.0	14619	203												
普洱市	35	5	3	358.0	4364	52												
西双版纳傣族自治州	47		2	139.3	2709	48												
大理白族自治州	178	8	5	2247.6	22193	255	1	1	3	1426.8								
保山市	59	1		297.2	7493	59												
德宏傣族景颇族自治州	74	2		117.5	171639	84												
丽江市	43	5	1	785.9	7099	65												
怒江傈僳族自治州	20	4	5	336.5	1018	15												
迪庆藏族自治州	17			131.3	4268	18												
临沧市	66	2	2	374.1	15706	54												

西藏自治区分地区火灾综合情况

地区	火灾概况						较大火灾				重大火灾				特别重大火灾			
	起数	死人	伤人	损失			起数	死人	伤人	直接损失（万元）	起数	死人	伤人	直接损失（万元）	起数	死人	伤人	直接损失（万元）
				直接损失（万元）	烧毁建筑（平方米）	受灾户数												
合计	248	10	7	529.9	48027	217	1	3	1	9.4								
拉萨市	109	1	2	44.7	34157	64												
日喀则地区	30	4	1	79.0	3361	20												
山南地区	23	0	0	2.7	267	23												
林芝地区	34	2	0	280.3	8529	75												
昌都地区	15	3	1	34.9	969	16	1	3	1	9.4								
那曲地区	35	0	3	88.1	725	19												
阿里地区	2	0	0	0.1	20	0												

陕西省分地区火灾综合情况

地区	火灾概况						较大火灾				重大火灾				特别重大火灾			
	起数	死人	伤人	损失 直接损失（万元）	损失 烧毁建筑（平方米）	损失 受灾户数	起数	死人	伤人	直接损失（万元）	起数	死人	伤人	直接损失（万元）	起数	死人	伤人	直接损失（万元）
合计	4994	22	6	8716.7	568632	467	1	4		10.0								
西安市	1920	8	3	1586.0	75470	184												
铜川市	115	1		223.8	1925	3												
宝鸡市	339	1		569.4	43749	23												
咸阳市	310	1		412.9	290551	99												
渭南市	632	1		884.1	31263	50												
延安市	267	1	1	923.7	5457	22												
汉中市	503	7		514.8	11830	35	1	4		10								
榆林市	622	2		2964.2	89223	29												
安康市	60		2	74.8	1972	16												
商洛市	135			194.5	9149	5												
杨凌示范区	91			368.6	8044	1												

甘肃省分地区火灾综合情况

地区	火灾概况						较大火灾				重大火灾				特别重大火灾			
	起数	死人	伤人	损失 直接损失（万元）	损失 烧毁建筑（平方米）	损失 受灾户数	起数	死人	伤人	直接损失（万元）	起数	死人	伤人	直接损失（万元）	起数	死人	伤人	直接损失（万元）
合计	909	5	5	5395.7	108935	836	1			1031.3								
兰州市	483		1	3433.2	25943	116	1			1031.3								
嘉峪关市	8			2.1	4218	11												
金昌市	16	1		21.5	1612	15												
白银市	35			68.3	3872	15												
天水市	50			70	2292	10												
武威市	28		2	69.1	2396	50												
张掖市	71			135.6	18608	208												
平凉市	6			28.2	2173	10												
酒泉市	95			196.1	33937	192												
庆阳市	10			11.0	631	14												
定西市	47			29.9	1479	46												
陇南市	39	1		194.8	2843	39												
临夏州	10	2	2	59.9	1305	7												
甘南州	11	1		1057.3	7624	103												

青海省分地区火灾综合情况

地区	火灾概况						较大火灾				重大火灾				特别重大火灾			
	起数	死人	伤人	损失			起数	死人	伤人	直接损失（万元）	起数	死人	伤人	直接损失（万元）	起数	死人	伤人	直接损失（万元）
				直接损失（万元）	烧毁建筑（平方米）	受灾户数												
合 计	1685	6	17	6044.4	159218	532	1	1	15	4683.7								
西宁市	1011	4	16	5251.0	34730	389	1	1	15	4683.7								
海东地区	360	1	1	80.6	17716	24												
海北藏族自治州	32			15.1	1080	15												
黄南藏族自治州	20			20.4	378	6												
海南藏族自治州	42	1		57.2	88572	21												
果洛藏族自治州	12			11.0	9350	9												
玉树藏族自治州	15			370.7	1605	2												
海西蒙古族藏族自治州	95			208.5	1564	9												
格尔木市	98			29.8	4224	57												

宁夏回族自治区分地区火灾综合情况

地区	火灾概况						较大火灾				重大火灾				特别重大火灾			
	起数	死人	伤人	损失 直接损失（万元）	损失 烧毁建筑（平方米）	损失 受灾户数	起数	死人	伤人	直接损失（万元）	起数	死人	伤人	直接损失（万元）	起数	死人	伤人	直接损失（万元）
合计	3255	1	1	237.6	16976	50												
银川市	1630			65.6	9150	8												
石嘴山市	343		1	56.6	2436	6												
吴忠市	719			61.0	2809	30												
固原市	130			17.3	461	6												
中卫市	433	1		37.1	2121													

新疆维吾尔自治区分地区火灾综合情况

地区	火灾概况						较大火灾				重大火灾				特别重大火灾			
	起数	死人	伤人	损失 直接损失（万元）	损失 烧毁建筑（平方米）	损失 受灾户数	起数	死人	伤人	直接损失（万元）	起数	死人	伤人	直接损失（万元）	起数	死人	伤人	直接损失（万元）
合　计	5093	33	21	5178.5	307862	2618	1	3		0.2								
乌鲁木齐市	1073	14	13	825.2	32685	1073												
克拉玛依市	59			127.0	61339	59												
吐鲁番地区	95			182.1	4814	95												
哈密地区	311	1		265.9	17665	311												
昌吉回族自治州	310			211.7	17951	310												
博尔塔拉蒙古自治州	137		1	705.4	9126	137												
巴音郭楞蒙古自治州	752	3	1	406.8	45061	752												
阿克苏地区	804		1	428.4	21898	804												
克孜勒苏柯尔克孜自治州	56			22.0	5042	11												
喀什地区	391	7	4	925.5	20428	243	1	3		0.2								
和田地区	137	1		130.7	7668	44												
伊犁哈萨克自治州	358	3		344.4	30454	62												
塔城地区	164		1	512.7	19655	108												
阿勒泰地区	116	2		31.7	10593	46												
石河子市	330	2		58.9	3483	282												

新疆生产建设兵团各师火灾综合情况

地区	火灾概况						较大火灾				重大火灾				特别重大火灾			
	起数	死人	伤人	损失			起数	死人	伤人	直接损失（万元）	起数	死人	伤人	直接损失（万元）	起数	死人	伤人	直接损失（万元）
				直接损失（万元）	烧毁建筑（平方米）	受灾户数												
兵　团	223	6	14	900.5														
农一师	15			42.3														
农二师	3			0.4														
农三师	16		2	28.6														
农四师	11	1	3	26.1														
农五师	11			285.7														
农六师	26			34.3														
农七师	26	1	1	22.9														
农九师	13		1	35.1														
农十师	7			65.6														
农十二师	8	2		7.1														
农十三师	18			48.9														
农十四师	7			1.1														
莫索湾垦区	3	1	1	270.2														
下野地垦区	59	1	6	32.0														

第三节　森林、铁路、交通港航火灾情况

全国分地区森林火灾情况

单位名称	森林火灾次数					火场总面积（公顷）	受害森林面积（公顷）			损失林木		人员伤亡				其他损失折款（万元）	出动扑火人工（工日）	出动车辆（台）		出动飞机（架次）	扑火经费（万元）
	计	一般火灾	较大火灾	重大火灾	特大火灾		计	其中		成林蓄积（立方米）	幼林株数（万株）	计	轻伤	重伤	死亡			计	其中汽车		
								原始林	人工林												
甲	1	2	3	4	5	6	7	8	9	10	11	12	13	14	15	16	17	18	19	20	21
一至本月累计	5550	2993	2548	9	0	63416. 209	26949. 816	1696. 021	23946. 763	633600. 869	6206. 084	91	22	24	45	20173. 418	891629. 5	76883	56290	1810	13529. 34
北京市	3	3				2. 487	1. 597	0. 92	0. 677	23. 09	0. 028	1			1		836	77	77		9. 86
天津市	5	5				24. 3	8. 6		8. 6							19. 5	2050	110	110		18. 4
河北省	108	94	13	1		2169	353. 64	3. 36	350. 28	5032. 17	1. 519	3		1	2	12. 2	38168	1431	1416	1094	3968. 76
山西省	40	18	18	4		6372. 44	3397. 04	108	3289. 04	144584. 23	4. 667					4427. 99	88406	4582	3269	48	1117. 03
内蒙古自治区	57	21	36			1741. 36	1088. 57	451. 93	188. 96		0. 612					38. 7	6748	767	352		16. 07
辽宁省	54	40	14			577. 158	155. 108	1. 15	153. 958	1384. 172	3. 423					16	9634	1236	1125		124. 995
吉林省	58	47	11			240. 365	54. 701	0. 35	17. 871	3950	6. 96	1			1	405. 2	4145	584	582	2	60. 555
黑龙江省	43	40	3			1741. 26	58. 48	41. 48	17								43858	2595	2595	53	143. 88
上海市																					
江苏省	54	51	3			141. 706	52. 412		52. 412	670. 04	3. 855					5. 3	10701	891	891		311. 46
浙江省	433	83	350			4707. 53	2089. 54		1474. 91	54184	172. 45	12	1	5	6	7. 5	57967	5466	4293		692. 5
安徽省	250	179	71			751. 6	254. 6	2. 9	251. 7	3747. 9	26. 66	2			2	59. 96	20521	3069	1586		118. 71
福建省	407	18	387	2		9365. 77	6503. 37	180. 317	6323. 06	220190. 97	4354. 12	20	13	4	3	222. 44	64702	9269	3748		593. 16
江西省	151	37	114			3827. 98	1435. 13	43. 73	1391. 4	12966. 4	171. 98	4		1	3	579. 18	36484	3142	1489	16	332. 33
山东省	32	25	5	2		897. 26	860. 6		860. 6	1451. 518	80. 396					8944. 45	39379	4097	3971	6	160
河南省	622	398	224			2103. 21	889. 59		889. 59	212. 6	24. 594					54. 74	35584	3439	3296	7	232. 76
湖北省	510	379	131			3113. 88	676. 85	24. 66	651. 79	742. 6	35. 606					20. 12	30856	2811	2347		109. 531
湖南省	873	407	466			5824. 329	3605. 456	264. 61	3350. 846	46504. 95	299. 851	7	2		5	741. 414	74973	5370	4755		602. 066
广东省	239	76	163			3366. 678	1475. 575	68. 2	1427. 945	19099. 036	574. 697	1		1		520. 918	30296	4652	2727	19	418. 784
广西壮族自治区	350	171	179			5072. 43	883. 27	7. 57	875. 7	28761. 819	75. 936	1			1	236. 029	24928	3558	1784	17	227. 014
海南省	42	27	15			140. 069	118. 226	0. 08	118. 029	40	1. 398					8. 4	2468	307	87		6. 296
重庆市	162	115	47			752. 661	295. 95	27. 744	265. 833	10240. 628	15. 109	2		1	1	183. 139	66046	3960	3698	12	476. 727
四川省	309	245	64			3449. 53	551. 056	140. 287	409. 969	27002. 213	33. 59	4	1	1	2	550. 42	74623	4713	3295	46	618. 009
贵州省	430	300	130			2625. 7	909. 7	90. 09	819. 61	22235. 79	48. 87	10	3		7	778. 13	33045	3194	2810		156. 6
云南省	115	64	51			2428. 66	694. 17	13	538. 2	22611. 46	236. 54	19	2	7	10	515. 27	56054	4805	3569	18	882. 2
西藏自治区	3	3				10. 067	0. 85									3	1225	100	100		3
陕西省	125	92	33			987. 775	264. 853	97. 253	149. 8	3348. 1	16. 373	3		2	1	80. 164	17229	1195	1120		100. 398
甘肃省	7	4	3			143. 92	23. 61	14. 03	9. 58	1412. 434	2. 038					300	7337	638	571		77. 51
青海省	7	4	3			113. 74	87. 78		23. 6		0. 567					2. 04	1253	103	100		3
宁夏回族自治区	2	1	1			9. 63	9. 33				3. 318					14. 3	300	22	22		
新疆维吾尔自治区	59	46	13			713. 714	150. 162	114. 36	35. 803	3204. 749	10. 927	1		1		1426. 914	11813. 5	700	505	472	1947. 735

全国分月季森林火灾情况

月份	森林火灾次数					火场总面积（公顷）	受害森林面积（公顷）			损失林木		人员伤亡				其他损失折款（万元）	出动扑火人工（工日）	出动车辆（台）		出动飞机（架次）	扑火经费（万元）
	计	一般火灾	较大火灾	重大火灾	特大火灾		计	其中		成林蓄积（立方米）	幼林株数（万株）	计	轻伤	重伤	死亡			计	其中汽车		
								原始林	人工林												
甲	1	2	3	4	5	6	7	8	9	10	11	12	13	14	15	16	17	18	19	20	21
全年累计	5550	2993	2548	9	0	63416. 209	26949. 816	1696. 021	23946. 763	633600. 869	6206. 084	91	22	24	45	20173. 418	891629. 5	76883	56290	1810	13529. 34
一月	255	156	99	0	0	1818. 416	638. 1	5. 8	625. 64	9163. 2	52. 174	1	0	0	1	95. 24	21394	2028	1679	7	203. 07
二月	1623	930	693	0	0	12068. 072	4888. 549	230. 63	4525. 489	87354. 975	542. 816	16	1	4	11	908. 834	144773	14891	10711	66	1232. 017
三月	1159	626	531	2	0	12996. 214	6108. 459	157. 831	5526. 485	170757. 682	3905. 257	47	17	13	17	1136. 004	154639	13827	9087	15	1706. 175
四月	1529	728	798	3	0	17619. 609	8227. 713	441. 519	7333. 797	133771. 017	1139. 482	17	2	5	10	11066. 25	238551	25296	17495	1113	5460. 288
五月	349	209	136	4	0	8942. 56	4145. 206	223. 963	3835. 43	157594. 565	59. 241	3	1	1	1	4608. 297	175987	8990	7797	65	1778. 168
六月	35	18	17	0	0	463. 947	271. 267	102. 056	123. 812	5105. 038	3. 09	0	0	0	0	325. 288	10056	856	728	0	129. 074
七月	54	34	20	0	0	429. 02	315. 7	213. 4	97. 74	2051. 75	5. 925	0	0	0	0	4. 21	7998	598	546	3	23. 626
八月	140	85	55	0	0	1204. 021	513. 099	18. 274	490. 225	23240. 686	27. 846	2	0	0	2	555. 22	41667. 5	3042	2370	8	383. 09
九月	148	75	73	0	0	2334. 75	779. 85	115. 63	602. 62	28299. 388	39. 386	5	1	1	3	977. 79	46257	3560	2937	488	2147. 121
十月	82	47	35	0	0	2997. 909	482. 263	167. 848	206. 135	5734. 41	11. 92	0	0	0	0	338. 96	23536	1576	1420	21	139. 189
十一月	54	35	19	0	0	510. 46	83. 44	0	81. 59	1463. 94	311. 864	0	0	0	0	44. 82	6006	677	401	2	85. 575
十二月	122	50	72	0	0	2031. 231	496. 17	19. 07	497. 8	9064. 218	107. 083	0	0	0	0	112. 505	20765	1542	1119	22	241. 947

铁路系统火灾情况

2011 年，铁路公安机关消防机构认真贯彻铁道部、公安部关于开展消防安全专项治理和“清剿火患”战役的总体部署，以旅客列车、公众聚集场所、重点行车场所、机车车辆存放场所和物资集中场所为重点，深入开展消防监督检查，督促铁路单位层层落实消防安全责任制，大力整治火灾隐患，确保火灾形势平稳。2011 年，全国铁路系统共发生火灾 29 起，直接财产损失 203 万元，死 1 人。与上年同期相比起数和损失分别下降 3.3% 和 80.7%，未发生较大以上火灾事故。

一、旅客列车火灾事故有所下降。发生 5 起，占总数 17.2%，直接财产损失 45.4 万元。同比起数下降 28.6%，损失上升 79.4%。4 月 23 日 1 时 55 分，包头车辆段呼和客技站派出所民警带领保安在客车停留场巡视检查时，发现 4 道停留的 K7915/6 次车底 3 号车厢（YZ25B342332）冒烟。2 时 15 分，发现烟雾增大并伴有明火，随即拨打电话报警，同时组织职工、保安使用灭火器进行扑救。2 时 30 分，呼和浩特消防支队 3 辆消防车陆续赶到现场进行灭火，3 时 30 分将火扑灭。事故造成停留 K7915/6 次客车底 2 辆客车及 L1420/19 次 2 辆客车不同程度过火。事故造成直接财产损失 45 万元。起火原因系乘务员违章作业，使熄灭的炉灰掉入壁板下方缝隙，导致过道下方保温层和木质地板阴燃，继而蔓延成灾。其他 4 起火灾原因分别是：违反电气使用规定 1 起、吸烟 1 起、其他 2 起。

二、机车火灾事故有所下降。发生 3 起，占总数 10.3%，直接财产损失 104.1 万元。同比起数和损失分别下降 40% 和 84.4%。10 月 18 日 22 时 25 分，南昌铁路局 48019 次列车行至漳泉线湖头至金谷间 84 公里 100 米处撞上塌方土石前行 60 多米后，机后 1 位和 2 位棚车颠覆，3 位和 4 位棚车脱线，机车（DF4B 型 3919 号）侧翻起火。火灾造成损失 56 万元。起火原因系该 48019 次列车机车撞上塌方土石侧翻后，导致机车柴油发动机的油管断裂柴油外溢，柴油流至发动机机体上，由于发动机缸壁的高温而引起燃烧。其他 2 起火灾原因分别是：违反电气安全使用规定 1 起、其他 1 起。

三、货物列车火灾事故略有下降。发生 10 起，占总数 34.5%，直接财产损失 6.4 万元。同比起数和损失分别下降 9.1% 和 89.2%。10 起火灾原因分别是：自燃 2 起、吸烟 1 起、不明 1 起、其他 6 起。

四、车站、货场和其他部位火灾事故略有上升。发生 11 起，占总数 38%，直接财产损失 47.1 万元。同比起数上升 57.1%，损失下降 84.2%。11 月 1 日 23 时 05 分许，广州铁路集团公司衡山西站职工发现该站房屋顶站名“西”字灯箱起火，立即向车站站长报告，并拨打电话报警，当地公安消防大队出动 2 辆消防车于 23 时 27 分到达现场，23 时 55 分将火扑灭。火灾造成“西”字灯箱全部烧毁，屋面防水保温层过火面积约 100 平方米，直接财产损失 22 万元。起火原因系 LED 在密闭的“西”字灯箱内长时间使用，聚热不散，引燃有机玻璃底座，部分燃烧坠落的有机玻璃引燃屋面保温防水材料引起火灾。其他 10 起火灾原因分别是：放火 2 起、违反电气安全使用规定 3 起、吸烟 1 起、违反安全规定 4 起。

交通港航系统火灾情况

2011 年，交通港航系统共发生火灾 32 起，其中船舶火灾 19 起、港口机械设备火灾 5 起、房屋 3 起、车辆 2 起、货物 2 起、储油罐 1 起，死亡 4 人，受伤 3 人，直接财产损失 1514. 1 万余元。与上年相比，火灾起数上升 4 起、死亡人数多 3 人、受伤人数减少 6 人，直接财产损失上升 1099 万元，同比上升 264. 8%。已连续 6 年未发生重特大火灾，交通港航火灾形势基本保持稳定。

一、火灾基本情况分析

（一）从火灾类别看，船舶火灾所占比例较大。船舶发生火灾 19 起，占全部火灾的 59. 4%，人员伤亡全部由船舶火灾所致，火灾造成船舶不同程度烧损，财产损失 1088. 5 万元，占全部火灾直接财产损失的 71. 9 %。发生在船舶机舱的火灾 8 起，占船舶火灾 42. 1%，占所有火灾 25%。长江干线水域发生 11 起船舶火灾，直接财产损失 917. 8 万元，占全部直接财产损失的 60. 6%。火灾船舶均属中小型航运企业。

（二）从火灾原因看，近半火灾是电气原因所致。电气 15 起，机械设备故障 5 起，焊割 5 起，违章操作 3 起，自燃 2 起，雷击 1 起，其他 1 起。电气线路、机械设备和焊割引发火灾分别占全年火灾的 46. 8%、15. 6% 和 15. 6%。

（三）从发生火灾时间分布上看，火灾主要集中在第一季度和第三季度，分别占全年火灾的 40. 6% 和 21. 9%。其中 1、3、7 月份火灾起数最突出，分别占总数的 15. 6%、18. 8% 和 15. 6%。

（四）从火灾四项统计指数上看，直接财产损失上升幅度较大。与上年同期相比，火灾起数上升 4 起、死亡人数多 3 人、受伤人数减少 6 人，直接财产损失上升 1099 万元，同比上升 264. 8%，幅度较大。直接财产损失在 50 万元以上火灾有 3 起，3 月 2 日“非洲牵牛星”货轮火灾，直接财产损失 80 余万元；7 月 21 日“长舟 6”滚装轮火灾，直接财产损失 788. 6 万元；11 月 22 日大连港新港油品码头公司原油储罐雷击火灾，直接财产损失 350 万元。这 3 起火灾共造成直接财产损失 1218. 6 万元，占全年总数 80. 4%。

二、当前港航消防安全存在的突出问题

2011 年以来，交通公安消防机关以稳定港航单位消防安全大局为主线，全力推进港航单位构筑消防安全“防火墙”工程建设，深入开展消防安全“五大活动”，着力提升港航单位“四个能力”和消防监督管理“四个水平”，消防安全状况得到进一步改观，交通港航火灾形势保持总体平稳。但从火灾事故分析看出，发生火灾单位的消防安全基础工作薄弱、消防安全基础建设滞后。

一是船舶消防安全主体责任、制度仍不落实。多年来，船舶火灾始终位列各类火灾之首，起数大、损失重，2011 年仍然如此。发生火灾的船舶载重吨多为 500 至 1000 吨，航行区域为内河或沿海跨省运输，均隶属中小型航运企业。这些船舶船龄较长，机电设备老化严重，日常维护保养不善，安全技术状况较差，火灾隐患严重。相关航运企业对消防安全工作重视不够，规章制度不健全，船舶消防安全责任落实不到位，船舶消防安全管理混乱，造成船舶抗御火灾的能力十分低下。特别是一些委托管理的航运公司，只收取管理费，对船舶消防安全管理不闻不问。

二是部分员工消防安全意识淡薄，消防安全素质差。单位虽然制定了一系列消防安全制度、操作规程，但部分员工在具体生产操作过程中，思想麻痹，心存侥幸，不遵守消防安全制度，违章操作、违章焊割、违章使用电热器具现象严重。2月2日，江苏省江阴市嘉仕和航运有限公司所属“柏安9”集装箱轮，在烟台港锚地锚泊时，因船员在房间使用电炉取暖，不慎引燃被褥等可燃物，造成火势蔓延成灾，导致1人死亡，直接财产损失5万元。7月7日，黑龙江航运集团同江港务有限公司所属“龙浮6－1601”吊船因维修人员在距该船油箱通气孔1米左右，违章使用气焊作业维修吊斗口，引发油箱爆炸起火，死亡3人、受伤1人，直接财产损失16万元。7月21日，湖北长舟滚装船运输有限公司所属载货汽车滚装船“长舟6”轮因值班巡查制度不落实，外来火种引燃载货汽车顶棚后，未及时发现，蔓延成灾，烧损22辆载货汽车，直接财产损失788.6万元。这3起火灾事故，不仅反映出一线作业人员消防安全意识薄弱，更暴露出企业在实际生产作业中未能有效落实消防安全制度，缺乏明确、有效的管理机制。

三是船舶消防安全隐患排查整治工作不够扎实。一些船舶未按标准进行装饰装修和配备船舶专用电器设备，存在先天性消防安全隐患；一些船舶机电、消防设备设施、器材未按有关规定进行定期维护保养、检测，造成年久失效。船舶带病航行，隐患四伏，致灾性隐患一触即发。2011年，电气、机械设备故障火灾占全年火灾的62.5%。3月29日，湖北省荆州市沙市区天福沙石厂所属“鄂荆州货水灵8号”货船，在荆州长江大桥附近水域，因厨房照明电路短路，引燃木制装饰材料导致火灾，造成直接财产损失6.8万元。4月24日，安徽华晨船务有限公司所属“宝利金”货轮主副机排气管未经包扎引燃可燃物导致火灾，造成直接财产损失42万元。9月11日，山东寿光市瑞盛航运有限公司“德隆99”轮主机主润滑油管上温度表脱落，造成高压润滑油喷出遇排烟管高温引起火灾，造成直接财产损失46万元。电线短路、超负荷，电器、机械设备故障等火灾隐患未引起充分重视，因此，船舶火患排查工作亟待加强，整治力度还要加大。

四是基层消防灭火应急救援力量仍需加强。2011年火灾损失大也反映出灭火应急救援力量不足的问题。大连“7·16”火灾事故发生以来，港口企业汲取事故教训，加强消防能力建设，投入了大量资金添置消防设施、器材装备，港口消防灭火应急救援力量有了一定的提高，但是此项工作开展不平衡，有的港口在消防应急救援力量和设备投入上不够，灭火救援装备、力量不能满足扑救港口、船舶火灾的需求。

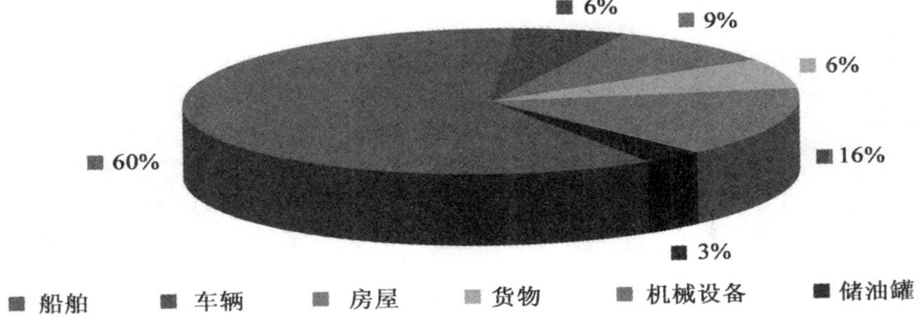

火灾分类图

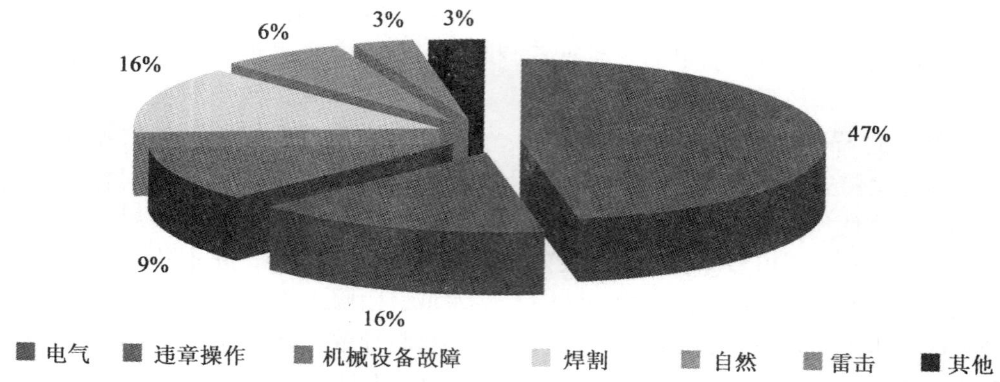

火灾原因图

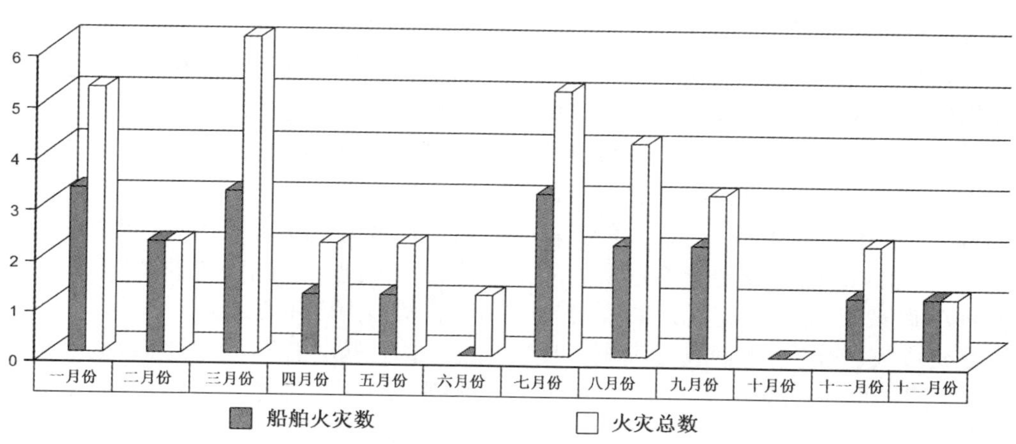

火灾月份分布图

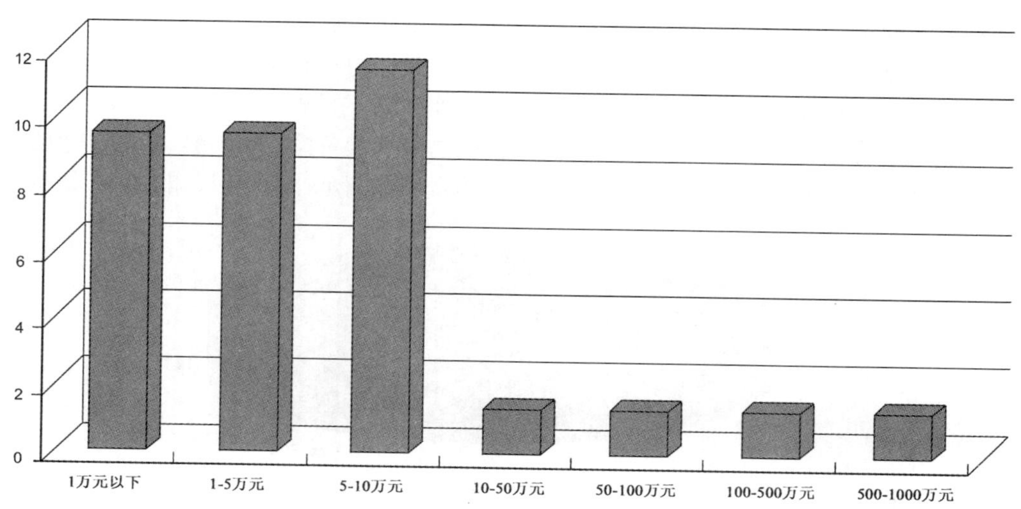

火灾损失分布图

第二章　综合统计

2011年全国公安消防部队接警出动情况

2011年，全国公安消防部队共接警出动65.6万起（含虚警），出动车辆117.1万辆次，出动人员733.4万人次，抢救被困人员128893人，抢救财产价值644亿多元。

其中出动扑救火灾12.5万起，出动车辆31.2万辆次，出动人员186.7万人次，抢救被困人员12665人，抢救财产价值405.1亿元；出动抢险救援、社会救助等53.1万起（其中灾害事故20.9万起，公务执勤8807起，社会救助17.1万起，其他14.2万起），出动车辆86万辆次，出动人员546.7万人次，抢救人员116228人，抢救财产价值238.9亿元。

2011年，全国公安消防部队在灭火救援战斗中，共有4名消防官兵牺牲，33名消防官兵负伤；非现役消防队伍共有2名消防员牺牲，16名消防员负伤。

公安消防部队火灾扑救情况统计表

地 区	起数	出动情况				参战人员			出动车辆			战斗成果		
		出动次数	中途返回	到场未实施处置	到场实施处置	小计	公安	其他	小计	公安	其他	抢救人员（人）	疏散人员（人）	抢救财产价值（万元）
合 计	124701	137638	16054	23833	97751	1866576	1800896	65680	311629	299897	11732	12665	258704	4051324
北 京	4063	4623	151	1013	3459	101968	101740	228	15624	15562	62	333	8604	1207
天 津	852	1689	133	638	918	30544	30544		4639	4639		174	1529	22792
河 北	4542	4758	234	349	4175	61407	46590	14817	11359	8784	2575	265	10581	22302
山 西	4665	5097	603	1014	3480	59772	57354	2418	10882	10480	402	455	14274	33844
内蒙古	10332	10475	1085	1622	7768	100730	99205	1525	17696	17350	346	292	12495	622241
辽 宁	4072	4147	194	469	3484	42213	42094	119	9025	9001	24	708	4242	2079235
吉 林	7618	7674	407	536	6731	71945	70722	1223	13432	13197	235	275	3091	32839
黑龙江	2341	2407	41	61	2305	34025	30928	3097	7605	6913	692	247	3440	26138
上 海	5843	11862	4200	4604	3058	267999	267989	10	31806	31804	2	668	5375	134091
江 苏	4633	5036	302	589	4145	67967	58742	9225	13306	11543	1763	408	4939	41495
浙 江	3321	3903	574	508	2821	57870	57755	115	9969	9940	29	821	4611	46620
安 徽	5827	6032	710	1195	4127	64328	62437	1891	10458	10181	277	385	12163	43634
福 建	4108	4315	378	489	3448	57839	57729	110	9999	9981	18	660	9258	90352
江 西	4639	4710	540	500	3670	53955	53786	169	8463	8432	31	693	11758	41875
山 东	3811	3982	162	247	3573	51036	50707	329	8616	8554	62	557	8012	83961
河 南	3435	3456	126	534	2796	45772	41523	4249	8491	7788	703	358	11576	17523
湖 北	8287	8609	1020	1865	5724	107882	105010	2872	19074	18704	370	624	19949	56418
湖 南	3780	3828	547	555	2726	46871	46871		7182	7182		582	8645	38227
广 东	8205	9074	1205	1884	5985	137820	127726	10094	25613	23635	1978	1252	33397	65039
广 西	1826	1927	120	220	1587	22774	22388	386	4241	4169	72	449	5760	41632
海 南	696	711	40	62	609	9696	9696		1544	1544		46	1227	201765
重 庆	4038	5010	924	1527	2559	79527	79527		11615	11615		430	12680	9285
四 川	5568	5670	775	1147	3748	76857	65677	11180	12717	10921	1796	718	16351	29680
贵 州	1113	1155	143	139	873	15592	15577	15	2883	2879	4	237	7973	46959
云 南	1262	1364	105	129	1130	15616	15450	166	3120	3091	29	233	7470	14210
西 藏	243	252	1	18	233	4661	4661		793	793		28	573	944
陕 西	4973	5010	569	641	3800	63932	63794	138	10869	10833	36	339	7117	81003
甘 肃	874	917	16	47	854	12760	12522	238	1828	1791	37	64	1481	7061
青 海	1643	1710	138	397	1175	17638	17638		2606	2606		49	7110	40280
宁 夏	3254	3263	342	368	2553	27186	27186		4034	4034		94	439	19648
新 疆	4837	4972	269	466	4237	58394	57328	1066	12140	11951	189	221	2584	59024

注：出动次数包括同一起接警中的增援出动。

公安消防部队抢险救援等出警行动统计表

地区	起数	出动车辆	出动人员	灾害事故			公务执勤			社会救助			其他		
				起数	出动车辆	出动人员	起数	出动车辆	出动人员	起数	出动车辆	出动人员	起数	出动车辆	出动人员
合计	531131	5467131	859652	208829	2141006	343099	8807	73259	12098	170998	1262534	200916	142497	1990332	303539
北京	12831	134856	19991	3581	36466	5367	5	35	5	4803	35941	5087	4442	62414	9532
天津	29502	377704	52963	4247	40873	5653	75	579	87	5191	41644	5748	19989	294608	41475
河北	9468	100565	17573	4640	51605	8877	48	415	64	4549	46011	8133	231	2534	499
山西	5405	52081	8711	3633	35396	5811	10	84	16	607	4409	725	1155	12192	2159
内蒙古	2816	24204	3953	2208	19040	3126	43	408	64	395	2945	467	170	1811	296
辽宁	8499	58295	11686	2701	22160	4365	25	189	38	5267	30125	6109	506	5821	1174
吉林	1794	13066	2611	1123	8067	1616	3	16	3	361	2158	428	307	2825	564
黑龙江	2204	21800	4626	1043	11265	2238	151	1006	253	764	5340	1190	246	4189	945
上海	57936	939039	103121	14845	212526	22420	316	2362	361	23098	247923	26383	19677	476228	53957
江苏	44433	462436	85446	8596	76901	14054	215	1427	243	2301	15800	2885	33321	368308	68264
浙江	48132	512091	83198	35172	375225	60949	54	355	54	3188	24486	3940	9718	112025	18255
安徽	8979	79503	11964	4817	44156	6859	52	366	57	3706	29323	4298	404	5658	750
福建	14776	138005	22447	10811	105618	17104	46	545	106	2250	15023	2519	1669	16819	2718
江西	6892	61715	9309	4897	46522	6998	47	416	62	1803	13175	2001	145	1602	248
山东	29436	311890	49602	15159	160796	26188	173	1191	192	13008	138034	21285	1096	11869	1937
河南	12349	126165	22089	10257	104751	18516	9	90	16	1349	13107	2122	734	8217	1435
湖北	52813	452088	75305	15763	155017	26249	4875	39184	6413	20229	138562	23980	11946	119325	18663
湖南	5667	51782	7571	2690	24213	3538	17	192	24	1555	10837	1650	1405	16540	2359
广东	50722	529751	94385	20445	214015	38128	61	435	77	9192	69871	11704	21024	245430	44476
广西	6734	51828	9282	3936	34288	5943	60	521	90	2527	15033	2882	211	1986	367
海南	1062	9779	1549	589	6721	1045	5	35	6	463	2983	491	5	40	7
重庆	36491	365165	54283	6578	70592	9985	23	212	30	20595	136128	21244	9295	158233	23024
四川	56676	378289	70431	17591	160932	27137	307	2774	458	35799	175394	36450	2979	39189	6386
贵州	9149	71850	13043	3222	28105	4744	395	3160	568	4515	26263	5124	1017	14322	2607
云南	6746	54853	9961	4449	40568	7171	237	1739	334	1920	11364	2252	140	1182	204
西藏	1438	14817	2252	201	2342	388	1071	11555	1688	165	846	168	1	74	8
陕西	2870	25470	4031	2091	19254	3034	23	218	33	592	3945	632	164	2053	332
甘肃	579	5848	800	481	4891	663	42	480	72	51	417	57	5	60	8
青海	454	4681	662	396	4126	586				36	302	41	22	253	35
宁夏	1440	11177	1601	1054	8193	1181	1	16	2	276	1977	286	109	991	132
新疆	2838	26338	5206	1613	16382	3166	418	3254	682	443	3168	635	364	3534	723

消防队伍参战人员死亡情况

项　目	死亡（人）		死亡原因								
	现役	其他	烧	窒息	摔	砸	炸	中毒	触电	交通事故	其他
合　计	4	2			1	1		1		2	1
北　京											
天　津											
河　北											
山　西											
内蒙古	1									1	
辽　宁											
吉　林											
黑龙江											
上　海											
江　苏	1	1						1		1	
浙　江											
安　徽											
福　建											
江　西	1					1					
山　东											
河　南											
湖　北											
湖　南											
广　东		1									1
广　西											
海　南											
重　庆											
四　川											
贵　州	1				1						
云　南											
西　藏											
陕　西											
甘　肃											
青　海											
宁　夏											
新　疆											

消防队伍参战人员受伤情况

项　目	受伤(人)		受伤原因									受伤部位			
	现役	其他	烧	窒息	摔	砸	炸	中毒	触电	交通事故	其他	头颈部	上肢	躯干	下肢
合　计	33	16	14	1	4	4	4			3	19	13	24	6	6
北　京	4		1			1	2					1	1	1	1
天　津															
河　北	1	1	2									1	1		
山　西															
内蒙古	4		2		1						1	2			2
辽　宁															
吉　林															
黑龙江	2	1	2		1							2		1	
上　海	1									1		1			
江　苏															
浙　江	1		1										1		
安　徽															
福　建	3	1	4									2	2		
江　西	3					2					1	1		1	1
山　东															
河　南															
湖　北															
湖　南	2						2					2			
广　东	5	13	1								17		18		
广　西	3					1				2				2	1
海　南															
重　庆	1				1								1		
四　川															
贵　州															
云　南															
西　藏	1				1									1	
陕　西	1		1												1
甘　肃															
青　海															
宁　夏															
新　疆	1			1								1			

城乡消防规划统计表

单位	直辖市			地级						县级						乡镇						村		
				地级市			其他			县级市			县(包括自治县、旗、自治旗)			镇			乡(包括苏木、民族乡、民族苏木)			行政村		
	直辖市的数量	已编制消防规划的直辖市数量	当年新编制、修订消防规划的直辖市数量	地级市的数量	已编制消防规划的地级市数量	当年新编制、修订消防规划的地级市数量	地区、自治州、盟的数量	已编制消防规划的地区、自治州、盟的数量	当年新编制、修订消防规划的地区、自治州、盟数量	县级市的数量	已编制消防规划的县级市数量	当年新编制、修订消防规划的县级市数量	县的数量	已编制消防规划的县的数量	当年新编制、修订消防规划的县的数量	建制镇的数量	已编制消防规划的建制镇的数量	当年新编制、修订消防规划的镇的数量	乡的数量	有消防规划内容的乡的数量	当年新增有消防规划内容的乡的数量	行政村的数量	有消防规划内容的行政村的数量	当年新增有消防规划内容的行政村的数量
全国	4	4	3	283	283	79	48	48	8	369	369	68	1621	1558	339	19406	13577	1508	14671	5094	971	547420	97712	22201
北京	1	1	1										2	2		142	54	8	40	8		2921	547	5
天津	1	1	1										3			115	115		20	20		3495	547	
河北				11	11	4				22	22	9	114	114	46	1007	1007	11	953	52		49029	89	
山西				11	11					11	11		85	82		563	374		633	55			1761	
内蒙古				9	9	4	3	3		11	11	1	69	69	23	463	223	65	179	89	34	10193	2494	914
辽宁				14	14	4				17	17	3	27	27	3	581	423	59	324	14		11770	337	119
吉林				8	8		1	1		20	20	1	20	20		426	426	19	194	191	7	9012	9012	748
黑龙江				12	12	1	1	1	1	18	18		46	40		473	204	58	423	163	53	9056	1992	317
上海	1	1											1			109	109		2			1704	1390	
江苏				13	13					26	26		24	24		877	877		98	98		15644	6190	2902
浙江				11	11					22	22		36	36		728	611		443	158		26572	6501	
安徽				16	16	6				6	6	4	56	56	23	912	403	162	349	82	35	13761	1579	467
福建				9	9	9				14	14		45	45	1	595	464	51	334	106	52	14415	1413	234
江西				11	11					11	11		70	68		788	301	33	610	264	42	18603	3837	183
山东				17	17	8				31	31	12	60	56	25	1118	470	139	156	40	2	73668	9559	6370
河南				17	17					21	21		88	88		945	945	123	929	885	110	47410	19110	3688
湖北				12	12	4	1	1		24	24	9	41	41	16	741	741	95	199	93	39	26113	2285	262
湖南				13	13	7	1	1		16	16	4	72	72	5	1109	660	207	1052	357	46	40238	8048	184
广东				21	21	5				23	23	10	44	43	11	1134	484	175	11	11	2	17252	1847	621
广西				14	14					7	7		68	68		702	250	16	424	87	71	14358	3575	2279
海南				3	3	2				6	6		10	10		183	91	15	21	11	11	2561	433	110
重庆	1	1	1										11	19		587	590	29	352	237		8587	426	52
四川				18	18		3	3		14	14		124	124		1821	1821	92	2585	305	183	47008	1021	142
贵州				4	4	2	2	2	2	7	7	4	67	67	36	689	540	81	757	258	98	15365	3209	1061
云南				8	8		8	8		11	11		106	106	22	597	574		689	689		11688	5013	765
西藏				1	1		6	6	1	1	1		71	20	20	140	12	8	542	3		5261		
陕西				10	10	11				3	3	3	80	80	80	922	148	19	648	391	11	20943	2299	56
甘肃				12	12	12	2	2	2	4	4	4	65	65	7	466	358	20	761	149	22	15696	1485	18
青海				1	1		8	8		2	2		37	40		137	43		229	23		4168	108	
宁夏				5	5					2	2		11	11		99	40	4	93	8		2130	505	1
新疆				2	2		12	12	2	19	19	4	68	65	21	237	219	19	621	247	153	8799	1100	703

填写说明:1. 表中涉及的行政区划数量,请参照《中华人民共和国行政区划简册》、《中华人民共和国行政区划手册》、民政部区划地名司网站(http://qhs. mca. gov. cn/index. shtml)以及当地民政部门等的权威资料确定。2. 消防规划的内容,在国家未出台新的标准、规范前,按照公安部消防局关于印发《城市消防规划编制要点》的通知(公消[1998]164 号)执行。3. 直辖市不填写“地级”一栏的内容。4. “县级”中不包括城市的市辖区。“县的数量”,包括县、自治县、旗、自治旗以及湖北省的 1 个林区(神农架林区)、贵州省的 2 个特区(六枝特区、万山特区)。5. “乡镇”不包括城市街道,包括建制镇、乡、民族乡、苏林、民族苏木和 3 个区公所(河北省 1 个、新疆维吾尔自治区 2 个)。

城乡公共消防基础设施统计表

地区	消防站																								
	直辖市					地级市					县级市					县			本省、自治区、直辖市合计			乡镇、村屯			
	应有	实有			当年新增消防站	应有	实有			当年新增消防站	应有消防站	实有			当年新增消防站	应有消防站	实有消防站	当年新增消防站	应有消防站	实有消防站	当年新增消防站	政府专职消防站(个)			志源消防队(个)
		特勤消防站	一级普通消防站	二级普通消防站			特勤消防站	一级普通消防站	二级普通消防站			特勤消防站	一级普通消防站	二级普通消防站								应有	实有	当年新增	
全　国	424	97	166	122	19	3006	353	1125	718	101	826	41	335	284	36	2107	1568	153	6363	4790	309	8207	4224	301	82965
北　京	121	9	34	55	8											7	7		128	105	8	254	143		21
天　津	87	7	61	3	4											9	5		96	76	4				0
河　北						126	16	82	9	6	22		17	11		129	121	3	277	256	9	207	132	16	4902
山　西						109	13	28	18		12		9	1		107	36		228	105		89	57		24
内蒙古						123	11	23	8	2	35	4	3	20	3	118	79	8	276	148	13	118	16	5	251
辽　宁						212	25	86	56	7	60	10	22	19	5	35	31	9	307	249	21	178	131		1439
吉　林						84	11	48	19	1	45	1	15	15	4	48	44	22	177	153	27	342	248	18	9639
黑龙江						170	17	46	22	2	30		9	8		53	48		253	150	2	322	275	7	5305
上　海	120	65	46	9	4														120	120	4	28	12	1	60
江　苏						193	19	109	27	5	92	9	27	33	1	67	35	2	352	259	8	398	179	25	2924
浙　江						93	14	61	32		62	1	23	20		61	47		216	198		798	455	20	5394
安　徽						128	15	37	40		14		4	3	2	113	74	3	255	173	5	458	420	16	1821
福　建						94	15	39	17	2	46	1	20	19	1	85	55	12	225	166	15	544	113	2	2811
江　西						108	9	52	30	5	31		6	22	3	101	80	3	240	199	11	357	159	4	1698
山　东						159	21	33	108		59		41	14		72	63		290	280		311	53	16	11155
河　南						163	17	51	58	9	59		14	17	2	96	91	9	318	248	20	870	283		1172
湖　北						247	15	58	7	1	31		20	7		47	41		325	148	1	438	107	46	936
湖　南						73	15	37	14	4	17		10	7	1	103	80	1	193	163	6	415	249	46	680
广　东						416	27	104	156	12	69	2	26	8	2	131	72	1	616	395	15	620	452	25	5173
广　西						71	14	45	12	4	9		3	4	1	79	77		159	155	5	261	27		772
海　南						26	3	12	1	2	15	1	10	3	3	11	11		52	41	5	50	29	4	104
重　庆	96	16	25	55	3											19	19		115	96	3	20	20	3	955
四　川						71	21	50		7	10	1	10	8		102	102	15	183	192	22	246	140	6	3073
贵　州						40	6	16	13	5	27		11	14	2	71	61	7	138	121	14	184	81	8	8340
云　南						49	13	13	20		18	3	7	8		108	108		175	172		354	258	17	9605
西　藏						15	3	2	13	13	6	1		2	1	71	42	27	92	63	41	22	12		13
陕　西						63	8	29	29	3	9			6		80	68	25	152	140	28	56	33	3	1197
甘　肃						63	8	27	1	5	7		5		1	70	13		140	54	6	42	35	5	339
青　海						30	2	7	3	2	7	2	4	1	1	51	15	4	88	34	7	45	15	4	0
宁　夏						48	9	11	2	1	3		2	1		19	14		70	39	1	56	34	1	2
新　疆						32	6	19	3	3	31	5	17	13	3	44	29	2	107	92	8	124	56	3	3160

城乡公共消防基础设施统计表(续)

地区	消火栓数量(个)																										
	直辖市				地级市				县级市				县				建制镇				集镇、行政村(屯、寨)、自然村(屯、寨)			本省、自治区、直辖市合计			
	应有	实有		当年新增	应有	实有		当年新增	应有	实有		当年新增	应有	实有		当年新增	应有	实有		当年新增	实有		当年新增	应有	实有		当年新增
		总数	完整好用数			总数	完整好用数			总数	完整好用数			总数	完整好用数			总数	完整好用数		总数	完整好用数			总数	完整好用数	
全　国	175705	150179	142872	8961	437296	420275	390771	19801	92507	89466	82677	7982	184385	174026	156061	15758	116015	92889	87564	9986	57661	52450	4734	1063569	908318	836636	67222
北　京	40000	38948	36388	1074									3200	3061	2957	130								43200	42009	39345	1204
天　津	28191	26845	25672	893									2508	1308	1289		652	243	225		65	56		31416	28461	27242	893
河　北					21804	19976	12411	1337	5575	5122	4189	769	14650	14061	12311	1424	346	346	315	48	779	754	65	43154	26223	25791	3643
山　西					5727	6229	6229		830	876	845	15	2430	2326	2215	17	370	186	168		22	22		9379	9528	9289	32
内蒙古					8560	8273	7936	101	425	429	422	99	6421	5963	5500	220	2800	1490	1150		1347	1040	43	19553	17502	16048	463
辽　宁					25241	21620	17793	1000	4915	2544	1897	200	2293	1571	1079	100	2441	1110	697	100	78	49	12	34968	25352	21515	1412
吉　林					3977	2319	2098	200	2618	859	841	106	1109	728	449	62	414	488	466	22	178	95	78	8296	4953	3949	468
黑龙江					854	815	795	77	115	113	108	12	238	264	217	32	295	249	182	11	128	128		1630	1543	1430	132
上　海	95000	72373	71141	6040									1000	544	521	60	4000	868	865	77	8	8		100008	73793	72527	6177
江　苏					44473	43584	42276	1478	17450	17101	16587	1204	17237	16893	16386	2031	12932	12674	12293	1903	8761	8323	1063	100853	83183	75249	7679
浙　江					37098	39974	39546	568	11681	12517	12061	887	11597	11689	11379	722	11413	10045	9914	357	10028	9901	428	81817	82465	72900	2962
安　徽					18729	13798	12542	1021	1040	698	585	43	11815	9703	7283	1149	4414	2615	1969	202	111	76	8	36109	26925	22455	2423
福　建					15737	16471	16176	1311	3595	5117	4927	263	8226	8918	8292	466	2205	2726	2557	157	589	583	65	30352	27460	21103	2262
江　西					11006	8703	5369	321	1821	1980	1321	278	8223	7959	5472	712	4029	2360	1523	398	5770	3612	280	30849	18813	17297	1989
山　东					29657	31423	30700	650	8256	7856	7630	320	5506	6249	5890	512	2752	2739	2345	258	1785	1613	421	47956	47524	46565	2161
河　南					20552	17875	16003	296	1352	2421	2123	171	5645	5216	4983	46	4345	1505	1260	65	395	378	11	32289	26541	24747	589
湖　北					16330	18907	18722	390	4512	4301	4098	359	5637	5144	4990	638	3135	3724	3515	313	432	339	10	30046	28654	27810	1710
湖　南					16453	14212	13981	879	3412	3324	3107	374	10408	9929	9107	1503	2963	2466	2285	388	274	238	45	33510	31668	28718	3189
广　东					90211	87257	84271	4759	5327	4858	4696	1064	8436	7133	6728	527	31968	31082	30798	3670	2503	2143	1031	138445	134136	128636	11051
广　西					11054	11254	8927	710	1830	2029	1785	30	6588	6588	5983	899	1713	1107	1051	196	12448	13103	478	33633	26838	24866	2313
海　南					3169	2918	2875	158	1523	1342	1257	90	980	830	731	42	186	170	148	16	13	13	13	5871	5273	4876	319
重　庆	12514	12013	9671	954					21	39	32		5433	4323	3885	360	6013	5670	5579	540	252	175	93	24233	34811	33479	1947
四　川					16817	17487	17148	1517	3489	4414	4149	268	18720	20029	18375	1797	6928	2706	2677	584	3426	3287	49	49380	28033	21297	4215
贵　州					4329	3324	3088	556	865	1799	1668	736	4296	4563	3912	489	3362	2256	1995	345	4550	3354	404	17402	16479	14017	2530
云　南					7477	7460	7394	48	3668	2280	2170	81	6115	5910	5052	165	1741	1671	1536	61	2610	2441	33	21611	15857	14616	388
西　藏					1467	1103	867	277	436	149	74		1947	1642	1388	358	1266	889	752	77	67	56		5183	3474	3137	712
陕　西					7179	7175	6568	507	100	98	53		1583	1558	1557		472	385	377	15	522	467	8	9856	9737	9022	530
甘　肃					4536	4355	4068	98	290	671	658		2142	2360	2225	152	1523	52	46	36	377	68	20	8868	5455	4726	306
青　海					2177	1616	1120	169	698	807	690	10	1535	1494	935	54	384	374	259	13				4794	2797	2745	246
宁　夏					4309	4095	3845	84	301	276	262	28	1417	1395	844	38	200	193	130	87	89	74	76	6316	4653	4107	313
新　疆					8373	8052	8023	1289	6362	5446	4442	575	7050	4675	4126	1053	753	500	487	47	54	54		22592	18178	17132	2964

多种形式消防队伍统计表

类别 \ 项目			支队		大队		中队		本年度各级政府经费投入（万元）	消防队员人数							
			总数	本年新增	总数	本年新增	总数	本年新增		公安行政编制	本年新增公安行政编制人员	合同制用工	本年新增合同制用工人员	事业编制	本年新增事业编制人员	合计人数	本年新增总人数
企事业单位专职消防队			62	4	176		2586	132	29794.95	121		47107	1384	10258	243	57486	1518
政府专职消防队	城市辖区内	单独编队					657	50	46802.78	405		12061	796	1469	9	13935	781
		混合编队					676	51	61701.891	118	77	11600	1240	608	7	12326	949
	乡镇						3546	491	69162.89	2558	770	42371	2146	2403	88	47332	3020
志愿消防队	城市辖区内						12567	593	17744.17	5		74023	5860	7646	172	81674	7448
	乡镇						10637	862	17610.83	349	41	100935	4975	6245	387	107529	5635
	单位						18841	8443	3220.76		150	153125	4468	8730	131	161855	17133
村办消防队	专职						678	70	11369			9494	381			9494	491
	志愿						114764	4348	8704.76			863732	13583	7576	56	871308	41784
公安行政编制消防队			11		60	1	177	16	43345.84	2886	22	2800	241	114		5800	305
“铁路、交通、民航、林业系统公安专职消防队”			14		85		235	2	1127.13	241	2	4457	41	431	1	5129	18
合计			87	4	321	1	165364	15058	310585.001	6683	1062	1321705	35115	45480	1094	1373868	79082

多种形式消防队伍统计表(续)

类别＼项目			消防车辆(辆)										灭火剂储量			出动情况						
			车辆总数	本年新购置车辆总数	灭火消防车	举高消防车	专勤消防车	后援消防车	三轮简易消防车	消防摩托车	消防船艇	机动消防泵	泡沫(吨)	干粉(吨)	其他	出动次数	出动车次	出动人次	抢救人员	抢救财产(万元)	因工受伤人数	牺牲人数
企事业单位专职消防队			7020	217	5921	328	394	257	70	50	29	1253	11003.5	2155.0	2111.9	30705	48291	286766	2527.2	337309.2	28	
政府专职消防队	城市辖区内	单独编队	1987	136	1635	88	112	49	59	44	32	396	392.1	51.4	552.2	29401	48424	258906	7170	235881.2		
		混合编队	2243	190	1739	170	244	63	16	11	20	421	969.2	251.0	1004.7	31406	53974	293625	7531	303868		2.0
	乡镇		7380	567	5179	42	86	88	1869	116	18	3405	697.7	84.2	7152.5	68678	99503	493945	9627	136810.3	26	2.0
志愿消防队	城市辖区内		2294	34	388		5	54	1182	665		2342	90.8	1038.2	42.0	8570	5578	295800	564	19355.4	167	
	乡镇		4616	161	934		14	61	1833	1774	55	10653	20.2	6.2	1467.3	19786	9749	198144	900	15266.52		
	单位		1167	16	763	10	3	10	80	301		6217	85.7	97.9	438.5	4461	2105	36467	692	5326.33	16	
村办消防队	专职		555	23	89		2		348	116	20	249	17.0		43.0	5541	2955	60131	387	4541.5		
	志愿		3125	109	238				2106	781		29882	26.0	6.0	18.0	25653	17645	135660	449	12007.9		
公安行政编制消防队			841	58	563	110	73	29	58	8	9	190	402.5	38.5	772.4	17283	26955	164264	2140	79711.12		
“铁路、交通、民航、林业系统公安专职消防队”			785	6	661	24	70	11	3	16	7	38	313.7	35.8	205.0	1275	3365	15288	149	11154.8		
合计			32013	1517	18110	772	1003	622	7624	3882	190	55046	14018.4	3764	13807.5	242759	318544	2238996	32136.2	1161232.3	237	4

填表说明:

1.“企事业单位专职消防队”,是指企业事业单位按照《消防法》第三十九条规定成立的专职消防队,其中,属于铁路、交通、民航、林业系统的公安编制专职消防队,不列入本项,列入本表最后一项“铁路、交通、民航、林业系统公安专职消防队”统计。

2.“政府专职消防队”,是指按照《消防法》第三十六条规定,由县级以上地方人民政府或者乡镇人民政府建立,承担火灾扑救工作,并按照国家规定承担重大灾害事故和其他以抢救人员生命为主的应急救援工作的消防队伍。

3. 城市辖区内的政府专职消防队,是指由城市(包括直辖市、地级市和县级市)人民政府(或者城市辖区人民政府)组建,在城市辖区内(包括城区与郊区)执勤的政府专职消防队。

4.“志愿消防队”:有固定的消防站、房屋设施和专业消防装备,由经过消防专业训练的社会志愿人员轮流担负执勤灭火任务的消防队。志愿消防队有指定的辖区、较稳定的经费来源,与公安消防队、专职消防队具有基本相同的功能。

5.“公安行政编制消防队”:由公安行政编制的民警组成,或由公安民警任专职领导、队员由合同制人员组成、由当地人民政府或公安机关命名的专职消防队。

6.“铁路、交通、民航、林业系统公安专职消防队”,是指铁路、交通、民航、林业系统公安机关成立的由公安行政编制的民警组成,或者由公安民警任负责人、招录合同制人员作为消防队员的消防队。

7.“混合编队”,是指专职消防员与现役人员混编的消防队,其人员按专职消防队员数量统计,不包括现役人员。

8. 中队:隶属于支队、大队的中队;和称谓为“XX 消防队”,属于遂行作战任务的实体力量,未再划分出独立管理的“队”、“站”等机构的消防队。

9. 消防车:专门用于运输灭火剂、消防装备的机动车辆,其分类参照《城市消防站建设标准》第二十六条。

10. 机动消防泵:可放置或固定在消防车上的手抬机动泵、潜水泵、浮艇泵等。

11. 灭火剂储量:执勤车辆载有和库存的总量。

12. 出动次数:半年参加扑救火灾、抢险救援、安全保卫、安全监护、实战演习等外出执行执勤战斗任务的总出动次数。接报警(含假警、虚警)出动时,无论是否到达现场或展开战斗,只要车(泵)、人已出营区(队站)大门,均视为出动。

13. 救人:上述出动的救人数量。

2011 年批准发布的消防国家标准目录

序号	标准编号	标准名称	修订或替代	批准日期	实施日期
1	GB 26456 - 2011	消防电梯制造与安装安全规范		2011 - 5 - 12	2012 - 4 - 1
2	GB/T 26526 - 2011	热塑性弹性体 低烟无卤阻燃材料规范		2011 - 5 - 12	2011 - 12 - 1
3	GB/T 17802 - 2011	热不稳定物质动力学常数的热分析试验方法	GB/T 17802 - 1999	2011 - 7 - 20	2011 - 11 - 1
4	GB 26755 - 2011	消防移动式照明装置		2011 - 7 - 20	2011 - 11 - 1
5	GB 26783 - 2011	消防救生照明线		2011 - 7 - 20	2011 - 11 - 1
6	GB/T 26784 - 2011	建筑构件耐火试验 可供选择和附加的试验程序		2011 - 7 - 20	2011 - 11 - 1
7	GB/T 26785 - 2011	细水雾灭火系统及部件通用技术条件		2011 - 7 - 20	2011 - 11 - 1
8	GB 5135.14 - 2011	自动喷水灭火系统 第 14 部分：预作用装置		2011 - 7 - 19	2012 - 5 - 1
9	GB 5135.17 - 2011	自动喷水灭火系统 第 17 部分：减压阀		2011 - 7 - 20	2011 - 11 - 1
10	GB 17429 - 2011	火灾显示盘	GB 17429 - 1998	2011 - 7 - 29	2012 - 1 - 1
11	GB 26851 - 2011	火灾声和/或光警报器	GA 385 - 2002	2011 - 7 - 29	2012 - 1 - 1
12	GB 26875.1 - 2011	城市消防远程监控系统 第 1 部分:用户信息传输装置		2011 - 7 - 29	2012 - 5 - 1
13	GB 26875.2 - 2011	城市消防远程监控系统 第 2 部分:通信服务器软件功能要求		2011 - 7 - 29	2012 - 5 - 1
14	GB/T 26875.3 - 2011	城市消防远程监控系统 第 3 部分:报警传输网络通信协议		2011 - 7 - 29	2011 - 11 - 1
15	GB/T 26875.4 - 2011	城市消防远程监控系统 第 4 部分:基本数据项		2011 - 7 - 29	2011 - 11 - 1
16	GB 26875.5 - 2011	城市消防远程监控系统 第 5 部分:受理软件功能要求		2011 - 7 - 29	2012 - 5 - 1
17	GB 26875.6 - 2011	城市消防远程监控系统 第 6 部分:信息管理软件功能要求		2011 - 7 - 29	2012 - 5 - 1
18	GB 4452 - 2011	室外消火栓	GB 4452 - 1996, GB 4453 - 1984	2011 - 12 - 30	2012 - 6 - 1
19	GB 5135.21 - 2011	自动喷水灭火系统 第 21 部分:末端试水装置		2011 - 12 - 30	2012 - 6 - 1
20	GB 6246 - 2011	消防水带	GB 4580 - 1984, GB 6246 - 2001	2011 - 12 - 30	2012 - 6 - 1
21	GB 27897 - 2011	A 类泡沫灭火剂		2011 - 12 - 30	2012 - 3 - 1
22	GB 27898.1 - 2011	固定消防给水设备 第 1 部分:消防气压给水设备		2011 - 12 - 30	2012 - 6 - 1
23	GB 27898.2 - 2011	固定消防给水设备 第 2 部分:消防自动恒压给水设备		2011 - 12 - 30	2012 - 6 - 1
24	GB 27898.3 - 2011	固定消防给水设备 第 3 部分:消防增压稳压给水设备		2011 - 12 - 30	2012 - 6 - 1
25	GB 27898.4 - 2011	固定消防给水设备 第 4 部分:消防气体顶压给水设备		2011 - 12 - 30	2012 - 6 - 1
26	GB 27898.5 - 2011	固定消防给水设备 第 5 部分:消防双动力给水设备		2011 - 12 - 30	2012 - 6 - 1
27	GB 27899 - 2011	消防员方位灯		2011 - 12 - 30	2012 - 6 - 1
28	GB 27900 - 2011	消防员呼救器		2011 - 12 - 30	2012 - 6 - 1
29	GB 27901 - 2011	移动式消防排烟机		2011 - 12 - 30	2012 - 6 - 1
30	GB/T 27902 - 2011	电气火灾模拟试验技术规程		2011 - 12 - 30	2012 - 6 - 1
31	GB/T 27903 - 2011	电梯层门耐火试验 完整性、隔热性和热通量测定法		2011 - 12 - 30	2012 - 4 - 1
32	GB/T 27904 - 2011	火焰引燃家具和组件的燃烧性能试验方法		2011 - 12 - 30	2012 - 4 - 1
33	GB/T 27905.2 - 2011	火灾物证痕迹检查方法 第 2 部分:普通平板玻璃		2011 - 12 - 30	2012 - 6 - 1
34	GB/T 27905.3 - 2011	火灾物证痕迹检查方法 第 3 部分:黑色金属制品		2011 - 12 - 30	2012 - 6 - 1
35	GB/T 27905.4 - 2011	火灾物证痕迹检查方法 第 4 部分:电气线路		2011 - 12 - 30	2012 - 6 - 1
36	GB/T 27905.5 - 2011	火灾物证痕迹检查方法 第 5 部分:小功率异步电动机		2011 - 12 - 30	2012 - 6 - 1
37	GB/T 27906 - 2011	救生抛投器		2011 - 12 - 30	2012 - 4 - 1
38	GB 28184 - 2011	消防设备电源监控系统		2011 - 12 - 30	2012 - 8 - 1

2011 年批准发布的消防行业标准目录

序号	标准编号	标准名称	修订或替代	批准日期	实施日期
1	GA 941 – 2011	化工装置火灾事故处置训练设施技术要求		2011 – 6 – 13	2011 – 7 – 1
2	GA 942 – 2011	网栅隔断式烟热训练室技术要求		2011 – 6 – 13	2011 – 7 – 1
3	GA 943 – 2011	消防员高空心理训练装置技术要求		2011 – 6 – 13	2011 – 7 – 1
4	GA 159 – 2011	水基型阻燃处理剂	GA 159 – 1997	2011 – 11 – 1	2011 – 12 – 1
5	GA/T 967 – 2011	消防训练安全要则		2011 – 12 – 9	2012 – 3 – 1
6	GA/T 968 – 2011	消防员现场紧急救护指南		2011 – 12 – 9	2012 – 3 – 1
7	GA/T 969 – 2011	火幕墙训练设施技术要求		2011 – 12 – 9	2012 – 3 – 1
8	GA/T 970 – 2011	危险化学品泄漏事故处置行动要则		2011 – 12 – 9	2012 – 3 – 1
9	GA/T 971.1 – 2011	消防卫星通信系统 第 1 部分:系统总体要求		2011 – 12 – 9	2012 – 1 – 1
10	GA/T 971.2 – 2011	消防卫星通信系统 第 2 部分:便携式卫星站		2011 – 12 – 9	2012 – 1 – 1

2011 年批准发布的工程建设消防技术规范目录

序号	标准编号	标准名称	修订或替代	批准日期	实施日期
1	GB 50720 – 2011	建设工程施工现场消防安全技术规范		2011 – 6 – 6	2011 – 8 – 1
2	GB 50694 – 2011	酒厂设计防火规范		2011 – 7 – 26	2012 – 6 – 1

公安消防部队消防车统计表

单位名称	合计	水罐消防车	泵浦消防车	泡沫消防车	干粉消防车	二氧化碳消防车	干粉泡沫联用消防车	涡喷消防车	压缩空气泡沫消防车	干粉水联用消防车	其他灭火消防车	照明消防车	抢险救援消防车	通讯指挥消防车	排烟消防车	化学事故抢险救援消防车	防化洗消消防车	核生化侦检车	供气消防车	排烟照明消防车	宣传消防车	高倍泡沫排烟消防车	其他专勤消防车	登高平台消防车	举高喷射消防车	云梯消防车	其他举高消防车	供水消防车	自装卸式消防车	器材消防车	供液消防车	其他后援消防车	整装整卸式消防车
合　计	24050	10584	257	3514	203	10	121	16	751	18	116	216	2884	290	73	101	196	14	128	43	222	4	265	1106	1062	682		112	83	409	110	433	27
北　京	565	253	21	100			5		9	1	5	9	39	32	2	4	3	3		2	1	4	3	13	5	30		2	3	8	6	2	
天　津	389	154		60	19		2		20		2	3	65	1	1	2	7		1	4				4	11	13				12	3	5	
河　北	1379	621	2	194	8		13		15	1	12	22	212	11	10	6	6	1	9		6		16	59	46	39		8	6	23	8	25	
山　西	660	309	6	70	8		10		12	2	7	8	83	7	1	8	8		9		2		3	27	30	14		5	1	18	4	8	
内蒙古	740	400		78	14		12	4	4			2	70	5	1	13	2		6					37	22	7		13	13	14		23	
辽　宁	1425	624	41	200	11	2	3	1	23	1	2	13	124	19	3	6	9	1	10	6	1		31	59	73	72		7	14	38	9	22	
吉　林	788	393		97	1		3		3		1	4	66	10	3	2	7		4	5	12		8	50	23	26		7	2	35	4	22	
黑龙江	1007	601	9	56	6		5		4	1	6	4	80	21	5		4		1		10		13	100	24	12		2	2	22		19	
上　海	605	107	24	142	7	2		1	131	3	13	14	24	9	3	4	2	1					22	10	6	43			1	19	8	9	
江　苏	1414	441	67	316	8	2	6	2	152		5	17	122	17	1	10	13	1	7	3	2		12	73	31	47		5	4	16	8	21	5
浙　江	1090	382	1	183	6		8		96		2	6	132	10	4	2	5		8	2	6		1	37	95	41		3	3	19	11	27	
安　徽	840	451		77	4	1	4		6		1	4	124	12	9	1	3		5	2	1		6	25	57	7		3	4	10	5	16	2
福　建	662	316	4	115	2	1	6		7		1	8	85	5	1	1	5	1	2				2	33	30	12		2	2	3	5	13	
江　西	640	363	2	76	5		2		4	1	1	3	78	2		1	8		2		2		3	20	44	9				5	4	5	
山　东	1355	606	8	196	12		2	1	45	2	12	14	117	20	3	7	11		2	3	9		16	97	69	37		6		9	1	50	
河　南	1315	492	1	152	11		2		14		4	18	176	18	1	1	6		8		146		21	57	122	24		18		8		14	1
湖　北	981	421	19	99	10		9	1	43		2	6	136	4	1		14	1	4				9	98	48	29		3	3	8	1	11	1
湖　南	876	392		92	5		1	1	36		5	7	133	17	2	1	4		6		2		11	28	44	52		1		16		15	5
广　东	1601	421	6	454	27	1	16		46	1	3	16	220	7	5	9	27	1	14	8	2		15	96	62	67		3	9	27	24	11	3
广　西	617	341		65	4				2	1		1	88	11	1	2	5		1	2			2	18	26	21		1		6	2	17	
海　南	210	77	22	36	2		1		2		3		35	4	2	2	2		1					10	1	5				3		2	
重　庆	513	222		107	4				15	1	1	1	84	3		4	3	1	3		9		1	25	4	10		1	1	5		8	
四　川	1016	505	5	165	8	1	3	1	10		4	8	172	14	1	6	10	1	6	1			12	28	10	14			3	9	2	17	
贵　州	633	321	5	69					12	1	5	12	62	5	6	2	2		9	2	3		16	15	42	7		1	3	9	1	18	5
云　南	757	419	1	90	4			2	2		1	3	121	7		1	7		3		6		6	26	27	6		5	1	5	1	13	
西　藏	198	129		18			1		2				22	1				1					2	2	1	7			1	8		2	1
陕　西	592	278	4	71	12		1	2	11	2	5	7	56	4		1	6		1	1	1		1	18	31	13		5	1	43		17	
甘　肃	271	149		23	2		2		3			2	33	1	1		8		1	1			3	8	14	5		1	1	5	1	7	
青　海	150	78		20	2				2			1	20	2	1	1	1						2	3	6				1	4		5	1
宁　夏	183	79		19			3		4				30	2	1	3	2		2				1	8	17	1		8	1			1	1
新　疆	578	239	9	74	1		1		16		13	3	75	9	4	1	6	1	3	1	1		27	22	41	12		2	3	2	2	8	2

公安消防部队基本个人防护装备统计表

单位名称	合计	消防轻型安全绳	消防腰斧	方位灯	佩戴式防爆照明灯	消防头盔	消防员呼救器	消防安全腰带	消防手套	消防员灭火防护靴	消防员灭火防护服	正压式消防空气呼吸器
合 计	2248396	191819	196450	56812	149596	228996	178896	234347	346246	255286	245836	164112
北 京	103732	8932	10546	30	2604	9293	7485	12640	24426	10890	8320	8566
天 津	45758	3627	3851	243	3635	6176	3770	5035	5904	4461	4861	4195
河 北	107032	10462	9222	7644	8631	10279	9620	9678	13260	9809	9906	8521
山 西	48245	3724	4659	881	3168	4677	4285	4750	7879	5732	5115	3375
内蒙古	65487	4526	4931	1843	4345	6383	5355	6543	10568	10037	6122	4834
辽 宁	110598	8775	7821	2719	6547	12244	7157	9937	19551	15934	14285	5628
吉 林	54522	4160	3902	689	2791	5625	3783	5268	9107	9535	6242	3420
黑龙江	66161	4851	5812	776	3944	6635	5350	7237	10587	8934	7336	4699
上 海	113854	8319	7430	226	4120	13498	6067	19585	17984	12760	17187	6678
江 苏	102017	8642	9335	3471	7343	10567	8835	10587	13549	11343	10961	7384
浙 江	100822	9288	8843	1284	6490	10930	8468	12146	12591	11883	11874	7025
安 徽	67975	5870	6562	1225	4648	7241	5254	7117	9722	8360	6936	5040
福 建	71291	11506	5355	2547	4515	6281	4607	7629	9749	7168	6782	5152
江 西	75941	5279	4887	541	4761	6300	5614	6099	17348	9542	10673	4897
山 东	97713	7964	8878	3708	5967	10910	8696	11296	11981	10819	10757	6737
河 南	89119	7048	7698	5499	6997	9416	7266	8047	12606	9678	8507	6357
湖 北	85652	6944	8649	739	7386	8023	7589	8566	12644	8298	10182	6632
湖 南	78494	6841	7230	3037	5875	7506	6603	7632	10703	7070	9121	6876
广 东	170884	14354	16213	5700	13826	16849	15417	18604	23034	16747	17911	12229
广 西	70801	6190	4992	2553	4297	5912	4749	5370	15492	8871	7584	4791
海 南	27929	2616	2783	146	2016	2696	2677	2881	4319	2965	2766	2064
重 庆	62301	5374	5346	1428	4582	6794	4879	5385	9528	6956	6976	5053
四 川	86514	7329	7621	2484	7100	8189	7258	8718	12708	8851	8685	7571
贵 州	55939	4236	5089	825	3567	5652	4780	6079	8301	7134	5292	4984
云 南	73330	6273	6428	3148	5280	7958	6522	7049	10017	7434	7261	5960
西 藏	20670	1611	1853	110	1219	4148	1354	1834	2692	2388	2387	1074
陕 西	43493	3193	7544	269	2289	4121	3472	4497	5974	4119	4503	3512
甘 肃	45513	3739	3950	875	3245	4451	3615	4245	7611	5021	5369	3392
青 海	22653	2463	1640	23	1441	2168	1722	1998	3282	3239	3017	1660
宁 夏	21516	2170	1831	12	1649	1897	1722	2016	3276	2834	2345	1764
新 疆	62440	5513	5549	2137	5318	6177	4925	5879	9853	6474	6573	4042

公安消防部队特种个人防护装备统计表

单位名称	合计	消防避火服	抢险救援靴	防静电服	防静电内衣	移动供气源	防蜂服	救生衣	消防隔热服	消防通用安全绳	消防Ⅱ类安全吊带	消防阻燃毛衣	防化手套	氧气呼吸器	消防Ⅰ类安全吊带	重型防化服	抢险救援手套	防核防化服	手提式强光照明灯	消防防坠落辅助部件	潜水装具	消防Ⅲ类安全吊带	防高温手套	内置纯棉手套	消防防化服	消防过滤式综合防毒面具	强制送风呼吸器	电绝缘装具	阻燃头套	抢险救援头盔	抢险救援服	防爆服	消防护目镜
合计	1490551	13066	123304	22909	175398	4379	6072	87653	71027	62349	27538	33104	23413	27534	12310	9835	130408	1144	48598	42801	2657	24673	26199	29832	58665	42108	2483	11806	56491	112777	128983	686	70349
北京	46787	1168	1965	579	5699	365	196	951	2008	1476	1164	3899	1333	1351	148	334	2670	98	353	915	15	1148	1436	4290	1897	166	437	150	3388	1775	2047	13	3353
天津	29356	226	2077	517	5666	78	32	1808	1694	1062	899	633	233	200	284	126	2977	43	549	834	35	1102	171	632	1843	737	30	159	533	972	1782	4	1418
河北	65197	520	5082	1281	11305	255	70	3866	3095	2691	1887	1186	265	442	735	333	6077	19	1911	1453	116	1936	582	1372	2406	1892	65	523	1559	4507	4538	4	3224
山西	33623	339	2944	502	4293	118	85	1155	1366	1227	582	713	515	394	361	353	3178	5	917	621	66	791	698	364	1342	1147	112	247	1796	2768	2854	53	1717
内蒙古	43980	341	2997	554	3402	152	33	1602	1987	2065	610	855	585	454	341	297	4274	24	1187	589	12	505	922	969	1425	1180	105	365	3865	4067	4471	6	3739
辽宁	65254	561	9238	687	5805	141	99	4863	2478	1789	988	762	499	324	370	546	8169	16	2137	659	85	620	1008	836	2241	1554	215	343	2164	6564	7366	12	2115
吉林	31979	345	3244	315	3704	194	69	3295	1471	930	433	687	470	303	418	138	2086	2	1341	412	58	301	804	216	956	1223	55	290	1326	2297	3069	3	1524
黑龙江	37306	443	3519	664	5065	181	48	2271	1546	923	646	870	378	481	231	235	2721	1	1707	588	36	615	467	739	1198	995	33	231	1905	2959	3199	9	2402
上海	88534	355	3838	954	9296	125	218	1237	2827	5599	293	1038	1858	179	99	293	6533	114	7265	17733	46	271	1241	2757	4473	1767	122	327	6936	2822	5025		2893
江苏	71859	598	5419	1720	11676	220	266	2176	3177	2430	1646	1886	1642	751	825	581	5878	27	1881	1070	153	1528	994	1565	2923	1868	89	497	1964	6387	6647		3375
浙江	78809	632	7908	1004	10753	182	488	4275	2221	1945	863	1557	2148	362	662	605	5151	92	2851	834	109	958	2660	1095	2691	2944	146	1136	2450	6992	9938	6	3151
安徽	40119	386	3675	441	1979	106	369	2648	1590	1582	440	648	780	397	231	378	5644	11	1633	608	119	289	1120	638	1299	2261	42	623	880	3481	4239		1582
福建	53050	433	3673	944	6285	157	247	3906	2089	4157	1494	983	953	519	599	237	4315	28	1011	2248	248	1342	992	825	2108	1485	48	413	1278	3316	4094	5	2618
江西	53029	394	4028	813	6655	161	82	2494	2224	1611	760	3028	224	469	230	346	5488	12	1497	883	82	755	540	921	1161	1102	45	297	5734	3784	4024		3185
山东	50961	502	4139	960	5104	129	80	3869	2922	1470	591	1164	1593	552	378	639	2548	13	2161	1343	92	593	1310	1012	2811	2099	100	711	1316	4200	4670		1890
河南	50688	524	4833	1052	5799	203	531	4020	2288	2080	1111	682	1161	401	357	373	3512	20	1349	1051	67	1054	1138	1604	1635	2229	33	496	1323	4072	3568	2	2120
湖北	76714	648	5330	1183	7518	198	344	4037	3174	3267	1628	2109	1117	15138	748	564	4724	54	1695	1178	112	1136	1273	1035	2283	2129	63	396	1991	4241	4449		2952
湖南	53510	483	4670	1357	7134	157	210	2884	3075	2900	624	1106	273	713	754	350	4543	54	1619	788	98	1228	762	799	2478	1919	180	880	1008	4079	4382	4	1999
广东	121370	1056	9076	1957	12175	266	747	8178	5792	7549	2290	2085	3109	456	1064	890	10014	168	4256	1702	245	2085	2636	1876	7326	4439	153	659	2098	9997	10977	22	6027
广西	39198	330	3250	644	4984	120	225	1664	1288	1743	1185	1780	412	255	301	271	4024	62	1141	575	67	1244	506	759	976	844	71	198	3015	2640	2887		1737
海南	27347	103	1915	271	2745	40	85	5372	1097	416	532	391	373	174	157	130	3090	1	651	446	200	594	200	259	679	886	59	198	261	2181	2171	2	1668
重庆	50937	532	4309	516	6039	112	374	7349	1709	1752	640	704	779	543	298	419	5027	15	1489	863	49	594	831	850	3026	1130	56	358	1007	3615	4636	2	1314
四川	66075	523	5019	1349	9300	158	698	5240	2764	2129	2100	979	1248	421	891	423	5993	86	2482	1061	156	1162	818	1014	2734	1492	40	452	1574	4804	5567	3	3395
贵州	24874	197	3433	147	584	93	110	2934	761	846	278	179	91	326	120	68	2327	1	685	312	99	207	370	134	559	561	10	70	645	3838	4238		651
云南	55570	450	4551	1062	9181	209	85	1817	2084	1872	1674	1029	500	612	517	325	5326	26	1789	1154	80	797	743	1045	1886	1448	48	477	1765	4937	4960		3121
西藏	11965	73	1997	15	19	1		280	178	1174	35		15	403	22	30	1881		222	233	91	44	122	95	173	2		143	13	1758	2335	287	324
陕西	26950	211	2168	142	291	19	119	442	10641	1584	80	80	219	93	138	91	1567	94	465	887	8	72	353	119	794	287	41	681	359	1668	2222	2	1013
甘肃	18825	148	2107	181	1781	48	33	1139	710	663	346	473	88	187	291	89	1845	9	521	220	28	199	232	209	807	624	19	118	912	1896	1864		1038
青海	9662	95	1131	152	1771	24		90	443	595	300	68	58	99	33	55	637		378	142	3	197	138	133	346	195	2	53	192	1002	973		357
宁夏	18412	104	1583	297	2935	37	29	397	637	959	383	450	52	125	192	77	2874		228	337	32	374	230	325	648	429	22	80	298	1387	1732		1159
新疆	48611	346	4186	649	6455	130	100	1394	1691	1863	1036	1080	442	410	515	239	5315	49	1227	1062	50	932	902	1345	1541	1074	42	235	2936	3771	4059	247	3288

第三章　附录

1950 年至 2011 年全国火灾情况

年　度	起数	直接损失（万元）	死人	伤人	火灾发生率（起/十万人口）	火灾死亡率（人/百万人口）	火灾伤人率（人/百万人口）	次均损失（元）	人均损失（元）	火灾损失率（元/万元国内生产总值）
合计	5585129	3683024.3	188309	339941						
1950	19692	1778.8	908	1873	3.6	1.6	3.4	903.3	0.03	
1951	19740	4420.1	754	2526	3.5	1.3	4.5	2239.2	0.1	
1952	36585	7321.3	741	2967	6.4	1.3	5.2	2001.2	0.1	
1953	37766	8077.2	1180	4292	6.4	2.0	7.3	2138.7	0.1	
1954	43849	3962.6	1414	2773	7.3	2.3	4.6	903.7	0.1	
1955	89703	4158.6	1865	5210	14.6	3.0	8.5	463.6	0.1	
1956	89680	6141.9	3408	14454	14.3	5.4	23.0	684.9	0.1	
1957	75579	5818.2	2929	9742	11.7	4.5	15.1	769.8	0.1	
1958	73315	8173.9	5310	11352	11.1	8.0	17.2	1114.9	0.1	
1959	114880	11616.9	10131	14617	17.1	15.1	21.7	1011.2	0.2	
1960	90845	17886.3	10843	13809	13.7	16.4	20.9	1968.9	0.3	
1961	103485	23009.2	6989	10597	15.7	10.6	16.1	2223.4	0.4	
1962	105064	17389.6	4990	8555	15.6	7.4	12.7	1655.1	0.3	
1963	106468	16691.2	4798	8939	15.4	6.9	12.9	1567.7	0.2	
1964	63301	9724.0	3441	6646	8.9	4.9	9.4	1536.2	0.1	
1965	76859	9588.2	4179	8283	10.6	5.8	11.4	1247.5	0.1	
1966	85377	19695.0	5386	12171	11.5	7.2	16.3	2306.8	0.3	
1967	36861	6403.4	1912	4199	4.8	2.5	5.5	1737.2	0.1	
1968	25940	5538.9	1114	2484	3.3	1.4	3.2	2135.3	0.1	
1969	35205	9651.2	1348	3615	4.4	1.7	4.5	2741.4	0.1	
1970	39925	9904.9	2167	5658	4.8	2.6	6.8	2480.9	0.1	
1971	75593	30428.4	4362	12368	8.9	5.1	14.5	4025.3	0.4	
1972	88417	26625.7	4629	10437	10.1	5.3	12.0	3011.4	0.3	
1973	84966	22141.9	4337	9095	9.5	4.9	10.2	2606.0	0.3	
1974	86614	27527.8	4348	8799	9.5	4.8	9.7	3178.2	0.3	
1975	82221	21343.0	4818	8674	8.9	5.2	9.4	2595.8	0.2	
1976	81634	25418.9	5673	9865	8.7	6.1	10.5	3113.8	0.3	
1977	85442	33519.4	5583	8699	9.0	5.9	9.2	3923.1	0.4	
1978	81667	22743.4	4046	7990	8.5	4.2	8.3	2784.9	0.24	6.28
1979	88082	23236.2	3696	6175	9.0	3.8	6.3	2638.0	0.24	5.81
1980	54333	17609.3	3043	3710	5.5	3.1	3.8	3241.0	0.18	3.90

1950 年至 2011 年全国火灾情况(续)

年度	起数	直接损失（万元）	死人	伤人	火灾发生率（起/十万人口）	火灾死亡率（人/百万人口）	火灾伤人率（人/百万人口）	次均损失（元）	人均损失（元）	火灾损失率（元/万元国内生产总值）
1981	50034	23130.6	2643	3480	5.0	2.6	3.5	4623.0	0.23	4.76
1982	41541	18926.3	2249	2929	4.1	2.2	2.9	4556.1	0.19	3.57
1983	37026	20398.0	2161	2741	3.6	2.1	2.7	5509.1	0.20	3.44
1984	33618	16086.4	2085	2690	3.3	2.0	2.6	4785.1	0.32	2.24
1985	34996	28421.9	2241	3543	3.3	2.1	3.3	8121.5	0.27	3.17
1986	38766	32584.4	2691	4344	3.6	2.5	4.0	8405.4	0.30	3.19
1987	32053	80560.8	2411	4009	2.9	2.2	3.7	25133.6	0.74	6.73
1988	29852	35424.4	2234	3206	2.7	2.0	2.9	11866.7	0.32	2.37
1989	24154	49125.7	1838	3195	2.1	1.6	2.8	20338.5	0.44	2.90
1990	58207	53688.6	2172	4926	5.1	1.9	4.3	9223.7	0.47	2.90
1991	45167	52158.8	2105	3771	3.9	1.8	3.3	11548.0	0.45	2.41
1992	39391	69025.7	1937	3388	3.4	1.7	2.9	17523.2	0.59	2.59
1993	38073	111658.3	2378	5937	3.2	2.0	5.0	29327.4	0.94	3.22
1994	39337	124391.0	2765	4249	3.3	2.3	3.5	31621.9	1.04	2.66
1995	37915	110315.5	2278	3838	3.1	1.9	3.2	29095.5	0.91	1.89
1996	36856	102908.5	2225	3428	3.0	1.8	2.8	27921.8	0.84	1.52
1997	140280	154140.6	2722	4930	11.4	2.2	4.0	10988.1	1.25	2.06
1998	142326	144257.3	2389	4905	11.4	1.9	3.9	10135.7	1.16	1.81
1999	179955	143394.0	2744	4572	14.4	2.2	3.7	7968.3	1.15	1.75
2000	189185	152217.3	3021	4404	14.9	2.4	3.5	8046.0	1.20	1.78
2001	216784	140326.1	2334	3781	17.0	1.8	3.0	6473.1	1.10	1.46
2002	258315	154446.4	2393	3414	20.1	1.9	2.7	5979.0	1.20	1.51
2003	253932	159088.6	2482	3087	19.7	1.9	2.4	6265.0	1.23	1.36
2004	252804	167357.0	2562	2969	19.5	2.0	2.3	6620.0	1.29	1.23
2005	235941	136603.4	2500	2508	18.0	1.9	1.9	5789.7	1.04	0.75
2006	231881	86044.0	1720	1565	17.6	1.3	1.2	3710.7	0.65	0.41
2007	163521	112515.8	1617	969	12.4	1.2	0.7	6880.8	0.85	0.46
2008	136835	182202.5	1521	743	10.3	1.1	0.6	12483.2	1.29	0.69
2009	129382	162392.4	1236	651	9.7	0.9	0.5	12551.4	1.22	0.48
2010	132497	195945.2	1205	624	9.9	0.9	0.5	14788.7	1.46	0.49
2011	125417	205743.4	1108	571	9.3	0.8	0.4	16404.8	1.53	0.44

注：1. 1979 年以前的火灾数据均按照《中国火灾大典》中的统计数据填写；2. 1980 年以后的火灾数据均按照每年的《火灾年报》或《中国火灾统计年鉴》中的统计数据填写。

1979 年至 2011 年全国一次死亡 30 人以上火灾情况

序号	起火时间	起火单位名称或地址	死人	伤人	直接损失（万元）	火灾类别	火灾原因
1	1979 年 12 月 18 日	吉林省吉林市煤气公司液化石油气厂	32	54	539.0	石油气厂	泄漏的液化气遇明火
2	1982 年 3 月 9 日	福建省福鼎县制药厂冰片车间	65	35	35.0	车间	违章操作
3	1985 年 1 月 18 日	上海飞往北京的 5109 航班	38	3	280.0	飞机	着陆与地面摩擦
4	1986 年 3 月 28 日	云南省安宁县青龙区山林	56	3		山林	不明
5	1986 年 4 月 11 日	山东省德州市第二运输公司一客车	35	17	2.4	汽车	司机违章携带汽油
6	1987 年 3 月 15 日	黑龙江省哈尔滨市亚麻纺织厂	58	177	650.4	工厂	粉尘爆炸
7	1987 年 4 月 15 日	内蒙古自治区库都尔林业作业区	49	31		草原	不明
8	1987 年 5 月 6 日	黑龙江省大兴安岭林区	193	171	52666.1	森林	违章用火
9	1988 年 1 月 7 日	广州开往西安的 272 次列车	34	30	16.3	列车	旅客违章携带化学物品
10	1990 年 5 月 8 日	黑龙江省鸡西矿务局小恒山矿	80		567.0	矿井	违章切割
11	1990 年 7 月 7 日	乌鲁木齐开往库尔勒市的一客车	38	13	9.0	汽车	侧翻起火
12	1990 年 10 月 23 日	福建省福清县一油罐车	31	22		汽车	翻车漏油
13	1991 年 5 月 30 日	广东省东莞市兴业雨衣制造厂	72	47	116.0	“三合一”厂房	吸烟
14	1993 年 2 月 14 日	河北省唐山市林西百货大楼	81	54	401.2	商场	违章电焊
15	1993 年 11 月 19 日	广东省深圳市致丽玩具厂	84	40	260.0	合资企业	电气
16	1993 年 12 月 13 日	福建省福州市高福纺织有限公司	61	7	600.0	合资企业	放火
17	1994 年 6 月 16 日	广东省珠海市前山纺织城	93	156	9500.0	高层，厂房	违章操作
18	1994 年 11 月 27 日	辽宁省阜新市艺苑歌舞厅	233	20	12.8	歌舞厅	玩火
19	1994 年 12 月 8 日	新疆自治区克拉玛依市友谊馆	325	130	210.9	礼堂	电气
20	1995 年 3 月 13 日	辽宁省鞍山商场	35	18	866.0	商场	电气
21	1995 年 4 月 24 日	新疆自治区乌鲁木齐市凤凰时装城	52	6	41.6	录像厅	电气
22	1996 年 7 月 17 日	广东省深圳市端溪酒店	30	13	13.0	酒店	电气
23	1996 年 8 月 9 日	河南省濮阳至汤阴的输油管道	43	54	1.6	管道	犯罪分子盗油
24	1996 年 11 月 27 日	上海市四川中路 401 号居民楼	36	19	178.0	居民楼	精神病人用火取暖
25	1997 年 1 月 5 日	黑龙江省哈尔滨市长林子打火机厂	93	15	4.1	打火机厂	违章操作
26	1997 年 1 月 29 日	湖南省长沙市燕山酒家	40	79	97.2	高层，酒店	违反安全规定
27	1997 年 2 月 12 日	广深高速公路一客车	40	6	11.2	汽车	违反安全规定
28	1997 年 4 月 12 日	福建省晋江市陈埭裕华鞋厂	32	4	80.4	“三合一”厂房	放火
29	1997 年 12 月 12 日	黑龙江省哈尔滨市汇丰大酒店	31	17	61.9	酒店	放火
30	2000 年 3 月 29 日	河南省焦作市天堂音像俱乐部	74	2	20.0	录像厅	电气
31	2000 年 4 月 22 日	山东省青州市一肉鸡加工车间	38	20	95.2	车间	电气
32	2000 年 12 月 25 日	河南省洛阳市东都商厦	309	7	275.3	歌舞厅	电焊
33	2003 年 2 月 2 日	黑龙江省哈尔滨市天潭大酒店	33	10	15.8	商住楼	违章操作
34	2004 年 2 月 15 日	吉林省吉林市中百商厦火灾	54	70	426.4	商场	吸烟
35	2004 年 2 月 15 日	浙江海宁市黄湾镇五丰村火灾	40	3	0.1	农村	用火不慎
36	2005 年 6 月 10 日	广东省汕头市华南宾馆火灾	31	28	81.0	娱乐场所	电气
37	2005 年 12 月 15 日	吉林省辽源市中心医院火灾	37	46	821.9	医院	电气
38	2007 年 10 月 21 日	福建省莆田市秀屿区笏石镇飞达鞋面加工厂	37	19	30.1	“三合一”场所	放火
39	2008 年 9 月 20 日	广东省深圳市龙岗区舞王俱乐部	44	64	27.1	歌舞厅	室内发射烟花弹
40	2010 年 11 月 15 日	上海市静安区胶州路高层公寓大楼	58	71		高层住宅楼	违章电焊

2002年至2011年人员密集场所特大火灾分布情况

年份	项目	起数	死人	伤人	直接损失（万元）	典型火灾案例 时间	火灾发生单位及名称	死人	伤人	损失（万元）	直接原因
二〇〇二	小计	9	62	40	3856.4	02.18	河北省唐山市随意电子游戏厅	17	1	1.2	电气
	商场市场	6	20	25	2890.3	03.01	四川省南充市达亨批发市场	19	23	141.3	用火不慎
	宾馆饭店					06.16	北京市“蓝极速”网吧	25	12	26.3	放火
	歌厅舞厅	3	42	15	966.1						
	其他										
二〇〇三	小计	7	39	16	1448.9	02.02	黑龙江省哈尔滨市天潭大酒店	33	10	15.8	违章操作
	商场市场	5	6	6	1313.1						
	宾馆饭店	1	33	10	15.8						
	歌厅舞厅										
	其他	1			120.0						
二〇〇四	小计	5	70	131	21215.2	02.15	吉林省吉林市中百商厦	54	70	426.4	吸烟
	商场市场	2	58	71	666.4	06.09	北京市朝阳区京民大厦	11	37	81.9	电气
	宾馆饭店	2		23	20466.8	05.13	陕西省潼关县纪元大厦家福乐超市	4		249.0	电气
	歌厅舞厅					10.21	江苏省常熟市交通商厦			1708.8	电气
	其他	1	11	37	81.9	12.21	湖南省常德市鼎城区桥南市场	1	23	18758.0	电焊
二〇〇五	小计	10	112	154	2534.5	02.03	广西柳州市红光批发市场			367.3	放火
						02.12	海南海口市新琼华兴海绵店	1	1	245.2	敬神祭祖
	商场市场	5	18	20	1102.6	03.05	河南郑州市志华精品城	12		23.2	电气
						03.30	河北廊坊市国美电器有限公司			193.7	违章操作
	宾馆饭店					05.21	广西南宁市南国明珠歌剧院			187.5	电气
						06.10	广东汕头市华南宾馆	31	28	81	电气
	歌厅舞厅	3	57	39	242.7	09.26	湖南长沙市晓园电器城	1	15	347	用火不慎
						12.15	吉林辽源市中心医院	37	95	821.9	电气
	其他	2	37	95	1189.2	12.18	湖南新化县国商大厦	4	2	293.1	违章操作
						12.25	广东中山市檀岛西餐厅酒吧	26	11	11.6	电气
二〇〇六	小计	7	15	2	4456.6	01.07	江西耐火材料厂建材市场			291.9	用火不慎
	商场市场	4	15	2	2887.4	04.03	上海市浦东新区黎明工贸有限公司			295.2	违章操作
						05.10	新疆华凌工贸集团有限公司综市场铝材一条街			500.0	遗留火种
	宾馆饭店					06.05	安徽省天长市天正购物广场			1702.9	电气
	歌厅舞厅					09.14	浙江省湖州市织里福音大厦	15	2	736.0	电气
						12.14	安徽省巢湖市第一人民医院			786.3	电气
	其它	3			1578.2	12.15	广东省信宜市兆康百货广场			153.2	电气

2002 年至 2011 年人员密集场所特大火灾分布情况(续)

项目		起数	死人	伤人	直接损失（万元）	典型火灾案例					
						时间	火灾发生单位及名称	死人	伤人	损失(万元)	直接原因
二〇〇七	小　计	5	65	32	875.2	05.26	辽宁省朝阳市百姓楼大酒店	11	16	85.0	用火不慎
	商场市场	1	21	1	725.8	09.25	江西省抚州市本色精英酒吧	12	6	29.6	燃放烟花
	宾馆饭店	2	21	25	113.0	11.14	河北省承德市承德县歌都歌厅	11		6.8	放火
	歌厅舞厅	2	23	6	36.4	12.12	浙江省温州市人民西路温州市朵朵鲜园艺有限公司	21	1	725.8	照明线路短路
	其　他					12.12	广东东莞市樟木头镇名典咖啡语茶厅	10	9	28.0	空调电源线短路
二〇〇八	小　计	3	60	65	3031.9	01.02	新疆乌鲁木齐市德汇国际广场批发市场	5		30000.0	外来火源
	商场市场	1	5		30000.0	02.15	浙江省义乌市义亭镇成帅酒店	11	1	4.8	电脑故障
	宾馆饭店	1	11	1	4.8	09.20	广东省深圳市龙岗区舞王俱乐部	44	64	27.1	室内发射烟花弹
	歌厅舞厅	1	44	64	27.1						
	其　他										
二〇〇九	小　计	2	26	26	277.7	01.31	福建省福州市长乐市拉丁酒吧	15	22	100.0	室内燃放烟花
	商场市场	1	11	4	177.7	09.06	吉林省通化市梅河口市中心农贸市场	11	4	177.7	电线短路
	宾馆饭店										
	歌厅舞厅	1	15	22	100						
	其　他										
二〇一〇	小　计	3	31	34	11369.1	4.24	重庆市北部新区石桥铺赛博数码广场			9800.0	焊割
	商场市场	2	31	34	1575.5	8.28	辽宁省沈阳市铁西万达广场售楼处	12	10	9.0	电线接触不良
	宾馆饭店					11.5	吉林省吉林市船营区商业大厦	19	24	1560.0	电线短路
	歌厅舞厅										
	其　他	1			9793.6						
二〇一一	小　计	4	49	8	710.2	1.13	湖南省长沙市岳麓区西娜湾宾馆	10	4	60.4	使用电烤炉不慎
	商场市场	1	14		591.1	1.17	湖北省武汉市侨康副食批发市场	14		591.1	无法排除电气
	宾馆饭店	2	20	7	68.1	2.3	辽宁省沈阳市皇朝万鑫国际大厦			9384.0	燃放烟花爆竹
	歌厅舞厅					8.23	广东省佛山市盛丰陶瓷有限公司办公综合楼	15	1	51.0	电线短路
	其　他	1	15	1	51						

注:2007 年以后为重大、特别重大火灾,指一次造成 10 人以上死亡,或者 50 人以上重伤,或者 5000 万元以上直接财产损失的火灾。

2002 年至 2011 年起火原因情况

年度	起数	死人	伤人	直接损失（万元）	起火原因（起）																	
					放火		电气		违反安全规定		吸烟		生活用火不慎		玩火		自燃		其他		不明	
					起数	所占比例	起数	所占比例	起数	所占比例	起数	所占比例	起数	所占比例	起数	所占比例	起数	所占比例	起数	所占比例	起数	所占比例
合计	1920525	18344	17101	1562338.8	56456		358500		67632		98123		348579		98872		27562		179526		150317	
2002	258315	2393	3414	154446.4	8415	6	29741	21.3	5966	4.3	11278	8.1	38760	27.8	15881	11.4	1658	1.2	8674	6.2	19184	13.7
2003	253932	2482	3087	159088.6	8067	6.1	30356	23	6400	4.8	10062	7.6	38290	29	9628	7.2	1754	1.3	9431	7.1	17896	13.5
2004	252804	2562	2969	167357.0	8740	6.1	29448	20.7	6104	4.3	10593	7.4	42991	30.2	11148	7.8	2156	1.5	20105	14.1	11283	7.9
2005	235941	2500	2508	136603.4	7342	5.1	31380	21.9	6130	4.3	10075	7.0	43883	30.6	8117	5.7	2373	1.7	10993	7.7	22941	16.0
2006	231881	1720	1565	86044.0	5961	4.2	32431	23.1	5392	3.8	9676	6.9	41165	29.3	7623	5.4	3161	2.2	11952	8.5	23311	16.6
2007	163521	1617	969	112515.8	4952	3.0	46246	28.3	9137	5.6	12783	7.8	37237	22.8	12278	7.5	3470	2.1	23841	14.6	13577	8.3
2008	136835	1521	743	182202.5	3618	2.6	40599	29.7	7403	5.4	9906	7.2	30925	22.6	9520	7.0	2881	2.1	20992	15.3	10991	8.0
2009	129382	1236	651	162392.4	3280	2.5	39102	30.2	6636	5.1	9073	7.0	27202	21.0	9336	7.2	3072	2.4	21489	16.6	10192	7.9
2010	132497	1205	624	195945.2	3249	2.5	41237	31.1	7722	5.8	7586	5.7	25878	19.5	7094	5.4	3504	2.6	25285	19.1	10942	8.3
2011	125417	1108	571	205743.4	2832	2.3	37960	30.3	6742	5.4	7091	5.7	22248	17.7	8247	6.6	3533	2.8	26764	21.3	10000	8.0

注：1. 2002 年至 2006 年的“所占比例”为各类原因火灾占公安消防部门调查火灾的比例，单位为百分比（%）；2. 2007 年以后的“所占比例”为各类原因火灾占火灾总数的比例。

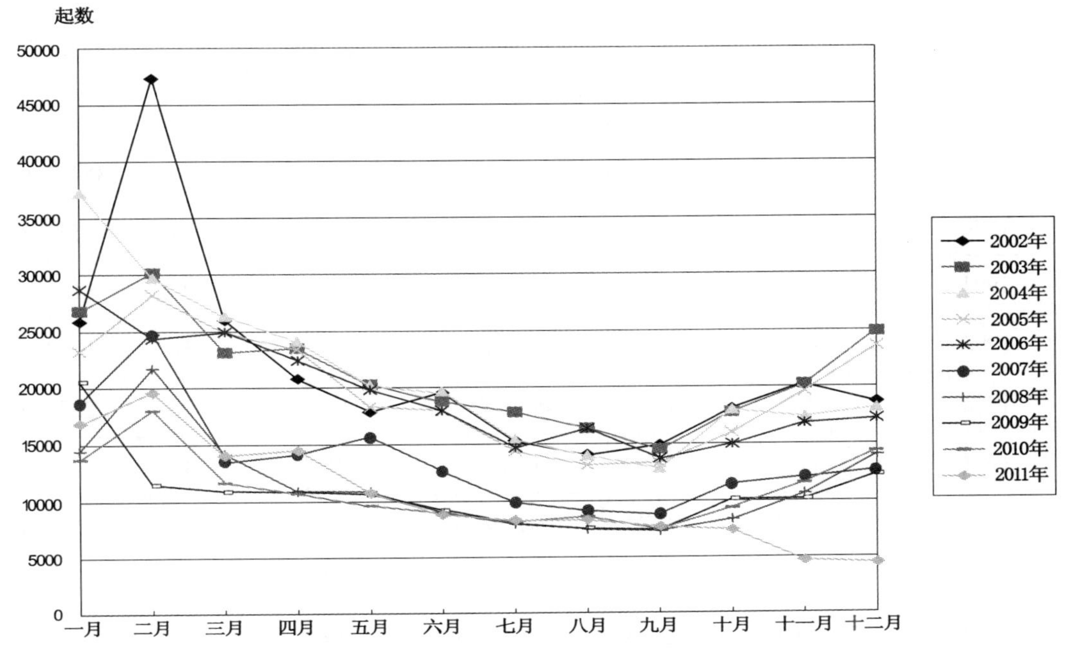

2002 年至 2011 年火灾分月综合分布图

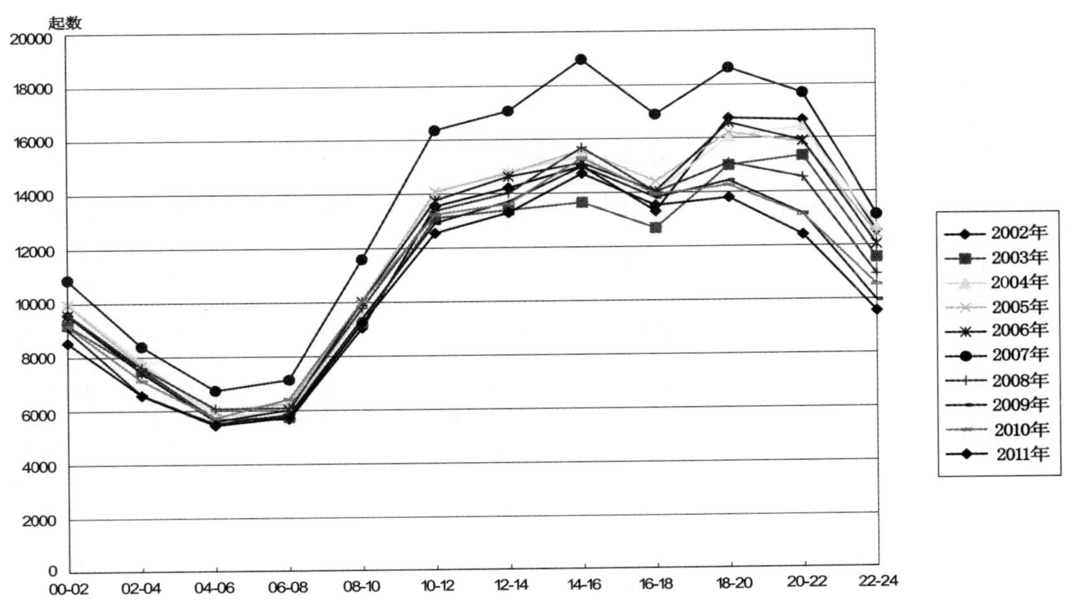

2002 年至 2011 年火灾 24 小时分布图

1990 年至 2011 年春节期间火灾情况

年 度	起 数	燃放爆竹		死 人	伤 人	直接损失（万元）
		起 数	所占比例			
合计	169726	72104	42.5%	1430	1190	85237.6
1990	3442	2120	61.6%	32	74	840.3
1991	4160	2797	67.2%	39	94	1132.1
1992	3389	2360	69.6%	48	37	1842.9
1993	3621	2492	68.8%	62	70	2223.9
1994	3688	2439	66.1%	45	37	4247.1
1995	3512	1823	51.9%	60	70	3174.8
1996	4540	2259	49.8%	76	61	3231.8
1997	4968	2113	42.5%	39	86	2717.2
1998	6301	2625	41.7%	77	91	3376.6
1999	12711	6808	53.6%	97	98	7660.7
2000	7682	3282	42.7%	109	76	3051.3
2001	6493	2315	35.7%	86	57	2140.0
2002	19041	11130	58.5%	57	55	3298.8
2003	11197	4722	42.2%	109	62	3138.9
2004	14150	2763	35.8%	136	78	6177.8
2005	10238	1752	29.5%	90	45	4971.9
2006	10201	1913	30.7%	55	38	2754.2
2007	9634	4230	43.9%	34	11	2567.5
2008	7494	3143	41.9%	50	17	2798.1
2009	7972	3419	42.9%	55	7	3723.7
2010	6638	2357	35.5%	36	15	4629.5
2011	8654	3242	37.5%	38	11	15538.4

注：2004 至 2006 年燃放烟花爆竹起数所占的比例均为此类火灾占消防部门调查火灾的比例。

2000年至2011年国庆节期间火灾情况

年度	四项数字				火灾原因																			
	起数	死人	伤人	直接损失（万元）	放火		电气		违章操作		用火不慎		吸烟		玩火		自燃		雷击		其他		不明	
					起数	所占比例	起数	所占比例	起数	所占比例	起数	所占比例	起数	所占比例	起数	所占比例	起数	所占比例	起数	所占比例	起数	所占比例	起数	所占比例
合计	24801	294	436	31029.2	1054		6904		1407		6383		1725		1089		561		13		3805		1860	
2000	1603	22	68	1409.1	113	7.0%	468	29.2%	108	6.7%	414	25.8%	121	7.5%	89	5.6%	28	1.7%	7	0.4%	150	9.4%	105	6.6%
2001	1931	29	68	1449.0	113	5.9%	520	26.9%	87	4.5%	555	28.7%	142	7.4%	106	5.5%	27	1.4%	1	0.1%	256	13.3%	124	6.4%
2002	2466	37	51	2077.3	153	6.2%	578	23.4%	134	5.4%	757	30.7%	212	8.6%	176	7.1%	37	1.5%	2	0.1%	257	10.4%	160	6.5%
2003	1783	42	74	1989.1	79	4.4%	488	27.4%	128	7.2%	526	29.5%	104	5.8%	60	3.4%	22	1.2%		0.0%	249	14.0%	127	7.1%
2004	2265	54	46	5690.1	129	5.7%	507	22.4%	104	4.6%	756	33.4%	153	6.8%	103	4.5%	40	1.8%	2	0.1%	267	11.8%	204	9.0%
2005	2024	28	32	1229.7	98	4.8%	473	23.4%	111	5.5%	634	31.3%	153	7.6%	67	3.3%	39	1.9%		0.0%	297	14.7%	152	7.5%
2006	2248	16	34	1391.4	101	4.5%	525	23.4%	91	4.0%	706	31.4%	146	6.5%	82	3.6%	61	2.7%		0.0%	349	15.5%	187	8.3%
2007	2456	23	14	1991.8	75	3.1%	777	31.6%	161	6.6%	505	20.6%	180	7.3%	115	4.7%	70	2.9%		0.0%	388	15.8%	185	7.5%
2008	1734	13	11	2123.0	50	2.9%	588	33.9%	106	6.1%	351	20.2%	109	6.3%	41	2.4%	51	2.9%		0.0%	305	17.6%	133	7.7%
2009	2604	10	13	3952.2	65	2.5%	741	28.5%	126	4.8%	598	23.0%	190	7.3%	126	4.8%	73	2.8%	0	0.0%	457	17.5%	228	8.8%
2010	1984	14	14	4498.6	43	2.2%	674	34.0%	137	6.9%	331	16.7%	114	5.7%	71	3.6%	61	3.1%			400	20.2%	153	7.7%
2011	1703	6	11	3227.9	35	2.1%	565	33.2%	114	6.7%	250	14.7%	101	5.9%	53	3.1%	52	3.1%	1	0.1%	430	25.2%	102	6.0%

注：1. 2009年为10月1日至8日，2008年为9月29日至10月5日，其余年份指10月1日至10月7日。2. 表内2000年至2006年数据指消防部门调查的火灾。

2000 年至 2011 年公安消防部队接警出动综合情况

年份	出动情况(万起)						参战人员（万人次）	出动车辆（万辆次）	参战人员伤亡			战斗结果	
	起数	虚警及其他	火灾扑救	抢险救援	重大活动执勤	社会救助			小计	死亡	受伤	抢救人员（人）	抢救财产价值（亿元）
2000 年	20.9	1.3	17.6	0.7	0.1	1.2	488.4	73.8	494	11	483	12527	134.1
2001 年	24.5	1.3	20.3	0.9	0.2	1.9	293.6	44.8	189	6	183	11596	141.3
2002 年	37.7	0.8	24.3	2.8	1.5	8.2	407.9	64.1	753	7	746	10196	169.7
2003 年	40.2	0.8	24.3	4.5	1.5	9.1	412.3	68.7	254	28	226	13666	236.4
2004 年	42.5	3.3	24.1	3.8	1.3	10.0	397.9	65.5	105	16	89	20414	323.4
2005 年	44.5	4.8	23.9	6.1	0.2	9.5	424.8	72.6	53	6	47	114877	350.2
2006 年	49.8	4.4	20.9	6.9	0.9	12.6	435.9	72.0	119	14	105	33651	303.2
2007 年	50.4	6.0	16.7	11.6	0.5	15.5	522.7	83.8	104	11	93	71690	1656.0
2008 年	51.4	10.0	13.5	13.3	1.1	13.6	542.4	86.4	122	14	108	88534	550.2
2009 年	53.6	10.0	12.8	15.0	1.4	14.4	566.8	89.6	64	8	56	79086	261.0
2010 年	58.9	11.6	13.1	18.3	1.0	14.8	615.2	96.7	28	7	21	159834	367.0
2011 年	65.6	14.2	12.5	20.9	0.9	17.1	733.4	117.1	55	6	49	128893	644.1

注:为统一口径,部分年份的数据根据各地通过火灾统计软件(系统)上报的数据进行修正。

第十篇

大事记

2011 年消防大事记

一　月

1 月 10 日，公安部消防局与国务院新闻办公室网络局联合召开“家庭消防隐患自查”活动新闻通气会。全国重点新闻网站和门户网站均在首页醒目位置链接活动网页，全面开展家庭消防安全网上自查活动。

1 月 17 日，公安部、卫生部、民政部、人力资源和社会保障部联合下发《关于落实〈消防员职业健康标准〉有关问题的通知》，就消防员职业健康管理、监护、伤残和工伤评定中的盲点以及消防员职业病鉴定等问题作了明确规定。

1 月 20 日，公安部召开公安消防部队推进廉政建设暨加强火灾防控工作电视电话会议。刘金国副部长要求各级公安机关和消防部队认真落实十七届中央纪委六次全会和公安部党委（扩大）会议精神，努力打造执法为民、纪律严明的消防队伍。同时，要求各级公安机关和消防部门进一步采取切实有效措施，加强火灾防控工作。

1 月 27 日，公安部消防局召开了公安消防部队安全工作电视电话会议。会议总结了 2010 年度安全工作，表彰了先进单位，部署了 2011 年度公安消防部队“五无”创建活动。部分基层单位在会上作了经验介绍。

二　月

2 月 22 日至 2 月 28 日，公安部消防局派出 13 个检查考评组，对全国 26 个省、自治区、直辖市 2010 年度构筑社会消防安全“防火墙”工程工作情况进行检查考评，并督促各地深入开展消防安全“五大”活动，坚决遏制重特大火灾尤其是群死群伤火灾事故发生，确保全国“两会”消防安全。

三　月

3 月 28 日，教育部、公安部、铁道部、国家质检总局、国家安监总局、国家林业局、国务院应急办、共青团中央、全国少工委、国务院妇儿工委、中国地震局、中国气象局、北京市人民政府、中国红十字总会在中国消防博物馆联合举办了以“加强安全意识，提高避险能力”为主题的第 16 个全国中小学生安全教育日活动启动仪式，并授予中国消防博物馆“全国中小学生社会实践消防安全教育基地”称号。教育部部长袁贵仁、公安部消防局局长陈伟明等领导出席了仪式。

四　月

4 月 8 日，公安部消防局召开 2011 年度公安消防部队信息化建设工作推进会，总结 2010 年消防部队信息化建设工作情况，表彰先进单位和个人，部署 2011 年任务。部分省、自治区公安消防总队在会上作经验介绍。

4 月 11 日至 4 月 14 日，公安部消防局在四川省宜宾市组织开展川滇地区公安消防部队跨区域地震救援实战拉动演练。

4月13日，公安部副部长黄明到上海公安高等专科学校检查指导全国公安厅局长座谈会消防展示筹备工作，并亲切慰问现场消防官兵。

4月18日，公安部消防局召开信访工作电视电话会议，通报2010年信访工作情况，就进一步加强和改进信访工作进行了部署。

4月19日，“十一五”国家科技支撑计划“城市火灾防治关键技术研究及应用示范”项目通过验收。

4月22日，公安部召开深入推进“五大”活动坚决遏制重特大火灾事故电视电话会议。刘金国副部长出席会议并讲话。

4月22日，中央军委委员、国务委员兼国防部部长梁光烈上将看望慰问了福建省宁德市寿宁县南阳青年义务消防队。

4月25日，国家质检总局、公安部、国家认监委联合发布了《关于部分消防产品实施强制性认证的公告》，决定对7大类31种消防产品实施强制性产品认证。这是国家发布的第二批实施强制性产品认证的消防产品目录。

4月28日，公安部消防局副局长于建华会见俄罗斯紧急状态部消防监督司副司长斯维登纳先生一行。

五　月

5月、9月、11月，公安部消防局在解放军通信指挥学院分别举办三期公安消防部队应急通信培训班。全国公安消防部队共有120余名信通岗位干部参加培训。

5月25日，公安部消防局与住房和城乡建设部村镇建设司联合召开国家标准《农村防火规范》视频宣贯会。

5月27日，中宣部、公安部、教育部、民政部、文化部、卫生部、广电总局、安监总局等8个部门联合颁布实施《全民消防安全宣传教育纲要（2011－2015)》。这是我国第一份多个职能部门参与制定的针对消防安全宣传教育的规范性文件。

5月31日，公安部消防局在湖南省组织召开公安消防部队社会公众服务平台暨消防监督管理系统（完整版）推广部署工作会议。

六　月

6月1日，住房和城乡建设部与国家质量监督检验检疫总局联合批准发布国家标准《建设工程施工现场消防安全技术规范》。该规范于2011年8月1日起实施。

6月8日，全国人大内务司法委员会在湖南召开消防法实施和消防工作情况座谈会。湖南、天津、山西、辽宁、上海等10个省市介绍了贯彻消防法的工作经验。

6月10日，公安部消防局召开公安消防部队贯彻全国公安机关反腐倡廉建设会议精神电视电话会议。

6月12日，中央政治局常委、中央政法委书记周永康亲切接见第四届“我最喜爱的人民警察”获得者四川省甘孜州炉霍县消防大队大队长却吉尼玛。

6月21日，公安部消防局在江西召开全国公安消防部队创建铁军中队试点工作现场会，总结推广江西总队创建铁军中队试点工作经验，全面部署开展创建铁军中队活动。

6月27日，公安部消防局局长陈伟明会见以台湾消防署署长叶吉堂为团长的台湾消防代表团，这是两岸消防部门的首次官方接触。

6月29日，国务委员、公安部部长孟建柱受国务院委托在第十一届全国人大常委会第二十一次会议上作《国务院关于消防工作情况的报告》。6月30日，常委会分组讨论、审议了孟建柱同志的报告，给予了充分肯定。11月11日，《关于落实全国人大常委会对消防工作情况报告审议意见的报告》由公安部报国务院办公厅转全国人大常委会办公厅。

6月29日，公安部消防局召开公安消防部队庆祝建党90周年电视电话会议，庆祝中国共产党成立90周年，表彰先进典型，部署加强部队党的建设。

6月30日，由公安部消防局主办、公安消防文联承办的《在光辉旗帜下——新中国消防事业发展成就图片展》在中国消防博物馆开幕。

七　月

7月1日，公安部召开全国深入推进消防安全“大排查大整治大宣传大培训大练兵”活动电视电话会议。公安部副部长刘金国出席会议并讲话。公安部消防局局长陈伟明主持会议。会议要求，深入推进“五大”活动，坚决遏制重特大火灾事故发生，全力维护消防安全。

7月6日至7日，全国公安消防部队思想政治工作会议在云南昆明召开。会议学习了胡锦涛总书记在庆祝中国共产党成立90周年大会上的重要讲话精神，总结了近几年公安消防部队思想政治工作，分析形势，交流经验，部署了今后一个时期的思想政治工作任务。

7月11日，公安部在湖北省咸宁市召开全国公安消防部队应急救援工作现场会，深入贯彻落实国务院关于加强应急救援队伍建设的要求，总结推广经验，进一步加快推进公安消防部队应急救援工作。公安部副部长刘金国出席会议并讲话。湖北省委副书记、省长王国生会见刘金国副部长并交换意见。中央编办、国务院法制办、应急办、国家发改委、民政部、财政部有关负责同志，湖北省委、省政府、省公安厅有关领导同志出席会议。公安部消防局局长陈伟明主持会议。

7月11日，公安部、教育部、人力资源和社会保障部联合印发《社会消防安全培训大纲（试行）》，对政府及其职能部门消防工作负责人等13类人员开展消防安全教育培训提出明确要求。

7月19日，国务委员、公安部部长孟建柱在刘金国副部长陪同下，到公安部消防局视察工作，亲切看望了消防官兵，参观了中国消防博物馆，听取了陈伟明局长的工作汇报，提出了努力打造一支现代化公安消防铁军的重要指示。

7月22日，国务委员、公安部部长孟建柱到宁夏检查指导公安工作，专程视察宁夏公安消防部队，亲切看望一线消防官兵。

7月23日20时30分，北京开往福州的D301次动车行至浙江省温州市双屿路段时，与杭州开往福州的D3115次动车追尾相撞。浙江省公安消防总队快速反应，紧急调派7个支队的64辆消防车、643名特勤官兵投入抢险救援战斗，共抢救疏散遇险群众1300多人，营救被困乘客212人。

7月25日，中宣部、公安部、教育部、民政部、文化部、卫生部、广电总局、安监总局联合召开全国部署实施《全民消防安全宣传教育纲要》电视电话会议，部署《纲要》的宣贯工作。

八　月

8月2日，公安部召开全国消防安全“五大”活动视频调度会。公安部副部长刘金国主持会议并对深入推进“五大”

活动提出要求。公安部消防局局长陈伟明通报了全国深入推进消防安全“五大”活动情况。部分省、自治区公安厅分别作了经验介绍。

8月10日，住建部、国家发改委批准发布《城市消防站建设标准》。

8月10日，“党旗下的忠诚”——公安消防部队模范基层党组织模范共产党员先进事迹报告会在黑龙江省公安消防总队落下帷幕。报告团历时20天在公安部消防局机关和河北、河南等13个省（区）公安消防总队作了报告。

8月15日，国家认证认可监督管理委员会发布2011年第17号公告《关于强制性消防产品认证机构和实验室指定/调整决定的公告》，公安部消防产品合格评定中心成为中国唯一的消防产品强制性认证指定机构。

8月16日，公安部党委副书记、常务副部长杨焕宁到陕西检查指导世园会消防安保工作。

8月22日，公安部消防局局长陈伟明会见了香港消防处处长卢振雄率领的香港消防代表团，双方进行了友好交流。

8月23日，公安部党委副书记、公安部副部长、国家大运安保协调小组组长李东生莅临广东省深圳市公安消防支队，亲切看望慰问大运消防安保一线官兵。

8月23日至29日，第一届全国打造现代化公安消防铁军比武竞赛在公安部消防局警官培训基地举行。公安部副部长刘金国出席闭幕式并作重要讲话，公安部政治部现役办主任牟玉昌，公安部消防局局长陈伟明、政委谢模乾等领导出席开闭幕式。全国31个省（区、市）公安消防总队的775名官兵参加了4个单兵项目和5个攻坚组项目的角逐，湖南、四川、山东、黑龙江、辽宁、上海、广东、浙江、北京、河北总队参赛队获得团体总分前十名，陕西、浙江、贵州、重庆、广东、青海、江苏、宁夏总队参赛队获得组织奖，西藏、安徽、山东、河南、内蒙古、湖北、云南、辽宁总队参赛队获得精神文明奖，警官培训基地、昆明指挥学校、南京士官学校、天津总队获得特别贡献奖。

8月31日，国务委员、公安部部长孟建柱受中共中央政治局常委、国务院总理温家宝同志的委托，专程到辽宁省大连市慰问成功扑救“8·29”中石油大连石化分公司爆炸火灾的大连市公安消防支队官兵。

九　月

9月2日，公安部副部长陈智敏亲切慰问了新疆自治区公安消防官兵。

9月9日，中共中央政治局委员、国务院副总理回良玉深入贵州省旱情严重的黔西南州，亲切看望了战斗在抗旱救灾一线的贵州省公安消防部队官兵。

9月15日，国务院总理温家宝到辽宁省大连市公安消防支队亲切慰问公安消防官兵，并发表了重要讲话。

9月15日，公安部副部长黄明看望慰问了陕西省延安市公安消防部队官兵。

9月16日，公安部消防局、国家认证认可监督管理委员会在北京召开消防产品强制性认证新闻发布会，宣贯消防产品强制性认证制度，公布了新一批纳入国家强制性产品认证目录的消防产品以及承担认证的认证机构和实验室名单。

9月19日至23日，公安部消防局举办全国公安消防部队纪检督察处（科）长培训班，中央纪委监察部、最高人民检察院、国家信访局有关司局级领导和专家先后授课。

9月26日，公安部召开全国深化消防安全“五大”活动开展“清剿火患”

战役视频会议，自 2011 年 9 月 26 日至 2012 年 2 月 29 日，在全国部署开展“清剿火患”战役。公安部副部长刘金国出席会议并讲话，公安部消防局局长陈伟明宣读了《全国深化消防安全“五大”活动开展“清剿火患”战役工作方案》。

十　月

10 月 13 日，公安部消防局与民政部基层政权和社区建设司在吉林长春联合召开全国社区消防宣传教育工作现场会，参观学习长春社区消防宣传教育工作经验，并就《全民消防安全宣传教育纲要》的宣贯和“清剿火患”战役的宣传工作提出具体要求。

10 月 18 日，公安部与教育部联合召开贯彻落实《全民消防安全宣传教育纲要》深化学校消防宣传教育工作电视电话会议，命名了第二批共计 562 所全国消防安全教育示范学校。

10 月 19 日，公安部消防局在北京召开全国火灾隐患举报投诉中心建设现场会。

10 月 21 日，中央国家机关纪工委在北京召开廉政风险防控工作交流会。公安部消防局副政委尹俊士代表公安部作了会议发言。

10 月 26 日，公安部召开新闻发布会，通报公安机关“清剿火患”战役进度和火灾隐患整治成效情况。新华社、人民日报、中央人民广播电台、中央电视台、中国日报等 19 家主流媒体参加了发布会。人民网、中国网进行了现场直播。

10 月 28 日，公安部、建设部联合印发《关于传发 <建筑外墙保温材料消防安全专项整治工作方案> 的通知》，部署从 10 月 28 日至 12 月 31 日在开展建筑外墙保温材料消防安全专项整治，全国共排查易燃可燃外墙保温建筑 3.9 万栋，督促整改外墙保温材料封堵不严问题 3178 件、外墙保温层违章设置广告牌问题 4139 处，并督促 1.9 万栋建筑设立外墙保温材料防火标识。

十一月

11 月 1 日，公安部召开全国深入推进“清剿火患”战役视频会议。刘金国副部长出席会议并讲话。公安部消防局局长陈伟明主持会议。

11 月 1 日，公安部消防局在陕西西安召开公安消防部队灭火救援指挥系统推广部署现场会，总结试点总队经验和做法，提出推广部署工作要求。

11 月 5 日，我国首部消防题材大型电视连续剧《烈火青春》在中央电视台梅地亚中心举行新闻发布会。

11 月 5 日 ，中央精神文明建设指导委员会办公室、公安部联合印发《关于开展消防志愿者查改身边火灾隐患活动的通知》，部署从 2011 年 11 月至 2012 年 2 月在全国开展“消防志愿者查改身边火灾隐患”活动。据统计，全国共动员消防志愿者 700 余万人次参与查改火灾隐患活动，查找火灾隐患 194 万余处。

11 月 8 日，公安部召开热心消防公益事业暨多种形式消防队伍建设先进集体和先进个人座谈会。国务委员、公安部部长孟建柱出席会议，亲切接见会议代表并作了重要讲话。刘金国副部长主持会议。会上，播放了热心消防公益事业暨多种形式消防队伍建设先进事迹宣传片，向 14 个民办消防队先进集体、先进个人代表颁发了奖励消防车和消防摩托车钥匙。福建省长乐市金峰义务消防队党支部书记林宜澄、山东省淄博市消防宣传志愿者孙晓云代表受表彰的先进集体和个人作了发言。

11月8日，中国消防博物馆隆重举行开馆仪式。国务委员、公安部部长孟建柱为中国消防博物馆揭牌。公安部副部长刘金国、教育部副部长刘利民、国家文物局局长单霁翔、国家博物馆党委书记黄振春等领导及北京市社会各界群众、消防官兵近千人参加了开馆仪式。

11月10日，科技部下发立项批复，将“城市火灾防治关键技术与应用示范”项目纳入“十二五”科技支撑计划首批启动项目。

11月15日，公安部消防局、警务督察局联合召开公安部“清剿火患”战役第一阶段专项督察动员视频会议。公安部消防局局长陈伟明主持会议。公安部警务督察局局长张京对督察工作提出要求。11月15日至25日，12月18日至26日，公安部消防局、警务督察局分别抽调160多名消防、300名左右督察警力，组织开展了两轮专项督察。

11月18日，公安部消防局在浙江杭州召开公安消防部队正规化建设现场会，交流部分基层部队正规化建设工作经验，对今后五年公安消防部队正规化建设进行部署。

11月18日，国务委员、公安部部长孟建柱到河南省郑州市金水区未来路街道办事处升龙社区，调研指导基层消防网格精细化管理工作情况。

11月21日，公安部党委副书记、副部长李东生，赴西藏自治区拉萨市布达拉宫公安消防大队看望慰问了全体官兵。

11月22日，国务院、中央军委授予西藏自治区拉萨市支队布达拉宫公安消防大队“布达拉宫模范消防大队”荣誉称号命名大会在拉萨市隆重召开。

11月29日，公安部消防局与中国科协、中国消防协会联合下发决定，命名全国70个单位为第四批“全国消防科普教育基地”。

十二月

12月20日，公安部召开全国公安机关“清剿火患”战役视频会议。副部长刘金国出席会议并作重要讲话。公安部消防局局长陈伟明主持会议。

12月24日至25日，全国公安机关统一行动，集中开展“清剿火患”战役圣诞“零点”夜查行动，圆满完成了圣诞消防安全保卫工作。

12月28日，中共中央政治局常委、中央纪委书记贺国强深入福州市行政服务中心视察调研，并到福州市公安消防支队办事服务窗口检查指导工作。

12月29日至30日，公安部消防局在北京召开党委（扩大）会议，贯彻落实《国务院关于加强和改进消防工作的意见》和全国公安厅局长会议精神，总结2011年消防工作和部队建设情况，分析形势，部署2012年工作任务。国务委员、公安部部长孟建柱和杨焕宁、李东生、刘金国、张新枫、蔡安季、陈智敏、李伟等部领导亲切接见了与会代表并合影留念。孟建柱同志、刘金国副部长在会上作了重要讲话，李东生副部长、蔡安季主任出席会议。

12月30日，国务院印发《关于加强和改进消防工作的意见》（国发［2011］46号），深刻分析了消防工作面临的形势，明确提出到2015年，消防工作与经济社会发展基本适应，消防法律法规进一步健全，社会化消防工作格局基本形成，公共消防设施和消防装备建设基本达标，覆盖城乡的灭火应急救援力量体系逐步完善，公民消防安全素质普遍增强，全社会抗御火灾能力明显提升，重特大尤其是群死群伤火灾事故得到有效遏制。